# LES GRANDS RÉALISATEURS

Jean A. GILI
Daniel SAUVAGET
Charles TESSON
Chritian VIVIANI

LAROUSSE

*Direction éditoriale*
Michel Guillemot

*Édition*
Séverine Cuzin
avec le concours
de Lucien Logette

*Direction artistique*
Henri-François Serres-Cousiné

*Recherche iconographique*
Laure Bacchetta

*Conception graphique et mise en pages*
François Junot

*Fabrication*
Nicolas Perrier

**Abréviations : co.** Film en coréalisation **coll.** Collectif
**doc.** Documentaire **ép.** Épisode **c.m.** Court métrage
**m.m.** Moyen métrage
**Signatures : C.D.** Christophe Damour **C.T.** Charles Tesson
**C.V.** Christian Viviani **D.S.** Daniel Sauvaget
**J.A.G.** Jean A. Gili **S.C.** Stéphane Chanudaud
**C.R.** Comité de rédaction (textes partiellement repris du *Dictionnaire du Cinéma*, dir. Jean-Loup Passek, 2001)
**Datation des films :** Il est souvent très délicat de dater un film. Il faut choisir entre la date du début ou de la fin de tournage, celle du copyright, celle des premières projections en festival, enfin celle de la première projection publique en salle. Nous avons opté pour cette dernière, sauf exception. L'absence de documents précis nous a souvent conduit à suivre les sources existantes à défaut de pouvoir toujours les vérifier.

**Illustrations de couverture :**
Takeshi Kitano dans *l'Été de Kikujiro*, 1999.
Quentin Tarantino avec Julie Dreyfus sur le plateau de *Kill Bill* volume 1, 2003.
Federico Fellini sur le tournage de *Fellini-Roma*, 1972.
Portrait de Jean-Luc Godard.



ISBN 2-03-505563-6

# Introduction

Évoquer plus d'un siècle de création cinématographique en proposant 200 réalisateurs soigneusement sélectionnés peut relever de la gageure. Et pourtant c'est l'enjeu de cet ouvrage. « 200 », cela représente beaucoup par rapport au palmarès personnel que chaque cinéphile entretient au fond de son cœur, mais peu, au moins en apparence, face à l'extrême diversité des œuvres et des personnalités qui ont *fait* le cinéma, de Georges Méliès à Tim Burton, de Fritz Lang à Stanley Kubrick, d'Eisenstein à Truffaut, de Fellini à Tsaï Ming-liang...

Néanmoins, la sélection proposée ici répond à des critères de représentativité du mouvement général de l'histoire du cinéma, des écoles, des talents qu'il est nécessaire de privilégier tout en évitant trois écueils : l'académisme, qui négligerait les auteurs singuliers, celui du respect paralysant devant les grandes œuvres du passé et qui masquerait ce qui est en train de s'édifier sous nos yeux, celui enfin, des modes qui valorisent des tendances passagères ou rejettent dans l'oubli ceux que l'on vénérait il y a quelques années à peine...

En résumé, le but était de réunir des réalisateurs disposant d'un statut d'auteur, ayant développé leur propre conception du cinéma, une expression cinématographique originale et un univers particulier.

Faisant cette sélection à plusieurs, les auteurs de cet ouvrage, conscients de leurs différences, ont dû faire parfois abstraction de quelques préférences personnelles pour, dans la confrontation de leurs jugements, se rapprocher d'un tableau aussi objectif que possible. Car il fallait rendre justice au cinéma américain sans réduire la part du cinéma européen, sans sous-estimer l'apport des cinéastes français ; offrir une synthèse précise de ce qu'il faut savoir sur les grands classiques du cinéma tout en soumettant à examen des œuvres en cours. Et aussi élargir les horizons géographiques et ouvrir au cinéma de genre (série B, arts martiaux)...

Dans l'analyse, dans les filmographies, mais aussi dans le choix des cinéastes, le long métrage de fiction a été privilégié, et non le court métrage, le documentaire pur, le cinéma expérimental, ou le téléfilm. Ainsi, par exemple la filmographie de Jean-Luc Godard est-elle réduite aux longs métrages sortis en salle. Pour les longues filmographies des cinéastes du muet, période où triomphent les courts métrages et les *serials* (Méliès, Feuillade, Buster Keaton, Charlie Chaplin, etc.), nous avons dû faire des choix. Mais nous avons aussi fait quelques exceptions, notamment pour Raymond Depardon, Chris Marker ou Agnès Varda. Les filmographies de certains cinéastes asiatiques très prolifiques dont l'œuvre n'a pas été totalement diffusée en France, ont, elles aussi, été réduites.

Nous proposons ce dictionnaire des grands réalisateurs comme un véritable instrument de travail permettant au lecteur (qu'il soit jeune cinéphile, étudiant, enseignant, habitué des meilleures salles de cinéma, abonné aux chaînes TV spécialisées, vidéophile...) de mieux apprécier ce qu'il connaît du Septième Art, de redécouvrir ce qu'il croit connaître et de découvrir ce qu'il ne connaît pas.

# Sommaire

Photo prise sur le tournage des *Demoiselles de Rochefort* (Jacque Demy, 1967).

## Robert **Aldrich**

EVANSTON 1918 - LOS ANGELES 1983

**Une force de la nature**. C'est la puissance qui caractérise le mieux Robert Aldrich. Révélé dans les années 1950, il est caractéristique de cette génération de cinéastes américains qui ont renouvelé les films de genre : remettre en question la tradition du western ou du polar, c'était aussi remettre en question les fondements de la culture américaine.

Robert Aldrich est arrivé à Hollywood au début des années 1940. Il a tenu de nombreux emplois administratifs jusqu'à se retrouver assistant des plus grands réalisateurs (Renoir, Chaplin, Wellman). Après un court passage à la télévision, il débute dans la réalisation avec *The Big Leaguer*. Mais c'est le milieu des années 1950 qui le consacre avec un éblouissant bouquet : deux westerns décapants (*Bronco Apache, Vera Cruz*, 1954), un film noir qui est l'apogée du genre entier (*En quatrième vitesse*, 1955) et un portrait d'Hollywood au vitriol (*le Grand Couteau*). Si le style reste classique, c'est le ton qui est neuf : le cynisme de *Vera Cruz* prend le parti des mercenaires (Gary Cooper, Burt Lancaster), la violence frénétique d'*En quatrième vitesse*, se termine par une métaphore sur l'explosion atomique. Cette double démarche (respecter les genres pour en dynamiter l'intérieur), Aldrich l'adoptera pour tous ses grands films. S'il aime le mélodrame féminin (*Feuilles d'automne*), c'est qu'il en fait ressortir tout le masochisme latent.

Ce goût du cinéaste pour les structures classiques va l'isoler à Hollywood où déferle une nouvelle génération. Le début des années 1960 lui fait traverser un « tunnel » artistique et commercial cuisant. C'est en se tournant plus directement encore vers le passé d'Hollywood qu'Aldrich va retrouver à la fois son inspiration et sa crédibilité commerciale (il sera son propre producteur). Dans *Qu'est-il arrivé à Baby Jane ?* (1962) et *Chut, Chut, chère Charlotte* (1965), il manipule des légendes hollywoodiennes (Bette Davis, Joan Crawford, Olivia De Havilland) et entame un discours sur la décrépitude à travers le prisme du policier horrifique. Il va encore plus loin avec *le Démon des femmes* (1968), mélodrame baroque sur la dimension vampirique du « star system », et *Faut-il tuer Sister George ?*, qui s'en prend aux séries télévisées. Mais à ces films personnels et rageurs, le grand public préfère *les Douze Salopards* (1967). L'efficacité ambiguë du film de guerre vaut au film un véritable triomphe qui étouffe sa dimension critique.

Le poids médiatique que ce film lui confère, Aldrich va le mettre à profit pour faire alterner, dans une fin de carrière chaotique, les calculs commerciaux décevants et les œuvres plus originales, mais souvent rejetées à la fois par le public et par la critique. Le recul est en effet nécessaire pour apprécier la violence de *Pas d'orchidées pour Miss Blandish* (1971) ou de *l'Empereur du Nord* (1973), ou la nostalgie « néo-noir » de *la Cité des dangers* (1975). Deux œuvres magistrales dominent cette fin de carrière. *Fureur apache* (1972) est un western sans concession au « politiquement correct » et qui traite du génocide indien avec une acuité inédite. *L'Ultimatum des trois mercenaires* (1977), défiguré par un montage qui élimine près d'une heure du film original, raconte avec une minutie glaçante un coup d'état de militaires d'extrême droite contre les institutions américaines. Annonçant Scorsese, De Palma ou Oliver Stone, Robert Aldrich était plus que jamais un cinéaste « à la charnière ».

Son dernier film, touchant d'humanité derrière la brusquerie, est *Deux filles au tapis* (1981), qui raconte l'errance de deux lutteuses et de leur manager, dans une Amérique en changement. Jusqu'au bout, Aldrich se sera senti déplacé. – C.V.

**FILMOGRAPHIE**

**1953** *The Big Leaguer*
**1954** *Alerte à Singapour (World for Ransom)*
*Bronco Apache (Apache)*
*Vera Cruz*
**1955** *En quatrième vitesse (Kiss Me Deadly)*
*Le Grand Couteau (The Big Knife)*
**1956** *Feuilles d'automne (Autumn Leaves)*
*Attaque (Attack !)*
**1957** *Racket dans la couture (The Garment Jungle)*, terminé et signé par V. Sherman
**1959** *Trahison à Athènes (The Angry Hills)*
*Tout près de Satan (Ten Seconds to Hell)*
**1961** *El perdido (The Last Sunset)*
**1962** *Sodom and Gomorrah / Sodoma e Gomorra*, co. Sergio Leone
*Qu'est-il arrivé à Baby Jane ? (What Ever Happened to Baby Jane ?)*
**1963** *Quatre du Texas (Four for Texas)*
**1965** *Chut, chut, chère Charlotte (Hush... Hush, Sweet Charlotte)*
**1966** *Le Vol du Phénix (The Flight of the Phoenix)*
**1967** *Les Douze Salopards (The Dirty Dozen)*
**1968** *Le Démon des femmes (The Legend of Lylah Clare)*
*Faut-il tuer Sister George ? (The Killing of Sister George)*
**1970** *Trop tard pour les héros (Too Late the Hero)*
**1971** *Pas d'orchidées pour Miss Blandish (The Grissom Gang)*
**1972** *Fureur apache (Ulzana's Raid)*
**1973** *L'Empereur du Nord (Emperor of the North Pole)*
**1974** *Plein la gueule (The Mean Machine / The Longest Yard)*
**1975** *La Cité des dangers (Hustle)*
**1977** *L'Ultimatum des trois mercenaires (Twilight's Last Gleaming)*
*Bande de flics (The Choirboys)*
**1979** *Un rabbin au Far West (The Frisco Kid)*
**1981** *Deux filles au tapis (...All the Marbles)*

Woody Allen, acteur et réalisateur, avec Mariel Hemingway dans *Manhattan* (1979).

# Woody **Allen**

NEW YORK 1935

**L'esprit de New York.** D'abord comique de cabaret, Woody Allen s'est imposé depuis les années 1970 comme un cinéaste de première grandeur. Loin de se limiter à un genre, il slalome avec élégance entre le rire et le sérieux et réussit tout à la fois à rester le clown de ses débuts et à forcer le respect par son ambition. Néanmoins, c'est par ses comédies qu'il a le mieux touché un public international : il y a fait rayonner l'autodérision et le brillant du dialogue qui représentent maintenant, aux yeux de beaucoup, l'esprit de New York.

Issu des couches populaires de la « Grande Pomme », Allen Stewart Konigsberg, dit Woody Allen, virtuose de la formule comique, gagne sa vie dès l'âge de 19 ans, en écrivant des dialogues pour le célèbre comique Sid Caesar, tout en produisant ses propres spectacles et en participant à quelques films. Sa première réalisation, *Lily la tigresse* (1966), détourne un film chinois acheté à bon marché, uniquement par les dialogues et le montage. Mais c'est *Prends l'oseille et tire-toi* (1969) qui le consacre définitivement comme comique juif new-yorkais. Depuis, Allen n'a cessé de tourner à un rythme soutenu : un film par an (parfois deux), dans lequel il peut être également (mais pas systématiquement) interprète. Au début, il s'agit essentiellement de donner un prolongement cinématographique au personnage de petit homme complexé, calamiteux, hypocondriaque, obsédé par le sexe, qu'il a rendu populaire sur scène et sur le petit écran. Dans cette perspective, *Woody et les robots* (1973) représente une manière d'achèvement car il ne se contente pas d'une simple mise en boîte du comique, mais il y manifeste une évidente ambition visuelle.

C'est *Annie Hall*, en 1977, qui marque sans conteste l'avènement du meilleur cinéaste comique de sa génération. Woody Allen ne va plus chercher l'inspiration dans le délire historique (*Guerre et amour*, 1975) ou futuriste (*Tout ce que vous avez toujours voulu savoir sur le sexe...*, 1972, *Woody et les robots*), mais dans son propre quotidien : sa compagne dans la vie, Diane Keaton, ses amis, ses parents, son psychanalyste, son métier et bien sûr lui-même, lui fournissent une inspiration sans limites. Tandis que son personnage cinématographique s'affirme dans l'autobiographie (l'intellectuel new-yorkais à problèmes), sa mise en scène devient virtuose et jongle avec le temps, l'espace et l'imaginaire, tout comme son écriture jongle avec les mots. Les changements de compagne, les sauts dans le temps et les recours à des noms différents ne changeront rien : Woody Allen sera toujours reconnaissable par sa silhouette, son parler et ses situations, comme l'ont été avant lui Harold Lloyd ou Charlie Chaplin. Ses aventures se déroulent sur une dizaine de films qui, assemblés, constituent l'instantané d'une époque entière. On peut situer l'apogée de ce cycle entre *Annie Hall* et *Meurtre mystérieux à Manhattan* (1993), avec une véritable somme thématique dans *Hannah et ses sœurs* (1986).

Parallèlement, Allen, qui est fasciné par des cinéastes comme Ingmar Bergman, Michelangelo

Antonioni ou Federico Fellini, réussit brillamment son incursion dans le film «sérieux», existentiel comme ses comédies, mais dont il s'exclut en tant qu'interprète. *Intérieurs* (1978) surprend par la noirceur du ton et la sobriété raffinée du style. Mais Allen va périodiquement revenir à cette inspiration, simplifiant sa mise en scène jusqu'à l'épure, par exemple dans *Une autre femme* (1988) et dans *Match Point* (2005).

Cette diversification de l'inspiration ne restera pas sans effets sur la comédie, car Allen aime de plus en plus y injecter des parties sombres (*Alice*,1990), voire franchement noires (*Crimes et délits*), allant jusqu'à réussir la gageure d'une forme expressionniste (*Ombres et brouillards*, 1991). Les expériences stylistiques le passionnent en effet, comme en atteste *Maris et femmes* qu'il filme en partie caméra à l'épaule, clin d'œil à la Nouvelle Vague, ou *Maudite Aphrodite* (1995), scandé par un chœur antique, ou le délicieux pastiche de *musical* que fut *Tout le monde dit «I Love you»* (1996). Bien qu'il revienne fidèlement à la comédie pure (*Hollywood Ending*, 2000, *Escrocs mais pas trop*, 2002), Allen poursuit inlassablement son périple d'auteur. Les reproches de se répéter, que certains lui adressent, sont liés à ses choix de cinéaste. Il a maintenant de plus en plus tendance à n'intervenir lui-même que dans des rôles périphériques, laissant à des acteurs plus jeunes (John Cusack, Kenneth Branagh, Adam Biggs, Sean Penn) le soin de le représenter. – C. V.

**FILMOGRAPHIE**

**1969** *Prends l'oseille et tire-toi (Take the Money and Run)*
**1971** *Bananas*
**1972** *Tout ce que vous avez toujours voulu savoir sur le sexe sans jamais oser le demander (Everything You Always Wanted to Know About Sex but Were Afraid to Ask)*
**1973** *Woody et les robots (Sleeper)*
**1975** *Guerre et amour (Love and Death)*
**1977** *Annie Hall*
**1978** *Intérieurs (Interiors)*
**1979** *Manhattan*
**1980** *Stardust Memories*
**1982** *Comédie érotique d'une nuit d'été (Midsummer Night's Sex Comedy)*
**1983** *Zelig*
**1984** *Broadway Danny Rose*
**1985** *La Rose pourpre du Caire (The Purple Rose of Cairo)*
**1986** *Hannah et ses sœurs (Hannah and Her Sisters)*
**1987** *Radio Days*
*September*
**1988** *Une autre femme (Another Woman)*
**1989** *New York Stories*, ép. *«Œdipus Wrecks»*
*Crimes et délits (Crimes and Misdemeanors)*
**1990** *Alice*
**1991** *Ombres et brouillard (Shadows and Fog)*
**1992** *Maris et femmes (Husbands and Wives)*
**1993** *Meurtre mystérieux à Manhattan (Manhattan Murder Mystery)*
**1994** *Coups de feu sur Broadway (Bullets Over Broadway)*
**1995** *Maudite Aphrodite (Mighty Aphrodite)*
**1996** *Tout le monde dit «I Love You» (Everyone Says «I Love You»)*
**1997** *Harry dans tous ses états (Deconstructing Harry)*
**1998** *Celebrity*
**1999** *Accords et désaccords (Sweet and Lowdown)*
**2000** *Escrocs mais pas trop (Small Time Crooks)*
**2001** *La Course du Scorpion de Jade (Curse of the Jade Scorpion)*
**2002** *Hollywood Ending*
**2003** *Anything Else. La Vie et tout le reste (Anything Else)*
**2004** *Melinda et Melinda (Melinda and Melinda)*
**2005** *Match Point*
**2006** *Scoop*

## Pedro **Almodóvar**

CALZADA DE CALATRAVA 1949

**Roi de la «movida» des années 1970**, potache et provocateur, Almodóvar est devenu depuis un cinéaste rigoureux, exigeant, conciliant avec un rare bonheur la recherche artistique et la reconnaissance du grand public. Sans renier l'esthétique chamarrée et joyeuse de ses débuts, il a su renouer avec les racines les plus profondes de la culture espagnole et donner à son pays son plus grand cinéaste depuis Luis Buñuel.

En une douzaine de films réalisés à toute allure, de manière à la fois brouillonne et rageuse, en l'espace de quatre années (1974-1978), Pedro Almodóvar devient le symbole même de l'Espagne libérée de la dictature et découvrant avec ivresse les audaces de la contre-culture. Dans des couleurs acidulées, avec une technique souvent approximative, il traite surtout du sexe. Le premier long-métrage qui le fait remarquer, *Pepi, Luci, Bom et autres filles du quartier* (1980) transcende une facture qui tient du cinéma d'amateur grâce à une vitalité, une gourmandise, à la fois d'images, de sensations, de personnages et d'idées. Huit ans plus tard, *Femmes au bord de la crise de nerfs*, décapante comédie criminelle, met en place le gynécée qui sera désormais le creuset thématique du cinéaste et le consacre, nomination à l'Oscar à l'appui. En huit ans, Almodóvar, refusant la facilité, a su bâtir un univers, une esthétique, voire une rigueur : un film comme *Matador* (1986), au scénario implacablement contrôlé et aux cadrages rigoureux témoigne de l'exigence que le cinéaste s'impose.

À partir de *Talons aiguilles* (1991), autre grand succès international, Almodóvar propose une forme très personnelle de mélodrame, ironique et pourtant émouvant. Des situations extravagantes et forcées, des personnages exceptionnels (stars, écrivains, chanteurs) ou marginaux (travestis et transsexuels qui subsistent des années « movida »), lui permettent de déployer une architecture scénaristique complexe et magistrale (*Tout sur ma mère*, 1999, et *Volver*, 2006, sont, de ce point de vue, exemplaires) et surtout de filer un discours sur la tolérance généreux et humaniste, où les femmes et les actrices (Marisa Paredes, Carmen Maura, Penélope Cruz, entre autres) triomphent.

Les rapports entre les générations et les milieux sociaux, les crises existentielles et même une lancinante mélancolie (*la Fleur de mon secret*, 1995, *Parle avec elle*, 2002, *Volver*) donnent force et véracité à une œuvre qui reste charmeuse et séduisante, qui sait jouer en magicienne de la musique et des couleurs. Ainsi *Parle avec elle* renoue avec une esthétique funèbre profondément espagnole, tout comme *la Mauvaise Éducation* (2004) a souvent des nuances à la Goya pour dépeindre la descente en enfer. – C.V.

**FILMOGRAPHIE**

**1980** *Pepi, Luci, Bom et autres filles du quartier (Pepi, Luci, Bom y otras chicas del montón)*
**1982** *Le Labyrinthe des passions (Laberinto de pasiones)*
**1983** *Dans les ténèbres (Entre tinieblas)*
**1984** *Qu'est-ce que j'ai fait pour mériter ça ? (¿Qué he hecho yo para merecer esto?)*
**1985** *Matador*
**1986** *La Loi du désir (La ley del deseo)*
**1987** *Femmes au bord de la crise de nerfs (Mujeres al borde de un ataque de nervios)*
**1989** *Attache-moi ! (¡Átame!)*
**1991** *Talons aiguilles (Tacones lejanos)*
**1995** *La Fleur de mon secret (La flor de mi secreto)*
**1993** *Kika*
**1997** *En chair et en os (Carne tremula)*
**1999** *Tout sur ma mère (Todo sobre mi madre)*
**2002** *Parle avec elle (Hable con ella)*
**2004** *La Mauvaise Éducation (La mala educación)*
**2006** *Volver*

# Robert **Altman**

KANSAS CITY 1925

**Un regard incisif sur la société américaine.** Bien qu'il ait dû freiner temporairement ses ambitions à la fin des années 1970, Altman est toujours resté expert dans la mise en scène de récits parallèles, de trames mêlées, aux nombreux protagonistes stimulant la description de types sociaux. C'est un peu à la manière des arrangeurs pour grand orchestre qu'il compose ses films, avec ruptures de ton et va-et-vient entre explicite et implicite. *Nashville* (1975) et ses vingt-quatre personnages saisis dans le temple de la musique country, *Short Cuts* (1993) et son échantillon d'humanité emprunté pour partie à ce brèves nouvelles de Raymond Carver, constituent sans doute, à dix-huit ans d'intervalle, le double aboutissement de cette démarche. Malgré cette diversité, *M*A*S*H* (1970), son premier succès – qui lui a permis de réaliser pendant dix ans des films indépendants et très personnels – *Un mariage* (1978), *Prêt-à-porter* (1993), ou *Gosford Park* (2001), sont tous significatifs de sa méthode. Même lorsqu'il sait se contenter d'un personnage unique (*Secret Honor*, 1984), Altman agence les références, inscrit le récit dans des situations réelles, pratique volontiers le clin d'œil.

Au fond, Altman est un de ces cinéastes qui appliquent un regard critique sur les États-Unis, la société, l'histoire, les mythes. Son originalité repose sur la constance et sur une grande virtuosité narrative qui lui permet de traiter avec décontraction ses thèmes de prédilection, d'un point de vue critique implacable. Sa critique de l'univers petit-bourgeois passe parfois par le récit de situations dramatiques (*Trois Femmes, Short Cuts*), plus souvent par la description froide et souriante des rituels et des spectacles (*Un mariage, Health, Nashville*) ; il dénonce les conformismes qui étouffent la créativité et les aspirations individuelles (*Brewster McCloud*, 1970, *Un couple parfait*, 1979). Et il sait mêler l'analyse et l'ironie sarcastique à propos de l'armée et de la guerre (*M*A*S*H*), des femmes (*Dr. T et les femmes*), des institutions (*Health* et les nutritionnistes, *Nashville* et ses vedettes), du jeu (*California Split* et les casinos de Las Vegas). Le sarcasme n'est pas caricature, l'ironie n'évince pas la complexité humaine, car Altman sait rendre humains les personnages les plus grotesques. En outre, il aime quitter les voies du réalisme étroit, et il peut admirablement jouer avec l'imaginaire : *Brewster McCloud* est l'histoire d'un jeune homme pur qui veut voler avec des ailes d'oiseau, *Images* (1972) décrit une femme partagée entre rêve, souvenirs et réalité.

Par bien des aspects, Altman peut être considéré comme un grand cinéaste politique, dépassant la critique des institutions (y compris Hollywood, institution-symbole de l'Amérique avec *The Player* (1992), qui lui a permis de régler brillamment quelques comptes) pour démonter les mythes et les mécanismes du pouvoir. Il lui est arrivé d'aborder directement le jeu politique : *Secret Honor* est une étude jubilatoire du cas Nixon, et il a fait une série télévisée, *Tanner 88*, sur une candidature aux présidentielles. Altman s'intéresse à la face cachée des choses : de la Maison Blanche de

*Nashville* de Robert Altman (1975), une critique du show-business et de la politique-spectacle.

*Secret Honor* à l'aristocratie anglaise de *Gosford Park*, de la ville du jazz et des plaisirs, *Kansas City* (sa ville natale, jadis tenue par l'alliance entre gangsters et politiques) à la vieille famille sudiste de *Cookie's Fortune* - sans oublier les péripéties du *Privé*, de *Health*, ou d'*Un mariage*. C'est ainsi qu'il a abordé les genres cinématographiques en contournant les règles, en révisant les signes, et dévoilant les réalités occultées. D'où son analyse des fausses valeurs, depuis *Buffalo Bill* (dans un film dont le titre original est *Buffalo Bill et les Indiens*, soulignant ainsi quelque culpabilité), jusqu'au jeu de poker présenté par la publicité de Las Vegas comme le jeu porteur de valeurs nationales dans *California Split*. Et bien sûr, lorsqu'il réfléchit sur les genres établis, c'est de la manière la moins orthodoxe qui soit : *John McCabe* (1971), un western porté par la violence gratuite, l'avidité, les apparences et le désespoir, *Nous sommes tous des voleurs* (1974) avec ses gangsters puérils conduits à la violence et à un sort impitoyable, *le Privé*, où Philip Marlowe semble s'éloigner du modèle de Chandler pour mieux s'approcher de sa vérité humaine, *Quintet* (1979), un film d'anticipation dont les archétypes anti-utopiques constituent un véritable récit initiatique. – D. S.

**FILMOGRAPHIE**

**1957** *The Delinquents*
*L'Histoire de James Dean (The James Dean Story)*, co. George W. George
**1968** *Countdown*
**1969** *That Cold Day in the Park*
**1970** *M*A*S*H**
*Brewster McCloud*
**1971** *John McCabe (McCabe and Mrs. Miller)*
**1972** *Images*
**1973** *Le Privé (The Long Goodbye)*
**1974** *Nous sommes tous des voleurs (Thieves Like Us)*
*California Split*
**1975** *Nashville*
**1976** *Buffalo Bill et les Indiens (Buffalo Bill and the Indians or Sitting Bull's History Lesson)*
**1977** *Trois Femmes (Three Women)*
**1978** *Un mariage (A Wedding)*
**1979** *Quintet*
*Un couple parfait (A Perfect Couple)*
*Health*
**1980** *Popeye*
**1982** *Reviens, Jimmy Dean, reviens (Come Back to the Five and Dime, Jimmy Dean, Jimmy Dean)*
**1983** *Streamers*
**1984** *Secret Honor*
**1985** *Fool for Love*
*O. C. and Stiggs*
**1987** *Beyond Therapy*
*Aria*, ép. *« Les Boréades »*
**1990** *Vincent and Theo*
**1992** *The Player*
**1993** *Short Cuts*
**1994** *Prêt-à-porter*
**1996** *Kansas City*
*Jazz 34*
**1998** *Gingerbread Man (The Gingerbread Man)*

| | |
|---|---|
| | *Wild Card* |
| **1999** | *Cookie's Fortune* |
| **2000** | *Dr. T. et les femmes (Dr. T. and the Women)* |
| **2001** | *Gosford Park* |
| **2003** | *The Company* |
| **2006** | *The Last Show (A Prairie Home Companion)* |

# Gianni **Amelio**

SAN PIETRO MAGISANO 1945

**Une des voix les plus authentiques du cinéma italien.** Malgré une carrière commencée au début des années 1970, Gianni Amelio n'a été révélé en France qu'en 1992 avec *les Enfants volés*. Qui se souvient de *la Cité du soleil* pourtant présenté à Cannes en 1974 ou même de *Portes ouvertes* (1990) qui, malgré de nombreuses distinctions et la présence de Gian Maria Volontè, n'a rencontré qu'un succès d'estime ? Amelio a par ailleurs été desservi par la non-distribution en France de films comme *Bertolucci secondo il cinema* (1978), *Il piccolo Archimede* (1979), *I ragazzi di via Panisperna* (1988) et surtout *Colpire al cuore* (1982) qui, bien qu'interprété par Jean-Louis Trintignant et Laura Morante, est demeuré inédit à la suite de la faillite de Gaumont Italie.

Gianni Amelio a été longtemps un quasi marginal, un créateur en proie à de multiples difficultés ne parvenant pas à faire avancer ses projets les plus ambitieux. Pendant cette période, Amelio accumule les expériences et les recherches, il met en place des dispositifs complexes dans lesquels passent à la fois ses recherches linguistiques et son bagage culturel spécifique, celui d'un homme du Sud hanté par le déracinement.

Avec *Portes ouvertes*, un film inspiré d'un roman de Leonardo Sciascia dans lequel il s'interroge sur la peine de mort, Amelio entre définitivement dans un cinéma de grande audience. Le succès cannois des *Enfants volés* (1992) confirme cette évolution. *Lamerica* en 1994 affronte avec intelligence le passage de l'Albanie du communisme au libéralisme et évoque le mirage d'un Occident perçu à l'Est comme une nouvelle Amérique que l'on rêve d'atteindre. *Mon frère* (1998) reprend la thématique de l'émigration avec le voyage intérieur de la Sicile au Piémont. Il tourne ensuite en Allemagne *les Clefs de la maison* (2004) – analyse poignante du handicap et du difficile apprentissage d'un père pour accepter la situation de son fils. C'est en Chine enfin qu'il réalise *La stella che non c'è* (2006) avec Sergio Castellito. – J. A. G.

**FILMOGRAPHIE**

| | |
|---|---|
| **1971** | *La Fin du jeu (La fine del gioco)* |
| **1973** | *La Cité du soleil (La città del sole)* |
| **1978** | *La morte al lavoro* |
| **1979** | *Il piccolo Archimede* |
| **1982** | *Effetti speciali* |
| | *Colpire al cuore* |
| **1983** | *I velieri* |
| **1988** | *I ragazzi di via Panisperna* |
| **1990** | *Portes ouvertes (Porte aperte)* |
| **1992** | *Les Enfants volés (Il ladro di bambini)* |
| **1994** | *Lamerica* |
| **1998** | *Mon frère (Così ridevano)* |
| **2004** | *Les Clefs de la maison (Le chiavi di casa)* |
| **2006** | *La stella che non c'è* |

# Théo **Angelopoulos**

ATHÈNES 1935

**Un poète pour l'*Odyssée* de la Grèce contemporaine.** Exaltée par la photographie de Yorgos Arvanitis et la musique d'Helena Karindrou, l'œuvre si personnelle d'Angelopoulos est le témoignage de ce que le cinéma – loin des conditionnements qui en réduisent la portée – peut atteindre à la force de l'évidence et exprimer l'essence d'une culture.

Après des études de droit, Theo Angelopoulos suit les cours de l'IDHEC et devient un proche de Jean Rouch. De retour en Grèce, il est engagé comme critique de cinéma par le quotidien *Allagi*, publication suspendue plus tard par la junte militaire. En 1965, il commence à travailler sur un long métrage inachevé, *Forminx Story*, autour du groupe pop Forminx. En 1968, il tourne le court métrage *l'Émission*, avant de passer à la réalisation de son premier long métrage, *la Reconstitution* (1970), dans lequel il analyse les conséquences d'un crime – l'assassinat d'un émigrant à son retour d'Allemagne par sa femme et l'amant de celle-ci – et ses répercussions sur les protagonistes. Remarqué par la critique internationale, le film attire l'attention sur le cinéma grec.

Angelopoulos se lance alors dans un projet très ambitieux, trois films qui constituent une sorte de trilogie sur l'histoire de la Grèce contemporaine. *Jours de 36* se situe juste avant l'élection qui conduit le général Metaxas à imposer sa dictature. Le film évoque la séquestration d'un membre réactionnaire du Parlement : le gouvernement hésite, mais finalement le preneur d'otage est assassiné et son meurtre annonce la répression sévère qui suit. *Le Voyage des comédiens* (1975), présenté à la Quinzaine des Réalisateurs du Festival de Cannes, reçoit le prix de la Critique internationale. Considéré comme un chef-d'œuvre du cinéma moderne, le film raconte l'histoire d'une troupe de comédiens dans la Grèce des années 1939 à 1952. Il fonctionne sur le principe de la « mémoire collective » et ignore délibérément les principes de la chronologie, naviguant sans entraves dans les strates d'un passé récent et dramatique : la dictature de Metaxas, l'occupation nazie, la Résistance grecque déchirée en tendances diverses, la victoire de la monarchie, la guerre civile, la défaite des communistes en 1949 et les élections de 1952. Les membres de la troupe s'expriment à plusieurs niveaux – tout comme les figures de l'histoire populaire qu'ils interprètent – à travers la psychologie de leur personnage et, du point de vue historique, à travers la relation qu'ils entretiennent avec la Grèce et son évolution. De manière emblématique, ils portent les noms illustres des Atrides de l'Antiquité. Dans *les Chasseurs* (1977), le cinéaste évoque l'histoire politique de la Grèce de 1949 à 1977 : le film commence par la découverte que font six chasseurs du cadavre d'un combattant de la Résistance. Les thèmes et les styles, qui sont les constantes de l'œuvre d'Angelopoulos, sont à nouveau mis en jeu : poids de l'histoire, examen critique du pouvoir, théâtralisation brechtienne où l'individu n'a pas d'importance par rapport au groupe, rejet de la narration conventionnelle au bénéfice d'un récit intentionnellement décousu dans lequel une caméra fixe et de longs plans séquence créent la sensation d'un temps alternatif. Le pouvoir est encore au centre du propos d'*Alexandre le Grand* (1980), histoire d'un bandit de grand chemin au tournant du siècle qui tente de régner en tyran en imposant sa propre « démocratie ». Issu du peuple, il finit par être détruit par le peuple. La métaphore renvoie non seulement à la figure antique d'Alexandre mais aussi au héros de la révolution grecque et au chef de la Résistance face à l'occupant nazi. Le film obtient le Lion d'or pour les « films expérimentaux » au Festival de Venise.

Après la réalisation en 1982 du documentaire *Athènes retour à l'Acropole*, Angelopoulos commence à collaborer pour *le Voyage à Cythère* (1984) avec le scénariste et poète Tonino Guerra. Dans ce film, qui remporte le Prix de la Critique internationale au Festival de Cannes, on suit les traces d'un cinéaste qui veut réaliser un film sur son propre père, un ancien communiste qui revient de l'Union soviétique après trente ans d'exil et qui est devenu un étranger dans son pays natal. À travers la représentation d'une société dans laquelle toute spiritualité semble avoir été bannie, Angelopoulos exprime de façon plus générale sa propre désillusion face à la Grèce démocratique. Une quête d'identité, clairement marquée par l'influence d'Antonioni, remplace l'étude du groupe. Le thème du retour chez soi, marqué par le franchissement d'une frontière, devient une caractéristique des thématiques du réalisateur. *L'Apiculteur* (1986), ultime voyage d'un vieil homme – magistralement interprété par Marcello Mastroianni – qui a quitté sa famille, puis *Paysage dans le brouillard* (1988), voyage de deux enfants à la recherche d'un père imaginaire, poursuivent l'étude d'un monde sans âme et sans repères. Dans ce film, Angelopoulos fait référence au *Voyage des comédiens* de façon explicite, à travers le personnage d'Oreste qui rencontre les deux héros du film. *Le Pas suspendu de la cigogne* (1991) est situé à la frontière de deux pays imaginaires, au cœur d'un village envahi de réfugiés. Un journaliste pense avoir reconnu un politicien qui avait mystérieusement disparu. Angelopoulos commence là une réflexion amère sur la perte des repères en Europe depuis la chute du mur de Berlin.

En 1994, il tourne *le Regard d'Ulysse* à travers différents pays des Balkans. Dans cette odyssée contemporaine, le cinéaste part à la recherche des racines du cinéma balkanique, il évoque une fois de plus la tragédie des guerres qui endeuillent les pays de l'ex-Yougoslavie et développe une réflexion sur le parcours d'un homme, sa vie, ses amours, ses désillusions. Le film remporte le Prix du Jury et le Prix de la Critique internationale au Festival de Cannes. La récompense suprême, Angelopoulos l'obtient en 1998 : *l'Éternité et un jour* (1998) – un écrivain vieillissant navigue entre le passé et le présent et choisit de quitter l'hôpital où il est soigné pour sauver un enfant albanais – remporte la Palme d'or. — J. A. G.

**FILMOGRAPHIE**

**1970** *La Reconstitution (Anaparastassi)*
**1972** *Jours de 36 (Imerestou 36)*
**1975** *Le Voyage des comédiens (O thiassos)*
**1977** *Les Chasseurs (I kynighi)*
**1980** *Alexandre le Grand (Omegalexandros)*
**1984** *Le Voyage à Cythère (Taxidi sta Kythira)*
**1986** *L'Apiculteur (O melissokomos)*
**1988** *Paysage dans le brouillard (Topio stin omichli)*
**1991** *Le Pas suspendu de la cigogne (To meteoro vima tou pelargou)*
**1995** *Le Regard d'Ulysse (To vlemma tou Odyssea)*
**1998** *L'Éternité et un jour (Mia aioniotita kai mia mera)*
**2004** *Éleni - La Terre qui pleure (Trilogia I: To Livadi pou dakryzei)*

## Michelangelo **Antonioni**

FERRARE 1912

**La paralysie du corps et les déserts de l'âme.** Analyste de l'incommunicabilité et de la crise des sentiments, Michelangelo Antonioni, après des études de sciences économiques, commence à s'intéresser au cinéma en écrivant dans la revue *Cinema*. En 1941, il collabore au scénario d'*Un pilota ritorna* de Roberto Rossellini, puis suit à Nice le tournage des *Visiteurs du soir* (1941) de Marcel Carné. Il fait ses premières armes dans le documentaire, réalisant à partir de 1943 sept courts métrages dans lesquels passe déjà un évident souci, non seulement d'observer le réel, mais aussi de l'organiser pour le rendre plus signifiant (*Gens du Pô, Nettoyage urbain, le Mensonge amoureux, Superstition, Sept chiens un habit, le Téléphérique du Faloria, La Villa des monstres*). En 1947, il participe au scénario de *Chasse tragique* de Giuseppe De Santis.

Formé dans la mouvance néoréaliste, Antonioni s'éloigne du mouvement pour privilégier l'analyse névrotique du comportement amoureux. *Chronique d'un amour* (1950), *les Vaincus* (1952), *la Dame sans camélias* (1953), *l'Amour à la ville* (1953, épisode *Tentato suicidio*), *Femmes entre elles* (1955) constituent une première approche de la difficulté du couple bourgeois. En 1957, *le Cri* élargit sa palette en direction des individus que les difficultés économiques rendent encore plus démunis face aux crises affectives.

Commence alors une éblouissante saison créatrice qui conduit à une sorte de renouvellement du langage cinématographique dans lequel les silences, les attentes, les creux expressifs valent plus que les moments apparents de progression de l'action, un langage dans lequel le décor n'est plus le signe reconnaissable du monde extérieur, mais l'expression des états d'âme, de l'indicible, du mystère même qui entoure l'homme. À partir de scénarios minimalistes écrits avec Tonino Guerra, *L'avventura* (1960), *la Nuit* (1961), *l'Éclipse* (1962) constituent une trilogie exemplaire sur l'incommunicabilité existentielle, l'état schizophrénique de l'individu, l'impossible rencontre de l'homme et de la femme. S'appuyant sur les partitions raréfiées de Giovanni Fusco et sur la photographie ciselée de Gianni Di Venanzo, le cinéaste met en place une univers énigmatique où les apparences les plus anodines se font signes. Avec *le Désert rouge* (1964), toujours avec la complicité de Monica Vitti, Antonioni aborde aux rives de la folie et trouve, avec l'usage de la couleur, signée Carlo Di Palma, une résonance chromatique à ses angoisses créatrices.

S'ouvrant à de nouveaux horizons, le cinéaste devient voyageur : il tourne à Londres *Blow up* (1966, Palme d'or au Festival de Cannes) – un de ses films les plus aboutis sur l'énigme des apparences –, aux États-Unis *Zabriskie Point* (1970), en Chine, *Chung Kuo la Chine* (1972), en Afrique et en Espagne *Profession : reporter* (1975), avant de revenir en Italie pour *le Mystère d'Oberwald* (1980) – adaptation peu inspirée de *l'Aigle à deux têtes* de Jean Cocteau tournée en vidéo – et *Identification d'une femme* (1982) dans lequel il renoue avec l'interrogation sur l'impossible constitution du couple.

Le regard d'Antonioni derrière la caméra sur le tournage de *L'avventura* (1960).

Frappé en 1985 par une attaque cérébrale qui le laisse à demi-paralysé et privé de la parole, il semble perdu pour la création. Il parvient malgré cela à réaliser en 1995, avec le soutien de Wim Wenders, *Par-delà les nuages*. Le film suit les traces d'une œuvre en train de se faire, les réflexions d'un cinéaste – très indirectement le double d'Antonioni – qui observe des instants de vie autour de lui. Sorte de journal mental, *Par-delà les nuages* révèle la dimension métaphysique d'un créateur que le vieillissement et l'approche de la mort conduisent à ne se préoccuper que de l'essentiel. En 2001, il trouve encore la force de réaliser un épisode pour le film *Eros* (sorti en 2005) – également signé par Steven Soderbergh et Wong Kar-wai –, entreprise hélas répétitive qui n'ajoute rien au génie du créateur.

Cinéaste de la modernité, Antonioni laisse une trace profonde par son approche biaisée de la réalité, sa façon allusive de ne monter que des bribes de récits, d'accorder aux temps morts la priorité sur la dynamique de la narration. – J. A. G.

**FILMOGRAPHIE**

**1950** *Chronique d'un amour (Cronaca di un amore)*
**1953** *L'Amour à la ville (L'amore in città*, ép. «*Tentato suicidio*»*)*
*La Dame sans camélias (La signora senza camelie)*
*Les Vaincus (I vinti)*
**1955** *Femmes entre elles (Le amiche)*
**1959** *Le Cri (Il grido)*
**1960** *L'avventura*
**1961** *La Nuit (La notte)*
**1962** *L'Éclipse (L'eclisse)*
**1964** *Le Désert rouge (Il deserto rosso)*
**1965** *I tre volti*, ép. «*Il provino*»
**1966** *Blow up*
**1970** *Zabriskie Point*
**1972** *Chung Kuo, La Chine (Chung Kuo – Cina)*
**1975** *Profession : reporter (Professione: reporter)*
**1980** *Le Mystère d'Oberwald (Il mistero di Oberwald)*
**1982** *Identification d'une femme (Identificazione di una donna)*
**1995** *Par-delà les nuages (Al di là delle nu vole)*, co. Wim Wenders
**2004** *Eros*, ép. «*Il filo pericoloso delle cose*»

# Olivier **Assayas**

PARIS 1955

**La musique des sentiments.** Ses films modernisent la tradition de la Nouvelle Vague qu'il confronte au nouveau cinéma américain et asiatique. Son goût pour le métissage formel fait exploser les limites de «l'intimisme à la française», carcan trop étroit pour une écriture ciselée.

En arrivant aux *Cahiers du cinéma* en 1979, Olivier Assayas ouvre la revue au nouveau cinéma américain de genre (John Carpenter), y impose Clint Eastwood, alors ignoré, tout en élargissant son horizon à l'Asie (Hong Kong) avant de découvrir la nouvelle vague taïwanaise (Hou Hsiao-hsien). Si l'activité critique est pour lui un prolongement heureux de l'adolescence, le fait de réaliser des films, après une brève expérience de scénariste avec André Téchiné, le confronte à l'angoisse de devenir adulte. Quête de nouveaux pères en cinéma, du côté de Bergman, pour son art de filmer le visage des femmes, et de Truffaut, pour l'autobiographie romancée. Retrouvailles avec son vrai père, cinéaste, Jacques Rémy, pseudonyme de Rémy Assayas. Son premier film, *Désordre* (1986) est un autoportrait de sa génération, le récit d'un groupe qui se désagrège, avant l'entrée dans le monde adulte, motif repris dans *l'Eau froide* (1994), inspiré de sa vie de lycéen. Les relations complexes entre vie de couple et vie de groupe, vie de couple et vie de famille, organisent la trame de ses premiers films (*Fin août, début septembre*, 1998), jusqu'aux *Destinées sentimentales* (2000), adaptation du roman de Jacques Chardonne, où la passion du bien faire (le cognac, la porcelaine) devient une métaphore de l'art dans le monde de l'industrie. Tout s'éclaire avec *Irma Vep* (1996) : l'héritage truffaldien (Jean-Pierre Léaud en cinéaste), le goût pour le cinéma populaire (un remake des *Vampires* de Feuillade) et la greffe asiatique avec Maggie Cheung, magique. La femme est le moteur de ses films, de ses récits (voir *Clean*, 2004, régulé sur l'énergie de Maggie Cheung ou sa soudaine fatigue) et de son envie de filmer (Connie Nielsen, admirable dans *Demonlover*, 2002). Scruter le visage, à l'orée des sentiments, est une chose, mais à condition que la forme visuelle, le rythme et le tissu sonore plongent le spectateur dans la sensation du vécu intérieur. Le style est ici une affaire de cœur. – C. T.

**FILMOGRAPHIE**

**1986** *Désordre*
**1989** *L'Enfant de l'hiver*
**1991** *Paris s'éveille*
**1993** *Une nouvelle vie*
**1994** *L'Eau froide*
**1996** *Irma Vep*
**1997** *Cinéaste de notre temps : HHH, Un portrait de Hou Hsiao-hsien*
**1998** *Fin août, début septembre*
**2000** *Les Destinées sentimentales*
**2002** *Demonlover*
**2004** *Clean*
**2006** *Paris, je t'aime*, ép. «*Temple*»

## Jacques **Becker**

PARIS 1906 - id. 1960

**Les qualités d'équilibre entre récit et dialogues**, un ton mesuré et la précision de ses mises en scène, ont fait de Becker un « cinéaste français par excellence », au risque de l'enfermer dans une norme moyenne de classicisme. Interpellé, un jour, sur son attirance pour le social, il déclarait, peut-être agacé : « C'est le côté entomologiste que j'ai peut-être (...) : je travaille sur des Français, je regarde des Français, je m'intéresse aux Français » – son œuvre dépasse pourtant cet horizon.

S'il a en commun avec son maître Jean Renoir, dont il fut longtemps l'assistant, un souci du réalisme social, un dessin rigoureux de tous les rôles et le soin d'un cadrage à la fois spatial et social, il s'en éloigne par une sorte de tempérance, une ambiance plus retenue, comme s'il voulait freiner l'adhésion à ses personnages – ce qui confère une grande force à *Casque d'or* (1952) ou à son unique film de gangster *Touchez pas au grisbi* (1954). Il excelle dans la description des groupes humains : les paysans de *Goupi Mains-rouges*, les ouvriers d'*Antoine et Antoinette*, la jeunesse d'après-guerre du *Rendez-vous de juillet*, ou encore un Paris 1900 de convention, dont pourtant il évite tous les clichés dans *Casque d'or*.

Il aime décrire ses personnages dans leur spécificité plutôt que dans l'action et a toujours manifesté, même si les conditions de production de l'époque ne l'ont pas toujours favorisé dans ce sens, une préférence pour les décors réels, au point qu'on a pu dire que ses films des années 1945-1953 tournés à Paris (*Falbalas*, *Antoine et Antoinette*, *Rendez-vous de juillet*, *Édouard et Caroline*, *Rue de l'Estrapade*) constituent un des rares témoignages authentiques sur les réalités sociologiques et urbaines parisiennes. Jamais il ne se laisse conduire par des dialogues pré-établis et il évite toujours de répéter le texte par l'image. À partir de *Casque d'or*, et malgré deux comédies de moindre envergure, il a progressivement dépouillé sa mise en scène de tout effet, jusqu'à laisser penser à une influence de Bresson dans son dernier film, *le Trou*. – D. S.

**FILMOGRAPHIE**

**1942** *Dernier atout*
**1943** *Goupi Mains-rouges*
**1945** *Falbalas*
**1947** *Antoine et Antoinette*
**1949** *Rendez-vous de juillet*
**1951** *Édouard et Caroline*
**1952** *Casque d'or*
**1953** *Rue de l'Estrapade*
**1954** *Ali Baba et les quarante voleurs*
*Touchez pas au grisbi*
**1957** *Les Aventures d'Arsène Lupin*
**1958** *Montparnasse 19*
*(Les Amants de Montparnasse)*
**1960** *Le Trou*

## Marco **Bellocchio**

PLAISANCE 1939

**Entre contestation, psychanalyse et engagement politique.** Marco Bellocchio fait ses débuts avec un film violemment iconoclaste, *les Poings dans les poches* (1965). Drame exaspéré de l'enfermement et charge brutale contre l'institution familiale, le film révèle un cinéaste de 26 ans sachant mêler tendresse poétique et posture blasphématoire. Le choix d'un sujet extrême, qui associe tares héréditaires, assassinats prémédités, mouvements incestueux, doit être envisagé dans l'atmosphère d'une époque de remise en cause des idéologies traditionnelles, préfiguration de l'esprit de 68. Bellocchio y dénonce les valeurs bourgeoises dont il souligne la décrépitude. Soutenu par l'interprétation exceptionnelle de Lou Castel, le cinéaste réalise un film « scandaleux » où l'assassinat de la mère et du frère est souligné par la joie du meurtrier.

Après ce premier film qui demeure aujourd'hui comme un des repères les plus significatifs de la contestation, Bellocchio poursuit son entreprise de critique de l'idéologie dominante. Sans tomber dans la répétition, il tourne, avec *la Chine est proche* (1967), *Au nom du père* (1971), *Viol en première page* (1972), *la Marche triomphale* (1976), des œuvres qui soulignent la schizophrénie bourgeoise, le conformisme de la religion, le pouvoir manipulateur de la presse, la régression militariste. Dans un parcours où se succèdent des expériences de nature diverse, il est aussi tenté par les films militants réalisés avec un collectif marxiste-léniniste (*Paola*, *Vive le 1^er^ mai rouge*, 1969) ou par de grandes enquêtes tournées en collaboration avec Silvano Agosti, Stefano Rulli et Sandro Petraglia : *Fous à délier* en 1975 constitue dans l'analyse de l'aliénation mentale le point de départ d'une réflexion majeure sur la folie et son traitement psychiatrique ; *la Machine cinéma* en 1978 est l'occasion d'une mise à plat du processus de création cinématographique dans son rapport à toutes les contingences qui en émaillent le parcours. Bellocchio est également porté vers les adaptations pour l'écran de grands textes théâtraux : *la Mouette* d'Anton Tchekhov en 1977, *Henri IV* de Luigi Pirandello en 1984 – Marcello Mastroianni y fait une composition grandiose – ou *le Prince de Hombourg* de Heinrich von Kleist en 1997.

Sa veine la plus féconde demeure toutefois l'introspection, l'analyse des fantasmes et des dérèglements comportementaux : angoisses suicidaires, culpabilités obsessionnelles, tentations incestueuses sont à la base de ses interrogations. *Le Saut dans le vide* en 1979 ou *les Yeux, la bouche*, remake décalé des *Poings dans les poches* en 1982, poursuivent un discours qui, avec le passage des années, conserve sa force subversive. Bellocchio choisit de s'aventurer, avec des fortunes diverses, dans les méandres du comportement humain cerné par les voies de l'approche psychanalytique. Aidé par le psychanalyste Massimo Fagioli, qui a participé à l'écriture d'*Autour du désir* et du *Rêve du papillon* mais qui avait antérieurement exercé une influence sur la gestation d'autres scénarios, Bellocchio oriente son œuvre vers les zones de l'inconscient, là où la frontière entre la norme et le dérèglement devient floue. Ainsi, à partir du *Diable au corps* (1986) – libre adaptation du roman de Radiguet où la guerre de 14-18 est remplacée par les années de plomb du terrorisme en Italie –, Bellocchio enchaîne avec *la Sorcière* (1987), *Autour du désir* (1990), *le Rêve du papillon* (1994), basculant volontiers dans une dimension onirique exprimée par les visions de la «sorcière» (le titre original du film est d'ailleurs *La visione del Sabba*), les fantasmes «autour du désir» ou l'autisme comportemental.

Revenant vers des films de facture plus classique, Bellocchio a entamé avec *la Nourrice* (1999), d'après une nouvelle de Pirandello, un travail de réflexion sur le récit. *Le Sourire de ma mère* (2001), *Buongiorno, notte* (2003), *Il regista di matrimoni* (2006), prolongent ce travail dans la contemporanéité : le cinéaste y étudie les dévoiements de la religion et les impasses de l'idéologie lorsque celle-ci conduit au meurtre politique. Ainsi, l'ancien jeune homme en colère demeure sur la brèche pour observer son temps et en dire les pathologies. — J. A. G.

**FILMOGRAPHIE**

**1965** *Les Poings dans les poches (I pugni in tasca)*
**1967** *La Chine est proche (La cina è vicina)*
**1969** *La Contestation (Amore e rabbia,* ép. *«Discutiamo, discutiamo!»)*
**1971** *Au nom du père (Nel nome del padre)*
**1972** *Viol en première page (Sbatti il mostro in prima pagina)*
**1975** *Fou, à délier (Matti da slegare, co.)*
**1976** *La Marche triomphale (Marcia trionfale)*
**1977** *La Mouette (Il gabbiano)*
**1978** *La macchina cinema*
**1979** *Le Saut dans le vide (Salto nel vuoto)*
**1982** *Les Yeux, la bouche (Gli occhi, la bocca)*
**1984** *Henri IV, le roi fou (Enrico IV)*
**1986** *Le Diable au corps (Il diavolo in corpo)*
**1987** *La Sorcière (La visione del Sabba)*
**1990** *Autour du désir (La condanna)*
**1994** *Le Rêve du papillon (Il sogno della farfalla)*
**1995** *Sogni infranti*
**1997** *Il principe di Homburg*
**1998** *La religione della storia*
**1999** *La Nourrice (La balia)*
**2001** *Le Sourire de ma mère (L'ora di religione)*
*Un altro mondo è possibile* (co.)
**2003** *Buongiorno, notte*
**2006** *Il regista di matrimoni*

# Ingmar **Bergman**

UPPSALA 1918

**Cinéma et métaphysique**. Issu du théâtre, Ingmar Bergman lui est toujours reste fidèle, et l'on trouve de nombreuses traces de cet amour dans ses films. Ses débuts à l'écran sont marqués par des influences littéraires, celles d'auteurs abordés à la scène, Strindberg en premier lieu, Ibsen, Anouilh, Pirandello, Camus. Il a mené une réflexion sur la notion de spectacle – ainsi dans *Jeux d'été* (1951), *la Nuit des forains* (1953), *l'Œil du diable* (1960), *Fanny et Alexandre* (1982) – et ses films les plus intimistes recèlent eux-mêmes une réflexion sur la théâtralité à l'écran, dépouillée de toute invasion des codes théâtraux.

Bergman est d'abord un révolté, il s'élève contre les pressions sociales et la morale conventionnelle, contre la religion et son puritanisme répressif. Il ne cesse de contester les valeurs de la famille et du couple, les règles de la vie quotidienne dans ses drames *Ville portuaire* (1948), *la Fontaine d'Aréthuse* (1949), *Monika* (1953), et jusque dans sa plus brillante comédie *Sourires d'une nuit d'été* (1955). Le pessimisme domine, mais parfois, à ses débuts, il permet à ses héros de trouver le salut dans l'amour – non sans nuances mélodramatiques (*l'Éternel mirage*, *Musique dans les ténèbres*) – ou parfois dans l'Art (*Vers la joie*, *Jeux d'été*). Refusant les chaînes de la culpabilité, ces films approfondissent les grandes questions existentielles avec une fraîcheur, un naturel, une puissance qui vont lui apporter une consécration internationale. Il est perçu comme l'auteur de film par excellence, et la tonalité de ses films devient de plus en plus métaphysique : *la Nuit des forains* et sa méditation sur le spectacle, *le Septième sceau* qui affronte les questions de la mort et de l'existence de Dieu, *les Fraises sauvages* et son introspection sur le bilan d'une vie, *les Communiants* et la perte de la foi, *le Visage* et les dualités vie et spectacle, foi et scepticisme, mysticisme et science, mort et résurrection. La mise en scène, de plus en plus rigoureuse, bénéficie du concours de grands acteurs qui lui restent longtemps fidèles, Harriet Andersson, Bibi Andersson, Gunnar Björnstrand, Max von Sydow, Ingrid Thulin, Liv Ullman, Erland Josephson.

La vie, la mort, le suicide, l'avortement, la passion, thèmes de ses films les plus pessimistes, sont abordés du point de vue de la femme, qui a le rôle déterminant dans ses compositions – y compris dans ses films indirectement ou directement autobiographiques comme *Scènes de la vie conjugale*, *Face à face*, *Fanny et Alexandre*. Dans les années 1960, Bergman renforce la dimension psychologique de ses récits, et même leur base psychanalytique. Au confluent de ses investigations et de son questionnement métaphysique, il réalise une série de *films de chambre*, où s'af-

Ingrid Thulin et Liv Ullman dans *Cris et chuchotements* de Ingmar Bergman (1972).

frontent des couples en huis clos, où rêves et fantasmes sont durement confrontés à la réalité : *À travers le miroir, le Silence, Persona, l'Heure du loup, la Honte*. C'est le triomphe à l'écran de cette fascination pour les visages qu'il a souvent revendiquée (« Notre travail au cinéma commence avec le visage humain »).

Sa mise en scène se libère, il brise l'harmonie du récit, sa continuité. À l'écart des modes, son réalisme cinématographique répudie les images banales, et, à sa manière, il pratique la déconstruction. Ainsi *Persona*, méditation sur les masques et les apparences, ajuste les brisures de la forme à celles que provoque le thème du double qui constitue l'essence du film, tandis que *Cris et chuchotements*, réflexion tragique sur la mort, transforme par son traitement particulier de la couleur (ses dominantes rouges extrêmes) l'habituel *effet de réel* du cinéma. Dans son ambitieux *De la vie des marionnettes*, construit comme un dossier d'instruction, il concrétise une expérience de distanciation cinématographique, sur la base d'un récit complexe aux fondements psychanalytiques, continuité logique bouleversée, multiples témoignages assemblés, séquences réalistes et oniriques associées.

« *Fanny et Alexandre* représente la somme totale de ma vie en tant que réalisateur », a dit Bergman. Ce chef-d'œuvre indiscuté, convaincant dans son art de l'ellipse (il est vrai que le montage pour les salles de cinéma ne dure que la moitié de la version télévisuelle), est comme une somme édifiée sur ses films antérieurs et sur un récit en partie inspiré de son enfance. Si ensuite Bergman a abandonné le cinéma au profit du théâtre et de la télévision, l'évolution des techniques a tout de même permis son retour dans les salles avec des créations vidéo comme *Saraband* (2004). – D. S.

**FILMOGRAPHIE**

**1946** *Il pleut sur notre amour (Det regnar på vår kärlek)*
*La Crise (Kris)*
**1947** *Bateau pour les Indes / l'Éternel Mirage (Skepp till India land)*
**1948** *Ville portuaire (Hamnstad)*
*Musique dans les ténèbres (Musik i mörker)*
**1949** *La Soif / la Fontaine d'Aréthuse (Törst)*
*La Prison (Fängelse)*
**1950** *Cela ne se produirait pas ici (Sånt händer inte här)*
*Vers la joie (Till glädje)*
**1951** *Jeux d'été (Sommarlek)*
**1952** *L'Attente des femmes (Kvinnors väntan)*
**1953** *La Nuit des forains (Gycklarnas afton)*
*Monika / Un été avec Monika / Monika et le désir (Sommaren med Monika)*
**1954** *Une leçon d'amour (En Lektion i kärlek)*
**1955** *Sourires d'une nuit d'été (Sommarnattens leende)*
*Rêves de femmes (Kvinnodröm)*
**1957** *Les Fraises sauvages (Smultronstället)*
*Le Septième Sceau (Det Sjunde inseglet)*
**1958** *Le Visage (Ansiktet)*
*Au seuil de la vie (Nära livet)*

**1960** *L'Œil du diable (Djävulens öga)*
*La Source (Jungfrukällan)*
**1961** *À travers le miroir (Såsom I En Spegel)*
**1963** *Le Silence (Tystnaden)*
*Les Comuniants (Nattvardsgästerna)*
**1964** *Toutes ses femmes / À propos de toutes ses femmes (För att inte tala om alla dessa kvinnor)*
**1966** *Persona*
**1967** *Stimulantia*, ép. «*Daniel*»
**1968** *La Honte (Skammen)*
*L'Heure du loup (Vargtimmen)*
**1969** *Une passion (En passion)*
*Le Rite (Riten)*
**1971** *Le Lien (Beröringen / The Touch)*
**1972** *Cris et chuchotements (Viskningar och rop)*
**1973** *Scènes de la vie conjugale (Scener ur ett äktenskap)*
**1975** *La Flûte enchantée (Trollflöjten)*
**1976** *Face à face (Ansikte mot ansérine)*
**1977** *L'Œuf du serpent (The Serpent's Egg / Das Schlangenei))*
**1978** *Sonate d'automne (Höstsonaten)*
**1980** *De la vie des marionnettes (Aus dem Leben der Marionetten)*
**1982** *Fanny et Alexandre (Fanny och Alexander)*
**1983** *Après la répétition (After the Rehearsal)*
**1998** *En présence d'un clown (Larmar Och Gör Sig Till)*
**2004** *Saraband*

## Bernardo **Bertolucci**

PARME 1941

**Entre l'Italie et le monde, entre Godard et John Ford.** Cinéaste fortement marqué par l'idéologie marxiste et par la psychanalyse, deux démarches qui ont profondément orienté ses options stylistiques, Bertolucci est aussi à l'aise dans de grands récits romanesques qu'il éclaire de son sens visionnaire et de ses images très travaillées – il faut souligner sa collaboration avec le chef opérateur Vittorio Storaro – que dans des mises en scène davantage liées à l'expérience personnelle et aux espaces clos.

D'abord assistant de Pier Paolo Pasolini pour *Accattone* en 1961, Bernardo Bertolucci fait figure d'enfant prodige lorsqu'il obtient en 1962 le prix Viareggio pour son recueil de poèmes, *À la recherche du mystère*, et qu'il réalise la même année son premier film, sur un scénario de Pasolini, *La commare secca*. Il participe ainsi très jeune au renouveau du cinéma italien et confirme ses dons avec *Prima della rivoluzione* (1964), film accueilli avec enthousiasme à la Semaine de la Critique du Festival de Cannes et dans lequel il décrit les désarrois et les déchirements sentimentaux d'un jeune bourgeois attiré par l'idéologie marxiste. *Partner* (1968), trop influencé par Godard, marque un certain flottement – heureusement passager – dans la démarche du cinéaste. Après une première tentative d'analyse du passé fasciste de l'Italie avec *la Stratégie de l'araignée* (1970), il poursuit cette réflexion avec *le Conformiste* (1970), une œuvre dramatique inspirée du roman d'Alberto Moravia dans laquelle Jean-Louis Trintignant donne corps à un personnage d'une grande ambiguïté. *Le Dernier Tango à Paris*, en 1972, met en scène l'expression brutale de la sexualité dans les rapports de Marlon Brando et Maria Schneider ; le film provoque le scandale partout dans le monde et se voit même interdit en Italie. Dans une perspective plus classique, Bertolucci tourne alors *1900* (1976), vaste fresque en deux parties sur une lecture communiste de l'histoire de la péninsule du début du siècle au lendemain de la Seconde Guerre mondiale. Le film met en scène dans la campagne émilienne une famille de propriétaires terriens et une famille de paysans pauvres en soulignant les antagonismes sociaux et les déterminismes affectifs, les conflits publics et les drames privés. Les patriarches sont interprétés par Burt Lancaster et Sterling Hayden tandis que leurs enfants respectifs sont Robert De Niro et Gérard Depardieu. Après *La luna* (1979), film aux résonances intimistes sur les difficiles rapports entre une mère (Jill Clayburgh) et son fils, et *la Tragédie d'un homme ridicule* (1981) dans lequel il évoque, en suivant les déboires d'un fabricant de parmesan (Ugo Tognazzi), le phénomène du terrorisme et des prises d'otages, le cinéaste se lance dans des superproductions tournées aux quatre coins de la planète qui lui valent une grande réputation internationale.

*Le Dernier Empereur* (1987, nombreux Oscars dont celui du meilleur film à Hollywood) raconte la vie mouvementée de Pu Yi, dernier occupant de la Cité interdite de Pékin. *Un thé au Sahara* (1990), d'après le roman de Paul Bowles, suit l'itinéraire d'un couple d'Américains (Debra Winger, John Malkovich) fascinés par la solitude du désert marocain et qui finissent par y trouver l'un la mort, l'autre l'amour. *Little Buddha* (1993) évoque, des États-Unis au Tibet, la réincarnation du Bouddha dans le corps d'un enfant de Seattle. Un peu de la profonde originalité du cinéaste se perd dans ces films à gros budget. Aussi, sans doute soucieux de revenir à des œuvres plus personnelles, Bertolucci tente de se réenraciner en Italie avec *Beauté volée* (1996), un hymne à la féminité naissante (Liv Tyler) réalisé dans la campagne toscane, et avec *Shandurai* (1998), une étrange histoire d'amour entre un pianiste anglais et une domestique africaine dans un somptueux appartement romain de la place d'Espagne. *The Dreamers* (2003) le ramène à Paris : il y prend pour cadre les événements de 1968 pour décrire les dérives sexuelles de deux garçons et une fille dans une veine qui essaye de retrouver les errances du *Dernier Tango à Paris*. – J. A. G.

**FILMOGRAPHIE**

**1962** *La commare secca*
**1964** *Prima della rivoluzione*
**1968** *Partner*
**1969** *La Contestation (Amore e rabbia,* ép. *« Agonia »)*
**1970** *Le Conformiste (Il conformista)*
*La Stratégie de l'araignée (La strategia del ragno)*
**1972** *Le Dernier Tango à Paris (Ultimo tango a Parigi)*
**1976** *1900 (Novecento)*
**1979** *La luna*
**1981** *La Tragédie d'un homme ridicule (La tragedia di un uomo ridicolo)*
**1987** *Le Dernier Empereur (The Last Emperor)*
**1990** *Un thé au Sahara (The Sheltering Sky)*
**1993** *Little Buddha*
**1996** *Beauté volée (Stealing Beauty)*
**1998** *Shandurai (Besieged)*
**2003** *Innocents (The Dreamers)*

## John **Boorman**

LONDRES 1933

**L'éternelle quête du paradis perdu.** Alternant les films entre Hollywood et la Grande-Bretagne, John Boorman fantasme la perpétuelle et violente lutte entre la civilisation et une nature originelle. Après des documentaires pour la télévision et *Sauve qui peut* (1965), premier film en Grande-Bretagne, John Boorman tournera à Hollywood (*le Point de non retour, Duel dans le Pacifique*) et en Angleterre (*Leo le dernier*), montrant une conscience politique dont il ne se départira pas (*le Général, The Tailor of Panama, Country of My Skull*). Il revient à Hollywood pour *Délivrance* (1972), son film le plus violent et dérangeant, mésaventures de quatre amis à la recherche de sensations fortes, sur une rivière traversant l'Amérique profonde. Anti-conventionnel, Boorman déjoue les attentes en rendant invalide le héros désigné (le viril Burt Reynolds). Il va alterner les tournages entre Hollywood et l'Europe (*Zardoz* est une production irlandaise) ou tourne en Europe des productions hollywoodiennes (*Excalibur* est tourné en Irlande). Il imprime sa marque résolument fantasque dans *l'Hérétique*, suite de *l'Exorciste* (les incroyables séances d'hypnose par serre-têtes interposés). Mais il s'attache aussi à des sujets personnels (*la Guerre à sept ans*, film autobiographique sur un petit garçon londonien pendant la Seconde Guerre mondiale).

*Tout pour réussir* et *The Tailor of Panama*, films sur l'illusion et le mensonge, révèlent la lucidité du cinéaste vis-à-vis de son art, un second degré que l'on retrouve dans le jeu décalé de certains personnages (Merlin dans *Excalibur*). Cette posture atypique se manifeste dans son travail avec les acteurs : il confie le premier rôle du *Général* à son acteur de composition fétiche, Brendan Gleeson, et emploie des membres de sa famille (son fils Charley notamment).

La quête est souvent le thème central de Boorman, comme elle est le thème fondateur de la légende arthurienne (*Excalibur*). Il traite du paradis perdu et du retour à la nature, de l'opposition entre la civilisation et la nature et de la violence, naturelle ou organisée. Le souci écologique est présent sous le discours politique : au début de *Country of My Skull*, le montage alterné entre des scènes de violence militaire et de magnifiques paysages évoque le début de *Délivrance*, lorsque les pelleteuses détruisent la rivière.

L'ambiance onirique, voire cauchemardesque, dérive souvent vers le magique (le finale de *la Forêt d'Émeraude*) ou le loufoque (Sean Connery dans le futuriste *Zardoz*, le casque de Merlin dans *Excalibur*, la façon très particulière du *Général* de se cacher le visage). Les éléments naturels comme l'eau, la forêt ou la brume (*Délivrance, Excalibur, la Forêt d'Émeraude, Rangoon*) renforcent le merveilleux d'un univers émaillé de références mythologiques et de motifs féeriques (le voyage initiatique de *Délivrance*), voire de véritables vignettes bibliques (Lancelot et Guenièvre nus dans les bois d'*Excalibur*). Une atmosphère fantasmagorique au service de sa vision d'une espèce humaine hostile et cloisonnée en « tribus » : Américains et Japonais (*Duel dans le Pacifique*), riches et pauvres (*Léo le Dernier*), « Brutes » et « Eternels » (*Zardoz*), civilisés et « sauvages » (*Délivrance, la Forêt d'Émeraude*) ou encore Noirs et Blancs en Afrique du Sud (*Country of My Skull*). – C. D.

**FILMOGRAPHIE**

**1965** *Sauve qui peut (Catch Us If You Can)*
**1967** *Le Point de non-retour (Point Blank)*
**1968** *Duel dans le Pacifique (Hell in the Pacific)*
**1970** *Leo le Dernier (Leo the Last)*
**1972** *Délivrance (Deliverance)*
**1974** *Zardoz*
**1977** *L'Exorciste II, l'Hérétique (Exorcist II: The Heretic)*
**1981** *Excalibur*
**1985** *La Forêt d'Émeraude (The Emerald Forest)*
**1987** *La Guerre à sept ans (Hope and Glory)*
**1990** *Tout pour réussir (Where the Heart Is)*

**1991** *I Dreamt I Woke Up*
**1995** *Rangoon (Beyond Rangoon)*
**1998** *Le Général (The General)*
**2001** *Le Tailleur de Panama (The Tailor of Panama)*
**2004** *Country of My Skull*

# Frank **Borzage**

SALT LAKE CITY 1894 - LOS ANGELES 1962

**« Le Fra Angelico du mélodrame ».** Cette formule du critique Michael Henry rend parfaitement compte du génie de Frank Borzage, cinéaste qui n'avait pas son pareil pour conter les histoires d'amour. Son style, picturalement resplendissant, exalte la romance jusqu'au mysticisme.

Borzage appartient à la toute première génération des cinéastes : Franck Borzaga, fils d'émigrés suisses-italiens, arrive à Hollywood en 1914. D'abord acteur de westerns, il réalise ses premiers films, dans ce genre, à partir de 1916. Une filmographie impressionnante, qui compte plusieurs centaines de films, va atteindre son maximum d'intensité au muet. Hélas, la majorité a disparu ou est invisible, mais ce que l'on en connaît nous montre à quel point le cinéaste sera marqué par cette période, dont il perpétuera jusqu'à son dernier film la magie visuelle. Il atteint une manière de consécration à la fin du muet quand *l'Heure suprême* (1927) devient un succès mondial et obtient le premier Oscar du meilleur réalisateur de l'histoire du cinéma (ex-aequo avec Lewis Milestone). En racontant l'amour, plus fort que la guerre et la mort, entre un égoutier et une fille des rues, Borzage crée un couple de cinéma (Charles Farrell-Janet Gaynor) et des images exaltantes : le soldat aveugle qui remonte les sept étages, comme s'il remontait les neuf cercles de l'enfer, pour retrouver sa bien-aimée. Ce film forme un triptyque avec *l'Ange de la rue* (1928) et *l'Idole* (1929), interprétés par le même couple.

À travers ces films et *la Femme au corbeau* (1929), les surréalistes seront bouleversés par ce style qui exalte l'amour fou. Bénéficiant d'un statut relativement privilégié, souvent son propre producteur, Borzage va rester, tout au long des années 1930, un des cinéastes les plus prestigieux d'Hollywood. Son inspiration ne semble connaître aucune crise. Les adversités nouvelles semblent lui fournir des occasions de renouveler sa foi en l'amour qui déplace les montagnes. Les amants de *l'Adieu au drapeau* (1932) surmontent la Grande Guerre, les malheureux de *Ceux de la zone* (1933) survivent à la misère de la Grande Dépression, ceux de *Et demain ?* (1934) triomphent du nazisme naissant. Ce dernier thème interviendra à deux nouvelles reprises, avec *Trois camarades* et *The Mortal Storm*, tous trois interprétés par Margaret Sullavan. Le dernier film jouera également un rôle historique déterminant en provoquant l'ire de l'État nazi et en précipitant la rupture des relations diplomatiques avec les États-Unis.

Borzage portera également à son point d'incandescence la belle Joan Crawford, dans un ensemble de trois mélodrames : *Mannequin* (1938), *l'Ensorceleuse* (1938), *le Cargo maudit* (1940). Mais il se révèle également un maître de la comédie sophistiquée, qu'il sait tempérer de sa sensibilité frémissante dans *Désir* (1936), produit par Ernst Lubitsch et interprété par le couple mythique Gary Cooper-Marlene Dietrich.

Les années 1940 vont accuser le décalage entre Borzage et le cinéma contemporain. Ses problèmes personnels (le départ de son épouse, l'alcoolisme) vont progressivement le couper des grands studios et c'est dans la série B qu'il brillera de ses derniers feux intenses. *Je vous ai toujours aimé*, dans des couleurs oniriques, reste dans la tonalité sentimentale que Borzage a toujours privilégiée. *Le Fils du pendu* va marier cette sensibilité à l'univers criminel et pâteux du film noir.

À la fin des années 1950, Frank Borzage terminera sa carrière par deux films : *China Doll* (1958) est un remake partiel de *l'Heure suprême*, et *Simon le pêcheur* (1959) recrée avec éclat un épisode biblique. Il jouera son propre rôle dans *Un seul amour* (1957) de George Sidney.

Cinéaste devenu rare, Frank Borzage n'est pas pour autant un cinéaste d'une autre époque. Toute une nouvelle génération est prête à se laisser convaincre par son humanisme forcené et à se laisser séduire par la beauté lumineuse de son style. – C.V.

**FILMOGRAPHIE**

**1916** *That Gal of Burke's*
*Mammy's Rose*, co. James Douglas
*Life's Harmony*, co. Lorimer Johnston
*The Silken Spider*
*The Code of Honor*
*Nell Dale's Men Folks*
*The Forgotten Prayer*
*The Courtin' of Calliope Clew*
*Nugget Jim's Pardner*
*The Demon of Fear*
*Land o'Lizards / Silent Shelby*
*Immediate Lee / Hair Trigger Casey*
*Enchantment*
*The Pride and the Man*
*Dollars of Dross*
**1917** *La Petite Châtelaine (Wee Lady Betty)*, co. Charles Miller
*Au pays de l'or (Flying Colors)*
*Le Piège (Until They Get Me)*
**1918** *The Atom*
*La Fille du ranch (The Gun Woman)*
*Le Premier Pas (Shoes that Danced)*
*Innocent's Progress*

*A Honest Man*
*Society for Sale*
*Who Is to Blame ?*
*The Ghost Flower*
*The Curse of Iku*
1919 *Toton*
*Prudence of Broadway*
*Ceux que les dieux détruiront (Whom the Gods Destroy)*
*La Roturière (Ashes of Desire)*
1920 *Humoresque*
1921 *The Duke of Chimney Butte*
*Pour faire fortune (Get-Rich-Quick Wallingford)*
1922 *Le Repentir (Back Pay)*
*Billy Jim*
*Un père (The Good Provider)*
*Valley of Silent Men*
*The Pride of Palomar*
1923 *The Nth Commandment*
*Children of Dust*
*Age of Desire*
1924 *Secrets*
1925 *Sa vie (The Lady)*
*Daddy's Gone a-Hunting*
*Si les hommes pouvaient (Wages for Wives)*
*Notre héros (Lazybones)*
*The Circle*
1926 *Giboulées conjugales (The First Year)*
*The Dixie Merchant*
*Early to Wed*
*La Roturière (Marriage License ?)*
1927 *L'Heure suprême (7th Heaven)*
1928 *L'Ange de la rue (Street Angel)*
1929 *La Femme au corbeau (The River)*
*L'Idole (Lucky Star)*
*They Had to See Paris*
1930 *Song o'My Heart*
*Liliom*
1931 *Young as You Feel*
*Doctor's Wives*
*Bad Girl*
1932 *After Tomorrow*
*Jeune Amérique (Young America)*
*L'Adieu au drapeau (A Farewell to Arms)*
1933 *Secrets*
*Ceux de la zone (Man's Castle)*
1934 *Et demain ? (Little Man What Now ?)*
*Comme les grands (No Greater Glory)*
*Mademoiselle Général (Flirtation Walk)*
1935 *Sur le velours (Living on Velvet)*
*Bureau des épaves (Stranded)*
*Shipmates Forever*
1936 *Désir (Desire)*
*Betsy (Hearts Divided)*
1937 *La Lumière verte (Green Light)*
*Le destin se joue la nuit (History Is Made at Night)*
*La Grande Ville (The Big City / The Skyscraper Wilderness)*
1938 *Trois Camarades (Three Comrades)*
*L'Ensorceleuse (The Shining Hour)*
*Mannequin*
1939 *Disputed Passage*
1940 *Le Cargo maudit (Strange Cargo)*
*The Mortal Storm*
1941 *Flight Command*
*Chagrins d'amour (Smilin' Through)*
1942 *The Vanishing Virginian*
*Sept Amoureuses (Seven Sweethearts)*
1943 *Le Cabaret des étoiles (Stage Door Canteen)*
*La Sœur de son valet (His Butler's Sister)*
1944 *Till We Meet Again*
1945 *Pavillon noir (The Spanish Main)*
1946 *Magnificent Doll*
*Je vous ai toujours aimé (I've Always Loved You)*
1947 *Le Bébé de mon mari (That's My Man)*
1948 *Le Fils du pendu (Moonrise)*
1958 *China Doll*
1959 *Simon le pêcheur (The Big Fisherman)*

## Robert **Bresson**

BROMONT-LAMOTHE 1901 – DROUÉ-SUR-DROUETTE 1999

**Le janséniste de la mise en scène**. Austère, dépouillé, exigeant, perfectionniste, voire désincarné. De fait, il a débuté dans un classicisme altier soutenu de dialogues littéraires écrits par Giraudoux dans *les Anges du péché* (1943) et par Cocteau (d'après *Jacques le fataliste*, de Diderot) dans *les Dames du bois de Boulogne* (1945). Après cinq années de silence, il fait preuve d'une extrême sobriété dans le *Journal d'un curé de campagne* (1951) : il s'appuie sur l'adaptation du roman qu'a élaborée Bernanos, l'écrit et l'image se superposant de manière entièrement nouvelle. Bresson se présente alors comme l'adepte d'un cinéma « neutre », refusant ce qu'il nomme le « décoratif ». Il a décidé d'exclure de l'image les éclats, l'intrigue, le pittoresque, les paysages. Par sa technique épurée, par le recours à des acteurs non-professionnels – une récusation du comédien, en somme, et de l'interprétation charnelle - par une manière d'impassibilité psychologique, il parvient à dégager une force dramatique unique. Sans abolir, pourtant, une communication sensible avec le public, comme le prouve l'audience d'*Un condamné à mort s'est échappé* (1956), description minutieuse, matérielle, d'événements simples dans un contexte complexe (un résistant s'évade du fort de Montluc pendant la guerre) empruntés au récit authentique d'André Devigny. La réputation de froideur est injuste, car un film comme *Pickpocket* (1959), par exemple, un de ceux où il traque le mieux les visages, où il démontre que devant la caméra le corps

Claude Laydu dans *Journal d'un curé de campagne* de Robert Bresson (1951).

est plus important que la traduction de la pensée en mots ou en jeu d'acteur, s'est imposé définitivement comme un chef-d'œuvre d'une grande délicatesse. De même, dans *Mouchette* (1967), il parvient à une émotion intense sans recourir aux moyens courants du cinéma. Bresson a dit en 1962 : « Quant à moi, j'ai confiance dans le cœur du public ; je veux le toucher par le cœur, sans explication ».

*Mouchette*, comme *le Journal d'un curé de campagne*, est inspiré de Georges Bernanos, un écrivain qui avait beaucoup en commun avec le cinéaste, notamment lorsqu'il privilégiait dans ses récits le comportement plutôt que l'analyse. Comme lui, Bresson affronte la thématique de la grâce et de la rédemption, non seulement dans ses adaptations de Bernanos ou dans *le Procès de Jeanne d'Arc* (1962), mais dans toute l'œuvre postérieure, dont les héros « sont embarqués, au sens pascalien du terme, entre le pari et la Providence », comme l'a écrit Florence Delay, son interprète de Jeanne d'Arc devenue écrivain. *Lancelot du Lac* est à la fois le plus symbolique de ses films et le plus inconfortable pour l'analyste, car il mêle à la quête du Graal le thème de la transgression et de la pureté, des scènes de combat entre chevaliers peu réalistes, des signes dématérialisés, et, pour finir, l'anéantissement du mythe. C'est un chrétien janséniste – le terme janséniste se justifiant tant sur le fond religieux que dans une acception commune applicable à sa mise en scène. Cinéaste catholique, peut-être, mais souvent en infraction, comme dans *le Diable probablement*, où la tentation du suicide reprend un thème déjà présent dans *Une femme douce* (1969) et *Quatre Nuits d'un rêveur* (1971). D'autre part, dans *Une femme douce* et *Quatre Nuits d'un rêveur*, il a trouvé chez Dostoïevski une source d'inspiration à sa mesure, tout en évitant de se soumettre aux règles de la psychologie des profondeurs communes à Dostoïevski et Bernanos. C'est dans son dernier film *l'Argent*, proche de l'inspiration dostoïevskienne bien que tiré d'une nouvelle de Tolstoï, que l'on perçoit le mieux, après *le Diable probablement*, sa critique de la société moderne, ce qu'il a simplement désigné comme « le vertige suicidaire de notre civilisation ». Florence Delay a synthétisé sa démarche en ces termes : « S'il fuit la représentation, c'est que toute idée de spectacle nie ce qu'il cherche : filmer l'énigme, ce que nous ignorons de nous-mêmes, l'appartenance à ce qui nous dépasse ». — D.S.

**FILMOGRAPHIE**

**1943** *Les Anges du péché*
**1945** *Les Dames du bois de Boulogne*
**1951** *Journal d'un curé de campagne*
**1956** *Un condamné à mort s'est échappé* ou *Le vent souffle où il veut*
**1959** *Pickpocket*
**1962** *Procès de Jeanne d'Arc*
**1966** *Au hasard Balthazar*
**1967** *Mouchette*
**1969** *Une femme douce*
**1971** *Quatre Nuits d'un rêveur*
**1974** *Lancelot du Lac*
**1977** *Le Diable probablement*
**1983** *L'Argent*

# Richard **Brooks**

PHILADELPHIE 1912 - LOS ANGELES 1992

**Un cinéaste de la vérité.** Journaliste, Richard Brooks écrit pour la radio. Scénariste, il apporte sa qualité d'écriture à des films marquants comme *les Démons de la liberté* de Jules Dassin ou *Key Largo* de John Huston. Avec un sens aigu de la vérité, il se pose en critique lucide des travers de la société américaine. Il passe derrière la caméra dès 1950, écrivant le scénario de la plupart de ses films.

« Votre film ne vaudra pas plus que ce que valait le scénario. Si l'histoire est mauvaise, les acteurs peuvent être sublimes, la musique magnifique, la couleur à couper le souffle, votre film sera quand même raté. » Avec ce souci d'écriture, Brooks dirige l'objectif de sa caméra sur des sujets gênants. Critique éclairé, il devient l'une des figures déterminantes du virage que le cinéma américain prend après guerre : le film n'est plus simple distraction, conteur d'histoires romancées, il est aussi sujet de réflexion, et remet sévèrement en question la bonne société américaine. De *Bas les masques* (1952) dénonçant les dangers d'une démocratie bafouée à *Doux oiseau de jeunesse* (1962) réprouvant l'extrémisme des milices anticommunistes, Brooks devient tête de file d'un cinéma aux affirmations alors courageuses.

Avec *Graine de violence*, par le face-à-face de Glenn Ford, incarnation de la droiture et de l'intégrité, et du tout jeune Sidney Poitier, le cinéaste impose la détermination doublée de générosité et d'indulgence de son discours. Plaidoyer antiraciste, mais aussi critique acerbe et réaliste d'une jeune société écorchée vive, Brooks impose du même coup le talent de Sidney Poitier qu'il propulse dans une carrière, la première digne de ce nom occupée par un Noir américain.

Entre temps, Brooks a tourné la *Dernière Chasse* (1956), relisant l'histoire même de l'Ouest américain. Bien plus qu'un western, ce film attaque avec lucidité et vérité l'un des mythes de l'Amérique, au travers d'un discours écologiste avant l'heure. De héros, le chasseur de bisons devient un tueur traitant l'Indien comme l'animal. Portée par les acteurs, la musique, la couleur, la réalisation de Brooks se hisse à l'échelle des grands classiques tout en retraçant la condition misérable d'un peuple indien sur la voie de l'extinction. La dernière scène du film (le chasseur raciste gelé dans sa peau de bison), riche de signification et de symbolisme est à ranger dans les morceaux d'anthologie du film américain.

Brooks adapte avec verve et virtuosité *la Chatte sur un toit brûlant* de Tennessee Williams (1958) dirigeant Elizabeth Taylor et Paul Newman dans une de leurs plus savoureuses compositions. Nombre de comédiens seront marqués par le cinéma de cet étonnant directeur d'acteurs, que ce soit Humphrey Bogart (*Bas les masques*), Richard Widmark (*Sergent la terreur*), Burt Lancaster (*Elmer Gantry*) ou Peter O'Toole dans *Lord Jim*, où Brooks se fait l'adaptateur mémorable de Conrad.

À propos de l'un de ses derniers films, *la Chevauchée sauvage*, Richard Brooks déclarait : « Ce qui m'intéresse c'est que la technique raconte une histoire. Tout doit y contribuer, les sons y compris, et j'ai passé un temps fou à trouver les bruitages appropriés [...] Je voulais qu'en sortant de la salle, le public se pose la question : où sont-ils aujourd'hui, ces individus qui ont tant payé de leur personne et qui, au prix d'incroyables efforts, sont restés fidèles à leurs idéaux ? » (*Positif*, n°175)

Brooks a été également l'auteur de plusieurs romans porteurs de ses idées dont *l'Aventure du caporal Mitchell* et *le Producteur*. – S. C.

**FILMOGRAPHIE**

**1950** *Cas de conscience (Crisis)*
**1951** *Miracle à Tunis (The Light Touch)*
**1952** *Bas les masques (Deadline - U.S.A)*
**1953** *Le Cirque infernal (Battle Circus)*
*Sergent la Terreur (Take the High Ground!)*
**1954** *The Flame and the Flesh*
*La Dernière Fois que j'ai vu Paris (The Last Time I Saw Paris)*
**1955** *Graine de violence (Blackboard Jungle)*
**1956** *La Dernière Chasse (The Last Hunt)*
*The Catered Affair*
**1957** *Le Carnaval des dieux (Something of Value)*
**1958** *Les Frères Karamazov (The Brothers Karamazov)*
*La Chatte sur un toit brûlant (Cat on a Hot Tin Roof)*
**1960** *Elmer Gantry le charlatan (Elmer Gantry)*
**1962** *Doux oiseaux de jeunesse (Sweet Bird of Youth)*
**1965** *Lord Jim*
**1966** *Les Professionnels (The Professionals)*
**1967** *De sang-froid (In Cold Blood)*
**1969** *The Happy Ending*
**1971** *Dollars*
**1975** *La Chevauchée sauvage (Bite the Bullet)*

**1977** *À la recherche de Mr Goodbar (Looking for Mr. Goodbar)*
**1982** *Meutre en direct (Wrong Is Right)*
**1985** *Fever Pitch*

# Tod **Browning**

LOUISVILLE 1882 - SANTA MONICA 1962

**L'ange du bizarre.** Cinéaste prolifique, marqué par une fructueuse collaboration avec l'acteur Lon Chaney, Tod Browning reste lié à *la Monstrueuse parade* (1932), film difficilement classable, mélodrame de cirque que la vision étrange et douloureuse du réalisateur précipite vers le fantastique (sans que jamais le surnaturel ne soit sollicité). Browning reste surtout fasciné par le bizarre qu'il sait rendre humain par son sens du pathétique.

Tod Browning s'enfuit de chez ses parents pour gagner sa vie dans les baraques foraines. D'abord acteur, il devient assistant de D.W. Griffith, puis coréalise, en 1917, *Jim Bludso*. Dès 1919, dans *Fleur sans tache*, il rencontre un acteur dont l'univers prolonge et recoupe le sien : Lon Chaney ; ils tourneront dix films ensemble. Ses mélodrames, souvent interprétés par Priscilla Dean, constituent un apprentissage, avant que la bizarrerie de son monde ne s'affirme avec éclat dans *le Club des Trois* (1925), sa première réalisation MGM avec Chaney en vedette. Ce film criminel, qui se déroule dans les milieux, chers à Browning, des baraques foraines, frappe par son étrangeté et par l'extravagance des caractères et des situations. Lon Chaney sera pour Browning un instrument de rêve, préservant à la fois le pathétique, la bouffonnerie et le secret de son univers.

Browning n'a cessé d'ironiser sur la relativité de la morale, de la normalité ou du bon sens. Dans son univers de faux-semblants, même la difformité physique peut n'être qu'une apparence. Dans *l'Oiseau noir*, le méchant est sain de corps, alors que le gentil est difforme : mais la fin nous révèle qu'ils ne font qu'un... On retrouve ce chaos moral dans *l'Inconnu* ou dans *la Route de Mandalay*. Ce contenu mystificateur et mis en abyme, contraste avec une direction discrète et sobre. Ses beautés sont sourdes et mystérieuses, surgissant au détour d'un plan, soit en un contraste fulgurant (le squelette pivotant qui révèle le visage angélique d'une jeune femme, dans *le Talion*), soit en un détail épinglé avec force (Lon Chaney se trahissant à la fin du *Club des Trois*), soit encore dans une atmosphère justement cernée (le music-hall de *l'Oiseau noir*). Chez Browning, c'est l'économie des moyens qui intrigue. Quelques trognes en gros plan suffisent à placer *l'Oiseau noir* sous le signe de Dickens. Une baraque dans une jungle de studio paraît tout à coup moite et irrespirable (*Le Talion*, *Loin vers l'Est*). Une perspective factice de toits nocturnes crée tout à coup un décalage poétique inattendu (*la Morsure*). Quelques murs nus suffisent à prendre un personnage au piège du destin (*l'Inconnu*).

On ne s'en est pas aperçu immédiatement, à cause du succès de *Dracula*, mais le parlant a sonné le glas de ce cinéaste unique. La splendeur de la photo de James Wong Howe pour *la Marque du vampire* ne peut masquer que le climat des films de Browning est désormais réduit à une pure rhétorique. Il lui faudra une distribution assez anonyme mais *fantastique* pour qu'il retrouve, intact, le dynamisme de son inspiration (*Freaks*). Reste surtout *les Poupées du diable*, en 1936, réussite difficile du mélodrame fantastico-féerique : Browning y affrontait des acteurs à sa (dé)mesure. Lionel Barrymore, presque aussi troublant que Lon Chaney, sous son déguisement de vieille dame meurtrière, et Rafaella Ottiano, étourdissante fée Carabosse, à la chevelure zébrée d'un éclair blanc, y trouvaient le ton exact recherché par Browning. Quant à lui, jouant avec les décors, il avait reconquis un pouvoir d'émerveillement dont le parlant l'avait le plus souvent frustré.

Son dernier film, *Miracles for Sale*, bien que truffé de détails personnels, se trouvera singulièrement privé de cette dimension dépaysante. L'œuvre de Browning reste l'une des plus insolites de l'histoire du cinéma. — C. V.

**FILMOGRAPHIE**

**1917** *Jim Bludso*
*A Love Sublime*
*Hands up !*
*Peggy the Will-o'-the-Wisp*
*The Jury of Fate*
**1918** *The Eyes of Mystery*
*Which Woman*
*The Deciding Kiss*
*Revenge*
*The Legion of Death*
*Violence (The Brazen Beauty)*
*Set Free*
**1919** *The Unpainted Woman*
*Fleur sans tache (The Wicked Darling)*
*The Exquisite Thief*
*L'Autre Parfum (A Petal on the Current)*
*Bonnie Bonnie Lassie*
**1920** *La Vierge d'Istanbul (The Virgin of Stamboul)*
**1921** *Révoltée (Outside the Law)*
*No Woman Knows*
**1922** *The Wise Kid*
*Man Under Cover*
*Sous deux drapeaux (Under Two Flags)*
**1923** *La Marchande de rêves (Drifting)*
*White Tiger*
*The Day of Faith*
**1924** *The Dangerous Flirt*
*Silk Stocking Sal*
**1925** *Le Club des Trois (The Unholy Three)*

*La Sorcière (The Mystic)*
*Dollar Down*
1926 *L'Oiseau noir (The Black Bird)*
*La Route de Mandalay*
*(The Road to Mandalay)*
1927 *La Morsure (The Show)*
*L'Inconnu (The Unknown)*
*Londres après minuit*
*(London After Midnight)*
1928 *Le Loup de soie noire (The Big City)*
*Le Talion (West of Zanzibar)*
1929 *Loin vers l'Est (Where East is East)*
*The Thirteenth Chair*
1930 *Gentleman Gangster*
(remake de *Outside the Law*)
1931 *Dracula*
*The Iron Man*
1932 *La Monstrueuse Parade (Freaks)*
1933 *Fast Workers*
1935 *La Marque du vampire*
*(Mark of the Vampire)*
1936 *Les Poupées du diable (The Devil Doll)*
1939 *Miracles for Sale*

## Luis **Buñuel**

SARAGOSSE 1900 – MEXICO 1983

**Les yeux ouverts, les yeux fermés.** Luis Buñuel est né avec le siècle, qu'il aura accompagné dans ses plus grandes aventures intellectuelles et politiques que sont le surréalisme et le communisme, les deux étant liés dans son esprit. Il reçoit une éducation stricte chez les Jésuites dès l'âge de sept ans et sera marqué par cette « horreur du sexe dans la religion catholique », même si « un sentiment de péché peut devenir délicieux ». À Madrid, il poursuit des études de sciences naturelles (rencontre déterminante avec *l'Origine des espèces* de Charles Darwin) et, à la Résidence des Étudiants, se lie d'amitié avec Federico García Lorca et Salvador Dalí, tandis qu'au ciné-club, il se passionne pour les burlesques américains. Sous l'influence de ses amis, il s'adonne à la littérature et se met à écrire. C'est à Paris, à partir de 1925, qu'il se consacre au cinéma et débute comme assistant. Buñuel a lu Sade, Nietzsche, et surtout Freud, point commun avec Fritz Lang, décisif dans sa vie car c'est en voyant *les Trois Lumières* (Hitchcock dira la même chose) qu'il a eu envie de faire du cinéma.

La vie de Buñuel bascule avec le court-métrage *Un chien andalou* (1929), réalisé grâce à l'argent de sa mère, et plébiscité par le groupe surréaliste, qu'il rejoint. À partir de *l'Âge d'or* (1930), interdit par la censure, on perd de vue Buñuel pendant de longues années, même s'il ne renonce jamais au cinéma. *Los Olvidados*, tourné au Mexique où Buñuel s'est installé en 1946, est dénigré, mais grâce au prix de la Mise en scène reçu à Cannes en 1951 le film relance la carrière, sérieusement menacée, du réalisateur.

Toute sa vie, Buñuel a eu besoin d'amis et de complices. Qu'il s'agisse de producteurs comme Gustavo Alatriste au Mexique et de Serge Silberman en France ou de pourvoyeurs d'idées, comme Salvador Dalí, puis de scénaristes comme Luis Alcoriza et Julio Alejandro (Mexique, Espagne) et Jean-Claude Carrière (France). Dès qu'il rencontre Fernando Rey sur *Viridiana*, il fera de cet acteur son double. À travers lui, il se regardera vieillir et surtout, avec humour, s'embourgeoiser. Quant à Catherine Deneuve *(Belle de jour, Tristana)*, elle sera l'autre grande héroïne blonde hitchcockienne des films de Buñuel, après Silvia Pinal *(Viridiana, l'Ange exterminateur)*.

Buñuel, caméléon facétieux, a réalisé des films français en France, espagnols en Espagne et mexicains au Mexique, tout en restant lui-même. Cet apatride a eu pour seule patrie la religion catholique, qu'il aime (« L'Église catholique a eu le mérite de créer une architecture, une liturgie, une musique qui m'émeuvent ») et qu'il déteste, en raison de son hypocrisie à propos de la sexualité et de ses abus de pouvoir sous l'Inquisition, Buñuel ayant toujours détesté les fanatiques, détenteurs de vérité. Ses films ont aimé pervertir le rituel religieux en cérémonial érotique (l'ouverture fameuse de *El* avec le lavement des pieds des apôtres, *la Vie criminelle d'Archibald de la Cruz*). Chez Buñuel, manger est un besoin vital, pour assurer sa survie (*Terre sans pain, Los Olvidados*) et un cérémonial, religieux (la tournure grotesque de la Cène dans *Viridiana*) ou bourgeois (*le Charme discret de la bourgeoisie*). Le meilleur du cinéma de Buñuel se situe à l'intersection du monde du besoin, régi par la nourriture et le sexe, et du théâtre de l'existence, à la mise en scène réglée par la religion et la convention bourgeoise.

Buñuel, parmi ses films, distinguait ceux réalisés les yeux fermés de ceux conçus les yeux ouverts. Dans la première catégorie, *Un chien andalou* et *l'Âge d'or*, construits selon la logique du rêve ou du rêve éveillé (associations libres, comme dans l'écriture automatique des surréalistes). Dans la seconde, *La Hurdes* (*Terre sans pain*), documentaire où il regarde en face la misère. Dès que ses films, à partir de *Los Olvidados*, sont conçus les yeux ouverts (la délinquance dans les bidonvilles) et fermés (les rêves de personnages), ils prennent leur vraie dimension, celle du portrait de l'homme avec la réalité visible de son existence et sa part cachée (l'imaginaire, l'inconscient) mais tout aussi essentielle.

Buñuel aime montrer le décalage entre ce qu'un personnage dit et ce qu'il fait, entre ce qu'il souhaite (son idéal, son désir, sa volonté) et ce qu'il réalise. Un homme veut une femme sans arriver à ses fins (*Cet obscur objet du désir*), des bourgeois veulent se réunir pour manger sans y parvenir (*le Charme discret de la bourgeoisie*), d'autres veulent

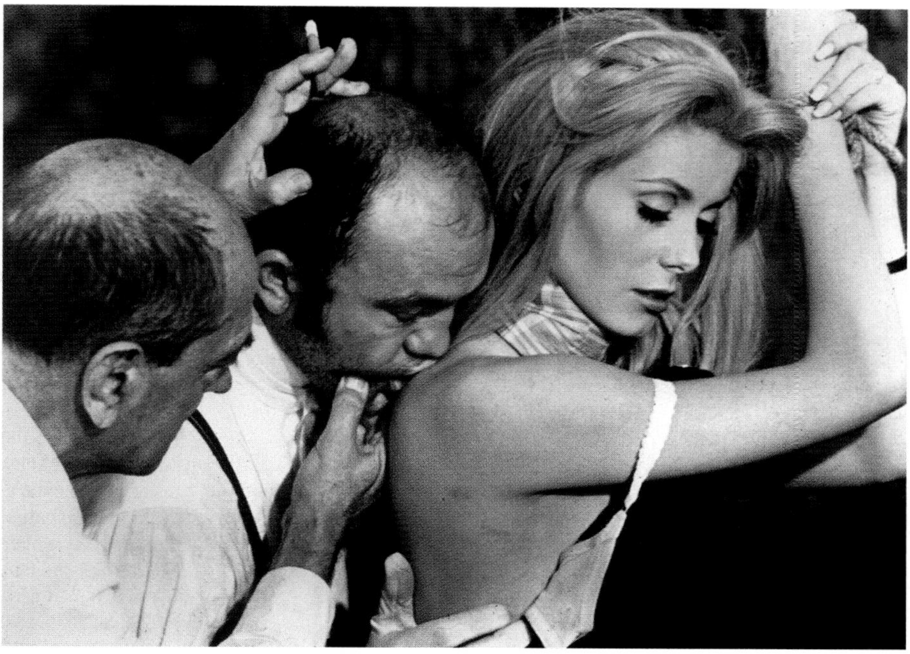

La direction de l'acteur selon Luis Buñuel, cet obscur objet du désir (Catherine Deneuve dans *Belle de Jour*, 1967).

sortir d'une pièce mais leur volonté est empêchée. Entre le désir et son passage à l'acte, le chemin est compliqué. La réalité pour Buñuel est le théâtre d'une volonté contrariée, tantôt comique, tantôt tragique par sa violence et sa cruauté. Son cinéma a aimé montrer combien la civilisation, les bonnes mœurs, sont un vernis fragile dès que la promiscuité forcée (*l'Ange exterminateur*) ramène des bourgeois au rang de barbares, à l'état de bêtes (voir aussi *Robinson Crusoé* et le retour contraint à l'état sauvage). L'homme, selon Buñuel, telle est sa contradiction, se rapproche de l'animal (la nourriture, pour sa survie, et la sexualité, pour la survie de l'espèce) et s'en éloigne, car il est un être de désir et surtout, un animal du pourquoi, qui aime questionner l'origine des choses. Un animal de raison, souvent déraisonnable. L'homme pulsion rapproche le cinéma de Buñuel de celui de Stroheim, son maître, tandis que l'homme à la poursuite de l'objet de son désir (la femme) le rapproche du Hitchcok de *Vertigo*.

Buñuel aime le prêtre de son film *Nazarin* car il s'agit d'un idéaliste qui essaie non sans mal de vivre selon les préceptes de l'évangile : « J'admire l'homme qui demeure fidèle à sa conscience » dit-il, avant d'ajouter « Au fond, j'ai toujours choisi l'homme contre les hommes. » Paradoxe surprenant pour un communiste de cœur, au « pessimisme lucide », selon ses mots, que son œuvre a tenté d'élucider, non en faisant une apologie de l'individualisme mais en tirant l'amère leçon de l'humanité de l'homme. Depuis que Buñuel a définitivement fermé les yeux, en 1983, son cinéma incroyablement ouvert sur tout ce dont l'homme est capable, y compris le pire, nous manque terriblement. – C.T.

**FILMOGRAPHIE**

**1928** *Un chien andalou*
**1930** *L'Âge d'or*
**1932** *Terre sans pain (Las Hurdes / Tierra sin pan)*
**1946** *Gran Casino*
**1949** *Le Grand Noceur (El gran calavera)*
**1950** *Los Olvidados*
*Susana la perverse (Susana demonio y carne)*
**1951** *Don Quintin l'amer (La hija del engaño / Don Quintin el amargao)*
*Pierre et Jean (Cuando los hijos nos juzgan / Una mujer sin amor)*
*La Montée au ciel (Subida al cielo)*
**1952** *L'Enjôleuse (El bruto)*
*Robinson Crusoé*
**1953** *Tourments (El)*
*Les Hauts de Hurlevent (Abismos de pasión/Cumbres borrascosas)*
*On a volé un tram (La ilusión viaja en tranvía)*
**1954** *Le Rio de la mort (El río y la muerte)*
**1955** *La Vie criminelle d'Archibald de la Cruz (Ensayo de un crimen)*
**1956** *Cela s'appelle l'aurore*
*La Mort en ce jardin*
**1958** *Nazarin*
**1960** *La fièvre monte à El Pao*
*La Jeune Fille (The Young One)*

**1961** *Viridiana*
**1962** *L'Ange exterminateur (El ángel exterminador)*
**1964** *Le Journal d'une femme de chambre*
**1965** *Simon du désert (Simón del desierto)*
**1967** *Belle de jour*
**1969** *La Voie lactée*
**1970** *Tristana*
**1972** *Le Charme discret de la bourgeoisie*
**1974** *Le Fantôme de la liberté*
**1977** *Cet obscur objet du désir*

## Tim **Burton**

BURBANK 1960

**La poésie du macabre.** Tim Burton est à la fois dans le système et en dehors. Composée de gros succès commerciaux autant que films d'auteur, fidèle à son imagination d'enfant, son œuvre développe un univers où les freaks sont rois : *Beetlejuice* (1988), *Edward aux mains d'argent* (1990), Le Joker, Mister Jack, *Ed Wood* (1994), le cinéaste raté, Willy Wonka, le mystérieux patron de la Chocolaterie. À travers ses personnages hors du commun et un univers très stylisé, Tim Burton acquiert de film en film le statut de cinéaste-culte.

Après des études à la California Institute of the Arts, Tim Burton est engagé dans les années 1970 aux studios Disney à Burbanks. Il collabore à l'animation de plusieurs dessins animés, mais se sent mal à l'aise. Ses programmes préférés sont plutôt les films de genre, les longs métrages de SF fauchés mais poétiques, les films de la Hammer, de Mario Bava et les films de série B. Il trouve cependant le soutien du studio pour produire un court métrage d'animation : *Vincent* (1982) qui conte les fantasmes d'un petit garçon de 7 ans, Vincent Malloy, qui se projette dans les films tirés de l'œuvre d'Edgar Poe, avec son idole, l'acteur Vincent Price, que l'on entend en voix off dans le film. *Vincent*, très sombre, ne plaît guère aux studios Disney, mais apporte à Tim Burton un début de reconnaissance et lui permet de monter d'autres films.

*Pee Wee's Big Adventure* (1985), nostalgique du burlesque muet, puis *Beetlejuice* (film de fantôme complètement loufoque), rencontrent un succès considérable. Mais avec *Batman* (1989), grosse machine de studio transformée en film d'auteur, Tim Burton entre définitivement dans la cour des grands. C'est cependant avec le plus modeste *Edward aux mains d'argent*, incarné par son alter ego, Johnny Depp, qu'il affirme une personnalité neuve, conjuguant l'acuité de la satire, la gravité du propos et une verve visuelle débridée, inventant une manière de « néo-expressionnisme » qui allait influencer une génération de cinéastes et de spectateurs. Dans *Batman 2, le défi*, Tim Burton s'aventure encore plus loin, créant un ton, un climat et des personnages inédits. Après s'être référé à une atmosphère BD pour le premier volet, il s'inspire de l'expressionnisme allemand et du style gothique : neige, éclairages bleutés, musique très symphonique de Danny Elfman, teints blafards ; tout cela crée un monde d'une sombre cohérence.

Son ambition est celle d'un art pluridisciplinaire qui touche à l'animation et au cinéma de genre. *L'Étrange Noël de Monsieur Jack* (produit et largement conçu par Burton, mais réalisé par Henry Selick en 1993) et *les Noces funèbres* (réalisé par lui en 2005) sont de merveilleux contes animés pour enfants où s'entrechoquent les mythes américains et européens (Hansel et Gretel, Jack le tueur de géants, le brave petit tailleur et bien d'autres) et la poésie du macabre. Un goût du paradoxe décelable également dans *Ed Wood*, biographie d'« un des plus mauvais réalisateurs de tous les temps », mais surtout subtile méditation sur la création artistique et hommage au cinéma de genre. Si Burton se repose parfois sur son brio (*Mars Attacks !*, parodie de films de SF et satire acide des mœurs américaines) ou son savoir-faire (le remake de *la Planète des singes* en 2001), il revient régulièrement à des œuvres plus personnelles.

En effet *Sleepy Hollow, la légende du chevalier sans tête* (1999) rend hommage aux films d'horreur britanniques de la fin des années 1950 : à travers Johnny Depp (qui incarne, un détective envoyé en Nouvelle Angleterre pour enquêter sur un cavalier sans tête qui aurait décapité plusieurs habitants) le cinéaste affine sa critique, pénétrant les fondements mêmes d'un certain pragmatisme américain. Après *Big Fish* (2003), encore lié à l'imaginaire enfantin, notamment à travers la relation au père, il retrouve Johnny Depp dans *Charlie et la chocolaterie* (2004), adaptation du chef-d'œuvre de Roald Dahl qui équilibre avec bonheur la méchanceté de la satire et la tendresse du conte, l'imagerie bariolée et la féerie authentique. — C. V.

**FILMOGRAPHIE**

**1982** *Vincent*, c.m.
**1985** *Pee-Wee's Big Adventure*
**1988** *Beetlejuice*
**1989** *Batman*
**1990** *Edward aux mains d'argent (Edward Scissorhands)*
**1992** *Batman, le défi (Batman Returns)*
**1993** *L'Étrange Noël de Monsieur Jack (Tim Burton's The Nightmare Before Christmas)*
**1994** *Ed Wood*
**1996** *Mars Attacks!*
**1999** *Sleepy Hollow, la légende du cavalier sans tête (Sleepy Hollow)*
**2001** *La Planète des singes (Planet of the Apes)*
**2003** *Big Fish*
**2005** *Charlie et la chocolaterie (Charlie and the Chocolate Factory)*
*Les Noces funèbres de Tim Burton (Tim Burton's Corpse Bride)*, co. Mike Johnson

# Frank **Capra**

Frank Capra avec James Stewart et Jean Arthur sur le tournage de *Mr. Smith au Sénat* (1939).

BISAQUINO 1897 – LOS ANGELES 1991

**L'amour du cinéma et du genre humain**. Déjà à moitié inactif dans les années 1950, quand la jeune critique française redécouvrait le cinéma américain, Frank Capra a été un temps méprisé. Signe des temps, les raisons mêmes de ce mépris, sa croyance en l'homme, son goût du féerique, la générosité de ses sentiments, lui attirent maintenant l'admiration sans réserve et permettent de redécouvrir les œuvres d'un cinéaste qui fut aussi un plasticien remarquable et un technicien virtuose.

Cadet d'une famille d'émigrés italiens, Frank Capra ne sera pas paysan, comme les siens. Il fait de belles études de technologie qu'il paie lui-même, en travaillant. Pour gagner de l'argent, il se prétend réalisateur et se fait engager par un vieil acteur qui désire produire un film. Dès lors, Capra ne déviera plus du cinéma. Chez les deux plus grands producteurs de films burlesques, Hal Roach et Mack Sennett, il apprendra les bases de son art : le rythme et la gestuelle. C'est là qu'il collabore avec le comique Harry Langdon pour lequel il réalise ses premiers films (*l'Athlète incomplet* en 1926 et *Sa dernière culotte* en 1927). Mais la collaboration casse. Le premier film de Capra seul est un désastre. Si bien que pour remonter la pente, il va se faire engager à vil prix par l'un des plus misérables studios d'Hollywood, la Columbia. À la force du poignet, par son amour du travail bien fait, par son ingéniosité technique, il va faire remarquer les films Columbia, puis va les faire évoluer vers une qualité et un succès grandissants. Il porte pratiquement à bout de bras le studio vers la reconnaissance. D'abord avec une série de mélodrames interprétés par Barbara Stanwyck, où l'on distingue en particulier *la Femme aux miracles* (1931), vive critique de la manipulation religieuse, et *la Grande Muraille* (1933), magnifique histoire d'amour impossible entre une missionnaire américaine et un seigneur de la guerre chinois. Enfin par la consécration d'un véritable raz-de-marée aux Oscars, en 1934 : *New York-Miami*, naissance officielle de la comédie américaine, remporte le prix du meilleur film, du meilleur réalisateur, du meilleur acteur et de la meilleure actrice.

Jouissant maintenant d'une liberté que peu à Hollywood connaissent, Capra n'aura de cesse de placer « son nom au-dessus du titre », revendication de la paternité totale de l'œuvre, avant Orson Welles ou la politique des auteurs. La comédie, de plus en plus philosophique, chargée de sens, humaine, restera son domaine d'élection, notamment à travers un triptyque exceptionnel : *l'Extravagant Monsieur Deeds* (un milliardaire généreux passe pour fou en donnant sa fortune aux pauvres), *Vous ne l'emporterez pas avec vous* (un fils de milliardaire tombe sous le charme de la fille d'une famille de doux dingues) et *Monsieur Smith au Sénat* (un grand dadais, nommé sénateur pour se faire manipuler, défait une coalition de politiciens véreux). Ce dernier film est l'apothéose de l'art de Capra : le moindre personnage est à la fois vrai et drôle, les scènes de foule sont impressionnantes, le montage « à la russe » éblouissant et surtout, le message politique, livré par un James Stewart en état de grâce, n'a, à ce jour, rien perdu de sa vérité.

Mais c'est grâce à *Horizons perdus* (1937) que Capra mettra enfin son nom au-dessus du titre. Cette utopie humaniste, située dans le pays mythique de Shangri-La, dans les hauteurs de l'Himalaya, pourrait n'être que naïve mais grâce à la poésie cinématographique qu'elle dégage (la caravane qui surgit dans les montagnes, la jeune fille qui vieillit et meurt sous nos yeux, la quête pour le paradis perdu dans l'immensité neigeuse), à la veille de la Seconde Guerre mondiale, elle se pare d'un sens profond et hors du temps.

En quittant la Columbia, Capra va devenir un des premiers cinéastes indépendants d'Hollywood. Il loue ses services à la Warner Bros. où il complète son cycle de comédies engagées par la plus noire, la plus désespérée et la plus émouvante, *l'Homme de la rue* (1941). Il réalise également un de ses plus grands succès, qui est probablement sa plus belle réussite de pure mécanique comique, *Arsenic et vieilles dentelles* (1944). En 1942 le ministère des Armées l'engage pour superviser une série de films de propagande, *Pourquoi nous combattons*, destinée à justifier auprès de l'opinion l'entrée en guerre des États-Unis.

La guerre finie, Capra marque son retour à la vie civile par son film le plus magique, *La vie est belle* (1947), conte de Noël à la Dickens, où la générosité des sentiments est toujours contrebalancée par une incroyable noirceur. Devenu depuis un des plus grands classiques populaires de l'histoire du cinéma, ce film reçut à sa sortie un succès très mitigé, qui sans doute amorça le déclin de Capra. En effet, après une nouvelle et mordante comédie politique, *l'Enjeu* (1948), il prendra bien moins de risques avec *Jour de chance* (1950) et *Si l'on mariait papa* (1951), deux comédies un peu musicales avec Bing Crosby. Mais deux films crépusculaires, passés en leur temps inaperçus, nous font retrouver Capra au mieux de sa forme. *Un trou dans la tête* (1959), malgré ses couleurs rutilantes, est un film d'une cruauté rare sur le pouvoir de l'argent. Enfin *Milliardaire pour un jour* (1961) ressuscite une des premières comédies à succès de Capra, *Grande Dame d'un jour* (1933). Dans ce film puissamment nostalgique, le réalisateur semble se résigner, avec un pincement au cœur, à ranger ses rêves au rang des utopies. – C. V.

**FILMOGRAPHIE**

**1926** *L'Athlète incomplet (The Strong Man)*
*Plein les bottes (Tramp, Tramp, Tramp)*, co. Harry Edwards
**1927** *Pour l'amour de Mike (For the Love of Mike)*
*Sa dernière culotte (Long Pants)*
**1928** *The Power of the Press*
*L'Épave vivante (Submarine)*
*Say It With Sables*
*The Way of the Strong*
*Bessie à Brodway (The Matinee Idol)*
*Un punch à l'estomac (So This Is Love?)*
*That Certain Thing*
**1929** *Flight*
*L'Affaire Donovan (The Donovan Affair)*
*Loin du ghetto (The Younger Generation)*
**1930** *Rain or Shine*
*Ladies of Leisure*
**1931** *La Blonde platine (Platinum Blonde)*
*La Femme aux miracles (The Miracle Woman)*
*Dirigible*
**1932** *La Ruée (American Madness)*
*Amour défendu (Forbidden)*
**1933** *Grande Dame d'un jour (Lady for a Day)*
*La Grande Muraille (The Bitter Tea of General Yen)*
**1934** *New York-Miami (It Happened One Night)*
*La Course de Broadway Bill (Broadway Bill)*
**1936** *L'Extravagant Monsieur Deeds (Mr. Deeds Goes to Town)*
**1937** *Horizons perdus (Lost Horizon)*
**1938** *Vous ne l'emporterez pas avec vous (You Can't Take It With You)*
**1939** *Monsieur Smith au Sénat (Mr. Smith Goes to Washington)*
**1941** *L'Homme de la rue (Meet John Doe)*
**1942-1945** *Pourquoi nous combattons (Why We Fight)*
**1944** *Arsenic et vieilles dentelles (Arsenic and Old Lace)*
**1946** *La vie est belle (It's a Wonderful Life)*
**1948** *L'Enjeu (State of the Union)*
**1950** *Jour de chance (Riding High)*
**1951** *Si l'on mariait papa (Here Comes the Groom)*
**1959** *Un trou dans la tête (A Hole in the Head)*
**1961** *Milliardaire pour un jour (Pocketful of Miracles)*

## Marcel **Carné**

PARIS 1909 – id. 1996

**L'alchimie du réalisme poétique**. Marcel Carné a connu sa période la plus faste entre 1936 et 1946, avec notamment *Quai des brumes*, *Le jour se lève*, *les Enfants du paradis*. C'est durant cette époque qu'il entretient une intense collaboration avec Jacques Prévert, celui-ci est scénariste-dialoguiste sur sept films. Le seul film qui n'est pas dialogué par Jacques Prévert, *Hôtel du Nord*, permet de distinguer ce que Carné a de commun avec le poète : une certaine veine poétique, un non-conformisme, un jeu sur les archétypes et un intérêt pour les marginaux, mais aussi l'attirance du cinéaste pour le drame, et une capacité à créer une atmosphère, la minutie de la mise en scène. Cette brillante série bénéficie aussi de l'apport exceptionnel des décors d'Alexandre Trauner (y compris ceux qu'il dessina alors qu'il fuyait les persécutions pendant la guerre), de superbes images dues à des techniciens formés par le meilleur cinéma muet allemand (Eugene Schüfftan pour *Quai des brumes*, et Curt Courant pour *Le jour se lève*). Tous les ingrédients de l'alchimie du « réalisme poétique » à la française sont réunis, avec ses acteurs représentatifs : Jean Gabin et la débutante Michèle Morgan dans *Quai des brumes*, Arletty, qui abandonne son image de fille délurée pour les figures stylisées des *Visiteurs du soir* et des *Enfants du paradis*, Jules Berry, Jean-Louis Barrault, Pierre Brasseur...

Si le premier long-métrage de Carné, *Jenny* (1936), est un mélodrame revivifié par la sensibilité de Carné et les apports de Prévert, *Drôle de drame* (1937) est un chef-d'œuvre de comédie adapté d'un roman loufoque anglais dont Prévert a habilement tiré parti. Une tonalité burlesque, absurde, permet un brillant exercice d'acteurs, avec le fameux duo Michel Simon-Louis Jouvet (mais aussi Jean-Louis Barrault, angélique assassin de bouchers). Pourtant, le film à sa sortie fut très mal accueilli, autant par la critique que par le public. En 1938, *Quai des brumes* est le film fondateur de ce style «réaliste-poétique» qui marqua si fort le cinéma français. Cette rencontre du déserteur et de la jeune fille perdue permet au style de se mettre en place. On le retrouve dans *Le jour se lève*, récit novateur par sa construction en flash-back. Si *les Visiteurs du soir*, tourné pendant l'Occupation, s'oriente volontiers vers le mythique et le symbolique, *les Enfants du paradis* viendront couronner cet itinéraire. Ce monument du cinéma français joue sur l'intelligence de la reconstitution de l'ancien Boulevard du Crime et sur un empilement de spectacles : pantomimes doublant les scènes vues par le spectateur, longs monologues à l'écriture rigoureuse, mise en scène d'un mélodrame au sein du récit, alliance narrative de personnages de fiction – dont les seconds rôles si caractéristiques de Prévert – et de figures historiques, comme le mime Deburau, l'acteur Frederick Lemaître, ou le bandit Lacenaire. Ce film attentif aux visages et aux regards a séduit par l'émotion, un lyrisme tranquille, ses mouvements de foule et la légèreté de la caméra. Il représente l'apothéose de la collaboration Carné-Prévert, et d'un cinéma populaire sans concessions.

« L'atmosphère et les personnages comptent plus pour moi que l'intrigue elle-même » : ce propos de Carné est une des clés de son cinéma, fondé sur l'articulation du décor et de l'état psychologique de ses héros. Dans les années 1950, *Juliette ou la Clef des songes* montre la continuité de son œuvre, et en offre l'illustration la plus baroque.

Le profond romantisme d'*Hôtel du Nord* n'est pas affecté, au contraire, par les mots d'auteur, et son origine (la littérature populiste) explique les échos du contexte social, tout comme *Le jour se lève*. *Les Portes de la nuit*, réalisé aussitôt après la guerre, reflètent également l'air du temps. Carné n'a pas toujours connu la même réussite, ainsi dans *les Tricheurs* (1958), variation sur *Roméo et Juliette* dont les jeunes héros se heurtent à des interdits nouveaux dans le cadre du Saint-Germain-des-Prés des années 1950. La simplification au risque du manichéen passait mieux avec Prévert... Mais des films moins célèbres, comme *l'Air de Paris*, recèlent de justes observations sur les milieux décrits au sein d'un projet purement romanesque. Enfin, s'il n'a pas réussi dans sa tentative de film engagé (*les Assassins de l'ordre*), il a montré de solides qualités de mise en scène dans son ingénieuse adaptation de *Thérèse Raquin* de Zola ou dans sa version de *Trois chambres à Manhattan* de Simenon. — D. S.

**FILMOGRAPHIE**

**1936** *Jenny*
**1937** *Drôle de drame*
**1938** *Hôtel du Nord*
**1938** *Le Quai des brumes*
**1939** *Le Jour se lève*
**1942** *Les Visiteurs du soir*
**1945** *Les Enfants du paradis*
**1946** *Les Portes de la nuit*
**1947** *La Fleur de l'âge* (inachevé)
**1950** *La Marie du port*
*Juliette ou la Clef des songes*
**1953** *Thérèse Raquin*
**1954** *L'Air de Paris*
**1956** *Le Pays d'où je viens*
**1958** *Les Tricheurs*
**1960** *Terrain vague*
**1962** *Du mouron pour les petits oiseaux*
**1965** *Trois Chambres à Manhattan*
**1968** *Les Jeunes Loups*
**1971** *Les Assassins de l'ordre*
**1974** *La Merveilleuse Visite*
**1977** *La Bible*

## John **Cassavetes**

NEW YORK 1929 – LOS ANGELES 1989

**Un auteur en liberté**. En 1961, *Shadows*, premier film de John Cassavetes, a enthousiasmé par un ton nouveau, avec son style de cinéma direct issu du nouveau documentaire, la spontanéité de son réalisme, et ses reflets de l'atmosphère culturelle new-yorkaise des années 1950. Cassavetes,

John Cassavetes visionne *Husbands* au Festival du film de San Francisco (1970).

lui-même acteur (il fera une assez belle carrière à Hollywood), y donne déjà la priorité au travail avec les comédiens, dont le corps et le geste prennent le pas sur le déroulement de l'intrigue. Il met en place des scènes semi-improvisées et parie sur le plan-séquence, non pour faire preuve de technicité, mais pour mieux observer les comportements, saisir des instants de vérité en jouant sur la durée. Sont ainsi posées les bases d'une œuvre très personnelle qu'il développera dans les années 1970, à partir de *Faces*. Dans l'intervalle, appelé par les studios en quête de renouvellement, il aura fait deux films tournés dans des conditions de production plus classiques mais rigoureux et riches d'émotion : *la Ballade des sans-espoir* (1962), un film au climat plus personnel se déroulant dans les milieux du jazz, et *Un enfant attend* (1963), doté d'une certaine profondeur psychologique.

Autofinancé et tourné par fragments, en 16 mm et en noir et blanc, *Faces* inaugure en 1968 la série des grands films réalisés en parfait indépendant à Los Angeles. Totalement détaché des modèles hollywoodiens, *Faces* ne comprend en effet que huit séquences, le récit prenant place sur moins d'une journée. Tournant caméra à l'épaule dans seulement deux décors, traquant les interprètes et leurs émotions, accentuant la durée des plans, Cassavetes provoque l'improvisation (« Sans improvisation, il n'y a pas d'art possible. », disait-il à l'époque). Tout cela suppose une exceptionnelle complicité des acteurs : son épouse Gena Rowlands, Ben Gazzara, Peter Falk, Seymour Cassel, mais aussi des amateurs, amis ou parents facilement intégrés dans des rôles secondaires, qui tous, du plus célèbre au plus anonyme, adhéreront à sa méthode et lui resteront fidèles.

*Husbands*, tourné deux ans après *Faces* avec des moyens matériels plus performants, montre magnifiquement ce que vaut cette méthode. Récit de la dérive de trois hommes mûrs installés dans la vie (Gazzara, Falk et Cassavetes lui-même) mais brusquement confrontés au vide de leur existence avec la mort de leur meilleur ami, le film passe allègrement de la mélancolie à la cocasserie. Moins avide de gros plans que *Faces*, il dénote une grande science dans l'observation des comportements - pour Cassavetes, le sens doit venir du geste plutôt que du verbe. En 1974, *Une femme sous influence*, offre au moins autant de séquences d'anthologie que *Husbands*, et apporte un surcroît de cohérence au projet de description psycho-sociologique, le sujet étant une femme au comportement légèrement décalé par rapport à son milieu et aux usages. Cassavetes et Gena Rowlands offrent là un portrait de femme inoubliable, d'une exceptionnelle spontanéité. Dans la même veine, avec sensibilité, mais aussi un certain mélange d'humour et d'amertume, *Ainsi va l'amour* (1971) décrit la rencontre improbable et l'union de deux personnages dissemblables, en longues séquences et avec un jeu sur les contrastes entre types sociaux.

John Cassavetes, en se gardant de toute concession, a appliqué sa méthode à des sujets plus classiques : *Meurtre d'un bookmaker chinois* (1976) est un film noir traitant du racket et d'un contrat pour meurtre, mais dont l'objet principal devient le vagabondage nocturne du héros et la forme celle d'une durée cinématographique longuement étirée. De même, le rythme trépidant de *Gloria*, où Gena Rowlands soutient, tout d'abord à son corps défendant, un enfant poursuivi par un gang, s'attache aux temps morts qui font reculer la violence devant la tendresse. Plus complexe mais tout aussi linéaire, *Opening Night* (1977) est le portrait d'une femme en crise évoluant dans le monde du théâtre. Dans le très émouvant *Torrents d'amour*, on retrouve le goût de Cassavetes pour les digressions porteuses de sens, le refus des scénarios rectilignes, le montage discontinu – les mêmes qualités qu'*Une femme sous influence*, avec quelques caractères communs aux deux personnages féminins, le flou de la frontière entre folie et normalité, la mise en scène des maladresses commises par les êtres en recherche d'affection, l'expression des sentiments. Et toujours ce regard scrutateur appliqué à l'expression de sentiments confus pour mieux cerner la complexité des individus décrits et mis en scène. Bien que le film soit issu d'une pièce de théâtre de Ted Allan apportée par des producteurs à Cassavetes, la proximité du décès du cinéaste amène à considérer *Torrents d'amour* magnifiquement interprété par le couple Cassavetes-Rowlands, comme le bouleversant testament du cinéaste. – D.S.

**FILMOGRAPHIE**

**1959** *Shadows*
**1962** *La Ballade des sans-espoir (Too Late Blues)*
**1963** *Un enfant attend (A Child Is Waiting)*
**1968** *Faces*
**1970** *Husbands*
**1971** *Minnie et Moskowitz / Ainsi va l'amour (Minnie and Moskowitz)*
**1974** *Une femme sous influence (A Woman Under the Influence)*
**1976** *Le Bal des vauriens / Meurtre d'un bookmaker chinois (The Killing of a Chinese Bookie)*
**1977** *Opening Night*
**1980** *Gloria*
**1984** *Torrents d'amour (Love Streams)*
**1985-1989** *Big Trouble*

# Alain **Cavalier**

VENDÔME 1931

**Une nouvelle approche documentaire.** Alain Cavalier débute à la grande époque de la Nouvelle Vague française, mais il s'en distingue en tournant des sujets inspirés par les événements politiques contemporains, comme la guerre d'Algérie : *le Combat dans l'île* (1961), sur un terroriste d'extrême droite, ou *l'Insoumis*, justification du refus d'obéissance aux ordres. Comme d'autres, il semble s'engager dans une carrière « normale », commerciale : adaptation d'un roman de Françoise Sagan, tournage avec les stars de l'époque... Mais il renonce aux codes du cinéma dominant, et réalise un film porté par une nouvelle conception du réalisme et empreint de sympathie pour des jeunes marginaux, *le Plein de super* (1975). Il décide de ne tourner que des films fondés sur une base d'authenticité : *Martin et Léa*, faux mélodrame mettant en scène un couple qui a vécu les événements reconstitués pour l'écran, *Un étrange voyage*, relatant un épisode singulier de la vie de sa propre fille. Quant à *Ce répondeur ne prend pas de messages*, c'est un bouleversant film intimiste né d'un drame personnel.

Cinéaste solitaire et secret, Alain Cavalier va s'orienter vers une nouvelle approche documentaire. Mais auparavant il tourne *Thérèse*, qui lui vaut l'admiration générale : s'inspirant au plus près de la vie de sainte Thérèse de Lisieux, Cavalier signe un film faussement classique, elliptique, d'un dépouillement extrême et d'une grand intensité. Du Bresson hyperréaliste en quelque sorte, marqué néanmoins d'une émotion palpable dans chaque séquence. Pour le réalisateur, ce n'est après tout qu'un « documentaire sur la vie d'une carmélite au XIXe siècle ». Ce film recevra le César du meilleur film en 1986. Puis il réalise en 1993 un film inconfortable sur la violence, la répression, la torture, *Libera me*. À l'écart des groupes et des écoles, son enjeu premier devient alors le respect du réel. C'est ainsi qu'il adopte et expérimente de nouvelles techniques vidéo qui lui apportent la liberté qu'il recherche, une légèreté (il fait à la fois le son et l'image) au service d'une nouvelle ascèse. Il réalise des séries documentaires, des portraits, filme à la première personne (*la Rencontre, le Filmeur* sont des sortes de journaux intimes), et, dans *René*, il associe document et fiction pour mettre en récit la vie d'un ami. – D.S.

**FILMOGRAPHIE**

**1961** *Le Combat dans l'île*
**1964** *L'Insoumis*
**1967** *Mise à sac*
**1968** *La Chamade*
**1975** *Le Plein de super*
**1979** *Martin et Léa*
*Ce répondeur ne prend pas de messages*

Claude Chabrol dirige Isabelle Huppert dans *Une affaire de femmes* (1988).

**1981** *Un étrange voyage*
**1986** *Thérèse*
**1993** *Libera me*
**1996** *La Rencontre*
**2000** *Vies*
**2002** *René*
**2005** *Le Filmeur*

## Claude **Chabrol**

PARIS 1930

**La comédie humaine**. Attaché de presse, Claude Chabrol devient au milieu des années 1950 critique aux *Cahiers du cinéma*. Il fait la connaissance du romancier Paul Gégauff – qui deviendra son fidèle scénariste – et rencontre la comédienne Stéphane Audran qu'il épousera et dirigera à de nombreuses occasions. En 1958, ouvrant la voie à d'autres collaborateurs des *Cahiers*, Chabrol réalise son premier film, *le Beau Serge*, qui devient le manifeste de la Nouvelle Vague. Remportant l'Ours d'or à Berlin en 1959 avec *les Cousins*, le cinéaste rencontre des succès divers avec ses films suivants, *À double tour*, où il dirige Jean-Paul Belmondo, *les Bonnes Femmes*, *Landru* (Charles Denner) ou *Le Tigre aime la chair fraîche*.

À la fin des années 1960, sa collaboration avec le producteur André Génovès lui permet de revenir à des œuvres plus intimistes (*la Femme infidèle*, *Que la bête meure*, *le Boucher*). Dans ces films, le cinéaste se livre à une satire de la bourgeoisie provinciale. Crimes et adultères occupent une place de choix dans ces histoires où chaque personnage s'efforce de sauver hypocritement les apparences. Avec *Docteur Popaul* en 1972, Chabrol remporte l'un de ses plus gros succès publics. Après une brève incursion dans le thriller politique (*Nada*) et le fantastique (*Alice ou la Dernière Fugue*), il trouve à nouveau dans les romans policiers et les faits divers ses sources d'inspiration. Dans les années 1980, le réalisateur tourne une série de polars et signe ainsi, avec le concours de grands comédiens, une savoureuse galerie de portraits : Michel Serrault en assassin fou dans *les Fantômes du chapelier*, Jean Poiret en inspecteur fin gourmet dans *Poulet au vinaigre* et *Inspecteur Lavardin*, ou encore Philippe Noiret en présentateur de télé cynique dans *Masques*.

Cependant, c'est avec des personnages féminins portés par des actrices inspirées que le cinéma de Chabrol trouve un nouveau souffle dans les années 1990. Pour lui Marie Trintignant incarne la magnifique *Betty* (d'après Simenon, 1992) et Isabelle Huppert devient pour le cinéaste une comédienne irremplaçable (*Une affaire de femmes*, *Violette Nozière*, *Madame Bovary*, *la Cérémonie*, *Rien ne va plus*, *Merci pour le chocolat*, *l'Ivresse du pouvoir*). – J. A. G.

**FILMOGRAPHIE**

**1959** *Le Beau Serge*
*Les Cousins*
*À double tour*
**1960** *Les Bonnes Femmes*
*Les Godelureaux*
**1962** *Les Sept Péchés capitaux*, ép. «*l'Avarice*»

*Landru*
*L'Œil du malin*
**1963** *Ophélia*
**1964** *Les Plus Belles Escroqueries du monde* ép. «*L'homme qui a vendu la Tour Eiffel*»
*Le tigre aime la chair fraîche*
**1965** *Paris vu par*... ép. «*la Muette*»
*Marie-Chantal contre docteur Kha*
*Le Tigre se parfume à la dynamite*
**1966** *La Ligne de démarcation*
**1967** *Le Scandale*
*La Route de Corinthe*
**1968** *Les Biches*
**1969** *La Femme infidèle*
*Que la bête meure*
**1970** *Le Boucher*
*La Rupture*
**1971** *Juste avant la nuit*
*La Décade prodigieuse*
**1972** *Docteur Popaul*
**1973** *Les Noces rouges*
**1974** *Nada*
**1975** *Une partie de plaisir*
*Les Innocents aux mains sales*
**1976** *Les Magiciens*
*Folies bourgeoises*
**1977** *Alice ou la Dernière Fugue*
**1978** *Les Liens de sang*
*Violette Nozière*
**1980** *Le Cheval d'orgueil*
**1982** *Les Fantômes du chapelier*
**1984** *Le Sang des autres*
**1985** *Poulet au vinaigre*
**1986** *Inspecteur Lavardin*
**1987** *Masques*
*Le Cri du hibou*
**1988** *Une affaire de femmes*
**1990** *Jours tranquilles à Clichy*
*Docteur M.*
**1991** *Madame Bovary*
**1992** *Betty*
**1993** *L'Œil de Vichy*
**1994** *L'Enfer*
**1995** *La Cérémonie*
**1997** *Rien ne va plus*
**1999** *Au cœur du mensonge*
**2000** *Merci pour le chocolat*
**2002** *La Fleur du mal*
**2004** *La Demoiselle d'honneur*
**2006** *L'Ivresse du pouvoir*

## Youssef **Chahine**

ALEXANDRIE 1926

**Chahine, l'égyptien.** Figure majeure du cinéma arabe depuis *Gare centrale* (1958), Youssef Chahine est un cinéaste libre, non académique. Son goût pour l'arabesque et l'emphase lyrique, hérité du mélodrame populaire musical, enrichit l'œuvre de cet engagé iconoclaste et généreux.

Youssef Chahine naît à Alexandrie en 1926, d'un père avocat qui le verrait bien ingénieur mais sa passion pour le spectacle le conduit à étudier le cinéma en Californie. Alexandrie, ville portuaire ouverte sur la Méditerranée (Chahine est d'origine grecque par sa grand-mère), sera le berceau spirituel de son œuvre, nourrie par la nostalgie d'une utopie perdue, celle d'un cosmopolitisme heureux, au temps où cohabitaient Juifs et Arabes. Idéaliste dans l'âme, à la naïveté sincère, le cinéma de Chahine pense que l'amour peut abolir les frontières de classe et de race. À sa ville tant aimée, il consacrera une superbe trilogie : *Alexandrie pourquoi ?* (1978), *la Mémoire* (1982) et *Alexandrie, encore et toujours* (1989).

Passionné du film musical, qu'il soit hollywoodien ou issu des studios du Caire, il se forge une conscience de cinéaste au contact du néoréalisme italien. De là naît son devoir : restituer la réalité de son pays. *Gare centrale*, dans lequel il joue un marchand de journaux infirme, aborde le tabou de la misère sexuelle. Chahine, s'il a cru aux vertus du socialisme sous Nasser (*la Terre*, en 1969, sur la réforme agraire), ne craint pas les sujets qui dérangent, comme le traumatisme de la défaite de la guerre des Six jours dans *le Moineau* (1973), ou celui de la colonisation dans *Adieu Bonaparte* (1985), avec Patrice Chéreau et Michel Piccoli.

Les films de Chahine ont toujours deux sujets : lui et son pays, l'Egypte, acteur et personnage principal de toute son œuvre. En guerre contre toute forme de fanatisme religieux (*l'Émigré*, 1994, *le Destin*, 1998, sur Averroes), il fait de l'accès à la connaissance le terreau de tous les espoirs. « Chaque jour qui passe sans rien apprendre est un jour perdu », entend-on dans *l'Émigré*. L'autre est toujours une richesse. Cet artiste égocentré, incorrigible altruiste subversif, est au fond un grand romantique et un éternel amoureux. — C.T.

**FILMOGRAPHIE**

**1950** *Papa Amine (Bãbã Amîn)*
**1951** *Le Fils du Nil (Ibn an Nîl)*
**1952** *Le Grand Bouffon (Al Muharrij al-Kabir)*
**1953** *La Dame du train (Sayedat al-Qitar)*
*Femmes sans hommes (Nisãbilã rijãl)*
**1954** *Ciel d'enfer (Sirã fî alwãdî )*
*Le Démon du désert (Shaït an as-Sahra)*
**1956** *Les Eaux noires (Sirãfi al-minã)*
**1957** *J'ai quitté ton amour (Wadda'tu hubbak)*
*C'est toi mon amour (Inta habiby)*
**1958** *Gare centrale (Bãb al hadîd)*
*Gamila l'Algérienne*
*(Gamîla al-gazã iriyya)*
**1959** *À toi pour toujours (Hubb lel-abad)*
**1960** *Entre tes mains (Bein edeik)*
*L'Appel des mants (Nida al'ushshaq)*
**1961** *Un homme dans ma vie (Rajul fi hayati)*
**1963** *Saladin (an Nãhir Salãh ad Dîn)*

**1964** *L'Aube d'un jour nouveau (Fagr yawm gadîd)*
**1965** *Le Vendeur de bagues (Bayya el-Khawatim)*
**1967** *Sables d'or (Rimal min dhahab)*
**1968** *Ces gens du Nil (an Nãss wa an-Nil)*
*La Terre (al-Ard)*
**1970** *Le Choix (al Ikhtiyar)*
**1974** *Le Moineau (al Usfur)*
**1976** *Le Retour du fils prodigue (Awdat al-ibn ad-da)*
**1978** *Alexandrie...pourquoi ? (Iskandarriya... lîh?)*
**1982** *La Mémoire (Hadduta misryya)*
**1985** *Adieu Bonaparte*
**1986** *Le Sixième Jour*
**1990** *Alexandrie encore et toujours (Iskanderiyya, kaman wa kaman)*
**1991** *Le Caire vu par Chahine*
**1994** *L'Émigré (Al Mohager)*
**1997** *Le Destin (Al Massir)*
**1999** *L'Autre (Al Akhar)*
**2001** *Silence...on tourne (Skoot hansawwar)*
**2002** *11'09''01 - September 11*, collectif
**2004** *Alexandrie... New York*

## Charles **Chaplin**

LONDRES 1889 - CORSIER-SUR-VEVEY 1977

**Le premier auteur?** L'histoire du cinéma doit beaucoup à Charles Chaplin. Le premier, il se revendiqua auteur complet, en concevant, produisant, écrivant, jouant, mettant en musique ses propres films, avant de préserver son patrimoine de manière exemplaire. Quand la nouvelle invention était encore considérée avec condescendance, il fut l'un de ceux qui surent le mieux lui conférer crédibilité et dignité.

Enfant de la balle des music-halls londoniens, Charles Chaplin part en tournée aux États-Unis en 1912. Dès lors, les choses se précipitent : remarqué par Mack Sennett, le spécialiste du burlesque, il débute au cinéma en 1914, d'abord comme acteur, puis, très vite,comme réalisateur. Son rythme de travail est frénétique, à la mesure du succès fulgurant, bientôt mondial, qu'il rencontre : plus de cinquante réalisations en quatre ans (1914-1919).

Ce sont des comédies d'abord d'une bobine (10 minutes), puis de deux bobines, où il affine par petites touches son personnage d'éternel vagabond, et dont l'ambition artistique et sociale va grandissant (scénarios de plus en plus travaillés, chorégraphie burlesque de plus en plus complexe et fluide, nuances de plus en plus sérieuses, thèmes de plus en plus graves). Celui que l'on nommera chez nous Charlot, se baptise lui-même «The Tramp», le vagabond, figure hors du temps et de l'espace dans laquelle une humanité entière se reconnaîtra. Dans des courts métrages très élaborés, comme *l'Émigrant* (1917), *Une vie de chien* (1918) ou *Charlot soldat* (1918), il s'oriente nettement vers un discours humaniste, bien que le sérieux du propos et l'émotion de certains instants ne viennent jamais freiner l'irrésistible invention comique.

En 1919, Chaplin fonde avec les acteurs Douglas Fairbanks et Mary Pickford (bientôt rejoints par le réalisateur D. W. Griffith), les Artistes Associés, structure ambitieuse dont seul, parmi les fondateurs, il profitera pleinement, s'assurant ainsi une indépendance artistique quasiment totale. Par exemple, il pourra attendre onze années avant de produire son premier film parlant en 1940, avec *le Dictateur*, sans pour autant en pâtir commercialement.

Fallait-il qu'il soit sûr de son art et de son public pour s'interrompre en plein succès, deux ans entiers, avant de revenir en 1921 dans un long métrage, *le Kid*, épreuve jusque-là jamais tentée par un comique? Le triomphe qui l'accueille, ainsi que l'adhésion sans réserve de la critique, prouvent qu'il était dans le vrai et ouvrent la voie à Buster Keaton, à Harold Lloyd, et jusqu'à Jerry Lewis, qui le suivront. Les gags, produits au prix d'un minutieux travail de préparation, viennent s'enchâsser dans un modèle narratif mélodramatique à la Charles Dickens : cet équilibre acrobatique et élégant entre rire et larmes sera désormais la marque de l'art de Chaplin. Pendant deux ans encore, il réalisera des courts métrages (*Jour de paie*, *le Pélerin*), mais en nombre très parcimonieux.

En 1923, Charles Chaplin étonne en prenant un nouveau risque. Il va réaliser un mélodrame, *l'Opinion publique*, dans lequel il ne jouera pas et qui met en vedette sa compagne, l'actrice Edna Purviance. Ce succès artistique bouleverse notamment les cinéastes de l'époque qui prennent pleinement conscience du pouvoir suggestif de l'image et du montage. De Lubitsch à Renoir, nombreux seront ceux qui se référeront à *l'Opinion publique* comme à une œuvre phare. Désormais ses films ne seront plus que des longs métrages, longuement conçus, produits à un rythme de plus en plus lent, mais qui, à chaque fois, constitueront un événement artistique. *La Ruée vers l'or* frappe les esprits par le souffle quasi épique de certaines scènes. *Le Cirque*, peut-être le plus discret des grands chefs-d'œuvre de Chaplin, se lit comme un hommage aux fondements mêmes du comique cinématographique : Chaplin acteur y atteint, dans la gestuelle, une grâce inégalée. *Les Lumières de la ville* représentera un pas de plus dans le drame : si la comédie est éblouissante (les démêlés de Charlot avec un riche noceur qui ne se souvient plus de lui quand il est sobre), l'émotion, notamment au finale du film, lors des retrouvailles du vagabond avec l'aveugle qu'il a protégée, est également des plus intenses.

Charles Chaplin dirige en 1925 une scène de *la Ruée vers l'or.*

*Les Temps modernes*, une vive satire du machinisme, de l'aveu même de Chaplin influencée par le René Clair d'*À nous la liberté*, sera son dernier film muet. Pour *le Dictateur* (1940) la parole lui est nécessaire : pour jouer une dernière fois Charlot, mais également son double, Hynkel, décalque caricatural d'Hitler. Dans le discours final, d'un vibrant pacifisme, Chaplin se dépouille à jamais de la défroque de Charlot.

C'est sous les traits de *Monsieur Verdoux*, tueur de rombières inspiré par Landru, que Chaplin va revenir au cinéma, prolonger son discours pacifiste, et déplaire de plus en plus à l'Amérique bien-pensante qui lui reproche ses sympathies politiques pour la gauche ainsi que son récent mariage avec une jeune fille dont il pourrait être le grand-père. Blessé, Chaplin quitte les États-Unis et revient vers l'Angleterre de ses origines. Il y signera son dernier grand chef-d'œuvre, *les Feux de la rampe*, histoire de clown déchu où cet homme à la réussite universelle laisse apparaître son angoisse de ne plus faire rire. Tourné également en Angleterre, *Un roi à New York* s'en prendra au maccarthysme et à la civilisation montante de la télévision. Après dix ans d'absence, il reviendra, toujours dans les studios anglais, réaliser *la Comtesse de Hong-Kong*, comédie sentimentale surannée mais poignante où, à travers un personnage de femme errante, il paraît renouer avec le personnage du Vagabond. – C. V.

**FILMOGRAPHIE**

longs-métrages uniquement

**1921** *Le Gosse (The Kid)*
**1923** *Le Pèlerin (The Pilgrim)*
*L'Opinion publique (A Woman of Paris)*
**1925** *La Ruée vers l'or (The Gold Rush)*
**1928** *Le Cirque (The Circus)*
**1931** *Les Lumières de la ville (City Lights)*
**1936** *Les Temps modernes (Modern Times)*
**1940** *Le Dictateur (The Great Dictator)*
**1947** *Monsieur Verdoux*, co. Robert Florey
**1952** *Les Feux de la rampe (Limelight)*
**1957** *Un roi à New York (A King in New York)*
**1967** *La Comtesse de Hong-Kong*
*(A Countess from Hong-Kong)*

## Michael **Cimino**

NEW YORK 1939

**Voyage au bout de l'Amérique**. Cinéaste maudit du Nouvel Hollywood, Michael Cimino est un réalisateur rare dont la courte filmographie n'a cessé de questionner les origines et la violence de son pays, et compte quelques-uns des plus grands films du cinéma américain contemporain.

Après des débuts dans le documentaire et la publicité, Michael Cimino travaille pour le cinéma en tant que scénariste. Clint Eastwood remarque celui de *Magnum Force* (Ted Post, 1973) et lui confie le scénario et la réalisation du *Canardeur*, l'un des premiers « buddy movies ». Ensuite Cimino sera l'auteur complet de *Voyage au bout de l'enfer* (1978), chef-d'œuvre sur le traumatisme des vétérans de la guerre du Viêt-nam, aux inoubliables scènes d'anthologie (la grandiose séquence des noces orthodoxes, la torture à la roulette russe). *La Porte du Paradis*, fresque violente sur l'Amérique pionnière, sera malheureusement tronqué à sa sortie. Il est devenu légendaire en raison de ses dépassements de budget pharamineux qui, liés à l'échec de son exploitation en salle, auraient provoqué la faillite du producteur (United Artist) et signé la fin du Nouvel Hollywood.

Bien qu'une polémique l'ait accusé de racisme envers la communauté asiatique, le formidable *Année du Dragon*, scénarisé par Oliver Stone et situé dans les milieux de la mafia chinoise à New York, remporte un franc succès. Mais Hollywood ne lui pardonne pas pour autant *la Porte du Paradis*, d'autant que *le Sicilien*, biographie romancée de Salvatore Giuliano, célèbre bandit sicilien de l'après-guerre accuse un net déclin.

Dans les années 1990, Cimino réalise deux films à la postérité plus humble et à la forme plus classique : un remake de *la Maison des otages* de William Wyler (1955) ; puis *Sunchaser*, road movie sur le mystique retour aux sources d'un malade en phase terminale et de son médecin dans les décors désertiques de l'Ouest américain.

Des émigrés d'Europe de l'Est (*Voyage au bout de l'enfer, la Porte du Paradis*) aux indiens Navajo de *Sunchaser*, en passant par les Chinois et le « polak » de *l'Année du Dragon*, Michael Cimino se sera principalement intéressé à la formation composite du peuple américain et à sa violence intrinsèque.

Cinéaste rare, il n'a plus tourné pour le cinéma depuis 1996 et est retourné à ses premières amours : les films publicitaires. – C. D.

**FILMOGRAPHIE**

**1974** *Le Canardeur (Thunderbolt and Lightfoot)*
**1978** *Voyage au bout de l'enfer (The Deer Hunter)*
**1980** *La Porte du Paradis (Heaven's Gate)*
**1985** *L'Année du Dragon (Year of the Dragon)*
**1987** *Le Sicilien (The Sicilian)*
**1990** *The Desperate Hours*
**1996** *Sunchaser*

## Souleymane **Cissé**

BAMAKO 1940

**Beautés africaines.** Ousmane Sembène, en pionnier, a ouvert la voie. Souleymane Cissé a poursuivi son entreprise de dénonciation politique tout en y ajoutant la magie du conteur et la puissance de la beauté. *Yeelen* (*la Lumière*, 1987), son chef-d'œuvre, marque une date dans la fragile histoire du cinéma africain, pour avoir redonné le vertige de nouveaux possibles.

Comme beaucoup de cinéastes africains, Souleymane Cissé le malien a appris le cinéma à l'école d'Etat du VGIK de Moscou. En rentrant au pays, au milieu des années 1960, comme la plupart de ses collègues africains, il n'a pas pu faire le cinéma qu'il a appris. Faute de matériel, fautes d'infrastructures de production, faute de tout. Il a fait ses premiers pas dans le documentaire et le court-métrage avant de signer trois films qui dérangent (*la Jeune Fille*, 1974, *Baara*, 1978, *le Vent*, 1982) car ils ont commun de pointer ce que l'Afrique ne veut pas voir d'elle-même. S'il critique la société, Cissé, contrairement à Sembène, ne croit pas aux films à thèse, aux réquisitoires. Il pratique un cinéma d'acupuncteur qui appuie où ça fait mal. Le contraste entre l'incroyable légèreté du filmage face à la terrible pesanteur de la violence des rapports humains est ce qui le distingue. La douceur explosive est la marque de son style.

Avec *Yeelen*, le cinéma africain franchit une étape irréversible. De Sembène, marxiste convaincu, on peut dire qu'il a fait un cinéma contre celui de Jean Rouch, accusé de folklorisme ethnographique (magie, sorcellerie, animisme). Cissé, à travers le récit initiatique d'un enfant qui veut s'approprier les pouvoirs magiques conservés par son père, ose pour la première fois concilier les deux. Cette allégorie de la transmission, d'une beauté formelle éblouissante, est aussi, sur fond de réalisme surnaturel, une affirmation de l'identité africaine. Du cinéma africain, Godard a dit qu'il était le seul à pouvoir « raconter des histoires autrement ». Avec *Yeelen*, cet espoir s'est enfin réalisé.

Exigeant, ambitieux artistiquement, refusant le misérabilisme d'un faux primitivisme (la façon dont l'Occident aime voir le cinéma africain), Cissé tourne peu. Depuis *Yeelen*, un seul film, *Waati* (*le Temps*, 1995), sur une jeune Sud-Africaine victime de l'apartheid, nous rappelant combien il aime et sait filmer les femmes. – C. T.

**FILMOGRAPHIE**

**1974** *La Jeune Fille (Den Muso)*
**1978** *Baara*
**1982** *Le Vent (Finyé)*
**1987** *La Lumière (Yeelen)*
**1995** *Le Temps (Waati)*

## René **Clair**

PARIS 1898 – id. 1981

**L'esprit français.** Inaugurée sous le signe de l'avant-garde en 1924 avec *Paris qui dort*, moyen-métrage à la fois expérimental et populaire et un petit film dadaïste (*Entr'acte*, avec Picabia et Satie), la filmographie de René Chomette, alias

René Clair, montre qu'il n'a guère revendiqué ce label, soucieux de mettre à la disposition de tous les acquis de l'innovation cinématographique. Comme tout cinéaste de sa génération, il a en effet cherché à définir la spécificité du cinéma. C'est au moyen de deux brillantes comédies adaptées de pièces de théâtre de Labiche (*Un chapeau de paille d'Italie*, 1928, *les Deux Timides*, 1929) qu'il a le mieux développé sa théorie : pour lui seul comptait le rythme de l'image. Très méfiant vis-vis du cinéma sonore et parlant, il l'aborde de manière résolument non-conformiste : *Sous les toits de Paris* refuse l'invasion par les dialogues et écarte le parallélisme du son et de l'image, auquel il préfère l'opposition, le contraste, le contre-chant. L'image et le montage prévalent, faisant émerger le potentiel poétique et dramatique de la bande-son. Même démarche dans *À nous la liberté* (1931), satire anarchisante de la société industrielle moderne (« La liberté, c'est toute l'existence. Mais les humains ont créé les prisons, les règlements, les lois, les convenances. Et les travaux, les bureaux, les maisons » chantent les personnages sur un musique de Georges Auric). Autre film marquant de sa carrière, *le Million* reprend les structures d'*Un chapeau de paille d'Italie*, avec quiproquos et poursuites à travers Paris – cette fois le Paris populaire contemporain.

René Clair, c'est d'abord ce regard amusé sur les êtres humains, un ton alternant tristesse et humour, un contact direct avec le public. Henri Langlois a noté qu'il représentait aux yeux de l'étranger une personnification de l'esprit français, un successeur de Feydeau et de Molière. Il n'en a pas moins travaillé en Grande-Bretagne, dans un esprit parfaitement proche de l'humour britannique (*Fantômes à vendre*), puis à Hollywood, où il réalise deux comédies, *la Belle Ensorceleuse*, un film construit autour d'une star (Marlene Dietrich) – mais aussi et surtout *Ma femme est une sorcière*, qui prouve la constance de son style dans un contexte différent. Il signe son retour en France en 1947 avec *le Silence est d'or*, un film où il s'attendrit sur l'époque du cinéma muet. Il retrouve son univers sentimental gentiment humoristique, parfois désabusé, et son intérêt pour le petit peuple qui caractérisait ses premiers films parlants et *Quatorze juillet*. Plus tard *Porte des Lilas* (précisément adapté d'un roman de René Fallet né de cette veine populiste qui a influencé tant de cinéastes français), ou encore *Tout l'or du monde* constituent des tentatives pour prolonger cette inspiration. Dans l'intervalle, il avait bifurqué, abordant à sa manière le mythe de Faust dans *la Beauté du diable*, avec Michel Simon et Gérard Philipe, suivi de deux comédies romantiques et désenchantées : *les Belles de nuit*, et *les Grandes Manœuvres*. C'était déjà l'installation dans un certain classicisme, qui le rapprochait de l'Académie française, où il fut élu en 1960. – D.S.

**FILMOGRAPHIE**

**1924** *Paris qui dort*, m.m.
*Entr'acte*, c.m.
**1925** *Le Fantôme du Moulin-Rouge*
**1926** *Le Voyage imaginaire*
**1927** *La Proie du vent*
**1928** *Un chapeau de paille d'Italie*
**1929** *Les Deux Timides*
**1930** *Sous les toits de Paris*
**1931** *Le Million*
*À nous la liberté*
**1933** *Quatorze juillet*
**1934** *Le Dernier Milliardaire*
**1935** *Fantôme à vendre*
*(The Ghost Goes West)*
**1938** *Fausses Nouvelles (Break the News)*
**1941** *La Belle Ensorceleuse*
*(The Flame of New Orleans)*
**1942** *Ma femme est une sorcière*
*(I Married a Witch)*
**1944** *C'est arrivé demain*
*(It Happened To-Morrow)*
**1945** *Dix Petits Indiens*
*(And Then There Were None)*
**1947** *Le silence est d'or*
**1950** *La Beauté du diable*
**1952** *Les Belles de nuit*
**1955** *Les Grandes Manœuvres*
**1957** *Porte des Lilas*
**1961** *Tout l'or du monde*
**1966** *Les Fêtes galantes*

## Jean **Cocteau**

MAISONS-LAFFITTE 1889 – MILLY-LA-FORÊT 1963

**« Qu'est-ce qu'un poète ? c'est un homme qui change les règles du jeu ».** Poète avant tout, Cocteau a été séduit par le potentiel d'images que lui offrait le cinéma. Toute image constituait pour lui un matériau « concret » – d'où l'application du terme « réalisme magique » à son œuvre, bien que la forme narrative ait oscillé du vérisme des *Parents terribles* au merveilleux de *la Belle et la Bête*. Son premier essai, *le Sang d'un poète* (1931), financé par un mécène, le vicomte de Noailles, révèle un goût prononcé pour les trucages élémentaires et l'hybridation visuelle. Accusé d'emprunts illégitimes par les surréalistes, le film, comme ceux qui suivront, n'est dominé ni par le rêve ni par les tentations de l'inconscient. Il compose avec *le Testament d'Orphée* (1960), œuvre ultime où il se met lui-même en scène dans un festival de métaphores disparates et d'autocitations, comme une boucle fondant objets (miroirs, statues) et thèmes familiers (la condition du Poète soumis au regard d'autrui) dans un flux d'images créatives. Le goût de Cocteau pour les grands mythes ne se limite pas à celui d'Orphée. Une

Jean Cocteau, acteur et réalisateur, dans *le Testament d'Orphée* (1960).

série de pièces de théâtre l'atteste, qui a conduit à deux films essentiels tournés à la même époque : *l'Aigle à deux têtes* (1948), tragédie fondée sur le thème du double, et *la Belle et la Bête* (1946), un conte dont les références picturales rehaussent un merveilleux éloigné de toute tradition cinématographique. Quel que soit le cadre de son récit, mythique, psychologique, théâtral, légendaire, Cocteau s'est appliqué à fuir le réalisme banal- ainsi *les Parents terribles* ne peut être perçu sur la seule base d'une cruelle description de la bourgeoisie. Il a commis parfois le péché d'emphase et de préciosité, surtout lorsque c'est Jean Delannoy qui filme ses dialogues (*l'Éternel Retour* 1943, *la Princesse de Clèves*, 1961). Ses propres films révèlent néanmoins une même science du cinéma : méfiance pour le récit linéaire, primauté de l'image sur le texte, croyance dans les vertus du montage, et, le plus souvent, recherche de décors rares ou insolites servant parfaitement les thèmes chers au poète, qu'ils soient explicites (le destin, la mort) ou suggérés (la drogue, l'homosexualité, les rituels d'initiés). — D. S.

**FILMOGRAPHIE**

**1931** *Le Sang d'un poète*
**1946** *La Belle et la Bête*, co. tech. René Clément
**1948** *L'Aigle à deux têtes*
**1949** *Les Parents terribles*
**1950** *Orphée*
**1960** *Le Testament d'Orphée*

# Joel et Ethan **Coen**

MINNEAPOLIS 1955 - MINNEAPOLIS 1957

**L'humour pris au sérieux**. L'œuvre des frères Coen donne l'impression d'une farce qui aurait fini par devenir sérieuse. Leurs films ont d'abord séduit par leur côté « potache », mais, sans que les frères renoncent à leur humour, leur technique brillante et sophistiquée s'est appliquée à des sujets plus ambitieux, parfois franchement noirs. Leur nom évoque à la fois le rire le plus franc et la forme la plus élaborée.

Comme s'ils racontaient un de leurs scénarios, les frères Coen ont toujours affirmé n'avoir fait du cinéma que par hasard. On a du mal à y croire car tous deux ont étudié à la New York University Film School, et ont collaboré à des scénarios ou des montages pour leur ami d'enfance, Sam Raimi. Leur première réalisation est l'hilarant *Sang pour sang* (1984), crapuleuse histoire d'adultère criminel, qu'ils renouvellent par l'inventivité de leur mise en scène et leur humour noir, très sanglant. En fait, Ethan et Joel écrivent ensemble ; Joel réalise et Ethan produit, du moins officiellement. Leur style visuel, à la caméra très agile, qui se faufile à toute allure dans les interstices les plus impensés, utilise les techniques les plus en pointe aussi bien que le bricolage pur et simple. Au fil du temps et des budgets, l'image va devenir de plus en plus soignée, couleurs subtilement étudiées, cadrages finement composés. C'est ce mélange d'impertinence et de raffinement qui rend leur approche unique.

Leur deuxième film, *Arizona junior* (1987), va confirmer la prédilection des Coen pour la comédie pure. Tout au long de leur carrière, il reviendront régulièrement sur des structures classiques : satire (*le Grand Saut*), humour pince-sans-rire à la britannique (*Ladykillers*), remake de *Tueurs de dames*, d'Alexander Machendrick (1955) ou comédie du remariage (*Intolérable cruauté*). Les acteurs y brillent de tous leurs feux et les deux cinéastes peaufinent une technique sans faille. Ces schémas traditionnels alternent avec des scénarios picaresques, au récit plus libre. *Fargo* (le non-sens marié au film noir), *The Big Lebowski* (hymne à la nonchalance) et *O Brother* (l'*Odyssée* revisitée) sont du pur Coen : bouffonnerie surréaliste, humour gore et mise en scène tirée au cordeau. Mais les Coen ne dédaignent pas les sujets graves qu'ils traitent avec leur brio congénital. Ils goûtent particulièrement le film noir dont ils nous offrent la variante moderne la plus achevée notamment avec *Miller's Crossing* (1990) et *The Barber* (2001), qui attestent de l'étendue de leur palette. Moins conforme au modèle noir, *Barton Fink* (1991) évoque subtilement, à travers la personnalité d'un scénariste en panne d'inspiration, les rapports du réel et de l'imaginaire et en profite pour massacrer le système hollywoodien. Le film triomphe à Cannes (avec le Prix de la mise en scène, le Prix d'interprétation masculine pour John Turturro et la Palme d'or). – C.V.

**FILMOGRAPHIE**

**1984** *Sang pour sang (Blood Simple)*
**1987** *Arizona Junior (Raising Arizona)*
**1990** *Miller's Crossing*
**1991** *Barton Fink*
**1994** *Le Grand Saut (The Hudsucker Proxy)*
**1996** *Fargo*
**1998** *The Big Lebowski*
**2000** *O Brother (O'Brother Where Art Thou?)*
**2001** *The Barber / L'homme qui n'était pas là (The Man Who Wasn't There)*
**2003** *Intolérable cruauté (Intolerable Cruelty)*
**2004** *Ladykillers (The Ladykillers)*
**2006** *Paris je t'aime*, ép. « *Tuileries* »

## Luigi **Comencini**

SALÒ 1916

**Un cinéaste à l'écoute des enfants.** Bien que né en Italie, Luigi Comencini passe son adolescence à Agen où il découvre le cinéma en fréquentant les salles de la ville. Rentré en Italie, il obtient son diplôme d'architecte au Politecnico de Milan en 1939. Parallèlement, avec Alberto Lattuada et Mario Ferrari, il recueille de vieux films et crée une collection privée qui sera à l'origine de la Cineteca italiana. Il commence à écrire sur le cinéma dans la revue *Corrente* et s'intéresse à la photographie. Après la guerre, il collabore au quotidien socialiste *Avanti !* et tourne le court métrage, *Bambini in città* (1946) qui obtient le prix du meilleur film de l'année. En 1947, il entreprend le tournage de son premier long métrage, *De nouveaux hommes sont nés* sur l'œuvre d'un prêtre qui essaye de remettre sur le droit chemin les enfants délinquants de Naples.

Après une série de films mineurs d'où émergent les sombres *Volets clos* (1951) et *la Traite des blanches* (1952), les souriants *Pair, amour et fantaisie*, *Pain, amour et jalousie* (1953-1954), *la Belle de Rome* (1955) et surtout le délicat et profond *Tu es mon fils* (1957), il réalise au début des années 1960 quatre films majeurs : *la Grande Pagaille* (1960) – sans doute la plus lucide analyse des événements tragiques de l'été 1943 qu'ait donné le cinéma italien –, *À cheval sur le tigre* (1961), *le Commissaire* (1962), *la Ragazza* (1963), qui brille de la frémissante beauté de Claudia Cardinale. Ces quatre films, dans le registre de la comédie ou du drame, proposent une analyse pénétrante de la société italienne à divers moments de son évolution historique. Après quelques œuvres commerciales, il retrouve en 1967 sa veine la meilleure avec *l'Incompris*, un drame marqué par son exceptionnelle aptitude à cerner les souffrances de l'enfance. Suivent alors une série d'œuvres dans lesquelles s'expriment sa sensibilité et son intelligence critique : *Casanova, un adolescent à Venise* (1969), *les Aventures de Pinocchio* (1972), *l'Argent de la vieille* (1972), *Un vrai crime d'amour* (1973), *Mon Dieu, comment suis-je tombée si bas ?* (1974), *le Grand Embouteillage* (1978), *Eugenio* (1980). Comencini revient à l'enfance, qu'il n'avait pas complètement abandonnée, en tournant en 1970 pour la télévision *I bambini e noi*, une enquête sociologique sur la situation des enfants dans la famille italienne, et *L'amore in Italia* (1978) sur la construction du couple et le rapport des générations, deux entreprises qui résument son expérience en matière d'observation sociologique. C'est encore l'univers de l'enfance, mêlé de nostalgie et de désillusion, qui anime *Cuore* (1983), d'après Edmondo De Amicis, et *La storia* (1985), d'après Elsa Morante. *Un enfant de Calabre* (1987) lui permet de revenir sur la condition des enfants méridionaux, quant à *La Bohème* (1988), c'est une adaptation magistrale de l'opéra de Puccini. *Joyeux Noël, bonne année* (1989) est encore un film sensible et nostalgique sur un vieux couple séparé, tandis que *Marcellino* (1991), remake délicat d'un mélodrame espagnol, clôt en mineur une œuvre exemplaire dans sa diversité.

Auteur de plus d'une trentaine de films, Comencini a longtemps fait figure de cinéaste de seconde catégorie à l'éclectisme suspect ; ce n'est que dans les années 1970 que l'on a commencé à reconnaître son importance et à souligner la grande cohérence de son œuvre, mis à part un certain nombre de films qu'il a réalisé en acceptant les contraintes du marché. Comencini est un moraliste qui pose sur la condition humaine un regard sans complaisance : peu de cinéastes ont aussi fortement souligné le désarroi de la société contemporaine. Dans une œuvre d'une grande lucidité, les films sur l'enfance reviennent comme un leimotiv depuis *De nouveaux hommes sont nés* et *Tu es mon fils*, une façon pour le cinéaste d'exprimer sa confiance dans l'avenir. Il faut aussi porter au crédit de Comencini le constant souci de signer des films qui puissent intéresser le plus large public – ce que l'ancien architecte soulignait en indiquant que les maisons que l'on construit sont destinées à être habitées –, des films qui puissent faire réfléchir aux sujets les plus graves sans perdre de vue les règles du spectacle. — J. A G.

**FILMOGRAPHIE**

**1948** *De nouveaux hommes sont nés (Proibito rubare)*
**1949** *L'imperatore di Capri*
**1951** *Volet clos (Persiane chiuse)*
**1952** *Heidi*
**1953** *La Traite des blanches (La tratta delle bianche)*
**1953** *Pain, amour et fantaisie (Pane, amore e fantasia)*
*La Valigia dei sogni*
**1954** *Pain, amour et jalousie, (Pane, amore e gelosia)*
**1955** *La Belle de Rome (La bella di Roma)*
**1956** *Tu es mon fils (La finestra sul Luna Park)*
**1957** *Mariti in città*
**1958** *Mogli pericolose*
**1959** *Und das am Montagmorgen*
*Le sorprese dell'amore*
**1960** *La Grande Pagaille (Tutti a casa)*
**1961** *À cheval sur le tigre (A cavallo della tigre)*
**1962** *Il commissario*
**1963** *La Ragazza (La ragazza di Bube)*
**1964** *La mia signora*, ép. *« Eritrea »*
*Tre notti d'amore*, ép. *« Fatebenefratelli »*
**1965** *Don Camillo en Russie (Il compagno Don Camillo)*
*Les Poupées (Le bambole,* ép. *« Il trattato di eugenica »)*
*Le Partage de Catherine (La bugiarda)*
**1966** *L'Incompris (Incompreso)*
**1968** *Les Russes ne boiront pas de Coca-Cola ! (Italian Secret Service)*
**1969** *Casanova, un adolescent à Venise (Infanzia, vocazione e prime esperienze di Giacomo Casanova, veneziano)*
**1972** *Les Aventures de Pinocchio (Pinocchio)*
*L'Argent de la vieille (Lo scopone scientifico)*
**1974** *Un vrai crime d'amour (Delitto d'amore)*
*Mon Dieu, comment suis-je tombée si bas ? (Mio Dio come sono caduta in basso!)*
**1976** *Mesdames et Messieurs Bonsoir (Signore e signori, buonanotte)*, collectif
*La Femme du dimanche (La donna della domenica)*
*La Fiancée de l'évêque* ép. *« Quelle strane occasioni »*
**1978** *Qui a tué le chat? (Il gatto)*
**1979** *Le Grand Embouteillage (L'ingorgo - Una storia impossibile)*
**1980** *Eugenio (Voltati Eugenio)*
**1983** *L'Imposteur (Cercasi Gesù)*
**1987** *Un garçon de Calabre (Un ragazzo di Calabria)*
**1988** *La Bohème*
**1989** *Joyeux Noël, bonne année (Buon Natale... Buon anno)*
**1991** *Marcellino (Marcellino, pane e vino)*

# Francis Ford **Coppola**

DETROIT 1939

**Une figure tutélaire.** Parvenu à la notoriété en même temps que Martin Scorsese, Brian De Palma, Steven Spielberg ou George Lucas, sorti comme eux d'une école de cinéma, Francis Ford Coppola est un peu plus âgé. Son tempérament patriarcal l'a poussé à mettre sur pied une structure de production, American Zœtrope, voire des studios, dont il a fait bénéficier ses confrères. En entrant le premier dans le système, il a ouvert la voie à une restructuration artistique, depuis désignée comme « le Nouvel Hollywood ».

Fils d'un musicien italien émigré (qui composera la partition de plusieurs de ses films), le jeune Francis, immobilisé par la polio, bricole des spectacles et des bandes son. Frais émoulu du département de cinéma de UCLA, il s'initie à la pratique en acceptant toutes sortes de travaux (films érotiques, films d'horreur, remontage de films soviétiques). Mais son talent pour l'écriture de scénario lui permet des tâches plus prestigieuses (*Reflets dans un œil d'or* de John Huston, *Patton* de Franklin J. Schaffner, qui lui vaut un Oscar). Il passe à la réalisation dès 1963 avec *Dementia 13*, un f lm d'horreur produit par Corman puis en 1966 avec *Big Boy*, comédie à la mode sélectionnée pour le Festival de Cannes, puis avec *la Vallée du bonheur*, dernière comédie musicale interprétée par Fred Astaire. Coppola refuse alors les gros budgets auxquels il pourrait prétendre, pour tourner avec une équipe réduite *les Gens de la pluie* (1969), admirable « road-movie », typique de la contre-culture des années 1960, où une bourgeoise en rupture de ban prend en autostop un athlète mentalement retardé. La sincérité des personnages, la qualité de l'interprétation (Shirley Knight, James Caan, Robert Duvall) et la beauté de la mise en scène (clairs-obscurs et contre-jour sur fond pluvieux) marquent l'émergence d'un cinéaste important.

Coppola, contacté pour écrire le scénario du *Parrain* d'après le best-seller de Mario Puzo, joue alors avec le feu : il veut bien écrire, mais également diriger ce budget colossal. Contre l'avis général, il engage Marlon Brando pour le rôle de Don Corleone, et un inconnu, Al Pacino, dans le rôle de son fils. Le coup de poker se révèle un coup de chance : c'est un triomphe. Il impose une nouvelle manière de concevoir le film de gangster et le film de genre tout entier (rythme plus lent, psychologie plus fouillée), le cadre historique (une précision « viscontienne » du décor et du costume), la violence (plus réaliste, elle se leste aussi d'un nouveau poids moral) et une nouvelle génération d'acteurs. *Le Parrain 2* et *le Parrain 3* viendront donner une ampleur exceptionnelle à cette saga unique. Le deuxième volet est le plus expérimental dans sa narration car il monte en parallèle les événements qui précèdent et qui suivent le premier film, créant un fascinant système de rimes internes entre le périple du père (Robert De Niro) et celui du fils (Pacino). La troisième partie, la plus tragique, résonne comme le châtiment d'une justice immanente sur le criminel et se termine par une inoubliable scène de deuil sur les marches de l'opéra de Palerme. Coppola recevra deux fois l'Oscar de la meilleure mise en scène pour *le Parrain* et *le Parrain 2*. Il réalise aussi *Conversation secrète*, sobre thriller politique et existentiel sur l'obsession des écoutes, propre aux années 1970, sorti en pleine affaire du Watergate. Le film reçut la Palme d'or à Cannes. Puis Coppola alternera des œuvres démesurées et baroques et les études psychologiques. Dans le premier registre, il y a *Apocalypse Now* (1979), vision hallucinée des horreurs de la guerre du Viêt-Nam, ou *Dracula* (1992), magnifique mise en image du classique de Bram Stoker, qui dépasse en richesse et en intrications psychologiques les nombreuses versions précédentes. Dans le second registre, on trouve le diptyque *Outsiders/Rusty James* (1983), peinture d'une jeunesse à la dérive qui dépasse le simple constat grâce, encore une fois, à la somptueuse imagerie du cinéaste (ainsi cette surréaliste horloge sans aiguille qui surplombe Rusty James). À mi-chemin entre les deux orientations, se situe *Coup de cœur* (1982), projet d'abord modeste sur les peines de cœur d'un couple banal qui a pris peu à peu une dimension métaphorique, notamment par un tournage exclusivement en studio (Las Vegas y est reconstitué) et par une des premières utilisations des trucages numériques.

Il est difficile de trancher entre les deux options du cinéma de Coppola. On peut être déçu par la banalité de *Peggy Sue se marie* ou par le savoir-faire parfois anonyme de *l'Idéaliste*, mais un film classique comme *Jardins de pierre* fait entendre un discours paternel proche de l'aveu (Coppola le réalisa sous le coup de la mort accidentelle de son fils). *Tucker* (1988) est également significatif car il raconte l'échec d'un rêveur et, de ce fait, contient probablement une part d'intime considérable.

Francis Ford Coppola sur le tournage d'*Apocalypse Now* (1979).

Francis Ford Copppola, malgré ses passages à vide ou ses changements d'humeur, demeure l'auteur de quelques films parmi les plus innovants et les plus inspirés de son temps. Il est également le père de la réalisatrice Sofia Coppola (*Virgin Suicides*, 2000, *Lost in Translation*, 2004, *Marie-Antoinette*, 2006). – C. V.

**FILMOGRAPHIE**

**1963** *Dementia 13*
**1966** *Big Boy (You're a Big Boy Now)*
**1968** *La Vallée du bonheur (Finian's Rainbow)*
**1969** *Les Gens de la pluie (The Rain People)*
**1972** *Le Parrain (The Godfather)*
**1974** *Conversation secrète (The Conversation)*
*Le Parrain 2 (The Godfather: Part II)*
**1979** *Apocalypse Now*
**1982** *Coup de cœur (One from the Heart)*
**1983** *Outsiders (The Outsiders)*
*Rusty James (Rumble Fish)*
**1984** *Cotton Club (The Cotton Club)*
**1986** *Peggy Sue s'est mariée (Peggy Sue Got Married)*
**1987** *Jardins de pierre (Gardens of Stone)*
**1988** *Tucker (Tucker: The Man and His Dream)*
**1989** *New York Stories*, ép. *« la Vie sans Zoé »*
**1990** *Le Parrain 3 (The Godfather: Part III)*
**1992** *Dracula*
**1997** *L'Idéaliste (The Rainmaker)*
**2000** *Supernova*

## David **Cronenberg**

TORONTO 1945

**Images de la folie.** Tout en prenant ses distances avec le film de peur et son grand guignol, Cronenberg a débarrassé le cinéma fantastique gothique américain de ses derniers oripeaux et fait de l'énigme du corps et du dérèglement de l'organisme humain, l'angoissante matière des ses films. L'horreur intérieure, organique ou psychique, est sa principale obsession.

David Cronenberg, canadien anglophone très attaché à sa ville de Toronto, a grandi dans un environnement d'artistes (père écrivain, musique et danse). Après avoir renoncé à devenir lui-même musicien (guitariste rock) puis écrivain, il réalise en amateur, entre 1966 et 1970, des films d'anticipation (*Transfer, From The Drain, Stereo, Crime of the Future*), très influencés par l'*underground* new-yorkais (Jonas Mekas, Kenneth Anger), son modèle d'alors. À partir de *Frissons* (*Parasite Murders* ou *Shivers*, 1975), ses obsessions personnelles, inquiétants délires sur l'état du corps humain, trouvent à s'exprimer dans le film d'horreur B. Son cinéma, à la crudité parfois révulsante (une sorte d'étron phallique sort par la bouche des personnages de *Frissons*) ne cherche pas à jouer avec le spectateur (le clin d'œil cinéphile, cher à John Landis, Joe Dante ou John Carpenter) ni à le séduire mais à susciter un malaise profond. Pour Cronenberg, le corps humain est la grande inconnue et le fonctionnement interne des organes, la source de toute angoisse. Cette voie ouverte par *Frissons* (l'idée du monstre intérieur sera reprise dans *Aliens*), poursuivie par *Scanners* (le cerveau surpuissant du télépathe qui menace d'exploser et prend le contrôle du corps), trouve son aboutissement dans *la Mouche* (1986), où l'irrémédiable transformation à vue de l'homme en insecte devient une interrogation sur la mort (le corps en décomposition) et un drame de l'amour impossible car la métamorphose l'éloigne à jamais de la femme aimée.

Jusqu'à *la Mouche*, Cronenberg est considéré comme le nouveau maître de l'horreur par les seuls amateurs du genre. Tout bascule avec *Faux semblants* (1988), où il est enfin considéré par la critique et le public comme un véritable artiste. Il adapte ensuite ses écrivains de prédilection, William Burrroughs (*le Festin nu*, 1991) ou J. G. Ballard (*Crash*, 1996), qui fit scandale pour suggérer, dans le registre de la perversion, combien un accident de voiture peut être source d'excitation érotique. À partir de *Faux semblants*, Cronenberg délaisse le désordre organique pour privilégier le trouble psychique, le désordre mental (*Spider*, 2002), celui de l'homme normal en apparence, confronté à ses démons intérieurs, présents ou passés (*A History of Violence*, 2005). La force et la puissance trouble des films de Cronenberg doit beaucoup à ses acteurs masculins, remarquables le plus souvent : James Woods (*Vidéodrome*), James Spader (*Crash*), Ralph Fiennes (*Spider*). Ils sont d'une élégante froideur (Jeremy Irons magistral dans son interprétation de deux frères jumeaux dans *Faux semblants*) et sous cet aspect lisse, comme pour le magnifique Viggo Mortensen dans *A History of Violence*, le monstre en sommeil d'une violence refoulée ne tarde pas à les rattraper.

Cronenberg l'a toujours dit. Ses films sont personnels, car il part toujours d'images intimes qui l'obsèdent. « L'imagerie est devenue trop importante, elle a perdu toute signification, toute force, tout l'impact qu'elle aurait pu avoir. » Un film permet, en les montrant, de l'en délivrer provisoirement. Il a écrit *Chromosome 3* (1979), sur une femme qui accouche de mutants, quand la sienne était enceinte. Dans *Scanners*, le télépathe au cerveau surpuissant rencontre un « confrère » qui apaise sa folie en sculptant des têtes géantes et lui dit : « Mon art me fait garder la raison. » La remarque vaut pour le cinéma de Cronenberg et dans *Spider*, son autoportrait le plus juste, la frontière est mince entre folie et création. L'œuvre de Cronenberg s'est épanouie à l'ombre des peintures de Francis Bacon. Elle se prolonge désormais, sous la fragile écorce d'un monde paisible, du côté d'Antonin Artaud. – C.T.

**FILMOGRAPHIE**

**1969** *Stereo*
**1970** *Crimes of the Future*
**1975** *Frissons (Shivers)*
**1977** *Rage (Rabid)*
**1979** *Fast Company*
*Chromosome 3 (The Brood)*
**1981** *Scanners*
**1983** *Vidéodrome (Videodrome)*
*Dead Zone (The Dead Zone)*
**1986** *La Mouche (The Fly)*
**1988** *Faux-semblants (Dead Ringers)*
**1991** *Le Festin nu (The Naked Lunch)*
**1993** *M. Butterfly*
**1996** *Crash*
**1999** *eXistenZ*
**2002** *Spider*
**2005** *A History of Violence*

## George Dewey **Cukor**

NEW YORK 1899 - LOS ANGELES 1983

**Spécialiste des formes les plus brillantes**, réputé comme le plus prestigieux «directeur d'actrices» d'Hollywood, George Cukor a porté le classicisme à un point de perfection. Derrière le charme chatoyant, c'est une humanité contrastée qu'il nous décrit, parfois avec cruauté, même si plus d'une fois l'émotion affleure.

Élevé dans le confort d'une famille aisée d'émigrés hongrois, le jeune George ne rêve que de théâtre et d'acteurs et se tourne naturellement vers cette discipline quand il lui faut choisir un métier. Timide, complexé par son physique et son homosexualité, c'est dans l'ombre que Cukor va s'épanouir. Sa réputation commence déjà à s'affirmer quand le bouleversement du parlant pousse Hollywood à engager des gens de théâtre dans l'espoir que leur expérience du texte pourra lui être utile.

Cukor coréalise ainsi plusieurs films, s'occupant des acteurs quand un collègue s'occupe de la partie technique. Mais, dans *The Royal Family of Broadway* (1931), brillant filmage d'une comédie qui satirise la célèbre famille Barrymore (que Cukor fréquentait), le cinéaste n'a plus guère besoin d'être secondé ; les plans-séquences sont d'une grande virtuosité, et la qualité de l'interprétation est éblouissante. Sa collaboration avec Constance Bennett, actrice acidulée et drôle, marque le début de son travail en solo et inaugure une carrière qui lui vaudra la confiance des actrices les plus fabuleuses d'Hollywood, de Jean Harlow à Marilyn Monroe, en passant par Greta Garbo, Joan Crawford, Sophia Loren, Judy Garland, Judy Holliday, Ingrid Bergman, Norma Shearer, Jane Fonda ou Audrey Hepburn. Le plus personnel des quatre films de Cukor avec Constance Bennett sera *What Price Hollywood?* (1932), première ébauche d'*Une étoile est née* (1954), avec Judy Garland, que certains considèrent comme son chef-d'œuvre.

Cette année cruciale, 1932, Cukor impose une jeune actrice sans aucune expérience cinématographique face au vétéran prestigieux John Barrymore dans *Héritage* : Katharine Hepburn. La jeune femme devient vedette du jour au lendemain. C'est le début d'une très longue amitié personnelle et artistique. Ils tourneront dix films ensemble, entre 1932 et 1979. Cukor exaltera en elle la toute jeune fille (*Héritage*, *les Quatre Filles du docteur March*), la créature androgyne (*Sylvia Scarlett*), la jeune femme capricieuse et séduisante (*Vacances*, *Indiscrétions*), la féministe (*Madame porte la culotte*), l'athlète (*Mademoiselle Gagne-Tout*) et la vieille femme rouée (*l'Amour parmi les ruines*, téléfilm réalisé en 1975). À chaque visage de l'actrice, à chaque phase de son existence, Cukor sera là pour fixer son évolution. Au cœur de cette collaboration exceptionnelle, on retiendra des chefs-d'œuvres absolus de la comédie (*Indiscrétions*, *Madame porte la culotte*) et une œuvre insolite et audacieuse : *Sylvia Scarlett*, peinture délicate de l'incertitude sexuelle, rejetée en son temps, l'un des films les plus magiques de ce cinéaste virtuose et fin psychologue.

Cukor fut souvent sollicité pour adapter des classiques littéraires. Il savait donner vie aux créations de l'imaginaire : *les Quatre Filles du docteur March*, *David Copperfield* ou *le Roman de Marguerite Gautier* (à ce jour la version cinématographique définitive de la *Dame aux camélias* et un des rôles emblèmatiques de Greta Garbo) sont des œuvres exemplaires. Mais il sut également illustrer la littérature et le théâtre contemporains auxquels il conféra souvent un supplément de sens. Ainsi l'étonnant *Femmes* (1939), à l'interprétation exclusivement féminine, et que Pedro Almodóvar considère, à juste titre, comme une inspiration pour ses propres films, ou *Comment l'esprit vient aux femmes*, où l'émotion sincère apparaît derrière le mécanisme du boulevard. Ou encore *Hantise*, (qui valut à Ingrid Bergman l'Oscar de la meilleure interprétation feminine en 1944), thriller victorien fascinant, pendant noir des comédies conjugales familières à Cukor.

La couleur et l'écran large permettent à Cukor de donner une nouvelle dimension à son cinéma. Il utilisa l'un et l'autre avec goût et audace, nuançant de baroque son classicisme impeccable. Il a donné une rutilance unique aux projecteurs de cinéma (*Une étoile est née*) et du théâtre (*Les Girls*). Il a déployé autour d'Ava Gardner, tragique métisse déchirée, un spectre chromatique resplendissant (*la Croisée des destins*). Il a déchiré le calme ordonnancement théâtral de *My Fair Lady* par une idée de mise en scène audacieuse : l'irruption des vrais chevaux dans le décor stylisé d'Ascot).

George Cukor est resté en activité extrêmement tard, amoureux de son métier et toujours relancé par des actrices désireuses de profiter de son expérience. On peut retrouver son style caustique et tendre à la fois jusque dans les années 1970, dans le testamentaire *Voyage avec ma tante*, qui recrée le passé à la manière de Proust, ou *Riches et célèbres*, qui rend hommage au temps qui passe et à l'amitié féminine. — C. V.

**FILMOGRAPHIE**

**1930** *Grumpy*, co. Cyril Gardner
*The Virtuous Sin*, co. Louis Gasnier
**1931** *The Royal Family of Broadway*, co. Cyril Gardner
*Tarnished Lady*
*Girls About Town*
**1932** *What Price Hollywood ?*
*Héritage (A Bill of Divorcement)*
*Rockabye*
**1933** *Our Betters*
*Les Invités de huit heures (Dinner at Eight)*
*Les Quatre Filles du docteur March (Little Women)*
**1935** *David Copperfield*
*Sylvia Scarlett*
*Roméo et Juliette (Romeo and Juliet)*
**1937** *Le Roman de Marguerite Gautier (Camille)*
**1938** *Vacances (Holiday)*
*Zaza*
**1939** *Femmes (The Women)*
**1940** *Suzanne et ses idées (Susan and God)*
*Indiscrétions (The Philadelphia Story)*
**1941** *Il était une fois (A Woman's Face)*
*La Femme aux deux visages (Two-Faced Woman)*
**1942** *Her Cardboard Lover*
**1943** *La Flamme sacrée (Keeper of the Flame)*
**1944** *Hantise (Gaslight)*
*Winged Victory*
**1948** *Othello (A Double Life)*
**1949** *Édouard mon fils (Edward My Son)*
*Madame porte la culotte (Adam's Rib)*
**1950** *Ma vie à moi (A Life of Her Own)*
*Comment l'esprit vient aux femmes (Born Yesterday)*
**1952** *The Model and the Marriage Broker*
*Je retourne chez maman (The Marrying Kind)*
*Mademoiselle Gagne-Tout (Pat and Mike)*
**1953** *The Actress*
**1954** *Une femme qui s'affiche (It Should Happen to You)*
*Une étoile est née (A Star Is Born)*
**1956** *La Croisée des destins (Bhowani Junction)*
**1957** *Les Girls*
*Car sauvage est le vent (Wild Is the Wind)*
**1960** *La Diablesse en collant rose (Heller in Pink Tights)*
*Le Milliardaire (Let's Make Love)*
**1962** *les Liaisons coupables (The Chapman Report)*
**1964** *My Fair Lady*
**1969** *Justine*
**1973** *Voyages avec ma tante (Travels With My Aunt)*
**1976** *L'Oiseau bleu (The Blue Bird)*
**1981** *Riches et célèbres (Rich and Famous)*

# Michael **Curtiz**

BUDAPEST 1888 - LOS ANGELES 1962

**Le noble artisan.** L'amour de la mise en scène suffit-il à faire un auteur? Il suffit en tout cas à faire, dans le cas de Michael Curtiz, un grand cinéaste. Rarement l'artisanat cinématographique a atteint un tel degré de perfection et un tel engagement artistique.

Fils d'un architecte et d'une cantatrice, Mihàly Kertész monte sur scène à onze ans. À dix-huit ans, il travaille dans un théâtre. En 1912, il débute au cinéma, d'abord comme acteur, puis comme réalisateur. Il tourne quarante-sept films en Hongrie puis en 1919, quand Béla Kun arrive au pouvoir, il se réfugie en Autriche où il acquiert une réputation internationale, avec près de vingt films, drames psychologiques, ou films historiques comme *le Sixième Commandement* (1922), *Avalanche* et *l'Esclave reine* en 1924, ou *Fiacre n° 13* (1926), qui lui vaut un engagement de la Warner Bros pour concurrencer De Mille et la Paramount.

Devenu Michael Curtiz, il restera trente-cinq ans aux États-Unis, tournant parfois jusqu'à six films par an. Il réalisera les plus grands succès du studio (*Captain Blood*, *Casablanca*), dirigeant des stars comme Errol Flynn, Edward G. Robinson, Bette Davis ou Humphrey Bogart, menant certaines à l'Oscar. En 1954, il quitte la firme et entreprend une carrière indépendante.

On a dit que Curtiz était un homme à tout faire. Il a certes abordé des films très différents sans se soucier de leur contenu. Pourtant la direction l'accusait de passer trop de temps à parfaire l'aspect visuel. Ce sens visuel est l'atout majeur de Curtiz. Il s'y raccroche, comme si là résidait son intégrité artistique. Ce travail de la forme relie des œuvres disparates et bâtit une véritable œuvre.

L'exil, vécu par lui-même, est très présent chez Curtiz, de même que le compromis (la réussite sociale et financière au prix du sacrifice aux fausses valeurs) et les incarnations du pouvoir (le dangereux mégalomane du *Vaisseau fantôme*, le

Michael Curtiz filme Humphrey Bogart et Ingrid Bergman dans *Casablanca* (1943).

Pharaon généreux et mystique de *l'Égyptien*). Ses personnages vivent parfois selon les règles d'un code de la chevalerie moyenâgeux (Errol Flynn, Humphrey Bogart dans *Casablanca*, le boxeur du *Dernier Round*, surnommé Galahad).

Son style, contrasté, violent, aux relents expressionnistes, favorise les diagonales oppressantes et les mouvements brusques. Il affectionne les ombres portées (le duel entre Flynn et Basil Rathbone dans *les Aventures de Robin des Bois*; l'entrée de Joan Crawford dans le café mal famé dans *Boulevard des passions*). Ce style fait surgir la mélancolie et le malaise derrière la bonne facture hollywoodienne. Curtiz est le peintre privilégié du regret et de la rancœur. Un état d'esprit qui s'intensifie dans des œuvres tardives (*le Roman de Mildred Pierce*, *Trafic en haute mer*, *la Femme aux chimères*).

Au sein d'une filmographie rarement décevante, des films méconnus imposent la griffe d'un grand cinéaste : *20 000 ans sous les verrous*, *Rêves de jeunesse*, *le Vaisseau fantôme*.

Mais les films de série sont également une source de bonheur. On est émerveillé par le délire post-expressionniste de films comme *Le mort qui marche*, ou le diptyque *Docteur X*/*Masques de cire*. Des mélodrames comme *Ombres vers le Sud*, *Mandalay* ou *Stolen Holiday* (qui transpose l'affaire Stavisky) excellent dans la peinture d'un monde décadent et dans l'exotisme du sordide. *L'Aigle des mers*, film de circonstance, qui prêche à mots couverts l'intervention des États-Unis en Europe, est investi d'un lyrisme presque hugolien (Errol Flynn qui harangue son équipage). Le cinéaste utilise là un montage en crescendo dont il est virtuose et qui trouvera quelques années son apogée dans l'épisode de *La Marseillaise* dans *Casablanca*.

La fin de la carrière de Michael Curtiz contient deux films intéressants. *L'Égyptien* (1954), qui brasse des thèmes très personnels, dans une richesse chromatique jamais atteinte par le cinéaste, en général maître du noir et blanc (la dominante verdâtre de la Maison des Morts, les touches de turquoise dans l'univers de la courtisane). Moins riche visuellement, *Pour elle, un seul homme* est un retour à la Warner Bros., à l'univers, aux situations et aux personnages que Curtiz servit des années durant. – C.V.

**FILMOGRAPHIE**

films tournés aux États-Unis uniquement

**1926** *Fille de cirque (The Third Degree)*
**1927** *A Million Bid*
*Le Crime du soleil (The Desired Woman)*
*Good Time Charley*
**1928** *Tenderloin*
**1929** *L'Arche de Noé (Noah's Ark)*
*Cœurs en exil (Hearts en Exile)*
*Poupée de chiffons (The Glad Rag Doll)*
*La Madone de l'avenue*
*(The Madonna of Avenue « A »)*
*Les Joueurs (The Gamblers)*
**1930** *Mammy*
*Sous le ciel du Texas*
*(Under a Texas Moon)*
*The Matrimonial Bed*
*Bright Lights*

*A Soldier's Plaything*
*River's End*
1931 *Le Démon des mers (Dämon des Meeres)*
*God's Gift to Women*
*Le Génie fou (The Mad Genius)*
1932 *La Dame de Monte-Carlo*
*(The Woman from Monte Carlo)*
*Alias the Doctor*
*L'Étrange Passion de Molly Louvain*
*(The Strange Love of Molly Louvain)*
*Docteur X (Doctor X)*
*Ombres vers le Sud (Cabin in the Cotton)*
1933 *Vingt Mille Ans sous les verrous*
*(20 000 Years in Sing Sing)*
*Masques de cire*
*(The Mystery of the Wax Museum)*
*Le Trou de serrure (The Keyhole)*
*Détective privé (Private Detective 62)*
*Goodbye Again*
*Meurtre au chenil*
*(The Kennel Murder Case)*
*Female*, co. Willam Dieterle
1934 *Mandalay*
*La Clé (The Key)*
*Agent britannique (British Agent)*
*Jimmy the Gent*
1935 *The Case of the Curious Bride*
*Furie noire (Black Fury)*
*Sixième Édition (Front Page Woman)*
*Little Big Shot*
*Capitaine Blood (Captain Blood)*
1936 *Le Mort qui marche*
*(The Walking Dead)*
*La Charge de la brigade légère*
*(The Charge of the Light Brigade)*
1937 *Stolen Holiday*
*Justice des montagnes*
*(Mountain Justice)*
*Le Dernier Round / le Dernier Combat*
*(Kid Galahad)*
*Un homme a disparu*
*(The Perfect Specimen)*
1938 *La Bataille de l'or*
*(Gold Is Where You Find It)*
*Les Aventures de Robin des Bois*
*(The Adventures of Robin Hood)*,
co. William Keighley
*Quatre au paradis (Four's a Crowd)*
*Rêves de jeunesse (Four Daughters)*
*Les Anges aux figures sales*
*(Angels With Dirty Faces)*
1939 *Les Conquérants (Dodge City)*
*Filles courageuses*
*(Daughters Courageous)*
*La Vie privée d'Élisabeth d'Angleterre*
*(The Private Lives of Elizabeth and Essex)*
*Quatre Épouses (Four Wives)*
1940 *La Caravane héroïque (Virginia City)*
*L'Aigle des mers (The Sea Hawk)*
*La Piste de Santa Fé*
*(The Santa Fe Trail)*
1941 *Le Vaisseau fantôme (The Sea Wolf)*
*Dive Bomber*
1942 *Les Chevaliers du ciel*
*(Captains of the Clouds)*
*La Parade de la gloire*
*(Yankee Doodle Dandy)*
1943 *Casablanca*
*Mission to Moscow*
*This Is the Army*
1944 *Passage to Marseille*
*Janie*
1945 *Roughly Speaking*
*Le Roman de Mildred Pierce*
*(Mildred Pierce)*
1946 *Nuit et Jour (Night and Day)*
1947 *Mon père et nous (Life With Father)*
*Le crime était presque parfait*
*(The Unsuspected)*
1948 *Romance à Rio*
*(Romance on the High Seas)*
1949 *Il y a de l'amour dans l'air*
*(My Dream Is Yours)*
*Boulevard des passions*
*(Flamingo Road)*
*The Lady Takes a Sailor*
1950 *La Femme aux chimères*
*(Young Man With a Horn)*
*Le Roi du tabac (Bright Leaf)*
*Trafic en haute mer*
*(The Breaking Point)*
1951 *Le Chevalier du stade*
*(Jim Thorpe-All American)*
*Les Amants de l'enfer (Force of Arms)*
1952 *La Femme de mes rêves*
*(I'll See You in My Dreams)*
*The Story of Will Rogers*
1953 *Le Chanteur de jazz (The Jazz Singer)*
*Un homme pas comme les autres*
*(Trouble Along the Way)*
1954 *L'Homme des plaines*
*(The Boy From Oklahoma)*
*L'Égyptien (The Egyptian)*
*Noël blanc (White Christmas)*
1955 *La Cuisine des anges (We're No Angels)*
1956 *Énigme policière (The Scarlet Hour)*
*Le Roi des vagabonds*
*(The Vagabond King)*
*The Best Things in Life Are Free*
1957 *Pour elle, un seul homme*
*(The Helen Morgan Story)*
1958 *Le Fier Rebelle (The Proud Rebel)*
*Bagarres au King Creole (King Creole)*
1959 *Le Bourreau du Nevada (The Hangman)*
*L'Homme dans le filet*
*(The Man in the Net)*
1960 *Les Aventuriers du fleuve*
*(The Adventures of Huckleberry Finn)*
*Un scandale à la Cour*
*(A Breath of Scandal)*
1961 *François d'Assise (Francis of Assisi)*
*Les Comancheros (The Comancheros)*

## André **Delvaux**

HÉVERLÉ 1926 – VALENCE 2002

**Entre rêve et réalité**. Ce cinéaste belge a tourné en français et en flamand, et parfois dans les deux langues pour un même film – selon le thème et le contexte du récit, par pur souci d'authenticité, car le réalisme, c'est-à-dire la vérité de la référence, n'est pas pour lui un vain mot. On l'a pourtant classé sous le label d'un « réalisme magique » moderne. C'est que le surréalisme a été prépondérant dans son itinéraire, ce surréalisme de la seconde génération (bien représentée en Belgique) et des compagnons de route – comme Julien Gracq, dont il a adapté la nouvelle *le Roi Cophétua* pour son *Rendez-vous à Bray* (1971). C'est dans les lieux filmés que, souvent, il trouvera l'inspiration, comme dans *Babel Opera*, où les paysages deviennent des personnages à part entière, au même titre que ceux qu'il met en scène autour du thème de Don Juan.

Énigmatiques, parfois perçus comme fantastiques, ses films mêlent savamment le rêve et la réalité, (*Un soir un train*, 1968) et l'onirisme est omniprésent. Ainsi *Belle*, entretient le mystère sur l'existence réelle de la jeune fille rencontrée, et sur le lieu des rencontres. Les personnages de Delvaux sont en quête d'une innocence perdue, et il sont confrontés à la mort (*l'Homme au crâne rasé*, *Un soir un train*, *Benvenuta*, *l'Œuvre au noir*), dans des récits labyrinthiques qui vont et viennent du présent au passé. Et de fait, il y a souvent dans ces films un parcours initiatique, même sous les apparences d'un récit statique comme *Rendez-vous à Bray*, ou *Benvenuta*, qui se déroule sur deux plans, le « réel » de l'intrigue et la remémoration du roman écrit par la protagoniste principale. Cette dimension est d'ailleurs confirmée par son adaptation du roman de Marguerite Yourcenar *l'Œuvre au noir* – qui se trouve être son dernier film en 1988.

Delvaux filme toujours avec recul, comme pour remettre en perspective la réalité filmée quand il montre des personnages aux prises avec le doute. Le lyrisme contenu qui s'accorde avec sa propre sobriété s'accompagne d'une aura poétique d'autant plus forte qu'elle est plus suggérée qu'affirmée. Mais il a su également évoquer des choses plus concrètes, comme l'histoire de la Belgique dans *Femme entre chien et loup* (1979), où une femme tiraillée entre deux hommes (un Flamand pro-nazi et un Wallon résistant), c'est-à-dire entre deux histoires, deux cultures, deux amours, optera en définitive pour l'autonomie. — D.S.

**FILMOGRAPHIE**

**1966** *L'Homme au crâne rasé*
*(De man die zijn haar kort liet knippen)*
**1968** *Un soir un train*
**1971** *Rendez-vous à Bray*
**1973** *Belle*
**1979** *Femme entre chien et loup*
*(Een vrouw tussen hond en wolf)*
**1980** *To Woody Allen, From Europe With Love*
**1983** *Benvenuta*
**1985** *Babel Opera*
**1988** *L'Œuvre au noir*

## Cecil B. **De Mille**

ASHFIELD 1881 - LOS ANGELES 1959

**L'homme qui a « inventé » Hollywood**. Le nom de Cecil Blount De Mille évoque le grand spectacle historique, au point qu'on lui attribue, par exemple, à tort, la réalisation de *Ben Hur*. En fait, De Mille réalisa relativement peu de péplums (six dans une carrière d'une bonne centaine de titres), même si le *Roi des rois*, *le Signe de la croix* ou la dernière version des *Dix Commandements* restent dans la mémoire collective. Mais cela ne doit pas faire oublier qu'il fut d'abord un maître de la comédie mondaine et, à ce titre, un pionnier du cinéma.

Né dans un famille d'artistes (acteurs et dramaturges, son frère William fut réalisateur et sa nièce, Agnès, une grande chorégraphe), Cecil bénéficia de sa renommée et débuta au théâtre comme acteur et auteur pour le célèbre producteur et metteur en scène David Belasco. De Mille passe derrière la caméra pour filmer un de ses succès de la scène : *le Mari de l'Indienne* (1914), mélodrame contant les tristes amours d'un lord anglais et d'une Indienne, dans l'Ouest américain (il s'agit d'une variante de *Madame Butterfly*). De Mille et son coréalisateur Oscar Apfel se rendent en Californie, où le beau temps et la diversité des paysages avaient déjà attiré les gens de cinéma, dont Griffith. C'est dans un lieu-dit, Hollywood, que De Mille tourne. Si bien qu'il se vanta jusqu'à la fin de ses jours d'avoir été le premier à tourner à Hollywood.

*Le Mari de l'Indienne* sera un grand succès dont De Mille retournera une version muette et une version parlante. À la suite de ce premier film, les westerns vont d'abord prévaloir. De Mille restera fidèle au genre jusque dans les années 1940, avec *les Tuniques écarlates* ou *les Conquérants d'un nouveau monde*. Il en a tourné une bonne dizaine en un peu plus d'un an, tirant parti des extérieurs, mais sans jamais se départir d'une certaine théâtralité ou d'une forme de pictorialisme qui lui sont propres.

Mais en 1915 *Forfaiture* va l'orienter vers le genre mondain. Cette histoire mélodramatique d'une dame de la bonne société, maîtresse d'un cruel prince birman, et qui ne pourra se débarrasser de lui qu'en le tuant, pourrait paraître archaïque. Mais le traitement ne l'est pas ; on est frappé par son dépouillement visuel, l'intelligence et le nerf du découpage, et la vivacité de la direction d'acteurs. On comprend le choc que Louis Delluc et tant d'autres ont pu avoir en le voyant. Devant ce succès artistique et populaire, De Mille va se spécialiser dans le film mondain et osciller entre la comédie et le mélodrame. Pour l'Amérique puritaine, ses films ont la réputation d'être très osés : les chassés-croisés conjugaux sont souvent réhaussés de scènes de bain suggestives qui lui font une réputation un peu sulfureuse. De Mille est aussi, d'une certaine manière, avant-gardiste, tant par les auteurs qu'il adapte (Schnitzler, dont il fait une éblouissante version d'*Anatole*) que par les artistes dont il s'entoure. Par exemple, c'est lui qui impose Paul Iribe à Hollywood, pour les décors et les costumes de certains de ses films ; c'est également lui qui fait de la célèbre cantatrice Geraldine Farrar une vedette de cinéma, dans des films historiques spectaculaires et d'une grande invention visuelle (*Carmen, Jeanne d'Arc, Maria Rosa*). Il utilise la popularité de Mary Pickford pour justifier l'entrée en guerre des États-Unis (*la Petite Américaine*, 1917). Il crée aussi de véritables stars, sophistiquées et « sexy » : Gloria Swanson, Bebe Daniels ou Wallace Reid.

Intéressé par le film historique, il prend l'habitude d'un procédé qu'il n'hésite pas à introduire dans ses films mondains : un flash-back, souvent à but moralisateur, fait un parallèle entre la situation présente et un épisode biblique célèbre (Babylone dans *l'Admirable Crichton*). C'est ainsi qu'il en arrivera à la première version des *Dix Commandements* (1923), film en deux volets : un épisode moderne, puis l'épisode biblique en guise de morale parallèle. Il va ainsi peu à peu basculer dans le film pleinement historique, dont l'apogée au muet sera *le Roi des rois* (1927).

Après des débuts au parlant qui le voient aligner les échecs financiers, De Mille revient finalement à ses recettes éprouvées avec *le Signe de la croix* : bain de lait d'ânesse pour Poppée, reconstitution des jeux du cirque, etc. De Mille est de nouveau un cinéaste dont on parle. Ce que confirmera son extraordinaire *Cléopâtre* (1934), où il retrouve Claudette Colbert, et dont la sophistication est souvent proche de celle de Lubitsch. Mais il faudra attendre *Samson et Dalila* (1949), un de ses plus grands succès, et sa nouvelle version des *Dix Commandements* (1956), œuvre testamentaire, pour le voir revenir au genre. Il illustrera avec un panache comparable *les Croisades* ou *les Flibustiers*, la conquête de l'Ouest (*Une aventure de Buffalo Bill, Pacific Express*) ou la Deuxième Guerre mondiale (*l'Odyssée du Docteur Wassel*). On est à chaque fois frappé par la permanence du style de De Mille. Il a été à la pointe de la recherche dans une bonne partie de son œuvre muette, mais il trouvera à la fin des années 1920 une forme néo-classique inamovible, que certains déplorent, mais qui n'en témoigne pas moins d'un sens aigu de la composition dramatique et de l'effet.

*Sous le plus grand chapiteau du monde* (1952), film immensément populaire qui raconte les tribulations d'un cirque, est peut-être une œuvre intime où De Mille se dépeint sous les traits du jeune directeur (Charlton Heston). La morale du spectacle à tout prix qui s'en dégage peut au fond s'appliquer à toute l'œuvre du cinéaste. – C.V.

**FILMOGRAHIE**

**1914** *Le Mari de l'Indienne*
*(The Squaw Man* co. Oscar Apfel*)*
*The Virginian*
*L'Appel du Nord (The Call of the North)*
*What's His Name ?*
*The Man From Home*
*La Rose du ranch (Rose of the Rancho)*
**1915** *The Girl From the Golden West*
*The Warrens of Virginia*
*The Unafraid*
*The Captive*
*Wild Goose Chase*
*L'Arabe (The Arab)*
*Chimmie Fadden*
*Kindling*
*Carmen*
*Chimmie Fadden Out West*
*Forfaiture (The Cheat)*
*The Golden Chance*
*Tentation (Temptation)*
**1916** *La Piste du pin solitaire*
*(The Trail of the Lonesome Pine)*
*Le Cœur de Nora Flynn*
*(The Heart of Nora Flynn)*
*Maria Rosa*
*The Dream Girl*
**1917** *Jeanne d'Arc (Joan the Woman)*
*La Bête enchaînée*
*(Romance of the Redwoods)*
*La Petite Américaine*
*(The Little American)*
*Les Conquérants*
*(The Woman God Forgot)*
*Le Talisman (The Devil Stone)*
**1918** *Le Rachat suprême*
*(The Whispering Chorus)*
*Old Wives for New*
*L'Illusion du bonheur*
*(We Can't Have Everything)*
*Till I Come Back to You*
*Un cœur en exil (The Squaw Man)*
**1919** *Après la pluie le beau temps*
*(Don't Change Your Husband)*
*For Better for Worse*
*L'Admirable Crichton*
*(Male and Female)*
**1920** *L'Échange (Why Change Your Wife ?)*
*Something to Think About*
**1921** *Le Fruit défendu (Forbidden Fruit)*
*Le cœur nous trompe*

Sur le tournage des *Demoiselles de Rochefort* (1967) : Françoise Dorléac et Gene Kelly (à l'arrière plan Jacques Demy).

*(The Affairs of Anatol)*
*Le Paradis d'un fou (Fool's Paradise)*
**1922** *Le Détour (Saturday Night)*
*Le Réquisitoire (Manslaughter)*
**1923** *La Rançon d'un trône (Adam's Rib)*
*Les Dix Commandements*
*(The Ten Commandments)*
**1924** *Triomphe (Triumph)*
*Le Tourbillon des âmes (Feet of Clay)*
**1925** *Le Lit d'or (The Golden Bed)*
*L'Empreinte du passé*
*(The Road to Yesterday)*
**1926** *Les Bateliers de la Volga*
*(The Volga Boatman)*
**1927** *Le Roi des rois (The King of Kings)*
**1929** *Les Damnés du cœur ou la Fille sans Dieu (The Godless Girl)*
*Dynamite*
**1930** *Madame Satan (Madam Satan)*
**1931** *The Squaw Man*
**1932** *Le Signe de la croix*
*(The Sign of the Cross)*
**1933** *Le Triomphe de la jeunesse*
*(This Day and Age)*
**1934** *Four Frightened People*
*Cléopâtre (Cleopatra)*
**1935** *Les Croisades (The Crusades)*
**1937** *Une aventure de Buffalo Bill*
*(The Plainsman)*
**1938** *Les Flibustiers (The Buccaneer)*
**1939** *Pacific-Express (Union Pacific)*
**1940** *Les Tuniques écarlates*
*(North West Mounted Police)*
**1942** *Les Naufrageurs des mers du Sud*
*(Reap the Wild Wind)*
**1944** *L'Odyssée du docteur Wassell*
*(The Story of Dr. Wassell)*
**1947** *Les Conquérants d'un nouveau monde*
*(Unconquered)*
**1949** *Samson et Dalila (Samson and Delilah)*
**1952** *Sous le plus grand chapiteau du monde*
*(The Greatest Show on Earth)*
**1956** *Les Dix Commandements*
*(The Ten Commandments)*

## Jacques **Demy**

PONTCHÂTEAU 1931 - PARIS 1990

**Une sorte de cinéma-vérité-poésie.** Après une formation technique et un passage à l'école des Beaux-Arts de Nantes, Jacques Demy travaille quelques mois avec Paul Grimault avant de devenir l'assistant de Georges Rouquier qui produit son premier court métrage, *le Sabotier du Val de Loire* (1956). L'émergence de la Nouvelle Vague permet au réalisateur de tourner à Nantes son premier long métrage, *Lola* (1961) dans lequel il entrecroise, avec une constante invention narrative, les itinéraires de trois personnages féminins pour recomposer l'existence d'une femme dont la vie n'est que fidélité à un amour d'enfance. Demy réalise en 1963 *la Baie des Anges*, la descente aux enfers d'un homme tombé dans la passion du jeu qui s'efforce de sauver son libre arbitre. En 1964 *les Parapluies de Cherbourg* dont les dialogues sont entièrement chantés sur une partition de Michel Legrand, frappe surtout par l'amertume de son sujet (un bonheur simple détruit par la guerre d'Algérie) et la rigueur avec laquelle Demy traite sans condescendance ni ironie un mélodrame désespéré. Le succès international couronné par la Palme d'or, permet au cinéaste de réaliser un vieux rêve : une comédie musicale à l'américaine, *les Demoiselles de Rochefort* (1967), dans laquelle, aux côtés de Catherine Deneuve et Françoise Dorléac, dansent George Chakiris et Gene Kelly. Avec ce film, Demy développe un thème qui court dans toute son œuvre : le couple idéal que seul le hasard peut réunir.

*Model Shop*, réalisé aux États-Unis, semble de prime abord une suite à *Lola*, mais c'est plus profondément une réflexion amère dans la lignée de *la Baie des Anges*. Revenu en France, Demy tourne *Peau d'âne* avec Catherine Deneuve, Jean Marais et Jacques Perrin, puis réalise en Angleterre un mélancolique *Joueur de flûte*, où la vieille légende du charmeur de rats sert à brosser le portrait d'un Moyen Âge rongé par la peste et l'intolérance et à cerner métaphoriquement le rôle de l'artiste face aux compromissions des hommes.

Après l'abandon au dernier moment de plusieurs projets, Demy réalise en France, mais en langue anglaise, une adaptation raffinée d'un roman feuilleton historique, *Lady Oscar*. Quelques années plus tard, il parvient à tourner un nouveau film chanté, *Une chambre en ville* (1982). Mais le public se détourne et, en 1985, *Parking* est un nouvel échec commercial. Avec *Trois places pour le 26* (1988), avec Yves Montand au zénith, il réalise un dernier film qui malgré ses qualités musicales et visuelles ne connaît qu'un succès mitigé. En 1991, Agnès Varda rend hommage au cinéaste (qui était aussi son mari) avec *Jacquot de Nantes*. – J. A. G.

**FILMOGRAPHIE**

**1961** *Lola*
**1962** *Les Sept Péchés capitaux*, ép. « *La Luxure* »
**1963** *La Baie des Anges*
**1964** *Les Parapluies de Cherbourg*
**1967** *Les Demoiselles de Rochefort*
**1969** *Model Shop*
**1970** *Peau d'Âne*
**1972** *Le Joueur de flûte (The Pied Piper)*
**1973** *L'Événement le plus important depuis que l'homme a marché sur la Lune*
**1979** *Lady Oscar*
**1982** *Une chambre en ville*
**1985** *Parking*
**1988** *Trois places pour le 26*
*La Table tournante*, co. Paul Grimault

# Brian **De Palma**

NEWARK 1940

**Un cinéaste baroque et contestataire.** Après des courts métrages, Brian De Palma tourne, en indépendant, *Greetings, The Wedding Party*, et *Hi Mom !*, avec le jeune Robert De Niro. Le ton anarchiste condense les thèmes à la mode de la contre-culture: critique de l'engagement au Viêt-Nam, libération sexuelle, activisme politique, théâtre-performance, paranoïa collective... Il y reviendra parfois pour un film entier (*Outrages*). Le cinéaste propose également une réflexion sur l'omniprésence des caméras dans la société américaine. Une forte critique des médias audiovisuels est opérée dès ses premiers films, l'obsession de l'enregistrement est prémonitoire.

Cinéaste ludique, De Palma affectionne les citations et les fausses pistes. Son cinéma revisite constamment les enjeux esthétiques et plastiques de certains films d'Alfred Hitchcock. Le voyeurisme de *Fenêtre sur cour* se retrouve dans une scène ou dans une structure générale (*Body Double*). De *Vertigo*, De Palma reprend le thème du double et certaines scènes phares : la filature qui se transforme en chassé-croisé amoureux (*Pulsions*). À *Psychose*, il emprunte le schizophrène travesti (*Pulsions*), l'arme blanche fétiche (*Sœurs de sang, Pulsions*) et surtout la fameuse « scène de la douche » (*Pulsions, Carrie*), et ce jusqu'à la parodie (le dégorgeoir de *Phantom of the Paradise*). De Palma épuise le spectre citationnel, qui va de la réinterprétation de l'œuvre du maître au simple clin d'œil : la collaboration d'un Bernard Herrmann (compositeur attitré d'Hitchcock) ou d'une Melanie Griffith (fille de l'héroïne des *Oiseaux*), ne doivent rien au hasard.

Ses obsessions de cinéphile ne se limitent cependant pas à Hitchcock : la qualité « érectile » du trépied de la caméra de De Niro dans *Hi Mom !* évoque *Le Voyeur* de Michael Powell et *Blow Up* d'Antonioni est le modèle de *Blow Out*; De Palma affiche son penchant maniériste en signant des remakes officiels de films (*Scarface*) ou de séries télévisées (*les Incorruptibles, Mission impossible*) qu'il personnalise.

De Palma se démarque toutefois par un goût de l'excentricité et de la fantaisie. La plupart de ses films s'inscrivent dans des genres (film noir, horreur ou fantastique) qui permettent les excès : violence (abondante utilisation de l'hémoglobine), surnaturel (*Carrie, Furie*), érotisme (*Pulsions, Femme fatale*) et même un certain romantisme. La récurrence d'atmosphères orageuses et de séquences pluvieuses où des amoureux ruisselants contemplent l'objet de leur désir (Pacino dans *l'Impasse*) contribue à l'aspect onirique, de larges portions de films n'étant bien souvent que le rêve ou le cauchemar d'un personnage (*l'Esprit de Caïn, Femme fatale*). Une démesure qui se retrouve dans des finales paroxystiques, apothéoses de sons et de lumières : concert macabre (*Phantom of the Paradise*), vengeance pyrotechnique (*Carrie*), explosion littérale du corps (*Furie*), feux d'artifice (*Blow Out*), mitraillage survolté (*Scarface*). Le morceau de bravoure s'exprime encore par l'utilisation récurrente de certains procédés techniques comme le *split-screen* et le plan-séquence de plusieurs minutes en ouverture (*le Bûcher des vanités, Snake Eyes, Mission to Mars*) ou à l'intérieur des films (*l'Impasse*).

Si Brian De Palma n'a jamais caché son admiration pour les anciens, il est lui-même devenu un maître au style visuel et aux thématiques propres. Mais depuis la fin des années 1990, De Palma tourne peu. Il semble avoir du mal à monter au sein de la machine hollywoodienne des projets qui lui tiennent à cœur, à la manière de son fantôme du *Paradise* souffrant de voir son œuvre dénaturée par le système. – C. D.

**FILMOGRAPHIE**

**1968** *Greetings*
*Murder à la Mod*
**1969** *The Wedding Party*
**1970** *Hi Mom!*
**1972** *Get to Know Your Rabbit*
**1973** *Sœurs de sang (Sisters)*
**1974** *Phantom of the Paradise*
**1976** *Carrie au bal du diable (Carrie)*
**1976** *Obsession*
**1978** *Fury (The Fury)*
**1979** *Home Movies*
**1980** *Pulsions (Dressed to Kill)*
**1981** *Blow Out*
**1983** *Scarface*
**1984** *Body Double*
**1986** *Wise Guys*
**1987** *Les Incorruptibles (The Untouchables)*
**1989** *Casualties of War*
**1990** *Le Bûcher des vanités (The Bonfire of the Vanities)*
**1992** *L'Esprit de Caïn (Raising Cain)*
**1993** *L'Impasse (Carlito's Way)*
**1996** *Mission Impossible*
**1998** *Snake Eyes*
**2000** *Mission to Mars*
**2002** *Femme fatale*
**2006** *Le Dahlia noir (The Black Dahlia)*

## Raymond **Depardon**

VILLEFRANCHE-SUR-SAÔNE 1942

**Profession reporter**. Raymond Depardon a d'abord été reporter-photographe, puis reporter d'images en agence. Il peut alors réaliser des documentaires sur des sujets à sa mesure, la campagne électorale de Giscard d'Estaing en 1974, la naissance d'un quotidien, la vie d'une agence photo. Un peu comme l'américain Frederick Wiseman, il va tenter d'analyser objectivement le fonctionnement d'institutions (hôpital psychiatrique, poste de police, palais de justice) plutôt que d'en faire la chronique. C'est de cinéma direct qu'il s'agit, sa pratique essentielle est de se faire oublier, de manière à ce que les scènes enregistrées soient la source essentielle de l'information. La primauté va à la durée des prises de vues, au plan-séquence. Les illustrations les plus significatives de cette démarche sont probablement les films tournés dans des tribunaux ordinaires, sans point de vue préalable : *Délits flagrants* (1994), et *10ᵉ chambre, instants d'audience* (2004).

Depardon a transféré sa méthode dans quelques films de fiction, qui ont d'ailleurs été tournés dans des régions de l'Afrique qu'il avait déjà explorées. *La Captive du désert* (1990) est inspiré de l'aventure de Françoise Claustre, otage des rebelles tchadiens en 1974-1976 (épisode auquel il avait été mêlé à l'époque en tant que reporter). C'est un récit austère, décontextualisé, dominé par le non-dit, presque contemplatif. Le premier essai de fiction de Depardon avait été *Une femme en Afrique* (1985), dans lequel un homme (jamais présent à l'image) observe une femme rencontrée par hasard, et analyse comment il est en train de devenir amoureux. Récit sur le désir et la frustration et récit de voyage dans le désert, c'est une introspection en images sur un texte très littéraire de François Weyergans. Sur le même continent, Depardon a tourné une sorte de journal de voyage, *Afriques, comment ça va avec la douleur* (1996), dont le regard subjectif est confronté aux injustices et à la souffrance, et il a mêlé document et fiction dans *Un homme sans l'Occident* (2002), portrait d'un homme libre qui a tenté d'échapper à la colonisation et est devenu guide au Sahara. – D. S.

**FILMOGRAPHIE**

**1974** *50,81 % / 1974, une partie de campagne*
**1980** *Numéros zéro*
**1981** *Reporters*
**1982** *Isola San Clemente*
**1983** *Faits divers*
**1984** *Les Années déclic*
**1985** *Une femme en Afrique (Empty Quarter)*
**1986** *New York, N.Y.*
**1988** *Urgences*
**1989** *Une histoire très simple*
**1990** *La Captive du désert*
**1994** *Délits flagrants*
**1996** *Afriques, comment ça va avec la douleur?*
**1998** *Paris*
**1999** *Muriel Leferle*

**2001** *Profils paysans : l'Approche*
**2002** *Un homme sans l'Occident*
**2004** *10e chambre - Instants d'audience*
**2005** *Profils paysans : le Quotidien*

## Giuseppe **De Santis**

FONDI 1917 - ROME 1997

**Le néoréalisme épique.** Giuseppe De Santis a passé les vingt-cinq dernières années de sa vie à essayer de revenir derrière une caméra. De fait, après des débuts éclatants, sa carrière a été un long combat pour faire prévaloir un cinéma fortement nourri par ses convictions politiques – il resta toute sa vie fidèle au Parti communiste – et qui se heurtait au conformisme de la production. D'une certaine manière, malgré un sens du spectacle qui pouvait en faire une valeur sûre au simple regard des lois du marché, il a été sacrifié : en recevant son Lion d'or à Venise en 1995, il le dédia aux films qu'on ne l'avait jamais laissé tourner.

Après des études de droit, De Santis entre par la grande porte dans la carrière cinématographique : il participe à l'écriture du scénario d'*Ossessione* (1943) et Visconti le prend comme assistant pour le tournage. À la Libération, il est associé à l'aventure collective de *Jours de gloire*, film de montage consacré à la Résistance italienne auquel collaborent Mario Serandrei, Marcello Pagliero et Luchino Visconti. Commence alors la grande aventure du néoréalisme. De Santis en est un des protagonistes avec quatre films. Dans *Chasse tragique* (1947), il décrit la volonté des anciens partisans de mettre en valeur la terre qui leur est confiée, rêve utopique d'une société fondée sur le partage des richesses. Dans *Riz amer* (1949) et *Pâques sanglantes* (1950), il aborde le problème du prolétariat rural dans des histoires fortement romanesques qui élargissent le propos et lui fournissent un fort impact émotionnel. Dans *Onze heures sonnaient* (1952), il s'inspire d'un fait divers authentique (l'effondrement d'un escalier d'immeuble sous le poids des candidates à un emploi) pour le transformer en radiographie d'une société malade. Dans tous ces films, De Santis dépasse le naturalisme ordinaire par son sens du mythe et de la stylisation gestuelle. Passant de l'individuel au collectif, il invente une sorte de réalisme épique.

Dans son film le plus célèbre, *Riz amer*, il explore les possibilités d'une approche qui mêle les structures mélodramatiques à une esthétique qui emprunte aussi bien aux constructions rigoureuses des cinéastes soviétiques des années 1920 qu'aux distorsions expressionnistes et aux ressources du cinéma hollywoodien. Silvana Mangano a les pieds dans la boue des rizières et la tête dans ses rêves de midinette : elle est la victime désignée d'un destin qui broie les êtres opprimés à la fois par leur dépendance économique et leur esclavage mental.

Au cours des années 1950, De Santis est entravé par la censure, il oscille entre des œuvres mélodramatiques qui diluent la force originelle de son propos (*la Fille sans homme*, 1953 ; *Hommes et loups*, 1956) et des comédies qui ne correspondent pas à son tempérament, ainsi *Jours d'amour* (1954), interprété par Marcello Mastroianni et Marina Vlady, s'essaye maladroitement à la satire de mœurs. Toujours confronté aux difficultés idéologiques, c'est en Yougoslavie qu'il réalise *la Route longue d'une année*, histoire des paysans d'un village méridional qui parviennent à construire seuls la route qui les reliera à la ville voisine et qui les sortira de leur isolement ancestral.

Après *la Garçonnière* (1960), un film intimiste lié à une expérience personnelle, De Santis se lance dans un film à gros budget, l'évocation lyrique de l'engagement en Russie des troupes italiennes pendant la Seconde Guerre mondiale, *Italiani brava gente* (1964) devenu pour l'exploitation française, amputé de vingt minutes, *Marcher ou mourir*... Quatre ans entre deux films, puis huit années pour parvenir à tourner *Un ouvrier apprécié à l'avenir assuré* (1972) : le film veut trop en dire sur le droit au travail, mais la générosité des convictions, la force excessive des situations, balayent les réticences. L'échec commercial contraint définitivement De Santis au silence malgré les nombreux projets envisagés, notamment un film sur les révoltes paysannes en Calabre au lendemain de la Seconde Guerre mondiale. – J. A. G.

**FILMOGRAPHIE**

**1945** *Jour de gloire*
*(Giorni di gloria)*, collectif
**1946** *Chasse tragique*
*(Caccia tragique)*
**1949** *Riz amer*
*(Riso amaro)*
**1950** *Pâques sanglantes*
*(Non c'è pace tra gli ulivi)*
**1952** *Onze heures sonnaient*
*(Roma ore undici)*
**1953** *la Fille sans homme*
*(Un marito per Anna Zaccheo)*
**1955** *Jours d'amour*
*(Giorni d'amore)*
**1957** *Hommes et loups*
*(Uomini e lupi)*
**1958** *Cesta duga godinu dana*
*(La strada lunga un anno)*
**1960** *La Garçonnière*
**1964** *Marcher ou mourir*
*(Italiani brava gente)*
**1972** *Un ouvrier apprécié à l'avenir assuré*
*(Un apprezzato professionista*
*di sicuro avvenire)*

*Le Voleur de bicyclette* de Vittorio De Sica (1948), toute la détresse d'un monde sur les épaules d'un chômeur et de son fils.

# Vittorio **De Sica**

SORA 1901 - NEUILLY-SUR-SEINE 1974

**La caméra dans la rue au milieu d'hommes ordinaires.** Dans une carrière particulièrement féconde – une trentaine de films comme metteur en scène, plus d'une centaine comme acteur –, Vittorio De Sica a signé quelques œuvres qui comptent parmi les classiques de l'histoire du cinéma. Homme de spectacle, il est une des figures les plus représentatives de l'évolution du cinéma italien des années 1930 aux années 1970. Sa carrière a épousé les contradictions, les enthousiasmes, les abandons et les sursauts de courage qui ont caractérisé une époque tourmentée. C'est en pensant à la trajectoire unique de l'homme et du cinéaste qu'Ettore Scola a dédié à Vittorio De Sica *Nous nous sommes tant aimés*.

Né en 1901, De Sica passe son enfance à Naples. En 1912, il suit sa famille à Rome et très tôt, parallèlement à ses études de comptable, il s'intéresse au théâtre et au cinéma. À partir du début des années 1930, il devient rapidement un des acteurs les plus appréciés dans des comédies sentimentales qui permettent à sa sympathie naturelle de s'exprimer pleinement. Adulé du public, De Sica aurait pu continuer longtemps une heureuse carrière de comédien. Pourtant, à la fin des années 1930, il est tenté par la réalisation. En 1939, il tourne son premier film *Roses écarlates*, une œuvre qui reprend le canevas des comédies brillantes dont il était la vedette pendant toute la période. Il signe ensuite des films où se manifeste une exigence croissante et où il s'efface progressivement en tant qu'acteur, *Madeleine zéro de conduite, Mademoiselle Vendredi, Un garibaldien au couvent*. C'est avec *Les enfants nous regardent*, une comédie dramatique qui annonce les thématiques du mouvement néoréaliste, que le cinéaste atteint la maturité stylistique (le film est tourné en 1942 mais il ne sort qu'en 1944).

De Sica aborde les années d'après-guerre animé du profond désir de participer à la reconstruction morale de la société italienne. Il réalise, avec la collaboration du scénariste Cesare Zavattini, ses films les plus célèbres, *Sciuscià, le Voleur de bicyclette, Miracle à Milan, Umberto D.* Cette tétralogie constitue un des sommets du mouvement néoréaliste. De Sica y utilise toutes les ressources de la chronique, des personnages authentiques incarnés par des acteurs non-professionnels, du décor naturel, mais il ne renonce pas pour autant au travail précis sur la forme et la construction de l'image, se servant quand cela est nécessaire de la lumière artificielle – même dans la rue – et des ressources du studio.

*Sciuscià* évoque le sort tragique de deux petits cireurs de chaussures entraînés par les adultes dans les trafics du marché noir. *Le Voleur de bicyclette* repose sur un scénario minimaliste. La triste aventure de Ricci, l'ouvrier à qui on vole sa bicyclette et qui, privé de son outil de travail, finit par tenter à son tour de dérober un objet vital, vaut autant par l'expression d'un désespoir individuel que par la revendication collective du droit au travail. Avec *Miracle à Milan* la collaboration de De Sica avec Zavattini atteint son point culminant : tourné à la périphérie de Milan dans un terrain vague où fut construit le bidonville des clochards, le film fait appel à des acteurs non-professionnels et aussi à des comédiens chevronnés comme Emma Gramatica ou Paolo Stoppa. L'aventure de Totò il buono qui dans sa candeur croit en un monde de justice débouche sur l'obligation de fuir vers un monde fabuleux. Malgré les polémiques suscitées en Italie, le film est présenté au Festival de Cannes où il remporte la Palme d'or en 1951.

Après le drame de l'enfance malheureuse, du chômage et de l'exclusion, De Sica évoque avec *Umberto D.* les retraités qui sombrent dans la misère. Drame de la solitude, de la pauvreté, de la vieillesse, le film est un peu la quintessence de l'art de De Sica. Depuis longtemps critiqué pour ses engagements humanitaires – les communistes lui reprochent de ne jamais faire allusion à la lutte des classes –, De Sica est surtout en butte à l'hostilité de la démocratie chrétienne. À Cannes, les pressions italiennes empêchent le film d'obtenir la Palme d'or qui va à *Deux sous d'espoir* de Castellani. Ainsi, étranglé économiquement et sans soutien politique, De Sica connaît dans les années 1950 de grandes difficultés à poursuivre dans la veine qu'il affectionne. *Station Terminus* (1953) est un curieux hybride entre l'héritage néoréaliste et le romanesque hollywoodien. *L'Or de Naples* (1954) lui permet de mettre en scène la ville de son enfance. Avec *le Toit* (1956), il revient maladroitement aux récits épurés du néoréalisme avant de retrouver le succès avec *La Ciociara* (1960) d'après un roman de Moravia, mais l'insolite *Jugement dernier* (1961) est un échec.

Dans ces années, De Sica, pour le compte du producteur Carlo Ponti, se met souvent au service de Sophia Loren. Il dirige la comédienne dans *La riffa* (épisode de *Boccace 70*), *les Séquestrés d'Altona*, adaptation peu inspirée de la pièce de Jean-Paul Sartre, *Hier, aujourd'hui, demain*, trois sketches destinés à mettre en valeur le couple Loren-Mastroianni que l'on retrouve dans *Mariage à l'italienne* et *les Fleurs du soleil*. De Sica tourne aussi des films purement alimentaires et des œuvres décevantes comme *Un monde nouveau*, maladroite mise en cause de l'avortement, ou *Lo chiameremo Andrea*, dénonciation superficielle de la pollution. Il ne retrouve ses qualités que par intermittence, par exemple avec *le Boom*, féroce satire de la société de consommation, *le Temps des amants*, mélodrame sentimental pour une romance authentique entre Faye Dunaway et Marcello Mastroianni, *le Jardin des Finzi Contini*, évocation de la déportation d'une famille juive de Ferrare, *Una breve vacanza*, portrait touchant d'une femme vivant une parenthèse heureuse dans une existence de privations. Après un ultime film, *le Voyage*, De Sica s'éteint en France.

Parallèlement à son métier de cinéaste, De Sica n'a jamais interrompu sa carrière de comédien. Ainsi, dans une filmographie abondante, parfois justifiée par les nécessités économiques, le comédien a réussi à préserver une image d'une grande humanité, créant quelques figures inoubliables dans des films de Comencini (*Pain, amour et fantaisie*), Ophuls (*Madame de...*), Rossellini (*le Général Della Rovere*). — J. A. G.

**FILMOGRAPHIE**

**1940** *Roses écarlates (Rose scarlatte)*
*Madeleine, zéro de conduite (Maddalena, zero in condotta)*
**1941** *Mademoiselle Vendredi (Teresa Venerdi)*
**1942** *Un garibaldien au couvent (Un garibaldino al convento)*
**1944** *Les enfants nous regardent (I bambini ci guardano)*
**1945** *La Porte du ciel (La porta del cielo)*
**1946** *Sciuscià*
**1948** *Le Voleur de bicyclette (Ladri di biciclette)*
**1951** *Miracle à Milan (Miracolo a Milano)*
**1952** *Umberto D*
**1953** *Station Terminus (Stazione Termini)*
**1954** *L'Or de Naples (L'oro di Napoli)*
**1956** *Le Toit (Il tetto)*
**1960** *La Ciociara*
**1961** *Le Jugement dernier (Il giudizio universale)*
**1962** *Boccace 70 (Boccaccio 70,* ép. *«La riffa»)*
*Les Séquestrés d'Altona (I sequestrati di Altona)*
**1963** *Hier, aujourd'hui et demain (Ieri, oggi, domania)*
**1963** *Le Bomm (Il boom)*
**1964** *Mariage à l'italienne (Matrimonio all'italiana)*
**1966** *Le Renard s'évade à trois heures (Caccia alla volpe)*
*Un monde nouveau (Un mondo nuovo)*
**1967** *Les Sorcières (Le streghe,* ép. *«Un soir comme les autres»)*

*Sept Fois femme (Woman Times Seven / Sette volte donna)*
**1968** *Le Temps des amants (Amanti)*
**1970** *Drôles de couples (Le coppie, ép. «Il leone»)*
*Le Jardin des Finzi Contini (Il giardino dei Finzi Contini)*
*Les Fleurs du soleil (I girasoli)*
**1972** *Lo chiameremo Andrea*
**1973** *Brèves vacances (Una breve vacanza)*
**1974** *Le Voyage (Il viaggio)*

## Arnaud **Desplechin**

ROUBAIX 1960

**Le goût du romanesque.** Cinéaste cinéphile, ardent défenseur du nouveau cinéma américain des années 1970 (Coppola, De Palma, Scorsese), Desplechin a été très marqué par la Nouvelle Vague et le cinéma de François Truffant, dont il aime prolonger la veine autobiographique ainsi que le goût du romanesque.

Élève de l'ancienne promotion de l'IDHEC, avant que cette école ne devienne la FEMIS en 1986, Arnaud Desplechin, issu d'une famille de la bourgeoisie catholique du Nord de la France, se fait remarquer en 1991 avec un moyen métrage, *la Vie des morts*, dans la tradition de l'intimisme à la française. Plus ambitieux, *la Sentinelle* (1992), sous l'influence croisée de François Truffaut (l'acteur Jean-Louis Richard, citation vivante) et d'Alain Resnais, pour ce qui est de la mémoire du monde, retrace, sous forme d'enquête sur un crâne mystérieux, l'histoire de l'Europe du XXe siècle divisée par la guerre froide. Que ce soit dans *Esther Khan*, récit d'une jeune femme (divinement interprété par Summer Phoenix) désirant devenir comédienne dans le Londres du XIXe siècle (son apprentissage est inspiré de la relation maître-élève de *l'Enfant sauvage* de Truffaut), où dans *Comment je me suis disputé* (1996), l'ambition personnelle, l'aspiration à être le meilleur, la rivalité mimétique dans l'amitié (sur le modèle de *All About Eve* de Mankiewicz), l'envie, la jalousie, sont au cœur de ses intrigues. Mathieu Amalric, son formidable alter ego lunaire en compagnie de la singulière Emmanuelle Devos (*Comment je me suis disputé, Rois et reine*, 2004), représente dans ses films ce qu'a été Jean-Pierre Léaud pour Truffaut.

L'autobiographie est souvent le moteur de ses récits. *Comment je me suis disputé* est inspiré de son passage à l'IDHEC où on lui préférait un autre élève, jugé supérieur, devenu cinéaste lui aussi, et qu'il rend grotesque dans son film. *Rois et reine* (2004) son meilleur film avec *la Sentinelle*, s'inspire de sa rupture avec la comédienne Marianne Denicourt mais transcende l'anecdote et le règlement de comptes, pour franchir un nouveau palier, dans la partie bouleversante concernant la relation de la fille à son père malade. — C. T.

**FILMOGRAPHIE**
**1990** *La Vie des morts*
**1992** *La Sentinelle*
**1996** *Comment je me suis disputé... (ma vie sexuelle)*
**2000** *Esther Kahn*
**2003** *Léo - En jouant «Dans la compagnie des hommes»*
**2004** *Rois et reine*

## Jacques **Doillon**

PARIS 1944

**Le sens de l'écoute.** Monteur, puis réalisateur de courts métrages, Jacques Doillon aborde le long métrage en assurant la réalisation d'un film conçu par le dessinateur Gébé, et intégrant deux séquences tournées par Alain Resnais et par Jean Rouch, *l'An 01* (1973), un film encore très marqué par l'utopie de Mai 68. C'est avec *les Doigts dans la tête* que Doillon amorce véritablement son œuvre personnelle. Mis à part *Un sac de billes*, ses films ont en commun une extrême finesse d'analyse psychologique, une audace croissante dans le choix des situations analysées, une expression rigoureuse obtenue par une direction d'acteurs patiente et intraitable (il emploie indifféremment des non-professionnels, des comédiens débutants ou des comédiens aussi expérimentés que Michel Piccoli). Il fait preuve aussi d'une précision maniaque dans la définition de l'espace qu'il cadre toujours lui-même.

Son sens de l'observation et de l'écoute figure déjà dans les courts métrages de commande qu'il tourne pour le ministère de l'Agriculture. *Les Demi-Jours* et *Laissés pour compte*, notamment, indiquent son souci constant de ne pas trahir le langage des paysans filmés. Ces films entretiennent des rapports passionnants avec *la Drôlesse* (1979) et son univers rural. Le film remporte le «prix du jeune cinéma» au Festival de Cannes.

De *la Femme qui pleure* (1979) à *Ponette* (1996), en passant par *Monsieur Abel* (1983), *la Pirate* (1984), *le Petit Criminel* (1990), *le Jeune Werther* (1993), Doillon développe une recherche exigeante. Le cinéaste s'applique à mettre à nu la communication qui unit, au-delà des conventions et des règles du jeu social, des êtres enfermés ou oubliés, des personnages secrets, notamment les enfants ou les adolescents. Partant d'une observation brûlante des comportements et d'une analyse aiguë des franges de la conscience, il aboutit à une morale de la liberté assez insolite. En 2003, *Raja*, reprend le thème de la rencontre impossible

Gene Kelly et
Debbie Reynolds dans
*Chantons sous la pluie*
de Stanley Donen
et Gene Kelly (1952).

entre des êtres que tout oppose : Doillon y peint la relation passionnée entre un éternel séducteur occidental et une jeune Marocaine. – J. A. G.

**FILMOGRAPHIE**

**1973** *L'An 01*
**1974** *Les Doigts dans la tête*
**1975** *Un sac de billes*
**1979** *La Femme qui pleure*
*La Drôlesse*
**1981** *La Fille prodigue*
**1984** *La Pirate*
**1985** *La Vie de famille*
*La Tentation d'Isabelle*
**1986** *La Puritaine*
**1987** *Comédie!*
**1989** *La Fille de 15 ans*
**1990** *Le Petit Criminel*
*La Vengeance d'une femme*
**1992** *Amoureuse*
**1993** *Le Jeune Werther*
**1994** *Du fond du cœur, Germaine et Benjamin*
**1996** *Ponette*
**1998** *Trop (peu) d'amour*
**1999** *Petits Frères*
**2001** *Carrément à l'Ouest*
**2003** *Raja*

# Stanley **Donen**

COLUMBIA 1924

**Un prince du « musical ».** Danseur depuis l'âge de dix ans, Stanley Donen connaît Gene Kelly à Broadway. Lorsqu'on propose à Kelly de réaliser *Un jour à New York* (1949), il fait très naturellement appel à Donen pour l'assister. Le succès est tel qu'ils collaboreront encore deux fois : pour le grand classique du genre, *Chantons sous la pluie* (1952), puis pour un échec commercial, œuvre originale au ton amer, *Beau fixe sur New York* (1955).

Sans Kelly, Donen a su prouver la justesse de son doigté. Il s'est tiré d'embûches redoutables, comme un scénario « carte postale » autour du mariage princier (*Mariage royal*). *Donnez-lui une chance*, musical traditionnel, *les Sept Femmes de Barberousse*, proche de l'opérette, et *Pique-Nique en pyjama*, typique d'un certain renouveau réaliste, montrent l'éventail de ses possibilités. Enfin le pétillant *Drôle de frimousse* (1957) avec la délicieuse Audrey Hepburn, son actrice fétiche, est une réussite totale de musical conçu en fonction des possibilités de la caméra.

Donen suit l'élan d'un danseur en amples mouvements de caméra ou, au contraire, le découpe en un montage très serré. Cette technique, Donen l'applique également à la comédie pure. La juxtaposition d'un langage très cinématographique et de scénarios théâtraux a engendré d'heureux contrastes (*Indiscret*), émaillés de jolies trouvailles visuelles. Dans *Charade* et *Arabesque* (1966), il oublie l'embrouillamini policier, pour célébrer Audrey Hepburn ou Sophia Loren, comme il le ferait de danseuses. *Voyage à deux* (1967), son film le plus grave, grâce à un scénario très moderne, permet à Donen une grande liberté de mouvement. Au cours d'un voyage en voiture à travers la France, un architecte et sa femme se rappellent leur douze années de mariage. Ce qui permet au réalisateur de dresser un véritable bilan sur lui-même et sa génération. — C.V.

**FILMOGRAPHIE**

**1949** *Un jour à New York (On the Town)*, co. Gene Kelly
**1951** *Mariage royal (Royal Wedding)*
**1952** *L'Intrépide (Fearless Fagan)*
*Chantons sous la pluie (Singin' in the Rain)*, co. Gene Kelly
*Love Is Better Than Ever*
**1953** *Donnez-lui une chance (Give a Girl a Break)*
**1954** *Au fond de mon cœur (Deep in My Heart)*
*Les Sept Femmes de Barberousse (Seven Brides for Seven Brothers)*
**1955** *Beau fixe sur New York (It's Always Fair Weather)*, co. Gene Kelly
**1957** *Embrasse-les pour moi (Kiss Them for Me)*
*Drôle de frimousse (Funny Face)*
*Pique-Nique en pyjama (The Pajama Game)*, co. George Abbott
**1958** *Damn Yankees!*, co. George Abbott
*Indiscret (Indiscreet)*
**1960** *Ailleurs l'herbe est plus verte (The Grass Is Greener)*
*Chérie recommençons (Once More with Feeling!)*
*Un cadeau pour le patron (Surprise Package)*
**1966** *Arabesque*
*Charade*
**1967** *Fantasmes (Bedazzled)*
*Voyage à deux (Two for the Road)*
**1969** *L'Escalier (Staircase)*
**1974** *The Little Prince*
**1975** *Les Aventuriers du Lucky Lady (Lucky Lady)*
**1978** *Folie Folie (Movie Movie)*
**1979** *Saturn 3*
**1984** *C'est la faute à Rio (Blame It On Rio)*

# Alexander **Dovjenko**

SOSNITSI 1894 – MOSCOU 1956

**Le rhapsode de la Révolution.** Dovjenko a participé aux événements révolutionnaires en Ukraine et il a apporté sa pierre à l'édification du cinéma soviétique, armé d'une théorie du montage bien différente de celles de Vertov, Eisenstein ou Poudovkine. Son style est fait de longs plans fixes, d'images au symbolisme diffus, de fluidité dans le déroulement du récit et, même s'il valorise le héros individuel (plutôt que le héros collectif d'Eisenstein), le dessin psychologique des personnages n'est pas, dans ses œuvres majeures, un objectif essentiel.

Peintre et graphiste avant de rejoindre les studios d'Odessa, ses véritables débuts cinématographiques datent de *Zvenigora* (1928), une fresque incorporant aux thèmes de la guerre et de la Révolution de vieilles légendes de son Ukraine natale. Dans les quatre films majeurs qui vont suivre, inscrits résolument dans le mouvement politique de l'époque, le discours s'inscrit dans une référence constante à son pays natal, à ses paysages et à son peuple, magnifiée par une science de la lumière et du rythme. *Arsenal*, film didactique consacré à la guerre entre la classe ouvrière ukrainienne et le gouvernement bourgeois de Kiev est une œuvre de combat contre le nationalisme doté d'images lyriques très suggestives. *La Terre* (1930), un des derniers chefs d'œuvre du cinéma muet, est un grand poème sur la collectivisation des campagnes, et, au fond, sur l'amour et de la mort. Rythmé par des leitmotive tels que les terres labourées et les champs de blé, le film a suscité l'admiration de tous – y compris d'Eisenstein. Dans *Ivan*, Dovjenko intègre la parole au montage, respectant une dynamique de grands mouvements d'ensemble (comme la construction d'un barrage) dont le didactisme est heureusement altéré par l'insertion de nombreux petits sketches. *Aerograd* (1935) qui décrit la complexité de la lutte contre des saboteurs venus de l'étranger, est surtout une parabole visionnaire sur l'édification d'une nouvelle société. Dans cet ensemble de quatre films d'une grande rigueur esthétique, le lyrisme, la réflexion sur la durée des plans, un montage de moins en moins perceptible tendant à fluidifier la perception de l'espace-temps, définissent un style qui sait allier le sens de l'épopée au sens de la Nature, en l'espèce : les paysages ruraux.

Peu avant la guerre, Dovjenko réalise *Chtchors*, du nom du chef des partisans ukrainiens auprès de qui il s'était lui-même engagé en 1918. Cette épopée sur la lutte confuse contre Allemands, Cosaques, Polonais, est considérée comme une des rares réussites du réalisme socialiste. On y retrouve le souffle épique de Dovjenko, mais aussi un culte du chef bien dans l'esprit du moment.

Pourtant, Dovjenko traverse une période de disgrâce, au cours de laquelle son *Mitchourine*, éloge d'un agronome qui était aussi un homme simple (à qui il avait consacré une nouvelle, puis une pièce de théâtre), subit quelques vicissitudes politiques. L'ère Khrouchtchev lui offrira une nouvelle chance, il peut entreprendre *le Poème de la mer*. Il avait minutieusement préparé le film lorsqu'il meurt brusquement. C'est son épouse, l'ancienne actrice Julia Solntseva, co-signataire de ses documentaires des années 1940 et de *Mitchourine*, qui mènera l'entreprise à son terme - avant de réaliser trois autres films d'après des projets de son mari. Bien que préparé plan par plan par le défunt, *le Poème de la mer* reste assez hybride, et ne reflète que partiellement l'univers d'un cinéaste qui, comme bien d'autres en URSS, n'a pu donner la pleine mesure de son art qu'au cours d'une brève période de sa vie. – D. S.

**FILMOGRAPHIE**

**1926** *Vassia le Réformateur (Vasja-reformator)*, co. Faust Lopatinski
**1927** *La Sacoche du courrier diplomatique (Sumka dipkur'era)*
**1928** *Zvenigora*
**1929** *Arsenal*
**1930** *La Terre (Zemlja)*
**1932** *Ivan*
**1935** *Aérograd*
**1939** *Chtchors*
**1940** *Libération (Osvobozdenie)*, co. Yulia Solntseva
**1943** *La Bataille pour notre Ukraine soviétique (Bitva za nasu Soyetskuju Ukrainu)*, co. Yulia Solntseva
**1945** *La Victoire en Ukraine (Pobeda na Pravobereznoj Ukraine)*, co. Yulia Solntseva
**1946** *Pays natal (Strana rodnaja)*, non signé, co. G. Balassanian, L. Isaakian
**1947-1948** *Mitchourine (Mi[v]curin)* co. Yulia Solntseva
**1951** *Adieu, Amérique (Proscaj Amerika)*, inachevé

# Carl Theodor **Dreyer**

COPENHAGUE 1989 - id. 1968

**La quintessence du cinema.** Où finit le théâtre, où commence le cinéma? Renoir a répondu sur un mode ludique et joyeux, par amour de la vie. Dreyer, sur le ton de la tragédie. Auteur d'un monument du muet, *la Passion de Jeanne d'Arc* (1927), et d'un chef-d'œuvre de l'histoire du cinéma mondial, *Ordet* (1954), Dreyer, en s'insurgeant contre toute forme d'oppression, a loué la puissance de la foi, de l'amour et du désir. Et, comme chez Mizoguchi, la force et la grandeur des femmes.

À la lueur de son film sur Jeanne d'Arc, de celui sur le rigorisme protestant envoyant une jeune femme, ivre d'amour, au bûcher, au prétexte de sorcellerie (*Dies Irae*, 1943), ou bien d'*Ordet* (*la Parole*) sur ce fou, bon pour l'asile psychiatrique, qui se prend pour Jésus Christ et ressuscite une morte, on a longtemps cru que Dreyer avait baigné enfant dans un univers religieux contraignant, qu'il aurait stigmatisé ensuite. On sait, depuis la remarquable biographie de Maurice Drouzy, que sa mère, employée de maison tombée enceinte à la suite d'une aventure avec un fils de famille qui ne reconnaît pas sa paternité, a abandonné son enfant à la naissance, trouvant une famille d'accueil par petite annonce. Deux ans plus tard, la mère de Dreyer, de nouveau enceinte, mais voulant se faire avorter elle-même, mourra accidentellement. À la lueur de cette tragédie (« Les plus grands drames se jouent dans le secret, disait Dreyer), que le cinéaste a réussi à dissimuler de son vivant, Drouzy a vu dans son œuvre, à juste titre, la quête de la mère absente. Le geste fou de Johannes parvenant à ressusciter une mère, morte suite à son accouchement (*Ordet*), dit combien ce drame intime féminin l'a non seulement hanté mais a construit politiquement son regard sur la société des hommes.

Élevé par un ouvrier typographe, Dreyer a grandi dans un milieu progressiste et athée, forgé dans la tradition syndicale du progrès social. Attiré par l'écriture, il débute comme journaliste, puis est engagé comme rédacteur de sous-titres puis scénariste à la Nordisk, alors la plus grande compagnie en Europe. L'œuvre muette de Dreyer demeure trop méconnue. Il s'agit de sa période heureuse, où il est un cinéaste de renom, sollicité, qui tourne en Allemagne pour la UFA (*Mikael*, 1924, d'après Herman Bang) et en France pour la société qui produit le *Napoléon* d'Abel Gance (*la Passion de Jeanne d'Arc*). Très influencé par Griffith, son maître, il dénonce l'intolérance à travers les âges (*Pages arrachées au livre de Satan*, 1919), s'intéresse dès son premier film, *le Président* (1918) à la machine judiciaire. Dans le très réjouissant *Maître du logis* (1925), il critique le machisme domestique à travers la révolte d'une femme au foyer.

Après l'échec commercial de *la Passion de Jeanne d'Arc* (négatif brûlé, censure), il tourne, grâce à un mécène, *Vampyr* (1932), où il délaisse le montage et le gros plan au profit de panoramiques fluides et envoûtants, comme dans un rêve éveillé. Autre échec, suivi de projets inaboutis et d'un retour au Danemark. Critique de cinéma, il

*Ordet* de Carl Theodor Dreyer (1955), un théâtre muet de lumière en noir et blanc, avant que la parole soit dite.

est renvoyé du journal, en raison de son exigence, et sera longtemps chroniqueur judiciaire de faits divers (plus de 1600 articles) dans un grand quotidien. Le gouvernement danois lui confie des courts métrages de commande. Parmi eux, le remarquable *Ils attrapèrent le bac* (1948), pour la sécurité routière. En 1954, le gouvernement lui offre de diriger un cinéma de Copenhague pour lui assurer des revenus réguliers. Sur cette longue période, il travaille sur seulement trois films, *Dies Irae*, *Ordet* et *Gertrud* (1964), et sur une foule de projets inaboutis, dont une monumentale vie de Jésus, un scénario achevé sur Mary Stuart et un projet sur Médée, avec la Callas dans le rôle principal, bien avant que Pasolini y songe.

L'injustice de la justice, l'institution qui, forte de son pouvoir, condamne un individu et l'envoie à la mort, est l'obsession de Dreyer. En ce sens, *Dies Irae*, réalisé en 1943, est un acte de résistance contre le nazisme. La barbarie, à ses yeux, n'a rien de sauvage car elle est l'expression d'une loi en exercice, administrativement planifiée. Contre les institutions, y compris religieuses (le tribunal de l'Inquisition dans *Dies Irae*), il privilégie des personnages habités par leur foi. Contrairement aux anticléricaux qui n'aiment guère le cinéaste, il importe de voir que Dreyer traite à égalité la foi en Dieu (Jeanne d'Arc) et la foi en la sensualité de l'amour de la vie (Anne, dans *Dies Irae*). Il s'agit à ses yeux d'une même passion. Pessimiste, son dernier film montre combien l'homme ne saura être à la hauteur de l'exigence d'amour de la femme, qui est absolue quand l'amour de l'homme est relatif. Comme le confesse Gertrud, amère, « l'amour de la femme et le travail de l'homme sont ennemis dès le commencement ».

Influencé par le drame griffithien transcendé par l'art du montage, Dreyer, à la fin du muet, aboutit à *la Passion de Jeanne d'Arc*, éclatement de la scène théâtrale du procès par la force du montage et du gros plan. Avec *Vampyr* (« À chaque film, son style », disait Dreyer), tourné en décors naturels, il découvre les vertus des longs mouvements de caméras. Le cinéma est affaire de rythme, de durée, fluide (*Vampyr*) ou pesante jusqu'à l'oppression (*Dies Irae*). « Le film parlant apparaît comme une pièce de théâtre sous forme concentrée », et « ne doit pas être du théâtre filmé ». Dreyer part de pièces de théâtre mais, dans la mise en scène, en dédoublant le décor pour dynamiser le drame (la chambre et le salon dans *Ordet*) joue sur le hors-champ et la simultanéité. Comme l'a si bien vu Gilles Deleuze, il abolit la troisième dimension, celle de la profondeur de champ au profit de la latéralité des panoramiques horizontaux, pour atteindre la quatrième dimension, qui est celle du Temps.

« Plus le cinéma se proposera d'être fidèle au texte et à ses exigences théâtrales, plus nécessairement il devra approfondir son propre langage », a écrit André Bazin. Dreyer est un immense cinéaste pour avoir été le plus loin dans cette voie, celle de l'affirmation de la singularité du cinéma par le dépassement du théâtre. – C.T.

L'œil et la main de Marguerite Duras dirigent la caméra, afin que l'image révèle les mots (*Le Dialogue de Rome*, 1982).

**FILMOGRAPHIE**

**1918** *Le Président (Praesidenten)*
*La Quatrième Alliance de Dame Marguerite (Prästänkan)*
**1919** *Pages arrachées au Livre de Satan (Blade af Satans bog)*
**1922** *Aimez-vous les uns les autres (Die Gezeichneten )*
*Il était une fois (Der var en gang)*
**1924** *Michaël (Mikaël)*
**1925** *Le Maître du logis (Du skal ære din hustru)*
**1926** *La Fiancée de Glomdal (Glomdalsbruden)*
**1928** *La Passion de Jeanne d'Arc*
**1932** *Vampyr / l'Étrange Aventure de David Gray*
**1943** *Jour de colère / Dies irae (Vredens dag)*
**1945** *Deux Êtres (Två människor)*
**1955** *Ordet*
**1964** *Gertrud*

# Marguerite **Duras**

GIA-DINH 1914 - PARIS 1996

**Pour l'amour des mots.** À l'image de Jean Cocteau, poète, écrivain et cinéaste, Marguerite Duras a basculé dans le cinéma sans renoncer à son activité de romancière. La radicale modernité poétique de son cinéma est une inlassable interrogation sur l'amour infini qui lie les mots aux images.

« Je suis quelqu'un qui écrit, avant tout », disait Marguerite Duras en 1985, en parlant de son dernier film, *les Enfants*. La romancière a été rattrapée par le cinéma, lorsque René Clément adapte *Barrage contre le Pacifique* (1958), mais c'est sa collaboration mémorable avec Alain Resnais pour *Hiroshima mon amour* (1959) qui lui a ouvert la voie vers un cinéma conçu comme un prolongement de la littérature, lui permettant d'interroger son pouvoir infini dans un autre domaine. Dès lors ses films, à partir de *la Musica* (1967), seront conçus sous le prisme des mots. Plus qu'une transposition de ses œuvres à l'écran, elle offre aux mots un nouvel écrin, tout en reculant les limites du cinéma. Quand Jean-Jacques Annaud a adapté son livre *l'Amant* (1992), Marguerite Duras, avec un brin de provocation sérieuse, lui a dit que le cinéma, ce ne sont pas des images, mais des mots. On construit tout à partir d'eux et l'image vient avec, déterminée par leur existence matérielle.

Admiratrice des grands burlesques (Chaplin, Tati), mais aussi du cinéma de Bresson et de Dreyer (*Ordet* demeure son film de référence), elle a su, avec la complicité d'acteurs de renom (Jeanne Moreau dans *Nathalie Granger*, Gérard Depardieu dans *le Camion*), composer une œuvre singulière, espace de la parole manifestée. Cette dimension messianique du mot prononcé, celle du verbe créateur de choses rendues par lui visibles (*Ordet*, précisément), éclate dans les films construits sur la voix off de Marguerite Duras où la musique de la langue devient psalmodie, invocation incantatoire. Dans son chef-d'œuvre *India song* (1974), grâce à la sublime musique de Carlos d'Alessio, elle nous transporte par les mots dans une Inde coloniale fantôme. La voix off parle d'une voiture traversant le parc. On voit le parc mais pas la voiture dont on imagine la présence en raison du mot entendu. Le cinéma a ainsi le pouvoir de libérer la puissance d'image contenue dans le mot. – C.T.

**FILMOGRAPHIE**

**1967** *La Musica*, co. Paul Seban
**1969** *Détruire, dit-elle*
**1972** *Jaune le soleil*
**1973** *Nathalie Granger*
**1974** *La Femme du Gange*
**1975** *India Song*
**1976** *Baxter, Vera Baxter*
*Des journées entières dans les arbres*
*Son nom de Venise dans Calcutta désert*
**1977** *Le Camion*
*Les Plages de l'Atlantique*
**1979** *Le Navire Night*
**1981** *Agatha et les lectures illimitées*
*L'Homme atlantique*
**1982** *Le Dialogue de Rome*
*(Il Dialogo di Roma)*
**1984** *Les Enfants*

# Guru **Dutt**

BANGALORE 1925 - BOMBAY 1964

**Un art musical.** Au cours des années 1950, Guru Dutt a donné au film musical indien ses lettres de noblesse. Sa profonde sensibilité pour combiner avec élégance cinéma, musique et chanson a élevé un genre populaire au rang d'œuvre d'art.

À l'âge de dix-sept ans, en 1942, il rejoint à Calcutta la troupe de danse d'Uday Shankar, auteur d'un étonnant film musical, *Kalpana* (1948) et frère du musicien Ravi Shankar. Cette formation de danseur lui servira (il débute comme chorégraphe aux studios de la Prabhat, près de Bombay) au point d'irriguer ensuite l'étonnante fluidité visuelle de ses films. Telle est la particularité du cinéma indien, qui s'est développé au parlant grâce à la musique, à qui il doit sa forme et son style tant elle imprègne la culture profane et sacrée de ce pays. Guru Dutt donne la pleine mesure de son talent avec *l'Assoiffé* (*Pyaasa*, 1957) qu'il interprète, aux côtés de son actrice fétiche Waheeda Rehman, qu'il a découvert, tandis que son épouse, la chanteuse Geeta Dutt double la star pour les scènes musicales. À travers l'histoire d'un poète qui vit dans la misère puis est célébré officiellement alors qu'on le croit mort – le poète revient alors pour dénoncer les fausses valeurs d'un monde factice –, Guru Dutt dresse une sévère critique de la société indienne après l'indépendance. Stylistiquement, il parvient à construire visuellement un récit, fondé sur des émotions, en évitant au maximum le recours au dialogue parlé. Le film, loin du roman et du théâtre, devient en soi une forme mélodique achevée, une « architecture dans le temps », selon l'expression de Satyajit Ray. L'image amplifie visuellement le souffle d'une chanson, la musique sur un visage souligne une émotion sans avoir recours aux mots, les corps se déplacent, comme saisis en permanence par la fièvre d'une danse secrète qui leur offre la vie.

*Fleurs de papiers* (1959), premier film indien en scope, sur l'ascension et la chute d'un cinéaste, sera un échec qui ruinera Guru Dutt et l'affectera profondément. Il laisse le soin à son scénariste, Abrar Alvi, de signer *Le Maître, la maîtresse et l'esclave* (1962), dont il supervise les scènes musicales, superbes. Il se suicide à l'âge de 39 ans, laissant un astre noir sublime (*l'Assoiffé*), prémonition de sa vie, tout aussi sombre. – C.T.

**FILMOGRAPHIE**

**1951** *Le Faucon (Baazi)*
**1952** *Jaal*
**1953** *Baaz*
**1954** *Aar-Paar*
**1955** *Mr. & Mrs. 55*
**1956** *Sailaab*
**1957** *L'Assoiffé (Pyaasa)*
**1959** *Fleurs de papier (Kaagaz Ke Phool)*

# Julien **Duvivier**

LILLE 1896 - PARIS 1967

**L'air du temps.** Duvivier est souvent perçu comme le cinéaste qui a su capter l'esprit du Front populaire avec *Pépé le Moko* (1935) et surtout *la Belle Équipe* (1936), et dont l'œuvre abondante ne dépasserait pas les conventions du cinéma populaire de son époque. La réalité est plus complexe, même si sa filmographie comprend nombre de films de commande, où, même dans ce cas, il a souvent affirmé une réelle expertise, comme *Allo Berlin... ici Paris* (1932), film novateur réalisé avec brio aux débuts du cinéma parlant.

Dès 1931, dans *Cinq Gentlemen maudits*, il montre sa compétence dans la représentation des lieux et dans l'inscription de ses personnages dans un espace circonscrit avec réalisme, souvent dans des décors naturels. Il tire le meilleur parti du cadre pour consacrer une ambiance, de *la Bandera* à *l'Affaire Maurizius* – sans oublier l'univers de la Casbah d'Alger de *Pépé le Moko* et la guinguette de *la Belle Équipe*... Reflet et moteur de mythologies populaires, ses films des années 1930 commentent le romanesque, l'exotisme, le rêve populaire ; ils sont servis par les scénaristesdialoguistes Charles Spaak et Henri Jeanson, et une brochette d'acteurs remarquablement dirigés, en tête desquels Jean Gabin.

Mise en scène charpentée et direction d'acteurs servent parfois une tendance mélodramatique voire un pessimisme foncier, comme le montre la fin tragique voulue par le réalisateur pour *la Belle Équipe*, mais aussi *David Golder*, *la Fin du jour*, *l'Affaire Maurizius*, *Carnet de bal*, et ses adaptations de romans de Simenon si fidèles à l'univers du romancier : *la Tête d'un homme* et *Panique* – un des grands rôles de Michel Simon. Le marquage social est fortement présent dans *la Belle Équipe*, avec les échos du chômage, de la guerre d'Espagne, de la solidarité... mais aussi dans ses adaptations de Simenon et des films aux qualités moins reconnues comme *Poil de carotte*, *Au Bonheur des Dames*, ou le brillant *Pot-Bouille* avec Gérard Philipe. – D. S.

**FILMOGRAPHIE**

**1919** *Haceldama ou le Prix du sang*
**1920** *La Réincarnation de Serge Renaudier*
**1922** *Les Roquevillard*
*L'Ouragan dans la montagne*
*Le Logis de l'horreur*
*(Der Unheimliche Gast)*
**1923** *L'Œuvre immortelle*
*Le Reflet de Claude Mercœur*
*La Tragédie de Lourdes*
**1924** *Cœurs farouches*
*La Machine à refaire la vie*,
co. Henry Lepage
**1925** *L'Abbé Constantin*
*Poil de carotte*
**1926** *L'Homme à l'Hispano*
**1927** *L'Agonie de Jérusalem*
*Le Mariage de mademoiselle Beulemans*
**1928** *Le Tourbillon de Paris*
*Les Mystères de la tour Eiffel*
**1929** *La Divine Croisière*
*La Vie miraculeuse de Thérèse Martin*
**1930** *Au bonheur des dames*
*Maman Colibri*
**1931** *David Golder*
*Les Cinq Gentlemen maudits / Sous la Lune du Maroc*
**1932** *Poil de carotte*
*La Vénus du collège*
*Allo Berlin ? Ici Paris !*
**1933** *La Tête d'un homme*
*Le Petit Roi*
*La Machine à refaire la vie*
**1934** *Le Paquebot Tenacity*
*Maria Chapdelaine*
**1935** *Golgotha*
*La Bandera*
**1936** *La Belle Équipe*
*Le Golem*
**1937** *L'Homme du jour*
*Pépé le Moko*
*Un carnet de bal*
**1938** *Toute la ville danse*
*(The Great Waltz)*
**1939** *La Fin du jour*
**1940** *La Charrette fantôme*
*Untel père et fils*
**1941** *Lydia*
**1942** *Six Destins (Tales of Manhattan)*
**1943** *Obsessions*
*(Flesh and Fantasy)*
**1944** *L'Imposteur (The Impostor)*
**1947** *Panique*
**1948** *Anna Karenine*
**1949** *Au royaume des cieux*
**1950** *Black Jack*
**1951** *Sous le ciel de Paris*
**1952** *Le Petit Monde de Don Camillo*
*La Fête à Henriette*
**1953** *Le Retour de Don Camillo*
**1954** *L'Affaire Maurizius*
**1955** *Marianne de ma jeunesse*
**1956** *Voici le temps des assassins*
**1957** *L'Homme à l'imperméable*
*Pot-Bouille*
**1959** *La Femme et le Pantin*
*Marie-Octobre*
**1960** *La Grande Vie*
*(Das Kunstseidene Mädchen)*
*Boulevard*
**1962** *La Chambre ardente*
*Le Diable et les Dix Commandements*
**1963** *Chair de poule*
**1967** *Diaboliquement vôtre*

# Clint **Eastwood**

Clint Eastwood, cinéaste et acteur, sur le tournage d'*Impitoyable* (1992).

SAN FRANCISCO 1930

**La violence comme approche éthique de la réalité.** Clint Eastwood incarne à la perfection ce qu'un certain cinéma hollywoodien est capable de donner : mise en scène dynamique, sens de l'action et du rythme, gravité du propos sous les apparences d'une production de genre à la finalité spectaculaire.

Longtemps confiné dans des rôles mineurs par Universal, c'est en Europe, avec les trois westerns de Sergio Leone (*Pour une poignée de dollars, Et pour quelques dollars de plus, Le Bon, la brute et le truand*), que Clint Eastwood s'impose comme le mercenaire impassible et laconique appelé à jouer les anges exterminateurs. De retour aux États-Unis, il fonde en 1968 la Malpaso Company qui produit la majeure partie de ses films. Attentif à préserver son image, il trouve grâce à Don Siegel (qui le dirige notamment dans *Sierra torride* et *l'Inspecteur Harry*) un équilibre entre la surenchère irréaliste du « western spaghetti » et la précision sociologique du film de genre hollywoodien : individualiste forcené jusque sous l'uniforme de la loi et de l'ordre, il révèle par sa violence les pulsions meurtrières d'un « système » aussi hypocrite que pourri.

Eastwood débute dans la mise en scène par un thriller original, *Un frisson dans la nuit* (1971) et par un western baroque qui est aussi une parabole fulgurante sur le pouvoir, *l'Homme des hautes plaines* (1973) ; mais il déroute son public – et ce ne sera pas la dernière fois – avec la romance délicate toute en demi-teinte de *Breezy*. Après *la Sanction*, qui dynamite par l'absurde les conventions du film d'espionnage, il tourne en dérision son image de macho invulnérable avec *Josey Wales hors-la-loi, l'Épreuve de force* et *Bronco Billy*. Dans ces films, il se situe résolument du côté des rêveurs, des perdants, des marginaux, qui fuient dans l'imaginaire la déroute de toutes les valeurs. Puis, il revient au film d'espionnage, cette fois antisoviétique, avec *Firefox* avant de tourner *Honkytonk Man*, film d'initiation d'un adolescent face à un oncle aventurier raté et chanteur de talent à l'agonie.

En 1988 *Bird*, mise en scène de la vie de Charlie Parker, vaut à son interprète Forest Whitaker le prix d'interprétation au Festival de Cannes. En 1990, *Chasseur blanc, cœur noir*, qui s'inspire d'un livre de Peter Viertel, évoque la figure complexe et ambiguë d'un réalisateur de cinéma inspiré de John Huston tournant *African Queen*. Mais la reconnaissance en tant qu'auteur lui vient d'*Impitoyable* (1992) où il trouve également un de ses meilleurs rôles. En revanche, il se met en retrait et laisse le rôle principal à Kevin Costner dans *Un monde parfait* (1993) : Eastwood réussit à dépasser les conventions d'un scénario habile mais prévisible pour créer quelques magnifiques visions (un cadavre souriant autour duquel tournoient des billets de banque). Depuis, même s'il alterne œuvres mineures et films plus personnels, sa qualité d'auteur ne fait plus de doute. Il atteint l'un des sommets de son inspiration avec *Sur la route de Madison* (1995), transfiguration d'un roman de gare en mélodrame lyrique interprété par Meryl Streep et lui même, avant de développer avec *Minuit dans le jardin du Bien et du Mal* (1997), une brillante intrigue policière aux résonances magiques.

Les films suivants – Eastwood enchaîne les tournages en touchant à tous les genres – n'en restent pas moins émaillés de détails très personnels : le cambrioleur esthète recopiant les chefs-d'œuvre de la peinture italienne de la Renaissance dans *les Pleins Pouvoirs*, la course pour empêcher in extremis une exécution capitale dans *Jugé coupable*, ou la vision d'un homme abandonné dans l'espace à la fin d'une expédition de vieux astronautes dans *Space Cow-Boys* (2000).

Les derniers films révèlent un cinéaste de plus en plus exigeant. En 2003, Eastwood signe *Mystic River*, angoissant film policier porté par Sean Penn, Tim Robbins et Kevin Bacon, qui lui permet de figurer pour la quatrième fois dans la sélection du Festival de Cannes après *Pale Rider* en 1985, *Bird* en 1988 et *Chasseur blanc, cœur noir* en 1990. Deux ans plus tard, avec le drame *Million Dollar Baby*, le cinéaste obtient une nouvelle consécration en remportant, douze ans après *Impitoyable*, l'Oscar du meilleur film et du meilleur réalisateur ; ses comédiens Hilary Swank et Morgan Freeman repartent avec les statuettes de la meilleure actrice et du meilleur second rôle masculin. – J. A. G.

**FILMOGRAPHIE**

**1971** *Un frisson dans la nuit (Play Misty for Me)*
**1973** *Breezy*
*L'Homme des hautes plaines (High Plains Drifter)*
**1975** *La Sanction (The Eiger Sanction)*
**1976** *Josey Wales hors la loi (The Outlaw Josey Wales)*
**1977** *L'Épreuve de force (The Gauntlet)*
**1980** *Bronco Billy*
**1982** *Firefox l'arme absolue (Firefox)*
*Honkytonk Man*
**1983** *Le Retour de l'inspecteur Harry (Sudden Impact)*
**1985** *Pale rider*
**1986** *Le Maître de guerre (Heartbreak Ridge)*
**1988** *Bird*
**1990** *La Relève (The Rookie)*
*Chasseur blanc, cœur noir (White Hunter, Black Heart)*
**1992** *Impitoyable (Unforgiven)*
**1993** *Un monde parfait (A Perfect World)*
**1995** *Sur la route de Madison (The Bridges of Madison County)*
**1997** *Minuit dans le jardin du Bien et du Mal (Midnight in the Garden of Good and Evil)*
*Les Pleins Pouvoirs (Absolute Power)*
**1999** *Jugé coupable (True Crime)*
**2000** *Space Cowboys*
**2002** *Créance de sang (Blood Work)*
**2003** *Mystic River*
**2005** *Million Dollar Baby*

# Blake **Edwards**

TULSA 1922

**Un héritier du burlesque muet.** Blake Edwards est le seul cinéaste de sa génération qui ait tenté de faire fructifier l'héritage du burlesque muet. S'il a touché à différents types de comédie et qu'il lui est même arrivé de sortir du genre avec succès, il est revenu souvent à ce « burlesque moderne », faisant de l'acteur Peter Sellers un personnage récurrent, comme ont pu l'être Buster Keaton ou Stan Laurel.

Né dans une famille de gens de spectacle, Blake Edwards commence dans le métier comme acteur et scénariste, collaborant régulièrement avec Richard Quine. Après avoir réalisé deux modestes films musicaux, il trouve sa voie avec *l'Extravagant M. Cory* (1957), comédie sur l'arrivisme au ton acéré, interprétée par Tony Curtis (qui jouera plus d'une fois pour lui). Blake Edwards affectionnera cette forme de comédie, au bord du sérieux, très écrite (*Diamants sur canapé, Elle, Micki et Maude, Boire et déboires*). Mais il est vrai qu'on l'associe plus volontiers à une autre forme de comédie, très physique, mécanique comme une pièce de Feydeau. Grâce à une mise en scène impeccablement rythmée et cadrée, il en fait de savoureux exercices de style (*Vacances à Paris, Opération jupons*, la série de *la Panthère rose, Qu'as-tu fait à la guerre papa ?* et *la Party* (1968), peut-être son chef-d'œuvre dans cette veine). Hors de ces deux pistes, Edwards s'est également essayé avec succès au policier (*Allô, brigade spéciale*), au western (le mélancolique *Deux hommes dans l'Ouest*), au film d'espionnage (*Top secret*) ou au musical (*Darling Lili*, le triomphal *Victor/Victoria*, qui puise également aux deux formes de comédie précitées).

Edwards lui-même est un grand inquiet, ce qui transparaît dans la précision maniaque de ses comédies, mais plus encore dans ses deux films les plus graves. *Le Jour du vin et des roses* est une analyse au scalpel du phénomène de l'alcoolisme mondain (un thème qu'Edwards a souvent traité dans ses comédies). *That's Life* est une comédie très noire, écrite avec son psychanalyste après une grosse dépression : Jack Lemmon déprime pour son soixantième anniversaire, ignorant que son épouse, Julie Andrews (l'épouse d'Edwards), est peut-être atteinte d'un cancer. Edwards, depuis *Mr. Cory*, aime à soulever des questions sérieuses dans ses comédies les plus loufoques ; il y a ainsi dans *Victor/Victoria* et dans *Dans la peau d'une blonde* un discours profond sur les préjugés sexuels.

Parmi ses nombreuses réussites, on aura une faiblesse toute particulière pour *Diamants sur canapé* (1961), adapté librement de *Breakfast at Tiffany's* de Truman Capote, mais poème vibrant à la grâce d'Audrey Hepburn. On y mesure pleinement à quel point l'élégance du travail d'Edwards est proche de la tendresse parfois déchirante des grands jazzmen. – C.V.

**FILMOGRAPHIE**

**1955** *Bring Your Smile Along*
**1956** *Rira bien (He Laughed Last)*
**1957** *L'Extravagant M. Cory (Mister Cory)*
**1958** *Le Démon de midi (This Happy Feeling)*
**1959** *Vacances à Paris (The Perfect Furlough)*
*Opération jupons (Operation Petticoat)*
**1960** *High Time*
**1961** *Diamants sur canapé (Breakfast at Tiffany's)*
**1962** *Allô, brigade spéciale (Experiment in Terror)*
**1963** *Le Jour du vin et des roses (Days of Wine and Roses)*
**1964** *La Panthère rose (The Pink Panther)*
*Quand l'inspecteur s'emmêle (A Shot in the Dark)*
**1965** *La Grande Course autour du monde (The Great Race)*
**1966** *Qu'as-tu fait à la guerre, papa ? (What Did You Do in the War, Daddy?)*
**1967** *Peter Gunn, détective spécial (Gunn)*
**1968** *La Party (The Party)*
**1970** *Darling Lili*
**1971** *Deux Hommes dans l'Ouest (Wild Rovers)*
**1972** *Opération clandestine (The Carey Treatment)*
**1974** *Top Secret (The Tamarind Seed)*
**1975** *Le Retour de la panthère rose (The Return of the Pink Panther)*
**1976** *Quand la panthère rose s'emmêle (The Pink Panther Strikes Again)*
**1978** *La Malédiction de la panthère rose (Revenge of the Pink Panther)*
**1979** *Elle (Ten)*
**1981** *S.O.B.*
**1982** *À la recherche de la panthère rose (Trail of the Pink Panther)*
*Victor/Victoria*
**1983** *L'Homme à femmes (The Man Who Loved Women)*
**1984** *Micki et Maude (Micki et Maude)*
**1986** *That's Life!*
*Un sacré bordel (A Fine Mess)*
**1987** *Boire et déboire ( Blind Date)*
**1988** *Meutre à Hollywood (Sunset)*
**1989** *L'Amour est une grande aventure (Skin Deep)*
**1991** *Dans la peau d'une blonde (Switch)*
**1993** *Le Fils de la panthère rose (Son of the Pink Panther)*

# Serguei Mikhailovitch **Eisenstein**

RIGA 1898 – MOSCOU 1948

**Artiste révolutionnaire.** Six longs métrages conçus et achevés par Eisenstein lui-même en vingt-trois ans, c'est peu, mais suffisant pour qu'il soit consacré comme un des plus grands cinéastes. D'autre part on dispose d'esquisses, de notes, et de centaines de pages issues de son enseignement qui en font un des théoriciens majeurs du cinéma. Cet artiste décédé à l'âge de cinquante ans a réalisé ses films au milieu d'embûches de toutes sortes, politiques et économiques. Un de ses projets, *le Pré de Béjine*, a été victime de la censure stalinienne. Un autre film tourné au Mexique avec le soutien d'indépendants américains n'est connu que par des montages faits par d'autres, et largement infidèles (*Tonnerre sur le Mexique* ou *Que viva Mexico !*). Quant à la deuxième partie d'*Ivan le terrible*, elle n'a été autorisée que dix ans après sa mort.

Rallié à la Révolution, Eisenstein intègre les cercles d'artistes d'avant-garde. Il fréquente le Front gauche de l'art animé par Maïakovski, le théâtre non-réaliste de Meyerhold et les cinéastes Vertov et Koulechov. Il prend en compte les règles de la dialectique, les formes du théâtre chinois, les acquis du constructivisme, et introduit sur la scène le collage d'éléments hétérogènes, (« excentriques » selon un terme qu'il revendiquait), mais le cinéma lui offre un terrain d'action plus favorable que le théâtre.

Il n'a que vingt-six ans lorsqu'il tourne un premier long métrage, dans l'orbite du *Proletkult*, organisation culturelle attachée à la création d'un art révolutionnaire. C'est *la Grève* (1925), assemblage d'événements survenus en divers lieux avant la Révolution, récit centré sur les masses en mouvement, dont les personnages ne sont pas des individus mais des groupes (les ouvriers, les mouchards de la police, l'armée). Il y pratique le montage par analogie, avec notamment dans la scène du massacre, montée en parallèle avec un bœuf mené à l'abattoir.

Le héros est aussi un collectif dans *le Cuirassé Potemkine* (1925), où triomphe la science du montage, avec la fameuse séquence de l'escalier d'Odessa, où Eisenstein étire le temps et insère les statues de lions dans trois poses différentes. Un trait hérité du constructivisme et du symbolisme que l'on retrouvera dans *Octobre* avec l'utilisation

Portrait de S. M. Eisenstein pris en 1930 dans les studios de la Paramount, lors d'une infructueuse tentative de collaboration.

à différents stades du récit de la statue du Tsar. La mise en scène d'Eisenstein s'appuie sur un principe de base : le montage est producteur de sens. La dynamique du récit s'appuie sur des contrepoints visuels, des chocs qui dépassent l'effet instantané pour permettre au spectateur de percevoir un sens. Comme il l'avait exposé dans un article de 1923, il applique ici la structure de l'idéogramme, alliance du signe et du sens, combinaison de détails susceptibles de produire une représentation d'un autre ordre. La recherche d'une idée qui naît « de la collision de plans indépendants » s'oppose au montage simplement narratif.

De même que *Potemkine* a été réalisé pour commémorer les événements révolutionnaires de 1905, *Octobre* (1927) est tourné pour le dixième anniversaire de la Révolution ; c'est le film qui illustre le mieux cette démarche « idéogrammatique », au service d'un récit qui se permet – climat politique oblige – quelques simplifications, et dont le montage est attiré vers le slogan (la mise en scène du leader bourgeois Kerenski). Toutefois, des relectures récentes et la connaissance des versions les plus complètes du film, tendent à révéler chez Eisenstein un fond de scepticisme.

Eisenstein a longuement travaillé sur *la Ligne générale* (1929), qui traite de la collectivisation des campagnes. Bien que soumis aux pressions liées aux variations de la politique économique, il livre un grand poème visuel sur la modernisation, c'est-à-dire les kolkhozes et le machinisme, thèmes qu'il traite avec lyrisme et parfois un certain humour. En pleine période stalinienne, il entreprend de tourner en 1937 l'histoire de Pavel Morozov, un enfant assassiné après avoir dénoncé des parents hostiles à la réforme agraire et qui était devenu une icône de la propagande. Ce film, *le Pré de Béjine*, constamment remanié et contesté par la censure, n'a jamais été achevé et l'on n'en connaît que des photogrammes.

Le pressentiment de la guerre et le climat d'exaltation nationale créent les conditions pour *Alexandre Nevski* (1938), inspiré par le combat des troupes russes contre les Chevaliers teutoniques et leur victoire au lac Peïpous, au XIIIe siècle. Chaque plan illustre le talent pictural de l'auteur dans un film qui conserve une certaine théâtralité héritée du cinéma muet, mais représente surtout un travail sur le contrepoint qui s'étend cette fois au son (qui avait jusqu'alors suscité son hostilité) et à la musique, composée par Prokofiev en étroite relation avec le cinéaste. C'est une fresque qui s'appuie sur quelques figures individuelles fortement typées (au risque du schématisme), une épopée où fusionnent les images et le flux musical. À ce premier film parlant, succède dans *Ivan le Terrible* (1944-1946) l'intégration de la couleur – mais seulement dans les dernières séquences d'un film dont il ne pourra tourner la suite. Depuis *Alexandre Nevski*, le montage d'Eisenstein tend à évincer le symbolique et le couple juxtaposition-opposition au profit d'une narration moins métaphorique. *Ivan le Terrible* se concentre sur la personnalité du premier Tsar de toutes les Russies, au profit d'une méditation sur la violence du pouvoir (d'où l'interdiction par Staline lui-même) à travers des séquences d'une grande beauté plastique qui favorisent une lecture plurielle.

Fragmentaire si l'on confronte ce qu'il a réalisé à ce qu'il a projeté et à ce qu'il a théorisé, la filmographie d'Eisenstein n'est pas seulement celle, résolument moderne, d'un poète et d'un chroniqueur de la Révolution. Elle révèle un artiste en recherche permanente pour qui le cinéma était d'abord un discours esthétique et qui était soucieux du rapport avec le public. Malgré les révisions auxquelles l'œuvre a été soumise à chaque nouvelle génération de critiques et d'historiens, force est de reconnaître que ses créations et ses utopies continuent de nourrir la réflexion sur le cinéma. – D. S.

**FILMOGRAPHIE**

**1925** *La Grève (Stacka)*
*Le Cuirassé «Potemkine» (Bronenosec Potemkin)*
**1927** *Octobre (Oktjabr)*
**1929** *La Ligne générale (General'naja Linija* achevé sous le titre *l'Ancien et le Nouveau «Staroe i novoe»)*
**1931** *Que viva Mexico !*
**1937** *Le Pré de Béjine (Bezin lug)*
**1938** *Alexandre Nevski (Aleksandr Nevskij)*
**1944** *Ivan le Terrible*, première partie *(Ivan Groznyj )*
**1946** *Ivan le Terrible*, deuxième partie

## Jean **Eustache**

PESSAC 1938 – PARIS 1981

**Hors normes.** Cinéphile depuis toujours, Jean Eustache est d'abord assistant, fréquente les *Cahiers du Cinéma* et les cinéastes de la Nouvelle Vague. On lui doit le film emblématique du passage de la Nouvelle Vague au cinéma des incertitudes morales et esthétiques postérieures à Mai 68 : *la Maman et la Putain* (1973). Ce film de plus de trois heures, où il a mis beaucoup de lui-même, et qui a déclenché des polémiques vite oubliées, instaurait une nouvelle forme de narration et une dramaturgie en rapport avec le statut indéterminé d'un trio amoureux au centre duquel Jean-Pierre Léaud faisait une de ses meilleures prestations. Tourné essentiellement en intérieurs, et uniquement en caméra fixe et longs plans-séquences, c'est un film d'aspect statique où l'on parle beaucoup, pour exprimer angoisses, rêves et projets irréalistes, et dont les dialogues reposent sur la réécriture d'un parler spontané.

Au fond, c'est un film sur l'immaturité, ce que Jean Eustache avait déjà tenté dans ses premiers moyen métrages réalisés dans la foulée de la Nouvelle Vague : *les Mauvaises Fréquentations* et *le Père Noël a les yeux bleus*, dont les personnages sont, dans le premier, des désœuvrés prêts à un mauvais coup, dans le second un adolescent peu expérimenté en amour. De même *Mes petites amoureuses*, est un film nostalgique sur l'apprentissage de la vie. Cette mince filmographie (interrompue par un suicide) montre suffisamment qu'il s'agissait de la recherche d'un nouveau naturel à l'écran, dans des voies complètement différentes de celles d'un Rozier ou d'un Pialat.

S'il choisit volontiers des marginaux pour construire ses fictions, Eustache porte un regard non engagé, candide (au sens du cinéma direct américain), qui consiste à enregistrer une réalité sans le moindre point de vue, sans le moindre jugement. Ses documentaires, comme *la Rosière de Pessac* (qu'il a refait pour la télévision onze ans plus tard) révélait déjà cette attitude. *Une sale histoire*, qui se compose d'un double récit vaut démonstration : d'une part un récit enregistré au cours d'une conversation entre amis, d'autre part une reconstitution de l'anecdote au moyen du même dialogue, cette fois interprété par des acteurs. Pour Eustache, donc, une narration peut se construire indifféremment par les voies du documentaire ou par celles de la fiction. – D. S.

**FILMOGRAPHIE**

**1964** *Les Mauvaises Fréquentations*
**1966** *Le Père Noël a les yeux bleus*
**1968** *La Rosière de Pessac*
**1973** *La Maman et la Putain*
**1974** *Mes petites amoureuses*
**1977** *Une sale histoire*
**1979** *La Rosière de Pessac 79*

Rainer Werner Fassbinder avec Hanna Schygulla lors du tournage de *Berlin Alexanderplatz*, à Berlin en août 1979.

# Rainer Werner **Fassbinder**

BAD WÖRISHOFEN 1945 – MUNICH 1982

**Hors d'haleine.** Écartelé entre différentes influences à ses débuts comme en témoignent les sept films et les quatre téléfilms des deux premières années, Fassbinder a trouvé sa voie de manière paradoxale au confluent de plusieurs contraintes : faiblesse des compétences techniques, budgets de production restreints, activités simultanées dans l'écriture, la mise en scène théâtrale, le cinéma et la télévision. Et il a superposé et intégré très rapidement ses sources et ses admirations : Melville et la thématique de l'amitié virile dans ses films de gangsters (*l'Amour est plus froid que la mort* (1969) ou *les Dieux de la peste*), regard godardien des années 1960 dans *le Bouc* (1969), dialogues improvisés de *Pourquoi monsieur R. est-il atteint de folie meurtrière*, analyse du rapport entre le spectateur et la scène ou l'écran, puis réflexion sur les grands mélodrames de Douglas Sirk. Et il ne tarde pas à se remettre en cause par l'introspection individuelle et collective d'un homme jeune ouvert à toutes les expériences (*Prenez garde à la sainte putain,* 1971), et qui, pendant plusieurs années, a vécu en groupe, entouré de fidèles parmi lesquels seule Hanna Schygulla a réellement fait carrière sans lui.

Dès ses premiers films, il pratique une mise en scène sobre, sans effets de montage, méfiante vis-à-vis de l'action, où la vivacité est celle du cadrage – lui-même souvent reconstruit de l'intérieur au moyen des éléments les plus simples du décor, portes, fenêtres, couloirs, inscrits dans le décor quotidien qui convient à la plupart de ses histoires. Son approche du récit et de la mise en scène se réoriente en 1971. Fasciné par Sirk, le maître du mélodrame flamboyant, dont il s'inspire pour écrire l'intrigue de *Tous les autres s'appellent Ali* (1974), il approfondit l'inscription sociale de ses héros, personnages sans avenir, et remet en perspective à la fois les caractéristiques du genre (jeu sur la fatalité, alternance du bonheur et du malheur) en réintroduisant le rapport de classes dans les relations entre individus, entre amants, entre parents.

La première réussite de la démarche est *le Marchand de quatre saisons* (1972), étape essentielle qui conduira en quelques années au *Mariage de Maria Braun* (1979), probablement le film-prototype du genre en même temps que succès commercial qui permettra à l'auteur de s'affirmer face à la production et à la diffusion. Il ne s'agit pas pour lui de subvertir les codes du mélodrame, bien que le jeu sur ces codes soit encore sensible lorsque la mise en scène du *Marchand* s'attarde sur quelque rhétorique classique, sur quelques gestes stéréotypés filmés de manière appuyée, comme s'il fallait fixer l'écoulement du temps – ces plans figés vont devenir presque un tic chez lui. Dans *les Larmes amères de Petra von Kant* (1972), la fluidité l'emporte déjà sur les codes, plus discrets, et les récits vont alors s'enrichir d'une gamme élargie de références. Point d'aboutissement : la fusion d'un portrait de femme et d'une métaphore de la société tout entière, métaphore historicisée car il s'agit ouvertement d'un retour critique sur l'Allemagne. Point d'orgue dans cet itinéraire où le destin individuel, lisible au premier plan du récit, ne prend toute sa signification que dans la complexité historique et sociale : *le Mariage de Maria Braun*, parabole subtile sur le miracle économique allemand, suivi de *Lola* (les compromissions de la prospérité) et du *Secret de Veronika Voss* (l'enterrement du passé et l'américanisation) – ainsi se constituait une vaste chronique de l'Allemagne post-nazie, sorte de comédie humaine aux éléments épars, dans laquelle s'inscrivent les autres mélodrames contemporains, et des films inspirés des circonstances comme le terrorisme dans *la Troisième Génération*, ou par un drame personnel (comme la transsexualité dans *l'Année des treize lunes*).

On peut faire des hypothèses sur ce qu'aurait pu devenir le cinéma de Fassbinder s'il n'était mort si jeune. En l'état, il campe comme un héraut sans dogme du mélodrame distancié, concept paradoxal dont il a su résoudre la contradiction. Il sait raconter une histoire avec spontanéité en dissipant les illusions, la distance favorisant un plus haut niveau d'émotion. Une des clés réside dans l'injection de la violence dans les rapports sociaux et dans sa théorie (non sans rapport avec les préoccupations de sa vie propre) des rapports de domination, sans qu'il pose une ornementation érotisée sur ses récits : « le problème est qu'il y a toujours une classe qui veut en éduquer une autre, un homme sa femme, un homme un autre homme : toujours ce rapport maître-esclave, très gourou, et qui est quasi-fasciste » – problématique présente sur l'ensemble de la filmographie, illustrée à l'extrême dans *le Rôti de Satan*, une exception exubérante chez Fassbinder. Comme le montre *le Mariage de Maria Braun*, le dominant n'est pas toujours celui que l'on croit : les personnages des films centrés sur une relation homosexuelle en sont les illustrations les plus marquantes, notamment Petra von Kant, ou Fox, le jeune forain du *Droit du plus fort*. C'est ainsi que se justifie la distanciation imposée à la narration, où opère la fusion entre le psychologique et le social, non sans insistance : ainsi *Tous les autres s'appellent Ali*, prototype du mélodrame fassbinderien, superpose la différence ethnique et culturelle aux différences d'âge et de classe héritée d'un film de Sirk.

Dans un style personnel qui n'a jamais été imité, Fassbinder a jeté un regard ironique et impitoyable sur les mythes de son temps, sur lui-même et sur l'Allemagne tout entière, comme pour stimuler la mise en perspective de tous les archétypes. D'où l'intérêt de films apparemment excentrés comme *Lili Marleen* (1981) ou *Querelle* (1982), qui ne sont pas des digressions par rapport à une œuvre unique, et dont la pleine compréhension supposerait la prise en compte des travaux théâtraux et télévisuels. Car pour lui il y a unité entre l'œuvre et la vie, qu'il a menées « hors d'haleine » - comme l'a dit Harry Baer, son plus fidèle collaborateur. — D. S.

**FILMOGRAPHIE**

**1969** *Le Bouc (Katzelmacher)*
*L'amour est plus froid que la mort (Liebe ist kälter als der Tod)*
**1970** *Le Soldat américain (Der amerikanische Soldat)*
*Les Dieux de la peste (Götter der Pest)*
*Pourquoi M. R. est-il atteint de folie meurtrière ? (Warum läuft Herr R. Amok?)*
**1971** *Prenez garde à la sainte putain (Warnung vor einer heiligen Nutte)*
*Whity*
**1972** *Les Larmes amères de Petra von Kant (Die Bitteren Tränen der Petra von Kant)*
*Gibier de passage (Wildwechsel)*
*Le Marchand des quatre saisons (Händler der vier Jahreszeiten)*
**1974** *Effi Briest (Fontane Effi Briest)*
*Martha*
*Tous les autres s'appellent Ali (Angst essen Seele auf)*
**1975** *Maman Kusters s'en va au ciel (Mutter Küsters Fahrt zum Himmel)*
*Le Droit du plus fort (Faustrecht der Freiheit)*
**1976** *Roulette chinoise (Chinesisches Roulette)*
*Le Rôti de Satan (Satansbraten)*
**1978** *L'Année des treize lunes (In einem Jahr mit 13 Monden)*
*Despair (Despair – Eine Reise ins Licht)*
*L'Allemagne en automne (Deutschland im Herbst)* collectif
*La Femme du chef de gare (Bolwieser)*
**1979** *La Troisième Génération (Die Dritte Generation)*
*Le Mariage de Maria Braun (Die Ehe der Maria Braun)*
**1981** *Lola, une femme allemande (Lola)*
*Lili Marleen*
**1982** *Le Secret de Veronika Voss (Die Sehnsucht der Veronika Voss)*
*Querelle*
**1986** *Berlin Alexanderplatz*

# Federico **Fellini**

RIMINI 1920 - ROME 1993

**Un décor de studio pour les fantasmes d'un magicien.** Homme de spectacle, fabuleux inventeur de formes, visionnaire capable de saisir la dimension fantastique de l'existence, Fellini, sous ses oripeaux de magicien, contemple le crépuscule de notre civilisation. Chez lui, face à l'angoisse du présent, le retour aux rives apaisantes de l'enfance, du souvenir, de l'imaginaire, est une tentative désespérée pour échapper à la vieillesse et à la mort.

D'abord attiré par le journalisme – il rêve de devenir grand reporter –, Fellini, après une enfance et une adolescence passées dans un milieu petit-bourgeois, quitte sa Romagne natale pour Florence puis Rome où il arrive au printemps 1939. Il réussit à se faire engager dans un hebdomadaire satirique, le *Marc'Aurelio* auquel il collabore jusqu'en 1942 en écrivant de nombreux articles et en dessinant des vignettes. Ce talent de caricaturiste est demeuré vivace tout au long de son existence. C'est dans le milieu journalistique que Fellini rencontre le cinéma : il participe avec la rédaction du *Marc'Aurelio* à l'invention de gags pour les films de Macario. Dans cette période, l'amitié avec Aldo Fabrizi est décisive : le populaire acteur romain fait participer Fellini aux scénarios d'*Avanti c'è posto* (1942) et *Campo de' fiori* (1943) de Mario Bonnard et du *Diamant mystérieux* (1943) de Mario Mattoli. Le futur cinéaste fait aussi la connaissance de Rossellini et, parallèlement, il écrit des textes pour des émissions radiophoniques : une des interprètes est Giulietta Masina qu'il épouse en 1943. À la Libération, Rossellini l'invite à collaborer au scénario de *Rome ville ouverte* aux côtés de Sergio Amidei. L'année d'après, Fellini est l'assistant du cinéaste pour *Paisà*. La collaboration est fondamentale dans la mesure où elle fait prendre conscience au jeune auteur que le cinéma peut parvenir à la même personnalisation de l'expression que la littérature ou la peinture. Fellini écrit des scénarios pour Germi et Lattuada. C'est avec ce dernier que s'effectue le passage à la mise en scène : en 1950 les deux hommes cosignent *les Feux du music-hall*. Dès ce premier film, Fellini porte sur l'écran un monde de réminiscences autobiographiques vécues ou rêvées qui constitue un des filons les plus riches de toute l'œuvre à venir. Après *Courrier du cœur* (1952), digression attendrie sur le milieu des confectionneurs de romans-photos, *Les Vitelloni* (1953) impose définitivement l'univers fellinien. Bâti sur les souvenirs d'une adolescence provinciale, le film jette un regard nostalgique et glacial sur un groupe de jeunes gens englués dans leur médiocrité. Après sa collaboration au film à sketches imaginé par Zavattini, *l'Amour à la ville* (1953), Fellini rencontre définitivement le succès avec *La strada* (1954), *Il bidone* (1955), *les Nuits de Cabiria* (1957). De la pauvre fille ballottée sur les routes par un saltimbanque brutal à la prostituée candide honteusement trompée par un homme qui ne voulait que son argent, en passant par l'escroc vieillissant qui meurt abandonné par ses complices, se définit un univers de la détresse humaine, une détresse sans issue sinon une espérance chrétienne fréquemment présente sous les traits de la grâce qui, à l'improviste, frappe les cœurs les plus endurcis.

En 1960, la réputation de Fellini devient encore plus grande avec l'énorme succès de *La dolce vita* (Palme d'or au Festival de Cannes). À travers un personnage interprété par Marcello Mastroianni – clairement donné comme le double du cinéaste –, Fellini se livre à une radiographie de la société romaine mise à nu dans ses turpitudes. L'amertume du propos n'est ici tempérée que par le visage angélique de la jeune serveuse – l'équivalent de l'enfant cheminot des *Vitelloni* – qui essaye en vain d'appeler Marcello. Le film provoque le scandale lors de son exploitation et est accusé de blasphème. Après l'intermède du sketch pour *Boccace 70* (1962), qui permet à Fellini de régler ses comptes avec le moralisme des bien-pensants, *Huit et demi* (1963) développe de nouvelles variations sur le double fellinien (toujours interprété par Mastroianni) : l'auteur livre avec impudeur ses angoisses et ses incertitudes de créateur, ses fantasmes œdipiens, sa solitude et ses frustrations sexuelles (le rapport qu'il entretient avec les femmes est à la fois boulimique et empreint de culpabilité). Comme dans les films précédents, la pureté est inaccessible et prend les traits évanescents de Claudia Cardinale toute de blanc vêtue.

Fellini traverse alors une période stylistiquement et thématiquement incertaine. *Juliette des esprits* (1965) est un inventaire un peu artificiel des rêves et des cauchemars d'un personnage féminin en qui se retrouvent les obsessions de l'auteur. Le sketch *Toby Dammit* de *Histoires extraordinaires* (1968) est un exercice brillant inspiré d'un conte de Poe. *Bloc-notes d'un cinéaste* (1968) est une œuvre mineure tournée pour la télévision. Fellini oriente alors son travail vers un sujet moins directement personnel ; il met en scène avec le *Satyricon* (1969) une Antiquité décadente vue comme le reflet exacerbé de la décadence contemporaine. Fellini enchaîne avec une série de films marqués par des expériences personnelles (*Les Clowns*, 1970 ; *Roma*, 1972 ; *Amarcord*, 1973) avant de donner une interprétation insolite du personnage de *Casanova* (1976) et de manier l'allégorie avec *Répétition d'orchestre* (1979). *La Cité des femmes* (1980) aborde aux rives d'un continent de plus en plus indéchiffrable : échappant au harem, la femme conquiert son autonomie, loin des normes de la virginité, de la maternité, de la prostitution. *Et vogue le navire* (1983) reprend

Federico Fellini, le « Maestro » sur le plateau de *Satyricon*, (1969).

d'une certaine manière les thèmes du *Satyricon* et de *Casanova*. En mettant en scène une étrange cérémonie funéraire, Fellini évoque la fin d'un monde qui se dissout dans des visions fulgurantes. Avec *Ginger et Fred* (1985), où il retrouve Giulietta Masina et Marcello Mastroianni, le cinéaste lance un pamphlet baroque contre la télévision tandis qu'*Intervista* (1988) est une digression légère sur le prétexte d'une interview avec le cinéaste. Quant à *La voce della Luna* (1990), c'est une ultime exaltation de l'artiste en pierrot lunaire capable d'échapper aux turpitudes de l'existence. – J. A. G.

**FILMOGRAPHIE**

**1951** *Les Feux du music-hall (Luci del varietà)* co. Alberto Lattuada
**1952** *Courrier du cœur ! / le Sheik blanc (Lo sceicco bianco)*
**1953** *Les Vitelloni (I vitelloni)*
**1954** *La Strada (La strada)*
**1955** *Il bidone*
**1957** *Les Nuits de Cabiria (Le notti di Cabiria)*
**1960** *La dolce vita*
**1963** *Huit et demi (Otto e mezzo)*
**1965** *Juliette des esprits (Giulietta degli spiriti)*
**1968** *Histoires extraordinaires, ep. « Toby Dammit »*
**1969** *Satyricon (Fellini-Satyricon)*
**1970** *Les Clowns (I clowns)*
**1972** *Fellini-Roma (Roma)*
**1973** *Amarcord*
**1976** *Casanova (Il Casanova di Federico Fellini)*
**1978** *Répétition d'orchestre (Prova d'orchestra)*
**1980** *La Cité des femmes (La città delle donne)*
**1983** *Et vogue le navire (E la nave va)*
**1986** *Ginger et Fred (Ginger e Fred)*
**1987** *Intervista*
**1990** *La voce della luna*

# Marco **Ferreri**

MILAN 1928 - PARIS 1997

**Faire scandale pour obliger à changer le regard.** Agressif dans son propos, n'hésitant pas à prendre à parti la stupidité et à dénoncer le caractère artificiel ou hypocrite des codes sociaux, Ferreri laisse une œuvre singulière.

Cinéaste inclassable qui se singularise très tôt par sa remise en cause de l'expérience néoréaliste, Marco Ferreri n'en est pas moins lié à l'aventure zavatinienne des films-enquêtes : il est l'un des coordinateurs de *Document mensuel* (1951) et de *l'Amour à la ville* (1953). Ferreri réalise en Espagne ses premiers films, *El pisito* (1958), *Los chicos* (1959), *El cochecito* (1960), trois œuvres à l'humour noir et à la satire grinçante. À cette occasion, il se lie d'amitié avec Rafael Azcona : le scénariste deviendra son collaborateur de prédilection. Rentré en Italie, Ferreri réalise deux films qui confirment, en l'amplifiant, sa réputation de cinéaste iconoclaste, *le Lit conjugal* en 1962 et *le Mari de la femme à barbe* en 1963. Le premier en particulier déclenche un scandale : le film sort dans la péninsule après avoir été bloqué pendant six mois par la censure, car jugé « contraire aux bonnes mœurs et obscène dans sa manière de présenter les choses ». Le visa n'est accordé qu'au prix de coupes et de modifications de dialogues et Ferreri doit indiquer à la fin du générique qu'il adhère totalement aux « principes immuables de la morale et de la religion ». Présentée au Festival de Cannes en mai 1963 (Marina Vlady obtient le Prix d'interprétation féminine), l'œuvre provoque des réactions passionnées et installe la réputation de Ferreri comme cinéaste misogyne. Maniant le registre du grotesque avec délectation, Ferreri trouve dans les deux films en Ugo Tognazzi un interprète ad hoc.

Un moment incertain sur ses modes expressifs, Ferreri connaît à partir de *Dillinger est mort* (1968) une période exceptionnellement féconde avec *l'Audience*, *Liza*, *la Grande Bouffe* – sommet de trivialité révolutionnaire –, *Touche pas la femme blanche*, *la Dernière Femme*, *Rêve de singe* – étonnante rencontre entre Gérard Depardieu et Marcello Mastroianni –, avant d'approfondir son interrogation sur le mystère que constitue pour lui la femme avec *Conte de la folie ordinaire*, *l'Histoire de Piera*, *Le futur est femme*, puis de déboucher sur la solitude absolue de l'homme avec *I Love You* (1986). Ferreri souligne depuis *Break up* combien le « mâle » est engagé dans une voie sans issue et combien il n'a d'autre choix que la fuite ou le suicide. Au cours des dernières années, Ferreri semble un peu à cours d'inspiration. *Y'a bon les Blancs* (1987) et *la Chair* (1991) sont la reprise décevante de thèmes déjà abordés, mais *la Maison du sourire* (1990) qui met en scène la vieillesse et *Journal d'un vice* (1993) sont des œuvres profondément dérangeantes.

Ferreri, très attentif à l'iconographie de ses films, était son propre décorateur, non dans le sens où il dessinait ses décors – encore qu'il apparaît officiellement au poste de décorateur pour *Y'a bon les Blancs* et *la Maison du sourire* – mais dans le sens où, travaillant dans des lieux réels, il ne laissait à personne le soin de choisir et d'arranger les espaces architectoniques dont il se servait. Ainsi, *Touche pas la femme blanche* est un document irremplaçable sur le trou des Halles au moment où le quartier se transforme : on assiste même en direct à la destruction d'une cheminée d'incinérateur au milieu des pavillons de Baltard. *I Love You* utilise les bretelles autoroutières de la Défense, y compris celles demeurées inachevées pour de futurs raccordements. Ferreri montre une prédilection pour les architectures italiennes de l'époque fasciste. *Storia di Piera* est tourné à Sabaudia et Latina, l'ancienne Littoria des Marais pontins. Dans *la Maison du sourire*, il investit une colonie de vacances des années 1930 construite au bord de la mer. Ferreri détourne ces architectures aux structures géométriques qui ont retenu les leçons du Bauhaus ; il met en scène des constructions à la fois monumentales et fonctionnelles en les chargeant d'une nouvelle symbolique. Il joue même du mélange de lieux hétérogènes dans des sortes de collages spatio-temporels qui soulignent la dimension métaphorique de sa démarche. — J. A. G

**FILMOGRAPHIE**

**1959** *El pisito*
*Los chicos*
**1960** *La Petite Voiture (El cochecito)*
**1961** *Les femmes accusent*
*(Le italiane e l'amore*, ép. *« Gli adulteri »)*
**1963** *Le Lit conjugal*
*(Una storia moderna : l'ape regina)*
*Le Mari de la femme à barbe*
*(La donna scimmia)*
**1964** *Controsesso*, ép. *« Il professore »*
**1965** *Marcia nuziale*
**1967** *Le Harem*
**1969** *Dillinger est mort*
*(Dillinger è morto)*
**1969** *Break Up / érotisme et ballons rouges*
*(Break Up - l'uomo dei cinque palloni)*
*La semence de l'homme*
*(Il seme dell'uomo)*
**1971** *Perché pagare per essere felici*
*L'Audience (L'udienza)*
**1972** *Liza (La cagna)*
**1973** *La Grande Bouffe*
*(La grande abbuffata)*
**1974** *Touche pas la femme blanche*
*(Non toccare la donna bianca)*
**1976** *La Dernière Femme*
*(L'ultima donna)*
**1978** *Rêve de singe (Ciao maschio)*
**1979** *Pipicacadodo (Chiedo asilo)*
**1981** *Conte de la folie ordinaire*
*(Storie di ordinaria follia)*
**1983** *L'Histoire de Piera*
*(Storia di Piera)*
**1984** *Le futur est femme*
*(Il futuro è donna)*
**1986** *I Love You*
**1988** *Y'a bon les blancs*

*(Come sono buoni i bianchi)*
*La Maison du sourire*
*(La casa del sorriso)*
**1991** *La Chair (La carne)*
**1993** *Journal d'un vice*
*(Diario di un vizio)*
**1997** *Nitrate d'argent*
*(Nitrato d'argento)*

## Louis **Feuillade**

LUNEL 1873 – NICE 1925

**Le réalisme de Lumière et le fantastique de Méliès.** Feuillade est un des premiers metteurs en scène de cinéma dont on peut dire qu'il s'est forgé un style. Dans la mesure où, à ses débuts, la répartition du travail d'écriture, de gestion et de tournage n'était pas codifiée, c'est dans ses films les plus célèbres, *Fantômas, les Vampires, Judex* que l'on est en mesure de le vérifier. Ses fonctions de directeur artistique dans un contexte cinématographique préoccupé avant tout de succès populaires l'ont amené, respectueux de la directive de Léon Gaumont, à «aller de l'avant» en veillant à conquérir le public, en pratiquant les genres les plus divers : films à trucages, mélodrames, drames réalistes (la série *la Vie telle qu'elle est*), petites bandes comiques (*Bébé, Bout de Zan*), films antiques et bibliques. Et bien entendu la formule du film à épisodes, qu'il n'a pas inventée mais qui lui a apporté la notoriété dans ses trois variantes : la série, où des personnages récurrents apparaissent dans des épisodes autonomes (*Fantômas, les Vampires*), le serial, où une même narration est fractionnée (*Tih Minh*), le cinéroman, dont chaque chapitre paraissait sous forme écrite dans la presse quotidienne (*le Fils du flibustier*).

Les cinq parties de la saga de *Fantômas*, d'après Allain et Souvestre, ont immédiatement séduit le public et conquis une frange du public intellectuel qui découvrait le cinéma. Un goût affirmé pour les scènes nocturnes, les complots, les terrains vagues, les cachettes, Paris et ses marges urbaines, s'associe à des qualités dans le découpage et l'organisation des plans, la gestuelle des acteurs, le tournage en extérieurs. Produits en pleine guerre, les dix films des *Vampires* présentent non des disciples de Dracula, mais tout simplement une bande qui écume Paris. C'est le Feuillade le plus inventif, le plus rocambolesque : auteur du scénario cette fois, il ne se préoccupe guère de recherches formelles, s'attachant au rythme d'une fresque extravagante dont la minutie transfigure la fiction et les stéréotypes. Non sans un certain talent dans le choix des titres : *la Bague qui tue, le Cryptogramme rouge, l'Évasion du mort*, par exemple. Par sa fureur antibourgeoise, la série magnifie l'irruption du mal dans une société banale, et rend célèbre Irma Vep (l'actrice Musidora). La souris d'hôtel aux collants noirs n'était pas la première femme fatale du cinéma, mais Feuillade, lui conférant une aura poétique moderne, en a fait un des premiers grands mythes érotiques. Son cinéma élaborait ainsi des mythologies collectives en prise avec l'imaginaire populaire et le dandysme culturel de l'époque. On retrouve Musidora, femme maléfique aux prises avec un justicier dans *Judex*, ciné-roman de deux fois douze épisodes. Dans le sillage de *Fantômas*, le feuilleton est un peu affadi par l'intervention d'un héros positif, et moins inventif que *les Vampires* bien que multipliant les surprises, les rebondissements, les lieux de l'action. Dans *Tih Minh* et dans *Barabbas*, portés par une science du montage en progrès, Feuillade reprend l'idée de la bande de malfaiteurs omniprésents, dosant soigneusement le baroque, l'onirisme et l'action. Venu du cinéma comique, il lui est resté fidèle en ménageant toujours des ruptures, des surprises – on pourrait dire des gags. Sans s'écarter de la voie modeste qu'il avait choisie, celle du succès populaire, il reste un des rois du feuilleton cinématographique, étendant son registre au drame et à des sujets moins flamboyants : *les Deux Gamines, l'Orpheline, le Passé de Monique, l'Énigme*...

*Fantômas* a conquis Apollinaire et ses amis, mais aussi des hommes de cinéma aussi divers que Buñuel, Prévert, Sadoul, Langlois, Resnais, Marker ou Franju. *Les Vampires* ont fasciné les jeunes poètes dont certains vont créer le mouvement surréaliste. Un public cultivé a adhéré, comme plus tard les premiers gardiens du répertoire cinématographique, au «fantastique social» de Feuillade, ancêtre du réalisme poétique. En 1929, Aragon et Breton, revenant sur ce genre purement cinématographique si bien illustré par Feuillade, écrivaient : «Il n'y eut rien de plus réaliste et de plus poétique à la fois que le ciné-feuilleton qui faisait naguère la joie des esprits forts. (...) Au-delà de la mode, au-delà du goût.» — D.S.

**FILMOGRAPHIE**

**1913** *Fantômas*
(5 films : *Fantômas,*
*Juve contre Fantômas,*
*Le Mort qui tue,*
*Fantômas contre Fantômas,*
*Le Faux Magistrat*)
*L'Agonie de Byzance*
**1914** *Severo Torelli*
**1915** *Les Vampires*
(10 films : *la Tête coupée,*
*La bague qui tue,*
*Le Cryptogramme rouge,*
*Le Spectre,*
*L'Évasion du mort,*
*Les Yeux qui fascinent,*
*Satanas,*

*Le Maître de la foudre,*
*L'Homme des poisons,*
*Les Noces sanglantes)*
**1916** *Judex*
**1917** *La Nouvelle Mission de Judex*
**1918** *Tih Minh*
*Vendemiaire*
**1919** *Barrabas*
*L'Énigme*
*L'Engrenage*
*L'Homme sans visage*
**1920** *Les Deux Gamines*
**1921** *L'Orpheline*
*Parisette*
*Belle Humeur*
**1922** *Le Fils du flibustier*
**1923** *L'Orphelin de Paris*
*Le Gamin de Paris*
*Vindicta*
**1924** *La Fille bien gardée*
*Lucette*
*Pierrot Pierrette*
**1925** *Le Stigmate*

## Robert **Flaherty**

IRON MOUNTAIN 1884 – DUMMERSTON 1951

**À la recherche de l'homme et de ses rapports avec la nature,** Flaherty a laissé une œuvre dont l'influence a été considérable sur tous les documentaristes. Tout un courant, dont Jean Rouch est le symbole en France ou Pierre Perrault au Québec, en est issu. La vocation de Flaherty naît lorsque, à douze ans, son père l'emmène avec lui dans une région sauvage du Canada où il dirige une exploitation minière. Après des études de minéralogie qu'il n'achève pas car il est renvoyé de l'école, Flaherty prend la tête, en 1916, d'une expédition dans le Grand Nord. Il en rapporte un film amateur sur les Esquimaux qui est détruit par un incendie. Qu'importe, Flaherty repart en 1919 sur les lieux du tournage grâce à la firme Revillon ; il filme pendant deux ans la vie difficile des autochtones. Ce sera *Nanouk l'Esquimau* (1922), qui marque dans l'histoire du cinéma l'invention du discours documentaire. Après les Esquimaux, ce sont les Polynésiens des îles Samoa que Flaherty filme pendant trois ans : *Moana* (1926) est malheureusement un échec commercial. En 1927, à la demande de la MGM, il accepte de se lancer dans l'aventure d'*Ombres blanches* (1928), un film tourné dans les îles du Pacifique. Mais il refuse de se laisser entraîner dans les dérives du scénario : W.S. Van Dyke, appelé en renfort par le producteur, tire alors le film vers le romanesque teinté de pittoresque. L'histoire se reproduit avec *Tabou* (1931) que Murnau finit par réaliser seul. Appelé en Grande-Bretagne par John Grierson, le chef de file de l'école documentaire britannique, Flaherty, enfin libre de filmer selon ses exigences, signe un poème lyrique consacré aux pêcheurs d'une petite île au large de l'Écosse, *l'Homme d'Aran* (1934). Il connaît de nouveaux déboires avec Zoltan Korda qui, avec *Elephant Boy* (1937), dénature complètement le projet initial. Flaherty ne parvient pas à mener à terme *la Terre* (1939-1942), un film qui traite de l'érosion des sols dans le Mississipi. C'est finalement grâce à Esso qu'il peut tourner en pleine liberté *Louisiana Story* (1948), tendre évocation de la vie des Français de Louisiane pris entre le monde agraire et patriarcal et l'arrivée de l'industrie pétrolière. Les films de Flaherty sont fermement construits, aussi éloignés du simple reportage que du documentaire romancé. Le cinéaste ne triche jamais : il ne cache pas l'existence de la caméra. S'il prend des thèmes dans des contrées exotiques, donc spectaculaires, c'est, explique-t-il, parce qu'il choisit des civilisations en voie de disparition. Comme le note Barthélemy Amengual : « Flaherty a célébré non le bon sauvage mais l'unité de la condition humaine. Bien plus que l'éloge toujours recommencé du monde, il a fait l'éloge de la grandeur de l'homme pris dans ce combat et ce dialogue multiforme avec la nature d'où naissent les civilisations. » — J. A. G.

**FILMOGRAPHIE**

**1922** *Nanouk l'Esquimau*
*(Nanook of the North)*
**1926** *Moana*
**1928** *Ombres blanches*
*(White Shadows in the South Seas),*
co. Woody S. Van Dyke
**1931** *Tabou (Tabu),* co. F. W. Murnau
**1934** *L'Homme d'Aran (Man of Aran)*
**1937** *Elephant Boy,* co. Zoltan Korda
**1942** *La Terre (The Land)* m.m.
**1948** *Louisiana Story*

## John **Ford**

CAPE ELIZABETH 1894 – PALM DESERT 1973

**« Je m'appelle John Ford. Je fais des westerns ».** La formule est touchante de simplicité, car non seulement John Ford n'a pas fait que des westerns, mais il est bien plus qu'un artisan du cinéma de genre. Héritier de D. W. Griffith, il est l'un des plus grands cinéastes américains.

Fils d'un cabaretier d'origine irlandaise, cadet d'une famille de onze enfants, John Ford tenait à donner l'image d'une vie simple. Mais, bien loin du pittoresque, l'alcoolisme fut un fléau familial, qui frappa aussi bien le père, la mère, les enfants, que l'épouse de Ford et sa fille, pour ne rien dire de lui-même. Ce conformiste malheureux (il aima

John Ford sur le tournage de son film *le Fils du désert* (1949) avec Constance Towers et John Wayne.

sans espoir Katharine Hepburn, sa vie durant), était aussi un intellectuel qui se cachait (à sa mort, on découvrit la richesse de sa bibliothèque). Il a préféré entretenir sa légende de marin, de buveur, de force de la nature. Mais la découverte tardive des tourments qu'il cachait derrière sa trogne et son pittoresque bandeau sur l'œil explique la profonde mélancolie de son œuvre. Ainsi que sa complexité : trop soucieux de donner l'apparence de la facilité (la caméra à hauteur d'homme, le ciel bleu investissant les deux tiers du cadre), John Ford laisse une des œuvres cinématographiques les plus difficiles à appréhender et à expliquer.

Appelé par son frère Francis, qui l'a précédé comme réalisateur, John commence sa carrière hollywoodienne en 1917. Il la terminera en 1966, après avoir signé cent quarante films. Dans la première phase de sa carrière muette, jusqu'en 1920, il va réaliser presque exclusivement des westerns, créant pour l'acteur Harry Carey la figure récurrente de Cheyenne Harry (Black Billy en France). Cet apprentissage est décisif : en l'espace de trois ans, une trentaine de films, toutes durées confondues, vont établir une matrice originelle dont tout le reste de l'œuvre, western ou non, sortira. Paysages, personnages (les figures féminines autour de Harry), situations (l'enfant trouvé dans le désert), icônes (la femme en attente sur le porche), gestes même (le *contraposto* caractéristique d'Harry que Ford imposera ensuite à John Wayne).

Dans les années 1920, le genre fait l'objet de films de série à petit budget : Ford pour sa part n'y aura recours que pour des westerns de prestige, tant par les moyens que par les thèmes (*le Cheval de fer*, sur l'épopée de la voie ferrée, *Trois Sublimes Canailles*). Parallèlement, Ford est fasciné par les recherches visuelles du cinéma allemand, et notamment de F. W. Murnau (*Maman de mon cœur, les Quatre Fils, la Maison du bourreau*) ; il y aura une tentation expressionniste qui apparaîtra dans la recherche souvent très fine de ses compositions en noir et blanc (*le Mouchard, Je n'ai pas tué Lincoln, Qu'elle était verte ma vallée, le Long Voyage, Dieu est mort*).

Dans les années 1930, Ford ne touchera plus au western. Il deviendra un cinéaste estimé et récompensé grâce à des films de guerre (*la Patrouille perdue*), des comédies (*Toute la ville en parle*), des reconstitutions historiques (*Mary Stuart*) ou de nombreuses chroniques rurales (*Dr Bull, Judge Priest, Steamboat 'Round the Bend*). Deux œuvres atteignent presque instantanément le statut de classique : *le Mouchard* (transposition du mythe de Judas dans le cadre de la révolution irlandaise) et *la Chevauchée fantastique*, qui conclut la décennie par un retour au western. En transposant *Boule de suif* de Maupassant au Far West, Ford découvre « son » paysage (Monument Valley) et fait entrer le genre dans son âge adulte, auquel lui-même contribuera par de nombreux chefs-d'œuvre (*la Poursuite infernale, le Fils du désert*, la trilogie de la cavalerie – *le Massacre de Fort Apache, la Charge héroïque, Rio Grande*, et *la Prisonnière du désert*).

Ce dernier titre est maintenant considéré comme le sommet d'une œuvre pourtant exceptionnelle : la juxtaposition de l'homme aux paysages immenses, la force poétique de certaines images (la porte qui se ferme et plonge l'écran dans le noir absolu, à la fin ; John Wayne maintenant une fraction de seconde sa nièce soulevée dans les airs, quand il la retrouve) en appellent à l'universel. Sa dernière période, riche en westerns remarquables, sera comme une salve d'honneur : *le Sergent noir, les Deux Cavaliers* ou *L'homme qui tua Liberty Valance* (la réflexion la plus profonde et la plus mélancolique qui ait été faite sur le mythe westernien). Ainsi que son avant-dernier film, *les Cheyennes*, où il réhabilite ses amis Indiens.

Mais Ford reste avant tout un cinéaste éclectique dont l'humanisme réunit des genres différents. On lui doit deux des plus beaux films sociaux du cinéma : *les Raisins de la colère* et *Qu'elle était verte ma vallée*. Le sentiment de son propre vieillissement lui inspire quelques retours idylliques à l'Irlande des ancêtres (*l'Homme tranquille, Quand se lève la lune*) et quelques poignantes méditations sur le temps qui passe (*la Dernière Fanfare*).

Impertinent, ce cinéaste souvent caricaturé comme machiste, consacre son dernier film, un des plus beaux, à un groupe de femme : *Frontière chinoise* (1966) reprend une situation de huis clos que Ford a déjà traitée, et met en scène un groupe de missionnaires dans la Chine en révolte. Le cinéaste semble se peindre sous les traits du docteur Cartwright (Ann Bancroft), personnage arrogant et héroïque qui se sacrifie pour la communauté. – C.V.

**FILMOGRAPHIE**

**1917** *Le Ranch Diavolo (Straight Shooting)*
*L'Inconnu (The Secret Man)*
*A Marked Man*
*À l'assaut du Boulevard*
*(Bucking Broadway)*
**1918** *Le Cavalier fantôme*
*(The Phantom Riders)*
*La Femme sauvage (Wild Women)*
*Thieve's Gold*
*La Tache de sang (The Scarlet Drop)*
*Du sang dans la prairie (Hell Bent)*
*The Craving*
*Le Bébé du cow-boy (A Woman's Fool)*
*Le Frère de Black Billy*
*(Three Mounted Men)*
**1919** *Sans armes (Roped)*
*À la frontière (A Fight for Love)*
*La Vengeance de Black Billy*
*(Riders of Vengeance)*
*Le Proscrit (The Outcasts of Poker Flat)*
*Le Roi de la prairie*
*(The Ace of the Saddle)*
*Black Billy au Canada*
*(The Rider of the Law)*
*Tête brûlée (A Gun Fightin' Gentleman)*
*Les Hommes marqués (Marked Men)*
**1920** *The Prince of Avenue A*
*The Girl in Number 29*
*L'Obstacle (Hitchin' Posts)*
*Pour le sauver (Just Pals)*
**1921** *Un homme libre (The Big Punch)*
*The Freeze-Out*
*The Wallop*
*Face à face (Desperate Trails)*
*Action*
*Sure Fire*
*Jackie*
**1922** *Little Miss Smiles*
*Silver Wings*
**1923** *Le Forgeron du village*
*(The Village Blacksmith)*
*L'Image aimée*
*(The Face on the Bar-Room Floor)*
*Three Jumps Ahead*
*Cameo Kirby*
*Le Pionnier de la baie d'Hudson*
*(North of Hudson Bay)*
*Hoodman Blind*
**1924** *Le Cheval de fer (The Iron Horse)*
*Les Cœurs de chêne (Hearts of Oak)*
**1925** *Sa nièce de Paris (Lightnin')*
*La Fille de Négofold (Kentucky Pride)*
*Le Champion (The Fighting Heart)*
*Extra Dry (Thank You)*
**1926** *Gagnant quand même*
*(The Chamrock Handicap)*
*L'Aigle bleu (The Blue Eagle)*
*Les Trois Sublimes Canailles*
*(Three Bad Men)*
**1927** *Upstream*
**1928** *Maman de mon cœur*
*(Mother Machree)*
*Les Quatre Fils (Four Sons)*
*La Maison du bourreau*
*(Hangman's House)*
*Riley the Cop*
**1929** *Le Costaud (Strong Boy)*
*The Black Watch*
*Salute*, co. David Butler
**1930** *Hommes sans femmes*
*(Men Without Women)*
*Born Reckless*
*Up the River*
**1931** *Seas Beneath*
*The Brat*
*Arrowsmith*
**1932** *Tête brûlée (Air Mail)*
*Une femme survint (Flesh)*
**1933** *Deux Femmes (Pilgrimage)*
*Docteur Bull (Dr Bull)*
**1934** *La Patrouille perdue (The Lost Patrol)*
*Le Monde en marche*

*(The World Moves on)*
*Judge Priest*
**1935** *Toute la ville en parle*
*(The Whole Town's Talking)*
*Le Mouchard (The Informer)*
*Steamboat 'Round the Bend*
**1936** *Je n'ai pas tué Lincoln*
*(The Prisoner of Shark Island)*
*Marie Stuart (Mary of Scotland)*
*Révolte à Dublin*
*(The Plough and the Stars)*
**1938** *Hurricane (The Hurricane)*
*La Mascotte du régiment*
*(Wee Willie Winkie)*
*Quatre Hommes et une prière*
*(Four Men and a Prayer)*
*Patrouille en mer (Submarine Patrol)*
**1939** *La Chevauchée fantastique*
*(Stagecoach)*
*Vers sa destinée (Young Mr. Lincoln)*
*Sur la piste des Mohawks*
*(Drums Along the Mohawk)*
**1940** *Les Raisins de la colère*
*(The Grapes of Wrath)*
*Les Hommes de la mer / le Long Voyage*
*(The Long Voyage Home)*
**1941** *La Route du tabac (Tobacco Road)*
*Qu'elle était verte ma vallée*
*(How Green Was My Valley)*
**1945** *Les Sacrifiés (They Were Expendable)*
**1946** *La Poursuite infernale*
*(My Darling Clementine)*
**1947** *Dieu est mort (The Fugitive)*
**1948** *Le Massacre de Fort Apache*
*(Fort Apache)*
**1949** *Le Fils du désert*
*(Three Godfathers)*
*La Charge héroïque*
*(She Wore a Yellow Ribbon)*
**1950** *Planqué malgré lui*
*(When Willie Comes Marching Home)*
*Le Convoi des braves (Wagonmaster)*
*Rio Grande*
**1952** *What Price Glory*
*L'Homme tranquille (The Quiet Man)*
**1953** *Le soleil brille pour tout le monde*
*(The Sun Shines Bright)*
*Mogambo*
**1955** *Ce n'est qu'un au revoir*
*(The Long Gray Line)*
*Permission jusqu'à l'aube*
*(Mr. Roberts)*, co. Mervyn Le Roy
**1956** *La Prisonnière du désert (The Searchers)*
**1957** *L'aigle vole au soleil*
*(The Wings of the Eagle)*
*Quand se lève la lune*
*(The Rising of the Moon)*
**1958** *La Dernière Fanfare (The Last Hurrah)*
**1959** *Inspecteur de service (Gideon's Day / Gideon of Scotland Yard)*
*Les Cavaliers (The Horse Soldiers)*
**1960** *Le Sergent noir (Sergeant Rutledge)*
**1962** *Les Deux Cavaliers (Two Rode Together)*
*L'Homme qui tua Liberty Valance*
*(The Man who Shot Liberty Valance)*
*La Conquête de l'Ouest*
*(How the West Was Won)*, co. George Marshall et Henry Hathaway
**1963** *La Taverne de l'Irlandais*
*(Donovan's Reef)*
**1964** *Les Cheyennes (Cheyenne Autumn)*
**1965** *Le Jeune Cassidy (Young Cassidy)*, co. Jack Cardiff
**1966** *Frontière chinoise (Seven Women)*

## Milos **Forman**

CASLAV 1932

**Rebelle.** Fils d'un professeur juif et d une mère protestante, tous deux morts en déportation, Milos Forman commence à travailler comme scénariste à la télévision en 1955. Il lui faudra attendre près de dix ans avant que son premier long-métrage, *L'As de pique* (1963), so t internationalement remarqué. Forman va se confirmer un maître de la fine observation des gens et des mœurs, avec *les Amours d'une blonde* (1965) et *Au feu, les pompiers* (1967).

Dans le tumulte politique de la fin des années 1960, il quitte la Tchécoslovaquie pour les États-Unis où Hollywood accueille bien des cinéastes peu conventionnels, susceptibles de traduire le phénomène de la contre-culture. *Taking Off* (1971) reste dans l'esprit tchèque tout en asseyant le succès commercial du cinéaste.

Le triomphe de *Vol au-dessus d'un nid de coucou* (1975), qui reçoit cinq Oscars, par son discours libertaire reste dans le fil des préoccupations de Forman, et fera de lui un cinéaste capable de transformer en succès des sujets difficiles. *Hair*, réflexion sur le mouvement de 68, *Ragtime*, fresque contrastée sur l'Amérique de la Belle Époque, et surtout *Amadeus*, qui dépeint Mozart à la manière d'un révolté hilare et génial, confirmeront ces qualités tout en creusant le thème de l'insubordination. Mais en 1989, l'échec commercial de *Valmont*, adaptation des *Liaisons dangereuses*, éclipsée par le succès du film de Stephen Frears, obligera Forman à reconstruire sa réputation.

Il lui faudra presque sept ans avant de repartir avec deux œuvres jumelles : *Larry Flynt*, biographie d'un éditeur de revue pornographique, et *Man on the Moon*, biographie du comique Andy Kauffman, mort tragiquement. Dans les deux cas, Forman échappe aux idées reçues et offre des portraits objectifs de personnalités controversées, dans une forme où l'éclatement du scénario n'empêche pas la rigueur classique.

Aux États-Unis, Milos Forman n'a fait que traiter inlassablement le thème de la marginalité, s'interrogeant sur la norme et l'anormalité, et proposant une vision sans faux-fuyants des qualités et des abus de sa terre d'accueil. – C.V.

**FILMOGRAPHIE**

**1963** *L'As de pique (Cerny Petr)*
**1965** *Les Amours d'une blonde (Lasky jedné plavovlásky)*
**1967** *Au feu, les pompiers (Hori ma panenko)*
**1971** *Taking Off*
**1975** *Vol au-dessus d'un nid de coucou (One Flew Over the Cuckoo's Nest)*
**1979** *Hair*
**1981** *Ragtime*
**1984** *Amadeus*
**1989** *Valmont*
**1996** *Larry Flynt (The People Vs Larry Flynt)*
**1999** *Man on the Moon*

## Georges **Franju**

FOUGÈRES 1912 - PARIS 1987

**Le cinéphile.** Franju fonde avec Henri Langlois en 1935, le Cercle du cinéma, puis la Cinémathèque française en 1936. Il ne devient réalisateur de films qu'en 1949 et il est immédiatement reconnu comme un grand auteur de courts métrages documentaires, insolites, impertinents, voire surréalisants (*le Sang des bêtes, Hôtel des Invalides*). C'est en 1959 avec une adaptation de *la Tête contre les murs* d'Hervé Bazin écrite par Jean-Pierre Mocky qu'il débute dans la fiction. La révolte se traduit en accentuant les traits de l'arrière-plan social, l'enfermement psychiatrique et la contestation des méthodes traditionnelles, et se renforce de quelques plans étranges ou poétiques. La partition musicale de Maurice Jarre, alors peu connu mais déjà sollicité par Franju pour des courts-métrages, contribue au climat de ce film et des quatre qui vont suivre.

Franju lie spontanément violence et tendresse pour mieux dénoncer l'hypocrisie, exalter la liberté individuelle et promouvoir le rêve. On peut discerner chez lui deux catégories de films. D'une part ceux qui se fondent sur l'adaptation d'œuvres littéraires dont les personnages ou les éléments contextuels permettent au cinéaste d'exprimer ses idées maîtresses sans trahir l'écrivain : *Thérèse Desqueyroux* (1962), montre l'oppression et la rébellion dans une mise en scène reconstituant soigneusement l'univers physique et social de François Mauriac. Il procède de même pour *Thomas l'imposteur* (1965), d'après Cocteau, et *la Faute de l'abbé Mouret* (1970), d'après Zola – deux films qui, bien que moins incisifs, illustrent son goût pour l'ironie et la polémique.

L'autre ligne repérable chez Franju consiste à solliciter les schémas des genres populaires, littéraires ou cinématographiques : *les Yeux sans visage* est un grand film aussi lyrique et poétique qu'horrifique, *Pleins feux sur l'assassin*, est un thriller décontracté et malicieux jouant avec les clichés. Avec *Judex*, dont le scénario fait des emprunts à des films de Feuillade, Franju rend hommage, non sans clins d'œil cinéphiles, à l'ancien cinéma qu'il admirait tant, de même qu'avec *Nuits rouges*, qui joue avec des éléments rocambolesques écrits et interprétés par Jacques Champreux, petit-fils de Louis Feuillade. – D.S.

**FILMOGRAPHIE**

**1959** *La Tête contre les murs*
**1960** *Les Yeux sans visage*
**1961** *Pleins feux sur l'assassin*
**1962** *Thérèse Desqueyroux*
**1964** *Judex*
**1965** *Thomas l'imposteur*
**1970** *La Faute de l'abbé Mouret*
**1973** *Les Nuits rouges*

## Stephen **Frears**

LEICESTER 1941

**La variété comme art de vivre.** Stephen Frears étonne et enchante par sa capacité à changer de registre et de format. Un cinéaste libre et sans entraves qui paraît se laisser guider par son instinct et son plaisir.

Consacré par la réussite de *My Beautiful Laundrette* (1985), Stephen Frears a été pris, à tort, pour un nouveau spécialiste du film social, dans le sillage de Ken Loach. On mit en avant sa grande expérience de la télévision, en oubliant que ses deux précédents films, *Gumshoe* et *The Hit*, étaient d'excellents thrillers. Depuis, aucunement soucieux de préserver cette image fausse mais flatteuse, Frears n'a cessé de passer du film modeste au gros budget, du film de genre au constat social.

Il est aussi à l'aise dans le mélange de verve et de vérité documentaire (*The Snapper, The Van*, ou *Liam*), que dans une comédie hollywoodienne impeccablement écrite (*Hero*), un film noir âpre (*les Arnaqueurs*), voire le film en costume vénéneux (*les Liaisons dangereuses*). Mieux, il ose des mélanges audacieux, mais qui fonctionnent, ainsi le métissage de film noir et de western (*The Hi-Lo Country*) ou de psychanalyse et d'horreur classique (*Mary Reilly*).

Il aime le plaisir de la pure mise en scène, excellant dans les reconstitutions d'époque hyperréalistes (le Londres des années 1970 dans *Prick Up Your Ears*, l'Amérique des années 1980 dans *High Fidelity*) : mais jamais il ne succombe à la satisfaction du travail illustratif. À chaque fois, il trouve le style qui fera au mieux ressortir le sujet et les thèmes qu'il sert ; car, ce qui pour lui est peut-être essentiel, c'est le scénario. Et tous ceux que Frears a jusqu'ici portés à l'écran sont d'une qualité exceptionnelle.

*Mme Henderson présente* (2005), est un véritable bijou, finement ciselé : excellement jouée, cette délicieuse chronique du music-hall anglais sous le blitz oscille avec bonheur entre rire et larmes. Le mélange d'ironie et d'émerveillement avec lequel les numéros musicaux sont filmés est comme une signature de la personnalité de Frears. – C. V.

**FILMOGRAPHIE**

**1971** *Gumshoe*
**1984** *The Hit*
**1985** *My Beautiful Laundrette*
**1987** *Prick Up Your Ears (Prick Up)*
*Sammy et Rosie s'envoient en l'air (Sammy and Rosie Get Laid)*
**1988** *Les Liaisons dangereuses (Dangerous Liaisons)*
**1990** *Les Arnaqueurs (The Grifters)*
**1992** *Héros malgré lui (Hero)*
**1994** *The Snapper*
**1995** *Mary Reilly*
**1996** *The Van*
**1998** *The Hi-Lo Country*
**2000** *High Fidelity*
*Liam*
**2002** *Dirty Pretty Things*
**2005** *Madame Hendersen présente (Mrs Henderson Presents)*
**2006** *The Queen*

# Samuel **Fuller**

WORCESTER 1911 – HOLLYWOOD 1997

**Un traitement anti-conventionnel des genres classiques.** Marginal dans le Hollywood des années 1950 et 1960, Samuel Fuller revisite ces genres classiques dans une œuvre qui révèle sa fascination pour la violence et d'ingénieuses nventions formelles.

Journaliste, écrivain et scénariste, Samuel Fuller débute comme cinéaste avec des westerns (*J'ai tué Jesse James, the Baron of Arizona*), des films de guerre (*J'ai vécu l'enfer de Corée* et *Baïonnette au canon*) et un diptyque inspiré de la guerre froide (*le Port de la Drogue, le Démon des eaux troubles*).

Souvent son propre scénariste (il adaptera également un de ses romans, *Au-delà de la gloire*), il écrira, réalisera et produira nombre de ses films

Samuel Fuller dirige *Au-delà de la gloire* (1979).

avec sa société de production Globe Enterprises. Mais l'échec commercial de *Allô Police spéciale* (1965) marque la fin de sa carrière américaine. Peu estimé aux États-Unis, Fuller a connu un succès critique en France où ses deux derniers films seront produits et tournés (*les Voleurs de la nuit, Sans espoir de retour*).

Il terminera sa carrière par deux scénarios pour la télévision américaine, *la Madone et le Dragon*, qu'il tourne lui-même, et *Girls in Prison*, réalisé par John MacNaughton. Il aura aussi fait l'acteur, dans ses propres films, et chez Jean-Luc Godard, Amos Gitai ou Wim Wenders.

Le cinéma de Samuel Fuller est un laboratoire de recherches formelles et thématiques. Deux de ses westerns (*le Jugement des Flèches* et *Quarante Tueurs*) préfigurent Sergio Leone par leur traitement original (cow-boys mal rasés, sales et veules) et leur tempo inédit (lentes scènes de duel, très gros plans sur le regard, cynisme et nonchalance des personnages). Avec *Shock Corridor* (1963), il tourne en dérision les films d'hôpitaux psychiatriques en instrumentalisant les thérapies psychanalytiques et en amplifiant les situations-types (les nymphomanes).

Fuller expérimente de nombreux effets de cadrage (apparition retardée de personnages ou d'accessoires déjà présents dans la pièce afin de créer la surprise) ou de montage (faux raccords créant des effets-choc). Scènes insolites (le repas ou le finale de *Quarante Tueurs*, la chorale des enfants dans *Police spéciale*) et détails secondaires ponctuent son œuvre unique : un « indic' » dégustant une soupe chinoise et ramassant des billets de banque avec ses baguettes (*le Port de la drogue*), Lee Marvin fumant son cigare à travers son foulard arabe (*Au-delà de la gloire*), une vue subjective filmée à travers le canon strié d'un fusil (*Quarante Tueurs*).

Entre images choc (le crâne rasé de Constance Towers dans *Police spéciale*) et sujets tabous (pédophilie dans *Police spéciale*, racisme dans *Dressé pour tuer*), le cinéma de Fuller défie les conventions hollywoodiennes : il affiche un érotisme rare (la maîtresse mexicaine dans *Quarante Tueurs*), affectionne les truands au grand cœur (le pickpocket du *Port de la drogue*, la prostituée de *Police spéciale*) et donne un rôle de séducteur à un acteur asiatique (James Shigeta dans *The Crimson Kimono*).

Il affectionne les films noirs et les films de gangsters (*la Maison de Bambou, les Bas-fonds new-yorkais*), le contexte guerrier (cinq films, dont *China Gate, les Maraudeurs attaquent* et *Au-delà de la gloire*), qui lui permettent d'explorer les différentes formes de la violence. Elle est rendue par une caméra tressautante (le début de *Police spéciale*), mais elle est décuplée lorsque des personnages féminins la subissent (*Quarante Tueurs, le Port de la drogue, Police spéciale*) ou en sont les instigateurs (la robuste prostituée de *Police spéciale* qui passe ses ennemis à tabac à l'aide de son sac à main).

Au début d'*Au-delà de la gloire* et du *Jugement des Flèches*, un ennemi est abattu alors que la guerre vient juste de se terminer. La poreuse frontière entre le courageux acte de guerre et le meurtre est l'un des questionnements fondamentaux du cinéma de Fuller, comme le résume laconiquement Lee Marvin dans *Au-delà de la gloire* : « On n'assassine pas les animaux, on les tue ». — C. D.

**FILMOGRAPHIE**

**1949** *J'ai tué Jesse James (I Shot Jesse James)*
**1950** *The Baron of Arizona*
*J'ai vécu l'enfer de Corée (The Steel Helmet)*
**1951** *Baïonnette au canon (Fixed Bayonets)*
**1952** *Park Row*
**1953** *Le Port de la drogue (Pick up on South Street)*
**1954** *Le Démon des eaux troubles (Hell and High Water)*
**1955** *Maison de bambou (House of Bamboo)*
**1957** *Le Jugement des flèches (Run of the Arrow)*
*China Gate*
*Quarante Tueurs (Forty Guns)*
**1959** *Ordres secrets aux espions nazis (Verboten !)*
*The Crimson Kimono*
**1961** *Les Bas-Fonds new-yorkais (Underworld U. S. A.)*
**1962** *Les maraudeurs attaquent (Merrill's Marauders)*
**1963** *Shock Corridor*
**1965** *Police spéciale (The Naked Kiss)*
**1969** *Shark !*
**1972** *Un pigeon mort dans Beethoven Street (Dead Pigeon on Beethoven Street)*
**1979** *Au-delà de la gloire (The Big Red One)*
**1982** *Dressé pour tuer (White Dog)*
**1984** *Les Voleurs de la nuit (Thieves After Dark)*
**1989** *Sans espoir de retour (Street of no return)*

## Abel **Gance**

PARIS 1889 – id. 1981

**Pionnier du cinéma français** avec Marcel L'Herbier et Louis Delluc, Abel Gance laisse une œuvre inégale d'où émergent *J'accuse* (1918), *La Roue* (1923), *Napoléon* (1927). De ses études secondaires, Gance conserve un goût particulier pour la littérature et le théâtre. Attiré par le spectacle, il tourne ses premiers films à partir de 1911 et réalise en 1915 un film d'avant-garde, *la Folie du docteur Tube*, riche en essais et trucages. Comme beaucoup de ses collègues, il participe à l'effort de guerre en réalisant des films de propagande, notamment *les Gaz mortels* (1916) et *la Zone de la mort* (1917). Il tourne ensuite ses premiers grands films et affirme sa dimension d'auteur (il se présente à l'image dans les génériques) avec *Mater Dolorosa* et *la Dixième Symphonie*. Terminé à la fin de 1918, *J'accuse* est un violent plaidoyer contre la guerre qui exalte le sacrifice des combattants et stigmatise les profiteurs de l'arrière.

Tourné en 1921 et distribué en 1923, *la Roue* inaugure le répertoire iconographique des locomotives, des trains, des rails, d'abord à Nice puis à Chamonix, pour évoquer un drame sentimental à l'esthétique exacerbée. Le cinéaste se lance alors dans un projet très ambitieux, l'évocation de l'épopée napoléonienne. Dans un film initialement de huit heures – la dernière restauration de Kevin Brownlow propose une projection de six heures –, Gance déploie des trésors d'imagination pour suivre la vie de l'empereur, de l'enfance au siège de Toulon et à la campagne d'Italie. Grandiose et lyrique, riche en procédés nouveaux, notamment le triple écran, *Napoléon* (1927) est une œuvre unique que Gance remaniera à plusieurs reprises et sonorisera en 1934, avant d'en offrir une nouvelle version en 1971. Le film présenté en 1981 à New York par Francis Coppola, accompagné par une musique écrite par son père Carmine, suscite encore une vive émotion.

Avec le parlant, Gance ne retrouve pas les puissantes sources d'inspiration qui l'avaient animé pendant les années 1920 et dont il résume les ambitions dans un texte de la série « L'Art cinématographique », *Le temps de l'image est venu !* (1927), et un ouvrage publié aux éditions Gallimard en 1930, *Prisme*. Au regard du passé, la plupart de ses films sont des œuvres mineures même si *Jérôme Perreau* (1935), et *Lucrèce Borgia* (1935) ne manquent pas de panache. *Un grand amour de Beethoven* (1936), avec Harry Baur, parvient à donner une équivalence visuelle à la musique du compositeur et, en pleine Occupation, *le Capitaine Fracasse* (1943) témoigne d'une énergie intacte. Après la guerre, les derniers films sont d'un intérêt inégal : *la Tour de Nesle* (1955) est une aimable illustration des aventures de Buridan, et *Austerlitz* (1960) – retour à l'épopée napoléonienne – ne manque pas de grandeur. Quant à *Cyrano et d'Artagnan* (1963), tourné en Italie, c'est un brillant film de cape et d'épée où s'illustrent José Ferrer et Jean-Pierre Cassel.

Ouvert à toutes les expériences, Gance laisse inachevés des films ambitieux demeurés à l'état de projet, par exemple *La Divine Tragédie, Le Royaume de la terre, Christophe Colomb*. Mais son apport au septième art avec *La Roue* ou *Napoléon* en fait un des cinéastes qui ont le plus contribué à la reconnaissance d'un nouveau mode d'expression artistique. — J. A. G.

**FILMOGRAPHIE**

**1915** *La Folie du docteur Tube*
**1916** *Les Gaz mortels*
*Le Fou de la falaise*
*Ce que les flots racontent*
*Le Périscope*
**1917** *Le Droit à la vie*
*Barberousse*
*La Zone de la mort*
*Mater Dolorosa*
**1918** *La Dixième Symphonie*
*Ecce Homo*
**1919** *J'accuse*
**1922** *La Roue*
**1927** *Napoléon*
**1931** *La Fin du monde*
**1932** *Mater Dolorosa*
**1934** *La Dame aux camélias*
*Poliche*
**1935** *Jérôme Perreau*
*Lucrèce Borgia*
*Le Roman d'un jeune homme pauvre*
*Napoléon Bonaparte*
**1936** *Un grand amour de Beethoven*
**1938** *Le Voleur de femmes*
*J'accuse*
**1939** *Louise*
**1940** *Paradis perdu*
**1941** *Vénus aveugle*
**1943** *Le Capitaine Fracasse*
**1954** *La Tour de Nesle*
**1960** *Austerlitz*
**1963** *Cyrano et d'Artagnan*

## Philippe **Garrel**

PARIS 1948

**Le cœur d'un poète.** Philippe Garrel, enfant de la Nouvelle Vague et de mai 68, est un des rares cinéastes français à avoir redonné un sens au mot de poète grâce à la douceur contemplative de ses films.

Fils du comédien Maurice Garrel, qui joue dans l'admirable *Liberté la nuit* (1983) avec Emmanuelle Riva, où Philippe Garrel rend hommage à la génération de son père qui a aidé le FLN lors de la guerre d'Algérie, il est aussi le père de Louis Garrel, splendide interprète dans *les Amants réguliers*, prix Louis Delluc 2005, où il joue ce que son père a vécu pendant mai 68. Cet enfant de la Nouvelle Vague, qui a pour maître Jean-Luc Godard, grandit à l'ombre de la Cinémathèque française d'Henri Langlois, qui le prend sous son aile protectrice et montre ses premiers films. Dès l'âge de seize ans, en 1964, avec une caméra et sans moyens (des chutes de pellicules non utilisées lors d'un tournage ou de la pellicule périmée), il réalise *les Enfants désaccordés*, puis *Marie pour mémoire* (1967), *le Révélateur* (1968). Avec le cercle de ses proches (Anémone, Zouzou, Pierre Clémenti, Nico), il compose des films muets, dans l'esprit du cinéma de Louis Lumière. Sa caméra contemplative, ensorcelée par les visages, en fait un immense portraitiste, l'égal d'un peintre florentin.

*L'Enfant secret* (1982), prix Jean Vigo 1982, où il évoque sa plongée dans la drogue et les soins aux électrochocs, marque la fin de sa période « underground » (*le Berceau de cristal, les Hautes solitudes*) et le début de l'autobiographie assumée. Elle le conduit à un cinéma narratif et dialogué, avec la complicité de Marc Cholodenko, écrivain, et d'Arlette Langmann, scénariste de Pialat. Conteur de l'intime, de la naissance de l'amour à sa dissolution, il n'a pas son pareil pour filmer la révolte de la jeunesse, ses idéaux romantiques, sa soif de l'art, qui est sa vraie patrie. L'ampleur de son regard sur son époque (*Sauvage innocence*, 2001), la génération perdue de mai 68 (*le Vent de la nuit*, 1999, avec Daniel Duval et Catherine Deneuve), trouve son accomplissement dans *les Amants réguliers* qui fait connaître à un plus large public un immense cinéaste, le seul à poursuivre dans cette voie, entre poésie et peinture. — C. T.

**FILMOGRAPHIE**

**1967** *Marie pour mémoire*
**1968** *Anémone*
**1969** *Le Lit de la vierge*
**1971** *La Cicatrice intérieure*
**1972** *Athanor*
**1973** *Les Hautes Solitudes*
**1975** *Un ange passe*
*La Concentration*
**1976** *Le Berceau de cristal*
**1977** *Sept méditations du Living Theatre sur le sado-masosochisme politique*
**1978** *Voyage au jardin des morts*
**1979** *Le Bleu des origines*
**1982** *L'Enfant secret*
**1983** *Liberté la nuit*
**1984** *Les Chemin perdus*
**1985** *Elle a passé tant d'heures sous les sunlights*
**1989** *Les Baisers de secours*
**1991** *J'entends plus la guitare*
**1993** *La Naissance de l'amour*
**1996** *Le Cœur fantôme*
**1999** *Le Vent de la nuit*
**2001** *Sauvage innocence*
**2004** *Les Amants réguliers*

## Ritwik **Ghatak**

DACCA 1925 - CALCUTTA 1976

**Les blessures du Bengale.** Autant le cinéma de Satyajit Ray repose sur l'harmonie mélodique entre l'homme et le monde, autant celui de Ritwik Ghatak est fait de ruptures, de dissonances. L'amour du Bengale chez Ghatak prend très vite une tournure élégiaque.

Ritwik Ghatak est né à Dacca qui deviendra le Bangladesh en 1947, conséquence de la partition suite à l'indépendance de l'Inde. Cette blessure vive, dont il ne guérira jamais, sera le motif essentiel de son œuvre, imprégné par ce sentiment de déchirure, qu'il décline sous différentes formes, grâce à son art du montage qui brise la fluidité et grâce à une bande sonore inventive, d'une grande richesse. Il vient au cinéma par le théâtre et rejoint en 1946 l'IPTA (Indian People Theatre Association), qui est au Bengale ce que le TNP a été en France. Il met en scène des pièces de Brecht, qui est son maître, tout en se passionnant pour le courant du cinéma documentaire et l'œuvre de Buñuel, qu'il vénère. Il écrira sur *Nazarin* et saluera en Buñuel un homme vrai et authentique, qui ne se compromet jamais. La rage fiévreuse de cet écorché vif, dans la vie et dans ses films, qui se refuse à tout forme de mélancolie, le marginalise. Il donnera des cours de cinéma à l'École nationale au milieu des années 1960, marquant les esprits d'une future génération de cinéastes (Manil Kaul, Kumar Shahani), subjugués par cet artiste maudit. Il meurt jeune, à 41 ans, rongé par l'alcool.

Ghatak se fait remarquer en 1952 par son second film, *le Citoyen*, sur une famille de Calcutta, au moment de la Partition mais c'est au début des années 1960 qu'il réalise ses plus beaux films, *l'Étoile cachée* (1960), vibrant mélodrame sur une famille brisée, avec une jeune femme rongée par la tuberculose, *Mi-bémol* (1961), sur la vie d'une troupe de théâtre, et *Subarnarekha* (1962), autre chef-d'œuvre avec *l'Étoile cachée*, digne de figurer au panthéon du cinéma mondial. Il tournera un film au Bangladesh, *la Rivière Titash* (1973), et terminera par un film confession, *Raison, discussion, un conte* (1974). Peu de gens connaissent le nom de Ghatak et son œuvre est très partiellement distribuée, mais il est des injustices criantes dont on espère que le temps saura les réparer. — C. T.

Sur le tournage des *Aventures du baron de Münchausen* de Terry Gilliam (1988).

**FILMOGRAPHIE**

**1951** *Bedeni*
**1952** *Le Citoyen (Nagarik)*
**1958** *La Pathétique Illusion / l'Homme-Auto (Ajantrik)*
**1959** *Le Fugitif (Bari Theke Paliye)*
*Kata Ajanare*
**1960** *L'Étoile voilée de nuages / l'Étoile cachée (Meghe Dhaka Tara)*
**1961** *Mi-bémol (Komal Gandhar)*
**1962** *Le Fil d'or (Subarnarekha)*
**1973** *La Rivière Titash (Titash Ekti Nadir Naam)*
**1974** *Raison, discussion, un conte (Jukti, Takko Aar Gappo)*

## Terry **Gilliam**

MINNEAPOLIS 1940

**D'abord lié à l'aventure des Monty Python**, Terry Gilliam a réussi à s'affirmer comme un cinéaste à part entière, original et virtuose à la fois, voué, soit par ses explorations du passé, soit dans ses visions du futur, à la quête du merveilleux.

Dessinateur et illustrateur, Terry Gilliam participe au passage à l'écran du groupe des Monty Python, réalisant (avec Terry Jones, acteur du groupe) *Monty Python, sacré Graal* et (seul) *Monty Python, le sens de la vie*. Ces réussites du « non-sens », agrémentées d'un brio visuel qui en appelle autant à la bande dessinée qu'au cinéma expressionniste ou à l'imagerie surréaliste, se retrouvent dans les œuvres que Gilliam signera loin du groupe. *Brazil*, vision futuriste à la Orwell, le lie à la génération des explorateurs de l'imaginaire (Tim Burton, David Lynch, entre autres).

Mal à l'aise dans l'hystérie d'un récit contemporain qu'il ne maîtrise pas toujours (*Las Vegas parano*), Terry Gilliam se meut avec aisance dans le conte de fées et les limbes légendaires. Ainsi, *Fisher King, le roi pêcheur* acclimate des éléments du cycle arthurien au monde moderne. Plus directement, *les Aventures du Baron de Munchhausen* (1988) illustre avec verve une légende connue et *les Frères Grimm* (2005) mêle plusieurs contes en faisant des célèbres auteurs les protagonistes d'une fiction féerique.

*Brazil* est complété par *l'Armée des 12 singes* (1995), autre appréhension visionnaire, tragique cette fois, du futur. Inspiré par le court-métrage de Chris Marker, *la Jetée*, Gilliam procède dans ce film à un déploiement de ce qui était inclus dans la matière concise de l'original. – C. V.

**FILMOGRAPHIE**

**1975** *Monty Python, sacré Graal (Monty Python and the Holy Grail)*, co. Terry Jones
**1977** *Jabberwocky*
**1981** *Bandits, bandits (Time Bandits)*
**1982** *Monty Python, le sens de la vie (Monty Python's The Meaning of Life)*
**1985** *Brazil*
**1988** *Les Aventures du baron de Münchhausen (The Adventures of Baron Münchhausen)*

**1991** *Fisher King, le roi pêcheur (The Fisher King)*
**1995** *L'Armée des 12 singes (Twelve Monkeys)*
**1998** *Las Vagas parano (Fear and Loathing in Las Vegas)*
**2005** *Tideland*
*Les Frères Grimm (The Brothers Grimm)*

## Jean-Luc **Godard**

PARIS 1930

**Le sphinx et son énigme.** Certains le considèrent comme le Dieu du cinéma (God/Art), et regardent d'un mauvais œil quiconque ose profaner l'immaculée conception créatrice de leur génie suisse. Ses films ont d'abord fait parler de lui, puis on a pris goût à l'entendre parler du cinéma (ses aphorismes cinglants qui n'épargnent personne) sans aller voir ses films. Paradoxe pour cette figure de proue de la Nouvelle Vague, son artiste et son théoricien. Naguère prophète d'un cinéma nouveau, à son ère moderne, il est désormais gagné par la mélancolie, hanté par la mort du cinéma, dont il se veut le prophète, comme s'il ne voulait pas que le cinéma lui survive. Godard, immense filmeur, peintre de génie, virtuose du montage et du son, est surtout, à l'image d'un de ses maîtres, Samuel Fuller, un grand lyrique.

Issu d'une famille protestante (père médecin, mère fille de banquiers), Godard fait ses études à la Sorbonne, fréquente la Cinémathèque où il rencontre ses futurs amis de la Nouvelle Vague. Il fait partie de la bande des *Cahiers du cinéma* mais le critique André Bazin n'est pas son mentor, contrairement à François Truffaut, qui le considère comme son père adoptif ou Éric Rohmer, le plus bazinien du groupe. Moins rigoureux et justicier que Jacques Rivette, il fait de la critique en dilettante, écrivant sur des objets mineurs et sur la série B américaine. Son mentor s'appelle Henri Langlois (il lui rendra hommage dans ses *Histoire(s) du cinéma*) car ce montreur de films lui a permis non d'habiter la maison du cinéma mais d'être habité par lui. Dans son texte le plus célèbre (« Montage, mon beau souci »), il affiche son anti-bazinisme tout en annonçant la couleur de son cinéma. Pour faire une image, il faut être deux (voir *Numéro deux*, 1975), à la façon dont on est deux, un homme et une femme, pour faire un enfant. Pour voir une image, il en faut deux également, l'image et son contrechamp ou sa contre-image. Seul le montage, la mise en relation de ces deux images, ou d'une image et d'un son, permet de voir, alors que pour Bazin le sens d'une image n'a pas à être dénaturé par le montage. Enfant terrible du bazinisme, Godard sera aussi celui de la Nouvelle Vague.

On peut diviser l'œuvre de Godard en plusieurs périodes. La première, dite de la Nouvelle Vague, au début des années 1960, la seconde, celle de l'engagement politique (le groupe Dziga Vertov, à partir de 1969), suivi du repli à Grenoble et de son ouverture au monde de la vidéo et de la télévision (*Six fois deux /Sur et sous la communication* en 1976, *France/tour/détour/deux/enfants* en 1977, pièces maîtresses de l'œuvre), puis le retour au cinéma à partir de *Sauve qui peut la vie* en 1980, suivi de films marquants, comme *Détective* (1985) avec Johnny Hallyday ou *Nouvelle Vague* (1990) avec Alain Delon. Sa dernière période commencer avec *JLG/JLG, autoportrait de décembre* (1995). Elle traduit un repli sur soi, dans son antre de Rolle, sur les bords du lac Léman, où il réfléchit le cinéma dans son siècle, notamment à travers son œuvre monumentale, *Histoire(s) du cinéma*, composée de six films.

À la division de la carrière de Godard en cinq périodes (la Nouvelle Vague, le militant, la télévision, le cinéma, l'essai filmé) où tout se complète (un film de Godard est la somme de ce qui l'a précédé), on peut préférer celle, plus intime, dessinée par les femmes qui ont partagé sa vie : Anna Karina, Anne Wiazemsky puis Anne-Marie Miéville.

En réalisant des films, Godard dit ce qu'il aime. Art du collage, de la citation (un livre, une phrase), de la référence en forme de clin-d'œil cinéphile, jusqu'à la présence de cinéastes aimés comme Samuel Fuller dans *Pierrot le fou* et Fritz Lang dans *le Mépris*. Il rend hommage au film noir et la série B américaine dans *À bout de souffle*, avec son acteur fétiche, Jean-Paul Belmondo, dans *Made in USA* puis *Détective*. À la comédie musicale et à Lubitsch dans *Une femme est une femme* (1961), à Jerry Lewis et au décor du *Tombeur de ces dames* dans *Tout va bien* (1972). Au cinéma de Rossellini dans *les Carabiniers* et dans *le Mépris*, variation sur le thème de *Voyage en Italie*. Le très controversé *Petit Soldat*, sur la torture pratiquée par le FLN lors de la guerre d'Algérie, s'inspire *d'Amère victoire* de Nicholas Ray, centré sur la lâcheté et la trahison, l'impossibilité de l'héroïsme. De même, son autre sujet de prédilection, la relation entre l'amour et le travail (la prostitution, dans *Vivre sa vie*) lui vient de Kenji Mizoguchi et de *la Rue de la honte* (1956).

Cinéphile, en surface (les références) et en profondeur (les sujets), Godard, en triturant la grammaire classique du langage cinématographique, se veut aussi, dans le sillage de Jean Rouch, ethnographe de l'état de la France et de l'évolution de ses mœurs : la vie en banlieue dans *Deux ou trois choses que je sais d'elle*, le règne grandissant de l'automobile dans *Week-end*. Cette saisie de l'air du temps se politise, même si c'est au sortir de sa période militante qu'il réalise ses meilleurs films politiques avec *Ici et ailleurs* et *Comment ça va ?* Les films des années 1980 sont la synthèse accom-

Sur le tournage du *Mépris* (1963), Jean-Luc Godard, Michel Piccoli et Brigitte Bardot.

plie de tout ce qui a précédé : la rencontre entre la peinture et la classe ouvrière, du studio de cinéma à l'usine, dans *Passion*. La force lyrique qui imprègne la mise en scène, doublée d'une tendresse burlesque grâce aux apparitions de Godard en pierrot lunaire (*Prénom Carmen*), débouchera sur une emprise mélancolique, tangible dans son autoportrait et surtout dans *Histoire(es) du cinéma*. La voix d'outre-tombe de Godard dit combien le cinéma, art du XIXᵉ siècle, n'a pas été au rendez-vous de son siècle, le XXᵉ, pour n'avoir pas su empêcher le pire, à savoir les camps d'extermination nazis.

Ce sentiment d'impuissance et de défaite du cinéma, son « amère victoire », accentue l'isolement de cet artiste tributaire du fait du prince (l'argent de la Gaumont et de Canal +), admiratif de l'indépendance de Chaplin à Hollywood, avec son studio, son atelier à lui. D'autant que, selon la phrase célèbre d'*Amère victoire* (« Je tue les vivants, je sauve les morts »), il n'est pas tendre avec ses contemporains alors que son panthéon de cinéastes disparus est très peuplé. Godard est devenu le Robinson Crusoé du septième art qui, de temps en temps, de son île, nous envoie des messages, toujours bons à prendre. On est passé du poil à gratter théorique façon pied nickelé du cinéma à la bouteille à la mer. À la solitude du gardien de phare dans un océan peuplé de navires qui ne veulent plus de ses signaux. – C.T.

**FILMOGRAPHIE**

**1960** *À bout de souffle*
*Le Petit Soldat*
**1961** *Une femme est une femme*
**1962** *Les Sept péchés capitaux*, ép. « *La Paresse* »
*Vivre sa vie*
**1963** *Le Mépris*
*Les Carabiniers*
*Rogopag*, ép. « *Le Nouveau monde* »
**1964** *Une femme mariée*
*Bande à part*
*Les Plus Belles Escroqueries au monde*, ép. « *Le Grand Escroc* »
**1965** *Pierrot le fou*
*Alphaville, une étrange aventure de Lemmy Caution*
*Paris vu par...*, ép. « *Montparnasse-Levallois* »
**1966** *Masculin, féminin*
**1967** *Made in U.S.A.*
*Deux ou Trois choses que je sais d'elle*
*La Chinoise*
*Week-end*
*Le Plus vieux métier du monde*, ép. « *Anticipation* »
*Loin du Vietnam*, ép. « *Caméra-xil* »
**1968** *Un film comme les autres*
**1969** *Le Gai savoir*
*La Contestation / Amore e rabbia*, ép. « *L'Amour* »
**1970** *Vent d'Est*

*British Sounds*
*Pravda*
*Vladimir et Rosa*
1971 *Luttes en Italie (Lotte in Italia)*
1972 *Letter to Jane*
*One P.M.*
*Tout va bien*
1975 *Numéro deux*
1976 *Ici et ailleurs*
1978 *Comment ça va ?*
1980 *Sauve qui peut (la vie)*
1982 *Passion*
1983 *Prénom Carmen*
1985 *Détective*
*Je vous salue, Marie*
1986 *Soft and Hard*
1987 *Soigne ta droite*
*Aria*, ép. «*Armide*»
*King Lear*
1988 *Puissance de la parole*
*On s'est tous défilé*
1989 *Histoire(s) du cinéma: Une histoire seule*
*Histoire(s) du cinéma: Toutes les histoires*
*Le Rapport Darty*
*Les Français vus par*
1990 *Nouvelle Vague*
*Comment vont les enfants*
1991 *Allemagne neuf zéro*
1993 *Hélas pour moi*
1995 *JLG/JLG - autoportrait de décembre*
*Deux cent cinquante ans de cinéma français*
1996 *For Ever Mozart*
1997 *Histoire(s) du cinéma : Seul le cinéma*
*Histoire(s) du cinéma : Fatale beauté*
1998 *Histoire(s) du cinéma : La Monnaie de l'absolu*
*Histoire(s) du cinéma : Le Contrôle de l'univers*
*Histoire(s) du cinéma : Les Signes parmi nous*
*Histoire(s) du cinéma : Une Vague nouvelle*
*The Old Place*
2001 *Éloge de l'amour*
2004 *Notre musique*

## Jean **Grémillon**

BAYEUX 1901 – id. 1959

**« Un monde dont le réalisme est l'unique loi »**, c'est ainsi que Georges Sadoul définit l'univers de Jean Grémillon. Il existe plus d'un rapport entre les grands films de Grémillon et les documentaires – généralement des films de commande – qu'il avait tournés dans les années 1920 : goût pour l'innovation, volonté de refléter le réel, intérêt pour les gestes du travail. Ainsi *Maldone*, drame naturaliste, accueille des expérimentations esthétiques et techniques, de même que *Gardiens de phare*, sorte de Kammerspiel aux élans cosmiques et mythiques.

Son premier film parlant, *la Petite Lise* (1930), s'il se singularise par sa bande-son, est aussi considéré comme un des précurseurs du réalisme poétique. Jean Grémillon est en effet un de ces cinéastes cultivés qui vont travailler avec raffinement sur les thèmes populaires/populistes et broder librement sur les règles. Ainsi *Gueule d'amour*, un film qui a fait beaucoup pour l'édification du mythe Gabin (ici dans le rôle d'un ancien spahi devenu bistrotier), se singularise par le choix d'extérieurs réels, un jeu sur les genres, un second degré. Dans *Remorques*, Grémillon reconstitue le couple formé par Gabin et Michèle Morgan, magnifiant la rencontre entre le capitaine et la belle naufragée, offrant à l'océan un rôle central dans cette nouvelle variation sur la fatalité.

On a discerné des allusions politiques courageuses dans les deux films majeurs qu'il a tournés pendant la guerre, *Lumière d'été* et *Le ciel est à vous*. Film d'une liberté incontestable, le premier décline un ensemble complexe d'intrigues de couples sur fond d'opposition de classes, mais ses enjeux s'étendent à la peinture de l'espace montagnard et au travail d'un grand chantier, le paysage et la collectivité des travailleurs étant valorisés à égalité. *Le ciel est à vous* semble signifier, en s'attachant aux aspects contradictoires de la réalité décrite, que l'aventure (ici aérienne) ne peut divorcer de la vie quotidienne et du travail. Son plaidoyer pour l'initiative professionnelle des femmes devient le thème central du seul film vraiment personnel qu'il ait pu faire après-guerre, *l'Amour d'une femme*, où l'héroïne choisit son métier contre sa vie amoureuse. Trop négligé, ce film réunit les caractéristiques essentielles de Grémillon : la recherche d'un accord entre décor et personnages, le renforcement du cadre réaliste et un contrôle sévère de l'alchimie du mélodrame. – D.S.

**FILMOGRAPHIE**

1928 *Maldone*
1929 *Gardiens de phare*
1930 *La Petite Lise*
1931 *Dainah la Métisse*
1932 *Pour un sou d'amour*
1934 *La Dolorosa*
1935 *Centinela alerta*
*La Valse royale*
1936 *Pattes de mouche*
1937 *Gueule d'amour*
1938 *L'Étrange Monsieur Victor*
1941 *Remorques*
1943 *Lumière d'été*

**1944** *Le ciel est à vous*
**1949** *Pattes blanches*
**1951** *L'Étrange Madame X*
**1954** *L'Amour d'une femme*

## David Wark **Griffith**

FLOYDSFORK 1875 - LOS ANGELES 1948

**Le père du cinéma**. Griffith est le premier à avoir réuni en une grammaire simple les inventions visuelles et techniques qui, jusqu'à lui, fusaient dans le désordre. Avec un but obsessionnel : raconter le plus clairement possible une histoire en images. Depuis, le cinéma est encore et toujours « griffithien ».

Orphelin d'un père officier, d'une famille sudiste appauvrie par la guerre de Sécession, peu brillant à l'école, David Griffith est attiré par le théâtre, comme acteur et comme écrivain. Sans succès, il va survivre plus de dix ans en jouant dans des tournées provinciales ou dans quelques grandes villes, arrondissant parfois les fins de mois en vendant des Bibles au porte à porte. Marié à l'actrice Linda Arvidson, pour faire face aux dépenses du foyer, il s'adresse au cinéma pour y placer quelques idées d'histoires. D'abord acteur, il est accepté à la compagnie Biograph comme scénariste et débute en 1908 à la réalisation (ce qui était fréquent pour les auteurs d'histoires) avec *les Aventures de Dollie*. Il y restera cinq ans et réalisera 450 films d'une ou deux bobines. Le cinéma est pour lui une révélation : ce qui aurait pu être une mise au pilori devient une marche triomphale. La qualité narrative (il aborde une infinité de genres et adapte de nombreux auteurs classiques), picturale, celle de l'interprétation, singularisent son travail. Il devient le réalisateur principal de la firme dont il supervise toute la production. D'abord basée à New York, la troupe de Griffith recrute dans le théâtre, souvent de jeunes acteurs avec peu d'expérience, qui vont constituer la première génération d'acteurs de cinéma : s'en détachent Florence Lawrence (considérée comme la toute première star de cinéma), Mary Pickford, Douglas Fairbanks, Robert Harron, Mae Marsh, Lionel Barrymore, Dorothy et surtout Lillian Gish, incarnation de son idéal féminin. Griffith transportera sa troupe en Californie vers 1912.

Il essaie de voir tout ce qui se fait, notamment en Europe, et réfléchit à tout, en mettant en relation les idées en apparence les plus disparates. En rapprochant la caméra de ses sujets, il invente un point de vue cinématographique. En renonçant à la sortie de personnages par les côtés, au profit de celle par le fond du décor, il rompt avec la vision théâtrale. En accolant le regardant et le regardé, il pose la base du montage. Chaque court métrage recèle une invention ou la perfectionne de manière notable : *The House with the Closed Shutters* (1910) et sa peinture de la réclusion, *The Lonedale Operator* (1911), et son montage parallèle, *The Battle* (1911) et son extraordinaire assaut final, *The Muskaters of Big Alley* (1912) qui crée le

D. W. Griffith sur le tournage d'*Intolérance*, (1916).

film de gangster. Griffith filme simplement, sur deux grosseurs de plan : un plan d'ensemble, où le personnage est en pied dans le décor, et un plan moyen, idéal pour l'interaction entre deux personnages ou entre personnage et objet. Le premier intervient généralement en début et fin de scène, le second constituant l'essentiel du drame. Il fait intervenir les gros plans (inserts d'objets ou de visages), comme une ponctuation qui donne son rythme à la scène. Il entremêle par le montage deux ou trois fils narratifs jusqu'à ce qu'ils se rejoignent : la menace et la future victime, les attaquants et les sauveteurs, les assiégés, les assiégeants et les sauveteurs. Il passe de l'un à l'autre de manière de plus en plus frénétique pour obtenir ces finales palpitants devenus sa griffe.

Le cinéma européen jouait avec succès sur des durées d'une heure et plus. Mais la Biograph craint que le public ne puisse se concentrer si longtemps. Après avoir réalisé *Judith de Béthulie* (1914) qui dure environ 45 minutes, Griffith, qui brûle de s'essayer au long métrage, quitte la firme, son contrat étant venu à expiration. Il prend le risque d'une production grandiose, sur un thème qui lui est cher, la guerre de Sécession : une saga qui retrace sur plusieurs années les existences entremêlées d'une famille sudiste et d'une famille nordiste. *La Naissance d'une nation* (1915) est un film d'une ambition sans précédent. Griffith y réunit toutes ses expérimentations en un florilège de près de trois heures. Le résultat frappe par son pouvoir suggestif et spectaculaire et son rythme inédit. En même temps, le film véhicule des idéologies contradictoires et provoqua un regain de racisme dans le Sud.

Malgré le succès, Griffith, affecté par la polémique qu'il a engendrée, investit tous les gains de *la Naissance d'une nation* dans *Intolérance* (1916). Le thème est contenu dans le titre. Pour le traiter, Griffith invente une forme audacieuse qui radicalise son principe du montage parallèle : quatre histoires, situées dans des époques différentes (Babylone, la passion du Christ, la Saint-Barthélemy, l'époque contemporaine), racontées simultanément et se rejoignant métaphoriquement à la fin du film. Malgré ses qualités spectaculaires (l'épisode babylonien aux décors gigantesques) l'aspect expérimental du film déconcerte. Griffith perd beaucoup d'argent et sera contraint de louer ses services de réalisateur.

Griffith va porter à l'écran essentiellement des mélodrames, d'abord interprétés par la délicate Lillian Gish, puis par Carole Dempster. Il porte son art de la narration et de la direction d'acteur à des sommets. La période d'expérimentation est passée ; il est maintenant dans la phase de l'inspiration. *Le Lys brisé*, *À travers l'orage* et *les Deux Orphelines* constituent une trilogie mélodramatique d'un belle diversité picturale : le quartier chinois de Londres noyé de brouillard dans le premier, dans le deuxième l'Amérique rurale et urbaine rendue dans des scènes de genre à la Greuze, le Paris révolutionnaire dans des eaux-fortes à la Gustave Doré pour le troisième. La critique officielle considère déjà Griffith comme un vestige du passé, bien que le public fasse bon accueil à ses films.

Griffith continuera son œuvre jusqu'au début du parlant : *la Révolte des esclaves* qui répond à *Naissance d'une nation* en magnifiant la figure de Lincoln, et *The Struggle* qui évoque la Prohibition et l'alcoolisme, un des démons intimes du cinéaste. Il aurait pu vivre au fond de son ranch du Kentucky, mais il ne peut se résoudre à quitter le cinéma, toujours à la recherche d'un nouveau projet. Il mourra dans une chambre d'hôtel à Los Angeles, oublié de beaucoup. Lillian Gish et Mary Pickford, ses deux actrices fétiches, seront présentes à son enterrement. – C.V.

**FILMOGRAPHIE**

**1914** *Judith de Béthulie*
*(Judith of Béthulia)*
*The Battle of the Sexes*
*The Escape*
*Home, Sweet Home*
*La Conscience vengeresse*
*(The Avenging Conscience)*
**1915** *La Naissance d'une nation*
*(The Birth of a Nation)*
**1916** *Intolérance (Intolerance)*
**1918** *Les Cœurs du monde*
*(Hearts of the World)*
*À côté du bonheur*
*(The Great Love)*
*Une fleur dans les ruines*
*(The Greatest Thing in Life)*
**1919** *Le Roman de la Vallée heureuse*
*(A Romance of Happy Valley)*
*Dans la tourmente*
*(The Girl Who Stayed at Home)*
*Le Lys brisé (Broken Blossoms)*
*Le Pauvre Amour*
*(True Heart Susie)*
*Le Calvaire d'une mère*
*(Scarlet Days)*
*Le cœur se trompe*
*(The Greatest Question)*
**1920** *La Danseuse idole*
*(The Idol Dancer)*
*La Fleur d'amour*
*(The Love Flower)*
*À travers l'orage*
*(Way Down East)*
**1921** *La Rue des rêves (Dream Street)*
**1922** *Les Deux Orphelines*
*(Orphans of the Storm)*
*Une nuit mystérieuse*
*(One Exciting Night)*
**1923** *La Rose blanche*
*(The White Rose)*
**1924** *Pour l'indépendance (America)*

Sacha Guitry, réalisateur, acteur et homme de théâtre, dans *le Roman d'un tricheur* (1936).

*Isn't Life Wonderful*
**1925** *Sally, fille de cirque (Sally of the Sawdust)*
**1926** *Détresse (That Royle Girl)*
*Les Chagrins de Satan (The Sorrows of Satan)*
**1928** *Jeunesse triomphante (Drums of Love)*
*L'Éternel Problème (The Battle of the Sexes)*
**1929** *Le Lys du faubourg (Lady of the Pavements)*
**1930** *La Révolte des esclaves (Abraham Lincoln)*
**1931** *The Struggle*

## Sacha **Guitry**

SAINT-PÉTERSBOURG 1885 – PARIS 1957

**Le prince des mots.** Quand beaucoup, nostalgiques du muet, art de l'image et du montage, considèrent le passage au parlant comme une régression esthétique, Sacha Guitry, homme de théâtre, tout comme Marcel Pagnol, parviendra à y voir une opportunité nouvelle afin de redonner aux mots, à la parole et à l'écoute, son véritable sens. Le mariage heureux du théâtre et du cinéma appartient à une vraie tradition française, Jean Renoir compris. Royaume dont Sacha Guitry est le prince. Fils du grand comédien Lucien Guitry (1860-1925), Sacha Guitry a grandi dans le monde du théâtre, comme acteur et auteur puisqu'il fait jouer sa première pièce à l'âge de seize ans. Rien ne le prédisposait au septième art, mais après « avoir dit pis que pendre du cinéma », il se ravise, tourne quelques films avant de se prendre au jeu de cette nouvelle passion dévorante et exclusive, qui ne le quittera plus jusqu'à la fin de ses jours.

Du cinéma muet, Guitry n'aime que les documentaires et autres récits d'expédition, car porteurs de la trace d'un ailleurs vrai que le théâtre ne pourra jamais offrir. Mais il admire aussi le talent de Chaplin, qu'il loue (« J'adore Charlot ! »), tout en concluant, en homme de théâtre : « Voilà un homme qui aura fait rire le monde entier – et ne l'aura jamais entendu rire ! ». L'arrivée du parlant accentue son rejet du cinéma (« Je n'aime pas le cinéma, cet art déplorable », novembre 1933), en lequel il voit une concurrence déloyale pour le théâtre. Il s'en explique longuement dans une série de conférences intitulées « Pour le théâtre et contre le cinéma », données entre 1932 et 1933. À la relation vraie du théâtre entre l'acteur et le public, il oppose le « réchauffé » du cinéma, l'accusant d'être « de la conserve ». « Le Théâtre, c'est du Présent, le Cinéma, c'est du Passé. Au Théâtre, les acteurs jouent, au Cinéma, ils ont joué. »

Mais tout bascule lorsqu'il réalise *Pasteur* en 1935, transposition à l'écran d'une de ses pièces où il reprend le rôle principal tenu naguère par son père. Auparavant, il avait réalisé en amateur un film de famille, *Ceux de chez nous* (1914-15), document exceptionnel sur les amis de son père : Claude Monet, Edgar Degas, Auguste Renoir, Auguste Rodin, Sarah Bernhardt. S'il est venu au cinéma pour garder un souvenir de ses pièces (il tourne très vite, presque dans les conditions du direct, pour préserver la continuité de jeu des comédiens), il entrevoit rapidement les possibilités nouvelles offertes au théâtre par le cinéma. Dans ses pièces qu'il filme dans les années 1930 (*Mon père avait raison*, *Faisons un rêve*, *Désiré*), il découvre que le cinéma, par le montage et le plan de coupe, contrairement au théâtre, permet d'impliquer autrement le spectateur dans l'espace de la parole. Dans *le Roman d'un tricheur* (1936), sans dialogue mais uniquement conté en voix off par son auteur, il découvre le pouvoir infini de la voix, ce dont Orson Welles, à qui Guitry offrira un rôle dans *Si Versailles m'était conté* (1953), se souviendra. Avec *les Perles de la couronne* (1937), lumineuse fantaisie sur le jeu des langues (français, anglais, italien), il se fait conteur de l'histoire de France, passion qui ne le quittera plus (*le Diable boiteux*, *Napoléon*).

Blessé par son emprisonnement pour collaboration, il devient plus amer, féroce contre la justice (*la Poison*, 1951) et cinglant contre l'hypocrisie bourgeoise (*la Vie d'un honnête homme*, 1952), tout en offrant à Michel Simon, après Jean Renoir, les plus beaux rôles de sa carrière, avant de faire confiance à une nouvelle génération d'acteurs (Michel Serrault, Darry Cowl, Jean Poiret).

Homme libre, n'ayant rien à prouver dans le cinéma où il s'amuse comme un enfant, Guitry sera un cinéaste sans complexe, d'une folle inventivité (*Toâ*, 1949). Son côté franc-tireur, en marge de la Qualité française, séduira les futurs cinéastes de la Nouvelle Vague, notamment Godard et surtout Truffaut qui rendra un hommage direct à l'un de ses maîtres en cinéma dans *le Dernier métro*. – C.T.

**FILMOGRAPHIE**

**1935** *Pasteur*, co. Fernand Rivers
*Bonne chance*, co. Fernand Rivers
**1936** *Le Roman d'un tricheur*
*Mon père avait raison*
*Le Nouveau Testament*, co. Alexendre Ryder
**1937** *Faisons un rêve*
*Les Perles de la couronne*, co. Christian-Jaque
*Désiré*
**1938** *Quadrille*
*Remontons les Champs-Élysées*, co. Robert Bibal
**1939** *Ils étaient neuf célibataires*
**1942** *Le Destin fabuleux de Désirée Clary*, co. René Le Hénaff
**1943** *Donne-moi tes yeux*
*La Malibran*
**1948** *Le Comédien*
*Le Diable boiteux*
**1949** *Aux deux colombes*
*Toâ*
**1950** *Le Trésor de Cantenac*
*Tu m'as sauvé la vie*
**1951** *Deburau*
*La Poison*
**1952** *Je l'ai été trois fois*
**1953** *La Vie d'un honnête homme*
**1954** *Si Versailles m'était conté*
**1955** *Napoléon*
**1956** *Si Paris nous était conté*
**1957** *Assassins et voleurs*
*Les trois font la paire*, co. Clément Duhour

## Howard **Hawks**

GOSHEN 1896 - HOLLYWOOD 1977

**Un « homme moderne ».** Pilote de chasse, pilote de courses, c'est comme accessoiriste que Hawks fait son entrée dans les studios d'Hollywood. Au muet, il donne son premier tour de manivelle dès 1926. Il réalise un premier classique, *Cœurs d'or, poings d'acier* avec une Louise Brooks inoubliable, puis son premier parlant, *la Patrouille de l'aube*, dans lequel le cinéaste place ses souvenirs comme pilote de la Première Guerre.

Henri Langlois écrit à propos d'Howard Hawks : « Homme moderne, il l'est totalement. Ce qui frappe, c'est à quel point son cinéma devance celui de son temps ; [...] son œuvre, dans son esprit comme dans sa physionomie, est née de l'Amérique contemporaine et se découvre être celle avec laquelle celle-ci puisse le mieux s'identifier et totalement, dans notre admiration comme dans notre critique. »

Dès 1932, *Scarface*, inspiré par les crimes du gangster Al Capone, frappe par sa nouveauté et la nervosité de la mise en scène. Hawks innove avec un style qui sera d'innombrables fois imité, comme cette manière de typer un personnage par un détail ou par un tic. Pensant que « c'est la violence qui fait l'histoire », il rend l'action plus saisissante en faisant un personnage à part entière d'un accessoire du récit, la mitraillette, arme nouvelle, à laquelle il donne une dimension terrifiante.

Les films suivants enchaînent des sujets divers et des mises en scène inventives comme dans *Train de luxe* (1934), film qui repose sur le rythme et la vivacité du dialogue et dont la deuxième partie se déroule entièrement dans un train. Hawks s'impose en outre comme directeur d'acteurs, révélant la jeune inconnue Carole Lombard ou dirigeant nombre de grandes vedettes de l'époque dans des rôles souvent marquants : Gary Cooper et Joan Crawford (*Après nous le déluge*), Edward G.Robinson (*Ville sans loi*), James Cagney (*Brumes*), ou le couple Katharine Hepburn / Cary Grant (*l'Impossible Monsieur Bébé*).

Sa personnalité le mettant souvent en porte-à-faux avec les producteurs, Hawks cherche à gagner sa liberté et son intégrité en se produisant lui-même. Il devient un « auteur de films » à une époque où cette situation est rare. Il impose sa qualité d'écriture en collaborant fréquemment avec l'écrivain William Faulkner et développe une œuvre particulière qui veut se démarquer des carcans classiques imposés par les productions de l'époque.

Un de ses premiers grands films comme auteur à part entière, *Seuls les anges ont des ailes* apporte à cette histoire de l'aviation civile une part de réalisme et d'authenticité rares à l'époque. « Chaque personnage », nous dit Hawks, « est inspiré par des faits vécus. [...] Le personnage de Jean Arthur et ses rapports avec Cary Grant sont authentiques ».

Dans un même souci d'authenticité et au travers d'une réalisation étonnamment dépouillée, *Sergent York* s'attache à explorer le personnage taciturne et méditatif interprété par Gary Cooper. Le cinéaste dirige l'acteur en soulignant de manière troublante la profondeur humaine du récit. L'esprit annonce *le Trésor de la Sierra Madre* de John Huston, qui participe à l'écriture du scénario.

Suivant cette ligne directrice qui donne à son œuvre toute son unité, Hawks aborde tous les genres. Le film noir, à travers *le Port de l'angoisse* (1944), adapté d'Hemingway, ou *le Grand Sommeil* (1946) qui met en scène le couple mythique Bacall/Bogart. Le western : *la Rivière rouge*, *la Captive aux yeux clairs*, *Rio Bravo*, ou même *Hatari*, sorte de « western africain » tourné au Kenya. La comédie : *Allez coucher ailleurs*, *Chérie, je me sens rajeunir* ou *Les hommes préfèrent les blondes*. La science-fiction même avec l'étrange *Chose d'un autre monde* (entièrement supervisé par Hawks) ou le peplum avec *la Terre des pharaons*, adapté avec Faulkner.

Sobre, usant du moins de plans possibles, de peu d'effets de montage, Hawks place sa caméra « à hauteur d'homme ». L'espace, une nature sauvage et impressionnante, viennent contrecarrer cette sobriété apparente apportant de la majesté aux conflits intérieurs. Les caractères se fixent dans la démesure des plans, de l'espace d'où ils tirent leur force, comme dans la *Captive aux yeux clairs* (1952) dont le titre original de *The Big Sky* fut inspiré par les réflexions des techniciens frappés par l'immensité du ciel ; paysages fascinants qui ajoutent au récit poésie et magie.

Hawks déclarait : « Le film moyen parle beaucoup trop. Vous devez bâtir vos scènes, bien les planter, puis laisser le spectateur faire un peu de travail pour qu'il se sente concerné. Tout script qui se lit avec aisance n'est pas bon. (...) Vous devez écrire ce que le personnage pourrait penser : il motive votre histoire. C'est parce qu'un personnage croit à quelque chose qu'une situation se produit, non parce que, sur le papier, vous décidez qu'elle doit se produire. » — S. C.

**FILMOGRAPHIE**

**1926** *L'ombre qui descend (The Road to Glory)*
*Sa Majesté la Femme (Fig Leaves)*
**1927** *Si nos maris s'amusent (The Cradle Snatchers)*
*Prince sans amour (Paid to Love)*
**1928** *Une fille dans chaque port/ Poings de fer cœur d'or (A Girl in Every Port)*
*L'Insoumise (Fazil)*
*Les Rois de l'air (The Air Circus)*, co. Lewis Seiler
**1929** *Trent's Last Case*
**1930** *La Patrouille de l'aube (The Dawn Patrol)*
**1931** *Le Code criminel (The Criminal Code)*

**1932** *La foule hurle (The Crowd Roars)*
*Scarface*
*Le Harpon rouge (Tiger Shark)*
**1933** *Après nous le déluge (Today We Live)*
**1934** *Train de luxe (Twentieth Century)*
**1935** *Ville sans loi (Barbary Coast)*
**1936** *Brumes (Ceiling Zero)*
*Les Chemins de la gloire (The Road to Glory)*
*Le Vandale (Come and Get it)*, co. W. Wyler
**1938** *L'Impossible Monsieur Bébé (Bringing Up Baby)*
**1939** *Seuls les anges ont des ailes (Only Angels Have Wings)*
**1940** *La Dame du vendredi (His Girl Friday)*
**1941** *Sergent York (Sergeant York)*
**1942** *Boule de feu (Ball of Fire)*
**1943** *Air Force*
**1944** *Le Port de l'angoisse (To Have and Have Not)*
**1946** *Le Grand Sommeil (The Big Sleep)*
**1948** *La Rivière Rouge (Red River)*
*Si bémol et fa dièse (A Song is Born)*
**1949** *Allez coucher ailleurs (I Was a Male War Bride)*
**1951** *La Chose d'un autre monde (The Thing from Another World / The Thing )*
**1952** *La Captive aux yeux clairs (The Big Sky)*
*La Sarabande des pantins (The Ransom of the Red Chief* ép. *« O' Henry's Full House »)*
*Chérie je me sens rajeunir (Monkey Business)*
**1953** *Les hommes préfèrent les blondes (Gentlemen Prefer Blondes)*
**1955** *La Terre des Pharaons (Land of the Pharaohs)*
**1959** *Rio Bravo*
**1962** *Hatari !*
**1964** *Le Sport favori de l'homme (Man's Favourite Sport)*
**1965** *Ligne rouge 7000 (Red Line 7000)*
**1967** *El Dorado*
**1970** *Rio Lobo*

## Werner **Herzog**

SACHRANG 1942

**Romantisme et démesure**. Werner Herzog a accédé à un statut de visionnaire par son goût pour les situations et les destins les plus radicaux. On trouve jusque dans ses documentaires des personnages (un sauteur à ski, l'empereur Bokassa, les enfants-soldats du Nicaragua, un grand alpiniste, un maharadjah, l'acteur Klaus Kinski lui-même...) choisis comme illustration des même excès, des mêmes folies, qu'on retrouve dans les héros de ses fictions, les Aguirre, Fitzcarraldo, Cobra Verde.

Chez Herzog, le héros est toujours un être d'exception, qu'il soit considéré comme surhomme ou sous-homme (en fait un faible, un handicapé, un marginal). Il est toujours hors-norme : conquérant de l'inutile, chercheur d'absolu, solitaire magnifique, révolté sans cause ou lutteur sans espoir. *Aguirre, la colère de Dieu* et son conquistador à la recherche de l'Eldorado, qui ne trouvera ni gloire ni paradis en dépit et à cause de sa soif d'absolu, superbement interprété par un Klaus Kinski véritablement possédé par son rôle, est le film de Herzog le plus célèbre et le plus admiré, un prototype, la matrice des travaux suivants – et Kinski sera l'acteur fétiche de Herzog (*Nosferatu*, *Woyzeck*, *Fitzcarraldo*, *Cobra Verde*). Portées à l'écran par un souffle puissant, les figures héroïques de Herzog ne sont pas des vainqueurs, et il faut les confronter aux personnages moins grandioses : Kinski lui-même a puissamment illustré des destins de victime dans *Nosferatu, fantôme de la nuit*, version personnelle du mythe créé par Bram Stoker et Murnau, et dans *Woyzeck*, tiré du drame romantique de Büchner. Les inférieurs (d'un point de vue physique, social ou psychologique) deviennent chez Herzog des facteurs déstabilisants qui mettent à nu les tares de la société, comme les petits hommes qui se révoltent dans *Les nains aussi ont commencé petits*, dont le récit bascule dans le fantastique. De même, dans *l'Énigme de Kaspar Hauser*, le pauvre Gaspard, authentique et indéchiffrable personnage historique qui a suscité tant de livres et d'hypothèses depuis sa mort en 1833, n'a laissé de son passage sur Terre que des questions qui, pour Herzog, s'adressent à la société. L'homme *naturel*, innocent, de *la Balade de Bruno* (interprété par un non-acteur, musicien des rues inadapté, ayant connu la prison et l'univers psychiatrique), ne trouve aucun refuge chez les hommes normaux. Dans d'autres films les « faibles » sont des témoins muets accusateurs, Indiens d'Amazonie d'*Aguirre* et *Fitzcarraldo*, esclaves de *Cobra Verde*, aborigènes du *Pays où rêvent les fourmis vertes*.

Style affiché, références, thématiques, révèlent chez Herzog une fière volonté de s'inscrire dans la culture allemande. Il a d'ailleurs tenté avec *Cerro Torre* de revitaliser, sans réussite, la vieille tradition nationale du film de montagne, et il a repris à son tour le thème irrationnel de Hanussen, le mage de Hitler (dans *Invincible*). Il revendique l'héritage conscient, assumé, exacerbé parfois, de l'univers du romantisme allemand du XIX$^{e}$ siècle. Si *l'Énigme de Kaspar Hauser* en offre un condensé, avec sa thématique et le reflet de l'œuvre peinte de Caspar David Friedrich, l'influence est profonde dans tous ces itinéraires

Werner Herzog et Klaus Kinski, son acteur fétiche et son « meilleur ennemi » sur le tournage d'*Aguirre*.

vers la folie (*Signes de vie, Aguirre, Woyzeck*), dans le basculement vers le fantastique ou la mort (*les Nains..., Cœur de verre, la Balade de Bruno, Cobra Verde*) et dans un profond sentiment de la Nature. Déjà tenté par l'onirisme dans *Signes de vie* et dans *Cœur de verre*, il témoignera plus tard d'une forte tendance à l'irrationnel, manifestant aussi une emphase anti-moderniste qui obscurcit ses films où le lyrisme repose sur un alibi documentaire, où folie et logique s'entremêlent, peut-être autant chez l'auteur lui-même que dans ses meilleures fictions. – D. S.

**FILMOGARPHIE**

**1967** *Signes de vie (Lebenszeichen)*
**1970** *Fata Morgana*
*Les nains aussi ont commencé petits (Auch Zwerge haben Klein angefangen)*
**1971** *Pays du silence et de l'obscurité (Land des Schweigens und der Dunkelheit)*
**1972** *Aguirre, la colère de Dieu (Aguirre, der Zorn Gottes)*
**1974** *L'Énigme de Kaspar Hauser (Jeder für sich und Gott gegen alle)*
**1976** *Cœur de verre (Herz aus Glas)*
**1977** *La Balade de Bruno (Stroszek)*
**1979** *Nosferatu, fantôme de la nuit (Nosferatu, Phantom der Nacht)*
*Woyzeck*
**1982** *Fitzcarraldo*
**1984** *Le Pays où rêvent les fourmis vertes (Wo die grünen Ameisen traümen)*
**1987** *Cobra Verde*
**1990** *Échos d'un sombre empire (Echos aus einem düsteren Reich)*
**1991** *Cerro Torre, le Cri de la roche (Schrei aus Stein)*
**1999** *Mon meilleur ennemi (Mein Liebster Feind – Klaus Kinski)*
**2001** *Invincible*
*Pilgrimage*
**2003** *Rad der Zeit*
**2004** *The White Diamond*
**2005** *The Wild Blue Yonder*
*Grizzly Man*
**2006** *Rescue Dawn*

## Alfred **Hitchcock**

LONDRES 1899 - LOS ANGELES 1980

**Le « maître du suspense »** fut surtout un grand manipulateur. Ne confiait-il pas à Truffaut qu'à la direction d'acteur, il préférait la direction de spectateur ?

Fils de boutiquiers, élevé dans une école catholique, Alfred Hitchcock va entrer dans le cinéma comme graphiste. Il va s'essayer à plusieurs métiers, sans doute déjà décidé à devenir un jour réalisateur et à faire carrière à Hollywood, dont le fini technique le fascine déjà. Après un séjour professionnel en Allemagne, il passe à la réalisation :

*les Cheveux d'or* (1926), variation sur le thème de Jack l'Éventreur et du faux coupable, réunit déjà toutes les caractéristiques et une bonne part des obsessions du cinéaste. Ce succès, puis celui de *Chantage* (1929), premier film parlant européen, semblent indiquer à Hitchcock sa voie.

En effet, après l'opérette *Valses de Vienne*, il décide de se consacrer uniquement aux déclinaisons du thème criminel, du crime crapuleux à l'espionnage. *L'Homme qui en savait trop*, suivi des *Trente-Neuf Marches*, deux succès internationaux, confirment le bien fondé de son choix. En attendant d'aller à Hollywood, Hitchcock fait venir en Angleterre des acteurs américains comme Robert Young (*Quatre de l'espionnage*) ou Sylvia Sidney (*Sabotage*). Après une fin de carrière anglaise où il aligne les succès (*Jeune et innocent, Une femme disparaît, l'Auberge de la Jamaïque*), Hitchcock part pour Hollywood, sous contrat avec le producteur indépendant David O. Selznick.

La collaboration avec Selznick sera tendue, mais fructueuse. Le producteur est interventionniste. Le réalisateur, têtu et soucieux de l'intégrité de son travail, apprend à ne filmer que l'essentiel, ne laissant que peu de liberté à qui ferait le montage après lui. Selznick réalise des bénéfices importants en le « prêtant » à divers studios. Mais Hitchcock a une telle image qu'on ne semble lui proposer que des sujets qui sont dans ses cordes. Il vole de succès en succès, remportant des Oscars et en faisant obtenir à ses collaborateurs. Ses films sont toujours brillants, même si le réalisateur en privilégie certains (*l'Ombre d'un doute* sera toujours l'un de ses préférés). C'est Selznick qui le met en relation avec une autre de ses personnalités sous contrat, Ingrid Bergman, pour les besoins de *la Maison du Dr. Edwardes* (1945) : Hitchcock y découvre l'interprète féminine rêvée, qu'il utilisera à nouveau dans deux films admirables (*les Enchaînés, les Amants du Capricorne*) et qu'il essaiera souvent de faire tourner à nouveau sans succès. *Les Enchaînés* (1946) est également interprété par Cary Grant, qu'Hitchcock avait rencontré sur *Soupçons*, et qui sera, avec James Stewart, son acteur de prédilection. *Les Enchaînés*, où l'intrigue d'espionnage palpitante masque une bouleversante histoire d'amour, sera l'un des sommets d'une œuvre qui en compte plusieurs.

À la fin de son contrat avec Selznick, Hitchcock met sur pied sa propre maison de production, ses films étant distribués par la Warner Bros. Il en profite pour expérimenter de nouvelles techniques : *la Corde* est réalisé en une dizaine de plans-séquence qui, réunis, paraissent n'en constituer qu'un seul, en temps réel. Hitchcock expérimentera égalemement dans l'autre sens, c'est-à-dire le montage morcelé et les plans très brefs, quasi-subliminaux (*Psychose*). Cette association avec la Warner Bros. produit, entre autres, *les Amants du Capricorne*, qui est un échec commercial, et *l'Inconnu du Nord-Express*, qui est un succès.

C'est ensuite avec la Paramount qu'Hitchcock s'associe. Il y bénéficiera d'une liberté d'action sans égale. En l'espace de quelques années, Hitchcock, au sommet de sa créativité, aborde toutes les nuances du suspense : le tour de force technique du décor unique (*Fenêtre sur cour*), la comédie (*la Main au collet*), le remake (*L'Homme qui en savait trop*), l'onirisme (*Sueurs froides*), et le film-poursuite (*la Mort aux trousses*, réalisé à la MGM). Il termine avec ce qui devait être une petite expérience réalisée selon les techniques nouvelles et légères de la télévision, et qui devient le plus grand succès de sa carrière, *Psychose*. Peu de films auront marqué comme ce dernier et suscité à ce point des variantes et des imitations, notamment un remake plan par plan réalisé par Gus van Sant en 1999.

Le succès lasse peut-être la critique, qui commence à faire la fine bouche. D'abord devant *les Oiseaux* (1963), tour de force technologique et parabole apocalyptique lourde de sens. Puis devant *Pas de printemps pour Marnie*, film certes proche de l'esthétique des années 1940, mais qui n'en est pas moins le dernier grand chef-d'œuvre du cinéaste. À l'Universal, dont il est partenaire depuis *les Oiseaux*, Hitchcock connaîtra un déclin progressif, même si aucun de ses films n'est sans intérêt. Il connaît le doute et les hésitations. Son retour en Angleterre, pour *Frenzy* (1972), aboutit cependant à une réussite originale, gorgée d'humour et de virtuosité.

Si la maîtrise de la forme chez Hitchcock a toujours été reconnue, on lui a souvent reproché de l'appliquer à des sujets futiles. Le travail des critiques français des années 1950 (Chabrol, Truffaut, Rohmer) a permis de révéler la profondeur fantasmatique de cet univers. Le cinéaste a su en effet se servir du cinéma pour créer un univers mental que chaque spectateur peut déchiffrer à sa manière, et qui le renvoie aux questions cruciales de sa propre existence (le couple, les autres, la responsabilité, la sexualité, la transcendance). – C. V.

**FILMOGRAPHIE**

**1925** *The Pleasure Garden*
**1926** *The Mountain Eagle*
*Cheveux d'or / l'Éventreur*
*(The Lodger)*
**1927** *Downhill When Boy Leave Home*
*Easy Virtue*
*The Ring*
**1928** *La Fermière (The Farmer's Wife)*
*À l'américaine (Champagne)*
**1929** *Harmony Heaven*,
co. Eddie Pola et Edward Brandt
*The Manxman*
*Chantage (Blackmail)*
**1930** *Junon et le paon*
*(Juno and the Peacock)*
*Murder*
**1931** *The Skin Game*

Sur le plateau de tournage du film *les Oiseaux* (1963), Alfred Hitchcock dirige les acteurs.

**1932** *À l'Est de Shangaï (Rich and Strange)*
*Numéro 17 (Number Seventeen)*
**1933** *Le Chant du Danube (Waltzes From Vienna)*
**1934** *L'Homme qui en savait trop (The Man Who Knew Too Much)*
**1935** *Les Trente-Neuf Marches (The Thirty-Nine Steps)*
**1936** *Quatre de l'espionnage (The Secret Agent)*
**1937** *Agent secret (Sabotage)*
*Jeune et Innocent (Young and Innocent)*
**1938** *Une femme disparaît (The Lady Vanishes)*
**1939** *L'Auberge de la Jamaïque (Jamaica Inn)*
**1940** *Rebecca*
*Correspondant 17 (Foreign Correspondent)*
**1941** *Joies matrimoniales (Mr. and Mrs. Smith)*
*Soupçons (Suspicion)*
**1942** *Cinquième Colonne (Saboteur)*
**1943** *L'Ombre d'un doute (Shadow of a Doubt)*
**1944** *Lifeboat*
**1945** *La Maison du Dr. Edwardes (Spellbound)*
**1946** *Les Enchaînés (Notorious)*
**1948** *Le Procès Paradine (The Paradine Case)*
*La Corde (Rope)*
**1949** *Les Amants du Capricorne (Under Capricorn)*
**1950** *Le Grand Alibi (Stage Fright)*
**1951** *L'Inconnu du Nord-Express (Strangers on a Train)*
**1953** *La Loi du silence (I Confess)*
**1954** *Le crime était presque parfait (Dial M for Murder)*
*Fenêtre sur cour (Rear Window)*
**1955** *La Main au collet (To Catch a Thief)*
*Mais qui a tué Harry? (The Trouble With Harry)*
**1956** *L'Homme qui en savait trop (The Man Who Knew Too Much)*
**1957** *Le Faux Coupable (The Wrong Man)*
**1958** *Sueurs froides (Vertigo)*
**1959** *La Mort aux trousses (North by Northwest)*
**1960** *Psychose (Psycho)*
**1963** *Les Oiseaux (The Birds)*
**1964** *Pas de printemps pour Marnie (Marnie)*
**1966** *Le Rideau déchiré (Torn Curtain)*
**1969** *L'Étau (Topaz)*
**1972** *Frenzy*
**1976** *Complot de famille (Family Plot)*

# Hou Hsiao-hsien

CANTON 1947

**Figure majeure de la Nouvelle Vague taïwanaise,** Hou Hsiao-hsien a placé la quête d'une identité taïwanaise au cœur de ses films, historiques et contemporains. Il est né à Canton en avril 1947 dans une Chine en pleine guerre civile, juste après l'occupation japonaise. Son père part seul le mois suivant à Taïwan puis revient un an plus tard pour chercher sa femme et ses enfants. Hou Hsiao-hsien a raconté cet exode dans *Un temps pour vivre, un temps pour mourir* (1985), ainsi que la chimère d'un retour en Chine continentale. Obsédé par ses origines chinoises, Hou l'est aussi par le passé de Taïwan, au temps de l'occupation japonaise, de 1905 à 1945, qu'il a évoqué dans *le Maître de marionnettes* (1993). Ses films historiques comme *la Cité des douleurs* (1989), en prenant partie pour les habitants de l'île qui ont connu l'occupation japonaise puis l'occupation chinoise du Kuomintang (avec le massacre des Taïwanais de souche par les continentaux) ont joué le rôle d'une véritable psychanalyse identitaire de Taïwan, traumatisante car vouée à l'échec.

Principal représentant de la Nouvelle Vague taïwanaise, avec Edward Yang pour qui il sera acteur dans *Taipei Story* (1986), grâce au gouvernement qui décide d'ouvrir le cinéma aux jeunes, Hou s'impose par des chroniques de l'intime (*Un été chez grand-père, Poussière dans le vent*), qui alternent moments de douceur et de violence (souvenirs de son adolescence bagarreuse dans *les Garçons de Fengkwei*, 1983), sous le regard neutre d'une caméra dont le détachement se teinte quelque peu de bouddhisme, voire de taoïsme (le non-agir, laisser la voie au cours des choses). On y respire l'atmosphère des films d'Ozu, à qui il rendra hommage dans *Café Lumière* (2003), même s'il lui préfère ceux de Naruse. Dans *Fleurs de Shanghai* (1998), drame amoureux dans une maison close vers 1900, les ensorcelants mouvements de caméra suggèrent les effluves d'une fumerie d'opium. Cette ivresse envoûtante se retrouve dans *Millenium Mambo* (2000), portrait d'une jeunesse en proie à la vacuité du vide. On songe parfois à Wong Kar-waï mais le cinéma de Hou, parfois virtuose, est plus profond, plus habité. En un mot, plus existentiel. — C. T.

**FILMOGRAPHIE**

**1980** *Charmante demoiselle (Jiu shi liuliude ta)*
**1981** *Vent folâtre (Feng'er titacai)*
**1982** *L'Herbe verte de chez nous (Zai na heban qingcao qing)*
**1983** *L'Homme sandwich (Erzi de da wan'ou), co. Les garçons de Fengkuei (Fengkui laide ren)*
**1984** *Un été chez grand-père (Dongdong de jiaqi)*
**1985** *Un temps pour vivre, un temps pour mourir (Tongnian wangshi)*
**1986** *Poussière dans le vent (Lianlia fengchen)*
**1987** *La Fille du Nil (Ni-lo-ho nu'erh)*
**1989** *La Cité des douleurs (Beiqing chengshi)*
**1993** *Le Maître de marionnettes (Ximong rensheng)*
**1995** *Good Men, Good Women (Haonan haonü)*
**1996** *Goodbye South Goodbye*
**1998** *Les Fleurs de Shangai (Flowers of Shangai)*
**2001** *Millenium Mambo*
**2004** *Café Lumière*
**2005** *Three Times*
**2006** *Reflexions*

# King **Hu**

PÉKIN 1931 – TAIPEI 1997

**L'esthète des arts martiaux.** King Hu a donné au film de sabre de Hong Kong ses lettres de noblesse, puisant son inspiration dans l'opéra de Pékin et la calligraphie chinoise, tout en affirmant son goût pour les héroïnes féminines. La vogue actuelle du film de sabre (*le Secret des poignards volants* de Zhang Yimou, *Tigre et dragon* d'Ang Lee) lui doit beaucoup, tant son apport au genre a été déterminant. Né à Pékin d'une famille de lettrés, il fait des études de Beaux-Arts avant de quitter en 1949 la Chine communiste pour Hong Kong où il est dessinateur, acteur et scénariste. Il doit au réalisateur Li Hanxiang son entrée au studio Shaw et son passage à la réalisation. Son premier coup d'éclat est *Come Drink With Me* (1966) qui relance le film de sabre parlé en mandarin, genre tombé en désuétude depuis son âge d'or à Shanghai (1926-1931), tout en remettant à l'honneur, avec Cheng Peipei, la tradition des dames d'épées. Mécontent des méthodes de travail du studio, il prend son indépendance, ce qui lui réussira artistiquement tout en lui coûtant cher, car il tournera peu. Fidèle au film de sabre, il laissera deux chefs-d'œuvre (*Touch of Zen* en 1971 et *Raining in the Mountain*, en 1979), modèles du genre, inégalés.

Issu de la tradition du Nord, King Hu (Hu Jinquan en chinois) transpose l'opéra de Pékin dans le film de sabre, avec ses sauts acrobatiques, ses longues envolées au trampoline magnifiées par le drapé du vêtement. On privilégie la beauté du geste à l'impact d'un coup. L'énergie du corps s'efface devant l'élégance du tissu. Cette chorégraphie visuelle fait songer à la calligraphie, tandis que le montage, on découpant les gestes en segments, compose un idéogramme. Les rapides panoramiques, avec leur effet de flou, dans les splendides scènes de combat en forêt, rappellent l'attaque du pinceau sur la feuille, entre vide et plein. Féru de cosmogonie chinoise (le souffle vital), King Hu retrouve dans les scènes de paysage de montagne (l'ouverture de *Raining in the Mountain* et l'arrivée au monastère) les compositions de la peinture chinoise où la brume joue le rôle de tiers dynamique, de vide médian entre ciel et terre, entre yang et yin. King Hu, l'esthète, est le seul à avoir poussé le genre à un degré d'abstraction aussi raffinée. – C.T.

**FILMOGRAPHIE**

**1963** *L'Amour éternel (Liang Shanbo yu Zhu Yingtai)*, co. Li Hanxiang
**1964** *Sons of the Good Earth (Da dei yi nui)*
*Confessions d'une concubine (Yu Tangchun)*
**1965** *Come Drink With Me (Da zuixia)*
**1966** *Dragon Gate Inn (Long men kezhan)*
**1971** *A Touch of Zen (Xia nü)*
**1973** *The Fate of Lee Khan (Yingchunge zhi fengbo)*
*La Crise du pavillon du jasmin d'hiver (Yang chun gezhi fengbo)*
**1974** *The Valiant Ones (Zhong lie tu)*
**1978** *Pluie dans la montagne (Kong shan ling yu)*
**1979** *Légende de la montagne (Shan zhong chuan qi)*
**1981** *Mariage (Zhongshen da shi)*
**1983** *All the King's Men*
**1991** *Swordsman (Xiao ao Jianghu)*, co.
**1993** *The Painted Skin (Huapi zhi Yinyang Fa Wang)*

## John **Huston**

NEVADA, 1906 - MIDDLETON 1987

**L'esprit de l'aventure.** Au cœur d'une véritable dynastie du spectacle, John Huston est un être multiple. Aventurier, intellectuel, esthète, athlète, réalisateur, acteur, scénariste, il perpétue une tradition américaine qui va de Jack London à Jack Kerouac, en passant par Ernest Hemingway.

John Huston a deux handicaps à surmonter. L'enfant malingre est devenu athlète accompli et aventurier. Le fils du grand acteur Walter Huston est devenu le cinéaste qui permit à son père de remporter un Oscar (*le Trésor de la Sierra Madre*). De cette volonté de se dépasser, il lui est resté une boulimie de tout et le sens de la dérision.

Après quelque temps dans l'armée de Pancho Villa au Mexique (selon la légende), il s'établit à Hollywood. Scénariste, il crée des rôles pour son père (*Law and Order*, Edward L. Cahn, 1932). Engagé à la Warner Bros, il y écrit notamment *l'Insoumise* (William Wyler), *Juarez* (William Dieterle) et *la Grande Évasion* (Raoul Walsh). Ce dernier film a pour interprète Humphrey Bogart. Les deux hommes fraternisent et Huston décide de passer à la réalisation en adaptant *le Faucon maltais* (déjà l'objet de deux films), avec Bogart. La perfection du dialogue, de la distribution, de l'image, du rythme, donnent naissance à un véritable genre cinématographique, le film noir.

Ce succès lui vaut quelques films de prestige avant que l'armée ne l'appelle. Cinéaste militaire, il tourne trois documentaires admirables dont *Let There Be Light*, sur le traitement psychiatrique des blessés de guerre.

Pour son retour au film de fiction, il retrouve Bogart. *Le Trésor de la Sierra Madre* est une quête au but dérisoire, *Key Largo*, un film de gangster confiné au huis clos. Dans les deux cas, l'aventure elle-même est source de richesse, et non le but, qui peut n'être qu'un leurre. Cette philosophie de la justification par l'action, Huston va la mettre en pratique autant dans sa vie que dans ses films.

D'*African Queen* à *L'Homme qui voulut être roi*, il raconte l'exaltation de l'aventure pour l'aventure. Film noir (*Quand la ville dort*), film historique (*la Charge victorieuse*), western (*le Vent de la plaine*) ou comédie (*Dieu seul le sait*), les personnages que l'on y retrouve sont à l'image du cinéaste, à la recherche d'eux-mêmes et des autres. Il émane d'eux une aura tragique, particulièrement poignante quand le héros meurt au milieu de chevaux en liberté, dans *Quand la ville dort*.

À ceux qui ne verraient en Huston que le chantre de l'action, il se révèle un coloriste inspiré : l'ouverture chamarrée de *Moulin Rouge* (biographie de Toulouse-Lautrec), les eaux-fortes de *Moby Dick*, les recherches monochromatiques de *Reflets dans un œil d'or* sont d'un esthète exigeant et raffiné. Il se révèle subtil pour explorer les inconscients énigmatiques (les personnages à la dérive des *Misfits*, le major homosexuel dans *Reflet dans un œil d'or*, les boxeurs pathétiques de *Fat City/la Dernière Chance*) : il était dans la logique des choses qu'il réalisât une biographie austère et rigoureuse de Sigmund Freud, s'acharnant surtout à suivre l'exploration de lui-même entreprise par le personnage (*Freud, passions secrètes*).

Quand il en a besoin, il réalise des films sans envergure, sans s'y engager. Mais sa patte peut surgir, intacte, là où on ne l'attend pas. Par exemple dans un récit d'espionnage absurde et existentiel (*la Lettre du Kremlin*).

Comme un rempart aux éventuelles compromissions, il reste les livres aimés que Huston porte à l'écran avec ferveur, trouvant toujours le moyen de traduire en images ce qui l'avait déjà conquis par les mots. Ses amours littéraires vont de Dashiell Hammet (*le Faucon maltais*) à Kipling (*l'Homme qui voulut être roi*), en passant par Flannery O'Connor (*le Malin*), Carson MacCullers (*Reflets dans un œil d'or*) ou Malcolm Lowry (*Au-dessous du volcan*).

Son dernier film, tourné sous tente à oxygène, sera l'hommage à un livre : *Gens de Dublin* d'après James Joyce. Huston en a fait une adaptation déli-

John Huston dans le désert du Nevada pour le tournage des *Désaxés (The Misfits)*.

cate et musicale, interprétée par sa fille Anjelica Huston, musicale, qui, à travers les petites choses d'un soir de fête, trouve l'essentiel : la vie, l'amour et la mort. Peu de films de fin de carrière auront eu la résonance vertigineuse de celui-là. – C. V.

**FILMOGRAPHIE**

1941 *Le Faucon maltais (The Maltese Falcon)*
1942 *In This Our Life*
*Griffes jaunes (Across the Pacific)*
1948 *Le Trésor de la sierra Madre (The Treasure of Sierra Madre)*
*Key Largo*
1949 *Les Insurgés (We Were Strangers)*
1950 *Quand la ville dort (The Asphalt Jungle)*
1951 *La Charge victorieuse (The Red Badge of Courage)*
1952 *La Reine africaine (The African Queen)*
1953 *Moulin-Rouge*
1954 *Plus fort que le Diable (Beat the Devil)*
1956 *Moby Dick*
1957 *Dieu seul le sait (Heaven Knows, Mr. Allison)*
1958 *Le Barbare et la Geisha (The Barbarian and the Geisha)*
*Les Racines du ciel (The Roots of Heaven)*
1960 *Le Vent de la plaine (The Unforgiven)*
1961 *Les Désaxés (The Misfits)*
1962 *Freud passions secrètes (Freud)*
1963 *Le Dernier de la liste (The List of Adrian Messenger)*
1964 *La Nuit de l'iguane (The Night of the Iguana)*
1966 *La Bible (The Bible)*
*Reflets dans un œil d'or (Reflections in a Golden Eye)*
1967 *Casino Royale (sketch)*
1969 *Davey des grands chemins (Sinful Davey)*
*Promenade avec l'amour et la mort (A Walk With Love and Death)*
1970 *La Lettre du Kremlin (The Kremlin Letter)*
1972 *La Dernière Chance (Fat City)*
*Juge et hors-la-loi (The Life and Times of Judge Roy Bean)*
1973 *Le Piège (The Mackintosh Man)*
1975 *L'Homme qui voulut être roi (The Man Who Would Be King)*
1979 *Le Malin (Wise Blood)*
1980 *Phœbia*
1981 *À nous la victoire (Escape to Victory)*
1982 *Annie*
1984 *Au-dessous du volcan (Under the Volcano)*
1985 *L'Honneur des Prizzi (Prizzi's Honor)*
1987 *Gens de Dublin (The Dead)*

## Im Kwon-taek

CHANGSONG 1936

**Beauté de la tradition.** Chef de file du cinéma de la Corée du Sud, Im Kwon-taek est un modèle, par son dynamisme (102 films depuis 1962) et son talent artistique, soucieux de redonner vie à un monde oublié et perdu afin d'en célébrer la beauté

Son enfance en province, marquée par la guerre civile qui touche sa famille, l'oblige à travailler jeune. Il est engagé à Séoul dans la société de production de Chung Chang-hwa, connu par la suite pour ses films d'arts martiaux à Hong Kong. Ce dernier l'incite à passer à la réalisation en 1962 (*Adieu à la rivière*). Les nombreux films du début de la carrière d'Im Kwon-taek sont pour la plupart inaccessibles, selon les vœux du cinéaste. Il s'agit d'un cinéma de genre (films de guerre, à costumes, drames sentimentaux), dit «quota quickies», la loi obligeant toute société, pour importer des films étrangers, à produire en contrepartie des films coréens.

Im Kwon-taek considère *l'Arbre généalogique* (1978), sur la résistance de villageois contre les occupants japonais, comme son premier film personnel. Ce souci d'affronter les drames récents de la Corée se retrouve dans *Gilsottum* (1985), sur des familles séparées par la guerre. L'identité coréenne, éclatée (Nord et Sud), composite (occupation japonaise, influence chinoise) est au centre de ses préoccupations, moins sous un angle politique que culturel. En témoignent ses deux films sur le bouddhisme, *Aje, Aje, Para Aje* (1989) et surtout *Mandala* (1981), qu'il considère comme le meilleur, sur un bouddhisme à la coréenne, presqu'épicurien, différent de celui pratiqué au Japon et en Chine. Très doué pour les films à costumes (*la Mère porteuse*, 1986), Im Kwon-taek se vit comme le gardien des traditions oubliées, populaires (*la Chanteuse de pansori*, 1993) ou aristocratiques. Ce goût culmine dans *le Chant de la fidèle Chunhyang* (2000) adapté d'un classique du pansori, chant récitatif coréen, et superbe variation sur les relations complexes entre les mots chantés et les images qu'ils appellent. *Ivre de femmes et de peinture* (2002), sur un peintre au temps de la dynastie Chosun, revendique l'indépendance de l'artiste et, véritable traité de cinéma selon Im Kwon-taek, fait de l'amour de la vie, et de l'énergie qu'il procure, le souffle de l'art, garant de sa beauté. – C.T.

**FILMOGRAPHIE**

Films présentés en France

**1962** *Adieu à la rivière Duman (Dumanganga jal itgeola)*
*La veuve abandonnée (Jabcho)*
**1974** *Le Témoignage (Jeungeon)*
**1979** *L'Arbre généalogique (Jokbo)*
**1981** *Mandala*
**1982** *Les Corrompus (Oyeomdoen jashikdeul)*
**1983** *Le Village des brumes (Angae maeul)*
*La Fille du feu (Bului dal)*
**1985** *Gilsottum*
**1986** *Le Flot éternel (Heureuneun gangmuleul eojji makeorya)*
*Le Ticket (Ticket)*
**1987** *Adada*
*La Mère porteuse (Sibaji)*
**1988** *Chronique du roi Yonsan (Yeonsan ilgi)*
**1989** *Viens, viens, viens plus haut (Aje aje bara aje)*
**1991** *Kaebyok*
**1993** *La Chanteuse de pansori (Seopyeonje)*
**1994** *Les Monts Taebek (Taebek sanmaek)*
**1996** *Festival (Chukje)*
**1997** *Chang*
**2000** *Le Chant de la fidèle Chungyang (Chunyang)*
**2002** *Ivre de femmes et de peinture (Chihwaseon)*
**2004** *La Pègre (Haryu insaeng)*

## Shohei **Imamura**

TOKYO 1926 - id. 2006

**Un Épicurien lucide.** Contemporain de la Nouvelle Vague sans jamais en faire partie, Shohei Imamura, deux fois Palme d'or au Festival de Cannes, avec *la Ballade de Narayama* (1983) puis *l'Anguille* (1997), est un cinéaste à part. Entomologiste dans l'âme, passionné par l'étude du comportement humain, il porte un regard tantôt froid sur la monstruosité de l'homme ou très chaleureux sur le «peuple vil» du Japon (*himin*) et les éternels oubliés de l'histoire.

Son père était médecin et il consacrera un curieux film à ce métier, *Kanzo Sensei (Dr Akagi)* (1998), portrait attachant d'un homme original, entouré d'une bande de marginaux, situé dans le contexte de la défaite militaire du Japon en 1945. Touché par la guerre (un frère tué au front), Dr Akagi se livre au marché noir et fréquente les quartiers des prostituées de Tokyo. La vision de *l'Ange ivre* (1948) de Kurosawa, sur le monde du marché noir, le marquera. Après des études d'histoire contemporaine, il entre en 1951 à la Shochiku comme assistant réalisateur d'Ozu, qui le frappe par son goût du détail. Il n'aime guère ses films mais sera touché plus tard par leur portrait de la vieillesse. Il passe à la Nikkatsu en 1954, toujours comme assistant, devient coscénariste avant de réaliser son premier film en 1958, *Désir volé*, sur une troupe d'acteurs ambulants. La crise des studios le frappe de plein fouet et l'oblige à fonder sa compagnie de production en 1966. Des échecs répétés l'éloignent du cinéma. Il réalise

Shohei Imamura sur le tournage de *Pluie noire* (1989).

pour la télévision de nombreux documentaires, passionnants et très critiques sur l'histoire du Japon contemporain pendant la seconde guerre mondiale, avant de revenir au cinéma grâce au succès de *la Vengeance est à moi* (1979).

En naturaliste rigoureux, Imamura se passionne pour la condition de l'homme. Le regard qu'il porte sur la société japonaise, moins intellectuel que celui de Nagisha Oshima, est tout aussi féroce car très viscéral. La truculence rabelaisienne de son cinéma, ajoutée au goût du débordement carnavalesque, devient une arme contre la bienséance et l'étiquette, fleurons du comportement japonais. Face à cette société d'en haut, régie par le code d'honneur des samouraï (le *bushido*, qu'il exècre), les rituels comme la cérémonie du thé et autres protocoles, il oppose la force du peuple, celle des marginaux ou des minorités (chrétiens du Japon, Coréens, femmes coréennes réquisitionnées à des fins de prostitution pendant la guerre), qui a toute sa sympathie. Dans *Cochons et cuirassés* (1960), inspiré par la loi interdisant les maisons closes (sujet de *la Rue de la honte* de Mizoguchi), il montre d'anciens tenanciers se reconvertir dans l'élevage de porcs sous le regard de l'armée américaine. Cet axiome pornographique (commerce des corps, homme-animal, obscénité de l'armée), présent dans *Eijanaïka* et *le Seigneur des bordels* (1987), est le fondement de sa vision.

L'homme selon Imamura, proche en cela de Luis Buñuel, est un animal du besoin, mû par la quête de nourriture (son manque régit la communauté des paysans de *la Ballade de Narayama*) et dépendant de ses besoins sexuels, ce qui le ravale au rang de bête. La sexualité est révélatrice de l'organisation d'une société (dans *le Pornographe*, 1966) de ses rapports de force (le viol), tout en étant source de joie, facteur de désordre et de renversement. Observateur des forces enfouies qui mettent l'homme hors de lui, face à sa vraie nature, Imamura fait du criminel en série (*la Vengeance est à moi*, 1979), filmé sans complaisance, l'autre révélateur des dysfonctionnements de la société japonaise. Dans *l'Anguille* (1997) on ignore si le crime odieux est un acte isolé ou le premier d'une série à venir. Si la sexualité est tantôt une force libératrice radieuse tantôt une machine aliénante, Imamura, pour son dernier film, *De l'eau tiède sous un pont rouge* (2001), fable sur la jouissance d'une femme fontaine, privilégie la fantaisie légère, preuve que les principes d'une société qu'il vomit ne lui ont jamais fait perdre son indestructible sourire. – C.T.

**FILMOGRAPHIE**

**1958** *Désir volé (Nusumareta yokujo)*
*Devant la gare de Nishi-Ginza (Nishi-Ginza eki mae)*
*Désir inassouvi (Hateshinaki yokubo)*
**1959** *Le Grand Frère / les Enfants du charbonnage (Nianchan)*
**1961** *Cochons et cuirassés / Filles et gangsters (Buta to gunkan)*

1963 *Chronique entomologique du Japon / la Femme insecte (Nippon konchuki)*
1964 *Désir de meurtre en rouge / Désirs meurtriers (Akai satsui)*
1965 *Introduction à l'anthropologie / le Pornographe (Jinruigaku nyumon)*
1967 *Évaporation de l'homme (Ningen johatsu)*
1968 *Profonds Désirs des dieux (Kamigami no fukaki yokubo)*
1970 *Histoire du Japon par une hôtesse de bar (Nippon sengoshi : Madamu Onboro no seikatsu)*
1975 *Ces dames qui vont au loin (Karayuki-San)*
1979 *La vengeance est à moi (Fukushu suru wa ware ni ari)*
1981 *Pourquoi pas ? (Eijanaika)*
1983 *La Ballade de Narayama (Narayama bushi-k-o)*
1987 *Zegen (le Seigneur des bordels)*
1989 *Pluie noire (Kuroi ame)*
1997 *L'Anguille (Unagi)*
1998 *Kenzo Sensei (Dr Akagi) (Kenzo Sensei)*
2001 *De l'eau tiède sous un pont rouge (Akai hashi no shita no nurui mizu)*
2002 *11'09''01 - September 11*, c.m.

## Otar **Iosseliani**

TBILISSI 1934

**Parler des choses les plus graves en souriant.** Iosseliani interrompt ses études musicales au conservatoire de Tbilissi, ainsi que sa formation scientifique à Moscou, pour entrer au VGIK où il obtient son diplôme de réalisateur avec un court métrage, *Avril* (1961), dans lequel on trouve déjà l'une des constantes de son univers de cinéaste, le souci de la qualité de la vie et des rapports humains. Son second court métrage, *la Fonte* (1965), révèle un sens aigu de l'observation et une approche chaleureuse des individus. *La Chute des feuilles* (1967) le révèle au public international : à travers les heurs et malheurs d'un timide employé de coopérative vinicole, il se livre à une mordante satire de la bureaucratie et du carriérisme et célèbre, avec tendresse et humour, les vertus de la vie. Sa désinvolture et son refus de délivrer un « message » lui valent quelques ennuis avec les autorités, mais il récidive avec *Il était une fois un merle chanteur* (1971) qui présente un « héros négatif » en la personne d'un musicien qui vit comme l'oiseau sur la branche et ne parvient pas à respecter les normes de la vie sociale. Ce conte moral, jugé trop peu édifiant, est interdit à l'exportation pendant plusieurs années, tout comme *Pastorale* (1976) qui poursuit dans la même veine réaliste et familière et pousse encore plus loin la dédramatisation en montrant la vie quotidienne d'un village où séjournent des musiciens de la ville. Travaillant loin de la Géorgie, Iosseliani alterne alors documentaires, *Euskadi* (1982, sur le pays basque), *Un petit monastère en Toscane* (1988), et films de fiction, *les Favoris de la lune*, réalisé en France en 1984, un exercice de style plein d'humour, puis *Et la lumière fut*, parabole écologique tournée en Afrique noire en 1989. En 1992, il signe *la Chasse aux papillons*, puis, en 1994, un documentaire sur son pays natal, *Seule, Géorgie*. Suivent *Brigands, chapitre VII* (1997), *Adieu, plancher des vaches* (1998), *Lundi matin* (2002), *Jardin en automne* (2006). Il y a dans tous les films d'Iosseliani, cinéaste faussement nonchalant, une « petite musique » très séduisante, une drôlerie discrète, mais aussi une gravité qui touche à l'essentiel. — J. A. G.

**FILMOGRAPHIE**

1967 *La Chute des feuillles (Listopad)*
1971 *Il était une fois un merle chanteur (Žil pevčij drozd)*
1976 *Pastorale (Pastoral')*
1984 *Les Favoris de la lune*
1989 *Et la lumière fut*
1992 *La Chasse aux papillons*
1997 *Brigands, chapitre VII*
1998 *Adieu, plancher des vaches*
2002 *Lundi matin*
2006 *Jardins en automne*

# Miklós **Jancsó**

VÁC 1921

**De l'histoire au présent.** Jancso a su magnifier dans un style très personnel les caractères propres de l'histoire de la Hongrie et ses incertitudes, du XIXe siècle jusqu'à l'ère communiste. Son deuxième long métrage, *Cantate* (1963), considéré comme le point de départ de la Nouvelle Vague hongroise des années 1960, innovait par la structure complexe d'un scénario qui résume symboliquement la vie sous un régime qui a mené à la tragique révolte de 1956. La lente déstalinisation et le dégel économique et culturel lui ont permis d'aborder de graves interrogations sur le passé et les inquiétudes du présent, dans huit films majeurs réalisés entre 1963 et 1972, avec une équipe stable comprenant notamment son fidèle scénariste Gyulia Hernádi et l'opérateur Janos Kende.

Dans *les Sans-Espoir* (1966), Jancsó décrit un épisode de la répression contre les paysans nationalistes, sans héroïsation, sans portrait individuel ni chez les révolutionnaires ni chez les bourreaux. Un film violent, dépourvu de romantisme, comme le sera *Rouges et Blancs* (1967) qui montre deux camps s'affronter, gagnant alternativement de médiocres victoires. Il revient au thème de la répression dans *Silence et cri*, un récit plus psychologique que les précédents, qui se passe au lendemain de la révolution de 1919, puis aborde les contradictions d'une prise de pouvoir dans *Ah, ça ira !* (1968) à travers un groupe de jeunes communistes enthousiastes en 1947. Il évolue vers une stylisation de plus en plus laconique avec *Sirocco d'hiver* (sur un groupe de terroristes croates des années 1930) et *Agnus Dei*, dont le personnage principal est un prêtre fanatique chargé de la répression en 1919.

Le style de Jancsó, d'une force et d'une originalité qui en font un des cinéastes de référence dans toute l'Europe, s'est vite affirmé au cours de cette période créatrice. Comme s'il répudiait le montage, il compose ses films en de longs plans-séquences (douze seulement dans *Sirocco d'hiver*). Son rapport à l'espace et à la durée est singulier, consistant à étirer le temps et à limiter les repères au terrain concret. La mobilité de la caméra autour de personnages eux-mêmes en mouvement accentue le caractère chorégraphique de ses films. Le mouvement des protagonistes, répétitif dans *les Sans-Espoir* devient un véritable ballet dans *Ah, ça ira !*, rythmé par des chansons révolutionnaires. *Psaume rouge*, film pourtant moins pessimiste que les précédents, est la résultante de cette évolution, avec une constance dans la métaphore (dont celle de la nudité, symbole de soumission des victimes) qui confine à l'abstraction.

Le réalisme n'est pas en effet le souci principal de Jancsó, dont les films, de plus en plus elliptiques, traitent de la violence et du pouvoir plus que de psychologie. À l'écart des modes narratifs courants, il prend le risque de l'abstraction et du simple exercice de virtuosité (notamment dans *Pour Electre*, 1974).

Reconnu à l'étranger, Jancsó a tourné plusieurs films où l'absence de référence hongroise introduit comme une rupture, par exemple *Vices privés vertus publiques* (1976) qui mêle érotisme et critique sociale, aspirations libertaires et répression. Il aborde le terrorisme dans *la Pacifista* (en Italie) et dans *l'Aube* (sur la Palestine d'avant 1948). Et lorsqu'il revient chez lui tourner *Rhapsodie hongroise* (1979), il livre une fresque ambiguë sur trente années d'histoire hongroise.

S'il a traité du fascisme et du stalinisme, c'est à travers la question de l'exercice du pouvoir, très présente dans ses films sur la répression (*les Sans Espoir, Silence et cri, Agnus Dei*), mais aussi dans *Ah ! ça ira, Pour Electre*, et dans des films plus récents. Car si son style a évolué (avec plans brefs et recours au montage : *le Cœur du tyran*, métaphore baroque à prétexte historique), il est l'auteur, dans la Hongrie contemporaine, de documentaires et de films populaires qui sont autant d'interrogations sur le devenir de la société. Tournant régulièrement des films peu diffusés hors du pays, il soumet à l'examen, souvent avec humour, le modernisme et la société post-communiste. — D.S.

**FILMOGRAPHIE**

**1958** *Les cloches sont parties pour Rome (A harangok Rómába mentek)*
**1960** *Trois Étoiles (Három csillag Ier épisode)*
**1963** *Cantate (Oldás és kötes)*
**1965** *Mon chemin (Igy jettice)*
**1966** *Les Sans-Espoir (Szegénylegények)*
**1967** *Rouges et Blancs (Csillagosok katonák)*
**1968** *Silence et cri (Csend és kiáltás)*
*Ah, ça ira ! (Fényes szelek)*
**1969** *Sirocco d'hiver (Sirokkó)*
**1970** *Agnus Dei (Égi Bárány)*
*La pacifista*
*La tecnica e il rito*
**1971** *Psaume rouge (Még kér a nép)*
**1973** *Roma rivuole Cesare*
**1974** *Pour Électre (Szerelmem Elektra)*
**1976** *Vices privés vertus publiques (Vizi privati pubbliche virtù)*
**1979** *Rhapsodie hongroise (Magyar Rapszódia / Allegro Barbaro)*
**1981** *Le Cœur du tyran (Il cuore del tiranno / A zsarnok szive)*
**1986** *L'Aube*
**1987** *La Saison des monstres (Szörnyek évada)*
**1988** *L'Horoscope de Jésus-Christ (Jézus Krisztus horoszkópja)*
**1990** *Dieu marche à reculons (Isten hátrafelé megy)*
**1991** *La Valse du Danube bleu (Kek Duna keringo)*
**1993-1994** *Le Message des pierres*

Jim Jarmusch sur le tournage de *Dead Man* (1995).

*(A kovek uzenete)*
**1995** *Aimez-vous les uns les autres (Szeressuk egymast gyerekek, sketch)*
**1998** *La Lanterne du seigneur à Budapest (Nekem Lampast adott kezembe az Ur Pesten)*
**2000** *Au diable les moustiques ! (Anyad ! a szunyogok)*

## Jim **Jarmusch**

AKRON 1953

**Un poète de la dérive.** Jim Jarmusch met en scène des personnages en mouvement, en cavale, en visite, en quête. Si le ton de ses films et les structures de productions qui sont les siennes l'éloignent d'Hollywood, il reste profondément américain par cette fascination de l'errance.

Avec *Stranger Than Paradise* (1984) et *Down by Law* (1985) Jim Jarmusch incarne l'image même du cinéaste américain indépendant : un récit en roue libre, ouvert aux inclusions curieuses (l'apparition de Roberto Benigni dans le deuxième film, et la dimension comique qu'il apporte à une fiction jusque-là mélancolique), une recherche musicale, un noir et blanc très travaillé. Si depuis, Jarmusch a joué avec les structures classiques (le western *Dead Man*) ou a intégré des éléments hollywoodiens à son univers (Forrest Whitaker dans *Ghost Dog, la voie du samouraï*, Bill Murray et Sharon Stone dans *Broken Flowers*), il est resté fidèle à cet anticonformisme joliment soixante-huitard qui avait touché une génération entière.

Jarmusch est un cinéaste à l'aise dans le format épisodique. *Stranger Than Paradise, Down by Law* et *Ghost Dog* procèdent parfois à la manière d'un récit picaresque. *Mystery Train* (des visiteurs autour de Memphis, la ville d'Elvis Presley), *Night on Earth* (clients et chauffeurs de taxis), ou *Coffee and Cigarettes* (qui, dans la formule, est une vraie réussite) sont composés de sketches. *Broken Flowers* suit le héros dans sa visite à plusieurs femmes qu'il a aimées. Chaque épisode, concis, drôle ou émouvant, souvent centré sur un ou deux acteurs, rapproche l'art de Jarmusch de celui d'un miniaturiste.

Échappent à cette esthétique le documentaire sur le musicien Neil Young, *Year of the Horse* (1997), et surtout *Dead Man*, western crépusculaire en noir et blanc, peuplé de fantômes (Robert Mitchum dans une de ses dernières prestations), flirtant avec le fantastique, qui montre l'habileté de Jarmusch à adopter l'apparence du classicisme. – C.V.

**FILMOGRAPHIE**

**1980** *Permanent Vacation*
**1984** *Stranger Than Paradise*
**1985** *Down by Law*
**1989** *Mystery Train*
*Coffee and Cigarettes*
**1991** *Night on Earth*
**1995** *Dead Man*
**1999** *Ghost Dog, la voie du samouraï (Ghost Dog)*
**2002** *Ten Minutes Older: The Trumpet* ép. *« Int. Trailer. Night »*
**2005** *Broken Flowers*

## Aki **Kaurismäki**

ORIMATTILA 1957

**Le refus du conformisme.** Aki Kaurismäki et son frère aîné Mika ont fait leurs premiers films en opposition avec les formes classiques des pays nordiques et la culture finlandaise elle-même. Si Mika est diplômé d'une école spécialisée, Aki, autodidacte du cinéma, s'est montré le plus radical. Il s'est doté d'un style inimitable, fait d'un refus total d'effets de mise en scène, d'une économie dans l'expression, d'un étonnant détachement vis-à-vis de ses personnages, d'une alliance entre humour et désespoir.

Dès *Calamari Union* (1985) – épopée dérisoire relatant la traversée d'Helsinki par des jeunes gens tous nommés Frank – il a manifesté son goût pour l'absurde et la bouffonnerie. D'où la saga risible des *Leningrad Cowboys* « le plus mauvais groupe musical que la Terre ait porté », et la belle collection de courts métrages désinvoltes ou parodiques. Dans ses films les plus importants, il est capable d'associer le grotesque et le drame (*la Vie de bohème* et son faux naturalisme), et de suggérer les malaises profonds sous des dehors saugrenus (dans le road-movie minimaliste *Tiens ton foulard, Tatiana*). Le ton unique de ses films vient de ses personnages interprétés de façon presque inerte mais profondément émouvants, de l'humour à froid et des gags tragiques, du recyclage d'éléments mélodramatiques, des clins d'œil cinéphiles (*J'ai engagé un tueur, Juha*) et musicaux (bandes-son composées de tangos finlandais, de blues rural, de vieux rock). Un cocktail laconique étonnant, mais surtout convaincant.

Kaurismäki met en scène des gens simples, en décrivant le revers de la prospérité des sociétés modernes, dans *Shadows in Paradise*, histoire d'amour entre un éboueur et une caissière de supermarché, *Ariel* – un homme ayant perdu son travail, en danger de naufrage dans les marges d'Helsinki – ou *la Fille aux allumettes*, qui se révolte avec flegme contre l'oppression quotidienne. Non-conformiste attentif aux injustices sociales qu'il énonce plus qu'il ne les dénonce, Kaurismäki est un maître du tragi-comique, dont le style est devenu de plus en plus percutant avec les récits à la fois prosaïques et insolites d'*Au loin s'en vont les nuages* et de *l'Homme sans passé*. — D. S.

**FILMOGRAPHIE**

**1981** *Le Syndrome du lac Saimaa (Saimaa-ilmiö)*, co. Mika Kaurismaki
**1983** *Crime et châtiment (Rikos ja rangaistus)*
**1985** *Calamari Union*
**1986** *Shadows in Paradise (Varjoja paratiisissa)*
**1987** *Hamlet Goes Business (Hamlet Liikemaailmassa)*
**1988** *Ariel*
**1989** *Leningrad Cowboys Go America*
**1990** *J'ai engagé un tueur (I Hired a Contract Killer)*
**1991** *La Vie de bohème (Boheemielämää)*
**1994** *Leningrad Cowboys Meet Moses*
*La Fille aux allumettes (Tulitikkutehtaan tyttö)*
*Prends ton foulard, Tatiana (Pida huivista kiiinni, Tatjana)*
**1996** *Au loin s'en vont les nuages (Kauas pilvetk karkaavat)*
**1999** *Juha*
**2002** *Ten Minutes Older: The Trumpet* ép. *« No Hell For Dogs »*
*L'Homme sans passé (Mies vailla menneisyyttä)*
**2004** *Visions of Europe*
**2006** *Les Lumières du faubourg (Laitakaupungin valot)*

## Elia **Kazan**

CONSTANTINOPLE 1909 – NEW YORK 2003

**Le créateur de l'Actors Studio.** Comédien et metteur en scène de théâtre reconnu, Elia Kazan est l'initiateur d'une forme de modernité cinématographique reposant sur le jeu de l'acteur.

Grec, Elia Kazan émigre dès son plus jeune âge. Dans les années 1930, il est membre du « Group Theatre », un groupe de jeunes acteurs aux méthodes de jeu inspirées du théoricien russe Constantin Stanislavski. Mais c'est dans la mise en scène qu'il s'illustre finalement : il monte des pièces d'auteurs contemporains et connaît un énorme succès. Hollywood ne tarde pas à faire appel à lui.

Après un film social (*le Lys de Brooklyn*, 1945) et l'ambitieux *le Maître de la prairie* (1947), avec Spencer Tracy et Katarine Hepburn, il réalise ensuite un policier inspiré d'un fait divers (*Boomerang*), puis un diptyque de « films à Oscar » sur la discrimination raciale : l'antisémitisme latent dans la société américaine (*le Mur invisible*, 1947), le racisme anti-noir (*l'Héritage de la chair*). Kazan reçoit l'Oscar du meilleur réalisateur pour *le Mur invisible*, mais ses films sont surtout portés par des stars, des producteurs inspirés ou la force de leur sujet.

Son cinéma commence à devenir intéressant lorsqu'il utilise des techniques de jeu éprouvées au théâtre. En 1947 il fonde l'Actors Studio, lieu d'entraînement et d'expérimentation pour les acteurs. Il y teste de nombreux jeunes comédiens qu'il propulse ensuite au cinéma. Avant les atmosphères moites et glauques de Tennessee Williams, *Panique dans la rue* (1950) est influencé par un certain néoréalisme à l'américaine. Kazan

Elia Kazan sur le tournage d'*À l'est Eden* (1955).

complète cette esthétique naturaliste (noir et blanc, absence de star, tournage en extérieurs) en appliquant les préceptes de son laboratoire de jeu (bannissement du geste conventionnel, recherche du naturel, jeu d'ensemble) : autour des deux vedettes (Paul Douglas, Richard Widmark) gravitent des seconds rôles venus du théâtre (Barbara Bel Geddes, Jack Palance).

Son travail de cinéaste va être lié à sa recherche dans le domaine du jeu de l'acteur. Véritable Pygmalion, Kazan est à l'origine d'un vivier de nouveaux visages qu'il lance au cinéma (Karl Malden, Lee Remick, Eli Wallach, Warren Beatty). Il est surtout le découvreur de deux des plus importants phénomènes cinématographiques des années 1950. Il fait de Brando une star avec la pièce puis l'adaptation cinématographique d'*Un Tramway nommé Désir* (1951), puis perpétue son mythe (*Viva Zapata !*) jusqu'à la consécration (*Sur les quais*, Oscar du meilleur acteur). Il impose la personnalité rebelle de James Dean (*À l'est d'Eden*, 1955). S'il collabore tardivement avec Montgomery Clift (*le Fleuve sauvage*), il l'avait déjà dirigé au théâtre. Il conclut avec cohérence sa révolution stylistique en dirigeant Robert De Niro, ultime représentant de la lignée d'acteurs qu'il a créée (*le Dernier Nabab*, 1976).

Les films de Kazan sont transcendés par une certaine poésie (le symbolisme de *Baby Doll*, la métaphore de la maison inachevée dans *le Dernier Nabab*) qui imprègne *la Fièvre dans le sang*.

Prolifique dans les années 1950, Kazan privilégie bientôt sa carrière d'écrivain, ne tournant plus que cinq films en vingt-cinq ans, dont *America, America* (1963), inspiré de l'immigration de son oncle, *l'Arrangement*, adapté d'un de ses romans, et *les Visiteurs*, un petit film sans stars, scénarisé par son fils Chris Kazan.

Sa glorieuse carrière reste néanmoins ternie par une polémique. Nombreux sont ceux qui ne lui ont pas pardonné son témoignage devant la commission des activités anti-américaines au moment de la « chasse aux sorcières » lancée par Mac Carthy. Kazan parlera quant à lui de conviction et de patriotisme. Il défendra sa position à l'échelle d'un film (*Sur les quais*, 1954) ou au détour d'une réplique: « C'est dangereux de donner des noms » répond un des personnages de *Baby Doll* lorsque Eli Wallach lui demande qui a mis le feu à son atelier. — C. D.

**FILMOGRAPHIE**

**1945** *Le Lys de Brooklyn*
*(A Tree Grows in Brooklyn)*
**1947** *Boomerang*
*Le Mur invisible*
*(Gentleman's Agreement)*
*Le Maître de la prairie*
*(The Sea of Grass)*
**1949** *L'Héritage de la chair*
*(Pinky)*
**1950** *Panique dans la rue*
*(Panic in the Streets)*
**1951** *Un tramway nommé Désir*
*(A Streetcar Named Desire)*
**1952** *Viva Zapata !*
**1953** *Man on a Tightrope*

**1954** *Sur les quais (On the Waterfront)*
**1955** *À l'est d'Éden (East of Eden)*
**1956** *La Poupée de chair (Baby Doll)*
**1957** *Un homme dans la foule (A Face in the Crowd)*
**1960** *Le Fleuve sauvage (Wild River)*
**1961** *La Fièvre dans le sang (Splendor in the Grass)*
**1963** *America America*
**1969** *L'Arrangement (The Arrangement)*
**1972** *Les Visiteurs (The Visitors)*
**1976** *Le Dernier Nabab (The Last Tycoon)*

## Buster **Keaton**

PIQUA 1895 - WOODLAND HILLS 1966

**Buster Keaton, l'homme qui ne rit jamais**, appartient à la tradition du comique corporel. Mais la beauté marmoréenne de son visage, comme divorcée de l'expressivité du corps, engendre un décalage aux nuances tragiques.

Il arpente la scène dès l'âge de trois ans, dans le numéro familial. Dans la tradition du music-hall américain, il apprend la maîtrise du corps, agile comme celui d'un athlète, gracieux comme celui d'un danseur, expressif comme celui d'un acteur. La tradition est en voie d'extinction et le cinéma naissant, alors très avide de comique, la récupère. Buster Keaton y débute en 1917 avec comme partenaire le célèbre comique Roscoe Arbuckle, dit Fatty : la réunion du gros et du maigre, du souple et du lourd, est classique. D'emblée, Keaton impose sa silhouette au fameux chapeau plat qui surmonte son visage déjà figé, et s'émancipe de son rôle de faire-valoir.

En 1920, le producteur Joseph Schenck lui donne la vedette, lui permettant de réaliser ou de coréaliser (souvent avec Eddie Cline) ses films. Keaton reviendra à la formule du court-métrage jusqu'au début des années 1940. Mais la période 1920-1923, où sa notoriété grandissante lui confère une liberté de création notable, est riche en réussites. Petits bijoux peaufinés, sans scories, les caractéristiques de Buster Keaton y sont toutes en place. Elles reposent sur le contraste : celui du visage impassible et du corps parfois fébrile, celui de l'humain et du mécanique (*la Maison démontable, Frigo Frégoli*), celui de l'individu et de la multitude (*Cops*, archétype même du film-poursuite, bâti sur le crescendo : Keaton poursuivi par une horde grandissante de policiers en uniforme).

Les films américains de Max Linder et *Le Kid* de Chaplin ont créé pour les comiques de l'époque le passage obligé au long métrage. Keaton n'a aucun mal à étoffer sa matière sans l'étirer. Sa popularité et sa réussite sont alors tout à fait comparables à celles de Chaplin. D'abord pour Schenck, il va réaliser ou coréaliser huit films en l'espace de trois ans. Il travaille vite, d'une manière spontanée, mais possède une technique corporelle et cinématographique (sens du rythme, de la composition, très vite acquis) qui donnent l'impression d'une maîtrise parfaite. S'il se repose sur certaines données traditionnelles (la poursuite, qui atteint un nouveau sommet dans *les Fiancées en folie*, où ce sont des femmes qui poursuivent le héros), il joue aussi d'une dimension purement cinématographique (la parodie d'*Intolérance* dans *les Trois Âges* ; les passages de la vie à l'écran de cinéma dans *Sherlock Jr.*). Ses deux œuvres les plus célèbres sont alors *la Croisière du Navigator* (et l'extraordinaire parti plastique qu'il tire d'un navire désert) et *le Mécano de la « General »* (situé pendant la guerre de Sécession, et dont l'ampleur parfois épique fait écho à celle de Chaplin dans *la Ruée vers l'or*).

Buster Keaton est alors au faîte de sa gloire et de sa créativité. La MGM, le studio le plus prestigieux d'Hollywood, l'embauche. Mais il restreint sa liberté en le considérant comme un acteur, et en lui imposant des réalisateurs. Les conséquences ne sont pas immédiatement visibles car *Cadet d'eau douce* (co-réalisé avec Charles F. Reisner), *le Caméraman* et *le Figurant* (tous deux d'Edward Sedgwick) semblent lui être pleinement imputables et figurent parmi ses chefs-d'œuvre. La séquence de l'ouragan, au cours duquel Buster échappe aux pires dangers (*Cadet d'eau douce*) est même un sommet rarement atteint dans le genre. Par ailleurs, *le Cameraman* est une œuvre cohérente, qui s'imbrique sans difficulté dans le questionnement du cinéma lui-même qui caractérise le comique de Keaton.

Mais le parlant a raison de lui. La MGM lui impose de plus en plus souvent des farces et des vaudevilles qu'il ne réalise pas et où il est déplacé (*le Professeur*, et *le Roi de la bière* de Sedgwick). La parole ne lui apporte rien. Sa popularité décroît, aggravée par des problèmes personnels. Il est encore très populaire en France, si bien que c'est en français que sont réalisés *Buster se marie* et *le Plombier amoureux* (Claude Autant-Lara) ; quant au *Roi des Champs-Élysées*, il sera réalisé en France (Max Nosseck). Keaton ne réalisera plus. Il n'a d'ailleurs aucun projet dans ce sens et n'a jamais rejeté sur le système la responsabilité de ce déclin.

Jusqu'à sa mort, il restera une figure mythique à laquelle recourront Billy Wilder (*Sunset Boulevard*), Chaplin (*les Feux de la rampe*) ou Samuel Beckett (*Film*). – C.V.

**FILMOGRAPHIE**

**1920** *La Maison démontable (One Week)* c.m.
**1921** *Frigo Fregoli (The Playhouse)*, co. c.m.
*Malec chez les fantômes (The Haunted House)*, c.m.
*Malec Forgeron (The Blacksmith)*, co. St Clair
*Malec l'insaisissable (The Goat)*, c.m.

**1922** *Les Flics (Cops)*, c.m.
*Frigo à l'Electric Hotel*, c.m.
*(The Electric House)*
*Malec chez les Indiens*
*(The Paleface)*, c.m.
**1923** *Malec Aéronaute*
*(The Balloonatic)*, c.m.
*The Love Nest*, c.m.
**1923** *Les Trois Âges*
*(The Three Ages)*, co. Eddie Cline
*Les Lois de l'hospitalité*
*(Our Hospitality)* co. Jack Blystone
**1924** *Sherlock Junior Detective (Sherlock Jr.)*
*La Croisière du «Navigator»*
*(The Navigator)*, co. Donald Crisp
**1925** *Les Fiancées en folie (Seven Chances)*
*Ma vache et moi (Go West)*
**1926** *Le Dernier Round (Battling Butler)*
*Le Mécano de la «General»*
*(The General)*, co. Clyde Bruckman
**1927** *Sportif par amour*
*(College)*, ré. James W. Horne
**1928** *Cadet d'eau douce*
*(Steamboat Bill Jr.)*, ré. Charles F. Reisner
*Le Caméraman (The Cameraman)*,
ré. Edward Sedgwick
*Le Figurant (Spite Marriage)*,
ré. Edward Sedgwick

## Abbas **Kiarostami**

TÉHÉRAN 1940

**Le poète et le philosophe.** Figure majeure du nouveau cinéma iranien et grande révélation du cinéma mondial de ces vingt dernières années, Abbas Kiarostami, dans ses nombreux films avec des enfants, associe goût du réel et passion pour le labyrinthe. Son attachement pour un regard documentaire, issu de la tradition néo-réaliste italienne, combiné à des récits en forme de cheminement initiatique, débouche sur un cinéma humaniste, préoccupé par le sens et la valeur de la vie, et un cinéma introspectif, soucieux d'interroger sa fonction et ses limites.

Sa formation en Beaux-Arts lui permet d'entrer dans le monde du cinéma, comme graphiste, affichiste, réalisateur de génériques et de films publicitaires. Il rejoint en 1969, sous le régime du Shah, le Kanum ou Institut pour le développement intellectuel des enfants et des jeunes adultes où on lui propose de créer une section de cinéma. Cette structure, qu'il va diriger, lui servira de cadre de production pour tous ses films réalisés de 1970 à 1992, à l'exception d'un seul. Maintenue sous le nouveau régime après la Révolution islamique de 1979, le Kanum lui offre un cadre à l'abri des pressions de la censure, moindres quand il s'agit d'enfants. Découvert dans les festivals étrangers et quelque peu jalousé dans un pays où on se méfie des goûts de l'Occident, Kiarostami obtient la Palme d'or à Cannes en 1997 avec *le Goût de la cerise*, ce qui le rend intouchable dans son pays, même si ses derniers films comme *Ten* (2002), portrait d'une mère maltraitée par un enfant-roi déjà machiste, sont interdits par la censure. Délaissant le tournage classique pour des films qu'il réalise seul en vidéo numérique, avec des comédiens (*Ten*) ou des éléments de la nature (*Five*, 2004), son cinéma prend une tournure plus expérimentale. Artiste complet, dans la grande tradition persane, littéraire et picturale, il se livre à son autre passion, la photographie, écrit des poèmes, tandis que des expositions lui sont consacrées.

Il faut beaucoup de ruse et d'habileté pour montrer la réalité de l'Iran, non sur une mode anecdotique, mais dans son organisation générale. Son chef-d'œuvre, *Close-Up* (1990), inspiré d'un fait divers, et tourné sur un mode documentaire, avec les protagonistes réels de l'affaire, montre la justice islamiste clémente avec un homme s'étant fait passé pour un cinéaste et ayant escroqué une famille riche, tout en décrivant l'inégalité sociale, les frustrations d'un chômeur qui rêve d'une vie meilleure grâce au cinéma, seul en mesure de lui apporter sa revanche. De même, le cadre scolaire de ses films pour enfants devient le microcosme de la société iranienne, avec sa mission et ses règles : l'autorité, l'éducation, l'interdit, la punition.

L'enfant de son premier film, le court métrage *le Pain et la rue* (1970), croise dans une ruelle un chien qui lui fait peur, obstacle qu'il dépassera en lui laissant un peu de nourriture. L'enfant du *Passager*, mû par une idée fixe, prêt à tout, y compris tricher et manipuler, rêve d'aller à Téhéran voir l'équipe nationale de football. L'enfant de *Où est la maison de mon ami ?* (1987) qui a pris par erreur le cahier de son camarade, tente de rejoindre son village pour le lui rendre. Dans *Et la vie continue* (1992) un cinéaste quitte Téhéran pour retrouver des enfants, suite à un tremblement de terre au nord de l'Iran. Dans *le Goût de la cerise*, un homme sillonne les routes en voiture, à la recherche d'une personne qui l'aidera à parfaire son suicide, en recouvrant sa fosse de terre. À chaque fois, le but n'est jamais atteint (les enfants du tremblement de terre pas retrouvés, etc.) tandis que le cheminement est formateur. Il y a dans ces récits en forme de dédale, avec des guides passeurs, tout un enseignement sur l'existence, le chemin de la vie. Cette sagesse orientale, grâce à ce sublimes paysages, a pour vertu de replacer l'homme face à l'immensité de la nature, face à son destin sur Terre, aussi absurde soit-il. Le cinéma d'Abbas Kiarostami est une philosophie en action, l'œuvre d'un poète, bouleversé par la beauté du monde et la contradiction de l'homme, en quête de l'infini (le but, toujours au-delà) et conscient de sa propre finitude, celle de la mort. – C. T.

**FILMOGRAPHIE**

**1974** *Le Passager (Mossafer)*
**1977** *Rapport (Gozaresh)*
**1985** *Les Élèves du cours préparatoire (Avali ha)*
**1987** *Où est la maison de mon ami ? (Khane-ye doust kojast ?)*
**1990** *Devoirs du soir (Mashgh e Shab)*
*Close Up/Gros Plan (Nema-ye Nazdik)*
**1992** *Et la vie continue (Zendegi Edamé Dârad)*
**1994** *Au travers des oliviers (Zir-e Darakhtan-é Zeyton)*
**1997** *Le Goût de la cerise (T'am e Guilass)*
**1999** *Le vent nous emportera (Bad ma ra Khahad Bord)*
**2001** *ABC Africa*
**2002** *Ten*
**2003** *Five*
**2004** *10 on Ten*
**2005** *Tickets*, collectif

# Krzysztof **Kieslowski**

VARSOVIE 1941 – id. 1996

**Le cinéaste de l'inquiétude morale.** Contemporain des événements qui ont agité la Pologne des années 1970 et 1980, Kieslowski est considéré comme le chef de file, voire le chef spirituel d'une nouvelle génération de cinéastes. Ses films d'une grande rigueur esthétique et éthique lui ont valu une reconnaissance internationale qui culmine avec sa trilogie *Trois couleurs* (*Bleu – Blanc – Rouge*).

« Un cinéma de désaccord avec le cynisme et le non-fonctionnement du pouvoir » : cette déclaration du cinéaste faite en 1980 dévoile un aspect essentiel de son œuvre : l'inquiétude morale, la critique des comportements humains l'emportent sur le souci de l'histoire ou la contestation politique. Son auteur a fait de nombreux documentaires qui, se concentrant sur des microcosmes (une gare, un hôpital, etc.), constituent une somme critique sur le comportement des groupes. La même démarche préside à ses premiers longs métrages de fiction, avec tout d'abord *le Personnel*, qui construit une métaphore sur les pressions morales exercées sur les jeunes. Documentaire ou fiction, Kieslowski, principal représentant de ce « cinéma de l'inquiétude morale » qui se fait jour dans certains pays socialistes, dénonce plus ou moins ouvertement les dysfonctionnements de la société. Au risque de voir bloquée la diffusion de certains de ses films, il libère une critique explicite de la bureaucratie – ainsi dans *la Cicatrice*, un cadre veut-il faire le bonheur de ses subordonnés contre leur volonté. Les perversions du système sont abordées dans *l'Amateur* par le biais d'un cinéaste amateur qui se pose la question de filmer ce qui est caché aux yeux du public. *Sans fin*, au réalisme psychologique implacable, traite des compromissions avec le pouvoir, tandis que *le Hasard* relève davantage du conte philosophique avec ses trois récits, trois variantes nées d'une même situation de départ.

Insatisfait par ces derniers films, qu'il jugeait dispersés, le cinéaste entreprend *le Décalogue*, aidé par le scénariste Krzysztof Piesewicz, un avocat. Les dix récits de cet ensemble de téléfilms de près d'une heure (ultérieurement distribué en salles) tirent leur argument des dix commandements (*Tu honoreras père et mère*, *Tu ne voleras point*, etc.), mais ne portent pour titre qu'un numéro d'ordre, ce qui montre bien la globalité du projet. Les intrigues, plus resserrées que dans les films précédents, s'appuient sur un style épuré et, bien qu'agnostique et pessimiste, le cinéaste, tout en faisant le point sur maintes questions posées à la société polonaise, atteint une signification universelle. Deux de ces épisodes connaissent une version longue conçue pour les salles de cinéma : *Tu ne tueras point* (1987) méditation sur l'horreur d'un crime gratuit redoublée par l'horreur de l'exécution capitale et *Brève histoire d'amour* (1988), un film d'une délicatesse et d'une acuité exceptionnelle dans sa sobriété, où le thème du voyeurisme d'un jeune homme amoureux stimule la réflexion sur la nature du spectacle cinématographique.

Ces deux films montrent bien la dimension éthique à laquelle prétend dorénavant Kieslowski, et sa notoriété croissante en Europe va rebondir avec *la Double Vie de Véronique*, dont Piesiewicz est de nouveau le scénariste. Élégante variation sur le thème du double (une Véronique de Clermont-Ferrand est hantée par une Weronika de Cracovie, chanteuse comme elle, qui s'est sacrifiée à son art), la mise en scène multiplie les correspondances poétiques, et un climat insolite naît de l'attention minutieuse aux objets et de la musique à l'ancienne signée Zbigniew Preisner. La mort prématurée du cinéaste fait de sa trilogie *Trois Couleurs* une sorte de testament, dominé par le poids du destin, le sens de la faute (plutôt que du péché) – trois films témoignant d'une recherche éthique soutenue par une grande rigueur dans la mise en scène, qui sont aussi trois portraits de femmes dont l'émotivité se heurte aux contraintes imposées à leur existence. – D. S.

**FILMOGRAPHIE**

**1975** *Le Personnel (Personel)*
**1976** *La Cicatrice (Blizna)*
**1979** *L'Amateur (Amator)*
**1981** *Le Hasard (Przypadek)*
*Petite Journée de travail (Krotki dzein pracy)*
**1984** *Sans fin (Bez konca)*
**1987** *Tu ne tueras point (Krótki film o zabijaniu)*
**1988** *Brève histoire d'amour*

Avec le héros Zatoïchi qu'il interprète en 2003, Takeshi Kitano prolonge l'existence du légendaire sabreur aveugle.

*(Krótki film o milosci)*
*Le Décalogue, 1 à 10 (Dekalog)*
**1991** *La Double Vie de Véronique*
**1993** *Trois Couleurs (Bleu)*
*Trois Couleurs (Blanc)*
**1994** *Trois Couleurs (Rouge)*

## Takeshi **Kitano**

TOKYO 1947

**L'ange de la violence.** Le charme des films de l'acteur-réalisateur Takeshi Kitano, en dépit de leurs éclats de violence, repose sur l'application des règles du genre, celui du film de gangsters ou *yakuza*, combinée avec l'élégance du style, sa griffe personnelle, et rehaussée par le jeu burlesque du comédien, à l'abstraction lunaire.

Il débute en 1975 à la télévision dans des sketches comiques à l'humour grossier, qui lui assureront au Japon, outre son surnom de « Beat Takeshi », une notoriété bien plus grande que ses films. Remarqué par Nagisa Oshima qui lui confie un rôle dans *Furyo* (1983), il débute comme réalisateur avec *Violent Cop* (1989), en remplaçant Kenji Fukasaku, spécialiste des films de yakuzas. Sa carrière, à l'ascension rapide en Occident, sera couronnée d'un Lion d'or à Venise en 1997 pour *Hana-bi*.

Ses films privilégient un univers organisé selon des règles strictes, qu'il s'agisse d'un sport (le base-ball dans *Jugatsu*, 1990), d'un jeu, ou du monde des gangsters. Ses deux plus belles réussites appartiennent à un sous-genre du film de *yakuza*, le *matatabi mono*, récits de voyages pour gangsters ou samouraïs (*ronins*) errants. Dans *Sonatine* (1993), pour se mettre à l'abri et se faire oublier après un coup ayant mal tourné, des gangsters prennent des vacances au bord de la mer, se livrant à des jeux puérils, avant que la violence ne les rattrape. Dans *l'Été de Kikujiro* (1999), sur le modèle du *Kid* de Chaplin, un *yakuza* emmène un enfant sur les routes de vacances. La légèreté de la balade, au charme bucolique, contraste avec les assauts de violence, filmés dans un affrontement en contrechamp qui élude l'action pour montrer seulement le résultat. Ce précipité de violence, issu de la tradition du film de sabre (inertie de la tension, éclat du geste) et exprimé par l'ellipse, l'intervalle de temps entre les deux plans, est la marque du style de Kitano, l'expression légère d'une violence brutale, qui confine à l'abstraction.

Kitano, à l'écart de la nouvelle vague japonaise, maintient vivante la tradition d'excellence du cinéma de genre. Pour preuve, son film de sabre, *Zatôichi* (2003), où il reprend le rôle du masseur aveugle interprété naguère par Shintaro Katsu, dans une série où a brillé le talentueux Kenji Misumi. – C.T.

**FILMOGRAPHIE**

**1989** *Violent Cop (Sono otoko kyobo nit suki)*
**1990** *Jugatsu (Boiling Point)*
**1991** *A Scene at the Sea (Ano natsu ichiban shizukana umi)*
**1993** *Sonatine*
**1994** *Getting Any ? (Minna yatteruka)*
**1996** *Kids Return (Kidzu ritan)*
**1997** *Hana-bi*
**1999** *l'Été de Kikujiro (Kikujiro no natsu)*
**2000** *Aniki, mon frère*
**2002** *Dolls*
**2003** *Zatôichi*
**2006** *Takeshis*

## Alexander **Kluge**

HALBERSTADT, 1932

**Pionnier du jeune cinéma allemand** des années 1960 et 1970, théoricien et animateur infatigable du cinéma d'auteur, témoin engagé dans la vie politique de son pays, Alexander Kluge est un cinéaste sous-estimé malgré le prestige acquis avec ses premiers films et les débats qu'ils ont suscités.

Pour lui, l'auteur de film qui lutte contre la tutelle des financiers et des commerçants doit s'affranchir dans un même mouvement des règles du cinéma classique. Son premier long métrage, *Anita G* (dont le titre original signifie très symboliquement *Adieu à hier*) manie l'ellipse, le didactisme, la distanciation : commentaire en voix off, intertitres, inserts documentaires. Cette méthode appliquée au portrait d'une migrante de RDA fonde une critique de l'Allemagne contemporaine ; elle est reconduite dans les films suivants, *les Artistes sous le chapiteau : perplexes* et sa critique des intellectuels de gauche, *Travail occasionnel d'une esclave* et son héroïne paradoxale qui, « pour élever ses enfants », gagne de l'argent en faisant disparaître les enfants des autres (c'est une avorteuse), et milite pour l'émancipation des ouvriers sans comprendre l'aliénation dont elle-même est l'objet. Séquences de reportage, pièces d'archives, séquences fictionnelles se retrouvent dans des films comme *la Patriote*, dont l'ironie profonde ne dissimule pas que le véritable chantier de Kluge est l'Histoire, et plus précisément l'histoire de l'Allemagne et ses plaies. Attitude constante qui l'a conduit à réaliser, avec notamment Schloendorff des films directement politiques et militants.

Trouvant l'inspiration chez Vertov et le premier Eisenstein, il a réinventé la stratégie du montage et pratiqué une forme personnelle de collage cinématographique, dont la force suggestive est liée aux associations d'idées et à la mise à jour ironique des contradictions cachées. Même dans ses récits les plus linéaires, comme *Ferdinand le radical*, il a toujours mis en place ce qu'il nomme « des infractions au prétendu réalisme du regard banal », choisissant de faire appel à l'intelligence du spectateur plutôt qu'à l'émotion. – D. S.

**FILMOGRAPHIE**

**1965-1966** *Anita G. (Abschied von Gestern)*
**1967** *Les Artistes sous le chapiteau : perplexes (Die Artisten in der Zirkuskuppel ratlos)*
**1973** *Travaux occasionnels d'une esclave (Gelegenheitsarbeit einer Sklavin)*
**1974** *In Gefahr und grösster Not bringt der Mittelweg den Tod*, co. Edgar Reitz
**1975** *Ferdinand le radical (Der starke Ferdinand)*
**1978** *L'Allemagne en automne (Deutschland im Herbst)*, collectif
**1979** *La Patriote (Die Patriotin)*
**1980** *Le Candidat (Der Kandidat)*
**1983** *Le Pouvoir de l'émotion (Die Macht der Gefülhe)*
*Guerre et Paix (Krieg und Frieden)*, collectif
**1986** *Vermischte Nachrichten*
*L'Attaque du présent sur le temps qui reste (Der Angriff der Gegenwart auf die übrige Zeit)*

## Stanley **Kubrick**

NEW YORK 1928 - CHILDWICKBURY 1999

**Une cinéaste légendaire**. Stanley Kubrick est le seul cinéaste de sa génération à s'être forgé une légende : celle du génie obsessionnel, terré dans sa tanière, qui n'en sort que tous les dix ou quinze ans, pour réaliser un film qui entre instantanément dans l'Histoire du cinéma.

Ce New-Yorkais précoce se fait connaître tôt dans la photo (pour le prestigieux *Look Magazine*). Passionné de technique, il réalise un documentaire sur un boxeur, *Day of the Fight*. C'est en indépendant qu'il tourne un nouveau documentaire (*The Flying Padre*) et un film de fiction, *Fear and Desire* (1953), qu'il a renié par la suite.

En empruntant de l'argent, il finance le très petit budget du *Baiser du tueur*, scénario de film noir, qu'il réalise dans le décor réel de New York. La qualité de la photo, ses clairs-obscurs contrastés à la mode expressionniste, ses mouvements de caméra sinueux, révèlent un tempérament exceptionnel. Il a tout juste vingt-huit ans quand il

Stanley Kubrick sur le tournage de *Shining* (1980).

réalise son premier film « dans le système ». *Ultime razzia* est à nouveau un policier qui emprunte aux classiques (son acteur principal, Sterling Hayden et le principe de l'exposé du hold-up voué à l'échec sont empruntés à *Quand la ville dort* de John Huston) ; mais il propose également un jonglage virtuose avec la chronologie (dont se souviendra Tarentino pour *Reservoir Dogs*) ainsi qu'un traitement visuel savant, qui saisit parfois les visages au bord de la déformation caricaturale, un signe reconnaissable du cinéaste jusqu'à son dernier film (le marchand de déguisements dans *Eyes Wide Shut*).

L'acteur Kirk Douglas, alors très enclin à donner leur chance à de jeunes talents, le choisit pour un projet audacieux, *les Sentiers de la gloire*, qui traite des mutineries dans l'armée française pendant la Première Guerre mondiale. Le film, tourné en Europe, reçoit partout un accueil critique très favorable, bien que La France n'ose pas le montrer avant 1975 par crainte de la commission de censure. Kubrick s'y révèle un cinéaste majeur et complet : le thème est traité avec force et dignité, l'interprétation est uniformément exceptionnelle et la maîtrise esthétique saisissante (les interminables travellings dans les tranchées).

Kubrick est dessaisi du western *la Vengeance aux deux visages* par son producteur et interprète Marlon Brando. Au même moment, Kirk Douglas produit un film antique à très gros budget, *Spartacus*, et fait face à la défaillance du cinéaste engagé, Anthony Mann. Il demande à Kubrick de le remplacer. Le jeune réalisateur s'acquitte avec panache de sa tâche et assied ainsi sa réputation : il est parfaitement capable de boucler une commande et d'en faire mieux qu'un produit manufacturé. Ayant prouvé sa valeur et son métier, Kubrick, qui n'aime guère Hollywood, quitte alors les États-Unis et s'installe en Angleterre.

Désormais, Kubrick ne travaillera que sur des projets personnels, produits et réalisés en toute liberté. Il a déjà travaillé avec Jim Thompson et Calder Willingham. Il aime collaborer avec des scénaristes exceptionnels, voire des écrivains. C'est donc à Vladimir Nabokov en personne qu'il demande d'adapter son propre roman controversé, *Lolita*. C'est en Angleterre qu'il va reconstituer l'Amérique provinciale et suburbaine du sujet. Une prouesse qu'il réitérera plus tard avec *Shining* et *Eyes Wide Shut*, proposant une Amérique mentale plus vraie que nature.

Chaque film de Stanley Kubrick sera un événement (et sera probablement conçu comme tel par l'auteur). Le réalisateur feint d'accepter certaines structures de genre : la comédie (*Dr Folamour*), le film d'anticipation (*2001, Odyssée de l'espace*), le film d'horreur (*Shining*), le film historique (*Barry Lyndon*), le film de guerre (*Full Metal Jacket*). Mais il en propose chaque fois une vision neuve : ceux qui viendront après lui ne pourront que se mesurer à son modèle. Pour se limiter au domaine du film d'anticipation, il y a un avant et un après *2001, Odyssée de l'espace* : ce n'est pas tant la perfection des effets spéciaux qui frappe, que leur crédibilité. Si *Orange mécanique* (1971), symptomatique de son époque, est resté un phénomène isolé, *Barry Lyndon* (1975) crée un précédent et une référence absolue dans le domaine du film historique. Ces œuvres en apparence disparates représentent la vision (le mot est approprié tant Kubrick semble fasciné par le regard caméra) d'un auteur : philosophe, Kubrick interroge mais n'apporte pas de réponse. Du XVIIIe siècle au futur, en passant par la guerre du Viêt-Nam, il soulève les mêmes interrogations sur le devenir humain.

Son œuvre se conclut par une méditation sur le couple, *Eyes Wide Shut* (1999). Film énigme, comme souvent chez Kubrick, mais aussi film universel où l'homme et la femme, ballottés par leurs incertitudes, deviennent des figures emblématique, comme dans *l'Aurore* de F. W. Murnau. – C.V.

**FILMOGRAPHIE**

**1953** *Fear and Desire*
**1955** *Le Baiser du tueur (Killer's Kiss)*
**1956** *Ultime Razzia (The Killing)*
**1957** *Les Sentiers de la gloire (Paths of Glory)*
**1960** *Spartacus*
**1962** *Lolita*
**1963** *Dr Folamour (Dr Strangelove or How I Learned to Stop Worrying and Love the Bomb)*
**1968** *2001 l'Odyssée de l'espace (2001 A Space Odyssey)*
**1971** *Orange mécanique (A Clockwork Orange)*
**1975** *Barry Lindon*
**1980** *Shining (The Shining)*
**1987** *Full Metal Jacket*
**1999** *Eyes Wide Shut*

# Akira **Kurosawa**

TOKYO 1910 - ID 1998

**Les transformations du héros.** Découvert en Occident grâce à *Rashomon* (1950), Lion d'or au festival de Venise et Oscar du meilleur film étranger en 1951, qui a révélé son acteur fétiche, Toshiro Mifune, Akira Kurosawa, surnommé « l'empereur du Japon », est l'homme de tous les cinémas, s'inspirant aussi bien du théâtre japonais classique que des grands écrivains occidentaux (Shakespeare, Gorki, Dostoïevski) et passant avec aisance du drame néoréaliste contemporain à la fresque épique féodale, d'un cinéma de genre (polar, film de sabre) à la fable humaniste intimiste.

Akira Kurosawa a admirablement raconté son enfance dans *Comme une autobiographie*. Aussi bien la façon dont il a déçu son père, descendant d'une lignée de samouraïs, en étant le seul de sa classe à échouer à la formation militaire au collège, que le rôle déterminant de son frère aîné, *benshi* (commentateur de films au temps du muet). Il lui donné le goût de la littérature russe et du cinéma, dont il voit tout dans sa jeunesse (Griffith, Lubitsch, Chaplin, Fritz Lang, Dreyer, Murnau, Sternberg, Poudovkine). Le suicide de son frère aîné, en 1934, frappe Akira de stupeur. Il décide alors, suite à des études de Beaux-Arts (il gardera ce goût de la peinture pour la préparation de ses films), de se consacrer au cinéma, pour prolonger le travail de son frère disparu. « Je préfère penser que celui-ci fut le négatif original du film dont je suis le développement comme image positive. » Il passe à la réalisation avec un coup d'éclat, *la Légende du grand judo* (1943), dont le combat final dans les hautes herbes est devenu une scène d'anthologie. Il tourne après la guerre des drames contemporains sur le Japon défait. À la fois par nécessité, car les États-Unis, qui contrôlent le pays, interdisent les films avec samouraïs, jugés porteurs d'une idéologie guerrière. Et aussi par goût, Kurosawa ayant toujours été attiré par les périodes troubles du Japon, aussi bien celle-ci (un pays et une économie en ruines) que la période des guerres civiles entre clans, cadre de ses grandes fresques féodales. Frappé par la crise des studios après *Barberousse* (1965) et définitivement fâché avec Toshiro Mifune, il restera cinq ans sans tourner, revient avec une production indépendante (*Dodes'kaden*, 1970), échec économique et grande réussite artistique. Après un suicide raté, il retrouve sa confiance à partir des années 1980, grâce à des financements d'admirateurs américains (Coppola, Spielberg, Lucas)

La relation entre le disciple fougueux de *la Légende du grand judo* et son maître qui le dompte en l'initiant à son art tout en lui enseignant la voie de la sagesse, caractérise son univers, essentiellement masculin, préoccupé par la transmission. *Barberousse*, dans un autre domaine, prolonge cela, avec un vieux médecin qui enseigne à un jeune ses méthodes de travail déroutantes et peu académiques. Si le sujet de la transmission lui vient des arts martiaux (la relation maître-élève) et du confucianisme (la piété filiale), le goût de l'affrontement lui est inspiré par la tradition japonaise (le duel au sabre) et le film noir du cinéma américain. Notamment dans *l'Ange ivre* (1948), premier film de l'acteur Toshiro Mifune qu'il a découvert, et duel fratricide, dans un Japon livré au marché noir, entre un médecin alcoolique et un gangster tuberculeux. Kurosawa aime faire de l'exercice d'un métier (médecin, samouraï) le sujet et le ressort moral de ses films, à l'image du policier de *Chien enragé* (1949), inquiet à l'idée que le voleur de son arme en fasse un mauvais usage.

«Les extrêmes me plaisent car ils sont source de vie.» Cela va des corps fougueux, débordant d'énergie (Toshiro Mifune dans *Rashomon* et *le Château de l'araignée*, 1957), aux corps de grabataires en sursis, morts-vivants pétrifiés, rongés par la maladie (le héros de *Vivre*, 1952) ou par un mal intérieur : l'avocat corrompu de *Scandale* (1949). Cette dimension fantomatique du corps est liée à la conscience de la mort, en soi (la maladie) ou à la vision de la mort en face : le héros de *l'Idiot* (1951), pour avoir été témoin du pire (un soldat fusillé), demeure hébété, comme halluciné, à la façon d'une personne revenue de l'au-delà pour hanter le monde des vivants (l'épisode du tunnel dans *Rêves*, 1990).

En passant des héros des *Sept Samourais* (1957), rémunérés pour leur travail tout en affirmant leurs convictions (ils ne défendent plus les seigneurs mais le peuple des paysans contre les assauts des bandits), au héros opportuniste et manipulateur de *Yojimbo* (1961), le film préféré de Clint Eastwood qui inspirera Sergio Leone et donnera naissance au western spaghetti, Kurosawa fait basculer le héros moderne dans un cynisme désabusé et le genre, dans la parodie grotesque. En faisant du *ronin* (samouraï sans maître) un héros mélancolique, perdu dans un monde qui ne veut plus de lui, ou un héros prompt à déjouer les ruses du pouvoir (*Sanjuro*, 1962) Kurosawa deviendra, pour la jeune génération du cinéma américain (Sorsese, Coppola, Spieblerg), une référence majeure.

Les grandes fresques féodales épiques de Kurosawa (*Kagemusha*, 1980), inspirées de Shakespeare (*Macbeth* et *le Roi Lear* pour *le Château de l'araignée* et *Ran*, 1985), et centrées sur l'ivresse et la folie destructrice du pouvoir, deviennent une peinture du chaos, où Kurosawa s'inspire de ses maîtres en cinéma (John Ford, Eisenstein) tout en se nourrissant de la dramaturgie japonaise (*Kabuki*, *Nô*) et de son art pictural. Dans ses souvenirs, Kurosawa raconte la vision traumatisante de l'incendie de Tokyo et surtout du tremblement de terre de 1923. La peinture de l'apocalypse, aussi picturale soit-elle (grande force expressionniste de l'utilisation de la couleur) est inséparable de l'épreuve du regard, à l'image de la vieille femme de *Rhapsodie en août* qui a vu en face, de ses propres yeux, la bombe d'Hiroshima. Barberousse le dit au jeune médecin : «*Dans une vie, rien n'est plus sublime que les derniers instants. Regarde bien.*» Le cinéma de Kurosawa, peintre des extrêmes, est une morale du regard. – C. T.

**FILMOGRAPHIE**

**1943** *La Légende du grand judo (Sugata Sanshiro)*
**1944** *Le Plus Beau (Ichiban utsukushiku)*
**1945** *La Nouvelle Légende du grand judo (Sanchiro Sugata II Zoku Sugata Sanshiro*
*Les Hommes qui marchent sur la queue du tigre (Tora no o o fumu otokotachi)*
**1946** *Ceux qui bâtissent l'avenir (Asu o tsukuru hittit)*, co. Kajiro Yamamoto et Hideo Sekigawa
*Je ne regrette rien de ma jeunesse / Rien à regretter de ma jeunesse (Waga seishun ni kui nashi)*
**1947** *Un merveilleux dimanche (Subarashiki nichiyobi)*
**1948** *L'Ange ivre (Yoidore tenshi)*
**1949** *Le Duel silencieux (Shizukanaru ketto)*
*Chien enragé (Norainu)*
**1950** *Scandale (Shubun)*
*Rashomon*
**1951** *L'Idiot (Hakuchi)*
**1952** *Vivre (Ikiru)*
**1954** *Les Sept Samouraïs (Shichinin no samurai)*
**1955** *Chronique d'un être vivant/ Vivre dans la peur/ Si les oiseaux savaient (Ikimono no kiroku)*
**1957** *Le Château de l'araignée / le Trône sanglant / Macbeth (Kumonosu-Jo)*
*Les Bas-Fonds (Donzoko)*
**1958** *La Forteresse cachée (Kakushi toride no san akinésie)*
**1960** *Les salauds dorment en paix (Warui yatsu hodo yoku nemuru)*
**1961** *Yojimbo/le Garde du corps (Yojimbo)*
**1962** *Sanjuro (Tsubaki Sanjuro)*
**1963** *Entre le ciel et l'enfer (Tengoku to jigoku)*
**1965** *Barberousse (Akahige)*
**1970** *Dodes'kaden (Dodesukaden)*
**1975** *Dersou Ouzala / l'Aigle de la Taïga (Dersu Uzala)*
**1980** *Kagemusha*
**1985** *Ran*
**1990** *Rêves (Dreams / Konna yume o mita)*
**1991** *Rhapsodie en août (Hachigatsu no kokyogaku)*
**1993** *Madadayo*

# Emir **Kusturica**

SARAJEVO 1955

Diplômé de la faculté de cinéma de Prague (FAMU) en 1978, il réalise plusieurs courts métrages et téléfilms et se passionne pour la musique. Pour son premier long métrage, *Te souviens-tu de Dolly Bell ?* (1981), il reçoit le Lion d'or de l'*opera prima* à la Mostra de Venise et renouvelle ce coup

Emir Kusturica sur le tournage d'*Underground* (1995).

d'éclat avec la Palme d'or à Cannes pour *Papa est en voyage d'affaires* (1985). Avec ces deux réussites de finesse et d'humour, il s'est imposé comme le plus brillant représentant de ce qu'on appelle le « groupe de Prague » dans le cinéma yougoslave. Il a confirmé ses dons de conteur et de styliste avec *le Temps des gitans* (1988), poème baroque où la réalité la plus cruelle côtoie un lyrisme quasi surréaliste, et dans *Arizona Dream* (1993), tourné aux États-Unis. En 1995, il remporte pour la deuxième fois la Palme d'or du Festival de Cannes avec *Underground*, fresque inspirée et tumultueuse sur les vicissitudes politiques et les drames humains de son pays natal. Ce film polémique déclenche la controverse. Choqué par ces réactions hostiles, le réalisateur annonce son retrait du cinéma. Mais il revient sur sa décision et, en 1998, présente une farce débridée, *Chat noir, chat blanc*. En 2004, il revient sur le conflit yougoslave avec *La vie est un miracle*, comédie échevelée dans la Serbie de 1992, pimentée par la musique qu'il a lui-même composée. – C. R.

**FILMOGRAPHIE**

**1981** *Te souviens-tu de Dolly Bell ? (Sjecas li se, Dolly Bell ?)*
**1985** *Papa est en voyage d'affaires (Otac na sluzbenom putu)*
**1988** *Le Temps des gitans (Dom za vesanje)*
**1993** *Arizona Dream*
**1995** *Underground*
**1998** *Chat noir, chat blanc (Crna macka, beli macor)*
**2001** *Super 8 Stories*
**2004** *La vie est un miracle (Zivot je cudo)*

# Fritz **Lang**

Fritz Lang dirige Brigitte Helm sur le tournage de *Metropolis*, en 1926.

VIENNE 1890 – LOS ANGELES 1976

**Grand cinéaste « européen-hollywoodien »**, Fritz Lang a incarné les vertus du cinéma allemand de la République de Weimar, puis le classicisme de l'âge d'or des studios, studios avec lesquels, pourtant, il a entretenu des rapports distants.

Son premier film important, *les Araignées* (1919), se situe dans la mouvance des sujets feuilletonesques, historiques ou exotiques, qui abondent dans les studios berlinois. Aux cotés du producteur Erich Pommer, sa carrière connaît une rapide accélération dans un milieu où se rencontrent des créateurs venus du théâtre et des arts plastiques et des auteurs issus de la littérature populaire. Parmi ces derniers, Thea von Harbou, sa partenaire au cinéma comme dans la vie jusqu'en 1933. À ce carrefour de diverses influences, Fritz Lang est un cinéaste très raffiné qui s'intéresse au récit d'aventures : crimes, sociétés secrètes, pouvoirs occultes, thèmes macabres, fantastique, science-fiction. *Les Trois Lumières*, très marqué par l'expressionnisme (bien qu'il s'en défende), *Mabuse le joueur*, *les Espions*, *la Femme sur la Lune*, recèlent de nombreuses innovations, dans le rythme de l'action, le montage destiné à faire monter la tension, les jeux d'ombre et de lumière, l'intégration de plans documentaires qui seraient incongrus sans la poésie que Lang sait en extraire. Il s'impose comme un créateur de mythes modernes, comme son *Mabuse* de1922, sur lequel il reviendra en 1932 et en 1960.

Il s'attaque à la légende des *Nibelungen* en deux films monumentaux, épiques, construits comme une ancienne saga, dont le style décoratif et la dimension héroïque ont séduit les Nazis, ce qui est sans doute à l'origine des malentendus dont ont été victimes certains films de Lang. Il est vrai que, dans sa période allemande, ce cinéaste élégant et réfractaire aux classifications se nourrissait parfois du métissage des références, d'où ces divergences d'interprétation. Dans *les Espions*, *Mabuse*, *Metropolis*, et aussi dans *M, le maudit*, la vision pessimiste de l'avenir entretient le doute sur la supériorité des représentants de l'ordre et de l'autorité. *Metropolis*, qui ressemble à la rencontre du machinisme et de Wagner (alors qu'il avait évincé Wagner de ses *Nibelungen*), décrit un monde futur stylisé dont la modernité recouvre le décor médiéval du savant fou et des images de cauchemar. Et on sait que la conclusion de ce récit, humaniste et porté par la compassion, prend le sens d'une réconciliation entre dominants et dominés.

Si les films de Lang se font l'écho des angoisses du temps, ils n'en sont pas les esclaves, et dès l'apparition du parlant, il confirme son statut de grand innovateur. *M, le maudit* (1931), qui adapte un fait divers de l'époque, dénonce le danger des milices autoproclamées ; c'est un film qui surprend toujours par son utilisation du son et le rôle déterminant qui lui est attribué dans le récit, notamment lorsqu'il se superpose au montage d'images fixes (séquence de la recherche de la petite fille disparue). De même l'intrigue du *Testament du Docteur Mabuse*, qui traite au fond du rapport entre terreur et pouvoir, ne trouve son rythme que grâce au travail sur le son.

Émigré aux États-Unis, Fritz Lang va incarner à l'écran les idéaux démocratiques et individualistes de son pays d'adoption. Dès *Furie* (1936), film construit à partir d'une affaire de tentative de lynchage d'un innocent, et qui est d'une certaine manière la reprise des schémas de *M, le maudit* appuyés sur une analyse psychologique complexe, il redéfinit sa position de moraliste en l'ajustant aux règles sociales (et cinématographiques) américaines. L'irrationnel et l'occultisme vont disparaître, seulement mimés dans *Moonfleet* et dans le dernier *Mabuse*, le spiritisme n'a qu'un rôle accessoire dans *Espions sur la Tamise*, et le symbolique se raréfie. La mise en scène des récits d'espionnage, de vengeance, de volonté de puissance, trouve ses fondements dans les machinations des hommes – et dans les ressources de la psychanalyse (*le Secret derrière la porte*).

Lang réalise des films de genre : guerre (*Guérillas*), espionnage (*Cape et poignard, Espions sur la Tamise*), enquête policière (*la Femme au gardénia*), thriller (*Chasse à l'homme*) – tout en cherchant à échapper non à leurs lois, mais à leurs stéréotypes. Il est séduit par l'éthique du western dont il transforme les archétypes en véritables sagas à l'ancienne (*le Retour de Frank James, les Pionniers de la Western Union*). Et il tourne plusieurs films anti-nazis : *Chasse à l'homme, Espions sur la Tamise*, qui respectent les règles de genre, et surtout *les Bourreaux meurent aussi*. Il transgresse tous ces codes dans quelques grands films, comme *la Femme au portrait*, film noir en apparence, dont le ressort est le sens de la faute. De même *l'Ange des maudits*, illuminé par la prestation de Marlene Dietrich, est un faux western qui échappe à toute classification. *La Rue rouge* est un remake de *la Chienne* de Renoir transformé en odyssée de la culpabilité – un thème obsédant chez Lang, à l'égal de la vengeance et de la lutte entre la loi et la violence, deux thèmes qu'il a sublimés dans *Règlements de comptes*.

La mise en scène de Lang est une mise en scène de géomètre, sans la raideur que ce terme peut suggérer. Le sens de l'espace, et surtout de l'inscription des personnages dans le décor, le lien étroit entre la complexité de ses héros et un montage créant une tension narrative, l'articulation entre l'inéluctable et l'imprévisible, expliquent que son œuvre américaine, dans laquelle une touche personnelle est toujours perceptible, soit considérée comme une des plus puissantes de l'âge classique hollywoodien. — D. S.

**FILMOGRAPHIE**

**1919** *Le Métis (Halbblut)*
*Le Maître de l'amour*
*(Der Herr der Liebe)*
*Les Araignées (Die Spinnen,* 1re partie :
*le Lac d'or «Der Goldene See»)*
*Harakiri*
**1920** *Les Araignées (Die Spinnen* 2e partie :
*le Cargo d'esclaves «Das Brillantenschiff»)*
*Das Wandernde Bild*
*Vier um die Frau*
**1921** *Les Trois Lumières (Der müde Tod)*
**1922** *Le Docteur Mabuse (Dr. Mabuse der Spieler,* en 2 épisodes : *Der grosse Spieler / Ein Bild der Zeit et Inferno, Menschen der Zeit)*
**1924** *Les Nibelungen (Die Nibelungen,* en 2 parties : *la Mort de Siegfried «Siegfrieds Tod» et La Vengeance de Kriemhilde «Kriemhilds Rache»)*
**1927** *Metropolis*
**1928** *Les Espions (Spione)*
**1929** *La Femme sur la Lune*
*(Die Frau im Mond)*
**1931** *M le Maudit (M)*
**1933** *Le Testament du docteur Mabuse*
*(Das Testament des Dr. Mabuse)*
**1934** *Liliom*
**1936** *Furie (Fury)*
**1937** *J'ai le droit de vivre (You Only Live Once)*
**1938** *Casier judiciaire (You and Me)*
**1940** *Le Retour de Frank James*
*(The Return of Frank James)*
**1941** *Les Pionniers de la Western Union*
*(Western Union)*
*Chasse à l'homme (Man Hunt)*
**1943** *Les bourreaux meurent aussi*
*(Hangmen Also Die)*
**1944** *Espions sur la Tamise*
*(The Ministry of Fear)*
*La Femme au portrait*
*(The Woman in the Window)*
**1945** *La Rue rouge (Scarlet Street)*
**1946** *Cape et poignard (Cloak and Dagger)*
**1948** *Le Secret derrière la porte*
*(Secret Beyond the Door)*
**1950** *House by The River*
*Guérillas*
*(American Guerrilla in the Philippines)*
**1952** *L'Ange des maudits (Rancho Notorious)*
*Le démon s'éveille la nuit (Clash by Night)*
**1953** *La Femme au gardénia*
*(The Blue Gardenia)*
*Règlements de comptes (The Big Heat)*
**1954** *Désirs humains (Human Desire)*
**1954** *Les Contrebandiers de Moonfleet*
*(Moonfleet)*
**1956** *La Cinquième Victime*
*(While the City Sleeps)*
*L'Invraisemblable Vérité*
*(Beyond a Reasonable Doubt)*
**1959** *Le Tigre du Bengale*
*(Der Tiger von Eschnapur)*
*Le Tombeau hindou*
*(Das indische Grabmal)*
**1960** *Le Diabolique Docteur Mabuse*
*(Die tausend Augen von Dr Mabuse)*

David Lean dirige Peter O' Toole dans *Lawrence d'Arabie* (1962).

# David **Lean**

CROYDON 1908 - LONDRES 1991

**Le grand imagier.** *Lawrence d'Arabie, Docteur Jivago, la Fille de Ryan* ont imposé David Lean comme un imagier méticuleux et inspiré, au souffle impressionnant. Quelques années plus tôt, il avait été un imagier plus modeste, plus soucieux de l'exactitude de l'atmosphère. Son sens visuel lui permettra toujours de peindre les manies, les obsessions ou les idées fixes.

D'abord assistant-opérateur, puis monteur et réalisateur, en 1942, David Lean seconde l'écrivain Noël Coward pour *Ceux qui servent en mer.* D'abord régulière, sa carrière va se faire de plus en plus rare à partir de 1957, quand le triomphe du *Pont de la rivière Kwaï* le consacre internationalement : devenu un cinéaste de prestige, il n'œuvrera que tous les cinq ans en moyenne.

*Brève Rencontre* (1945) marqua une génération entière : ce film réaliste, que David Lean avait tourné dans la grisaille appropriée, était exactement en phase avec la mélancolie de l'immédiat après-guerre. Il marquait une rupture avec les comédies élégantes précédentes comme *Heureux Mortels* ou *l'esprit s'amuse*, autres collaborations avec Coward. Dans un registre voisin, quelques années plus tard, *Chaussure à son pied*, savoureuse comédie boutiquière, était servie par l'adresse du conteur, la clarté de son montage, la justesse des atmosphères et une direction d'acteurs traditionnelle, mais ferme.

Les réussites de David Lean montrent que l'art de l'imagerie n'a rien de péjoratif. Deux adaptations de Dickens lui ont fourni l'occasion d'épancher ce talent. *Oliver Twist* reste sans doute la version cinématographique de référence du classique, fidèle en tout point aux caractérisations caricaturales des personnages et aux illustrations de l'enfance, sombres et menaçantes. Moins célèbre, *les Grandes Espérances* est mis en image avec un bonheur souverain et bénéficie d'une interprétation exceptionnelle (Jean Simmons y était admirable). Ce romantisme ténébreux, un rien obsessionnel, qui sacrifie volontiers la psychologie et le réalisme à l'intensité de l'émotion, Lean l'a manié plus d'une fois avec une adresse remarquable. Le très lyrique *les Amants passionnés* en est la preuve et, comparé à *Brève Rencontre*, laisse bien apparaître la personnalité de Lean, plus romantique que celle de Coward. Il retrouve cette veine, cette fois traversée d'une cruauté proche d'Henry James, dans *Vacances à Venise* (1955) où il joue du contraste entre une austère vieille fille (Katharine Hepburn), vivant un amour assez pénible avec un séducteur douteux, et une Venise luxuriante, photographiée avec un brillant de carte postale.

*Le Pont de la rivière Kwaï* (1957) a fait entrer Lean dans le monumental. Dès lors, le réalisateur ressentira le besoin de donner une ampleur épique à la plus petite des historiettes : ainsi, *la Fille de Ryan* commence comme un projet modeste avant de prendre les proportions d'une métaphore cosmique. *Le Docteur Jivago* (1965), film immensément populaire, s'il perd la minutie illustrative des *Grandes Espérances* ou de *Vacances à Venise*, gagne un souffle qui est désormais la caractéristique de Lean. Dans *Lawrence d'Arabie* (1962), le parti pris de faire une œuvre sévère aux proportions gigantesques est parfaitement mené à bien : Lean y confronte l'obsession et le mystère du héros à l'étendue énigmatique du désert, en ne perdant ni sa sensibilité ni son humour dans la magnificence de l'imagerie. Son dernier film, *la Route des Indes* (1984) d'après un roman de E. M. Forster, est à la fois sobre et exalté. La volonté d'opposer des personnages infimes à un décor qui les dépasse y trouve une justification dans les rouages psychologiques complexes du récit.

Dans les deux phases de sa carrière, David Lean aura su rester un authentique cinéaste populaire, fin psychologue, formaliste souvent audacieux et véritable homme de spectacle. – C. V.

**FILMOGRAPHIE**

**1942** *Ceux qui servent en mer (In Which We Serve)*, co. Noel Coward
**1944** *Heureux mortels (This Happy Bread)*
**1945** *Brève Rencontre (Brief Encounter)*
**1945** *L'esprit s'amuse (Blithe Spirit)*, co. Noel Coward
**1946** *Les Grandes Espérances (Great Expectations)*
**1948** *Les Amants passionnés (The Passionate Friends)*
*Oliver Twist*
**1950** *Madeleine*
**1952** *Le Mur du son (The Sound Barrier)*
**1954** *Chaussure à son pied (Hobson's Choice)*
**1955** *Vacances à Venise (Summertime)*
**1957** *Le Pont de la rivière Kwaï (The Bridge on the River Kwaï)*
**1962** *Lawrence d'Arabie (Lawrence of Arabia)*
**1965** *Docteur Jivago (Doctor Zhivago)*
**1970** *La Fille de Ryan (Ryan's Daughter)*
**1984** *La Route des Indes (A Passage to India)*

# Mike **Leigh**

SALFORD 1943

**Tendre et doux-amer**, le premier film de Mike Leigh, *Bleak Moments* (1970), est une chronique amère évoquant les « moments vides » de l'existence de deux sœurs. Un ton drôle et tragique, une description minutieuse de la vie quotidienne, des personnages timides et velléitaires : l'auteur a mis au point une méthode de travail avec les acteurs, une sorte d'improvisation préparée, qu'il pratiquait au théâtre et qu'il va développer à la télévision et dont le drame *Vera Drake* (2004) est l'illustration la plus résolue.

Mike Leigh veut décrire les individus dans leur banalité, car c'est là que réside le concret, derrière la surface des choses. Au-delà de la quotidienneté, il débusque la complexité des rapports humains et l'insertion des individus dans la société, dans le travail, dans la famille. Son œil impitoyable scrute la réalité sans tirer de conclusions, sans donner de leçons, comme dans *High Hopes*, avec son couple de contestataires gauchistes replié sur lui-même, confronté à la spéculation immobilière, à la sénilité d'une mère ou au snobisme des voisins, aux atteintes à la protection sociale, à la spéculation immobilière. Après un *Life Is Sweet* démystifiant la vie de famille et les aspirations des jeunes, il fait un pas de plus dans la critique de l'Angleterre thatchérienne : *Naked*, avec son personnage de SDF asocial, est un récit implacable ancré dans un ordinaire picaresque et très violent.

Ses films peuvent reprendre des formes connues : le très ironique *Deux Filles d'aujourd'hui* emprunte au sitcom, le très émouvant *Secrets et mensonges* (Palme d'or en 1996) s'apparente à du roman familial, *All or Nothing* serait un mélodrame sans les digressions narratives et la caractérisation sociale de ses personnages... L'essentiel est dans l'intérêt manifesté pour les laissés pour compte de la société, dans leurs faiblesses comme dans leur dignité. Une orientation dramatique domine, bien que les films ne soient pas sans humour, grâce à des personnages secondaires, parfois incongrus, excentriques ou ridicules. Mais le brillant et savoureux *Topsy-Turvy* lui-même (qui est un hommage rétro à Gilbert et Sullivan, spécialistes de l'opérette londonienne 1900), témoigne de son dédain du monde en même temps que des contraintes de la création artistique. – D. S.

**FILMOGRAPHIE**

**1970** *Bleak Moments*
**1984** *Meantime*
**1988** *High Hopes*
**1990** *Life Is Sweet*
**1993** *Naked*
**1996** *Secrets et mensonges (Secrets and Lies)*
**1997** *Deux Filles d'aujourd'hui (Career Girls)*
**1999** *Topsy-Turvy*
**2004** *Vera Drake*

# Sergio **Leone**

ROME 1929 - id. 1989

**Le western comme opéra baroque**. Fils du metteur en scène Roberto Leone Roberti et de l'actrice Bice Valerian, Sergio Leone travaille dans les années 1950 sur une soixantaine de films comme assistant réalisateur, en particulier sur des films tournés à Cinecittà par les Américains. En 1959, il termine à la place de Mario Bonnard, tombé malade, *les Derniers Jours de Pompéi*, écrit par deux autres futurs fondateurs du western italien, Duccio Tessari et Sergio Corbucci, et dont le directeur de la photo est Enzo Barboni (alias E. B. Clucher, qui signera les derniers avatars du genre). Ce péplum, qui raconte un épisode souvent filmé dès l'époque du muet, est suivi par un autre film historico-mythologique – les véritables débuts du cinéaste –, *le Colosse de Rhodes* (1961).

En 1962, Leone dirige la deuxième équipe du film de Robert Aldrich *Sodome et Gomorrhe*. Ces expériences lui permettent de se spécialiser dans la démesure. Il y affirme un style baroque et riche en redondances figuratives. En 1964, avec *Pour une poignée de dollars*, qu'il signe Bob Robertson en hommage à son père, il transforme en western violent le sujet de *Yojimbo* (1961) de Kurosawa : l'extraordinaire succès international du film affirme son nom et celui de ses collaborateurs (le musicien Ennio Morricone, les acteurs Clint Eastwood et Gian Maria Volonté), il marque surtout l'arrivée tonitruante d'un « nouveau » genre, exploité ensuite pendant de longues années et imité par les Américains eux-mêmes. Mais c'est plutôt dans les deux suites, avec le même personnage populaire du pistolero sans nom, que Leone élabore son style original. *Et pour quelques dollars de plus* (1965) et *le Bon, la Brute et le Truand* (1966), où il italianise Eli Wallach et Lee Van Cleef, constituent l'apothéose de la violence irrationnelle et la démythification volontaire de l'histoire traditionnelle de l'Ouest. Les grands moyens employés (contrairement à la majorité des westerns-spaghetti) lui permettent une ampleur spatiale et une dimension narrative peu communes, même quand les duels et les affrontements se développent comme de purs jeux formels.

En 1968, il tourne son œuvre la plus ambitieuse : *Il était une fois dans l'Ouest*, élégie sanglante et spectaculaire sur la disparition de l'Ouest classique cher à John Ford (dont il transforme un des acteurs favoris, Henry Fonda, en tueur sadique). Le film est réalisé dans le lieu mythique de Monument Valley avec une pléïade de stars, Charles Bronson, Jason Robards, Claudia Cardinale, Gabriele Ferzetti, et de seconds couteaux, Woody Strode, Jack Elam, Lionel Stander. Les tons crépusculaires se font plus graves dans *Il était une fois... la Révolution* (1971), avec Rod Steiger et James Coburn, qui oppose deux « types » d'aventuriers sur toile de fond d'une révolution mexicaine faisant clairement référence aux derniers jours du fascisme mussolinien. Il produit ensuite deux westerns parodiques qui sonnent comme des nécrologies de toute son œuvre : *Mon nom est personne* (Tonino Valerii, 1973) et *Un génie, deux associés, une cloche* (Damiano Damiani, 1975). Il est aussi le producteur des premiers films de Carlo Verdone. En 1984, il réalise *Il était une fois en Amérique*, avec Robert De Niro, épopée sanglante et nostalgique sur le gangstérisme pendant les années 1930. Lorsqu'il meurt, à peine âgé de 60 ans, Leone travaillait à un projet très ambitieux sur le siège de Leningrad. Son nom reste lié à la fulgurante parabole du western italien, dont on discute encore les effets, positifs ou négatifs, et la valeur réelle : innovation, redéfinition formelle ou simple parodie. De fait, la splendeur visuelle et la richesse thématique des films de Leone cachent la médiocrité de l'ensemble du genre. — J. A. G.

**FILMOGRAPHIE**

**1959** *Les Derniers Jours de Pompéi (Gli ultimi giorni di Pompei)*
**1961** *Le Colosse de Rhodes (Il colosso di Rodi)*
**1962** *Sodome et Gomorrhe*, co. R. Aldrich
**1964** *Pour une poignée de dollars (Per un pugno di dollari)*
**1965** *...Et pour quelques dollars de plus (Per qualche dollaro in più)*
**1966** *Le Bon, la Brute et le Truand (Il buono, il brutto, il cattivo)*
**1968** *Il était une fois dans l'Ouest (C'era una volta il West)*
**1971** *Il était une fois... la Révolution (Giù la testa)*
**1984** *Il était une fois en Amérique (Once Upon a Time in America)*

## Jerry **Lewis**

NEWARK 1926

**Le dernier clown.** Considéré chez lui comme un pitre sans ambition, c'est en France, dès ses premières réalisations, que Jerry Lewis trouva le respect. Plus qu'aux burlesques, c'est à un grand clown qu'il fait penser, par la construction épisodique de ses scénarios. Ce rapprochement inclut également la dimension existentielle et tragique du personnage que Lewis, au fil de ses réalisations, rend de moins en moins grimaçant et infantile.

Issu d'une famille de comédiens de tradition juive, Joseph Levitch, commence à travailler dans des cabarets. Il forme avec Dean Martin le duo comique le plus populaire des années 1950. L'intervention d'un cinéaste original (Frank Tashlin) dans la réalisation de leurs films favorise peut-être l'intérêt de Jerry pour la mise en scène. Il faudra que le duo se sépare et qu'il confirme sa popularité en solitaire pour qu'il franchisse le pas en devenant l'auteur complet de ses films.

*Le Dingue du palace* (1960) impose une formule scénaristique : une situation et un décor, établis au départ, vont donner naissance à une série de saynettes qui tiennent du court-métrage et qui, en s'alignant, modifient insensiblement la situation et le personnage pour amener le

Jerry Lewis, acteur et réalisateur de *Docteur Jerry et Mister Love* (1963).

dénouement. En général le personnage, qui souffre d'un complexe au départ (souvent une infantilisation) est guéri à l'arrivée.

Lewis a réalisé treize films dont les meilleurs se situent au début des années 1960. Ils constituent un discours sur la beauté intérieure (*Dr Jerry et Mr Love*, 1963, étant, sur ce point, l'œuvre maîtresse), où Jerry conquiert progressivement sa propre autonomie. La démarche est dangereuse puisque la progression du personnage vers la «normalité» tue nécessairement le comique dont il était porteur. Les gags se développent d'une manière surprenante, jusqu'au fantastique (la femme chauve-souris dans *le Tombeur de ces dames*). Par son goût pour le décor féerique, coloré et brillant, charge feutrée d'une certaine esthétique américaine, Lewis recherche la perfection visuelle, ne se contentant pas de la simple mécanique comique. Il s'en dégage un pur plaisir de la mise en scène, autant pour le cinéaste que pour le spectateur : ainsi le jeu avec le gigantesque décor de l'hôtel, en coupe comme une maison de poupée, dans *le Tombeur de ces dames* (1961). Lewis a également tendance à remplacer les gags attendus par des instants de contemplation esthétique (les métamorphoses de Stella Stevens dans *Dr Jerry et Mr Love*, la danse du couple de «laiderons» dans *Jerry souffre-douleur*) ou par des pastiches qui fonctionnent par l'ingéniosité de la mise en scène (les transformations dans *Dr Jerry*, les différents «oncles» dans *les Tontons farceurs*, la parodie de film d'espionnage dans *Jerry la grande gueule*).

En abordant la Deuxième Guerre mondiale avec *Ya ya mon général* (1970), et avec l'inédit *le Jour où le clown pleura (The Day the Clown Cried)*, Lewis a voulu s'engager dans l'héritage chaplinien du *Dictateur*. Mais le public n'a pas voulu le suivre dans cette voie. – C.V.

**FILMOGRAPHIE**

**1960** *Le Dingue du palace (The Bellboy)*
**1961** *Le Tombeur de ces dames (The Ladies' Man)*
*Le Zinzin d'Hollywood (The Errand Boy)*
**1963** *Docteur Jerry et Mister Love (The Nutty Professor)*
**1964** *Jerry souffre-douleur (The Patsy)*
**1965** *Les Tontons farceurs (The Family Jewels)*
**1966** *Trois sur un sofa (Three on a Couch)*
**1967** *Jerry la grande gueule (The Big Mouth)*
**1970** *One More Time*
*Ya ya mon général (Which Way to the Front?)*
**1979** *Au boulot Jerry (Hardly Working)*
**1983** *T'es fou, Jerry ! (Smorgasbord)*

# Joseph H. **Lewis**

NEW YORK 1900 - LOS ANGELES 2000

**L'aristocrate de la série B.** Cinéaste volontairement spécialisé dans le film à petit budget, qui lui garantissait la liberté d'expression qu'il recherchait, expérimentateur formel, précurseur de Godard ou de Tarentino, Joseph H. Lewis représente ce que la série B pouvait offrir de mieux.

Il entre à dix-sept ans à la MGM comme assistant-caméraman, puis comme assistant-monteur, pendant dix-neuf ans. C'est au modeste studio Republic, spécialisé dans la série B, qu'il devient chef-monteur. Il passe à la réalisation en 1937. Dès lors, de sa propre décision, il ne sortira plus du film à petit budget, même si, occasionnellement, il dirige des secondes équipes de série A. L'ambition et souvent la complexité de ses films n'ont d'égales que la modestie du budget initial. Les limites du film de série n'embarrassent guère ce technicien souverain et cet artiste fasciné par les recoins de l'inconscient. Dès 1945, *My Name Is Julia Ross* provoque la curiosité de certains critiques et remporte un succès public inattendu. Joseph H. Lewis y réinventait, d'une certaine manière, l'expressionnisme cinématographique. Son œuvre est inégale, mais les réussites sont si étonnantes que Lewis a gagné la réputation de prince de la série B. Il peut réaliser un film de série conforme aux normes, dont seule la technique éblouit (*le Manoir de la haine*, avec ses chevauchées dans les forêts rayées de lumière), des policiers ambitieux (*le Maître du gang*) ou des films de commande qui brillent tout à coup le temps d'une idée (un duel au révolver dans le brouillard dans *la Dame sans passeport*). Ses films personnels sont le frénétique *Démon des armes* (modèle pour *À bout de souffle* de Godard) ou le raffiné *Association criminelle*, avec une surprenante scène subjective de meurtre, muette car la victime est sourde. Ses deux derniers films, deux westerns (*The Halliday Brand*, 1957 ; *Terror in a Texas Town*, 1958), sont parmi ses meilleurs : Lewis se sert une fois de plus du prétexte de l'intrigue pour construire une savante étude du thème œdipien, à l'aide d'une imagerie brillante et foisonnante. – C.V.

**FILMOGRAPHIE**

**1937** *Navy Spy*, co. Crane Wilbur
*Courage of the West*
*Singing Outlaw*
**1938** *The Spy Ring*
*Border Wolves*
*The Last Stand*
**1940** *Two Fisted Rangers*
*Blazing Six-Shooters*
*Texas Stagecoach*
*The Man From Tumbleweeds*
*Boys of the City*
*The Return of Wild Bill*
*That Gang of Mine*
**1941** *The Invisible Ghost*
*Pride of the Bowery*
*Criminals Within*
*Arizona Cyclone*
**1942** *Bombs Over Burma*
*The Siler Bullet*
*Secrets of a Co-Ed*
*The Boss of Mangtown Mesa*
*The Mad Doctor of Market Street*
**1944** *Le Troubadour de Broadway (The Minstrel Man)*
**1945** *The Falcon in San Francisco*
*My Name Is Julia Ross*
**1946** *So Dark the Night*
**1947** *Sa dernière foulée (The Return of October)*
**1948** *Le Manoir de la haine (Swordsman)*
**1949** *Le Maître du Gang (Undercover Man)*
**1950** *Le Démon des armes (Gun Crazy)*
*La Dame sans passeport (A Lady Without Passport)*
**1952** *Retreat, Hell !*
*Desperate Search*
**1953** *Le Mystère des bayous (Cry of the Hunted)*
**1955** *Association criminelle (The Big Combo)*
*Ville sans loi (A Lawless Street)*
**1956** *7th Cavalry*
**1957** *The Halliday Brand*
**1958** *Terror in a Texas Town*

# Kenneth **Loach**

NUNEATON 1936

Chez Loach la mise en scène s'efface devant des personnages souvent construits à partir d'enquêtes sur la répression dont ils sont victimes. Il dénonce la société, la famille et surtout les institutions, comme dans *Kes*, devenu un grand classique du film social sur l'enfance, *Pas de larmes pour Joy*, ou *Family Life* – le film qui a permis de découvrir à l'étranger la méthode de ce cinéaste héritier du cinéma réaliste britannique, des documentaristes des années 1930, du Free Cinema. Indépendants, ses films prennent pour cible aussi bien les travaillistes que le programme thatchérien. Intervenant aussi dans la sphère politique à propos de la question irlandaise (dans *Looks and Smiles*, puis dans le thriller politique *Hidden Agenda*), il évoque aussi les violences de l'Histoire, l'Irlande des années 1920 dans *Le vent se lève* (Palme d'or au Festival de Cannes 2006), l'Espagne de 1936 dans *Land and Freedom*.

C'est la télévision, alors en plein renouvellement, qui lui a ouvert la voie du *docudrama*, reconstitution de situations réelles nées de la violence sociale et économique, bien que les thèmes retenus aient pu l'exposer à la censure. Le reflet de ce travail sur le grand écran va de *Family Life* à *Looks and Smiles*, tableau de la jeunesse britannique confrontée au chômage et à la guerre civile en Ulster. Sa description d'une société en crise est devenue encore plus complète et radicale dans *Riff Raff* et *Raining Stones*, deux films intransigeants montrant parfois avec humour (comme plus tard *My Name Is Joe*) l'énergie et le désespoir des exclus du système.

Il lui est arrivé de faire du thriller politique (*Hidden Agenda*), et de tendre vers une simplification dramatique pour jouer davantage sur l'émotion, même lorsqu'il s'appuie sur une enquête approfondie : *Carla's Song* (au Nicaragua), *Bread and Roses* (sur les migrants mexicains en Californie). Pourtant il trouve le plus souvent l'équilibre entre le respect du réel, la distance critique et son engagement personnel, entre son excellente direction d'acteurs et la rigueur narrative, comme il le démontre dans le poignant *Ladybird*, sur une jeune femme à qui les services sociaux retirent ses enfants, ou dans le quasi documentaire *The Navigators*, dont les héros sont des cheminots exposés aux conséquences de la privatisation. — D. S.

**FILMOGRAPHIE**

**1967** *Pas de larmes pour Joy (Poor Cow)*
**1969** *Kes*
**1971** *Family Life*
**1979** *Black Jack*
**1980** *The Gamekeeper*
**1981** *Regards et sourires (Looks and Smiles)*
*A Question of Leadership*
**1984** *Which Side Are You On?*
**1986** *Fatherland*
**1990** *Hidden Agenda*
**1991** *Riff Raff*
**1993** *Raining Stones*
**1994** *Ladybird (Ladybird, Ladybird)*
**1995** *Land and Freedom*
**1996** *Carla's Song*
**1998** *My Name Is Joe*
**2000** *Bread and Roses*
**2001** *The Navigators*
**2002** *11'09''01 - September 11*, collectif
*Sweet Sixteen*
**2004** *Just a kiss (Ae Fond Kiss)*
**2006** *Le vent se lève*
*(The Wind That Shakes the Barley)*

## Joseph **Losey**

LA CROSSE 1909 - LONDRES 1984

**L'exilé**. Joseph Losey est sans doute le plus célèbre des cinéastes américains qui ont dû s'exiler suite au maccarthysme. Il est également celui dont le redressement fut le plus spectaculaire et qui, refusant jusqu'au dernier moment de revenir à Hollywood, eut le comportement le plus intransigeant. C'est en Europe qu'il a acquis sa réputation, c'est en Europe qu'il l'a défendue.

Élevé de manière puritaine au sein d'une grande famille, il abandonne des études de médecine pour le théâtre. Il se politise, se spécialisant dans le théâtre engagé qui connaît alors à Broadway sa pleine éclosion. Après des courts métrages, des films éducatifs et des émissions de radio, il créé en 1947 *Galileo Galilei* de Bertolt Brecht au théâtre, avec Charles Laughton, expérience fondatrice dont le souvenir le poursuivra sa vie durant.

L'année suivante, il débute dans le long métrage à la RKO, alors refuge de jeunes cinéaste progressistes : c'est *le Garçon aux cheveux verts*, fable pacifiste dont le succès d'estime le sert. Ses premiers films américains sont des variations souvent brillantes sur des canevas criminels : policier social (*Haines, la Grande Nuit*), un étonnant remake de Fritz Lang (*M*) et un film archétypal (*le Rôdeur*). Au-delà d'un engagement politique discernable, ces films portent déjà son univers, notamment à travers le thème de la petite cellule qui explose à l'arrivée d'un intrus.

Cinéaste prometteur, il est en Italie pour tourner *Un homme à détruire*, quand il comprend qu'il n'a pas intérêt à rentrer aux États-Unis où l'attend une citation à comparaître devant la Commission des Activités Anti-américaines. Il s'expatrie en Angleterre où, après quelques travaux alimentaires, il se voit à nouveau confier des réalisations de long-métrage qu'il signe de divers pseudonymes.

C'est de son nom qu'il signe enfin *Gypsy*, un mélodrame typique des studios britanniques, mais marqué par ses préoccupations (c'est comme une anticipation de *The Servant* ou de *Cérémonie secrète*), puis *Temps sans pitié*, film de prestige qui le fait remarquer. La découverte en France de deux nouvelles réalisations, *l'Enquête de l'inspecteur Morgan* et *les Criminels*, lui redonne définitivement une respectabilité artistique. On admire son style classique mais incroyablement raffiné, lancinant comme un rythme de blues, sa dissection parfois glacée des errances de ses personnages.

C'est auréolé d'un lustre nouveau qu'il dirige *Eva*, production européenne ambitieuse, avec Jeanne Moreau et Stanley Baker, un de ses acteurs de prédilection (l'autre sera Dirk Bogarde). Bien que coupé contre son gré, le film le place définitivement en tête de la cinématographie européenne. L'immense impact critique de *The Servant* (1963), première de ses collaborations avec le prestigieux dramaturge Harold Pinter, fait de lui l'égal d'un Fellini ou d'un Bergman.

Il va revenir inlassablement à son sujet de prédilection : la sclérose de la classe privilégiée qu'il voit s'émietter au contact d'un élément extérieur. *The Servant, Accident* et *le Messager*, tous trois écrits par Pinter, constituent une trilogie sur ce thème, servie par un style de plus en plus baroque et de plus en plus glacé à la fois : ce mélange des extrêmes est typique de Losey.

La grande star hollywoodienne Elizabeth Taylor se passionne pour son travail : à travers elle, Hollywood vient se mettre aux pieds de Losey pour deux films. *Boom* est une adaptation de Tennessee Williams, que Losey plie à ses thèmes et à son esthétique. *Cérémonie secrète* est l'un de ses meilleurs films, un huis clos à la fois étouffant et somptueux, une véritable mise à mort.

Après avoir tourné en Italie, en Norvège ou en Espagne, Losey s'établit en France. Il y tourne l'une de ses œuvres maîtresses, *Monsieur Klein* (1976), qui mêle une intrigue quasi fantastique à la Borges avec le sujet brûlant de la collaboration et de la rafle du Vel d'Hiv : synthèse fulgurante qu'aucun cinéaste français n'avait osé faire. Mais, à part une belle mise en images du *Don Giovanni* de Mozart, le cinéma français de l'époque semble émousser les griffes du vieux félin qu'il fige dans une certaine idée de la culture. *Les Routes du Sud* ou *la Truite* sont des œuvres ambitieuses et vaines, qui auraient pu être réalisées par un cinéaste moins talentueux.

Comme s'il sentait la fin approcher, après avoir échoué à porter à l'écran *À la recherche du temps perdu*, il quitte la France pour réaliser en Angleterre un film modeste, *Steaming*, adaptation d'un sujet théâtral, entièrement interprété par des femmes. C'est dans ce film vibrant, splendidement joué, que l'on retrouve pour la dernière fois le sorcier de la mise en scène : un hammam défraîchi, des effets de vapeur, des miroirs embués, des femmes à la dérive lui fournissent l'occasion de son film le plus émouvant. – C.V.

**FILMOGRAPHIE**

**1948** *Le Garçon aux cheveux verts (The Boy With Green Hair)*
**1950** *Haines (The Lawless)*
**1951** *Le Rôdeur (The Prowler)*
*M*
*La Grande Nuit (The Big Night)*
**1952** *Un homme à détruire (Imbarco a mezzanotte / Stranger on the Prowl*
**1954** *La bête s'éveille (The Sleeping Tiger)*, signé Victor Hanbury
**1956** *L'Étrangère intime (The Intimate Stranger)*, signé Joseph Walton
**1957** *Temps sans pitié (Time Without Pity)*
**1958** *Gypsy (The Gypsy and the Gentleman)*
**1959** *L'Enquête de l'inspecteur Morgan (Blind Date)*
**1960** *Les Criminels (The Criminal)*
**1961** *Les Damnés (The Damned)*
**1962** *Eva (Eve)*
**1963** *The Servant*
**1964** *Pour l'exemple (King and Country)*
**1966** *Modesty Blaise*
**1967** *Accident*
**1968** *Boom (Boom !)*
*Cérémonie secrète (Secret Ceremony)*
**1970** *Deux Hommes en fuite (Figures in a Landscape)*
**1971** *Le Messager (The Go-Between)*
**1972** *L'Assassinat de Trotski (The Assassination of Trotsky)*
**1973** *Maison de poupée (A Doll's House)*
**1974** *Galileo*
**1975** *Une Anglaise romantique (The Romantic Englishwoman)*
**1976** *Monsieur Klein*
**1978** *Les Routes du Sud*
**1979** *Don Giovanni*
**1982** *La Truite*
**1985** *Steaming*

# Ernst **Lubitsch**

BERLIN 1892 - LOS ANGELES 1947

**Le « cinéaste des cinéastes ».** On se tromperait en réduisant Ernst Lubitsch au spécialiste de la comédie sophistiquée. Admiré quasi-unanimement par ses pairs, on l'a appelé le « cinéaste des cinéastes », tant il a semblé que les cineastes eux-mêmes étaient les mieux placés pour apprécier la subtilité de son art. Sachant ce que valent un bon scénario et un bon dialogue (il y travaillait toujours en personne), il n'en a jamais été l'esclave, n'ayant de cesse de les fondre dans une idée de mise en scène, ce que l'on a appelé dans son cas l'ineffable « Lubitsch touch ».

Juif berlinois issu d'une famille de commerçants, c'est sous la tutelle du légendaire Max Reinhardt qu'Ernst Lubitsch va débuter au théâtre. Pour lui, il sera acteur, régisseur, assistant, conservant au fil du temps son admiration éperdue qui réapparaît dans certains traits de ses films (le jeu sur les décors monumentaux et partiellement ou totalement vides). Parallèlement à son activité théâtrale, il crée au cinéma un personnage récurrent, sorte d'adolescent attardé, un peu salace, dont le succès lui permet de passer bientôt à la réalisation.

On a souvent dit que les premiers films de Lubitsch étaient vulgaires. Privilégiant déjà la comédie, ils restent surtout d'une incroyable efficacité, qu'il s'agisse de courts sujets comme *Schuhpalast Pinkus* ou *Roméo et Juliette dans la neige* ou de long métrages comme *la Princesse aux huîtres*, d'une parfaite maîtrise visuelle. Des œuvres « sérieuses » à la mise en scène spectaculaire, qui transposent les idées de Reinhardt à l'écran, confèrent à Ernst Lubitsch une respectabilité : *les Yeux de la momie* ou *Carmen* (où il lance la future star Pola Negri). Mais le film, qui, au lendemain de la Première Guerre mondiale, va faire connaître au monde entier le cinéma allemand, est *Madame du Barry*, pochade historique qui mêle la splendeur plastique (un noir et blanc presque stylisé), la cruauté (la mort de Louis XV, la décapitation de l'héroïne) et le vaudeville raffiné. Lubitsch va ainsi se partager entre les grandes mises en scène historiques (*Ann Boleyn*, *la Femme du Pharaon*) et la comédie (*la Poupée*, avec ses magnifiques décors en carton découpé), réunissant les deux tendances dans *la Chatte des montagnes*, qui applique des procédés expressionnistes à un sujet d'opérette.

Lubitsch vise Hollywood. L'Amérique a apprécié *Madame du Barry* et *Ann Boleyn*. Il va être le pre-

Ernst Lubitsch dirige Greta Garbo dans *Ninotchka* (1939).

mier cinéaste allemand à y débarquer, appelé par la star Mary Pickford pour réaliser *Rosita* qu'elle produit. Fidèle à son goût bien connu de l'allusion, Lubitsch aime à suggérer ce qui se passe derrière une porte fermée, ce qui rend Pickford furieuse : « C'est un metteur en scène de portes ! ». Malgré ce premier contact difficile, Lubitsch persiste et accepte un contrat modeste. Bon calcul car *Comédiennes, Trois Femmes, Embrassez-moi* ou *Les Surprises de la TSF* introduisent à l'écran américain une sophistication inédite et une thématique érotique nouvelle : grâce à ses idées de mise en scène, Lubitsch ne choque pas mais enchante. *L'Éventail de lady Windermere* est une réussite sidérante car, privé du dialogue étincelant d'Oscar Wilde, Lubitsch en retrouve l'esprit grâce à un feu d'artifices visuel. Il a réussi à devenir l'un des cinéastes les plus respectés d'Hollywood.

Son passage au parlant est triomphal. Il trouve dans le couple chantant Maurice Chevalier-Jeanette MacDonald un parfait instrument, au sens musical. Loin de se contenter d'enregistrer du bruit et des paroles, Lubitsch comprend que le parlant a le pouvoir de rendre sensible le silence. Dans *Parade d'amour*, une fenêtre se ferme au cours d'une histoire leste, laissant le spectateur imaginer la suite à travers la pantomime qui s'ensuit. Dans *Monte Carlo*, une chanson de Jeanette MacDonald sur un train, devient le prétexte à un grand moment de montage (rails qui se croisent, paysans qui chantent, jets de vapeur, roues).

En 1932, année pour lui cruciale, Lubitsch tourne son plus grand succès commercial (*Une heure près de toi*), son film préféré (le délicieux *Haute Pègre*) et l'un de ses rares films dramatiques (le pacifiste *l'Homme que j'ai tué*, qui débute par un défilé du 11 novembre vu à travers la jambe amputée d'un vétéran). Après *La Veuve joyeuse*, dernière réunion Chevalier-MacDonald, Lubitsch s'éloigne de la réalisation : il est le seul cinéaste auquel ait jamais été confiée la direction d'un grand studio hollywoodien (la Paramount).

Mais il revient à la réalisation en guidant vers la comédie deux stars qui ont besoin de changer leur image de femmes fatales : Marlene Dietrich (*Ange*) et Greta Garbo (*Ninotchka*). Mais c'est dans le délicat *Rendez-vous*, qui le ramène aux comédies boutiquières de ses débuts, qu'il s'épanche le mieux. Notons que les deux plus grands films anti nazis furent deux comédies : *le Dictateur* de Chaplin et *To Be or Not to Be* (1942) de Lubitsch, vertigineuse mise en abyme d'une troupe de comédiens qui jouent leur vie dans une mise en scène où ils incarnent Hitler et un état-major nazi.

Entouré de disciples prestigieux comme Joseph L. Mankiewicz, Otto Preminger et Billy Wilder, qu'il aide à passer à la réalisation, Ernst Lubitsch, dont la santé est fragile, signe en 1943 et 1946 deux œuvres crépusculaires qui seront son magnifique adieu. *Le ciel peut attendre* résume l'art de vivre du cinéaste, mais aussi sa conception du bonheur et sa vision de l'amour. *La Folle Ingénue* célèbre la spontanéité et l'instinct d'une apprentie plombière au sein d'une aristocratie britannique coincée. – C.V.

**FILMOGRAPHIE**

**1916** *Als ich tot war*
**1918** *Les Yeux de la momie*
*(Die Augen der Mumie Ma)*
*Carmen*
*Das Mädel vom Ballet*
**1919** *Ma femme actrice de cinéma*
*(Meine Frau die Filmschauspielerin)*
*La Princesse aux huîtres*
*(Die Austernprinzessin)*
*Rausch*
*Madame du Barry / la Du Barry*
*La Poupée (Die Puppe)*
*Meyer Aus Berlin*
**1920** *Kohlhiesels Töchter*
*Romeo und Julia im Schnee*
*Sumurun*
**1921** *La Chatte des montagnes*
*(Die Bergkatze)*
**1922** *La Femme du pharaon*
*(Das Weib des Pharao)*
**1923** *Montmartre (Die Flamme)*
*Rosita, chanteuse des rues (Rosita)*
**1924** *Comédiennes (The Marriage Circle)*
*Trois Femmes (Three Women)*
*Paradis défendu (Forbidden Paradise)*
**1925** *Embrassez-moi (Kiss Me Again)*
*L'Éventail de lady Windermere*
*(Lady Windermere's Fan)*
**1926** *Les Surprises de la TSF (So This Is Paris)*
**1927** *Le Prince étudiant (The Student Prince)*
**1928** *Le Patriote (The Patriot)*
**1929** *L'Abîme (Eternal Love)*
*Parade d'amour (The Love Parade)*
**1930** *Monte Carlo*
**1931** *Le Lieutenant souriant*
*(The Smiling Lieutenant)*
**1932** *L'Homme que j'ai tué*
*(Broken Lullaby / The Man I Killed)*
*Une heure près de toi*
*(One Hour With You)*
*Haute Pègre (Trouble in Paradise))*
*Si j'avais un million*
*(If I Had a Million)*, 2 épisodes
**1933** *Sérénade à trois (Design for Living)*
**1934** *La Veuve joyeuse (The Merry Widow)*
**1937** *Ange (Angel)*
**1938** *La Huitième Femme de Barbe-Bleue*
*(Bluebeard's Eighth Wife)*
**1939** *Ninotchka*
**1940** *Rendez-Vous*
*(The Shop Around the Corner)*
**1941** *Illusions perdues*
*(That Uncertain Feeling)*
**1942** *Jeux dangereux (To Be or Not to Be)*
**1943** *Le ciel peut attendre*
*(Heaven Can Wait)*
**1946** *La Folle Ingénue (Cluny Brown)*
**1948** *La Dame au manteau d'hermine*
*(That Lady in Ermine)*,
co. Otto Preminger

# George **Lucas**

MODESTO 1944

**Créateur de génie**, gestionnaire avisé, réalisateur rare (six films en trente ans), et surtout producteur, George Lucas est à l'origine d'un phénomène cinématographique exceptionnel qui aura marqué l'imaginaire de plusieurs générations de cinéphiles.

Il produit son premier long-métrage avec Francis Ford Coppola : *THX 1138* est un film d'anticipation adapté d'un de ses nombreux courts métrages d'étudiant. *American Graffiti*, comédie nostalgique sur la jeunesse des années 1960, énorme succès populaire, reste encore le seul film de Lucas qui ne recoure pas à la science fiction.

*La Guerre des étoiles* (1977) est conçu comme un petit film d'aventure sidéral sans star. Mais les duels au sabre-laser et les combats de vaisseaux spatiaux remportent un succès inattendu. Lucas cesse alors de tourner, préférant se consacrer à son activité de producteur, laissant à d'autres le soin de mettre en image ses idées. Mais les deux suites à *la Guerre des étoiles* restent des œuvres personnelles : un savant mélange de thématiques et de motifs visuels à portée universelle puisés à diverses sources, mythologiques (légende arthurienne notamment – quête mystique recherche de l'Élu), psychanalytiques (le rapport au père) et cinématographiques (le western, le film de sabre japonais, le *2001* de Kubrick). Ces succès planétaires lui permettent de produire aussi des films plus confidentiels, signés Coppola, Paul Schrader et même Akira Kurosawa.

George Lucas n'hésite pas à retoucher numériquement ses films pour y ajouter des éléments (décors, personnages) que les moyens techniques de l'époque ne lui permettaient pas. Lorsque ceux-ci sont enfin à la hauteur de son imagination, il revient derrière la caméra pour tourner trois *sequels* à *la Guerre des étoiles*, dans un ton nettement plus sombre, mais avec le même art du recyclage : la course de char est tirée de *Ben Hur*, l'extermination des chevaliers Jedi évoque celle des Templiers et Liam Neeson semble tout droit sorti de l'*Excalibur* de John Boorman Sa réalisation est soumise au souci de maintenir un effet de continuité entre des épisodes tournés à vingt ans d'écart. Intervenant cette fois à tous les stades de la conception cinématographique (scénario, production, réalisation, création d'effets spéciaux), George Lucas représente une forme rare et complète d'auteur au cinéma. – C. D.

**FILMOGRAPHIE**

**1971** *THX 1138*
**1973** *American Graffiti*
**1977** *La Guerre des étoiles (Star Wars)*
**1980** *L'empire contre attaque*
*(The Empire Shikes back)*,
ré. Imrin Kershner

**1983** *Le retour du jedi (Return of the jedi)* ré. Richard Marquant
**1999** *Stars Wars, La menace fantôme (Star Wars: the Phantom Menace)*
**2002** *Stars Wars, L'Attaque des clones (Star Wars: Attack of the Clones)*
**2005** *Stars Wars, La Revanche des Sith (Star Wars: Revenge of the Sith)*

## Sidney **Lumet**

PHILADELPHIE 1924

**Artisan, dilettante et auteur.** Formé sur les planches et à la télévision, Sidney Lumet entame une carrière cinématographique à la fin des années 1950. Cinéaste prolifique à l'œuvre très hétéroclite, il développe un style caractéristique au sein de deux genres en particulier: le film policier et le film de procès.

C'est Henry Fonda qui lui donne sa chance au cinéma en lui confiant la réalisation de deux films dont il est la vedette : *Douze Hommes en colère* (1957), version cinématographique d'une dramatique télévisée donc de facture fortement théâtrale, Puis *les Feux du théâtre* (1958), dont la scène est cette fois le sujet. Plusieurs de ses films seront par la suite adaptés de pièces de théâtre (Tennessee Williams, Anton Tchekhov ou Arthur Miller pour les auteurs les plus connus) ou afficheront une forme d'inspiration théâtrale (*Un après-midi de chien*) : unité de lieu et d'action, abondance des dialogues, mise en scène reposant sur le jeu des acteurs (nombreuses utilisations du plan-séquence).

À la fin des années 1950, il dirige déjà les plus grandes stars dans de grosses productions : Sophia Loren (*Une espèce de garce*) et le couple insolite Brando/Magnani (*L'Homme à la peau de serpent*). Lumet est encore un tout jeune cinéaste, mais son aptitude à travailler rapidement et efficacement, acquise à la télévision, est une marque de fabrique appréciée dans un système hollywoodien soucieux de rentabilité.

Dans les années 1960, à côté de coproductions européennes typiques de l'époque (*MI 5 demande protection*, traditionnel film d'espionnage), il signe une série de films aux sujets ambitieux et bénéficiant d'un traitement formel souvent original : *Long Day's Journey into Night*, avec Katharine Hepburn en mère de famille toxicomane ; *Point Limite*, film d'anticipation condamnant en pleine guerre froide la course aux armements avec (encore) Henry Fonda ; *le Prêteur sur gages*, où le traumatisme subi par un rescapé des camps de la mort (Rod Steiger) est exprimé par un montage inventif ; *la Colline des hommes perdus*, la première de ses cinq collaborations avec Sean Connery (dont *Le Gang Anderson*, film abordant avant *Conversation secrète* de Coppola, le thème des écoutes téléphoniques et de la surveillance électronique). Il coréalise également avec Joseph L. Mankiewicz un documentaire sur Martin Luther King.

À partir des années 1970, sa filmographie est de plus en plus éclectique. Lumet passe d'un genre à l'autre : du classique « all star cast » *Crime de l'Orient-Express* adapté d'Agatha Christie à *Network*, brûlot contre les médias télévisés, et de l'intimiste et psychanalytique *Equus* au remake « urbain » du *Magicien d'Oz* avec Diana Ross et Michael Jackson *(The Wizz)*. Il ira jusqu'à pratiquer ce mélange des genres à l'intérieur d'un même film (*Family Business* est une comédie à mi-chemin entre le polar et le drame familial, émaillée de purs moments tragiques : la trahison, l'enfermement puis la mort du père).

Au sein d'une œuvre riche et variée, Sidney Lumet est également parvenu à développer un style caractéristique autour de thématiques récurrentes. À l'instar de Scorsese, il promène sa caméra dans les rues et les bas-fonds de New York qui est le décor de la plupart de ses histoires. Il filme sa ville fétiche dans sa majesté (les plans séquences circulaires d'ouverture) comme dans sa saleté (entrepôts désaffectés, commissariats insalubres). Un certain naturalisme qui est complété par de pittoresques seconds rôles dans des films ayant souvent pour cadre les milieux cyniques et corrompus de la police (*Serpico, le Prince de New York, Contre-Enquête, Dans l'ombre de Manhattan*) ou de la justice (*The Verdict, les Coulisses du pouvoir, l'Avocat du diable*).

Lumet revient inlassablement à ces genres que sont le film policier ou le film judiciaire, afin d'y questionner, hors de tout manichéisme, les conditions du recours à la violence, sa légitimité et ses abus (*The Offence*, situé exceptionnellement en Angleterre). Ces films exposent et explorent les dilemmes moraux de personnages faillibles constamment tiraillés entre le Bien et le Mal, entre désir de justice et sentiment de culpabilité, dans la « zone grise » du droit (transgresser la loi pour une cause juste) et de l'éthique (l'intégrité se confrontant à la loyauté lorsqu'il s'agit de dénoncer son père ou son ami). — C. D.

**FILMOGRAPHIE**

**1957** *Douze Hommes en colère (Twelve Angry Men)*
**1958** *Les Feux du théâtre (Stage Struck)*
**1959** *Une espèce de garce (That Kind of Woman)*
**1960** *L'Homme à la peau de serpent (The Fugitive Kind)*
**1962** *Vu du pont (A View from the Bridge)*
*Long Day's Journey into Night*
**1964** *Point limite (Fail Safe)*
**1965** *Le Prêteur sur gages (The Pawnbroker)*
*La Colline des hommes perdus (The Hill)*
**1966** *Le Groupe (The Group)*
**1967** *MI 5 demande protection*

*(The Deadly Affair)*
**1968** *Bye Bye Braverman*
*La Mouette (The Sea Gull)*
**1969** *Le Rendez-Vous (The Appointment)*
**1970** *The Last of the Mobile Hot Shots*
**1971** *Le Gang Anderson*
*(The Anderson Tapes)*
**1972** *Child's Play*
**1973** *The Offence*
*Serpico*
**1974** *Lovin' Molly*
*Le Crime de l'Orient-Express*
*(Murder on the Orient Express)*
**1975** *Un après-midi de chien*
*(Dog Day Afternoon)*
**1976** *Network main basse sur la TV (Network)*
**1977** *Equus*
**1978** *The Wiz*
**1979** *Just Tell Me What You Want*
**1981** *Le Prince de New York*
*(Prince of the City)*
**1982** *Piège mortel (Deathtrap)*
**1983** *The Verdict*
*Daniel*
**1984** *À la recherche de Garbo (Garbo Talks !)*
**1986** *Les Coulisses du pouvoir (Power)*
*Le Lendemain du crime*
*(The Morning After)*
**1988** *À bout de course (Running on Emphy)*
**1989** *Family Business*
**1990** *Contre-Enquête (Q & A)*
**1992** *Une étrangère parmi nous*
*(A Stranger Among Us)*
**1993** *L'Avocat du diable (Guilty as Sin)*
**1997** *Dans l'ombre de Manhattan*
*(Night Falls on Manhattan)*
**2006** *Jugez-moi coupable (Find Me Guilty)*

## David **Lynch**

MISSOULA 1946

**Derrière les apparences.** David Lynch enchante par son sens du mystère. Grand créateur de sortilèges visuels et sonores, il réussit à fasciner son public tout en ne le rassurant jamais par une fiction claire.

Étudiant en Beaux-Arts, David Lynch reste marqué par cette formation. L'organisation de ses plans, des masses de couleur, donnent plus de

David Lynch en 2001 sur le tournage de *Mulholland Drive*.

sens à ses films que l'intrigue, soit cryptée (*Twin Peaks*), soit n'obéissant qu'à la logique fantasmatique (*Lost Highway, Mulholland Drive*). Ce style frappait dès *Eraserhead* (1977), premier long-métrage au noir et blanc oppressant. Le noir et blanc, plus proche des gravures du XIXe siècle, caractérise également *Elephant Man*, où Lynch se confirme comme le peintre des marginaux et des « monstres ».

La production traditionnelle ne lui convient pas (*Dune* banalise sa vision singulière). C'est l'étrangeté qu'il aime à débusquer sous les décors propres et ensoleillés de la représentation traditionnelle de l'Amérique. *Blue Velvet*, qui oppose les gazons bien taillés et l'enfer de la pègre, lui permet de prendre possession de son univers, et constitue avec *Lost Highway* (1997) et *Mulholland Drive* (2001) le meilleur de l'œuvre de Lynch. Les composantes en sont maîtrisées : des scénarios gigognes qui fonctionnent sur l'exhibition des apparences puis leur inversion, une imagerie à double face, tantôt déclinant les nuances de l'ombre, tantôt découpant l'espace et la couleur au scalpel, une bande-son précise et intrigante, dont la musique lyrique d'Angelo Badalamenti contrebalance la froideur. *Mulholland Drive*, extension d'un projet télévisé avorté, renvoie ce double fond à une réflexion sur le cinéma et le pouvoir de l'image.

Lynch avait déjà essayé avec éclat la formule de la série télévisée avec *Twin Peaks*, dont il assura la transposition à l'écran. Il obtint la Palme d'or à Cannes pour le très populaire *Sailor et Lula*, auquel on peut cependant reprocher l'absence du sens du mystère qui fait le prix de ses meilleurs films. Au cœur de cette œuvre construite sur des énigmes, *Une histoire vraie* (1999) est un road-movie exemplaire qui déroule son fil émouvant et pudique au long du périple d'un vieillard sur une tondeuse à gazon. Une œuvre fluide et émouvante dont la juxtaposition aux autres films de Lynch est essentielle : elle ne permet pas de résoudre les énigmes qu'ils posent, mais donne au moins une idée de la sensibilité qui s'y dissimule. — C. V.

**FILMOGRAPHIE**

**1977** *Eraserhead*
**1980** *The Elephant Man*
**1984** *Dune*
**1986** *Blue Velvet*
**1990** *Sailor et Lula (Wild at Heart)*
**1992** *Twin Peaks*
*(Twin Peaks: Fire Walk With Me)*
**1997** *Lost Highway*
**1999** *Une histoire vraie (The Straight Story)*
**2001** *Mulholland Drive*
**2006** *Inland Empire*

## Leo **McCarey**

LOS ANGELES 1894 - SANTA MONICA 1969

**Entre l'éclat de rire et le sanglot.** Leo McCarey fut à la fois un grand cinéaste comique, du burlesque à la comédie sophistiquée, et un grand cinéaste sentimental, du constat social au pur mélodrame. Il a réussi à mêler les deux tendances sans créer de hiatus : ainsi, il y a des scènes émouvantes dans ses comédies, tout comme ses mélodrames peuvent offrir des scènes de comédie étincelantes.

D'abord assistant, entre 1923 et 1929 Leo McCarey est l'un des piliers des studios Hal Roach. Il se partage essentiellement entre trois entités comiques : Max Davidson, Charley Chase et le duo Laurel et Hardy (dont on dit que c'est lui qui eut l'idée de les associer). Il réalise, coréalise ou supervise un grand nombre de courts sujets, d'une vingtaine de minutes dont beaucoup sont de véritables chefs-d'œuvre. Sa part créative ne peut être mise en doute. Ainsi le procédé du « œil pour œil », souvent utilisé dans des variations brillantes avec Laurel et Hardy (*la Bataille du siècle*, *Big Business*), est déjà en place chez Max Davidson (*Blow by Blow*). La régression infantile est présente chez Charley Chase, contrastée par l'aspect « homme du monde » du personnage. *We Faw Down* est bâti sur un sens de l'espace et du déséquilibre (Laurel et Hardy au sommet d'un échafaudage), que l'on retrouvera dans le mécanisme de *Cette sacrée vérité*. Ces deux années, 1928-1929, contiennent les plus grands gags de la carrière de Laurel et Hardy qui se borneront souvent, par la suite, à les répéter ou à en proposer des variantes.

Le parlant fournira à McCarey l'occasion d'aborder d'autres formes de comédie. On lui doit le film le plus libre des Marx Brothers (*la Soupe au canard*, 1933), le retour d'Harold Lloyd (*Soupe au lait*, 1936) ou la quintessence de Mae West (*Ce n'est pas un péché*, 1934).

Il propose également des comédies où il ne se met pas au service d'une personnalité qui lui préexiste. *L'Extravagant M. Ruggles* est une désopilante satire sociale où un valet anglais stylé est gagné au poker par un nouveau milliardaire américain ; la fin du film, où le valet récite le discours de Lincoln à Gettysburg, représente un de ces glissements de ton typiques de McCarey. *Cette sacrée vérité* est l'archétype de la « comédie américaine », avec les situations (le remariage), les personnages (le prétendant ridicule, la vieille tante amidonnée, les domestiques pincés) et les acteurs (Cary Grant) qu'on liera au genre. Bien que souvent intéressantes, les autres comédies de McCarey (*Lune de miel mouvementée*, sur le thème du nazisme ; *Ce bon vieux Sam*, sur la pratique du bon voisinage) n'atteindront pas ces réussites.

En 1939, McCarey signe *Elle et lui*, pour moitié éblouissante comédie mondaine, et pour l'autre mélodrame sublime (Irene Dunne empêchée de retrouver Charles Boyer par un accident de voiture qui la laisse infirme) dont la réussite tient à l'équilibre. On pourrait croire qu'un tel miracle ne peut se reproduire. Mais McCarey va reprendre le sujet dix-huit ans plus tard et atteindre le même niveau d'intensité, en y ajoutant par la couleur et l'écran large un nouveau lyrisme. Il avait déjà abordé la sphère émotionnelle avec *Place aux jeunes*, insuccès commercial, qui raconte la douleur d'un vieux couple qu'une retraite difficile oblige à vivre séparé : la délicate humanité des détails, le déterminisme implacable que l'on lit derrière la douceur des sentiments, en font un chef-d'œuvre. McCarey obtint ses deux plus grands succès commerciaux dans ce registre : *la Route semée d'étoiles* et *les Cloches de Sainte-Marie*, deux films pour un seul personnage de jeune curé (Bing Crosby).

Au fil des années, la production de McCarey a été irrégulière. Des périodes de créativité alternent avec des périodes de morosité ou d'inaction. Mais ses réussites sont si vives qu'elles éclairent les éventuelles zones d'ombre. – C.V.

**FILMOGRAPHIE**

**1921** *Society Secrets*
**1929** *Red Hot Rhythm*
*The Sophomore*
**1930** *Let's Go Native*
*Wild Company*
*Part-Time Wife*
**1931** *Indiscret (Indiscreet)*
**1932** *Le Roi de l'arène (The Kid From Spain)*
**1933** *Soupe au canard (Duck Soup)*
**1934** *Poker Party (Six of a Kind)*
*Ce n'est pas un péché (Belle of the Nineties)*
**1935** *L'Extravagant M. Ruggles (Ruggles of Red Gap)*
**1936** *Soupe au lait / La Voie lactée (The Milky Way)*
**1937** *Place aux jeunes (Make Way for Tomorrow)*
*Cette sacrée vérité (The Awful Truth)*
**1939** *Elle et Lui (Love Affair)*
**1942** *Lune de miel mouvementée (Once Upon a Honeymoon)*
**1944** *La Route semée d'étoiles (Going My Way)*
**1945** *Les Cloches de Sainte-Marie (The Bells of St. Mary's)*
**1948** *Ce bon vieux Sam (Good Sam)*
**1952** *My Son John*
**1957** *Elle et Lui (An Affair to Remember)*
**1958** *La Brune brûlante (Rally Round the Flag, Boys !)*
**1962** *Une histoire de Chine (Satan Never Sleeps)*

## Terrence **Malick**

WACO 1943

**Un cinéaste incomparable.** En trente-et-un ans, Terrence Malick a réalisé quatre films. Cela lui a suffi pour conquérir un public inconditionnel et imposer un univers filmique d'une beauté visuelle rare.

Étudiant en philosophie, puis scénariste, Terrence Malick bouleverse dès *la Balade sauvage* (1974) : un fait divers criminel (un couple meurtrier en cavale, situation conventionnelle) se déploie en une réflexion poétique et panthéiste sur la beauté du monde. Par des choix musicaux insolites (Satie) et une iconographie qui en appelle à tout le spectre de la peinture américaine (des Luministes à Warhol, en passant par Hopper), il donne un sens à l'apparente indifférence des personnages (Malick utilisera dans tous ses films le procédé de la voix off). *Les Moissons du ciel* (1978) ouvre encore la réflexion par l'ampleur de l'image et de la reconstitution historique et par la lumineuse photo de Nestor Almendros : le brun de la ville est opposé au doré éclatant du paysage, cadre encore une fois d'une intrigue criminelle.

À travers ses deux films suivants, Malick progresse plus nettement encore vers la méditation mystique, en jouant toujours des contrastes entre la brutalité des hommes et la splendeur de la nature. *La Ligne rouge* est un récit de guerre de forme chorale et *le Nouveau Monde* reconstitue l'épisode américain fondateur de John Smith et Pocahontas. Mais la forme épique qu'ils empruntent est trompeuse. Malick paraît éliminer systématiquement les scènes d'action attendues ou les dialogues explicatifs que l'on croit incontournables, pour développer, à la manière d'une mélodie, les instants d'inaction ou de méditation, créant la forme désarçonnante d'une épopée inversée, mais captivant le spectateur par les sortilèges de ses images.

En dehors de toute mode, Terrence Malick est le seul cinéaste américain actuel à éveiller chez le spectateur un regard de poète et de philosophe. — C. V.

**FILMOGRAPHIE**

**1973** *La Balade sauvage (Badlands)*
**1978** *Les Moissons du ciel (Days of Heaven)*
**1998** *La Ligne rouge (The Thin Red Line)*
**2005** *Le Nouveau Monde (The New World)*

## Louis **Malle**

THUMERIES 1932 – BEVERLY HILLS 1995

**Esprit indépendant,** issu de la haute bourgeoisie, Louis Malle fut néanmoins perméable aux influences qui ont régné sur les films de son époque, par exemple lorsqu'il s'est consacré au documentaire entre 1968 et 1974, ou plus tard, à l'ère des révisions post-68 (*Milou en mai*, 1990). Étudiant à l'IDHEC, il interrompt ses études pour devenir coréalisateur avec le commandant Cousteau du *Monde du silence*, Palme d'or en 1953.

Il s'exprime tout d'abord par une succession d'expériences qui, toutes, contiennent leur critique en même temps que leur affirmation. Ainsi *Ascenseur pour l'échafaud* (1958), policier classique, est transfiguré par une bande-son composée d'improvisations de jazz (par Miles Davis) et par la plastique des images nocturnes, ou *les Amants*, dont les images un peu guindées visent à tempérer l'érotisme des scènes intimes. Il abandonne vite le réalisme psychologique pour donner un exact équivalent cinématographique au livre de Queneau *Zazie dans le métro* (1960). Son approche du mythe Bardot, dans *Vie privée* (interprété par la star elle-même), procède de la chronique plutôt que de la romance. *Le Feu follet*, portrait d'un dandy suicidaire, est froidement nihiliste... Suivront des films s'opposant moins aux conventions narratives, *Viva Maria* et *le Voleur*, deux comédies d'un amoralisme réjouissant, ou *Lacombe Lucien*, dont le scénario (un jeune paysan s'engage dans la Gestapo en 1944) a suscité bien des polémiques.

Par la diversité de son expérience, y compris dans le fantastique (*Black Moon*), Malle a bien le profil d'un cinéaste indépendant américain. Il poursuit sa carrière aux États-Unis entre 1977 et 1987 avec un film de gangster (*Atlantic City*), un remake du *Pigeon* de Monicelli (*Crackers*), une dénonciation de la violence anti-immigrés (*Alamo Bay*), un mélodrame en costumes (*la Petite*), mais aussi une tentative digne des cinéastes new-yorkais (*My Dinner With André*)...

Dans ses films les plus importants, au-delà de toutes ces expérimentations, Malle pratique une forme de classicisme transparent, fait de pudeur et de sensibilité. Un caractère essentiel réside dans son moralisme, qu'il a intégré dans ses films de deux manières. D'une part en y intégrant des souvenirs personnels (en particulier dans le dramatique *Au revoir les enfants* (1987), sur la répression antisémite durant l'Occupation. D'autre part en bousculant les valeurs bourgeoises : dans sa comédie *le Voleur* (où triomphe le crime), dans *les Amants* qui eut un succès de scandale à sa sortie, dans *le Souffle au cœur* (l'inceste), dans *la Petite* (le puritanisme et les maisons closes). — D. S.

**FILMOGRAPHIE**

**1955** *Le Monde du silence*, co. Jean-Yves Cousteau, doc.
**1958** *Ascenseur pour l'échafaud*
*Les Amants*
**1960** *Zazie dans le métro*
**1962** *Vie privée*
**1963** *Le Feu follet*
**1965** *Viva Maria*
**1967** *Le Voleur*

*Ascenseur pour l'échafaud* de Louis Malle (1958), un thriller hitchcockien, transfiguré par la musique et l'interprétation (Jeanne Moreau).

**1968** *Histoires extraordinaires* ép. « *William Wilson* »
**1971** *Le Souffle au cœur*
**1974** *Lacombe Lucien*
**1975** *Black Moon*
**1978** *La Petite* *(Pretty Baby)*
**1980** *Atlantic City*
**1982** *My Dinner With André*
**1984** *Crackers*
**1985** *Alamo Bay*
**1986** *Le Pays de Dieu* *(God's Country)*
**1987** *And The Pursuit of Happiness*
*Au revoir les enfants*
**1990** *Milou en mai*
**1992** *Fatale*
**1994** *Vanya 42e Rue* *(Vanya on 42nd Street)*

# Rouben **Mamoulian**

TBLISSI 1898 – WOODLAND HILLS 1987

**Un innovateur.** Rouben Mamoulian a innové dans deux grands domaines : le son et la couleur. Ses recherches sur les possibilités dramatiques de la technique ont en effet ouvert des voies insoupçonnées.

Exilé, il va de Russie en France, puis en Angleterre pour s'établir enfin à Broadway dont il sera l'un des metteurs en scène les plus prestigieux. Il rejoint Hollywood quand le cinéma fait appel aux hommes de théâtre pour les aider à résoudre les problèmes du parlant. *Applause*, mélodrame situé dans les milieux du music-hall bon marché, utilise le son de manière non réaliste, sans se laisser brider par les problèmes de technique : Mamoulian pense d'emblée en termes de cinéma, comme le montre son montage brillant. Cinq ans durant, Mamoulian va vivre une passion pour ce nouveau média et lui apportera beaucoup : monologue intérieur et voix-off (*les Carrefours de la ville*), caméra subjective (*Dr Jekyll and Mr Hyde*), premier film en Technicolor trichrome (*Becky Sharp*). À chaque fois, son approche est soucieuse de rythme, comme le montrent ses ouvertures, toujours frappantes, ou certains morceaux de bravoure (la surimpression de la jambe nue de Miriam Hopkins dans *Dr Jekyll*, le finale de *la Reine Christine* qui transforme Garbo en figure de proue, la fête de Pâques dans *Résurrection*).

Devenu un cinéaste de prestige, les stars rêvent de tourner avec lui : Greta Garbo dont l'interprétation de *la Reine Christine*, est restée mythique, Marlene Dietrich (*Cantique d'amour*). Mais c'est dans un musical, inspiré de René Clair, qu'il donne le meilleur de lui-même : *Aimez-moi ce soir* est un feu d'artifice d'inventions sonores et visuelles déterminantes pour le genre entier (l'ouverture, avec le quartier parisien qui s'éveille aux sons des bruits de la rue, la chanson qui part de l'échoppe de Maurice Chevalier pour passer de voix en voix jusqu'au balcon de Jeanette MacDonald à la campagne.)

Passé cette période exceptionnelle, Mamoulian travaille plus rarement au cinéma, et avec moins d'éclat. Mais son élégance et son sens du rythme restent intacts (*la Furie de l'or noir*, mélange de western et de musical ; la meilleure version du *Signe de Zorro* ; *Arènes sanglantes* dont les compositions picturales sont inspirées des grands peintres espagnols).

Ses deux dernières œuvres seront des *musicals*, genre dans lequel il excelle également à Broadway. *Belle Jeunesse* est une évocation attendrie du passé récent de l'Amérique. Neuf ans plus tard, *la Belle de Moscou* réunit le couple mythique Fred Astaire-Cyd Charisse pour un remake de *Ninotchka* qui marque la fin de l'âge d'or du genre. – C.V.

**FILMOGRAPHIE**

**1930** *Applause*
**1931** *Les Carrefours de la ville (City Streets)*
**1932** *Docteur Jekyll et Mr Hyde (Dr Jekyll and Mr Hyde)*
*Aimez-moi ce soir (Love Me Tonight)*
**1933** *Le Cantique des cantiques (Song of Songs)*
*La Reine Christine (Queen Christina)*
**1934** *Résurrection (We Live Again)*
**1935** *Becky Sharp*
**1936** *Le Joyeux Bandit (The Gay Desperado)*
**1937** *La Furie de l'or noir (High, Wide and Handsome)*
**1939** *L'Esclave aux mains d'or (Golden Boy)*
**1940** *Le Signe de Zorro (The Mark of Zorro)*
**1941** *Arènes sanglantes (Blood and Sand)*
**1942** *Qui perd gagne (Ring on Her Fingers)*
**1948** *Belle Jeunesse (Summer Holiday)*
**1957** *La Belle de Moscou (Silk Stockings)*

# Joseph L. **Mankiewicz**

WILKES-BARRE 1909 - BEDFORD 1993

**À la recherche de la vérité.** Encore un disciple d'Ernst Lubitsch qui a mis son point d'honneur à être auteur complet, en écrivant et produisant ses propres réalisations. Joseph L. Mankiewicz aurait été de toute façon un scénariste et dialoguiste de génie s'il n'avait pas, en sus, porté son travail à l'écran dans une mise en scène caractérisée par l'intelligence et l'élégance.

Frère cadet du scénariste Herman J. Mankiewicz (*Citizen Kane*), Joseph L. arrive à Hollywood à la fin du muet. Pendant près de vingt ans, il va écrire des scénarios et produire des films (en particulier ceux de Frank Borzage). C'est grâce à Ernst Lubitsch, producteur, qu'il pourra réaliser son premier film : *le Château du dragon* (1946).

Son style, fluide, bavard sans jamais ennuyer, et sa thématique (le complot, la recherche de la vérité) s'affirment dans un film noir exemplaire (*Quelque part dans la nuit*), puis dans une série de comédies raffinées, à l'écriture caustique (*Un mariage à Boston, l'Aventure de Madame Muir, Chaînes conjugales*). Sous le tranchant du dialogue, on devine un lyrisme diffus qui apparaît le mieux dans *l'Aventure de Madame Muir* (1947), savoureuse histoire de fantôme et délicate histoire d'amour.

Dans *Chaînes conjugales* Mankiewicz recourt à un procédé dont il deviendra un virtuose : le flashback. *Ève* (1950) en fera grand usage. C'est l'une des grandes œuvres du cinéma sur le théâtre. Un réseau serré de flashback, provoqué par des témoins, va tenter de faire toute la vérité sur Ève, actrice de théâtre couronnée ce soir-là par une récompense. Dense, drôle, émouvant, cruel, *Ève* deviendra une référence absolue dont naîtront *Opening Night* (John Cassavetes) ou *Tout sur ma mère* (Pedro Almodóvar).

Comme un pendant à *Ève*, Joseph L. Mankiewicz imagine un film sur le cinéma : *la Comtesse aux pieds nus* (1954). C'est l'enterrement d'une star, Maria Vargas, incarnée par Ava Gardner, qui provoque les flashback. Les témoignages ne nous disaient pas tout d'Ève, mais du moins nous révélaient-ils que sous l'apparence de la brebis, il y avait un loup vorace. Maria Vargas, elle, restera une manière d'énigme, des flashback contradictoires mettant parfois en scène le même épisode. Ce portrait d'Hollywood au vitriol est aussi un hommage lyrique au cinéma.

Deux autres réussites brillantes font de cette période une des plus heureuses du cinéaste : *l'Affaire Cicéron*, chef-d'œuvre du film d'espionnage, et *On murmure dans la ville*, comédie douce-amère tout à fait déconcertante, souvent audacieuse, qui donna à Cary Grant son rôle préféré.

Mankiewicz conclut les années 1950 avec un film dont le sujet était le refoulement de la vérité et l'outil la psychanalyse. *Soudain l'été dernier* (1959), adaptation d'une pièce de Tennessee Williams que Mankiewicz s'approprie, gère magistralement le flashback. Un décor étouffant (un jardin d'hiver surchauffé, un hôpital psychiatrique) s'oppose à des retours en arrière qui n'arrivent que par bribes, incrustées sur l'image du témoin.

La dernière phase de la carrière de Mankiewicz

sera dominée par les trois ans de travail sur *Cléopâtre*, superproduction que le cinéaste vécut comme un cauchemar, mais qui est à l'arrivée une des plus belles réussites du genre. L'érudition et l'humour de Mankiewicz crépitent dans les dialogues. Après ce film exténuant, il ne va s'atteler qu'à des œuvres plus modestes, mais où ses préoccupations et son intelligence restent en éveil. *Guêpier pour trois abeilles* transpose l'intrigue de *Volpone* dans la Venise contemporaine et *le Limier* est un étourdissant exercice de style avec deux acteurs seulement (Laurence Olivier et Michael Caine). Dans les deux cas, Mankiewicz illustre son obsession du complot et noie la vérité dans un diabolique jeu de pistes.

Dans son seul western, *le Reptile* (1970) Mankiewicz s'amuse, comme *le Limier*, à nous faire prendre les deux personnages principaux pour ce qu'ils ne sont pas. Comme chaque film de Mankiewicz, il se termine par une volte-face que l'on reçoit comme un clin d'œil de complicité avec le spectateur. — C.V.

**FILMOGRAPHIE**

**1946** *Le Château du dragon (Dragonwyck)*
*Quelque part dans la nuit (Somewhere in the Night)*
**1947** *Un mariage à Boston (The Late George Apley)*
*L'Aventure de Madame Muir (The Ghost and Mrs. Muir)*
**1948** *Escape*
**1949** *Chaînes conjugales (A Letter to Three Wives)*
*La Maison des étrangers (House of Strangers)*
**1950** *La porte s'ouvre (No Way Out)*
*Ève (All About Eve)*
**1951** *On murmure dans la ville (People Will Talk)*
**1952** *L'Affaire Cicéron (Five Fingers)*
**1953** *Jules César (Julius Caesar)*
**1954** *La Comtesse aux pieds nus (The Barefoot Contessa)*
**1955** *Blanches Colombes et Vilains Messieurs (Guys and Dolls)*
**1958** *Un Américain bien tranquille (The Quiet American)*
**1959** *Soudain l'été dernier (Suddenly Last Summer)*
**1963** *Cléopâtre (Cleopatra)*
**1967** *Guêpier pour trois abeilles (The Honey Pot)*
**1970** *Le Reptile (There Was a Crooked Man)*
**1972** *Le Limier (Sleuth)*

## Anthony **Mann**

SAN DIEGO 1906 - BERLIN 1967

**Toutes les couleurs du western.** Anthony Mann est l'un des grands cinéastes liés au western. Dans la période charnière des années 1950, il lui a apporté une densité psychologique et morale ainsi qu'une nouvelle approche du paysage.

Après des emplois d'acteur au théâtre, Anthony Mann est assistant avant de réaliser son premier long métrage *Dr Broadway* (1942). Pendant huit années, il ne sortira pas de la série B où il fait son apprentissage, accrochant déjà l'attention grâce à ses idées de mise en scène (*la Cible vivante*, mélodrame policier conçu où brille Erich von Stroheim). Mais à partir de 1947 et sa rencontre avec un chef opérateur de génie, John Alton (*Desperate*), dans le cadre d'un genre (le film noir), il ne paraît plus guère intimidé par les restrictions budgétaires. *La Brigade du suicide* transcende un scénario classique (un réseau de faux-monnayeurs infiltré par un policier) par le beauté jaillissante de la mise en scène et l'ingéniosité inspirée du noir et blanc. On retrouve les mêmes qualités dans *Marché de brutes*, associées à une belle acuité psychologique (le heros tiraillé entre une jeune femme et une autre, mûre) et à une bande-son travaillée. *Le Livre noir*, film historique ludique, traite la Révolution française à la manière d'un film noir. *Incident de frontière* dénonce avec vigueur le trafic de main-d'œuvre mexicaine, avec certaines scènes qui évoquent l'ampleur du western. On pourrait, sur cette base, considérer Anthony Mann comme un des très grands maîtres de la série B.

L'excellence de son travail est remarquée et il est promu au budget de prestige avec *la Porte du diable*, l'un des premiers et des plus forts westerns pro-Indiens : dans un noir et blanc somptueux et austère à la fois, Mann lie les préjugés raciaux et la réussite sociale dans un discours dénué de tout sentimentalisme. C'est le premier d'un cycle de onze westerns qui abordent le genre d'une manière neuve. Mann n'aura de cesse que d'épuiser les possibilités narratives du genre. Il ira de l'analyse freudienne (*les Furies* explore un inceste inavoué) à l'épure quasi abstraite (*l'Homme de l'Ouest*, qui se conclut par un combat dans une ville fantôme), en passant par l'exubérance picaresque (la structure épisodique de *Winchester 73*), la rigueur classique (les cinq personnages de *l'Appât*, le noir et blanc sec de *Du sang dans le désert*), le tragique shakespearien (les échos du *Roi Lear* perceptibles dans *l'Homme de la plaine*) ou la rutilance baroque (*Je suis un aventurier*). Depuis *Winchester 73*, il a également trouvé un interprète d'élection en la personne de James Stewart. L'acteur, fébrile, sensible, sans héroïsme, incarne un être tiraillé de doutes, physiquement vulnérable, inédit dans le genre. Déterminé à tourner

Anthony Mann sur le tournage du *Cid* en 1961 avec Charlton Heston.

autant que possible en décors naturels, Mann donne à voir des paysages rocheux, montagneux, boisés, dépourvus de tout pittoresque facile : la sécheresse des lieux, les dangers qu'ils recèlent, leur minéralité rude, dessinent un univers mental autant qu'un périple géographique.

Le cinéaste paraît moins s'impliquer dans des films d'aventures (*le Port des passions*) ou des mélodrames (le très populaire *Romance inachevée*). Mais un film de guerre rigoureux et âpre (*Cote 465*) vient à point compléter l'ensemble constitué par les westerns.

Les mutations d'Hollywood et du cinéma de genre mettent Anthony Mann dans un vrai dilemme. C'est dans deux épopées historiques qu'il s'investira le plus : *le Cid* atteint, notamment dans son finale, un lyrisme convaincant (le cadavre du héros ligoté à un cheval qui tournoie sur la grève déserte), et *la Chute de l'Empire romain* équilibre les qualités spectaculaires par le tragique sentiment d'une fin de civilisation.

Au fond, l'œuvre d'Anthony Mann est limitée en deux cycles exceptionnels (les films noirs et les westerns), auxquels les deux films historiques apportent un codicille essentiel. À travers ces trois genres, il a dépeint une idée moderne de l'homme : faillible, chancelant dans ses convictions, mais tendu dans la quête humaniste d'une nouvelle morale. – C.V.

**FILMOGRAPHIE**

**1942** *Dr Broadway*
*Moonlight in Havana*
**1943** *Nobody's Darling*
**1944** *My Best Gal*
*Strangers in the Night*
**1945** *La Cible vivante (The Great Flamarion)*
*Two O'Clock Courage*
*Sing Your Way Home*
**1946** *Strange Impersonation*
*The Bamboo Blonde*
**1947** *Desperate*
*Railroaded*
**1948** *La Brigade du suicide (T-Men)*
*Marché de brutes (Raw Deal)*
**1949** *Le Livre noir (Reign of Terror/The Black Book)*
*Incident de frontière (Border Incident)*
**1950** *La Rue de la mort (Side Street)*
*La Porte du diable (Devil's Doorway)*
*Les Furies (The Furies)*
*Winchester 73*
**1951** *Le Grand Attentat (The Tall Target)*
**1952** *Les Affameurs (Bend of the River)*
**1953** *L'Appât (The Naked Spur)*
*Le Port des passions (Thunder Bay)*
**1954** *Romance inachevée (The Glenn Miller Story)*
**1955** *Je suis un aventurier (The Far Country)*

*Strategic Air Command*
*L'Homme de la plaine*
*(The Man from Laramie)*
*La Charge des tuniques bleues*
*(The Last Frontier)*
**1956** *Sérénade (Serenade)*
**1957** *Cote 465 (Men in War)*
*Du sang dans le désert (The Tin Star)*
**1958** *Le Petit Arpent du Bon Dieu*
*(God's Little Acre)*
*L'Homme de l'Ouest*
*(Man of the West)*
**1960** *La Ruée vers l'Ouest*
*(Cimarrón)*
**1961** *Le Cid (El Cid)*
**1964** *La Chute de l'Empire romain*
*(The Fall of the Roman Empire)*
**1965** *Les Héros de Telemark*
*(The Heroes of Telemark)*
**1968** *Maldonne pour un espion*
*(A Dandy in Aspic)*,
terminé par Laurence Harvey

## Chris **Marker**

NEUILLY-SUR-SEINE 1921

**Au-delà du documentaire.** Les premiers films de Chris Marker avaient la forme de récits de voyages. Aventures culturelles et véritables essais cinématographiques plutôt que documentaires touristiques, ils lui ont conféré un statut de séduisant dilettante. Il était déjà un virtuose du montage, montage des images et du texte (et plus tard de la musique), et surtout montage des idées, avec ses formules élégantes, ses raccourcis et ses références insolites : *Dimanche à Pékin*, *Lettre de Sibérie*, *Description d'un combat*... La filmographie de ce cinéaste inclassable reste en rapport avec la catégorie du documentaire, domaine où il est allé jusqu'à l'expérience du cinéma-vérité (*le Joli Mai*), mais il en a dépassé les frontières. De même, ayant pris l'initiative de films d'intervention sociale et politique, ce travail lui inspirera *le Fond de l'air est rouge*, réexamen désenchanté des mythes de gauche de l'époque.

Toujours novateur, il a réalisé des films constitués uniquement de plans fixes, comme *Si j'avais quatre dromadaires*, à partir de photos qu'il avait prises dans vingt-six pays différents. C'est ce principe qu'il applique à son premier film de fiction, *la Jetée* (sous-titré photo-roman), bref récit de science-fiction dont toutes les images sauf une sont des plans fixes (dont le thème a inspiré Terry Gilliam pour *l'Armée des douze singes*). *Sans soleil*, qui révèle en outre son intérêt pour les nouvelles techniques de production de l'image, est une réflexion sur l'oubli et la mémoire à partir de documents qu'il a réuni sur la Guinée-Bissau et le Japon. Les mêmes termes, oubli/mémoire, fondent *Level Five*, construction complexe intégrant archives, extraits de films, éléments de jeux vidéo, photos, textes. Bien qu'il continue à faire des documentaires sur support film ou en vidéo (notamment sur Medvedkine, Kurosawa, Tarkovski), il s'est voué à des dispositifs mêlant plusieurs réseaux d'images et de données, à des installations vidéo interactives, et a réalisé un CD-ROM (*Immemory*, qui contient de discrets éléments d'autobiographie intellectuelle). Il est bien – comme l'indique le titre du livre que Guy Gauthier lui a consacré – un véritable « écrivain multimédia ». – D. S.

**FILMOGRAPHIE**

**1952** *Olympia 52*
**1956** *Dimanche à Pékin*, c.m.
**1958** *Lettre de Sibérie*
**1960** *Description d'un combat*
**1961** *Cuba Si !*, m.m.
**1962** *La Jetée*, m.m.
*Le Joli Mai*
**1965** *Le Mystère Koumiko*, m.m.
**1966** *Si j'avais quatre dromadaires*, m.m.
**1967** *Loin du Viêt-nam*
**1971** *La Bataille des dix millions*
**1975** *L'Ambassade*, c.m.
**1977** *Le fond de l'air est rouge*
**1982** *Sans soleil*
**1985** *A. K.*
**1996** *Level Five*

## Georges **Méliès**

PARIS 1861 – id. 1938

**« Un véritable alchimiste de la lumière »** selon Charles Chaplin. Méliès, avant d'être cinéaste, était un homme de spectacle. Directeur, metteur en scène et acteur de son propre théâtre de magie sur les boulevards, le Théâtre Robert-Houdin, il a perçu dès 1895 le parti qu'il pouvait tirer des techniques nouvelles de l'image animée. Si ses premiers essais cinématographiques ont simplement consisté à démarquer les bandes tournées par Louis Lumière ou Edison (une partie de cartes, une arrivée de train en gare, des vagues sur une jetée, un numéro de danse...), il s'est préoccupé dès le printemps 1896 d'enregistrer ses numéros de prestidigitation et les attractions de ses spectacles de magie.

Tout d'abord simples compléments intégrés à ses spectacles, ses films reproduisent les schémas du théâtre : position frontale de la caméra, décors de toiles peintes, artistes saluant le public. Ils deviennent de plus en plus complexes, car Méliès met au point des trucages de plus en plus élaborés, et un véritable marché, notamment forain, se constitue peu à peu. Sa fantaisie et sa stratégie commerciale prennent appui sur les progrès qu'il réalise dans le montage – garant du développement de véritables récits –, sur la variété des plans, et sur la diversification des scénarios. Ses premières bandes à trucages sont réalisées avec arrêt de prise de vue permettant d'introduire des substitutions : *Escamotage d'une dame chez Robert-Houdin* en est le premier exemple. Le studio qu'il construit dans sa propriété de Montreuil lui permet des mises en scène plus ambitieuses grâce à l'installation de machineries plus complexes. Certaines ne sont que la transposition de procédés théâtraux (cordages, suspensions, trappes, pyrotechnie, etc.), mais Méliès les associe à des trucages novateurs et spécifiques au cinéma, dans des décors réalistes ou fantaisistes qu'il dessine lui-même : les têtes ou les personnages qui grossissent ou rétrécissent (*l'Homme à tête de caoutchouc, les Voyages de Gulliver*), les arrêts de caméra (*les Illusions fantaisistes, le Livre magique*), l'utilisation d'un fond noir pour des effets de montage et de collage (*le Mélomane*, ou *l'Homme qui écrit avec sa tête*), les surimpressions (qu'il pratique dès 1898) et les superpositions d'images, le film à l'envers (*le Déshabillage impossible*), le fondu enchaîné (*l'Œuf du sorcier*), les maquettes, les caches. Les plus élaborés de ses films, qui comptent jusqu'à quarante « tableaux », utilisent toute la palette de ces instruments et procédés, et des grandes machineries : *le Voyage dans la Lune, les 400 farces du diable, les Hallucinations du baron de Münchhausen, le Cabinet de Méphistophélès, le Voyage à travers l'impossible, 20 000 lieues sous les mers, New-York-Paris.*

Le cinéma de Méliès correspond à la fois aux premières avancées du cinéma narratif, qui captive le public en racontant des histoires de plus en plus structurées, et à une sorte d'artisanat magnifié par une invention permanente. Du point de vue de l'histoire du cinéma, son apport principal réside dans ce qu'il nommait ses *films à trucs* et ses *féeries*, et dans la hardiesse avec laquelle son imagination débordante a adapté et développé des techniques encore sommaires. Mais son œuvre ne se compose pas que de films fantastiques et merveilleux. Il a fourni au public d'autres types de film. Il tournait en studio des *actualités* reconstituées : naufrages, éruptions volcaniques, combats navals, cérémonies officielles... Caricaturiste, il réalisait avec un entrain désarmant des petits films dans le ton de l'humour populaire de l'époque. On lui doit aussi des drames réalistes, comme *les Incendiaires, ou Histoire d'un crime* (dont le plan décrivant une exécution à la guillotine a été censuré). Enfin il lui est arrivé de prendre partie, réalisant *l'Affaire Dreyfus*, série de dix petits films diffusés dès 1899 – certainement un des premiers exemples de film engagé de l'histoire du cinéma, et aussi un des premiers films ayant subi les foudres de la censure.

Une grande diversité, donc, qui témoigne du génie de Méliès, homme-orchestre du cinéma, scénariste, décorateur, réalisateur, monteur, acteur – mais d'abord un créateur modeste guidé par sa fantaisie et par un sens inné du spectacle populaire, abondamment copié dans le monde entier. Dès 1908, l'évolution de l'industrie du cinéma et la diversification des films et du public ont sonné le glas d'une production qui ne correspondait plus à l'air du temps. Passé très vite de l'imitation de Louis Lumière et du tableau vivant inspiré du théâtre à la composition de films à trucages et à une variante primitive et enjouée du fantastique, Méliès a été un artisan décisif du cinéma narratif. – D. S.

**FILMOGRAPHIE**

**1896** *Séance de prestidigitation*
*Une bonne farce, ou le Chiffonnier*
*Panorama du Hâvre*
*Danse serpentine*
*Escamotage d'une dame chez Robert-Houdin*
**1897** *Le Chateau hanté*
*Épisode de guerre*
*Le Cabinet de Méphistophélès*
*L'Auberge ensorcelée*
*Le Modèle irascible*
**1898** *La Lune à un mètre*
*La Caverne maudite*
*La Tentation de Saint-Antoine*
**1899** *Le Coucher de la mariée, ou Triste nuit de noce*
*Le Diable au couvent*
*L'Affaire Dreyfus* (série)
*Cendrillon*
*Les Miracles du Brahmine*
**1900** *L'Exposition de 1900* (série)
*L'Homme-orchestre*
*Jeanne d'Arc*
*Le Livre magique*
*Le Déshabillage impossible*
**1901** *Barbe-Bleue*
*L'Homme à la tête de caoutchouc*
*L'Œuf du sorcier*
*La Danseuse microscopique*
**1902** *Le Voyage dans la lune*
*L'Homme-mouche*
*Le Voyage de Gulliver*
*Les Aventures de Robinson Crusoë*
**1903** *Les Filles du Diable*
*L'Auberge du Bon Repos*
*Le Sorcier*
*Le Mélomane*
*Le Royaume des fées*
*Faust aux enfers*
**1904** *Le Coffre enchanté*
*Damnation du Docteur Faust*
*Le Barbier de Séville*
*Voyage à travers l'impossible*
**1905** *Détresse et charité*

*Le Palais des mille et une nuits*
*Le Raid Paris-Monte Carlo en deux heures*
*La Légende de Rip van Winckle*
*Le Chevalier démontable*
**1906** *Les Incendiaires (Histoire d'un crime)*
*Les 400 farces du Diable*
*La Fée Carabosse*
*Robert Macaire et Bertrand*
**1907** *Le Tunnel sous la Manche, ou le cauchemar franco-anglais*
*Hamlet*
*Ali Barbouyon et Ali Bouf à l'huile*
**1908** *La Civilisation à travers les âges*
*La Curiosité punie, ou le crime de la rue du Cherche-Midi à quatorze heures*
*Le Raid Paris-New York en automobile*
*Au pays des jouets*
*Le Fakir de Singapour*
**1909** *Hydrothérapie fantastique*
**1910** *Les Illusions fantaisistes*
**1911** *Les Hallucinations du Baron de Münchhausen*
**1912** *À la conquête du Pôle*
**1913** *Le Chevalier des neiges*
*Le Voyage de la famille Bourrichon*

## Jean-Pierre **Melville**

PARIS 1917 - id. 1973

**Précurseur de la Nouvelle Vague.** Par ses méthodes de travail (*Bob le flambeur*, 1956, est comme un modèle pour les nouveaux cinéastes) et par une communauté de références, Melville est un précurseur. Il a réalisé des films à petit budget en autoproduction, puis des films interprétés par des stars du cinéma français, en particulier Belmondo et Delon. Encore faut-il préciser qu'il préférait les faire jouer à contre-emploi, ce qui est le cas de Belmondo dans *Léon Morin, prêtre* – un film qui joue sur les poncifs, faussement bressonnien, prenant ses distances avec le récit en recourant à la voix off.

C'est un cinéaste hors norme qui s'affirme en 1949 avec une adaptation du roman de Vercors traitant de l'Occupation, *le Silence de la mer*, tournée dans l'insouciance des pratiques économiques et techniques habituelles. Ayant vécu lui-même cette période, il y reviendra avec *l'Armée des ombres*, ode sobrement lyrique à la Résistance, au ton épique constamment relativisé, dont les héros sont condamnés à l'ambiguïté à cause d'un contexte cruel. Melville n'est pas un réaliste, et si *Bob le flambeur* et *Deux Hommes dans Manhattan* offrent des prises de vues documentaires restituant l'ambiance du Montmartre des gangsters ou la nuit new-yorkaise, c'est au prix d'une froide stylisation. Il préfère concentrer l'attention sur des détails de comportement et non sur des péripéties psychologiques. D'où ce fétichisme vestimentaire du *Doulos* (Belmondo) ou du *Samouraï* (Delon), édifiant une typologie essentiellement cinématographique, presque intemporelle. D'où aussi, dans ses films noirs, ces personnages «fonctionnels» définis par leurs gestes plutôt que par leur personnalité.

Ses films, et plus particulièrement ses films noirs, sont dominés par la thématique de la culpabilité et de l'ambiguïté : *le Deuxième Souffle, le Samouraï, Un flic* reposent sur de constantes équivalences entre policiers et truands, *Deux Hommes dans Manhattan* n'est au fond qu'un échange permanent des figures du Bien et du Mal. *L'Aîné des Ferchaux*, tiré de Simenon (dont l'univers l'attirait), *l'Armée des ombres, le Doulos*, traitent d'abord des faiblesses humaines, non sans misanthropie – et avec l'intensité du tragique, qui est la marque première de Melville. — D. S.

**FILMOGRAPHIE**

**1949** *Le Silence de la mer*
**1950** *Les Enfants terribles*
**1953** *Quand tu liras cette lettre*
**1956** *Bob le flambeur*
**1959** *Deux Hommes dans Manhattan*
**1961** *Léon Morin, prêtre*
**1963** *Le Doulos*
*L'Aîné des Ferchaux*
**1966** *Le Deuxième Souffle*
**1967** *Le Samouraï*
**1969** *L'Armée des ombres*
**1970** *Le Cercle rouge*
**1972** *Un flic*

## Nikita **Mikhalkov**

MOSCOU 1945

**Cinéaste et acteur.** Dès l'âge de seize ans, notamment dans *Je m'balade dans Moscou* (Danelia, 1963), Mikhakov commence une carrière de jeune premier séduisant et désinvolte avec un succès public croissant (*le Nid des gentilshommes*, réalisé par son frère Andrei Mikhalkov-Kontchalovski, *Portrait de la femme de l'artiste*). Parallèlement, il suit les cours de la section réalisation du VGIK (classe de Mikhaïl Romm) et en sort diplômé en 1972 avec un moyen métrage, *Un jour tranquille à la fin de la guerre*. Ses débuts dans le long métrage sont ceux d'un brillant cinéphile et d'un habile technicien : *Le Nôtre parmi les autres* (1974) est une sorte de western sur le thème de la guerre civile ; celle-ci sert également de décor à *l'Esclave de l'amour* (1975) évocation ironique de l'époque du muet à travers l'aventure d'une vedette de cinéma prise dans la tourmente révolutionnaire. Mikhalkov se tourne vers une inspiration plus sérieuse avec *Partition inache-*

*vée pour piano mécanique* (1976), adaptation brillante de *Ce fou de Platonov* de Tchekhov. Cette nouvelle réussite lui confère une stature internationale, confirmée par *Cinq Soirées* (1978), d'après la pièce à succès d'Alexandre Volodine, étude intimiste de caractères et d'atmosphère qui doit beaucoup à l'acteur Stanislas Lioubchine dans le rôle d'un solitaire retrouvant la femme qu'il a naguère aimée. Le cinéaste continue à exploiter la veine littéraire avec *Quelques jours de la vie d'Oblomov* (1979), savoureuse transcription du roman de Gontcharov. Il réalise ensuite *la Parentèle* (1981) et surtout *Sans témoin* (1983) qui rejoint la veine intimiste de *Cinq Soirées*. En 1987, il tourne en Italie d'après trois nouvelles de Tchekhov *les Yeux noirs* (*Oci Ciornie*), avec Marcello Mastroianni et Silvana Mangano, dont c'est le dernier rôle ; puis il réalise en Chine et en Mongolie *Urga* (1991), portrait drolatique des éleveurs indigènes confrontés à l'urbanisation. Après *Anna* (1994), dans lequel il cerne la figure de sa fille, *Soleil trompeur* (1994) évoque le stalinisme et *le Barbier de Sibérie* (1998), la difficile évolution de la Russie contemporaine. Cinéaste brillant, souvent acteur dans ses films, Mikhalkov est représentatif du dégel soviétique puis russe. Passé à la télévision et à l'animation culturelle, il incarne la séduction d'un pays en quête d'affirmation internationale. — J. A. G.

**FILMOGRAPHIE**

**1974** *Le Nôtre chez les autres (Svoj sredi cuzik, cuzoj sredi svojh)*
**1975** *L'Esclave de l'amour* ou *Un drame poignant du cinématographe (Raba ljubvi)*
**1976** *Partition inachevée pour piano mécanique (Neokoncennaja p'esa dlja mehaniceskogo pianino)*
**1978** *Cinq Soirées (Pjat'vecerov)*
**1979** *Quelques jours de la vie d'Oblomov (Neskol'ko dnej iz zizni I. I. Oblomova)*
**1981** *La Parentèle (Rodnija)*
**1983** *Sans témoin (Bez Svidetelej)*
**1987** *Les Yeux noirs (Oci Ciornie)*
**1991** *Urga*
**1994** *Anna*
*Soleil trompeur (Utom lennye solncem)*
**1998** *Le Barbier de Sibérie (Sibirskij cirjulnik)*

# Vincente **Minnelli**

CHICAGO 1910 - LOS ANGELES 1986

**Du « musical » flamboyant au long-métrage spectaculaire.** D'un père italien, violoniste, et d'une mère d'origine française, actrice, le petit Vincente grandit dans le théâtre. À l'instar de Chaplin, il joue dans la petite troupe itinérante de ses parents. Il fait ses débuts professionnels comme décorateur et costumier à Broadway, puis comme metteur en scène. Invité à Hollywood, il dirige son premier film au début des années 1940.

Il passe aussitôt maître dans la mise en scène de comédies musicales, enchaînant de premiers succès comme *le Chant du Missouri* avec Judy Garland (qu'il épouse), *Ziegfeld Follies* réunissant Fred Astaire, Gene Kelly, Cyd Charisse, Esther Williams, Judy Garland, et l'onirique *Yolanda et le voleur* dans lequel il introduit des ballets « exotiques ».

Il devient dans les années 1950, le réalisateur de mythiques comédies musicales : *Un Américain à Paris*, *Tous en scène*, *Brigadoon*, et *Gigi*, adaptation luxueusement stylisée du roman de Colette. De ce souffle enchanté et enchanteur, les personnages acquièrent une poésie et une humanité attachantes. L'ensemble dégage une éclatante expression du bonheur sublimé dans l'expression musicale et les numéros impressionnants et sans cesse inventifs des chorégraphies. Parallèlement, Minnelli est appelé à la réalisation de films comiques ou dramatiques auxquels il applique les qualités esthétiques de ses comédies musicales. De *Lame de fond*, mélodrame criminel, aux plus simples divertissements, comme *le Père de la mariée* et *Allons donc papa*, Minnelli impose son raffinement dans la conception des décors, le choix des costumes, la mise en scène et les éclairages.

Enrichissant son travail de son expérience théâtrale et d'une sensibilité à fleur de peau, Minnelli élabore un jeu scénique qui marque la naissance d'un style. Employant toutes les ressources théâtrales, le cinéaste appuie considérablement la trame filmée, met en relief le récit et le jeu des protagonistes tirant plus des caractères que des situations, une force directrice. Sur le thème du cinéma, *les Ensorcelés* est un modèle du genre. Autocritique des milieux hollywoodiens, réalisation mythique devenue culte pour nombre de cinéphiles et professionnels du cinéma, ce film est une œuvre-clé de l'univers minnellien. Les personnages sont entraînés dans le réseau captivant que tisse l'objectif du cinéaste et dont les arabesques se tendent en éclats dramatiques, sublimés par la musique et les mouvements de la caméra (le trac de Gloria, sa crise de nerfs).

Déclarant « La recherche d'un style en situation est aussi valable pour une comédie dramatique que pour un film dramatique. Il faut raconter une histoire de la façon la plus recherchée, afin d'introduire un peu de magie. Il n'est pas toujours facile de saisir la nuance délicate », le cinéaste y parvient systématiquement, trouvant dans chacune de ses réalisations cette magie particulière, cette nuance délicate. Sa direction d'acteurs appuie elle-même cette ampleur, parvenant à des compositions mémorables comme celle donnée par Kirk Douglas dans le rendu exalté de *la Vie passionnée de Vincent Van Gogh*.

Son utilisation de la couleur ajoute au côté flamboyant de la mise en scène. Il prolonge ainsi le discours des *Ensorcelés*, dix ans plus tard par *Quinze Jours ailleurs*, ou adapte des classiques romanesques tels que *Comme un torrent* de James Jones, ou *les Quatre Cavaliers de l'Apocalypse* de Blasco Ibañez, qu'il s'approprie pleinement.

Le dynamisme, la puissance scénique de Minnelli atteignent leur paroxysme dans *Celui par qui le scandale arrive* (1960), adaptation d'un best-seller. La mise en scène lyrique en fait un inoubliable rituel initiatique (la forêt aux vapeurs soufrées).

Capable de peindre dans les tons les plus éclatants ces vastes fresques tragiques, Minnelli s'illustre encore dans la comédie, signant des classiques sophistiqués comme *la Femme modèle* ou *Qu'est-ce que maman comprend à l'amour ?* ou, sur un ton surprenant plus sentimental, *Il faut marier papa*.

Vincente Minnelli est aussi le réalisateur de films plus intimistes, méconnus et à ranger à part dans sa filmographie, qui frappent par leur réalisme (*The Clock*, un de ses tout premier films) et qui touchent par leur tendresse et leur sincérité (*Thé et sympathie*, *Nina*, œuvre testamentaire sur la fin d'un monde). – S. C.

**FILMOGRAPHIE**

**1943** *Un petit coin aux cieux (Cabin in the Sky)*
*Mademoiselle ma femme (I Dood It)*
**1944** *Le Chant du Missouri (Meet Me in Saint Louis)*
**1945** *L'Horloge (The Clock)*
*Yolanda et le Voleur (Yolanda and the Thief)*
**1946** *Ziegfeld Follies*
*Lame de fond (Undercurrent)*
**1948** *Le Pirate (The Pirate)*
**1949** *Madame Bovary*
**1950** *Le Père de la mariée (Father of the Bride)*
**1951** *Allons donc, papa ! (Father's Little Dividend)*
*Un Américain à Paris (An American in Paris)*
**1952** *Les Ensorcelés (The Bad and the Beautiful)*
**1953** *Histoire de trois amours (The Story of Three Loves)*, ép. *« Mademoiselle »*
*Tous en scène (The Band Wagon)*
**1954** *La Roulotte du plaisir*

Vincente Minelli avec Ingrid Thulin et Glenn Ford sur le tournage des *Quatre cavaliers de l'Apocalypse* (1961).

*(The Long Long Trailer)*
*Brigadoon*
**1955** *La Toile d'araignée (The Cobweb)*
*Kismet*
**1956** *La Vie passionnée de Vincent Van Gogh (Lust for Life)*
*Thé et Sympathie (Tea and Sympathy)*
**1957** *La Femme modèle (Designing Woman)*
**1958** *Gigi*
*Qu'est-ce que maman comprend à l'amour ? (The Reluctant Debutante)*
**1959** *Comme un torrent (Some Came Running)*
**1960** *Celui par qui le scandale arrive (Home From the Hill)*
*Un numéro du tonnerre (Bells Are Ringing)*
**1962** *Les Quatre Cavaliers de l'Apocalypse (The Four Horsemen of the Apocalypse)*
*Quinze Jours ailleurs (Two Weeks in Another Town)*
**1963** *Il faut marier papa (The Courtship of Eddie's Father)*
**1964** *Au revoir, Charlie (Goodbye Charlie)*
**1965** *Le Chevalier des sables (The Sandpiper)*
**1970** *Melinda (On a Clear Day You Can See Forever)*
**1976** *Nina (A Matter of Time)*

# Kenji **Mizoguchi**

TOKYO 1898 - KYOTO 1956

**Pour l'amour des femmes.** Couronné au Festival de Venise, avec *la Vie d'Oharu femme galante* en 1952, puis *les Contes de la lune vague après la pluie*, Lion d'argent en 1953, Kenji Mizoguchi est un cinéaste obsédé par la perfection et la beauté. Celle de son art, la mise en scène, et celle des femmes, dont il a peint le courage et le malheur, au sein de drames contemporains ou de grandes fresques historiques, féroces dénonciations de l'impitoyable cruauté du monde.

Il est issu d'une famille très pauvre d'artisans et son père, charpentier, se ruinera à vouloir fabriquer des manteaux en caoutchouc pour les soldats japonais au front contre les Russes en 1905, qu'il livrera trop tard, une fois la guerre terminée. N'ayant pas les moyens de s'offrir des études supérieures, il commence par dessiner des motifs pour *yukatas* (kimonos d'été). « *Quand Mizoguchi était jeune*, dira son décorateur Hiroshi Mizutani, *il voulait être peintre et il a toujours gardé les yeux d'un peintre.* » Il entre comme assistant aux studios Nikkatsu, passe très vite à la réalisation (à 24 ans, en 1922), à une époque où fréquenter le milieu du cinéma, sous la coupe des yakuzas, est assez mal vu. Il meurt très jeune, à 58 ans, emporté par une leucémie, laissant une œuvre inachevée.

La jeunesse de Mizoguchi est hantée par deux femmes, deux drames qui le poursuivront jusque dans son œuvre. Sa sœur, vendue à un riche protecteur pour subvenir aux besoins de sa famille (voir le personnage de Chiyo dans *Flamme de mon amour*, 1949) et une de ses anciennes maîtresses, peu de temps après son mariage, venue le blesser d'un coup de couteau dans le dos. À la femme comme victime, cumulant sur ses épaules toutes les épreuves du monde, s'ajoutera (on l'oublie un peu trop) le courage des femmes, leur détermination, leur violence (voir la femme jalouse qui s'attaque à sa rivale qui lui a pris son amant dans *Cinq Femmes autour d'Utamaro*, 1946) qui fascineront tout autant le cinéaste. Mizoguchi admirait Lubitsch, pour ses personnages féminins, et Sternberg, pour sa peinture de la rivalité féminine.

On connaît peu de choses de la prolifique période des années 1920 car la grande majorité des films ont disparu. On sait seulement que Mizoguchi n'acceptait pas la mainmise des commentateurs (*benshis*) sur la narration des films. *Le Fil blanc de la cascade* (1933), son cinquantième film, tourné en muet, est le premier témoignage authentique de son art qui nous soit resté. Sa période des années 1930 est composée de drames contemporains élégiaques sur la condition de la femme et la prostitution (*Les Sœurs de Gion*, 1935). Il se passionne pour le plan-séquence, selon son précepte : « *One scene, one shot.* ». Il s'agit le plus souvent, comme dans l'admirable *Contes des chrysanthèmes tardifs* (1939) – sur une servante dévouée à son maître et à son amour de l'art (un acteur de théâtre *kabuki*), sans être payée en retour – de longs travellings latéraux, accompagnant la marche des personnages. Figure de mise en scène qui rappelle la peinture sur rouleau japonaise (*emaki*) où la latéralité se substitue à la profondeur de champ. Mizoguchi privilégie la rigueur du cadre et la mobilité de la caméra, au détriment d'un découpage classique composé de plans de coupe et d'inserts.

En adaptant *Boule de suif* de Guy de Maupassant (*Oyuki la vierge*, 1935), son écrivain préféré de la littérature étrangère, il témoigne son profond attachement au naturalisme. Passionné par les écrivains japonais, qu'il adaptera (le contemporain Junichiro Tanizaki, dans *Mademoiselle Oyu*, 1951, sommet de l'œuvre, ou le classique Monzaemon Chikamatsu à l'origine des *Amants crucifiés*, 1954), sa préférence va vers Ihara Saikaku, figure majeure du roman de mœurs au début de l'ère Edo. Son regard sur une bourgeoisie commerçante du XVII^e^ siècle, obsédée par le sexe et l'argent, sera déterminant pour Mizoguchi qui portera à l'écran une de ses œuvres avec *la Vie d'Oharu, femme galante*.

Kenji Mizoguchi lors du tournage de *Héros sacrilège* en 1955.

Mizoguchi tourne pendant la guerre des films dans l'air du temps, même si, dans un film à la gloire de l'empereur (*l'Épée de Bijomaru*, 1945), il porte son attention sur un artisan forgeron en quête de perfection qui est en fait un double de lui-même. Mizoguchi, après la guerre, montrera le désastre des conditions de vie (la prostitution dans *Femmes de la nuit*, 1948, inspiré du néoréalisme rossellinien) ainsi que les espoirs confisqués d'une ouverture politique vers le peuple (*Flamme de mon amour*, 1949), éternel perdant, avec les femmes, de son univers. L'histoire de son temps (la trahison des puissants), s'accompagne d'un goût de l'introspection, de l'autoportrait comme artiste. Dans *l'Amour de l'actrice Sumako* (1947), sur un metteur en scène de théâtre amoureux d'une comédienne, et dans *Cinq Femmes autour d'Utamaro* (1948), inspiré par la vie du célèbre peintre d'estampes et manifeste esthétique du cinéaste : il faut, avant de peindre les femmes et de pouvoir restituer leur beauté, d'abord observer et comprendre leur vie.

Que ce soit dans ses grandes fresques historiques (*l'Intendant Sansho*, 1954), ou ses drames intimes, Mizoguchi demeurera fidèle à ce principe. Il trouvera en Kinuyo Tanaka, interprète de *la Femme d'Osaka* (1940), son modèle. Capable de tout jouer, une jeune fille, une actrice de théâtre, une mère accablée par l'enlèvement de ses enfants, une vieille prostituée, elle sera, par la caractère frêle de son corps et la détermination de son caractère, la plus riche incarnation de la femme face à la lâcheté et la trahison des hommes. Militante féministe, acharnée et lucide (*Flamme de mon amour*), elle se fait la porte-parole du cinéaste : « *L'idéal n'est pas de ce monde, mais je ne perds pas espoir.* » Le portrait de la femme au centre de tous les échanges dans la société (le travail, l'amour, le sexe et l'argent) trouve son accomplissement dans *la Rue de la honte* (1956), le film le plus sombre du cinéaste où des prostituées, après avoir quitté leur maison close, préfèrent y retourner, écœurées par la condition de la femme dans la société. Comme toujours chez Mizoguchi, la force de l'analyse est transfigurée par la peinture des sentiments et la quête du sublime. Rares sont les cinéastes à avoir concilié à un tel niveau exigence de vérité et de beauté. – C.T.

**FILMOGRAPHIE**

**1933** *Le Fil blanc de la cascade (Taki no shiraito)*
*La Fête à Gion (Gion matsuri)*
*Le Groupe Jimpu / Le Groupe kamikaze (Jimpu-ren)*

**1934** *Le Col de l'amour et de la haine (Aizo-toge)*
*Osen aux cigognes de papier (Orizuru Osen)*

**1935** *Oyuki la vierge (Maria no Oyuki)*
*Les Coquelicots (Gubijinso)*

**1936** *L'Élegie de Naniwa / L'Élégie d'Osaka (Naniwa erejii)*

*Les Sœurs de Gion (Gion no shimai/Gion no kyodai)*
1937 *L'Impasse de l'amour et de la haine (Aien kyo)*
1938 *Le Chant du camp (Roei no uta)*
*Ah ! le pays natal (Aa furusato !)*
1939 *Les Contes des chrysanthèmes tardifs (Zangiku monogatari)*
1940 *La Femme de Naniwa/La Femme d'Osaka (Naniwa onna)*
1941 *La Vie d'un acteur (Geido ichidai otoko)*
1941 *Les 47 Ronins (Genroku Chushingura -42 en deux parties)*
1944 *Trois Générations de Danjuro (Danjuro Sandai)*
1945 *Le Chant de la victoire (Hissho ka)*
*Musashi Miyamoto (Miyamoto Musashi)*
1946 *L'Épée Bijo-maru (Meito bijo maru)*
*La Victoire des femmes (Josei no shori)*
*Cinq Femmes autour d'Utamaro (Utamaro o meguru gonin no onna)*
1947 *L'Amour de l'actrice Sumako (Joyu Sumako no koi)*
1948 *Femmes de la nuit (Yoru no onna-tachi)*
1949 *Flamme de mon amour (Waga koi wa moenu)*
1950 *Le Destin de Mme Yuki (Yuki fujin ezu)*
1951 *Mademoiselle Oyu (Oyu-sama)*
*La Dame de Musashino (Musashino fujin)*
1952 *La Vie d'Oharu femme galante (Saikaku ichidai onna)*
1953 *Les Contes de la lune vague après la pluie (Ugetsu monogatari)*
*Les Musiciens de Gion (Gion bayashi)*
1954 *L'Intendant Sansho (Sansho dayu)*
*Une femme dont on parle (Uwasa no onna)*
*Les Amants crucifiés (Chikamatsu monogatari)*
1955 *L'Impératrice Yang-Kwei-Fei (Yo-Ki-Hi)*
*Le Héros sacrilège (Shin Heike monogatari)*
1956 *La Rue de la honte (Akasen chitai)*

## Mario **Monicelli**

VIAREGGIO 1915

**Entre la comédie et le drame.** Après des études d'histoire et de philosophie aux universités de Pise et de Milan, Monicelli s'intéresse très tôt au cinéma. Il collabore à diverses revues littéraires et en 1935, il tourne en 16 mm un long métrage, *I ragazzi della via Pal*, et un court métrage, *Il cuore rivelatore*. À partir de 1936, il fait ses classes comme assistant en travaillant avec des cinéastes comme Machaty, Genina, Camerini, Bonnard, Poggioli... De 1940 à 1966, il collabore à une quarantaine de scénarios très divers, comédies, mélodrames, films d'aventures dans lesquels il rôde son sens de l'observation et son acidité critique. En 1949, il dirige, en collaboration avec Steno, son premier film, *Au diable la célébrité*, une comédie à sketches écrite par les deux réalisateurs (Monicelli collaborera toujours aux scénarios de ses films). Il réalise encore sept films avec Steno, dont quatre sont parmi les plus originaux du populaire Totò : *Totò cherche un appartement (*1949), *Gendarmes et Voleurs* (1951), *Totò e i re di Roma* (1951), *Totò e le donne* (1952). En 1953, Monicelli dirige seul son premier film, *Totò e Carolina*, une satire sur la bonne conscience bourgeoise qui s'attire de nombreuses difficultés avec la censure. Après un mélodrame social adapté d'un roman de Grazia Deledda, *Du sang dans le soleil*, il donne à Alberto Sordi un de ses premiers personnages d'antihéros dans *Un eroe dei nostri tempi* (1955) et lance Elsa Martinelli dans une comédie rose *Donatella* (1956). En 1958, il tourne un de ses films les plus célèbres, *le Pigeon*, film pivot de la « comédie à l'italienne », succès mondial et génial mélange de talents comiques anciens (Totò, Memmo Carotenuto) et nouveaux (Vittorio Gassman, Marcello Mastroianni, Renato Salvatori, Tiberio Murgia). Avec *la Grande Guerre* (1959), il poursuit dans l'affirmation du genre – un mélange d'humour et de gravité – en composant une fresque démythifiante et polémique sur la Première Guerre mondiale : la guerre est vue avec un réalisme cruel qui annonce *les Hommes contre* de Francesco Rosi. Après une comédie sentimentale avec Anna Magnani et Totò, *Larmes de joie* (1960), et l'épisode *Renzo e Luciana* de *Boccace 70* (1962), il dirige une fresque sociale ambitieuse, *les Camarades* (1963) sur les grèves à Turin et leur terrible répression à la fin du XIXe siècle. Il se moque ensuite avec finesse du « glorieux » Moyen Âge dans *l'Armée Brancaleone* (1966) et dans sa suite *Brancaleone aux croisades* (1970). Poursuivant une carrière couronnée de succès, il dirige des films très différents mais toujours marqués par une touche très personnelle : une farce politique brûlante sur un complot fasciste, *Nous voulons les colonels* (1973) ; une satire de mœurs, *Romances et Confidences* (1974) ; une comédie loufoque devenue un film culte, *Mes chers amis* (1975, deuxième épisode en 1982) ; un drame bourgeois, *Caro Michele* (1976) ; une tragédie caustique, *Un bourgeois tout petit petit* (1977) d'après un roman de Vincenzo Cerami dans laquelle Alberto Sordi en bureaucrate vindicatif donne une interprétation saisissante ; une farce folklorique tournée dans le Nord de la France et en Belgique, *Rosy la Bourrasque* (1980) ; un pastiche de film-vérité, *Chambre d'hôtel* (1981) ; une comédie-bouffe située dans la Rome pontificale, *Le marquis s'amuse* (1982) – autre prouesse pour Alberto Sordi dans un double rôle – et une étude douce-amère sur les névroses d'un écrivain *le Mal obscur* (1990). Son œuvre bariolée où domine l'ironie décapante possède une rare cohérence esthétique et idéologique. Maître de la comédie italienne aux côtés de Dino Risi, Ettore Scola (ensemble ils signent *les Nouveaux Monstres* en 1977), Nanni Loy et Luigi Comencini, ayant dirigé les plus grands comédiens de son époque, Mario Monicelli est un des doyens du cinéma européen : à plus de 90 ans, il continue une carrière étonnamment prolifique. — J. A. G.

**FILMOGRAPHIE**

**1935** *I ragazzi della via Pal*
**1949** *Au diable la célébrité*
*(Al diavolo la celebrità)*, co. Steno
*Totò cherche un appartement*
*(Totò cerca casa)*, co. Steno
**1950** *Dans les coulisses*
*(Vita da cani)*, co. Steno
*È arrivato il cavaliere*, co. Steno
**1951** *Gendarmes et Voleurs*
*(Guardie e ladri)*, co. Steno
*Totò e i re di Roma*, co. Steno
**1952** *Totò e le donne*, co. Steno
**1953** *Les Infidèles (Le infedeli)*, co. Steno
**1955** *Totò e Carolina*
**1955** *Du sang dans le soleil (Proibito)*
*Un eroe dei nostri tempi*
**1956** *Donatella*
**1957** *Père et Fils (Padri e figli)*
*Le Médecin et le Sorcier*
*(Il medico e lo stregone)*
**1958** *Le Pigeon (I soliti ignoti)*
**1959** *La Grande Guerre*
*(La grande guerra)*
**1960** *Larmes de joie (Risate di gioia)*
**1962** *Boccace 70 (Boccaccio 70)*,
ép. *«Renzo e Luciana»*
**1963** *Les Camarades (I compagni)*
**1964** *Haute Infidélité*
*(Alta infedelta)*, ép. *«Gente moderna»*
**1965** *Casanova 1970 (Casanova 70)*
**1966** *Les Ogresses (Le fate)*
ép. *«Fata Armenia»*
*L'Armée Brancaleone*
*(L'armata Brancaleone)*
**1968** *Capriccio all'italiana*,
*ép. «La bambinaia»*
*La ragazza con la pistola*
**1969** *Toh, è morta la nonna*
**1970** *Drôle de couple*
*(Le coppie)* ép. *«Il frigorifero»*
**1970** *Brancaleone aux croisades*
*(Brancaleone alle crociate)*
**1971** *la Mortadella*
*Signore e signori buonanotte*,
co. Comencini, Loy, Magni, Scola
*I nuovi mostri*, co. D. Risi, E. Scola
**1973** *Nous voulons les colonels*
*(Vogliame i colonnelli)*
**1974** *Romances et Confidences*
*(Romanzo popolare)*
**1975** *Mes chers amis (Amici miei)*
**1976** *Caro Michele*
**1977** *Un bourgeois tout petit petit*
*(Un borghese piccolo piccolo)*
**1979** *Voyage avec Anita*
*(Viaggio con Anita)*
**1980** *Rosy la Bourrasque*
*(Temporale Rosy)*
**1981** *Chambre d'hôtel (Camera d'albergo)*
**1982** *Le marquis s'amuse*
*(Il marchese Del Grillo)*
*Mes chers amis numéro 2*
*(Amici miei atto II)*
**1984** *Bertoldo Bertoldino e... Cacasenno*
**1985** *La Double Vie de Mathias Pascal*
*(Le due vite di Mattia Pascal)*
**1986** *Pourvu que ce soit une fille*
*(Speriamo che sia femmina)*
**1987** *I picari*
**1990** *Le Mal obscur (Il male oscuro)*
**1991** *Rossini Rossini*
**1993** *Une famille formidable*
*(Parenti serpenti)*
**1994** *Cari fottutissimi amici*
**1995** *Facciamo Paradiso*
**1996** *Esercizi di stile*,
ép. *«I dilio edile»*
**1997** *Toti di appartamento*
*I corti italiani*
**1999** *Panni sporchi*
*Un amico magico : il maestro Nino Rota*
**2000** *Come quando fuori piove*
**2006** *Il deserto della Libia*

## João Cesar **Monteiro**

FIGUEIRA DA FOZ 1939 - LISBONNE 2003

**Jean de Dieu philosophe érotomane.** Cinéaste singulier se mettant volontiers en scène, João Cesar Monteiro transporte de film en film sa longue carcasse osseuse et son visage décharné. Égotique et libertin, il incarne le personnage de Jean de Dieu, justicier solitaire épris de jeunes beautés.

Après un premier film qui révèle d'emblée un imaginaire singulier, œuvre dont il commence le tournage en 1965 et qui ne sera achevé qu'en 1970, *Quem Espera por Sapat as de Defunto More Delcalçoas* [littéralement : Qui attend les chaussures du défunt meurt pieds nus], Monteiro poursuit une carrière dans laquelle il se livre à diverses expériences, *Fragmentos de um filme-esmola* (1972), *Que farei eu com esta espada ?* (1975)

*Veredas* (1977), *Silvestre* (1981), *A Flor do Mar* (1986). Dans un cinéma portugais dominé par la figure tutélaire de Manoel de Oliveira, il inaugure avec *Souvenirs de la maison jaune* une voie originale. Le film est présenté avec succès au Festival de Venise en 1989 où il obtient le Lion d'argent : il y invente le personnage de Jean de Dieu – interprété par lui-même – que l'on retrouve dans *La Comédie de Dieu* (1995), également primé à Venise, *Le Bassin de J.W.* (1997), *Les Noces de Dieu* (1998), *Va-et-vient* (2003). On lui doit aussi deux films semi-expérimentaux, *Le Dernier Plongeon* (1992) et *Blanche-Neige* (2001).

Dans *La Comédie de Dieu*, il se présente sous les apparences trompeuses d'un homme civil et disert, toujours épris de paroles sentencieuses, soucieux d'hygiène dans son travail et d'ordre dans sa vie privée – il classe les traces d'une sexualité entomologique dans le « livre des pensées » où il recueille des poils pubiens –, Jean de Dieu pourrait être un individu ordinaire gérant avec soin son magasin de douceurs, le « Paradis de la glace », s'il n'avait une attirance difficilement contrôlable pour les jeunes filles qu'il rêve de soumettre à des caprices que d'aucuns pourront juger pervers. Jean de Dieu, comme cela était clairement explicité dans *Souvenirs de la maison jaune*, est un doux vampire qui subjugue les femmes pour les soumettre à des jeux érotiques dans lesquels il déploie sa fantaisie, ses fantasmes, ses rêveries symboliques. Gardant sa distance autocritique, Jean de Dieu est un esthète solitaire qui cherche à donner à toute chose une signification qui lui soit favorable ou qui lui permette de conserver sa dignité. João César Monteiro avance masqué dans l'ironie funambulesque de son personnage. Jean de Dieu enfreint les tabous, il déstabilise l'ordre moral et le conformisme social par son refus d'intégration : sous son apparente normalité, le petit bourgeois rangé est un dangereux subversif qui refuse toute forme d'homologation.

Jean de Dieu, même dans les actes les plus ordinaires de l'existence, est toujours à côté, au-delà ou en-deçà, de l'endroit où il devrait être. Ce décalage du personnage, ce sourd malaise qui émane de son comportement, de sa façon monacale de se tenir raide, guide la mise en scène du cinéaste. Adepte du plan long, Monteiro est en fait le démiurge d'un cinéma minimaliste où le plan-séquence n'est pas l'expression d'une prise de vue raffinée, intégrant de savantes arabesques de caméra, mais la mise en avant d'une organisation du temps à la manière des films primitifs qui utilisaient la prise de vue frontale, proche du théâtre, comme façon d'enregistrer, en une seule prise et sans avoir besoin d'un montage ultérieur, la scène à représenter. Dans ses films, tout exprime une simplicité du tournage commandée par la volonté de refuser les effets et de laisser aux seuls éléments figuratifs le soin de révéler ce qui appartient à la complexité du suggéré, du non-dit, du fantastique. Le cinéma de Monteiro est à tous égards dérangeant, mélangeant fable satirique et pamphlet libertaire, bouffonnerie jubilatoire et conte érotique. En vieillissant, le personnage a de surcroît acquis une dimension tragique. – J. A. G.

**FILMOGRAPHIE**

**1970** *Quem Espera por Sapatas de Defunto Morre Descalço*
**1972** *La Sainte Famille (Fragmentos de um Filme-Esmola : A Sagrada Família)*
**1977** *Chemins de traverse (Veredas)*
**1981** *Silvestre*
**1986** *À fleur de mer (A Flor do Mar)*
**1989** *Souvenirs de la maison jaune (Recordações da Casa Amarela)*
**1992** *Le Dernier Plongeon (O ultimo Mergulho)*
**1995** *La Comédie de Dieu (A Comédia de Deus)*
**1997** *Le Bassin de J. W.*
**1998** *Les Noces de Dieu (As Bodas de Deus)*
**2001** *Blanche-Neige (Branca de Neve)*
**2003** *Va-et-vient (Vai E Vem)*

# Nanni **Moretti**

BRUNICO 1953

**Chronique d'une génération.** Très tôt attiré par le cinéma, Nanni Moretti, ses études secondaires terminées, tourne tout de suite ses premiers films en super 8, des courts métrages mais aussi en 1976 *Je suis un autarcique* qui attire l'attention sur lui. Moretti est un metteur en scène exigeant que la conscience de son talent et la rigueur de ses positions morales et politiques rendent souvent incommode. Acteur et réalisateur de films où apparaît longtemps le même protagoniste prénommé d'abord Michele puis, plus précisément, Michele Apicella – Apicella est le nom de jeune fille de la mère du réalisateur –, il aborde frontalement l'exacerbation du moi à travers le dédoublement qui place le créateur derrière la caméra et la créature face à l'objectif. Michele Apicella peut être membre d'une troupe de théâtre (*Je suis un autarcique*), étudiant (*Ecce Bombo*), cinéaste (*Sogni d'oro*), professeur de lycée (*Bianca*), prêtre (*La messe est finie*), homme politique joueur de water-polo (*Palombella rossa*), il n'en demeure pas moins une variation sur un personnage unique, projection cinématographique de Nanni Moretti qui, à mi-chemin entre l'introspection autobiogra-

Nanni Moretti, acteur et réalisateur, pendant le tournage de *Journal intime* (1993).

phique et l'invention comico-dramatique, poursuit la représentation des angoisses existentielles d'un individu qui se dresse contre une société privée de repères éthiques et idéologiques.

Par une évolution révélatrice du parcours intellectuel du cinéaste, Michele Apicella, dans *Journal intime* et *Aprile*, cède la place à Nanni Moretti lui-même, comme si le cinéaste n'éprouvait plus le besoin d'utiliser un double transparent pour se présenter aux spectateurs : désormais, il est à la fois un homme public intervenant dans le débat politique et un homme privé évoquant le cadre de ses préoccupations intimes. Revenant à la fiction – malgré les apparences, il ne l'a jamais complètement abandonnée – avec *La Chambre du fils* (Palme d'or au Festival de Cannes en 2001), il donne à son personnage le prénom de Giovanni – qui est le sien propre pour l'état-civil –, manière indirecte de montrer que la distance demeure mince entre le cinéaste et l'individu dont il prend ici l'identité. Enfin, avec *Le Caïman*, il met en scène la société italienne confrontée au fascisme rampant d'un chef d'État abusif et joue un acteur qui, après avoir refusé, finit par accepter d'interpréter le rôle de Berlusconi.

Souterrainement, l'univers du cinéaste garde sa profonde cohérence, celle d'un homme en proie à des interrogations existentielles qui, au-delà de sa personne, renvoient à la collectivité. Ainsi, l'autobiographie morettienne débouche sur un constat générationnel. – J.A.G.

**FILMOGRAPHIE**

**1976** *Je suis un autarcique (Io sono un autarchico)*
**1978** *Ecce Bombo*
**1981** *Sogni d'oro*
**1983** *Bianca*
**1985** *La messe est finie (La messa è finita)*
**1989** *Palombella rossa*
**1990** *La Cosa*
**1994** *Journal intime (Caro diario)*
**1998** *Aprile*
**2001** *La Chambre du fils (La stanza del figlio)*
**2006** *Le Caïman (Il caimano)*

## F. W. **Murnau**

BIELEFELD 1888 – SANTA BARBARA 1931

**Transcender le mélodrame.** De l'écran démoniaque au grand poème métaphysique de *l'Aurore*, la carrière de Murnau fut courte, abrégée par un accident tragique. Une partie de ses films est perdue, en outre des difficultés matérielles ont empêché la réalisation de plusieurs projets au cours de son bref séjour en Californie. On lui doit pourtant plusieurs chefs-d'œuvre, dont *Nosferatu le vampire*, version personnelle d'un vieux mythe assimilant le meilleur de l'expressionnisme, *le Dernier des hommes*, film d'un auteur qui se libère du Kammerspiel et de la Nouvelle Objectivité, et *l'Aurore*, une transfiguration métaphysique du mélodrame. Il ne s'agit pas seulement de trois

Margaret Livingstone dans *l'Aurore* de Murnau (1927).

étapes essentielles de l'œuvre d'un auteur singulier, il s'agit aussi de trois moments essentiels de l'histoire du cinéma.

*Nosferatu*, son onzième film en tant que metteur en scène, mais le quatrième seulement qui ne soit pas perdu, est la première incarnation cinématographique du mythe du vampire formalisé par l'écrivain Bram Stoker. Murnau maîtrise ce cousinage avec une tradition fantastique récente qu'il avait déjà explorée (par exemple dans une adaptation de *Dr Jekyll* de Stevenson intitulée *Der Januskopf*), et dépasse l'expressionnisme strict en faisant appel à la grande mobilité de sa caméra, et à des décors réels, la forêt, l'océan où dérive un bateau, les maisons d'un port de la Baltique. Comme souvent dans le cinéma allemand de l'époque, une vision angoissée du monde s'y exprime ; Murnau joue avec les interdits (notamment dans la mise en scène du sacrifice de la jeune femme qui se livre au vampire), et il maintient – peut-être influencé par le cinéma suédois – un équilibre constant entre la chair et l'abstraction, entre la signification des plans et leur plastique.

Cette tendance fantastique et romantique s'exprime aussi dans *le Fantôme*, film sur le désir et la chute, et dans *Schloss Vogelöd*, une sorte de thriller tragique qui brouille les frontières entre le rêve et la réalité. Sur un scénario curieux, *la Terre qui flambe*, dont l'ironie conteste la dimension morale, annonce pourtant *l'Aurore* par son opposition éthique entre la ville et la campagne.

Murnau, qui n'a tourné qu'une seule véritable comédie, *les Finances du grand-duc*, applique son humour (peut-être pour contourner la contrainte d'un happy end) à la conclusion du *Dernier des hommes*, retournement illogique du drame vécu par le portier d'hôtel déchu de son poste prestigieux, et véritable clin d'œil au spectateur procédant par intertitre, le seul du film. Car c'est un récit entièrement et uniquement guidé par l'image. La « caméra déchaînée » de l'opérateur Karl Freund, d'une mobilité exceptionnelle, s'attache au moindre détail matériel d'une intrigue anecdotique, libère chaque plan du film de toute emprise symbolique au profit du sens global, c'est-à-dire la déchéance et la mort, la coexistence du luxe et de la misère, le règne violent des préjugés, l'attachement aux signes de l'autorité.

Le succès (critique et commercial) du film incite les producteurs à confier à Murnau deux films de prestige, *Tartuffe* et *Faust* dont la mise en scène – sinon le découpage du scénario – témoigne de la même virtuosité. Dans le premier, le texte de Molière, transposé dans la Prusse du XVIIIe siècle, est réduit à une épure relevant de l'esthétique théâtrale. Muni d'un prologue expliquant la suite par avance, *Tartuffe* veut surtout souligner la place de l'hypocrisie dans la société. Plus spectaculaire, son *Faust*, grand sujet s'il en est pour les Allemands, réduit le mythe à un conflit du Bien et du Mal, et donne la priorité à l'Amour.

*Le Dernier des hommes* a valu à Murnau d'être enrôlé à Hollywood. Totalement libre, économiquement et esthétiquement, il peut réaliser *l'Aurore*, un grand poème cinématographique ressourçant des matériaux élémentaires (l'espace, le couple, la passion, la Nature) et revivifiant ses thématiques familières (la ville fascinante mais sans âme, la femme fatale, les oppositions entre des paysages qui sont aussi des clivages psychologiques). On y retrouve le goût du cinéaste pour les plans-séquences à grande profondeur de champ et pour une caméra très mobile, qui permet d'assurer une unité parfaite entre le contenu et la mise en scène. Le décor de la ville est traité de manière constructiviste, avec de vastes plans larges et parfois des superpositions d'images, tandis que l'espace naturel est filmé de manière purement romantique. Murnau dépasse ici le pathétique pour transcender le mélodrame : un souffle cosmique, une orientation métaphysique.

L'installation de Murnau outre-Atlantique lui permet donc d'accentuer le sens universaliste de son art. Malheureusement l'adaptation aux nouvelles conditions de production ne se fera plus après *l'Aurore*, succès d'estime plus que succès commercial. Son deuxième film hollywoodien, *Four Devils*, est aujourd'hui perdu. *City Girl*, où l'on retrouve la thématique du conflit ville-campagne est achevé sans le réalisateur, parti pour la Polynésie. Il y tourne *Tabou*, en collaboration avec Flaherty. Comme dans *l'Aurore*, le visuel exerce sa domination sur le récit, mais cette fois exclusivement en plans fixes, ce qui donne une dimension hiératique à un scénario encore une fois fondé sur la faute et la fatalité. Le film est tourné avec des Polynésiens non-professionnels, dans leur milieu géographique et culturel. Malgré le conflit qui les a opposés, Murnau et Flaherty ont pu réaliser une expérience de fusion entre des données ethnographiques et une structure dramatique universelle, cette alliance entre le particulier et le général constituant certainement pour Murnau, une règle absolue en matière de cinéma. – D. S.

**FILMOGRAPHIE**

**1919** *Der Knabe in blau/Der Todessmeragd*
**1920** *Satanas*
*Sehnsucht/Bajazzo*
*Der Bucklige und die Tänzerin*
*Der Januskopf/Schreicken*
*Abend... Nacht... Morgen*
**1921** *Der Gang in die Nacht*
*Schloss Vogelöd*
**1922** *Marizza gennannt die Schmugglermadonna/Ein shönes Tier*
*La Terre qui flambe (Der brennende Acker)*
*Nosferatu le Vampire (Nosferatu eine Symphonie des Grauens)*
*Le Fantôme (Phantom)*
**1923** *L'Expulsion (Die Austreibung)*
**1924** *Les Finances du grand-duc (Die Finanzen des Grossherzogs)*
*Le Dernier des hommes (Der letze Mann)*
**1926** *Tartuffe (Tartüff)*
*Faust*
**1927** *L'Aurore (Sunrise)*
**1928** *Les Quatre Diables (Four Devils)*
**1930** *La Bru/l'Intruse (Our Daily Bread/City Girl)*
**1931** *Tabou (Tabu)*, co. R. Flaherty

# Mikio **Naruse**

TOKYO 1905 - id. 1969

**Élégie des temps présents.** Naruse mérite sa place aux côtés des trois grands noms du cinéma japonais (Mizoguchi, Ozu, Kurosawa) mais, plus discret par le style, il laisse derrière lui une œuvre importante, riches de drames amers sur l'existence, la vie familiale et conjugale.

Après une enfance difficile (milieu pauvre, orphelin jeune), il quitte l'école à quinze ans pour entrer dans le cinéma comme accessoiriste, monde qu'il ne quittera plus. Son œuvre, volumineuse (plus de 80 films), est faite de drames contemporains, appartenant, comme pour Ozu, au *shomin geki*, films sur la vie ordinaire des petites gens et des employés de bureau. Très réaliste sur les conditions de vie sociale de ses personnages, leur train de vie (les difficultés financières du couple du *Repas*, 1951), il privilégie les crises conjugales, nées de l'usure du quotidien, dont il est un observateur attentif et pudique. Les couples se défont et se recomposent, sans violence. Sensible aux conditions de la femme au foyer, à sa solitude et à son travail (*le Repas*), il se montre bouleversant et unique lorsqu'il s'agit de capter les évolutions du sentiment amoureux, notamment dans *le Grondement de la montagne* (1954) d'après le roman de Yasunari Kawabata, où un père, navré de savoir son fils volage, s'attache d'un amour pur à sa belle-fille sans pouvoir sauver leur couple. Il y a un esprit proche de Pavese dans le cinéma de Naruse, une infinie tristesse (« le malheur durera toujours »), apprivoisée avec douceur et résignation. Très attaché aux ouvrages de la romancière Fumiko Hayashi, il a composé ses plus belles pièces, dignes des plus grands lieds, avec deux grands acteurs masculins, Ken Uehara et Masayuki Mori, et deux splendides actrices, Setsuko Hara, actrice fétiche d'Ozu, somptueuse, et Hideko Takamine, tout aussi prodigieuse. Son chef-d'œuvre demeure *Nuages flottants* (1955), sur une femme qui s'obstine à aimer un homme qui manifestement ne l'aime pas avant de découvrir trop tard ses sentiments pour elle, une fois emportée par la mort. Les plus beaux moments de cinéma chez Naruse sont des moments de marche à deux personnages où, par le rythme des pas, leur synchronisme, tout est dit de leur amour. — C. T.

**FILMOGRAPHIE**

**1930** *Un couple de Chambara (Chambara fufu)*
*Un pur amour (Junjo)*
*Une époque difficile (Fukeiki jidai)*
*Chronique des jeunes mariés sans vergogne (Oshikiri shinkon nikki)*
*La Force de l'amour (Ai wa chikara da)*
**1931** *Ne sois pas si excité ! (Nee kofun shicha iya yo)*
*Les Cris du second étage (Nikai no himei)*
*Bon courage, larbin ! (Koshiben ganbare)*
*Un caprice saute dans le train (Uwaki wa kisha ni notte)*
*La Force d'une moustache (Hige no chikara)*
*Sous le toit des voisins (Tonari no yane no shita)*
**1932** *Mesdames, prenez garde à vos manches ! (Onna wa tamoto o goyojin)*
*Pleurs sous l'azur (Aozora ni naku)*
*Sois un grand homme ! (Eraku nare)*
*Un printemps mité (Mushibameru haru)*
*La Fille aux chocolats (Chokoreto garu)*
*Sans liens de parenté (Nasaku naka)*
**1933** *Après notre séparation (Kimi to wakarete)*
*Rêve de chaque nuit (Yogoto no yume)*
*Mon épouse coiffée (Boku no marumage)*
*Deux Prunelles (Sobo)*
*Bonne Année (Kinga shin nen)*
**1934** *La Rue sans fin (Kagiri naki hodo)*
**1935** *Trois Sœurs au cœur pur (Otome-gokoro sannin shimai)*
*L'Actrice et le poète (Joyu to shijin)*
*Ma femme, sois comme une rose (Tsuma yo bara no yo ni)*
*Cinq Types au cirque (Sakasu gonin-gumi)*
*La Fille dont on parle (Uwasa no musume)*
**1936** *Kumoemon Tochuken*
*Le Chemin parcouru ensemble (Kimi to yuku michi)*
*Une avenue au matin (Asa no namiki michi)*
**1937** *Les Larmes d'une femme (Nyonin aishu)*
*Avalanche (Nadare)*
*Les Vicissitudes de la vie 1 et 2 (Kafuku 1 & 2)*
**1938** *Tsuruhachi et Tsurujiro (Tsuruhachi Tsurujiro)*
**1939** *Toute la famille travaille (Hataraku ikka)*
*Sincérité (Magokoro)*
**1940** *Acteurs ambulants (Tabi yakusha)*
**1941** *Un visage inoubliable (Natsukashi no kao)*
*La Lune de Shanghai (Shanhai no tsuki)*
*Hideko, receveuse d'autobus (Hideko no shasho-san)*
**1942** *Ma mère ne mourra jamais (Haha wa shinazu)*
**1943** *La Chanson de la lanterne*

*(Uta andon)*
1944 *Quelle vie agréable ! (Tanoshiki kana jinsei)*
*L'Art du théâtre (Shibaido)*
1945 *Jusqu'au jour de la victoire (Shori no hi made)*
*Histoire de l'arc au temple de Sanjusangendo (Sanjusangendo toshiya monogatari)*
1946 *Les Descendants de Taro Urashima (Urashima Taro no koei)*
*Et toi et moi (Ore mo omae mo)*
1947 *Quatre Histoires d'amour, 2e partie : Même se quitter est un plaisir (Yotsu no koi no monogatari, 2 : Wakare mo tanoshii)*
*L'Éveil du printemps (Haru no mezame)*
1949 *La Mauvaise Fille (Furyo shojo)*
1950 *Rapport sur la conduite du professeur Ishinaka (Isjinaka sensei gyojoki)*
*La Rue en colère (Ikari no machi)*
*La Bête blanche (Shiroi yaju)*
*La Bataille de roses (Bara gassen)*
1951 *Les Produits de beauté de Ginza (Ginza gesho)*
*La Danseuse (Maihime)*
*Le Repas (Meshi)*
1952 *Okuni et Gohei (Okuni to Gohei)*
*La Mère (Okasan)*
*L'Éclair (Inazuma)*
1953 *Un couple (Fufu)*
*Épouse (Tsuma)*
*Frère aîné, sœur cadette (Ani imoto)*
1954 *Le Grondement de la montagne (Yama no oto)*
*Derniers Chrysanthèmes (Bangiku)*
1955 *Nuages flottants (Ukigumo)*
*Les Baisers, épisode 3 : Chez les femmes (Kuchizuke 3 : Onna doshi)*
1956 *Pluie soudaine (Shuu)*
*Le Cœur d'une épouse (Tsuma no kokoro)*
*Au gré du courant (Nagareru)*
1957 *Une femme indomptée (Arakure)*
1958 *Anzukko (Anzukko)*
*Nuages d'été (Iwashigumo)*
1959 *Le Sifflement de Kotan (Kotan no kuchibue)*
1960 *Quand une femme monte l'escalier (Onna ga kaidan o agaru toki)*
*Filles, épouses et une mère (Musume, Tsuma, haha)*
*Courant du soir (Yoru no nagare)*
*L'Approche de l'automne (Aki tachinu)*
1961 *Comme épouse et comme femme (Tsuma toshite, onna toshite)*
1962 *La Place de la femme (Onna no za)*
*Chronique de mon vagabondage (Horoki)*
1963 *L'Histoire de la femme (Onna no Rekishi)*
1964 *Tourments (Midareru)*
1966 *L'Étranger à l'intérieur d'une femme (Onna no naka ni iru tanin)*
*Délit de fuite (Hikinige)*
1967 *Nuages épars (Midaregumo)*

Portrait de Manoel de Oliveira en 2001 à Joinville.

## Manoel de **Oliveira**

PORTO 1908

**La puissance du verbe.** Fils d'un industriel, le jeune Manoel connaît une enfance aisée. Inscrit au collège de La Guardia, il abandonne rapidement ses études. L'amour du cinéma le saisit dès l'âge de dix-huit ans. En 1928, Rino Lupo vient achever à Porto le tournage de *Fatima miraculeuse* et fonde une école d'acteurs : Manoel de Oliveira la fréquente et figure dans le film de Lupo. Il tient, en 1933, un rôle plus important dans *la Chanson de Lisbonne* de Cottinelli Telmo. En 1929, grâce à l'aide paternelle, il achète une caméra 35 mm. Prenant comme opérateur le comptable António Mendes, Oliveira commence le tournage de *Douro, Faina Fluvial,* qu'il achève en 1931. Ce court métrage relève du documentaire poétique et symphonique tel qu'on le pratique alors dans de nombreux pays, par exemple en Allemagne avec Walter Ruttmann. Longtemps incompris dans son pays, Manoel de Oliveira ébauche de nombreux projets qu'il ne peut mener à terme. Des raisons politiques et la faiblesse des infrastructures – le Portugal n'a pas les moyens de créer une industrie cinématographique – empêchent le cinéaste de développer son ambition d'auteur. Ses courts métrages *Miramar, Praia das Rosas* (1939), *Já se Fabricam Automóveis em Portugal* (id.), *Famalicão* (1940), n'offrent pas un grand intérêt artistique. En 1941, Oliveira tourne son premier long métrage, *Aniki-Bobó,* adapté d'une nouvelle de Rodrigues de Freitas, Meninos Milionários. À partir de la vie quotidienne de quelques enfants de Porto, il propose une vision, néoréaliste avant la lettre, de la vie des quartiers populaires de la ville. Mal vu par le régime de Salazar, Manoel de Oliveira reste quatorze années sans toucher à une caméra. En 1955, il séjourne en Allemagne où il étudie l'emploi de la couleur. Muni de nouveaux appareils, il réalise, à son compte, *le Peintre et la Ville* (1956), un nouvel essai sur Porto. En 1959, avec *le Pain*, il exalte le labeur des hommes et enchevêtre données symboliques et descriptions documentaires. Après ce moyen métrage, Oliveira commence, en 1961, le tournage du *Mystère du printemps*, son deuxième long métrage. Ce film marque une rupture dans la filmographie de l'artiste. Elle le fait passer du documentaire axé sur le montage à un cinéma de texte visant à une économie maximale de moyens. *Le Mystère du printemps* se fonde sur un texte du XVIe siècle, *Auto da Paixão*, de Francisco Vaz de Guimarães, que les paysans de Curalha interprètent tous les ans, en plein air, durant la Semaine sainte. Pour la première fois ici, le référent de l'auteur n'est plus la réalité mais une représentation. Il la montre comme telle et ne cache pas la nature de sa démarche : la confection d'un film. Dans cette œuvre de transition, fiction et documentaire se côtoient pour piéger certaines données culturelles et sociales. Le réalisateur tourne, en 1963, *la Chasse*, une parabole sur la solidarité et, en 1965, *les Peintures de mon frère Júlio*, ses deux derniers courts métrages. Bénéficiant d'une subvention de la Fondation Gulbenkian, Manoel de Oliveira réalise, en 1971, son troisième long métrage, *le Passé et le Présent*, le premier volet de sa tétralogie des « amours frustrées ». Tiré d'une pièce de Vicente Sanches, se déroulant de nos jours dans un milieu bourgeois, *le Passé et le Présent* est un film dans lequel le metteur en scène utilise encore mouvements de caméra et plans rapprochés pour un huis clos entre quatre personnages qui se déchirent. En 1974, Oliveira adapte la pièce de José Régio, *Bénilde ou la Vierge Mère*, puis, en 1978, *Amour de perdition*, un livre de Camilo Castelo Branco : l'histoire, à la fin du XVIII^e siècle, d'un amour impossible entre deux jeunes gens appartenant à des familles ennemies. Avec ce film, l'artiste découvre que le langage est souverain, qu'il est émotion et mouvement, qu'il est déjà en soi mise en scène. *Francisca* (1981), composé d'après un roman d'Augustina Bessa Luís, *Fanny Owen*, clôt le cycle des « amours frustrées ». Situés vers 1850, les tableaux du film décrivent les étapes de la liaison mouvementée entre José Augusto et Fanny qu'un certain cynisme, propre à une bourgeoisie décadente, rend invivable. Un masochisme révélateur de la psychologie portugaise parcourt l'ensemble de la tétralogie. En 1983, avec *Nice à propos de Vigo*, Oliveira jette un regard rétrospectif sur ses débuts, ceux de sa période documentaire liés à son court métrage *Douro, Faina Fluvial* et rend hommage à *À propos de Nice* (1930), le film de Jean Vigo, contemporain de ses premiers pas dans le septième art. En même temps qu'il adapte *le Soulier de satin* de Paul Claudel (1985), œuvre dans laquelle il retrouve en écho son propre chant des amours contrariées et une latinité fondamentale, Oliveira tourne *Lisbonne culturelle*, un essai sur la culture portugaise, puis réalise *Mon cas* (1986), « film jubilatoire consacré à l'homme qui se plaint de son sort et qui trouve toujours son cas plus intéressant que les autres ».

Octogénaire alerte et malicieux, Oliveira signe en 1988 *les Cannibales*, un opéra inspiré d'un conte portugais du XIX^e siècle dont le livret et la musique sont dus à João Paes et qui joue avec insolence sur plusieurs gammes (l'excès, le rire, la peur). En 1990, le réalisateur, dans *Non ou la Vaine Gloire de commander*, retrace l'épopée mythique de son pays à travers les grandes défaites de son histoire. Enchaînant avec *la Divine Comédie* (1991), il tourne sans faiblir et signe *le Jour du désespoir* (1992), *le Val Abraham* (1993), sans doute la plus originale transposition à l'écran de *Madame Bovary*, *la Cassette* (1994), *le Couvent* (1995), avec Catherine Deneuve et John Malkovich, *Party* (1996), *Voyage au début du monde*, avec Marcello Mastroianni (1997), *Inquiétude* (1998), *la Lettre* (1999), *Parole et Utopie* (2000), *Je rentre à la maison* (2001) *Porto de mon enfance* (2001), nouvelle évocation de sa ville natale, *le Principe de l'incertitude* (2002), *Un film parlé* (2003), *le Cinquième Empire* (2004), *Miroir magique* (2005). Oliveira examine et teste toutes les potentialités d'un style singulier, recherchant, presque centenaire, une épure : la transparence ontologique du cinéma. – J. A. G.

**FILMOGRAPHIE**

**1931** *Douro, Faina fluvial*, c.m.
**1941** *Aniki-Bobó*
**1961** *Mystère du printemps*
*(O Acto da Primavera)*
**1971** *Le Passé et le Présent*
*(O Passado e o Presente)*
**1974** *Bénilde ou la Vierge Mère*
*(Benilde ou a Virgem-Mãe)*
**1978** *Amour de perdition*
*(Amor de Perdição)*
**1981** *Francisca*
**1985** *Le Soulier de satin*
*(Sapato de cetim)*
**1986** *Mon cas*
*(O Meu Caso)*
**1988** *Les Cannibales*
*(Os Canibais)*
**1990** *Non ou la Vaine Gloire de commander*
*(Não ou a vã Glória de Mandar)*
**1991** *La Divine Comédie (A Divina Comédia)*
**1992** *Le Jour du désespoir*
*(O Dia do Desespero)*
**1993** *Le Val Abraham*
*(Vale Abraão)*
**1994** *La Cassette (A Caixa)*
**1995** *Le Couvent (O Convento)*
**1996** *Party*
**1997** *Voyage au début du monde*
*(Viagem ao Principio do Mundo)*
**1998** *Inquiétude*
**1999** *La Lettre (A carta)*
**2000** *Parole et Utopie*
*(Palabra e Utopia)*
**2001** *Je rentre à la maison*
*(Vou para Casa)*
*Porto de mon enfance*
*(Porto da minha Infância)*
**2002** *Le Principe de l'incertitude*
*(O Principio da Incerteza)*
**2003** *Un film parlé*
*(Um Filme falado)*
**2004** *Le Cinquième Empire*
*(Quinto imperio – O Ontem Como Hoje)*
**2005** *Le Miroir magique*
**2006** *Belle toujours*

# Ermanno **Olmi**

BERGAME 1931

**La spiritualité du regard.** Après avoir fait des études dans un lycée artistique – ses parents sont des paysans venus travailler à l'usine – et suivi des cours pour acteurs à Milan, Olmi entre comme employé dans la compagnie d'électricité Edison-Volta. Chargé bientôt de la coordination des loisirs, il se voit confier la réalisation de nombreux documentaires entre 1953 et 1961. Dans ces œuvres, il s'intéresse aux travaux industriels ou artisanaux, aux paysages urbains ou ruraux. En 1959, il dirige son premier long métrage, *Le temps s'est arrêté*, produit par l'Edison-Volta : le film évoque l'histoire de la construction d'un grand barrage en montagne et la naissance d'une amitié difficile entre deux ouvriers de générations différentes. Son film suivant, *Il posto* (1961), est dédié aux premières expériences d'un jeune Milanais dans un emploi aliénant ; la précision de l'observation sociologique, l'humour mélancolique, la tendresse envers tous ses personnages (en fait, des victimes de la société de consommation) font de cette œuvre un des constats les plus pénétrants sur l'évolution de l'Italie. Le film obtient un énorme succès critique, surtout à l'étranger, et le cinéaste est salué comme le chef de file de la « nouvelle vague » italienne du début des années 1960. Son talent est confirmé par son troisième film, *les Fiancés* (1963), une histoire d'amour révélatrice des insuffisances sociales et morales d'un pays qui s'industrialise. En 1965, il tourne une biographie brechtienne du pape Jean XXIII, *E venne un uomo*, un mélange hybride d'hommage sincère et d'hagiographie assumée. Ses racines dans le catholicisme paysan émergent aussi dans ses films suivants, notamment dans *Un certain jour* (1969), conte de fées moderne qui se déroule dans la Lombardie contemporaine. Pour la télévision, il signe en cette même année *l'Or dans la montagne*, étonnant portrait d'un vieil homme qui recherche, pour en récupérer le métal, les obus de la Première Guerre mondiale sur le haut plateau d'Asiago, lieu où le cinéaste s'établit ensuite en construisant dans sa maison un petit studio de production à l'écart des capitales du spectacle. Toujours pour la télévision, il dirige des enquêtes et des documentaires, et produit en autonomie ses trois longs métrages suivants. *Durante l'estate* (1971) décrit la crise existentielle qui frappe un industriel le jour où son rythme de vie habituel est bouleversé par un accident de voiture. Dans *La circostanza* (1974), il reprend ses thèmes favoris avec un langage désormais dégagé des conventions traditionnelles, en entrelaçant dans son récit plusieurs histoires poignantes. Après une longue préparation, il achève en 1978 *l'Arbre aux sabots* qui reçoit la Palme d'or au Festival de Cannes et connaît un triomphe mondial. Inspirée par les contes de son enfance, cette grande fresque traite des oubliés de l'histoire, les paysans exploités du siècle dernier de la région de Bergame. Parlée en dialecte, tournée sur les lieux d'origine, photographiée, montée et écrite (comme d'habitude) par Olmi avec une émotion retenue, cette œuvre majeure marque une date dans l'itinéraire qu'emprunte le cinéaste dans sa recherche des valeurs perdues. En 1983, il tourne *À la poursuite de l'étoile*, parabole sur le christianisme à travers la longue marche des Rois mages, et un moyen métrage documentaire *Milan 83*. À Bassano del Grappa, près d'Asiago, il fonde « Ipotesi Cinema », une école de cinéma originale qui produit de nombreux courts et moyens métrages. Après une longue maladie, il revient à la mise en scène avec *Longue Vie à la signora* (1987), film allégorique sur le passage de l'adolescence à la vie adulte, et en 1988 *la Légende du saint buveur*, adapté d'une nouvelle de l'écrivain autrichien Joseph Roth, qui décrit le désarroi physique et métaphysique d'un ancien mineur polonais venu en France chercher du travail, et bientôt réduit à l'état de clochard. Ce film, qui peut être considéré comme une quête de l'individu à la recherche de ses valeurs fondamentales, reçoit le Lion d'or au Festival de Venise. Après un documentaire, *Longo il fiume* (1992), il signe *Il segreto del bosco vecchio* (1993), une fable adaptée d'un récit de Dino Buzzati, et *la Genèse* (1994) sur le message biblique. Toujours porteur de projets ambitieux, il tourne *le Métier des armes* (2001), un film historique dont le héros est un jeune capitaine de l'armée pontificale, et *En chantant derrière les paravents* (2003) où il poursuit son ode à l'harmonie des hommes qui choisissent les charrues plutôt que les canons. — J. A. G.

**FILMOGRAPHIE**

**1959** *Le temps s'est arrêté (Il tempo si è fermato)*
**1961** *Il posto*
**1963** *Les Fiancés (I fidanzati)*
**1965** *E venne un uomo*
**1969** *Un certain jour (Un certo giorno)*
*L'Or dans la montagne (I recuperanti)*
**1971** *Durante l'estate*
**1974** *La circostanza*
**1978** *L'Arbre aux sabots (L'albero degli zoccoli)*
**1983** *À la poursuite de l'étoile (Cammina cammina)*
**1987** *Longue Vie à la signora (Lunga vita alla signora)*
**1988** *La Légende du saint buveur (La Leggenda del santo bevitore)*
**1992** *Longo il fiume*
**1993** *Il segreto del bosco vecchio*
**1994** *La Genèse (Genesi : la creazione e il diluvio)*
**1999** *Il denaro non esiste*
**2001** *Le Métier des armes (Il mestiere delle armi)*
**2003** *En chantant derrière les paravents (Cantando dietro i paraventi)*
**2005** *Tickets*, collectif

Max Ophüls sur le tournage du film *le Plaisir* (1951).

# Max **Ophüls**

SARREBRÜCK 1902 – HAMBOURG 1957

**Un baroque contrarié.** Ce Sarrois a su adapter l'esprit viennois et une partie de l'héritage du Berlin des années folles. Venu du théâtre, c'est le cinéma qui a conduit sa vie, depuis ses débuts dans des courts métrages et dans une mini-opérette se déroulant dans le milieu du cinéma (*Die verliebte Firma*). Sa brillante adaptation de *la Fiancée vendue*, d'après l'opéra de Smetana, porte surtout sur les rapports du spectacle et de la vie réelle et révèle sa fascination pour le cirque. Il évoque une première fois la Vienne 1900 avec *Liebelei*, d'après Schnitzler, dont la grâce romantique n'exclut pas un moralisme critique. C'est une grande réussite artistique et commerciale – mais on retirera son nom du générique en Allemagne nazie ; ayant fui à Paris, il y dirigera lui-même la version française de son film (*Une histoire d'amour*).

C'est en exil qu'il fera l'essentiel de sa carrière, principalement en France, en deux périodes entrecoupées d'un séjour forcé aux États-Unis à partir de 1940. Chaque fois, il lui faut refaire ses preuves. Avec *On a volé un homme*, il s'essaie sans conviction au policier, puis il est attiré en Italie par un scénario traitant du destin d'une star, et il signe le mélodrame *la Signora de tutti*. Adaptant le roman de Colette *l'Envers du music-hall*, il confirme avec *Divine* son intérêt pour les milieux du spectacle déjà perçu dans ses films allemands. *Werther* d'après Goethe, recrée à l'écran la grande thématique romantique dans une mise en scène élégante, précise, dont la rigueur se retrouve dans *De Mayerling à Sarajevo*. Aux États-Unis, il doit de nouveau faire ses gammes sur sujets imposés, mais parvient à maîtriser un sujet historique totalement romanesque dans *l'Exilé*, et de ce difficile séjour hollywoodien on retient surtout *Lettre d'une inconnue*, où il évoque de nouveau Vienne 1900, sans jouer cette fois sur les clichés. Abordant de front le cynisme et l'immaturité, ce drame raffiné adapté de Stefan Zweig est d'un fatalisme, d'une noirceur que n'annonçait pas *Liebelei*, en effet.

À son retour en France il réalise quatre chefs-d'œuvre incontestés. Plus libre dans la direction qu'il entend donner à son cinéma, plus détaché, volontiers ironique, il excelle dans un mélange subtil de légèreté et de mélancolie, et décrit les tragédies qu'engendre la recherche du plaisir et du bonheur. *Le Plaisir*, qui est l'adaptation de trois contes de Maupassant à priori sans lien apparent, multiplie avec vivacité les notations sur les ruptures entre réalités et apparences, en particulier dans la partie centrale, adaptation enjouée de *la Maison Tellier*. *Madame de...* (incarnée par Danielle Darrieux, dont c'est le plus beau rôle), a pour fil directeur des bijoux qui passent de main en main. Le ton évolue avec subtilité de la frivolité à la vérité, de la comédie classique au drame d'une femme victime des valeurs masculines. Retrouvant un texte de Schnitzler pour *la Ronde*, il ajoute un personnage de conteur qui mène le spectateur de couple en couple, et qui confère de la gravité au brillant de cette danse des amours volages. Dans *Lola Montès*, premier film français en cinémascope et seul film en couleurs d'Ophüls, cette fonction de maître de cérémonies devient essentielle, en la personne d'un directeur de cirque qui exhibe une célèbre courtisane, ancienne maîtresse de Louis de Bavière. C'est l'exploitation du scandale par le spectacle, dans un récit mené à rebours, car la reconstitution par le bateleur précède la relation à l'écran des faits réels. Portrait bouleversant, film baroque, c'est une merveilleuse synthèse de tout ce qu'il avait fait ou tenté de faire au cours d'une carrière bousculée. – D. S.

**FILMOGRAPHIE**

**1932** *Die verliebte Firma*
*La Fiancée vendue*
*(Die verkaufte Braut)*
**1931** *Les Joyeux Héritiers*
*(Die lachende Erben)*
**1933** *Liebelei*
*(Une histoire d'amour)*
**1934** *On a volé un homme*
*La signora di tutti*
**1935** *Divine*
*La Comédie de l'argent*
*(Komedie om Geld)*
*La Tendre Ennemie*
**1937** *Yoshiwara*
**1938** *Werther*
**1939** *Sans lendemain*
**1940** *De Mayerling à Sarajevo*
**1947** *L'Exilé (The Exile)*
**1948** *Lettre d'une inconnue*
*(Letter From an Unknown Woman)*
**1949** *Caught*
*Les Désemparés*
*(The Reckless Moment)*
**1950** *La Ronde*
**1952** *Le Plaisir*
**1953** *Madame de...*
**1955** *Lola Montès*

## Nagisa **Oshima**

KYOTO 1932

**En guerre contre le Japon.** Figure majeure de la Nouvelle Vague japonaise en compagnie de Kiju Yoshida, formé à l'école des grands studios avant de rompre avec eux, Nagisa Oshima a fait de son engagement politique contre la société japonaise et de la levée de tous les interdits, notamment ceux du sexe (*l'Empire des sens*, 1976) le moteur de son cinéma.

Orphelin de père à six ans, élevé par sa mère, il fait des études de droit et de politique et entre comme assistant aux studios de la Shochiku. Il publie des scripts et des critiques de films dans la revue des assistants du studio et, tout au long de sa vie, écrira des textes d'intervention de nature polémique, très radicaux et politiquement engagés, sur ses films ou sur le cinéma japonais. S'il réalise son premier film en 1959, ce sont les deux suivants, *Conte cruel de la jeunesse* (1960) et *l'Enterrement du soleil* (1960), produits par la Shochiku, qui ont valeur de manifeste pour la Nouvelle Vague japonaise, en apportant un ton et un souffle nouveaux. La rupture violente avec le studio interviendra avec *Nuit et brouillard du Japon* (1960) dont le titre est un hommage au film d'Alain Resnais sur les camps d'extermination, et qui évoque l'histoire et les combats de groupuscules gauchistes contre le renouvellement du traité nippon-américain à l'automne 1960, point de départ de l'histoire. Film sur la mémoire militante dans le Japon de l'après-guerre (les liens avec le Parti communiste japonais puis la rupture), le film fut retiré de l'affiche au bout de quatre jours. En colère, Oshima claque la porte du studio.

Ayant des difficultés à se faire produire, il fonde en 1965, avec sa femme, la comédienne Akiko Koyama, une compagnie qui lui permettra de réaliser ses films les plus aboutis : *la Pendaison* (1968), *le Petit Garçon* (1969), le plus beau, et *la Cérémonie* (1971), ambitieux portrait d'une famille sur vingt-cinq ans. Alors qu'il est de nouveau en difficulté, le producteur Anatole Dauman lui permet de réaliser *l'Empire des sens* (1976), inspiré d'un fait-divers sur un couple s'enfermant pour faire l'amour jusqu'à se donner la mort. Le film fut interdit au Japon et valut au cinéaste une renommée mondiale.

La plupart des films d'Oshima ont pour socle un fait-divers ayant réellement existé. En guerre contre l'État japonais, beaucoup de ses films traitent du problème coréen (*le Journal de Yunbogi*, 1963) et de la façon dont cette communauté est maltraitée au Japon. Le héros de *la Pendaison* (1968), dont le film retrace l'exécution, est un Coréen, auteur du viol et du meurtre de deux japonaises. La sexualité et le crime (*l'Obsédé en plein jour*, 1966) lui permettent de montrer l'envers du décor de la société japonaise. Ou tout simplement ses dures conditions de vie, avec ce père de famille, dans *le Petit Garçon*, qui sillonne le Japon en jetant son fils sous les voitures, dans l'espoir de monnayer l'accident sans faire intervenir la police. Avec *le Journal du voleur de Shinjuku* (1969), il décrit la quête sexuelle d'un jeune couple, avec en toile de fond l'agitation estudiantine dans ce quartier de Tokyo au printemps et à l'été 1968.

Même si la sexualité a toujours été présente, *l'Empire des sens* (1976), illustration de la réflexion de Georges Bataille (« l'érotisme est l'approbation de la vie jusque dans la mort »), brave tous les tabous, tout en retrouvant la beauté de la tradition des estampes érotiques japonaises, dites « *shunga* ». Présente dans ses derniers films, avec *Max mon amour* (1986), sur l'amour d'une femme pour un chimpanzé, et *Tabou* (2000), sur l'homosexualité dans le monde des samouraïs, elle l'est tout autant dans *Furyo* (1983), sur l'attachement d'un militaire japonais pour un prisonnier anglais interprété par David Bowie. Avec ce film, Oshima s'en prend à son ennemi de toujours, l'écrivain Yukio Mishima (il lui consacrera un texte au moment de son suicide, en 1970, sur « la déficience de son sens politique »), dont il n'a jamais apprécié les positions conservatrices, ultra nationalistes. Ici, nulle fascination pour le beau d'ordre militaire, juste ce poison du désir qui vient jeter le trouble et ruiner le fonctionnement du cérémonial. Comme souvent chez Oshima. – C. T.

**FILMOGRAPHIE**

**1959** *Le Quartier de l'amour et de l'espoir/ le Garçon vendeur de colombes (Ai to kibo no machi)*
**1960** *Contes cruels de la jeunesse (Seishun zankoku monogatari)*
*L'Enterrement du soleil (Taiyo no hakaba)*
*Nuit et brouillard du Japon (Nihon no yoru to kiri)*
**1961** *Le Piège/Une bête à nourrir (Shiiku)*
**1962** *Le Révolté (Amakusa Shiro Tokisada)*
**1965** *Les Plaisirs de la chair (Etsuraku)*
**1966** *L'Obsédé en plein jour (Hakuchu no torima)*
**1967** *Carnets secrets des Ninja (Ninja bugeicho)*
*Traité des chansons paillardes japonaises (Nihon shunkako)*
*Été japonais : double suicide contraint (Muri shinju : Nihon no natsu)*
**1968** *La Pendaison (Koshikei)*
*Le Retour des trois soûlards (Kaettekita yopparai)*
*Journal d'un voleur de Shinjuku (Shinjuku dorobo nikki)*
**1969** *Le Petit Garçon (Shônen)*
**1970** *Il est mort après la guerre (Tokyo senso sengo hiwa)*
**1971** *La Cérémonie (Gishiki)*
**1972** *Une petite sœur pour l'été (Matsa no imôto)*
**1976** *L'Empire des sens (Ai no korida)*
**1978** *L'Empire de la passion (Ai no bôrei)*
**1983** *Furyo (Senjo no Merry Xmas/ Merry Xmas, M. Lawrence)*
**1986** *Max mon amour*
**2000** *Tabou (Gohatto)*

# Yasujiro **Ozu**

TOKYO 1903 – id. 1963

**La douceur de la fuite du temps.** Découvert longtemps après sa mort, les films contemporains étant jugés moins exportables en Occident, l'œuvre d'Ozu, limpide, attachée à saisir l'évolution des mœurs et la fuite du temps, a tout de suite bouleversé. Marqué par une profonde sensibilité au quotidien de la famille et à ses rites de perpétuation (le mariage des enfants), son cinéma, sur le fond et par son style, est à la fois très japonais et universel.

Yasujiro Ozu, issu d'une famille modeste de commerçants, a été élevé par sa mère à Tokyo, son père tenant un commerce en province. Élève peu doué (il sera renvoyé du collège pour indiscipline), inapte aux études supérieures, instituteur médiocre, avec un penchant pour l'alcool (il fera appel à son père pour payer ses dettes de boissons et il boira du saké toute sa vie), il doit à un oncle son entrée dans les studios de la Shochiku en 1923, où il fera toute sa carrière. Il y rencontre Kogo Noda qui deviendra son ami et son scénariste attitré. Ils jugeront de la qualité d'un scénario au nombre de bouteilles de saké ingurgitées.

Grand consommateur de films américains (comédies, films burlesques), Ozu débute comme gagman et assistant d'un réalisateur de films burlesques (*nonsense mono*). Membre du « Groupe frivole », il se spécialise dans les plaisanteries grivoises, au goût douteux, et se fait fort de toujours placer une scène de WC dans les films. Il réalise des comédies légères, sous influence américaine (il admire Harold Lloyd, Lubitsch) puis, à son dixième film, *J'ai été diplomé mais...* (1929), renonce au *nonsense mono*, même si ses films comportent toujours des moments savoureux, pour un cinéma plus grave, de critique sociale. Toute son œuvre (*Vie d'un employé de bureau*, 1929), appartient au *shomin geki*, sur la vie ordinaire des petites gens et de la classe moyenne. Anarchiste dans l'âme, très antimilitariste, écœuré par l'évolution de son pays, il tourne régulièrement jusqu'en 1937, puis se fait rare (un film en 1941, un autre en 1942, *Il était un père*, magnifique), avant de reprendre un rythme normal à partir de 1947. Ozu meurt d'un cancer en 1963, le jour de son soixantième anniversaire. Cet homme qui aura fait de la famille le cœur de ses films, n'en a jamais fondé pour ne s'être jamais marié. Ne croyant pas à l'au-delà ni à la réincarnation, convaincu qu'il ne reste plus rien de nous après la mort, il a fait écrire le signe *mu* (vide) sur sa tombe. Après son décès, son actrice fétiche, Setsuko Hara, dont on le disait amoureux, a renoncé au cinéma et vit recluse dans sa maison, non loin du cimetière où est enterré Ozu.

Ozu a fait des films en se regardant grandir avec ses personnages, commençant à filmer des jeunes et des collégiens (ses premiers films) puis des personnes âgées. L'immense acteur Chishu Ryu, qui joue dans *Il était un père*, et par la suite dans tous ses films (Ozu a toujours gardé l'esprit de troupe), deviendra l'interlocuteur de ses interrogations sur l'existence. Ses films des années 1930 décrivent des familles pauvres, aux conditions modestes. Après la guerre, leur niveau de vie évolue (employés, cadres supérieurs). En véritable ethnographe des mœurs de la société japonaise (le tennis est le loisir chic dans les années 30, puis le golf dans les années 1950), il fait de la perpétuation de la tradition, celle du mariage arrangé, le théâtre conflictuel de ses films, qu'il confronte à l'américanisation croissante de la société, au point que ses personnages, dans ses derniers films, peuvent renoncer au saké pour boire du whisky !

Son meilleur film des années 1930, muet, est *Gosses de Tokyo* où des enfants se révoltent contre leur père qui fait des courbettes devant son patron alors qu'eux se permettent d'humilier son fils à l'école. Cette découverte de l'inégalité sociale et ce rejet radical de la vie en société qui les attend (soumission, hypocrisie) en font un film à la lucidité terrifiante. Son autre film majeur, avec *Voyage à Tokyo* (1953), sur un couple de personnes âgées qui rendent visite à leurs enfants mariés et se sentent en trop, est *Printemps tardif* (1948) qui sera la matrice des autres. Un père, veuf, vit seul avec sa fille qui renonce au mariage pour ne pas l'abandonner. Il devra ruser, faire croire à son remariage, pour pousser sa fille à le faire, avant de se retrouver seul. Le mariage chez Ozu est un paradoxe, un point de cruauté. Il est nécessaire à la perpétuation de la famille tout en étant une douloureuse épreuve de la séparation entre parents et enfants. Le mariage d'un enfant (*Fin d'automne*, 1960, *le Goût du Saké*, 1962) est un avant-goût de la solitude, prélude à la mort. Sans qu'il soit question d'inceste, Ozu est unique dans l'art de filmer l'amour entre membres d'une même famille.

Si ses films muets sont très influencés par le cinéma américain (mouvements de caméra, lumière, jeu des comédiens), le style s'épure peu à peu pour trouver une forme constante, donnant le sentiment, effet renforcé par des sujets identiques, de répétition-variation entre ses films. La position de la caméra est basse, comme si le spectateur, parmi les personnages, était assis au sol, sur un tatami. Le plan est fixe, frontal, sans profondeur de champ, et les entrées des personnages se font toujours à partir d'éléments du décor, jamais bord cadre. Le décor des scènes, invariable, suit le cours d'une journée : d'abord le bureau, puis un bar ou un restaurant, suivi du retour à la maison. Chaque plan est soigneusement composé, ce que la remarquable utilisation de la couleur intensifiera, Ozu se servant des accessoires (bols, flacons de saké, bouteilles de bière) pour composer une frise délicate. L'activité des personnages est simple : boire, manger, parler. Le rythme du montage, souvent vif, suit les différentes prises de parole. À chaque mot prononcé, son visage. Chaque fin de scène dialoguée s'achève par une douce ritournelle qui sert de liaison, accompagnée de plans de décor vide, dits «*pillows shot*», pour reposer l'œil du spectateur. Ils sont surtout le pressentiment d'un effacement de soi, prélude à la mort. Le cinéma d'Ozu, peuplé d'horloges qui indiquent l'heure, est obsédé par la fuite du temps. Plus le plan est fixe et le décor inerte, et plus, par un simple jeu d'ombres, un reflet de lumière, on ressent ce temps fugace. Pas de nostalgie chez Ozu, juste ce perpétuel écoulement du temps, accepté avec sérénité et détachement. – C. T.

**FILMOGRAPHIE**

**1927** *Le Sabre de pénitence (Zange no yaiba)*
**1928** *Rêves de jeunesse (Wakodo no yume)*
*Femme perdue (Nyobo funshitsu)*
*La Citrouille (Kabocha)*
*Un couple déménage (Hikkoshi fufu)*
*Un corps magnifique (Nikutaibi)*
**1929** *La Montagne au trésor (Takara no yama)*
*Jours de jeunesse (Wakakihi)*
*Amis de combat (Wasei kenka (tomodachi)*
*J'ai été diplômé mais... (Daigaku wa deta keredo)*
*La Vie d'un employé de bureau (Kaishain seikatsu)*
*Un garçon honnête (Tokkan Kozo)*
**1930** *Introduction au mariage (Kekkon-gaku nyûmon)*
*Marchez joyeusement (Hogaraka ni ayume)*
*J'ai été recalé mais... (Rakudai wa shita keredo)*
*L'Épouse d'une nuit (Sono yo no tsuma)*
*L'Esprit vengeur d'Éros (Erogami no onryo)*
*La chance a touché mes jambes (Ashi ni sawatta koun)*
*Jeune Demoiselle/Mademoiselle (Ojosan)*
**1931** *La Femme et les favoris (Shukujo to hige)*
*Les Malheurs de la beauté (Bijin Aishu)*
*Le Chœur de Tokyo (Tokyo no gassho)*
**1932** *Le printemps vient des femmes (Haru wa gofujin kara)*
*Gosses de Tokyo/Je suis né mais... (Umarete wa mita keredo)*
*Où sont les rêves de jeunesse ? (Seishun no yume ima izuko)*
*Jusqu'à notre prochaine rencontre (Mata au hi made)*
**1933** *Une femme de Tokyo (Tokyo no onna)*
*Femmes au combat (Hijosen no onna)*
*Caprice passager/Un caprice du cœur*

Ozu derrière la caméra au début des années 1960.

*(Dekigokoro)*
**1934** *Une mère devrait être aimée (Haha o kowayuza)*
*Histoire d'herbes flottantes/ Histoire d'un acteur ambulant (Ukikusa monogatari)*
**1935** *Une jeune fille pure (Hakoiri musume)*
*Tokyo est un endroit agréable (Tokyo yoitoko)*
*Une auberge à Tokyo (Tokyo no yado)*
**1936** *Le collège est un endroit agréable (Daigaku yoitoko)*
*Un fils unique (Hitori musuko)*
**1937** *Qu'est-ce que la dame a oublié ? (Shukujo wa nani o wasuretaka)*
**1941** *Les Frères et sœurs Toda (Todake no kyodai)*
**1942** *Il était un père (Chichi ariki)*
**1947** *Récit d'un propriétaire (Nagaya Shinshiroku)*
**1948** *Une poule dans le vent (Kaze no naka no mendori)*
**1950** *Les Sœurs Munakata (Munakata shimai)*
**1951** *Début d'été (Bakushu)*
**1952** *Le Goût du riz au thé vert (Ochazuke no aji)*
**1953** *Voyage à Tokyo/les Contes de Tokyo (Tokyo monogatari)*
**1957** *Crépuscule à Tokyo (Tokyo boshoku)*
**1958** *Fleurs d'équinoxe (Higanbana)*
**1959** *Bonjour (Ohayo)*
*Herbes flottantes (Ukigusa)*
**1960** *Fin d'automne (Akibiyori)*
**1961** *L'Automne de la famille Kohayagawa/ Dernier Caprice (Kohayagawa-ke no aki)*
**1962** *Le Goût du saké/le Goût du poisson (Samma no aji)*

Portrait de Georg-Wilhelm Pabst pris en 1932.

## Georg-Wilhelm **Pabst**

RAUDNITZ 1885 – VIENNE 1967

**Critique sociale et quête de l'amour fou.** Chantre de l'érotisme et d'une forme de fantastique social, Pabst a connu une carrière traversée d'influences successives, puis perturbée par les bouleversements politiques. Après un premier film influencé par l'expressionnisme (*le Trésor*), il tourne un premier grand film, *la Rue sans joie*, qui s'inscrit dans le courant du « réalisme social » allemand, ainsi nommé à cause de son refus de toute théâtralité. Des reflets expressionnistes subsistent dans le jeu des acteurs et les décors, mais on y décèle aussi l'influence de la Nouvelle Objectivité, courant qui a orienté le regard documentaire que Pabst applique à la description d'une société en crise. Cette intégration de plusieurs courants esthétiques concourt à la description d'un monde où tout se vend. Le film montre la montée des profiteurs, spéculateurs, commerçants, et l'interdépendance des oppositions de classe et de la sexualité. Il y a du pamphlet dans ces personnages et ces lieux qui sont autant de symptômes, dont émergent une femme déchue (rôle tenu par la vedette Asta Nielsen) et une autre qui échappe par miracle à la prostitution (Greta Garbo, sur le point de quitter l'Europe).

Pabst se consacre à d'intelligentes variations sur le romanesque (*l'Amour de Jeanne Ney*), mais aussi à des recherches formelles justifiées par le thème des *Mystères d'une âme*, directement influencé par les théories psychanalytiques. *Crise*, aux fausses apparences de drame bourgeois, constitue la préface des films de femmes en révolte, *Loulou* et *Journal d'une fille perdue*. *Loulou*, son plus grand film, réussit la gageure d'adapter une œuvre-clé du théâtre expressionniste écrite par Frank Wedekind. La critique sociale devient dénonciation dans un poème dont les scènes essentielles sont organisées autour du visage lumineux de Louise Brooks, qui trouve là son plus grand rôle. Véritable incarnation de la négation du péché, icône admirée de tous les théoriciens de l'amour fou, elle y incarne une femme libre qui ne vit que par l'amour, elle est le catalyseur qui fait tomber les masques. *Le Journal d'une fille perdue*, tourné dans le même esprit, avec la même actrice, est une nouvelle attaque frontale de la décadence bourgeoise, le récit d'une révolte contre les figures de l'autorité et contre l'immoralité cachée.

Passant aux débuts du parlant d'un réalisme stylisé à un reflet plus direct du réel, Pabst, cinéaste de gauche, tourne deux films très engagés, *Quatre de l'infanterie*, un film pacifiste d'une grande cohérence dramatique, et *la Tragédie de la mine*, qui évoque la fraternité entre mineurs allemands et français à partir de faits authentiques. Deux films d'une grande force et d'un humanisme que le cinéma allemand allait évincer après l'arrivée des Nazis au pouvoir. À la même époque, il signe un film musical original, satire bouffonne et cinglante de la société, en adaptant *l'Opéra de quat'sous* de Bertolt Brecht et Kurt Weill. C'est une coopération franco-allemande en version multilingue, comme *l'Atlantide*, qui est un film d'atmosphère en rupture avec son style antérieur. Cette rupture est confirmée par son *Don Quichotte*, esthétisant et poétique.

Le cinéma de Pabst décline dès que l'exil lui impose en France les règles commerciales du cinéma d'aventures. Il est soumis après son retour en Allemagne aux contraintes d'un pouvoir pour lequel il réalise deux films glorifiant de grandes figures nationales. Peut-être pour se dédouaner de cet épisode confus, il se consacrera après la guerre au thème de l'antisémitisme (*le Procès*), puis à une reconstitution scrupuleuse de la tentative d'attentat des officiers contre Hitler en 1944 (*C'est arrivé le 20 juillet*). Un style réaliste solide, mais banalisé : on ne reconnaît plus le grand Pabst, que l'on n'a jamais retrouvé, à vrai dire, depuis 1933. – D. S.

**FILMOGRAPHIE**

**1923** *Le Trésor*
*(Der Schatz)*
**1924** *Comtesse Donelli*
*(Gräfin Donelli)*
**1925** *La Rue sans joie*
*(Die freudlose Gasse)*
**1926** *Les Mystères d'une âme/*
*le Cas du professeur Mathias*
*(Geheimnisse einer Seele)*
*On ne badine pas avec l'amour*
*(Man spielt nicht mit der Liebe)*
**1927** *L'Amour de Jeanne Ney*
*(Die Liebe der Jeanne Ney)*
**1928** *Crise (Abwege)*
*Loulou (Die Büchse der Pandora)*
**1929** *L'Enfer blanc de Piz-Palü/*
*Prisonniers de la montagne*
*(Die weisse Hölle vom Piz-Palü)*, co. A. Fanck
*Journal d'une fille perdue/*
*Trois Pages d'un journal*
*(Das Tagebuch einer Verlorenen)*
**1930** *Quatre de l'infanterie*
*(Westfront, 1918)*
*Skandal um Eva*
**1931** *L'Opéra de quat'sous*
*(Die Dreigroschenoper)*
*La Tragédie de la mine*
*(Kameradschaft)*
**1932** *L'Atlantide*
*(Die Herrin von Atlantis)*
**1933** *Don Quichotte*
*Du haut en bas*
**1934** *A Modern Hero*
**1937** *Mademoiselle Docteur/*
*Salonique nid d'espions*
**1938** *Le Drame de Shanghaï*
**1939** *Jeunes Filles en détresse*
**1941** *Les Comédiens*
*(Komödianten)*
**1943** *Paracelse (Paracelsus)*
**1945** *Le Cas Molander*
*(Der Fall Molander)*
**1948** *Le Procès (Der Prozess)*
**1949** *Profondeurs mystérieuses*
*(Geheimnisvolle Tiefen)*
**1953** *La Maison du silence*
*(La voce del silenzio)*
*Cose da pazzi*
**1954** *Le Destructeur*
*(Das Bekenntnis der Ina Kahr)*
**1955** *C'est arrivé le 20 juillet*
*(Es geschah am 20 Juli)*
*La Fin d'Hitler*
*(Der letzte Akt)*
**1956** *Des roses pour Bettina*
*(Rosen für Bettina)*
*Durch die Wälder durch die Auen*

# Marcel **Pagnol**

AUBAGNE 1895 – PARIS 1974

**Le cinéma comme forme supérieure du théâtre.** Professeur d'anglais dans sa Provence natale, Marcel Pagnol passe ses loisirs à écrire des pièces de théâtre qui sont jouées par des troupes locales. Nommé à Paris en 1922, il constate avec surprise que ses œuvres sont très prisées dans la capitale. Aussi abandonne-t-il rapidement l'enseignement au profit de l'écriture. Plein de curiosité vis-à-vis du cinéma parlant, il s'intéresse dès 1930 au monde du septième art. Il déclare alors : « C'est un moyen d'expression dramatique beaucoup plus commode, beaucoup plus riche que le théâtre. » En fait, son attitude envers le cinéma est contradictoire : d'une part, il apprécie que ses pièces, adaptées à l'écran, reçoivent une large audience, d'autre part, il critique le film sonore qui n'est que du « théâtre en conserve ». Le rôle auquel il confine le cinéma ne l'empêche pas d'y porter un grand intérêt puisqu'il crée *les Cahiers du film*, dans lequel il « injurie les gens du muet ». Malgré ses options théoriques, il sait rompre avec les conventions théâtrales. Ses pièces filmées gardent toute leur fraîcheur grâce au ton régionaliste donné par des interprètes de grand talent, venant souvent du café-concert marseillais, tels Raimu ou Fernandel. Dès la sortie de ses premières œuvres adaptées à l'écran, dont il écrit le scénario et les dialogues, il obtient un grand succès. Il ne met pas personnellement en scène *Marius* (Alexandre Korda, 1931), *Fanny* (Marc Allégret, 1932), *Topaze* (Louis Gasnier, 1932.), se contentant simplement de superviser le tournage. Cependant, il a tendance à minimiser considérablement le rôle du réalisateur, se considérant (et étant souvent considéré) comme le seul auteur. Avec *le Gendre de Monsieur Poirier* (1933), il devient metteur en scène à part entière, tournant lui-même en 1936 le troisième volet de la trilogie marseillaise, *César*. Il a sans doute donné ses lettres de noblesse au régionalisme – personne n'aura décrit avec tant de vérité et de pittoresque les tics, les coutumes, la spontanéité de langage de certains de ses compatriotes provençaux. Entouré d'acteurs « complices » (Raimu, Fernandel, mais aussi Orane Demazis, Milly Mathis, Charpin, Delmont, Robert Vattier, Rellys, Blavette, Maupi, Fernand Sardou), il a aussi apporté au cinéma français un ton nouveau – ce qui l'a fait considérer par De Sica et Rossellini comme un précurseur du néoréalisme italien. Producteur avisé de pratiquement tous ses films, il a tourné notamment de 1934 à 1940 *Jofroi, Angèle, l'Article 330, Merlusse, Cigalon, César, Regain* (d'après Jean Giono), *le Schpountz, la Femme du boulanger, la Fille du puisatier*. Privé de certains de ses acteurs fétiches, il réalise après la guerre des films moins intéressants : *la Belle Meunière* (comédie musicale avec Tino Rossi), *Manon des sources* (avec dans le rôle-titre sa seconde épouse, Jacqueline Bouvier, devenue Jacqueline Pagnol), *les Lettres de mon moulin*. Il a également tourné, après la version mise en scène par Louis Gasnier, deux autres adaptations de *Topaze*, en 1936 et en 1951, interprétées successivement par Louis Jouvet et Fernandel. Il entre à l'Académie française en 1946, davantage pour ses mérites littéraires que pour son œuvre cinématographique. Plusieurs de ses livres ont été portés à l'écran, notamment une nouvelle version de *Manon des sources* (Claude Berri, 1986) et *la Gloire de mon père* et *le Château de ma mère* (Yves Robert, 1990). — J. A. G.

**FILMOGRAPHIE**

**1933** *Le Gendre de Monsieur Poirier*
**1934** *Angèle*
**1935** *Merlusse*
*Cigalon*
**1936** *Topaze*
*César*
**1937** *Regain*
**1938** *Le Schpountz*
*La Femme du boulanger*
**1940** *La Fille du puisatier*
**1945** *Naïs*, co. R. Leboursier
**1949** *La Belle Meunière*
**1950** *Topaze*
**1953** *Manon des sources*
**1954** *Les Lettres de mon moulin*

# Serguei **Paradjanov**

TBILISSI 1924 - EREVAN 1990

**Le poète et le troubadour.** Tour à tour conteur merveilleux de légendes anciennes, bateleur de foire, poète et troubadour, cet artiste arménien, pétri par sa culture, a composé une œuvre trop rare, d'une beauté et d'une originalité sans équivalent.

D'origine arménienne, Paradjanov est né et a passé toute sa vie en Géorgie. Il fait des études de cinéma à l'école nationale de Moscou, le VGIK et réalise son premier film en 1954. La révélation arrive avec *les Chevaux de feu* (1965), récit d'amour chez des paysans de montagne. La sensation d'un monde luxuriant, rehaussé par la magie des couleurs, le rapproche d'un peintre épicurien, attaché aux rites et aux cultures, sans jamais sombrer dans le folklore et le pittoresque. Figure excentrique et truculente, ce collectionneur d'antiquités (sa passion) est un esprit libre. Mal vu des autorités car trop incontrôlable, il est arrêté pour trafic d'objets d'arts et homosexualité et interné en camp de travail, de 1974 à 1977, puis de nouveau en 1982, tandis que la plupart de ses projets (*Contes d'Andersen, le Démon* d'après Lermontov) sont refusés. Il ne réalisera plus que trois longs métrages. *Sayat Nova* (1968), sur un poète arménien du XVIII^e siècle, son chef-d'œuvre, en dépit d'une version remontée à la demande des autorités, est composé en une suite de tableaux vivants en plans fixes, chaque scène déployant son cérémonial en forme d'offrande au spectateur. Sa mise en scène, nourrie de peinture (icône, fresques religieuses), rapproche son cinéma de l'art de l'enluminure. Dans *la Légende de la forteresse de Souram* (1984), sur un texte du Moyen Âge, il se fait troubadour, conteur magicien, tout comme *Achib Kérib* (1988), d'après Lermontov, autre formidable pied de nez aux conventions du réalisme. On peut parler de poésie, louer la beauté envoûtante de chaque plan, peinture rendue à la vie, sans parvenir à traduire ce qu'on ressent. On dresse une nappe dans l'herbe, couverte d'une corbeille de fruits, de majestueux accessoires de table. La nature morte est composée. L'hospitalité caractérise la mise en scène, car le spectateur est un hôte qu'on invite à la table du plan, toujours dressée pour lui. Décidément, Paradjanov est un cinéaste unique. — C. T.

**FILMOGRAPHIE**

**1954** *Andriesh*, co. Y. Bazelian
**1958** *Le Premier Gars*
*(Pervij paren)*
**1961** *Rhapsodie ukrainienne*
*(Ukrainskaya rapsodiya)*
**1962** *Une fleur sur la pierre*
*(Tsvetok na kamne)*
**1965** *Les Chevaux de feu*
*(Tini zabutykh predkov)*

**1968** *Sayat Nova, la couleur de la grenade (Sayat Nova)*
**1984** *La Légende de la forteresse de Souram (Legenda o Suramskoj krepasti)*
**1985** *Variations sur le thème de Pirosmani (Arabeskebi Pirosmanis te maze)*
**1988** *Achib Kérib (Asik Kerib)*
**1990** *The Confession*

## Pier Paolo **Pasolini**

BOLOGNE 1922 - OSTIE 1975

**Un cinéma de poésie.** La mort de Pasolini dans des circonstances particulièrement dramatiques (il fut vraisemblablement assassiné par une bande de voyous dans un terrain vague de la banlieue romaine) a conféré une touche suprême et tragique à l'auréole de poète maudit dont son œuvre, tant littéraire que cinématographique, portait la trace. Cette auréole de martyr, on la trouve aussi bien dans les imprécations lyriques des *Cendres de Gramsci* (1957) que dans le chant homosexuel de *Théorème* (1968), dans ses traductions libres d'Eschyle ou de Plaute que dans ses écrits «*corsaires*», dans les vagabondages, plus légers en apparence, d'*Uccellacci e uccellini* ou du *Décaméron*, des *Contes de Canterbury*, des *Mille et Une Nuits*, que dans la funèbre apothéose de *Salò*. Partout se fait entendre le même cri, plus ou moins étouffé, plus ou moins couvert par les simulacres narratifs: «Je suis... comme un serpent réduit en bouillie de sang... comme un chat qui ne veut pas crever» – un cri dont l'écho s'identifie avec la souffrance du Christ, liée à celle, complémentaire, de Judas l'Iscariote, telle qu'il l'a décrite dans sa version très personnelle de *l'Évangile selon Matthieu* (1964). Cette œuvre, en fin de compte, «gêne tout le monde, en raison de la *naïveté* propre à Pasolini», ainsi que l'observe Roland Barthes à propos de *Salò* (inspiré par *les Cent Vingt Journées de Sodome* de Sade). Il importe de considérer Pasolini comme un authentique marginal, perpétuellement sur la ligne de feu des transgressions linguistiques (et esthétiques). Son itinéraire de poète et de cinéaste a quelque chose de désespéré et de suicidaire, tout en n'excluant pas une puissante nostalgie des codes traditionnels (Rossellini, Bergman...), qui ne permet pas, par exemple, de le rapprocher de Godard: il a donné naissance à une série d'ouvrages disparates, pleins d'aspérités et de béances, irrécupérables et fascinants.

Pier Paolo Pasolini est venu relativement tard à la mise en scène de cinéma, alors que sa gloire d'écrivain était déjà assurée (Alberto Moravia le tenait, dès la fin des années 1950, pour le plus grand poète italien de sa génération). Il débuta en force avec *Accattone* (1961), une fable néo-réaliste cumulant les influences de De Sica et de Visconti, suivie d'un mélodrame freudien, *Mamma Roma* (1962), aux accents buñuéliens. Le cinéma va devenir pour lui, selon ses propres termes, «la langue écrite de la réalité», lui permettant de traquer les vestiges des grands mythes universels, au travers de ses fantasmes personnels, le tout condensé, «syncrétisé» dans la gangue du lieu commun. Tous ses films seront à double face: à la fois simples et complexes, dérisoires et sublimes, pétris de réalité et ouverts sur l'abstraction, la grossièreté du matériau fournissant une caution paradoxale à la noblesse des intentions. Les plus intéressants ne sont peut-être pas les plus réussis, mais ceux qui avortèrent en cours de route, faute de cohésion externe, de «répondant» naturaliste – ou, plus simplement, d'acquiescement heureux à tous les stades de la réalisation: ainsi de *Comizi d'amore* (1965) ou des *Carnets de notes pour une Orestie africaine* (1975), réflexions sur le cinéma plutôt que films. L'inspiration en est chaque fois résolument composite, au sens architectural du terme: alternance de musiques profane et sacrée dans *l'Évangile selon Matthieu*, récits entrecroisés de *Porcherie*, mélange de temps et d'espaces dans *Œdipe roi* et *Médée*. Après avoir dédié son *Évangile* à la mémoire de Jean XXIII, il scandalise une fraction de l'opinion catholique avec *Théorème* (1968) et en enthousiasme une autre au point de se voir décerner au Festival de Venise le prix de l'Office catholique. La représentation des grands textes classiques ne l'empêche pas de brasser à pleine pâte pornographie, érotisme et scatologie, ni de faire appel à Maria Callas pour un rôle quasi muet!

Dans un recueil de textes théoriques, il exalte «la nature profondément artistique du cinéma, sa force expressive, son pouvoir de donner corps au rêve, c'est-à-dire son caractère essentiellement métaphorique». Son exégète, Marc Gervais, décrit le projet pasolinien comme «déchiré, contradictoire, marqué par une sorte d'hystérie apocalyptique mais qui, par les moyens de l'art, cherche sans cesse le lieu et l'instant de la réconciliation». Cette vision épico-religieuse du monde a, fondamentalement, valeur d'exorcisme. Une diversité prodigieuse de dons explique, sans doute, ce bel éclectisme, ces exercices de corde raide exécutés chaque fois avec une suprême élégance et une témérité qui laisse cois ses détracteurs. Le tout ne va certes pas sans maladresse, rançon d'une combinaison singulière d'amateurisme et de maniérisme: ces terrains vagues et ces dunes à perte de vue, ces accoutrements baroques et ces jeunes blondinets folâtrant, ces trognes tannées de figurants, ces chairs féminines lourdement étalées, voilà qui ne convainc pas toujours, et ne saurait satisfaire les tenants d'un art de générosité et d'harmonie, auquel pourtant il n'a cessé d'aspirer. Pasolini reste et restera un météore du cinéma contemporain dont la leçon est indéfini-

Sur le tournage du *Décaméron*, Pasolini (aussi dans le rôle de Giotto) derrière la caméra (1971).

ment méditée. Comme l'écrit Dominique Noguez, il y a désormais un mot qui dit bien « ce mélange de réalisme et de mythologie imaginaire, de sculpture moderne et de fausse préhistoire, toute cette féerie sous-prolétarienne, ce bric-à-brac de Tiers-Monde, cet exotisme hétéroclite et superlatif, ce style d'Eisenstein marocain ou de Fellini de banlieue ouvrière. Ce mot n'existait pas avant Pasolini. Il existe désormais : *pasolinien* ».

Pasolini a, en outre, collaboré en tant que scénariste ou dialoguiste à divers films, dont *les Nuits de Cabiria* de Federico Fellini, *les Jeunes Maris*, *les Garçons*, *le Bel Antonio*, *Ça s'est passé à Rome*, *La viaccia*, de Mauro Bolognini, *La commare secca* de Bernardo Bertolucci, *Ostie*, *Histoires scélérates* de Sergio Citti. – J. A. G.

**FILMOGRAPHIE**

**1961** *Accattone*
**1962** *Mamma Roma*
**1963** *Rogopag*, ép. « *La ricotta* »
*La Rabbia*, premier épisode
**1964** *L'Évangile selon Matthieu* *(Il vangelo secondo Matteo)*
**1963** *Enquête sur la sexualité* *(Comizi d'amore)*
**1966** *Des oiseaux petits et gros* *(Uccellacci e uccellini)*
**1967** *Les Sorcières* *(Le streghe)*, ép. « *La Terre vue de la Lune* »
*Œdipe roi (Edipo re)*
**1968** *Capriccio all'italiana*, ép. « *Che cosa sono le nuvole ?* »
*Théorème* *(Teorema)*
**1967** *Amore e rabbia*, ép. « *La sequenza del fiore di carta* »
**1970** *Porcherie* *(Porcile)*
*Médée* *(Medea)*
**1971** *Le Décaméron* *(Il Decamerone)*
**1972** *Les Contes de Canterbury* *(I racconti di Canterbury)*
**1974** *Les Mille et Une Nuits* *(Il fiore delle mille e una notte)*
**1970** *Carnets de notes pour une Orestie africaine* *(Appunti per un Orestiade africana)*
*Salo ou les Cent Vingt Journées de Sodome (Salò o le centoventi giornate di Sodoma)*

## Sam **Peckinpah**

MADERA COUNTY 1926 - INGLEWOOD 1984

**Le déferlement de la violence.** De son vivant, Sam Peckinpah avait déchaîné la polémique par l'esthétisation de la violence, reprise et amplifiée du western italien. Mort prématurément, il est devenu un cinéaste-culte, image d'un certain anticonformisme, symbole d'une résistance à l'intérieur du système.

D'origine indienne, Sam Peckinpah est l'assistant de Don Siegel et le scénariste de séries télévisées ou de projets cinématographiques avortés. C'est avec un modeste western (*New Mexico*), son genre de prédilection, qu'il passe à la réalisation. Un autre western, *Coups de feu dans la sierra* (1962), le fera remarquer par sa thématique crépusculaire, son ton élégiaque, et l'utilisation de deux acteurs du genre, Randolph Scott et Joel McCrea. *Major Dundee* (1965), marquera sa réputation de rebelle (problèmes de tournage, montage refait, problème que l'on retrouvera avec un autre western, *Pat Garrett et Billy le Kid*). Enfin, *la Horde sauvage* (1969), fera de lui un cinéaste qui influença une génération entière.

Sam Peckinpah ne renouvelle pas tant le genre du western qu'il en célèbre la fin. Avec une prédilection marquée pour une période historique (le début du xx^e siècle) hors du cadre du western classique, pour des personnages vieillissants (*Coup de feu dans la sierra, la Horde sauvage, Un nommé Cable Hogue*) ou suicidaires (*Major Dundee, Pat Garrett et Billy le Kid*), pour des détails qui marquent la fin d'une ère (les voitures, dont l'une finit par tuer Cable Hogue), pour la mort qui intervient inéluctablement à la fin du périple, le cinéaste voit l'agonie d'une époque, d'une génération et d'un genre cinématographique. Il donne à la violence, inhérente au western, une intensité inédite qui en souligne les implications mortifères ; il en fait, par l'utilisation rituelle du ralenti, un de ses procédés esthétiques essentiels.

Confronté au déclin du western (qu'il aura lui-même hâté), Peckinpah se rabat sur d'autres sujets où il transfère sa vision nihiliste du monde. La Première Guerre mondiale (*Croix de fer*), le monde des rodéos (*Junior Bonner*, prolongation des westerns) ou la technologie sophistiquée du thriller d'espionnage moderne (*Osterman Week-End*) continuent de mettre en scène des personnages déphasés qui courent à la mort ou qui la donnent (la malédiction est la même). *Les Chiens de paille*, dont la morale sur la justice sommaire est ambiguë, et *Apportez-moi la tête d'Alfredo Garcia* s'intéressent à deux types de tueurs. Ce dernier film, qui marque une manière de surenchère dans un ton déjà volontiers excessif, est sans doute le plus désespéré du cineaste.

*Le Guet-apens* (1972), excellente adaptation de Jim Thompson, un de ses plus grands succès, est peut-être son film le plus tonique. À travers l'amoralité du couple d'amants braqueurs (Steve McQueen, Ali McGraw), Peckinpah semblait vouloir faire vivre l'utopie libertaire qui était la sienne. – C. V.

**FILMOGRAPHIE**

**1961** *New Mexico (The Deadly Companions)*
**1962** *Coups de feu dans la sierra (Ride the High Country)*
**1965** *Major Dundee*
**1969** *La Horde sauvage (The Wild Bunch)*
**1970** *Un nommé Cable Hogue (The Ballad of Cable Hogue)*
**1973** *Pat Garrett et Billy le Kid (Pat Garrett and Billy the Kid)*
**1971** *Les Chiens de paille (Straw Dogs)*
**1972** *Junior Bonner*
*Le Guet-apens (The Getaway)*
**1974** *Apportez-moi la tête d'Alfredo Garcia (Bring Me the Head of Alfredo Garcia)*
**1975** *Tireur d'élite (The Killer Elite)*
**1977** *Croix de fer (Cross of Iron)*
**1978** *Le Convoi (Convoy)*
**1983** *The Osterman Week-End*

## Arthur **Penn**

PHILADELPHIE 1922

**Renouvellement des genres.** Cinéaste d'une importance considérable dans le cinéma américain, Arthur Penn a, le premier, consommé la rupture avec l'Hollywood de jadis, s'imposant comme un intellectuel pétri de culture classique et influencé par le cinéma européen.

Fils d'un horloger, Arthur Penn travaille d'abord au Théâtre aux armées, puis entre à la télévision. Il écrit trois dramatiques et met en scène de nombreux succès de Broadway. En 1958, il réalise pour le cinéma *Le Gaucher*. Depuis, Penn aime à mener de front sa double carrière théâtrale et cinématographique.

S'il rompt avec un certain « ton » hollywoodien, Penn n'a pas bousculé la tradition : il se réfère aux structures de genres existants, préférant se singulariser par la manière de les investir et de les renouveler de l'intérieur.

Dans le western (*le Gaucher, Little Big Man, Missouri Breaks*) et le film criminel (*Bonnie and Clyde, la Fugue*), il alterne lyrisme et ironie, qui se désamorcent mais se valorisent l'un l'autre. Dans un cadre viril et monolithique, il introduit le déchirement et l'incertitude. Il redonne à la violence son sens de manifestation brute, primitive et irrationnelle, seul moyen que ses héros immatures, adolescents prolongés ou non, connaissent pour clamer leur existence.

Penn retrouve cette communication primitive dans l'adaptation théâtrale (*Miracle en Alabama,* pièce de William Inge que le cinéaste avait montée au théâtre ; *la Poursuite impitoyable*, d'après Lillian Hellman). Dans un univers civilisé, les marginaux aussi bien que les éducateurs ou les nantis, se comportent de manière violente. Cela ne signifie pas tant la révolte que la permanence de l'état sauvage, que Penn voit dans toute civilisation.

Dans *Mickey One* et *Alice's Restaurant*, œuvres personnelles, difficiles à classer, le cinéaste refuse les structures d'un genre solide. Dans le premier, apologue kafkaïen filmé à la manière d'un cinéaste français de la Nouvelle Vague, Penn se purge des influences littéraires et européennes qui le tenaillent. *Alice's Restaurant* émerge en pleine explosion libertaire : travaillant à chaud dans l'effervescence du moment, Penn regarde le mouvement hippie tantôt avec sérénité, tantôt avec crispation, tantôt avec une rigidité funèbre, appréhendant déjà sa fin.

Ses neuf films fournissent un ensemble cohérent et inégal à la fois. Cohérent de propos : Penn n'arrête pas de manifester sa conscience de l'obscur et son besoin de lumière et de calme. Inégal de facture : peu de ses films respirent d'un souffle régulier, ce qui n'est pas étonnant pour une œuvre dont le déséquilibre est l'un des fils conducteurs. *Bonnie and Clyde*, *Little Big Man* et *Missouri Breaks* sont construits sur des hauts et des bas, des flous scénaristiques assumés (*Missouri Breaks* ne se termine pas). *La Fugue* procède dans l'incertitude jusqu'à un finale splendide qui accuse encore le chaos initial. *Miracle en Alabama*, *la Poursuite impitoyable* et *Alice's Restaurant* sont d'un bloc, totalement maîtrisés. Dans les deux premiers, Penn tient parfaitement la gageure d'un film instinctif sur un canevas très écrit et, pour le dernier, d'un film très écrit sur un canevas en roue libre. Il cerne aussi, avec justesse, les différents visages de l'enfance, de l'adolescence et de la jeunesse. *Georgia* parle des mêmes choses, met en scène les mêmes désordres, mais témoigne d'une sérénité totale vers laquelle Penn, jusqu'alors, n'avait que tendu. Film déchirant et lumineux, il impose son auteur comme l'un des rares cinéastes qui ait poussé jusqu'au bout le portrait de l'Amérique de sa génération.

L'apparente inégalité n'entame en rien l'importance du travail d'Arthur Penn, directeur d'acteurs inspiré et technicien aux intuitions géniales. Bien au contraire, elle est la preuve irréfutable de sa rigueur, de son honnêteté et de l'originalité de son entreprise. Arthur Penn est un authentique cinéaste moderne. — C.V.

**FILMOGRAPHIE**

**1958** *Le Gaucher (The Left-Handed Gun)*
**1962** *Miracle en Alabama (The Miracle Worker)*
**1965** *Mickey One*
**1966** *Bonnie and Clyde*
*La Poursuite impitoyable (The Chase)*
**1969** *Alice's Restaurant*
**1970** *Les Extravagantes Aventures d'un visage pâle (Little Big Man)*
**1973** *Visions of Eight (collectif)*
**1975** *La Fugue (Night Moves)*
**1976** *Missouri Breaks*
**1981** *Georgia (Four Friends)*
**1985** *Target*
**1987** *Froid comme la mort (Dead of Winter)*
**1989** *Penn and Teller Get Killed*
**1996** *Inside*

# Elio **Petri**

ROME 1929 - id. 1982

**La scission de l'être et de l'avoir.** Oscar du meilleur film étranger en 1970 pour *Enquête sur un citoyen au-dessus de tout soupçon*, Palme d'or à Cannes en 1972 pour *La classe ouvrière va au paradis*, Elio Petri n'en demeure pas moins un créateur sous-estimé hâtivement rangé dans la catégorie des cinéastes politiques. Son œuvre n'a suscité que peu d'exégèses. Bien qu'il soit un héritier direct du néoréalisme – il a appris son métier aux côtés de Giuseppe De Santis –, Petri a transformé les influences socio-culturelles de ses origines pour évoluer vers un cinéma baroque où l'invention figurative le dispute à la rigueur du propos. Petri choisit une mise en scène de nature expressionniste, il joue des enseignements brechtiens et des ressources du grotesque, il bascule dans l'onirisme et déroute le spectateur par ses plongées kafkaïennes dans les méandres de la schizophrénie.

Né dans un milieu modeste – son père était chaudronnier –, Petri interrompt ses études pour se lancer dans le militantisme au sein du Parti communiste ; il fait ses premières armes dans les ciné-clubs et commence à écrire dans les pages cinéma de *L'Unità*. C'est à ce titre qu'il fait la connaissance de Giuseppe De Santis dont il devient l'assistant et le coscénariste. Poursuivant son apprentissage par deux courts métrages, Petri aborde le long métrage en 1961 avec *l'Assassin*, un film marqué par l'incommunicabilité antonionienne. Marcello Mastroianni et Micheline Presle y incarnent un couple en crise dans lequel se lit le drame de l'hypocrisie bourgeoise. Son film suivant, une œuvre très personnelle inspirée par la figure paternelle du cinéaste, *I giorni contati*, met en scène un vieux plombier qui prend conscience de son aliénation par le travail.

Après une série d'œuvres qui confirment son originalité – *Il maestro di Vigevano* avec Alberto Sordi en instituteur confronté au boom économique, le sketch antonionien de *Haute Infidélité*, *La Dixième Victime*, film d'anticipation auquel collaborent Ennio Flaiano et Tonino Guerra –, Petri signe une remarquable adaptation du roman de Leonardo Sciascia, *À chacun son dû*. Prix du scénario au Festival de Cannes 1967, le film aborde la réalité sicilienne avec subtilité et dresse le portrait d'un intellectuel incapable de comprendre le monde qui l'entoure. Première rencontre avec Gian Maria Volontè, le film marque aussi le début de la collaboration avec le scénariste Ugo Pirro.

*Un coin tranquille à la campagne*, écrit avec Tonino Guerra, illustre le rapport privilégié de Petri avec la peinture, visible à son amitié pour de nombreux artistes, notamment Renzo Vespignani. Pour le film, c'est le peintre américain Jim Dine qui prête ses œuvres et sa gestuelle à Franco Nero. Dans *Enquête sur un citoyen au-dessus de tout soupçon*, le cinéaste montre l'impunité d'un policier assassin que ses collègues blanchissent à tout prix. Après sa participation au film collectif *Documenti su Pinelli*, Petri tourne *La classe ouvrière va au paradis*, film dans lequel il décrit l'aliénation de l'ouvrier, puis *La propriété c'est plus le vol* où il analyse les ravages de l'avoir sur l'être. Ugo Tognazzi prête sa bonhomie inquiétante à un personnage de boucher assassin.

Avec *Todo modo* (1976), Petri réalise sans doute son œuvre la plus ambitieuse et la plus aboutie dans son souci de pointer les aberrations auxquelles conduit l'exercice déformé du pouvoir. À partir du livre homonyme de Leonardo Sciascia qu'il adapte librement, le cinéaste décrit un groupe de notables démocrates-chrétiens plongé dans un univers sado-masochiste, à un moment où la classe politique catholique fait naufrage avant de disparaître. Spectacle sarcastique, pamphlet de politique-fiction, film expressionniste admirablement servi par les décors inquiétants de Dante Ferretti, *Todo modo* est un film-somme où un cinéaste dit sa haine et son dégoût à l'égard d'hommes politiques qui ont conduit l'Italie au bord du gouffre. Le demi-échec de *Todo modo* laisse Petri traumatisé. Le cinéaste traverse une période incertaine. Il adapte pour la télévision *les Mains sales* de Jean-Paul Sartre, donnant à la pièce une dimension contemporaine, puis tourne *Bonnes nouvelles*, une œuvre dans laquelle se lisent ses angoisses existentielles et ses incertitudes idéologiques. Frappé par la maladie, il meurt à 53 ans alors qu'il s'apprêtait à tourner *Chi illumina la grande notte?* un projet dont il reste le scénario annoté et les peintures hallucinées de Vespignani. – J. A. G.

**FILMOGRAPHIE**

**1961** *L'Assassin (L'assassino)*
**1962** *I giorni contati*
**1963** *Il maestro di Vigevano*
**1964** *Haute Infidélité* ép. *« Alta infedeltà »*
**1965** *La Dixième Victime (La decima vittima)*
**1967** *À chacun son dû (A ciascuno il suo)*
**1968** *Un coin tranquille à la campagne (Un tranquillo posto di campagna)*
**1970** *Enquête sur un citoyen au-dessus de tout soupçon (Indagine su un cittadino al di sopra di ogni sospetto)*
**1971** *La classe ouvrière va au paradis (La classe operaia va in paradiso)*
**1973** *La propriété c'est plus le vol (La proprietà no è più un furto)*
**1976** *Todo modo*
**1979** *Le buone notizie*

# Maurice **Pialat**

CUNLHAT 1925 - PARIS 2003

**Cinéaste indomptable.** Pialat n'a jamais cherché le compromis susceptible de « toucher » le public le plus large, préférant scruter le concret le moins confortable. Son réalisme sans concession, articulé sur le psychologique plutôt que sur le social, est comme un scalpel appliqué aux relations de couple et aux liens familiaux. *Nous ne vieillirons pas ensemble*, qu'on peut décrire comme une interminable scène de ménage, est, dans le fond comme dans le titre, un véritable manifeste.

Son premier long métrage, *l'Enfance nue* (1968), issu d'un projet purement documentaire et interprété par des non-professionnels, décrivait avec une rugueuse authenticité la situation d'un orphelin placé dans une famille modeste. On a pu dire que Pialat revendiquait la fameuse phrase de Gide « Familles, je vous hais », notamment pour *À nos amours* (1983), qui analyse les contradictions entre l'attachement aux racines familiales et le désir d'indépendance, notamment sexuelle. Film fondé sur une double expérience personnelle de la scénariste Arlette Langman (qui fut la compagne de Pialat) et du réalisateur lui-même, qui s'est attribué un rôle dans son film, il n'est pas sans rapport avec la source de *Nous ne vieillirons pas ensemble*, de *la Gueule ouverte*, récit de l'agonie d'une mère, et de *Loulou*, qui traite d'un lien d'attraction-répulsion entre bourgeoise et marginal. Mais, au-delà des origines intimes, et plutôt que de révolte sans drapeau, il s'agit d'une recherche du bonheur exigeante, rageuse, comme en témoignent es meilleures scènes de son dernier film, *le Garçu*.

Pialat est un cinéaste profondément personnel, même lorsqu'il semble abandonner ses thèmes privilégiés. Dans *Police*, fausse variation sur un genre, il s'acharne sur le fonctionnement des groupes clos sur eux-mêmes. Son adaptation énergique du roman de Bernanos *Sous le soleil de Satan* (Palme d'or au Festival de Cannes 1987) porte sur l'innocence et la souffrance autant que sur la grâce. Quant à son portrait de *Van Gogh*, il ne peut se conclure que dans cette phrase ultime

« la tristesse durera toujours ». Hostile aux tendances originelles de la Nouvelle Vague dont il est le contemporain, Pialat est un cinéaste qui s'abstient d'expliquer et de conclure et qui a eu une influence considérable sur le jeune cinéma français faisant retour au naturalisme. – D. S.

**FILMOGRAPHIE**

**1968** *L'Enfance nue*
**1972** *Nous ne vieillirons pas ensemble*
**1974** *La Gueule ouverte*
**1979** *Passe ton bac d'abord*
**1980** *Loulou*
**1983** *À nos amours*
**1985** *Police*
**1987** *Sous le soleil de Satan*
**1991** *Van Gogh*
**1995** *Le Garçu*

## Roman **Polanski**

PARIS 1933

**Marqué par l'holocauste.** En 1936, le petit Roman part pour Cracovie avec son père, Ryszard Lieblinz, qui a opté pour le nom de Polanski. Juif, l'enfant vit tragiquement les années de guerre. Sa mère meurt en déportation en 1941. L'horreur qui marque sa prime jeunesse représente une des clés de son univers. La paix revenue, Polanski étudie l'électronique et s'inscrit, en 1950, dans une école d'art. Le métier d'acteur le passionne, on le voit dans le premier film d'Andrzej Wajda, *Génération/Une fille a parlé* (1955). En 1954, il entre à l'Institut du cinéma de Lodz. Dans ses premiers courts métrages, il cultive son goût pour les situations insolites, la violence et le voyeurisme. Il réalise en 1958 une parabole sur l'absurdité de la vie en société, *Deux Hommes et une armoire* et mène encore à terme, dans le cadre de l'école, *la Lampe* et *Quand les anges tombent*, puis il tourne *le Gros et le Maigre* (1961), une satire aux implications sado-masochistes. Son dernier court métrage, *les Mammifères* (1962), développe sa réflexion sur les rapports entre maître et esclave. En 1962, il réalise son premier long métrage, *le Couteau dans l'eau*, dont il conçoit le scénario avec Jerzy Skolimowski. À travers un huis clos à trois personnages, le metteur en scène prolonge les obsessions contenues dans ses courts métrages. Le film est très apprécié en Europe et aux États-Unis. Se sentant alors à l'étroit dans son pays, Polanski entreprend une carrière internationale. Il tourne à Paris, en 1963, un sketch de *les Plus Belles Escroqueries du monde* (co. Godard, Chabrol, Gregoretti), puis réalise en Grande-Bretagne *Répulsion* (1965) et *Cul-de-sac* (1966), deux œuvres profondément polonaises par leur inspiration mais où passe l'influence du théâtre de l'« absurde » de Beckett et d'Ionesco. Les deux films scellent les débuts de la collaboration avec le scénariste Gérard Brach.

En 1967, avec *le Bal des vampires*, une parodie de film d'épouvante, il change apparemment de style et cultive son goût pour la bouffonnerie baroque. Le cinéaste est alors sollicité par Hollywood pour tourner une adaptation du roman noir d'Ira Levin, *Rosemary's Baby* (1968). Dans cette histoire de possession démoniaque, le metteur en scène voit une transposition déformée de ses propres fantasmes : l'oppression du groupe sur l'individu, le sens du destin, l'immaturité et la frustration du personnage interprété par Mia Farrow. Un tragique événement, le meurtre de Sharon Tate (épouse du cinéaste depuis janvier 1968) survenu en août 1969 dans la résidence californienne du couple en l'absence de Polanski, est exploité à l'extrême par les médias. Les traces du drame se retrouvent dans son adaptation de *Macbeth* de Shakespeare (1971). Il tourne ensuite, d'après un scénario original de Robert Towne, un policier dans le style des romans de Raymond Chandler, *Chinatown* (1974). En alternance avec ces œuvres de commande, il réalise deux films plus personnels : *Quoi ?* (1973), en Italie, et *le Locataire* (1976), en France. *Quoi ?* est une comédie débridée ; *le Locataire*, adapté d'une nouvelle de Roland Topor, se présente comme un cauchemar, dans lequel le personnage principal (interprété par Polanski), traqué par ses voisins, est conduit à se dépouiller de sa personnalité.

En mars 1977, le scandale provoqué par le viol présumé d'une adolescente conduit Polanski à quitter les États-Unis. Naturalisé français, il s'établit à Paris. En 1979, il tourne *Tess*, une adaptation du roman de Thomas Hardy. Le film doit beaucoup à son interprète principale, Nastassja Kinski. Polanski réalise en 1986 un vieux projet, *les Pirates*, conçu avec Gérard Brach à l'époque de *Chinatown*. Le cinéaste s'engage ensuite dans une voie hitchcockienne avec *Frantic* (1988), en lançant l'acteur Harrison Ford dans un suspense d'espionnage situé à Paris, puis *Lunes de fiel* (1992), un faux thriller érotique et tragique. La carrière se poursuit avec des œuvres comme *La Jeune Fille et la Mort* (1995), *La Neuvième Porte* (1999), *Le Pianiste* (Palme d'or à Cannes en 2002), *Oliver Twist* (2005), où l'on retrouve son sens du récit et ses angoisses vis-à-vis de la barbarie. Ainsi, en près de cinquante ans de carrière, Polanski, au confluent de multiples cultures, a bâti une œuvre singulière dans laquelle passent les traumatismes d'une génération marquée par l'Holocauste. – J. A. G.

**FILMOGRAPHIE**

**1962** *Le Couteau dans l'eau*
*(Nóz w wodzie)*
**1963** *Les Plus Belles Escroqueries du monde*
ép. *« La Rivière de diamants »*

Roman Polanski sur le tournage de *Pirates*, en 1985.

**1965** *Répulsion (Repulsion)*
**1966** *Cul-de-sac*
**1967** *Le Bal des vampires (The Fearless Vampire Killers)*
**1968** *Rosemary's Baby*
**1971** *Macbeth (Macbeth)*
**1972** *Quoi ? (What ?)*
**1974** *Chinatown*
**1976** *Le Locataire*
**1979** *Tess*
**1986** *Pirates*
**1988** *Frantic*
**1992** *Lunes de fiel (Bitter Moon)*
**1994** *La Jeune Fille et la Mort (Death and the Maiden)*
**1999** *La Neuvième Porte (The Ninth Gate)*
**2002** *Le Pianiste (The Pianist)*
**2005** *Oliver Twist*

## Sydney **Pollack**

LAFAYETTE 1934

**Permanence d'un style.** Lié à l'effervescence des années 1970, Sydney Pollack incarne à la fois l'apogée d'une tradition (le western *Jeremiah Johnson*) et la quintessence d'une modernité (le thriller politique *les Trois Jours du Condor*). Fidèle à ses collaborateurs (les acteurs Burt Lancaster, Robert Redford et Harrison Ford, le scénariste David Rayfiel), il est également représentatif de la continuité thématique et esthétique du cinéma américain.

D'abord acteur, Sydney Pollack n'a jamais cessé de l'être ; par l'attention qu'il a toujours portée à l'interprétation de ses films et par le fait qu'il est resté un comédien subtil et savoureux (avec Stanley Kubrick ou Woody Allen). Il occupe un poste dans l'administration du célèbre Actors Studio.

Bien que plus jeune que ses collègues, il est de la génération de la télévision. C'est là qu'il collabore avec David Rayfiel qui, officiellement ou non, collaborera aux scénarios de toutes ses réalisations. Il débute dans le long métrage avec un drame concis, proche des dramatiques télé, *Trente Minutes de sursis*. Mais c'est surtout *Propriété interdite* (1966), premier film avec Robert Redford comme interprète, qui révèle son tempérament romantique, son style volontiers lyrique, ainsi que la délicatesse avec laquelle il approche les personnages féminins.

*Les Chasseurs de scalps* est un beau western picaresque, mais la contribution la plus importante de Pollack au genre sera *Jeremiah Johnson* (1972), aussi marquant, quoique pour des raisons différentes, que certaines œuvres contemporaines de Peckinpah. Rarement la beauté de la nature aura été rendue avec un tel souffle et rarement l'évolution d'un personnage, de la civilisation à la sauvagerie puis à la civilisation, aura été rendue avec si peu de dialogues. Le film parle de l'Amérique, mais Pollack préfère aborder ce discours par la dimension historique. *Jeremiah Johnson* parle des racines ; *Nos plus belles années* sera le premier film grand public à aborder la plaie plus récente du maccarthysme. À travers un couple métaphorique (la radicale Barbra Streisand et le conservateur Robert Redford), Pollack met à nu les contradictions, les enthousiasmes et les regrets d'une génération entière.

Une Amérique plus récente apparaît dans *Yakuza* et dans *les Trois Jours du Condor*. Le premier la met en contraste avec un Japon ancestral, à travers les rites criminels des uns et des autres. Le second traite de la thématique récente du complot. Dans le cérémonial étudié du premier et dans le sens de l'éphémère du second, Pollack se révèle un cinéaste à la palette vaste mais à la thématique obstinée. Apparemment plus éloignés de cette dimension politique, *Bobby Deerfield* et *Out of Africa*, à travers leurs personnages errant dans des terres qui les régénèrent, abordent la même question identitaire, avec un beau sens de la mythologie moderne. *Bobby Deerfield* est une odyssée orphique dans les enfers et *Out of Africa* un douloureux rite d'apprentissage par le deuil. Mais *Havana*, manière de remake de *Casablanca*, réinjecte la dimension historique dans le mélodrame sentimental : Pollack est bien un cinéaste de la conscience.

L'infinie douceur de ses scènes d'amour, la dignité de ses personnages, se retrouvent dans des œuvres moins engagées de Pollack, comme *Tootsie*, *le Cavalier électrique*, *la Firme* ou *l'Ombre d'un soupçon*, mais attestent que le talent et le doigté sont bien vivants.

*L'Interprète* revient brillamment à l'angoisse paranoïaque des *Trois Jours du Condor*. Le bâtiment des Nations-Unies y devient un labyrinthe et New York une toile d'araignée. Une histoire d'amour se tisse entre la jeune femme menacée et le policier qui la protège, sans contact physique, par l'intermédiaire du téléobjectif de la surveillance. Immanquable, la prise de conscience est au bout.

Chez Pollack, la tendresse veloutée de la mise en scène et de la direction d'acteurs est au service d'un beau message humaniste. — C.V.

**FILMOGRAPHIE**

**1965** *Trente Minutes de sursis (The Slender Thread)*
**1966** *Propriété interdite (This Property Is Condemned)*
**1968** *Les Chasseurs de scalps (The Scalphunters)*
**1969** *Un château en enfer (Castle Keep)*
*On achève bien les chevaux (They Shoot Horses, Don't They ?)*
**1972** *Jeremiah Johnson*
**1973** *Nos plus belles années (The Way We Were)*
**1975** *Yakuza (The Yakuza)*
*Les Trois Jours du Condor (Three Days of the Condor)*
**1977** *Bobby Deerfield*
**1979** *Le Cavalier électrique (The Electric Horseman)*
**1981** *Absence de malice (Absence of Malice)*
**1982** *Tootsie*
**1985** *Out of Africa*
**1990** *Havana*
**1993** *La Firme (The Firm)*
**1995** *Sabrina*
**1999** *L'Ombre d'un soupçon (Random Hearts)*
**2005** *Sketches of Frank Gehry*, doc.
*L'Interprète (The Interpreter)*

# Michael **Powell**

BEKESBOURNE 1905 - AVENING 1990

**Un magicien.** Cinéaste d'abord à la mode, puis honni pour ses choix esthétiques et thématiques anticonformistes, Michael Powell a été réhabilité peu de temps avant sa mort, grâce à l'acharnement de jeunes cinéastes. Désormais considéré comme un artiste essentiel du cinéma britannique, il est pour une génération admirative, un extraordinaire créateur de sortilèges.

Après des études en Angleterre, il rejoint son père sur la Côte d'Azur et entre ainsi dans la profession cinématographique, dans l'entourage de Rex Ingram, à Nice. Photographe, monteur, scénariste, il commence à réaliser des films à petit budget en 1931. Il a une vingtaine de réalisations derrière lui, quand en 1937, il est remarqué pour *À l'angle du monde*, qui renouvelle la tradition de la fiction documentaire anglaise. Il se voit ainsi proposer une production de prestige, *l'Espion noir*, dont le scénariste est l'émigré hongrois Emeric Pressburger. C'est le début d'une longue amitié et d'un partenariat étroit qui produira plusieurs films, cosignés, et mènera à la création de la compagnie The Archers.

Powell seul collabore au féerique *Voleur de Bagdad* (coréalisé par Tim Whelan et Ludwig Berger). Mais ce sont deux commandes du ministère de la Guerre, deux films de propagande prestigieux qu'ils transforment en entreprises originales, voire insolites, qui marquent l'accomplissement de Michael Powell et Emeric Pressburger comme cinéastes : *49e parallèle* et *Un de nos avions n'est pas rentré*. C'est également un film patriotique dont les deux complices vont faire une belle saga romanesque et pacifiste (qui déplaira à Churchill), *Colonel Blimp*, qui marque l'éclosion d'une forme raffinée, très visuelle, aux couleurs admirables (les films de Powell seront cités en exemple jusqu'aux États-Unis), qui ne doit rien aux goût de l'époque. Powell crée un cinéma maniériste, précieux même, métaphorique, mais capable de rendre, grâce également au travail scénaristique de Pressburger, la grande diversité de l'inconscient.

Avec *Je sais où je vais*, *A Canterbury Tale* ou *The Small Back Room*, Powell et Pressburger réfutent le typage habituel des héros et héroïnes (déjà *le 49e parallèle* suivait les méchants de l'histoire, un groupe de nazis, dans leur périple clandestin au Canada), au profit d'une dramaturgie imprévisible, qui fait la part belle aux élans et aux désirs. Une démarche qu'ils perfectionneront à travers la dimension quasi-fantastique de leur conception de la couleur : *Une question de vie ou de mort* oppose une réalité aux couleurs irréelles à un au-delà en noir et blanc symbolisé par un escalier infini. *Le Narcisse noir* est un sommet rarement surpassé dans l'expressivité de la couleur : situé au cœur d'une communauté de religieuses dans l'Himalaya, le film fut entièrement tourné en studio, réussite technique stupéfiante qui facilite la lecture freudienne du contenu. Powell et Pressburger allaient franchir une ultime étape pour s'émanciper du réalisme, en recourant à la formule du film musical. *Les Chaussons rouges* (1948) est un mélodrame aux éclats expressionnistes, avec intermèdes dansés, dont le thème, le créateur comme vampire, annonce *le Voyeur*. *Les Contes d'Hoffman* réalise le rêve d'un spectacle total, chanté, joué et dansé, qui façonne une forme idéale de l'œuvre musicale d'Offenbach.

Après un splendide mélodrame en costumes (*la Renarde*), Powell et Pressburger vont affronter quelques échecs qui vont peu à peu les plonger dans l'oubli. Powell est seul, et déjà sur le déclin, quand il réalise *le Voyeur* (1960), insolite thriller psychanalytique qui va aussi loin qu'il est possible dans l'étude poétique du voyeurisme propre à la fois au spectateur et au créateur de cinéma : le film, par sa violence et son érotisme, provoque un véritable scandale. Powell est quasiment dans la misère quand l'admiration déclarée d'une génération de cinéastes qui va de Martin Scorsese à Bertrand Tavernier, en passant par Francis Coppola, lui permet de terminer sa vie en savourant une consécration qui lui avait longtemps été refusée. – C.V.

**FILMOGRAPHIE**

**1931** *Two Crowded Hours*
*My Friends the King*
*Rynox*
*The Rasp*
*The Star Reporter*
**1932** *Hotel Splendide*
*Born Lucky*
*C. O. D.*
*His Lordship*
**1933** *The Fire Raisers*
**1934** *Night of the Party*
*Red Ensign*
*Something Always Happens*
*The Girl in the Crowd*
**1935** *Some Day*
*Lazy Bones*
*Her Last Affair*
*The Love Test*
*The Price of a Song*
*The Phantom Light*
**1936** *The Brown Wallet*
*Crown Versus Stevens*
*The Man Behind The Mask*
**1937** *À l'angle du monde*
*(The Edge of the World)*
**1938** *L'Espion noir (The Spy in Black)*
**1939** *Le lion a des ailes*
*(The Lion Has Wings)*,
co. Brian Desmond Hurst et
Adrian Brunel
**1940** *Espionne à bord (Contraband)*
*Le Voleur de Bagdad*
*(The Thief of Bagdad)*,
co. Tim Whelan et Ludwig Berger
**1941** *49e parallèle (49th Parallel)*
**1942** *Un de nos avions n'est pas rentré*
*(One of Our Aircraft Is Missing)*,
co. Emeric Pressburger
**1943** *The Volunteer* co. Emeric Pressburger
*Colonel Blimp*
*(The Life and Death of Colonel Blimp)*,
co. Emeric Pressburger
**1944** *A Canterbury Tale*
co. Emeric Pressburger
**1945** *Je sais où je vais*
*(I Know Where I'm Going)*,
co. Emeric Pressburger
**1946** *Une question de vie ou de mort*
*(A Matter of Life and Death)*,
co. Emeric Pressburger
**1947** *Le Narcisse noir*
*(The Black Narcissus)*,
co. Emeric Pressburger
**1948** *Les Chaussons rouges*
*(The Red Shoes)*,
co. Emeric Pressburger
*The Small Back Room*,
co. Emeric Pressburger
**1950** *La Renarde (Gone to Earth)*,
co. Emeric Pressburger
*The Elusive Pimpernel*,
co. Emeric Pressburger
**1951** *Les Contes d'Hoffmann*
*(The Tales of Hoffmann)*,
co. Emeric Pressburger
**1955** *Oh ! Rosalinda !*,
co. Emeric Pressburger
**1956** *La Bataille du rio de la Plata*
*(The Battle of the River Plate)*,
co. Emeric Pressburger
*Intelligence Service*
*(I'll Met by Moonlight)*,
co. Emeric Pressburger
**1959** *Lune de miel (Luna de Miel)*,
co. Emeric Pressburger
**1960** *Le Voyeur (Peeping Tom)*
**1961** *The Queen's Guards*
**1966** *They're a Weird Mob*
**1969** *Age of Consent*

Otto Preminger sur le tournage de *l'Homme au bras d'or* (1955).

# Otto **Preminger**

VIENNE 1906 - NEW YORK 1986

**Au service du sujet.** Raffiné, adepte d'une mise en scène « invisible », Otto Preminger réunit des sujets très disparates par le style qu'il leur applique. Un modeste film noir (*Un si doux visage*) et une œuvre de proportions épiques (*Exodus*) se rejoignent dans la perfection de la mise en place.

Comme Ernst Lubitsch, qui sera son mentor à Hollywood, Otto Preminger fut marqué par la personnalité de Max Reinhardt, pour lequel il travaille au théâtre. Émigré aux États-Unis, son caractère arrogant lui vaut l'inimitié du producteur Darryl F. Zanuck lors de ses premières réalisations. Obligé de se rabattre sur le théâtre, il revient finalement au cinéma, profitant de l'absence de Zanuck, alors dans l'armée, et s'impose comme réalisateur pour porter à l'écran une pièce à succès dont il est également l'interprète (*Margin for Error*). Mais Preminger a toujours tenu à ce que l'on considère *Laura* (1944) comme son premier film.

Ce joyau du film noir, qui tient miraculeusement sur le fil du rêve, ouvre la première période du cinéaste où dominent les variations sur les thèmes criminels. Une intrigue naturaliste (*Crime passionnel*) ou violente (*Mark Dixon détective*) lui suggère des éclairages tranchants, un tempo au ralenti, un flottement de l'interprétation : les films noirs de Preminger se lisent comme on déchiffre des rêves. Le regard clair et inquisiteur de Gene Tierney l'inspire, notamment pour *Le Mystérieux Docteur Korvo*, improbable histoire psychanalytique qu'il transforme en un fascinant rêve éveillé. Il atteint une manière de perfection avec *Un si doux visage*, tout attaché à l'énigme que représente l'apparence angélique de Jean Simmons et son comportement criminel.

Une comédie anodine, *La lune était bleue*, provoque l'ire de la censure par l'utilisation répétée du mot « vierge » dans le dialogue. Preminger va devenir ainsi l'homme qui va enfreindre les tabous du cinéma hollywoodien qu'il va mener à une mutation décisive. Il traite de manière clinique les scènes de prise de drogue (*L'Homme au bras d'or*), n'hésite pas à utiliser des termes précis pour rendre compte d'un viol (*Autopsie d'un meurtre*), introduit une scène dans un bar homosexuel (*Tempête à Washington*) et surtout fait paraître au générique le nom d'un scénariste « blacklisté », Dalton Trumbo (*Exodus*).

Dans la deuxième partie de son œuvre, Preminger privilégie les sujets qui tournent autour d'une institution : la justice (*Autopsie d'un meurtre*), la politique (*Tempête à Washington*), l'Église (*Le Cardinal*), l'armée (*Première victoire*). Ou encore il parle du passé récent : la création de l'état d'Israël (*Exodus*), Pearl Harbor (*Première Victoire*), le Sud de la ségrégation (*Que vienne la nuit*). Maniant un grand nombre de personnages dans un élan presque fresquiste, Preminger est aussi à l'aise que dans l'intimisme. *Autopsie d'un meurtre* et *Tempête à Washington* sont des classiques car Preminger, par son découpage et par l'élégance de ses mouvements de caméra, y évite les pièges du théâtre filmé. Parallèlement, il s'attache à des sujets intimes, plus proches des films de ses débuts. Il y dissèque le mouvement des passions et les zones d'ombre de l'inconscient. *Carmen Jones*, admirable recréation de l'opéra de Bizet dans un contexte afro-américain, ou *Bonjour tristesse*, adaptation du roman de Françoise Sagan (et presque remake d'*Un si doux visage*) mettent en scène ces personnages féminins qu'il affectionne, tendres et cruels, faisant souffrir l'autre et courant à leur propre perte en même temps.

Otto Preminger a toujours affiché une liberté hautaine, qui l'a mis en décalage par rapport à son époque. *Bunny Lake a disparu* recourt au noir et blanc quand la couleur se généralise, pour renouer avec les films noirs : mettant en scène une descente dans la folie, le cinéaste affirme, contre toute mode, son style net et précis, son sens magistral du clair-obscur. Ce sera le dernier grand film dans une fin de carrière difficile. Otto Preminger est une référence absolue pour qui souhaite comprendre comment la mise en scène peut se fondre dans un sujet, quel qu'il soit, au point que le spectateur l'oublie. L'orgueilleux Preminger avait en fait un but tout à fait humble : mettre en valeur l'histoire à raconter. – C.V.

**FILMOGRAPHIE**

**1931** *Die Grosse Liebe*
**1936** *Under Your Spell*
**1937** *Charmante Famille (Danger - Love at Work)*
**1943** *Margin for Error*
**1944** *In the Meantime Darling*
*Laura*
**1945** *Scandale à la cour (A Royal Scandal)*
*Crime passionnel (Fallen Angel)*
**1946** *Centennial Summer*
**1947** *Ambre (Forever Amber)*
*Femme ou maîtresse (Daisy Kenyon)*
**1948** *La Dame au manteau d'hermine (That Lady in Ermine)*, co. Lubitsch
**1949** *L'Éventail de lady Windermere (The Fan)*
**1950** *Le Mystérieux Dr Korvo (Whirlpool)*
*Mark Dixon détective (Where the Sidewalk Ends)*
**1951** *The 13th Letter*
**1953** *Un si doux visage (Angel Face)*
*La lune était bleue (The Moon Is Blue)*
**1954** *Rivière sans retour (River of No Return)*
*Carmen Jones*
**1955** *Condamné au silence (The Court Martial of Billy Mitchell)*
*L'Homme au bras d'or (The Man With the Golden Arm)*
**1957** *Sainte Jeanne (Saint Joan)*
**1958** *Bonjour tristesse*
**1959** *Porgy and Bess*
*Autopsie d'un meurtre (Anatomy of a Murder)*
**1960** *Exodus*
**1962** *Tempête à Washington (Advise and Consent)*
**1963** *Le Cardinal (The Cardinal)*
**1965** *Première Victoire (In Harm's Way)*
*Bunny Lake a disparu (Bunny Lake Is Missing)*
**1967** *Que vienne la nuit (Hurry Sundown)*
**1968** *Skidoo !*
**1970** *Dis-moi que tu m'aimes, Junie Moon (Tell Me That You Love Me, Junie Moon)*
**1971** *Des amis comme les miens (Such Good Friends)*
**1975** *Rosebud*
**1980** *The Human Factor*

James Dean et Nicholas Ray sur le tournage de *la Fureur de vivre* (1955).

# Nicholas **Ray**

GALESVILLE 1911 - NEW YORK 1979

**Solitaire plus que rebelle.** Les films de Nicholas Ray sont revendiqués comme un étendard par des cinéastes aussi différents que Truffaut, Wenders ou Almodóvar. Il a mené une carrière chaotique et incertaine, avec comme seul guide son impulsion poétique. Ce n'est pas tant la perfection de ses œuvres que l'on retiendra que ses fulgurances bouleversantes.

Né dans une famille aisée du Wisconsin, Nicholas Ray est happé par le tourbillon du théâtre engagé des années 1930, où il côtoie Elia Kazan et Joseph Losey. C'est à la politique originale de la RKO à l'égard des jeunes cinéastes qu'il doit de réaliser son premier long métrage, *les Amants de la nuit*. Contant la dérive criminelle d'un jeune couple touchant, Ray donne d'emblée l'une de ses œuvres maîtresses : on y trouve déjà en place sa thématique de la marginalisation, sa direction d'acteurs à la douceur féline, si attentive aux frémissements de l'épiderme, son goût pour les ambiances crépusculaires (la dernière étreinte du couple dont l'homme vient d'être abattu). C'est Humphrey Bogart qui s'intéresse au jeune cinéaste en produisant et interprétant *les Ruelles du malheur* et *le Violent*. Ce dernier film montre que Ray ne s'intéresse pas qu'à la jeunesse. Les couples mûrs du *Violent*, de *Johnny Guitar* et de *Traquenard* sont le pendant de ceux, à peine sortis de l'adolescence, des *Amants de la nuit* et de *la Fureur de vivre* : la jeunesse est fauchée dans sa fleur, la maturité à jamais blessée. Ray est mélancolique comme un bluesman.

Nicholas Ray est probablement d'un des plus inégaux des grands cinéastes. Plus d'une fois, il a été amené à tourner des films pour des raisons alimentaires : ils seront soit totalement impersonnels (*les Diables de Guadalcanal*), soit éclairés de quelques touches plus originales (*le Roi des rois*, *les 55 jours de Pékin*). De plus, à l'intérieur d'un même film, on peut aisément comprendre ce qu'il a négligé pour vite arriver à ce qu'il privilégie : ainsi les transparences et les décors d'un film de série (*Johnny Guitar*, *Traquenard*) sont pulvérisés par la beauté d'une scène d'amour (Johnny et Vienna dans la cuisine du saloon) ou d'un simple détail (la rosée du bouquet de fleurs qui s'accroche au visage de Cyd Charisse).

La marque de Nicholas Ray est si forte qu'elle réussit à s'imposer de toute manière : *la Forêt interdite*, réalisé dans des conditions désastreuses, le cinéaste malade plusieurs fois remplacé, reste cependant un de ses plus beaux films. Le thème écologique (les chasseurs d'aigrettes qui déciment la faune des Everglades) est rendu dans une sorte de fièvre chromatique : les soubresauts de l'aigrette mourante rejoignent la traque de James Dean et ses compagnons à la fin de *la Fureur de vivre*. Ce film célèbre trouve un écho dans un autre, plus méconnu, *Derrière le miroir* : au malaise du fils dans le premier répond celui du père dans le second, au sein de la même quiétude suburbaine américaine envisagée comme un enfer. Un alignement de taxis jaunes révèle l'aliénation d'une société (*Derrière le miroir*) tout comme un planétarium révèle l'aspiration de sa jeunesse (*la Fureur de vivre*). Dans l'un et l'autre cas, on n'a pas tant affaire à une révolte qu'aux efforts tragiques d'un être marginalisé pour renouer avec la communauté qui l'a exclu.

L'œuvre de Ray, qui se termine dans le film expérimental (*We Can't Go Home Again*), est finalement brève, mais elle a laissé une trace indélébile. Frappé par un cancer, il laisse Wim Wenders filmer ses derniers jours (*Nick's Movie*). — C.V.

**FILMOGRAPHIE**

**1949** *Les Amants de la nuit (They Live by Night)*
*A Woman's Secret*
*Les Ruelles du malheur (Knock on Any Door)*
**1950** *Le Violent (In a Lonely Place)*
*Born to Be Bad*
**1951** *Les Diables de Guadalcanal (Flying Leathernecks)*
**1952** *La Maison dans l'ombre (On Dangerous Ground)*
*Les Indomptables (The Lusty Men)*
**1954** *Johnny Guitare (Johnny Guitar)*
**1955** *À l'ombre des potences (Run for Cover)*
*La Fureur de vivre (Rebel Without a Cause)*
**1956** *L'Ardente Gitane (Hot Blood)*
*Derrière le miroir (Bigger Than Life)*
**1957** *Le Brigand bien-aimé (The True Story of Jesse James)*
*Amère Victoire (Bitter Victory)*
**1958** *La Forêt interdite (Wind Across the Everglades)*
*Traquenard (Party Girl)*
**1960** *Les Dents du diable (The Savage Innocents)*
**1961** *Le Roi des rois (King of Kings)*
**1963** *Les 55 Jours de Pékin (55 Days at Peking)*
**1974** *Rêves humides (Wet Dreams)* ép. « *The Janitor* »
**1976** *We Can't Go Home Again*
**1979** *Nick's Movie/Lightning Over Water* co. Wim Wenders

# Satyajit **Ray**

CALCUTTA 1921 - id. 1992

**La mélodie du monde.** Originaire du Bengale, terre d'artistes et d'écrivains, Satyajit Ray, à l'écart de la tradition du film musical, a ouvert en pionnier une nouvelle voie en tournant en décors naturels des films au réalisme sensible. De grande culture, littéraire et musicale, humaniste éclairé, il a servi de modèle à toute une génération de cinéastes indiens, soucieux de faire du cinéma autrement.

Il est issu d'une famille de la bourgeoisie de Calcutta, proche de l'écrivain et poète Rabindranath Tagore, à qui il consacrera un documentaire en 1961 pour le centième anniversaire de sa naissance. Ses films adaptés des romans et nouvelles de Tagore comptent parmi les plus beaux : *la Déesse* (1960), *Trois Femmes* (1961), *Charulata* (1964), *la Maison et le Monde* (1984), sur le mouvement d'indépendance nationale de 1905. Son grand-père était écrivain, conteur pour enfants, et avait fondé une revue, *Sandesh*, que Satyajit Ray relancera, et pour laquelle il écrira de nombreuses nouvelles et des histoires policières, sur le modèle de Sherlock Holmes. Le grand-père était également imprimeur, éditeur de livres traduits de l'anglais (Conan Doyle, Edgar Poe). Ray a peu connu son père, écrivain dans l'esprit de Lewis Carroll et d'Edward Lear, car il meurt en 1923, deux ans après sa naissance.

Ray, par son environnement familial (il a fait ses études à l'université de Tagore), a été imprégné par le mouvement intellectuel de la Renaissance bengalie, qui prône l'alliance entre les arts et la science, facteur de progrès, dans l'esprit du siècle des Lumières. Ce mouvement privilégie une reconnaissance mutuelle des valeurs de l'Inde, alors occupée par les Anglais, et de l'Occident. L'œuvre de Ray, fière de son identité bengalie, recherchera cet équilibre sans jamais sombrer dans un nationalisme stérile. En héritier de la Renaissance bengalie, Ray dénoncera le fanatisme religieux ou ses dangers, ce qui lui vaudra de sérieux ennuis : dans *la Déesse*, où un père voit en sa belle-fille la réincarnation d'une déesse et lui confisque son existence de femme, et dans *l'Ennemi public* (1989) d'après une pièce d'Ibsen, où un médecin se bat pour interdire l'eau sacrée d'un temple, jugée polluée.

Après avoir étudié les Beaux-Arts, il commence comme graphiste dans une agence de publicité et illustrateur de livres – comme Kurosawa, qu'il admire, il dessinera ses films avant de les réaliser. Passionné par le cinéma, il fonde avec des amis un ciné-club à Calcutta. La venue de Renoir au Bengale à la fin des années 1940 (il l'accompagne pour les repérages du *Fleuve*) sera un choc pour lui. Les encouragements du cinéaste, adepte des décors naturels et des paysages authentiques, seront décisifs : tout comme son séjour à Londres, envoyé par son entreprise, où il découvre la période française de Renoir et surtout *le Voleur de bicyclette*, un autre choc, preuve qu'on peut faire un film avec des comédiens amateurs.

Avec peu d'argent (ses économies) et des amis du ciné-club, dont certains ont participé au tournage du *Fleuve*, il se lance en amateur dans l'aventure de *Pather Panchali*, dont le tournage, juste le week-end, sera étalé sur trois ans (1952-1955), faute d'argent. Grâce à l'immense succès d'un film sans chansons ni danses – mais le roman adapté est très populaire – Ray se lance dans la suite, *Aparajito* (1956), couronné d'un Lion d'or à Venise, avant d'achever par *le Monde d'Apu* (1959) ce qui deviendra la trilogie d'Apu, roman d'apprentissage de l'enfance au monde adulte, de la campagne à la ville (les études, l'accès à la culture et à la connaissance, thème essentiel chez Ray). Avec le dernier volet de la trilogie, Ray découvre deux acteurs, Sharmila Tagore, qu'il retrouvera dans *la Déesse*, *le Héros* (1966) et *Jours et nuits dans la forêt* (1970) et Soumitra Chatterjee (Apu), fidèle compagnon de son œuvre.

Artiste complet, graphiste, dessinateur, écrivain et cinéaste, Satyajit Ray est également musicien. Après avoir confié la musique de ses premiers films à Ravi Shankar, il la compose lui-même à partir de *Trois Femmes*, en 1961. Il consacrera à la musique classique indienne, en faisant appel à de grands artistes (Ali Akbar Khan, Ustad Vilayat Khan, Bismillah Khan) un film splendide, *le Salon de musique* (1958) sur la déchéance d'un seigneur d'un autre temps qui se ruine à offrir des concerts somptueux dans son palais. L'opposition entre l'ancien et le nouveau, la campagne et la ville, la foi et la raison, l'enfance et l'âge adulte, orchestre la plupart de ses films. Ses portraits de l'enfance, d'une profonde délicatesse (la fillette dans l'épisode du « Directeur de la poste » dans *Trois Femmes*), sont centrés sur l'éveil au monde, et la capacité du sujet à grandir. La difficulté à devenir adulte, à trouver sa place dans le monde, est le point de fragilité de ses personnages, souvent masculins.

Très vite, Satyajit Ray, outre ses splendides plongées dans l'enfance, s'est attaché aux personnages féminins, faisant de l'observation du visage un accès au monde intérieur, celui de la pensée et des sentiments. Sensible au désir de la femme, il fait de son synchronisme musical et mélodique avec celui de l'homme, souvent à contretemps, le grand sujet de ses films. Plus que l'action, le cinéma sensuel de Ray privilégie la réaction, le ressenti du monde sur un visage et un corps. À l'écoute de la femme (la Renaissance bengalie, qui prônait l'égalité homme-femme, était très progressiste), il compose de très beaux portraits féminins. Dans *la Grande Ville* (1963) où une femme, lorsque son mari est au chômage, trouve un travail et découvre la réalité sociale. Dans *Charulata*, où un intellectuel engagé, journaliste politique et animateur d'une revue, est aveugle au désir de sa femme qui veut se consacrer à l'écriture. Souvent, chez Ray, la femme, sûre de son désir, est confrontée à un adulte quelque peu enfantin.

Esthétiquement très fluide et sensuel, d'une humanité généreuse (Jean Renoir et John Ford sont ses maîtres) le cinéma de Ray est fondé sur la recherche de l'harmonie, de l'accord parfait, musicalement et plastiquement, entre l'homme et la femme, la maison et le monde, le monde intérieur du sujet et la réalité extérieure du monde. « *Il n'y a rien dans le monde, tout est dans mon cœur.* » Cette réflexion de Tagore, le cinéma de Satyajit Ray l'a faite sienne. — C.T.

**FILMOGRAPHIE**

**1955** *Pather Panchali / La Complainte du sentier (Pather Panchali)*
**1956** *Aparajito / L'Invaincu (Aparajito)*
**1957** *La Pierre philosophale (Parash Pathar)*
**1958** *Le Salon de musique (Jalsaghar)*
**1959** *Le Monde d'Apu (Apur Sansar)*
**1960** *La Déesse (Devi)*
**1962** *Trois Femmes / Les Trois Sœurs (Teen Kanya)*, collectif
*Kanchanjungha*
*L'Expédition (Abhijaan)*
**1963** *La Grande Ville (Mahanagar)*
**1964** *Charulata*
**1965** *Le Lâche et le Saint (Kapurush o Mahapurush)*
**1966** *Le Héros (Nayak)*
**1967** *La Ménagerie (Chidiakhana/Chiriakhana)*
**1968** *Goopy le chanteur et Bagha le joueur de tambour (Goopy Gyne Bagha Byne)*
**1969** *Des jours et des nuits dans la forêt (Aranyer Din Ratri)*
*L'Adversaire(Pratidwandi)*
**1971** *Enfermé dans des limites/ Company Limited (Seemabaddha)*
**1973** *Tonnerres lointains (Ashani Sanket)*
**1974** *La Forteresse d'or (Sonar Kella)*
**1975** *La Jungle humaine/L'Intermédiaire (Jana Aranya)*
**1977** *Les Joueurs d'échecs (Shatranj Ke Khiladi)*
**1979** *Vive le seigneur Félu/Le Dieu Éléphant (Joi Baba Felunath)*
**1980** *Le Royaume des diamants (Hirak Rajar Deshe)*
**1981** *Sadgati*
**1984** *La Maison et le Monde (Ghare Baire)*
**1988** *Ganashatru*
**1990** *Les Branches de l'arbre (Shakha Proshakha)*
**1991** *Agantuk / Le Visiteur (Agantuk)*

## Karel **Reisz**

OSTRAVA 1926 - LONDRES 2002

**L'incarnation du Free Cinema.** Karel Reisz a participé à ce mouvement de rénovation du cinéma britannique qui a tourné le dos à Londres et sorti la caméra des studios en même temps que des salons bourgeois et aristocratiques à la fin des années 1950. Le premier enjeu était de filmer les jeunes des couches populaires, dans un cadre documentaire, comme Reisz avec *We Are the Lambeth Boys* (1958), puis dans la fiction, avec *Samedi soir et dimanche matin* (1960), analyse sans concessions ni exaltation de la révolte spontanée d'un jeune ouvrier de Nottingham. Ce film-manifeste sera suivi par *Morgan*, où il s'agit moins de réalisme social que d'un portrait de personnage en marge, dont le désespoir est décrit avec un humour percutant, dérangeant, souvent loufoque. *Isadora* enchante par le portrait de la chorégraphe Isadora Duncan, une rebelle qui fit scandale en son temps.

Reisz semble ensuite avoir atténué la vivacité libertaire qu'il avait en commun avec Tony Richardson et Lindsay Anderson, mais il n'a pas varié sur le fond. *La Maîtresse du lieutenant français*, d'après le roman de John Fowles adapté avec Harold Pinter, est une critique romantique des convenances et contraintes sociales, une œuvre brillante, sensible et virtuose, dans laquelle se développent deux intrigues parallèles, celle du livre d'origine, située dans le passé (un amour impossible à l'époque victorienne), et celle que revivent à l'époque contemporaine les protagonistes d'un film centré sur cette histoire.

Comme beaucoup de cinéastes anglais, il a tenté sa chance aux États-Unis, où il est parvenu à traiter des sujets singuliers : *le Flambeur*, ou quarante-huit heures de la vie d'un joueur obsessionnel, *Sweet Dreams*, sur la vie de la chanteuse Patsy Cline. Il tourne deux films vigoureux : *les Guerriers de l'enfer*, un des meilleurs films sur le retour désenchanté du Viêt-Nam, et *Chacun sa chance* (qui signait le retour d'Arthur Miller au cinéma), un film dont l'intrigue policière fait éclore la dénonciation des compromissions de la société locale et les rapports cyniques entre notables et marginaux. Faussement éclectique, Reisz était au fond un sceptique, formellement exigeant, et un excellent directeur d'acteurs, qui a révélé Albert Finney dans *Samedi soir et dimanche matin*, et donné à des acteurs comme Vanessa Redgrave (inoubliable *Isadora*), ou Meryl Streep (*la Maîtresse du lieutenant français*) un de leurs plus beaux rôles. – D.S.

**FILMOGRAPHIE**

**1958** *We Are the Lambeth Boys*, m.m.
**1960** *Samedi soir et dimanche matin (Saturday Night and Sunday Morning)*
**1964** *La Force des ténèbres (Night Must Fall)*
**1966** *Morgan (Morgan: A Suitable Case for Treatment)*
**1968** *Isadora*
**1974** *Le Flamber (The Gambler)*
**1978** *Les Guerriers de l'enfer (Who'll Stop the Rain)*
**1981** *La Maîtresse du lieutenant français (The French Lieutenant's Woman)*
**1985** *Sweet Dreams*
**1990** *Chacun sa chance (Everybody Wins)*

## Jean **Renoir**

PARIS 1894 - BEVERLEY HILLS 1979

**« Renoir : le patron »,** disait la Nouvelle Vague. Les débuts cinématographiques de Jean Renoir sont éclectiques – mais surtout indépendants : il aurait financé ses premiers films grâce à la vente de tableaux de son père Auguste Renoir. Catherine Hessling, ancien modèle du peintre et première épouse du cinéaste, est sa première interprète, dont il met en valeur le potentiel érotique de type femme-enfant. Ses débuts dans le cinéma sont ceux d'un dilettante, l'œuvre est ludique, dispersée, il se rapproche parfois des recherches modernistes de ses amis lorsqu'il tourne *Charleston* (court-métrage) et *la Petite marchande d'allumettes*. Renoir concevra aussi des films dont la seule ambition est de toucher un large public : *Tire au flanc*, une comédie militaire, ou *On purge Bébé*, d'après Feydeau – son premier film parlant, qui lui sert aussi à tester les bruitages dans la bande-son.

Déjà il laisse percevoir son orientation vers le naturalisme – le terme devant être pris dans son sens littéraire, codifié par Zola, dont Renoir adapte *Nana* dès son troisième essai de mise en scène. Naturaliste, mais pas uniquement, *Nana* subit aussi l'influence du Stroheim de *Folies de femmes*. Il s'engagera plus avant dans cette tendance réaliste dans les années 1930, cherchant des sujets chez Zola (*la Bête humaine*) ainsi que chez Flaubert (*Madame Bovary*), Maupassant (*Partie de campagne*), Gorki (*les Bas-fonds*). Le cinéma parlant lui aura permis dès le début de travailler plus profondément dans ce sens, comme le démontrent *la Chienne*, mais aussi *la Nuit du carrefour* d'après Simenon – première apparition du commissaire Maigret à l'écran, sous les traits du frère du cinéaste, Pierre Renoir.

Bien que sa première expérience de film parlant soit *On purge Bébé*, Renoir s'approprie de manière originale la nouvelle technique dans *la Chienne*, dont l'intrigue est d'une noirceur encore assez rare au cinéma. Avec une utilisation véritablement narrative du son et des scènes importantes tournées dans la rue, *la Chienne* annonce l'aisance technique de *Boudu sauvé des eaux*, ou

Jean Renoir sur le tournage de *la Règle du jeu* (1939).

réapparaît le même acteur indispensable, Michel Simon. Libertaire tant dans la bande-son que dans la fantaisie de certaines séquences et dans sa signification morale, *Boudu* vaut aussi par la description d'un milieu. Les années 1930 voient Renoir tourner abondamment, multiplier les activités, affirmer sa personnalité dans la vie sociale et cinématographique. Il déclare : « L'art du cinéma consiste à creuser de plus en plus et à s'approcher des vérités des hommes et non pas à raconter des histoires de plus en plus surprenantes ». La même année que *Madame Bovary* il réalise dans le Midi (avec l'équipe de Pagnol) *Toni*, considéré à juste titre comme une des sources du néo-réalisme italien, et point de départ de la radicalisation du cinéaste. *Le Crime de Monsieur Lange*, dans lequel l'influence de Prévert et de sa bande est déterminante, est un des rares films exprimant authentiquement les aspirations au changement des milieux qui soutiendront le Front Populaire. Renoir s'engage alors aux cotés du Parti Communiste, pour lequel il dirige *la Vie est à nous* (film militant non distribué dans les circuits commerciaux), puis il réalise *la Marseillaise*, qui exalte les mythes historiques et sociaux ancrés dans la Gauche politique. Film unanimiste, épopée de petites gens, *la Marseillaise* montre que même dans ses films les plus influencés par une conviction idéologique, c'est l'individu, le réalisme intérieur des personnages, qui sont au centre de son univers : *la Marseillaise* et *la Grande illusion* se rejoignent ici, de même que *la Règle du jeu*.

Si le réalisme a mené Renoir jusqu'à l'engagement politique, *la Grande illusion*, toutefois, procède d'abord d'un point de départ simplement humaniste et pacifiste, bien que n'adoptant pas des positions consensuelles sur la guerre, la nationalisme, le racisme. Quant à *Partie de campagne*, un film qu'il ne peut achever et qui ne sera connu que par un montage effectué sans lui dix ans après, c'est l'annonce pleine de finesse du Renoir dionysiaque, sensuel, sensible à la Nature, qu'on retrouvera dans ses films postérieurs. *La Règle du jeu*, un de ses chefs d'œuvre essentiels, marque la fin d'une époque, dans sa carrière comme dans l'histoire. Trop souvent considéré comme un jeu de massacre mondain, c'est une comédie tragique, ou un drame cocasse, plutôt qu'un pamphlet social. C'est aussi l'intuition et la démonstration dramatiquement rigoureuse d'une désintégration sociale et morale propre à l'époque qui précède la guerre.

On a trop souvent minimisé, voire occulté, les films de Renoir des années 1940 et 1950. Il est vrai que son exil aux États-Unis le contraint à des films de commande, même s'il y exalte l'antinazisme et les valeurs des combattants. Il retrouve vite dans *le Journal d'une femme de chambre* l'accent critique des oppositions de classe qu'il a décrites antérieurement, tandis que *l'Étang tragique* et *l'Homme du Sud* transposent le conflit (typique de sa pensée) entre l'individu « naturel » et la société ; enfin *le Fleuve* dépasse ces problématiques pour atteindre une dimension panthéiste et une réflexion quasi-métaphysique sur la condition humaine.

La même philosophie anime les films du retour en France, depuis *le Déjeuner sur l'herbe*, sorte de prolongement plein d'humour de *Partie de campagne* jusqu'à *Elena et les hommes*. Comme il avait fait déjà dans *la Marseillaise*, il intègre le spectacle dans le film, jusqu'à en faire même de ses films : *le Carosse d'or*, que l'on peut comprendre comme un testament esthétique, et *French cancan* – deux films où il affiche la plus grande maîtrise de l'outil cinéma. Une maîtrise qu'il va encore chercher à perfectionner lorsqu'une collaboration avec la télévision lui offre la possibilité de tourner avec plusieurs caméras pour *le Testament du Docteur Cordelier*. – D. S.

**FILMOGRAPHIE**

**1924** *La Fille de l'eau*
**1926** *Nana*
*Marquitta*
*Tire-au-flanc*
**1929** *Le Tournoi / Le Tournoi dans la cité*
*Le Bled*
**1931** *On purge Bébé*
*La Chienne*
**1932** *La Nuit du carrefour*
*Boudu sauvé des eaux*
**1933** *Chotard et Cie*
**1934** *Madame Bovary*
*Toni*
**1935** *Le Crime de Monsieur Lange*
**1936** *La vie est à nous*
*Une partie de campagne*
*Les Bas-Fonds*
**1937** *La Grande Illusion*
**1938** *La Marseillaise*
*La Bête humaine*
**1939** *La Règle du jeu*
**1941** *L'Étang tragique (Swamp Water)*
**1943** *Vivre libre (This Land Is Mine)*
**1944** *Salut à la France (A Salute to France)*
**1945** *L'Homme du Sud (The Southerner)*
**1946** *Le Journal d'une femme de chambre (The Diary of a Chambermaid)*
*La Femme sur la plage (The Woman on the Beach)*
**1951** *Le Fleuve (The River)*
**1953** *Le Carrosse d'or*
**1955** *French-Cancan*
**1956** *Éléna et les hommes*
**1959** *Le Déjeuner sur l'herbe*
*Le Testament du docteur Cordelier*
**1962** *Le Caporal épinglé*
**1969** *Le Petit Théâtre de Jean Renoir*

## Alain **Resnais**

VANNES 1922

**Le cinéaste de la mémoire.** Resnais s'intéresse à la mémoire déjà dans des courts-métrages comme *Nuit et Brouillard* (1955) ou dans *Toute la mémoire du monde* (1956), qui, consacré à la Bibliothèque nationale, porte un titre hautement significatif. Le souvenir, pour Resnais, c'est d'abord une image, et l'émergence du doute. Ses premiers longs métrages évoquent la confrontation du passé et du présent, les structures du temps, en particulier *Hiroshima mon amour* (1959), qui a établi la modernité et l'originalité de son auteur, avec son lyrisme incantatoire (dû au texte de Marguerite Duras), une stratégie du montage innovante, un récit où s'opposent et se complètent les moments-clés de deux vies hypothéquées par l'Histoire. Chez Resnais, les couches successives du temps perturbent le déroulement de la vie au présent. La confrontation des personnages à leurs souvenirs, la difficulté à reconstituer le passé, s'expriment dans les lignes brisées de *Muriel* (1963). Dans un cadre urbain sans passé, le film nourrit le soupçon sur le temps qui passe comme sur ses propres images – notamment dans la scène où est projeté un film anodin tourné par un soldat en Algérie, alors que la voix off de celui qui a vécu l'événement relate une scène de torture. Les débris du temps sont aussi au cœur du film labyrinthique *l'Année dernière à Marienbad* (1961), un essai sophistiqué sur le rêve et la réalité, dont le jeu entre images et illusions sera repris dans *la Vie est un roman*. Quant à *Je t'aime, je t'aime* (1968), qui prend la forme d'une variation sur un thème classique de science-fiction – le paradoxe temporel – il s'agit au fond d'une réflexion émouvante sur la frontière entre la vie et la mort, annonçant peut-être *l'Amour à mort*, tourné seize ans plus tard.

Malgré la densité de ces lignes de force, l'inspiration de Resnais reste d'une grande diversité. « Je suis plus réaliste qu'on ne croit, et plus documentariste qu'on ne pense » a-t-il déclaré en 1980. *Stavisky* et *la Guerre est finie*, ses deux films les plus linéaires, affrontent l'héritage de l'Histoire avec un regard politique, mais dépourvu de certitude. Il s'interroge sur le réel, imposant aux récits son art de la confrontation : entre l'imaginaire d'un vieux solitaire et les artifices du romanesque (*Providence*), entre la théorie du comportement humain du biologiste Henri Laborit et les vestiges du passé qui pèsent sur les individus (*Mon oncle d'Amérique*), entre les utopies et le traitement raisonnable (*La vie est un roman*). Trois films volontiers ironiques, trois variations sur le rapport entre la théorie et la fantaisie des hommes, entre la réflexion et l'imaginaire, entre la comédie et le drame. Fervent amateur de bandes dessinées, il se sert de cet univers pour *La vie est un roman*, puis pour support du récit quasi-chorégraphique de *I Want to Go Home*, où l'on retrouve ses thèmes familiers (image et vérité, mythe et réalité, jeunesse et vieillesse) épicés d'une réflexion amusée sur les rapports entre la France et les États-Unis.

Ce n'est pas seulement avec *Je t'aime, je t'aime* qu'il a abordé avec finesse la structure des genres. Il a réussi la prouesse de transfigurer le mélodrame et le théâtre bourgeois dans *Mélo* (d'après une pièce de Bernstein datant de 1929). Après *On connaît la chanson*, brillante variation sur la chanson populaire où se mêlent un jeu de références et une comédie sur l'image de soi, il aborde l'opérette des années 1920 avec *Pas sur la bouche*, bien que le mélange de musique et de vaudeville ne lui permette guère, ici, d'aller plus loin que l'ironie amusée et le clin d'œil. Il en va autrement de son diptyque *Smoking/No smoking* (1993), adapté d'un cycle théâtral réputé injouable de l'anglais Alan Ayckbourn. Deux acteurs seulement pour huit personnages, huit longues scènes avec chacune deux conclusions tournées... Dans des décors stylisés, la chronologie est bousculée au même titre que les intrigues et les relations entre protagonistes : c'est le Resnais du jeu sur les apparences qui est à l'œuvre, c'est l'expérimentateur, qui s'applique cette fois (avec humour) à une théâtralisation du cinéma. Armé d'une science du montage hors du commun, faussement dispersé, paradoxal, toujours discret dans l'exposé des motifs mais profond dans sa réflexion, Resnais reste inclassable, comme tout grand cinéaste. – D.S.

**FILMOGRAPHIE**

**1955** *Nuit et Brouillard*, c.m.
**1956** *Toute la mémoire du monde*, c.m.
**1959** *Hiroshima mon amour*
**1961** *L'Année dernière à Marienbad*
**1963** *Muriel ou le Temps d'un retour*
**1966** *La guerre est finie*
**1967** *Loin du Viêt-nam*, collectif
**1968** *Je t'aime je t'aime*
**1971** *L'An 01*, ép. « *Wall Street* »
**1974** *Stavisky...*
**1976** *Providence*
**1980** *Mon oncle d'Amérique*
**1983** *La vie est un roman*
**1984** *L'Amour à mort*
**1986** *Mélo*
**1989** *I Want to Go Home*
**1993** *Smoking/No Smoking*
**1997** *On connaît la chanson*
**2003** *Pas sur la bouche*
**2006** *Cœurs*

# Arturo **Ripstein**

MEXICO 1943

**Un baroque social.** La culture populaire mexicaine et ses rituels balisent l'univers cinématographique d'Arturo Ripstein, mais n'en constituent pas pour autant le sujet central de ses films. Attiré par le mélodrame, il a édifié une esthétique originale, dont l'expressionnisme est cimenté par des thèmes récurrents tels que l'enfermement, la famille, la religiosité, le piège des apparences, la pression des normes sociales.

Mêlé très jeune au milieu du cinéma, c'est au contact de Buñuel, alors au Mexique, et de ses films (*Nazarin*) qu'est née sa vocation de cinéaste. Buñuel lui a appris à plaquer l'insolite sur le réel, mais aussi et surtout à faire surgir l'insolite du réel. L'univers de Ripstein est fait de paradoxes : il réalise des mélodrames mais sans lyrisme échevelé, ses contes cruels dissimulent une profonde humanité, son réalisme social s'exprime sous des formes baroques. Il interroge en permanence les constantes de la culture populaire mexicaine et ses traditions cinématographiques. Ainsi *l'Empire de la fortune* évoque les combats de coqs et les maisons de jeux, les rituels générateurs d'agressivité et de poésie, et un univers de fêtes foraines, d'images pieuses et de chansons. *Le Château de la pureté*, autre film fondateur de son style, dont le héros a séquestré sa famille pour la prémunir de toute atteinte du monde extérieur, illustre un thème central chez lui, l'enfermement, associé au couple amour-répression. *La Reine de la nuit*, qui dépeint le Mexique des années 1940, est un portrait flamboyant et pathétique d'une chanteuse. *Le Lieu sans limites* traite d'une figure irrecevable de la société mexicaine, le travesti, ainsi que du pouvoir des potentats locaux.

Les dogmes, la fatalité, la misère matérielle et affective, la jalousie, sont les mécanismes déclencheurs de ses récits, non sans relation de conflit ou d'ironie avec les archétypes des genres traditionnels. *La Fille du port*, qui présente plusieurs versions contradictoires et souvent très violentes des mêmes faits narrés par plusieurs personnes, montre que Ripstein, au lieu de spéculer sur l'absurde ou un quelconque relativisme, préfère refléter l'imaginaire par les voies de l'insistance baroque. – D. S.

**FILMOGRAPHIE**

**1966** *Tiempo de morir*
**1967** *Juego peligroso*
**1969** *Los recuerdos del porvenir*
*La hora de los niños*
**1973** *Le Château de la pureté (El castillo de la pureza )*
**1974** *El santo oficio*
**1976** *Fox Trot (Foxtro)*
*El borracho*
*Le Palais noir (La viuda negra)*
**1978** *Un lieu sans limite (El lugar sin límites)*
*Cadena perpetua*
**1985** *L'Empire de la fortune (El imperio de la fortuna)*
**1988** *Mensonges pieux (Mentiras piadosas)*
**1991** *La Fille du port (La mujer del puerto)*
**1993** *Principio y fin*
**1994** *La Reine de la nuit (La reina de la noche)*
**1996** *Carmin profond (Profundo carmesí)*

1998 *Divine, l'évangile des merveilles (El evangelio de las maravillas)*
1999 *Pas de lettre pour le colonel (El coronel no tiene quien le scribe)*
2000 *La Perdición de los hombres*
*C'est la vie (Así es la vida)*
2003 *La Vierge de la luxure (La virgen de la lujuria)*
2004 *Mi gran noche*
2005 *Los heróes y el tiempo*
2006 *El carnaval de Sodoma*

## Dino **Risi**

MILAN 1916

**La comédie humaine.** Docteur en médecine avec une spécialisation en psychiatrie, Risi se lie au mouvement des jeunes écrivains et intellectuels milanais, dont font partie Alberto Lattuada et Luigi Comencini. Assistant de Mario Soldati pour *le Mariage de minuit* (1941) et de Lattuada pour *Giacomo l'idealista* (1942), il réalise en 1946 son premier film, un court métrage sur les clochards de Milan, *Barboni*, primé à la Mostra de Venise. Il poursuit une enquête néoréaliste et désenchantée sur la vie des classes défavorisées : dans *Buio in sala* (1950), il analyse avec humour les réactions du public dans une salle de cinéma, et dans deux documentaires (*Seduta spiritica, Il siero della verità*, 1949), il tient la chronique scientifique d'expériences psychiatriques. Après avoir collaboré aux scénarios de *Anna* (Lattuada) et de *Totò e i re di Roma* (Steno et Monicelli), il réalise son premier film de fiction, *Vacanze col gangster* (1952), une aventure pour enfants sur une bande de gosses qui aident l'évasion d'un bandit. Après une comédie sur Cinecittà, *Viale della speranza* (1953), il signe un des épisodes (*Paradiso per quattro ore*) du célèbre film collectif *l'Amour à la ville*, conçu par Cesare Zavattini, où il décrit les couples dans un dancing populaire. Son esprit caustique, toujours intéressé par les moindres détails de la vie, est très particulier : il ne suit plus la voie idéologique du mouvement néoréaliste désormais agonisant. Il tourne alors deux comédies pour le couple Vittorio De Sica et Sophia Loren, *le Signe de Vénus* et *Pain, amour, ainsi soit-il* ; mais c'est avec *Pauvres mais beaux* (1956) qu'il signe son premier chef-d'œuvre. Il y brosse le joyeux portrait d'un groupe de jeunes Romains qui commencent à goûter les délices de la société de consommation. Le succès prodigieux de ce film le lance dans d'autres comédies de mœurs : le burlesque *La nonna Sabella* (1957) ; les deux suites de *Pauvres mais beaux, Belles mais pauvres* et *Pauvres millionnaires* (1959) ; le goldonien *Venise, la lune et toi* (1958) ; le satirique *Il vedovo* (1959) ; la galerie crépitante de personnages pour Vittorio Gassman, son acteur fétiche, dans *l'Homme aux cent visages* (1960). En 1961, il tourne une dramatique histoire d'amour dans *l'Inassouvie*, empreinte de l'atmosphère assez noire qui réapparaîtra dans ses films des années 1970 et 1980. La même année, il réalise une de ses œuvres maîtresses, *Une vie difficile*, fresque féroce sur l'histoire de l'Italie, du fascisme au boom économique, à travers les péripéties d'un journaliste de gauche. Après un portrait subversif de la genèse du fascisme, *la Marche sur Rome* (1962), il aborde la crise morale contemporaine dans *le Fanfaron* ; Gassman y interprète le personnage du cynique fainéant qui n'a d'autres valeurs que la jouissance immédiate. Pour *les Monstres* (1963), il dirige encore Gassman et Ugo Tognazzi dans plusieurs incarnations repoussantes de l'asociabilité. Il participe à la réalisation de quelques films à épisodes, dont *les Poupées* et *les Complexés*. Pour *Playboy Party* (1966), il transforme les vacances du couple italien moyen en un enfer belliqueux. Son humour devient de plus en plus noir dans ses comédies suivantes : le pseudo-folklorique *Fais-moi très mal, mais couvre-moi de baisers* (1968) ; l'harcelante suite de sketches pour Nino Manfredi de *Une poule, un train et quelques monstres* (1969) ; l'irrévérencieux *la Femme du prêtre* (1970) ; la mosaïque de figures féminines pour Monica Vitti de *Moi la femme* (1971). Avec *Parfum de femme* (1974) commence sa période de pessimisme : de l'aveugle exubérant de ce film au fou dédoublé d'*Âmes perdues* (1976) – deux créations de Gassman –, au bourgeois décadent de *la Chambre de l'évêque* (1977), au vieil acteur déchu de *Dernier Amour* (1978) – deux interprétations de Tognazzi – et encore au rêveur fané (Marcello Mastroianni) de *Fantôme d'amour* (1981), tous représentent les facettes révélatrices de leur auteur, de plus en plus obsédé par de troublants fantasmes. Les derniers films marquent une certaine lassitude, mais en dirigeant Coluche il retrouve toute sa verve dans *Le Bon Roi Dagobert* et surtout *Le Fou de guerre*. – J. A. G.

**FILMOGRAPHIE**

1952 *Vacanze col gangster*
1953 *Viale della speranza*
*L'Amour à la ville (L'amore in città)*, ép. « *Paradiso per quattro oro* »
1955 *Le Signe de Vénus (Il segno di Venere)*
*Pain, amour, ainsi soit-il (Pane, amore e...)*
1956 *Pauvres mais beaux (Poveri ma belli)*
1957 *La nonna Sabella*
*Belles mais pauvres (Belle ma povere)*
1958 *Venise, la Lune et toi (Venezia, la luna et tu)*
1959 *Poveri milionari*
*Le Veuf (Il vedovo)*
1960 *L'Homme aux cent visages/Le Matamore (Il mattatore)*

*A porte chiuse*
*L'Inassouvie (Un amore a Roma)*
1961 *Une vie difficile*
*(Una vita difficile)*
1962 *Le Fanfaron (Il sorpasso)*
*La Marche sur Rome*
*(La marcia su Roma)*
1963 *Il successo*
*Les Monstres (I mostri)*
1964 *Il Giovedi*
*Il Gaucho*
1965 *Les Poupées (Le bambole),*
ép. *«La telefonata»*
*Les Complexés (I complessi),*
ép. *«Une journée décisive»*
*(Una giornata decisiva), collectif)*
1966 *Playboy Party (L'ombrellone)*
*I nostri mariti,* ép. *«Nei secoli fedeli»*
*Opération San Gennaro*
*(Operazione San Gennaro)*
1967 *L'Homme à la Ferrari (Il tigre)*
*Il Profeta*
1968 *Fais-moi très mal, mais couvre-moi de baisers*
*(Straziami, ma di baci saziami)*
1969 *Une poule, un train et quelques monstres*
*(Vedo nudo)*
*Il giovane normale*
1970 *La Femme du prêtre*
*(La moglie del prete)*
1971 *Au nom du peuple italien*
*(In nome del popolo italiano)*
*Moi la femme*
*(Noi donne siamo fatte così)*
1973 *Rapt à l'italienne (Mordi e fuggi)*
*Sexe fou (Sessomatto)*
1974 *Parfum de femme*
*(Profumo di donna)*
1976 *La Carrière d'une femme de chambre*
*(Telefoni bianchi)*
*Âmes perdues (Anima persa)*
1977 *La Chambre de l'évêque*
*(La stanza del vescovo)*
*Les Nouveaux Monstres*
*(I nuovi mostri)*
1978 *Dernier Amour (Primo amore)*
1979 *Cher Papa (Caro papa)*
1980 *Je suis photogénique*
*(Sono fotogenico)*
*Les Séducteurs/Sunday Lovers,* ép.
1981 *Fantôme d'amour*
*(Fantasma d'amore)*
1982 *Les Derniers Monstres*
*(Sesso e volentieri)*
1984 *Le Bon Roi Dagobert*
1985 *Le Fou de guerre (Scemo di guerra)*
1986 *Il commissario Lo Gatto*
1987 *Teresa*
1990 *Valse d'amour (Tolgo il disturbo)*
1996 *Giovani e belli*
*Esercizi di stile,* ép. *«Myriam»*

# Jacques **Rivette**

ROUEN 1928

**Secrets et chassés-croisés.** Dès son arrivée à Paris, en 1949, Rivette fréquente la Cinémathèque française. Il y fait la connaissance de Truffaut, Godard et Rohmer. Il entre aux *Cahiers du cinéma* en 1953 et il en assume la rédaction en chef de 1963 à 1965. Il collabore aussi au périodique *Arts*. Après quelques essais, il réalise en 1956 *le Coup du berger*, un court métrage qui le fait remarquer. En 1958, il commence le tournage de son premier long métrage, *Paris nous appartient* (1961). Le film contient déjà les principales données que Rivette développera dans ses travaux ultérieurs : le thème du complot qui permet l'utilisation de structures narratives souples, les répétitions théâtrales envisagées comme métaphores de la création artistique, le mélange de l'improvisation et de la mise en scène, de la fiction et du documentaire. Puis il adapte en images épurées le roman de Diderot *la Religieuse* (1966) et s'attire les foudres de la censure. Dans ses deux films suivants, *l'Amour fou* (1967-68) et *Out One* – qui existe en deux versions, l'une de 12h40, l'autre réduite à 4h15 et exploitée en salles en 1974 –, Rivette pousse à l'extrême ses recherches sur l'expression, l'improvisation, le mélange document brut et fiction. Avec *Céline et Julie vont en bateau* (1974), il s'oriente vers un cinéma plus ouvertement fantastique, dans lequel les références au réel s'estompent au profit d'un imaginaire tout-puissant. En 1975, le réalisateur a en projet *les Filles du feu* ou *Scènes de la vie parallèle*, une série de quatre films. En fait, l'auteur ne concrétise que le deuxième (*Duelle*) et le troisième volet (*Noroît*) de cette tétralogie. Avec *Merry-Go-Round* (1978), le cinéaste revient au thème du complot avec chassés-croisés. La veine semble toutefois épuisée et le film n'est pas convaincant. *Le Pont du Nord* (1981), par son réalisme, lorgne un peu du côté de *Paris nous appartient*. *L'Amour par terre* (1984) marque un désir d'épuration : le plaisir du jeu et la complicité entre acteurs et metteur en scène rendent cette entreprise fascinante. En 1985, il signe un *Hurlevent*, d'après le roman d'Emily Brontë, marqué par le parti pris de non-romantisme «littéraire». *La Bande des quatre* (1989) est un exercice de style sur la complicité qui relie entre elles les jeunes femmes d'un cours d'art dramatique. *La Belle Noiseuse* (1991), avec Michel Piccoli et Emmanuelle Béart, et *Jeanne la Pucelle* (en deux épisodes : *les Batailles* et *les Prisons*, 1994), avec Sandrine Bonnaire dans le rôle-titre, confirment l'importance de l'auteur, cinéaste à la personnalité rare et exigeante qui semble cultiver avec brio sa marginalité de créateur. *Haut, bas, fragile* (1995), *Secret défense* (1998), *Histoire de Marie et Julien* (2003) sont des œuvres moins convaincantes, mais en 2001, *Va savoir*, où passe l'influence explicite de Pirandello, marque la plénitude d'une expression. — J.A.G.

Jacques Rivette avec Emmanuelle Béart sur le tournage de *la Belle Noiseuse* (1991).

**FILMOGRAPHIE**

**1960** *Paris nous appartient*
**1966** *Suzanne Simonin, La Religieuse de Diderot*
**1969** *L'Amour fou*
**1971** *Out 1 : Noli me tangere*
*Out 1 : Spectre* (version courte)
**1974** *Céline et Julie vont en bateau*
**1976** *Duelle*
*Noroît*
**1978** *Merry-Go-Round*
**1981** *Le Pont du Nord*
**1984** *L'Amour par terre*
**1985** *Hurlevent*
**1989** *La Bande des quatre*
**1991** *La Belle noiseuse*
*La Belle noiseuse. Divertimento*
**1994** *Jeanne la Pucelle I - Les Batailles*
*Jeanne la Pucelle II - Les Prisons*
**1995** *Haut, bas, fragile*
**1998** *Secret défense*
**2001** *Va savoir*
**2003** *Histoire de Marie et Julien*

# Glauber **Rocha**

VITÓRIA DA CONQUISTA 1938 - RIO DE JANEIRO 1981

**Une esthétique de la faim et de la violence.** Après avoir interrompu des études de droit, Rocha devient journaliste et participe à l'effervescence culturelle de son pays. Le futur porte-parole du *Cinema Novo* est un polémiste redoutable qui entreprend d'emblée de démolir les valeurs établies par des articles qui débouchent sur une *Révision critique du cinéma brésilien* (1963). Les premiers courts métrages révèlent une veine expérimentale. Ni le néoréalisme ni le réalisme socialiste ne satisfont sa vocation novatrice. Néanmoins, son premier long métrage, *Barravento* (1961), exprime ses inquiétudes. Le rôle d'un médiateur thaumaturge, intervenant parmi des pêcheurs exploités, y annonce les protagonistes futurs. L'utilisation de matériaux hétéroclites constitue une des originalités de *le Dieu noir et le Diable blond* (1963), une œuvre qui intègre dialectiquement les influences d'Eisenstein et de la littérature de colportage du Nordeste brésilien, la complexité chorale de l'opéra et la simplicité des mélodies populaires, les données concrètes et précises de la région natale du réalisateur et la parabole sur les options politiques posées par le sous-développement. Ainsi, le film crée un langage foisonnant, baroque, il devient le porte-drapeau du *Cinema Novo*. Proposée sous forme de manifeste comme modèle aux cinématographies émergentes du Tiers-Monde, cette reformulation des données de la mise en scène et des structures du récit renvoie à l'entreprise de création d'un langage propre, enraciné dans l'imaginaire de l'auteur aussi bien que dans le contexte culturel dont il est issu. Les illusions politiques enterrées par le coup d'État militaire de 1964 trouvent en *Terre en transe* (1967) leur description la plus acerbe. Mais le populisme, le réformisme, les manœuvres politiciennes, la tentation messianique de la lutte armée ne sont pas les seules en cause dans cette nouvelle œuvre débordante de vitalité. *Antônio das Mortes* (1969) constitue une variation, filmée ici en couleurs, autour du personnage de *le Dieu noir et le Diable blond*: le paysage rural du Nordeste y accueille une figure issue du milieu urbain. Ces archétypes paraissent figés, presque abstraits, dans les deux principaux films de l'exil de Rocha : *le Lion à sept têtes* et *Têtes coupées* (1970). L'éclatement du langage, l'obsession de la déconstruction, embrouillent le propos de l'auteur, alors qu'il prétend l'étendre et le généraliser à l'ensemble du Tiers-Monde. Les chemins de Rocha et de Godard se sont croisés dans *Vent d'Est*. Le cinéaste, désormais incompris, isolé, meurt prématurément. Le Brésil perd un grand créateur de formes, l'apôtre d'un cinéma toujours nouveau, le prêcheur d'une insaisissable révolution, un infatigable agitateur culturel. — J. A. G.

**FILMOGRAPHIE**

**1961** *Barravento*
**1963** *Le Dieu noir et le Diable blond (Deus e o Diabo na Terra do Sol)*
**1967** *Terre en transe (Terra em Transe)*
**1969** *Antônio das Mortes (O Dragão da Maldade contra o Santo Guerreiro)*
**1970** *Le Lion à sept têtes (Der Leone have sept cabas)*
*Têtes coupées (Cabezas cortadas)*
**1972** *Câncer*
**1974** *História do Brasil*, co. Marcos Medeiros
**1975** *Claro*
**1980** *L'Âge de la Terre (A Idade da Terra)*

# Éric **Rohmer**

TULLE, 1920

**Le cinéma, art de la parole.** En tant que critique, Rohmer s'est attaché à réfléchir à la nature de l'image cinématographique et au cinéma comme art de l'espace. Une fois derrière la caméra, il placera pourtant la parole au cœur de son cinéma. Son œuvre, respectueuse de l'esprit de la Nouvelle Vague et de la légèreté de ses conditions de tournage, ressemble au long journal intime d'un intarissable séducteur toujours repris par les démons de la fidélité.

Éric Rohmer, de son vrai nom Maurice Schérer, se fait remarquer par son texte « Le cinéma, art de l'espace », publié en 1948. Passionné par l'étude du cinéma en général, la réflexion théorique et esthétique, il fera ensuite une thèse de doctorat, *l'Organisation de l'espace dans le « Faust » de Murnau*. Rédacteur en chef des *Cahiers du cinéma* de 1957 à 1963, il se montre un fervent disciple d'André Bazin, soucieux de démêler la singularité du cinéma parmi les autres arts. Il rappelle les propos de Bazin : «Montrer le fond de la mer, le montrer et non le décrire, c'est cela le cinéma.» Et ajoute que «la littérature le décrit, la peinture le peint (...), le fait de filmer nous amène une connaissance du monde fondamentalement différente, et qui entraîne un renversement des valeurs». Admirateur de Hitchcock, sur lequel il écrira un ouvrage avec Claude Chabrol en 1957, de Hawks, de Rossellini, de Mizoguchi, de Renoir, même s'il ne partage pas ses vues progressistes, il sera surtout un défenseur du cinéma classique (le cinéma hollywoodien), et un opposant de fait au cinéma moderne. Convaincu que la Grèce est le berceau et le centre de la civilisation mondiale, offrant un modèle de beauté qui va avec les corps qui ont inspiré sa statuaire, il voit en Hollywood ce que la Renaissance italienne, à Florence, a été au monde des arts. Passionné par la pédagogie, Rohmer travaillera pour la télévision scolaire, de 1964 à 1969, réalisant des émissions sur la littérature, l'urbanisme et l'architecture, ainsi qu'un documentaire sur les films Lumière, sous forme de conversation entre Henri Langlois et Jean Renoir.

L'œuvre, composée pour l'essentiel en séries, avec *Six contes moraux* (1962-1972), *Comédies et proverbes* (six films de 1981 à 1987) *Contes des quatre saisons* (1990-1998), fait de la conversation, ordinaire ou érudite (voir *Ma nuit chez Maud*, 1969), l'enjeu narratif de ses films. Rohmer, comme Guitry, est un amoureux de la langue française. À la façon d'Henry James, il fait du non-dit, de l'implicite, connu des interlocuteurs mais ignoré du lecteur, du malentendu, le ressort dramaturgique de ses films. Dès *la Boulangère de Monceau* (1963), premier des six contes moraux, sur le canevas du film de la Nouvelle Vague (la drague dans les rues de Paris), il pose son système, celui d'un choix, d'une décision à prendre et de son suspense. Le cinéma de Rohmer est celui de la tentation (*l'Amour l'après-midi*, *le Genou de Claire*) et du renoncement, du passage à l'acte attendu non accompli, au nom de la fidélité à des valeurs, à un code moral, une conviction religieuse. Son modèle lui vient de *l'Aurore* de Murnau, construit sur le principe de la tentation et du renoncement.

Contrairement à ses amis de la Nouvelle Vague, il connaîtra le succès tardivement, grâce à *Ma nuit chez Maud*, son film le plus accompli, avec Jean-Louis Trintignant et Françoise Fabian. Avec la série *Comédies et proverbes*, il se fait ethnologue, parfois caustique (il y a parfois chez lui un côté zoo humain, catalogue de l'espèce humaine), de la jeunesse urbaine branchée. Grâce à de nouveaux comédiens, dont Arielle Dombasle (*Pauline à la plage*, 1983) et Fabrice Lucchini, il connaît un succès public tout en restant fidèle aux tournages en équipe réduite de la Nouvelle Vague, au refus de la maîtrise et de l'académisme pictural, dans la continuité des films Lumière. En revanche, dans ses films hors des séries, comme *Perceval le Gallois*, *la Marquise d'O* (1976) ou *L'Anglaise et le duc* (2000), tourné en studio, en numérique, avec des décors peints, il se laisse aller à des recherches visuelles, plus picturales.

Bresson, grand cinéaste catholique, était attiré par l'angélisme des corps, obsédé par la pureté. Rohmer, plus cru, est attiré par la chair. Aristocrate et monarchiste dans l'âme (un peu comme Guitry), il serait plutôt un théologien pervers, amoureux des jolis corps de jeunes filles, blondes de préférence. – C.T.

**FILMOGRAPHIE**

**1959** *Le Signe du Lion*
**1962** *La Boulangère de Monceau*
*« Six contes moraux I »* c.m.
**1963** *La Carrière de Suzanne*
*« Six contes moraux II »* c.m.
**1965** *Paris vu par...*, ép. *« Place de l'Étoile »*
**1967** *La Collectionneuse*
*« Six contes moraux IV »*
**1969** *Ma nuit chez Maud*
*« Six contes moraux III »*
**1970** *Le Genou de Claire*
*« Six contes moraux V »*
**1972** *L'Amour l'après-midi*
*« Six contes moraux VI »*
**1976** *La Marquise d'O*
**1978** *Perceval le Gallois*
**1981** *La Femme de l'aviateur ou On ne saurait penser à rien*
*« Comédies et proverbes I »*
**1982** *Le Beau Mariage*
*« Comédies et proverbes II »*
**1983** *Pauline à la plage*
*« Comédies et proverbes III »*
**1984** *Les Nuits de la pleine lune*
*« Comédies et proverbes IV »*
**1986** *Le Rayon vert*
*« Comédies et proverbes V »*
**1987** *Quatre aventures de Reinette et Mirabelle*
*L'Ami de mon amie*
*« Comédies et proverbes VI »*
**1990** *Conte de printemps*
*« Contes des quatre saisons I »*
**1992** *Conte d'hiver*
*« Contes des quatre saisons II »*
**1993** *L'Arbre, le maire et la médiathèque*
**1995** *Les Rendez-vous de Paris*
*Conte d'été*
*« Conte des quatre saisons III »*
**1999** *Conte d'automne*
*« Conte des quatre saisons IV »*
**2001** *L'Anglaise et le duc*
**2004** *Triple Agent*

## Francesco **Rosi**

NAPLES 1922

**Le pouvoir citoyen.** Né à Naples, Francesco Rosi a grandi dans cette ville : d'une certaine manière, il ne l'a jamais vraiment quittée, y revenant en 2004 pour y mettre en scène au théâtre *Napoli milionaria* d'Eduardo De Filippo. Il reste profondément un homme du Sud, un homme du conflit entre la passion et la raison, du déchirement entre la nature et la culture. Rosi découvre le cinéma dans les salles napolitaines au cours des années trente. Il aime le cinéma américain qui inonde alors les écrans italiens. Après le lycée, il rêve d'aller suivre à Rome les cours du *Centro Sperimentale di Cinematografia*. Pourtant, suivant les injonctions de son père, il commence sans enthousiasme des études de droit qu'il ne terminera pas. Mobilisé en 1942, il revient à Naples en septembre 1944. Le jeune homme ne reprend pas ses études, il travaille pour Radio Naples et collabore à la revue *Sud* dans l'espoir d'en faire un lieu de refondation culturelle de la cité.

Conscient de l'impasse professionnelle dans laquelle il se trouve, Rosi tente l'expérience du Nord. Après un détour infructueux par Milan, il s'installe à Rome en 1946 – il a 24 ans –, acceptant la proposition du metteur en scène napolitain Ettore Giannini de devenir son assistant pour monter au théâtre une pièce de Salvatore Di Giacomo, *Il voto*. En 1947 se situe le tournant de la vie professionnelle de Rosi, la rencontre avec Luchino Visconti. Le cinéaste milanais l'engage sur le tournage de *La Terre tremble*. Le travail d'assistant est une expérience décisive qui se poursuivra avec *Bellissima* et *Senso*. Le séjour à Aci Trezza constitue aussi le moment de la découverte de la Sicile – autre source d'inspiration fondamentale de l'univers rosien.

Témoin de son temps, Rosi est sans doute le cinéaste le plus radical dans son approche civique et politique de la réalité italienne, dans sa volonté de montrer l'inextricable connivence entre pouvoir officiel et pouvoir occulte, entre institution publique et structure mafieuse. Décrivant d'abord les méfaits de la Camorra à Naples (*Le Défi*, 1958), dont il suit les ramifications en Allemagne avec *Profession : magliari* (1959), il élargit progressivement ses investigations à la Sicile pour en montrer la douloureuse soumission à la mafia (*Salvatore Giuliano*, 1961) puis, revenant à Naples, il étale au grand jour la collusion entre les hommes politiques et les entrepreneurs capitalistes autour de la spéculation immobilière (*Main basse sur la ville*, 1963, Lion d'or au Festival de Venise). Ses films suivants abordent le thème de la tauromachie dans l'Espagne franquiste (*le Moment de la vérité*, 1964), la représentation de la Première Guerre mondiale vue dans sa folie meurtrière (*les Hommes contre*, 1970), les luttes internationales pour le contrôle du pétrole (*l'Affaire Mattei*, 1972, Palme d'or au Festival de Cannes), la mise en place des réseaux de trafic de drogue entre l'Europe et les États-Unis (*Lucky Luciano*, 1973).

Analyste pénétrant des dévoiements du pouvoir, il étale ensuite, en s'inspirant du roman de Leonardo Sciascia *Il contesto*, les rouages d'un complot d'État pour mieux asseoir l'autorité hors de tout contrôle démocratique (*Cadavres exquis*, 1976). Sensible à une dimension plus romanesque du récit, sans que pour autant l'observateur lucide ne demeure aux aguets, ses films le conduisent à nouveau dans le Sud de l'Italie (*Le Christ s'est arrêté à Eboli* d'après Carlo Levi en 1979, *Trois Frères* en 1981, *Oublier Palerme* d'après Edmonde Charles-Roux en 1990) ou dans l'univers hispanique et latino-américain (*Carmen*, film-opéra d'après l'œuvre de Bizet en 1983, *Chronique d'une mort annoncée* d'après Gabriel Garcia Marquez en 1987). Au début des années 1990, dans un documentaire pour la télévision, il revient à Naples pour décrire les ravages du racket, de la spéculation immobilière, du trafic des cigarettes et de la drogue (*Journal napolitain*, 1992) avant de parachever son œuvre en 1997 par une adaptation saisissante du récit de Primo Levi, *La Trêve*, odyssée du retour à Turin au sortir du camp d'extermination d'Auschwitz. Cinéaste citoyen, Rosi est une des figures les plus hautes de l'intellectuel et de l'artiste engagé dans son temps. — J. A. G.

**FILMOGRAPHIE**

**1958** *Le Défi (La sfida)*
**1959** *Profession : magliari (I magliari)*
**1961** *Salvatore Giuliano*
**1963** *Main basse sur la ville (Le mani sulla città)*
**1964** *Le Moment de la vérité (Il momento della verità)*
**1967** *La Belle et le Cavalier (C'era una volta)*
**1970** *Les Hommes contre (Uomini contro)*
**1972** *L'Affaire Mattei (Il caso Mattei)*
**1973** *Lucky Luciano*
**1975** *Cadavres exquis (Cadaveri eccellenti)*
**1979** *Le Christ s'est arrêté à Eboli (Cristo si è fermato a Eboli)*
**1981** *Trois Frères (Tre fratelli)*
**1984** *Carmen*
**1987** *Chronique d'une mort annoncée (Cronica de una muerte annonciada)*
**1990** *Oublier Palerme (Dimenticare Palermo)*
**1996** *La Trêve (La tregua)*

# Roberto **Rossellini**

ROME 1906 – id. 1977

**Entre évidence et pédagogie.** Par bien des aspects, Roberto Rossellini est un cinéaste inclassable. Né en 1906 dans une famille aisée (son père est architecte, son frère musicien), il se forme dans le climat du fascisme. Arrivé au cinéma par des métiers techniques (technicien du son, monteur), il tourne plusieurs courts métrages dans la seconde moitié des années trente, notamment *Fantasia sottomarina* et *La vispa Teresa*. Après avoir été l'assistant de Carlo Ludovico Bragaglia et de Goffredo Alessandrini, il réalise ses premiers longs-métrages au début des années 1940 – *Le Navire blanc* (1941), *Un pilote revient* (1942), *L'Homme à la croix* (1943) – en exaltant les vertus militaires des combattants engagés dans le Seconde Guerre mondiale. En 1943, il commence un film plus personnel, *Desiderio*, qui sera achevé en 1946 par Marcello Pagliero.

Par un étrange paradoxe, lui qui a donné des gages à la guerre fasciste, il devient à la Libération le fondateur du mouvement néoréaliste en signant les œuvres repères que sont *Rome ville ouverte* (1945), *Paisà* (1946) et *Allemagne année zéro* (1948), trois films qui échappent au triomphalisme de l'esprit de la Résistance pour dire le martyre du peuple italien face à la barbarie de l'occupant nazi ou les traumatismes du peuple allemand au lendemain de l'effondrement du III$^{e}$ Reich. Ces œuvres, très bien accueillies à l'étranger, l'installent comme emblème du renouveau italien.

Après *L'Amore* (1948), qu'il « dédie à l'art dramatique d'Anna Magnani », et le curieux apologue *la Machine à tuer les méchants* (1948), la rencontre avec Ingrid Bergman le conduit dans les voies d'un cinéma plus personnel, plus lié à l'expérience privée. Il tourne six films avec la jeune femme, les films cultes que sont *Stromboli* (1949), *Europe 51* (1952), *Voyage en Italie* (1954) – la naissance du cinéma moderne –, et aussi un épisode de *Nous les femmes* (1953), *Jeanne au bûcher* (1954), *La Peur* (1955). Dans cette période de grande créativité, il réalise encore *Onze Fioretti de François d'Assise* (1950), portrait quotidien d'une grande figure de la spiritualité occidentale, et *Où est la liberté ?* (1952), film dans lequel il utilise Totò comme faire-valoir pour mettre en scène une vision paradoxale de la société.

Roberto Rossellini et Ingrid Bergman sur le tournage de *Stromboli* (1949).

Séparé d'Ingrid Bergman, Rossellini marque une certaine lassitude à l'égard des formes et des modes de production du cinéma traditionnel. Le cinéaste voyage aux Indes en 1957, il en ramène à la fois un grand reportage (*L'India vista da Rossellini*, dix épisodes pour la télévision) et un curieux film qui mélange documentaire et fiction, *India Matri Bhumi*. Le détour par l'exotisme ne constitue qu'une étape. Dans ces années, Rossellini cherche de nouvelles perspectives. Après une reprise des thèmes de la guerre avec *Le Général Della Rovere* (Lion d'or à Venise en 1959) et *Les Évadés de la nuit* (1960), et une évocation brûlante du XIXe siècle avec *Viva l'Italia !* (1961) sur l'épopée de Garibaldi et *Vanina Vanini* (1962) d'après Stendhal, il découvre ce qui orientera désormais son travail : la jouissance de la transmission du savoir dans une optique didactique plus proche de la télévision que du cinéma.

Ainsi, après la supervision de *l'Âge du fer* (mis en scène par son fils Renzo en 1964-1965), il tourne le film-charnière qui l'engage définitivement dans la voie pédagogique, *la Prise de pouvoir par Louis XIV* (1966). Il réalise alors des sortes de fresques sur un homme et une époque autour des figures de Socrate, Blaise Pascal, Saint Augustin, Côme de Médicis, Descartes, Alcide De Gasperi, accordant une place particulière à la figure du Christ auquel il consacre *le Messie* en 1975, mais dont il avait déjà évoqué le message dans *les Actes des apôtres* en 1969. Lorsqu'il meurt brutalement en juin 1977 au retour d'un Festival de Cannes où il a fait obtenir la Palme d'or à *Padre padrone* des frères Taviani, il s'apprêtait à mettre en scène *Travailler pour l'humanité*, un film consacré à la figure de Karl Marx.

Avec le passage du temps, l'œuvre du cinéaste, foisonnante et imprévue, continue à intriguer, à contenir une part de mystère. Tout à la fois matérialiste et spiritualiste, nourri d'expérience et ouvert à la nouveauté, toujours prêt à se battre pour ses idées, le cinéma de Rossellini provoque le débat qui caractérise les œuvres vivantes. — J. A. G.

**FILMOGRAPHIE**

1941 *Le Navire blanc (La nave bianca)*
1942 *Un pilote revient (Un pilota ritorna)*
*L'Homme à la croix (L'uomo dalla croce)*
1945 *Rome ville ouverte (Roma città aperta)*
*Paisà*
1947 *Allemagne année zéro (Germania anno zero)*
1948 *Amore*, deux épisodes :
*«La Voix humaine» («La voce umana»)*
*«Le Miracle» («Il miracolo»)*
1949 *Stromboli (Stromboli terra di Dio)*
1950 *Onze Fioretti de François d'Assise (Francesco giullare di Dio)*
1952 *La Machine à tuer les méchants (La macchina ammazzacattivi)*
*Les Sept péchés capitaux (I sette peccati capitali)*, ép. *«L'invidia» («l'Envie»)*
*Europe 51 (Europa 51)*
1953 *Où est la liberté ? (Dov'è la libertà ?)*
*Nous les femmes*, ép. *«Siamo donne»*
1954 *Voyage en Italie/L'amour est le plus fort (Viaggio in Italia)*
*Amori di mezzo secolo*, ép. *«Napoli '43»*
*Jeanne au bûcher (Giovanna d'Arco al rogo)*
*La Peur (La paura/Non credo più all'amore/Incubo)*
1958 *India*, doc.
1959 *Le Général Della Rovere (Il Generale Della Rovere)*
1960 *Les Évadés de la nuit (Era notte a Roma)*
1961 *Viva l'Italia*
*Vanina Vanini*
1962 *Anima nera*
1963 *RoGoPaG*, ép. *«Illibatezza»*
1974 *Anno uno*
1976 *Le Messie (Il Messia)*

# Jean **Rouch**

PARIS 1917 – BIRNI N'KONNI 2004

**L'Africain.** Les premiers films de Jean Rouch sont des documentaires tournés en Afrique noire, dont *les Maîtres fous*, le film qui l'a révélé au-delà des cercles spécialisés. C'est d'abord un ethnographe dont la caméra n'est qu'un des outils. Autodidacte, il a contribué à moderniser les pratiques cinématographiques, dans un tranquille mépris des règles qui lui a valu l'admiration de jeunes cinéastes en rupture avec les académismes. Bouleversant les règles de la narration dans le documentaire, il franchit une nouvelle étape dans *Moi, un noir*, improvisé avec le concours de jeunes dockers et chômeurs nigériens vivant dans les faubourgs d'Abidjan. Comme il l'avait déjà tenté avec *Jaguar* (version de 1954 remaniée en 1967), ses protagonistes assurent un *feed back* en commentant les images ; c'est du cinéma direct, avec commentaire libre enregistré *a posteriori*.

L'improvisation devient la marque de Rouch, il développe les récits au fur et à mesure du tournage, avec des participants qui interprètent plus ou moins leur propre vie. Ainsi *la Pyramide humaine*, une sorte de psychodrame tourné avec des lycéens d'Abidjan – ou plutôt un jeu de rôles sur les relations entre Noirs et Blancs et sur le racisme. Suivent alors, selon des principes analogues et un point de départ encore plus simple, *la Punition* (une journée d'école buissonnière d'une lycéenne), et *Petit à petit*, où se retrouvent les héros de *Jaguar*, et qui vaut surtout comme regard africain sur Paris. Avec quelques Africains familiers de ses méthodes, il tourne très librement un truculent road-movie, *Cocorico Monsieur Poulet*, relatant les aventures de commerçants itinérants se débattant contre divers obstacles (dont une diablesse), puis *Moi, fatigué debout, moi couché*, un voyage le long du fleuve Niger destiné à la collecte d'histoires traditionnelles.

Documentariste, il s'est spécialisé dans l'Afrique occidentale, du Niger au Mali, tout en assurant un va-et-vient avec l'Europe, itinéraire illustré par une expérience de cinéma-vérité controversée, *Chronique d'un été*. Utopiste de l'«anthropologie partagée», il a été aussi un cinéaste novateur, pionnier de ce qu'on a nommé l'ethno-fiction, où, sur la base d'un canevas destiné à favorisant l'authenticité, l'intrigue est structurée par le collectif des participants. – D. S.

**FILMOGRAPHIE**

1951 *Les Fils de l'eau*, doc.
1954 *Les Maîtres fous*
1958 *Moi, un Noir*
1959 *La Pyramide humaine*
1960 *Chronique d'un été*, co. Edgar Morin
1962 *Festival à Dakar*, doc.
1962 *La Punition*
1962 *Urbanisme africain*
1965 *La Chasse au lion à l'arc*
1965 *Tambours et violons des chasseurs Songhay*
*Paris vu par...*, ép. *«Gare du Nord»*
1966-1973 *Sigui*
1967 *Faran Maka Fonda*, doc.
1967 *Jaguar*
1970 *Petit à petit*
1971 *L'An 01*, co. J. Doillon, A. Resnais
1972 *Tanda Singui*
1973 *Sécheresse à Simiri*
1974 *Cocorico, Monsieur Poulet*
1976 *Babatu ou les Trois Conseils*
1979 *Bongo, les funérailles du vieil Anaï*
1981 *Les Deux Chasseurs*
*Le Renard pâle*, co. G. Dieterlen
*Les Cérémonies soixantenaires de Sigui*
*La Transe créatrice*

**1984** *Dionysos*
**1986** *Enigma*, co. A. Chiantaretto, M. di Castri, D. Pianciola
*Folie ordinaire d'une fille de Cham*
*Le Briseur de glace*, ép. *«Bateau-Givre»*
**1988** *Boulevards d'Afrique-Bac ou Mariage* co. Tam-Sir Doueb
**1989** *Fraternité : cantate pour deux généraux*
**1993** *Madame l'eau*
**1997** *Moi, fatigué debout, moi couché*

## Raúl **Ruiz**

PUERTO MONTT 1941

**Un baroque littéraire.** C'est dans un cinéma chilien très engagé dans la vie politique du pays que s'inscrit tout d'abord Raúl Ruiz, dès son premier long métrage, une critique de la bourgeoisie (*Tres tristes tigres* 1968). Engagé aux cotés de Salvador Allende, il doit émigrer en France après le putsch de 1973. Son film suivant, *Dialogues d'exilés* (1974), s'inspire de ce statut et aborde avec distance les difficultés des émigrés et les risques de l'hybridation idéologique.

Ne négligeant pas pour s'exprimer les supports les plus pauvres, Super 8, 16 mm, vidéo, il acquiert un statut de cinéaste à multiples facettes, toujours en alerte, singulier, parfois provocateur. Son tempérament exubérant s'exprime dans des constructions insolites tournées avec de petits budgets. Il explore toutes les potentialités des récits quasi-surréalistes, aime les digressions, remet en question tous les codes, organise des représentations emboîtées (*l'Hypothèse du tableau volé*), des puzzles aux multiples rebondissements (*les Trois Couronnes du matelot*), s'abandonne à l'expérimental (*l'Éveillé du pont de l'Alma*). Ses variations sur les formes narratives classiques, ludiques et souriantes (*l'Île au trésor*) ou cachées en film noir (*les Âmes fortes*), ses constructions labyrinthiques, deviennent l'image de marque d'une œuvre prolifique, où l'on décèle parfois l'influence des écrivains argentins Borges et Cortazar.

Ruiz a pu donner l'impression d'abandonner tous ces jeux au profit de thèmes psychanalytiques (*Généalogies d'un crime*, *la Comédie de l'innocence*) et de l'adaptation de textes littéraires. Les mêmes constantes sont pourtant présentes dans *le Temps retrouvé*, où son approche de l'œuvre de Proust, subtilement fragmentée, est d'abord une confrontation avec le souvenir – thème essentiel, aussi, de *Días de campo*, le film qui marque son retour au Chili. De même, *Klimt*, qui évoque le peintre au seuil de la mort s'interrogeant sur son art, reste dans le registre du baroque et de l'exploration de la mémoire. Cinéaste toujours libre, Ruiz brouille les pistes, toujours entre rêve et réalité, présent et passé, romanesque et onirisme. – D. S.

**FILMOGRAPHIE**

**1968** *Trois Tristes Tigres (Tres tristes tigres)*
**1970** *Qué hacer ?*
**1971** *La colonia penal*
*Nadie dijo nada*
**1972** *La expropiación*
*El realismo socialista*
*Palomita brava*
*Palomita blanca*
**1974** *Dialogue d'exilés (Diálogo de exiliados)*
**1975** *El cuerpo repartido y el mundo al revés / Mensch zerstreut und Welt verkehrt*
**1977** *La Vocation suspendue*
**1978** *L'Hypothèse du tableau volé*
**1979** *Des grands événements et des gens ordinaires : les élections*
*Petit Manuel d'histoire de France*
*Images de débats*
*Jeux*
*L'Or gris*
**1981** *Le Territoire*
*Le Borgne*
*Le Toit de la baleine (Het dak van de walis)*
**1983** *Les Trois Couronnes du matelot*
*Bérénice*
*La Ville des pirates*
**1984** *Le Point de fuite*
*La Présence réelle*
**1985** *Les Destins de Manoel*
*L'Éveillé du pont de l'Alma*
**1986** *L'Île au trésor*
*Richard III*
*Mammame*
*Régime sans pain*
*Mémoire des apparences*
*Angola ou les enfants du bannissement*
**1987** *La Chouette aveugle*
*Le Professeur Taranne*
**1988** *Tous les nuages sont des horloges*
*Derrière le mur*
**1989** *Palla y Talla*
**1990** *La Telenovela errante*
*L'Exode*
**1991** *The Golden Boat*
**1992** *L'Œil qui ment/Dark at Noon*
*Fado majeur et mineur*
**1995** *Promenade (sketch d'À propos de Nice la suite)*
**1996** *Jessie (Shattered Image)*
*Trois Vies et une seule mort*
**1997** *Généalogies d'un crime*
**1999** *Le Temps retrouvé*
**2000** *Combat d'amour en songe*
**2000** *Comédie de l'innocence*
**2001** *Les Âmes fortes*
**2003** *Ce jour-là*
*Une place parmi les vivants*
**2004** *Journée à la campagne (Dias de campo)*
*Le Domaine perdu*
**2005** *Klimt*

## Carlos **Saura**

HUESCA 1932

**La mémoire du Franquisme.** Né dans un milieu d'artistes, Saura s'intéresse à la musique, à la peinture, à la photographie. En 1952, il s'inscrit à l'Instituto de Investigaciones y Estudios Cinematográficos où il se passionne pour la technique et la théorie du cinéma. Avec son premier film, *Los golfos* (1959), il tente de jeter les bases d'un néoréalisme à l'espagnole. Il y aborde, par le biais d'une peinture sociologique des milieux défavorisés de la capitale, le problème de la délinquance juvénile. Après *Ballade pour un bandit* (1963), incursion dans le genre picaresque, Saura, jusqu'à la mort de Franco, se bat et ruse avec les autorités de son pays. Il travaille au niveau de l'allégorie et de la symbolique. Dans *la Chasse* (1965), il ébauche les grandes lignes de son univers. À travers une partie de chasse, située dans l'Espagne des années 60, transparaît le souvenir de la guerre civile. Désormais, Saura développe les thèmes de la mémoire, de la frustration, de l'infantilisation de plusieurs générations d'Espagnols par une société puritaine et répressive. Les individus qui peuplent ses fictions appartiennent à la bourgeoisie et se rattachent à une catégorie sociale privilégiée par le régime. Saura tente de mettre à nu les mécanismes qui régissent leur inconscient. *Peppermint frappé* (1967), *Stress es tres, tres* (1968) et *La madriguera* (1969) prennent pour cibles des couples en situation de crise existentielle. Le jeu, le déguisement, le mélange de réel et d'imaginaire, créent un cinéma de poésie qui scrute avec pertinence l'intériorité des protagonistes.

Ce langage elliptique que Saura met en place pour d'évidentes raisons politiques, mais aussi par souci d'innovation esthétique, s'inscrit dans une tradition typiquement ibérique. *Le Jardin des délices* (1970), *Ana et les loups* (1972), *la Cousine Angélique* (1973) sont des productions axées autour de la mémoire et de la famille dans leur rapport à la tragédie franquiste. Avec *Cría Cuervos* (1975), le cinéaste évoque les rapports de l'enfant à l'adulte et de ce dernier face à sa propre image infantile. L'artiste revisite et déploie tous ses thèmes dans *Elisa mon amour* (*Elisa, vida mía*, 1977), sans doute son ouvrage le plus accompli. Le décès de Franco, le changement de régime, la possibilité d'évoquer directement certaines réalités brisent la cohérence du système signifiant de Carlos Saura. À partir des *Yeux bandés* (1978), il livre les clés de son travail et insiste, par une théâtralisation appuyée, sur ses intentions. *Maman a cent ans* (1979) marque la fin d'un cycle. Continuant à beaucoup tourner, Saura devient répétitif et ses films ne retrouvent que par intermittence la force de ses œuvres antérieures, à un moment où il représentait, en plein franquisme, une sorte d'îlot de résistance. – J. A. G.

**FILMOGRAPHIE**

**1959** *Los golfos*
**1963** *Les Bandits / Ballade pour un bandit (Llanto por un bandido)*
**1965** *La Chasse (La caza)*
**1967** *Peppermint frappé*
**1968** *Stress es tres, tres*
**1969** *La madriguera*
**1970** *Le Jardin des délices (El jardín de las delicias)*
**1972** *Ana et les loups (Ana y los lobos)*
**1973** *La Cousine Angélique (La prima Angélica)*
**1975** *Cría cuervos*
**1977** *Elisa mon amour (Elisa, vida mía)*
**1978** *Yeux bandés (Los ojos vendados)*
**1979** *Maman a cent ans (Mamá cumple 100 años)*
**1980** *Vivre vite (Deprisa, deprisa)*
**1981** *Doux Moments du passé (Dulces horas)*
*Noces de sang (Bodas de sangre)*
**1982** *Antonieta*
**1983** *Carmen*
**1984** *Los zancos*
**1986** *L'Amour sorcier (El amor brujo)*
**1988** *El Dorado*
**1989** *La Nuit obscure (La Noche oscura)*
**1990** *¡ Ay Carmela !*
**1992** *Marathon*
*Sevillanas*
**1993** *¡ Dispara !*
**1995** *Flamenco*
**1996** *Taxi*
**1997** *Petit Oiseau solitaire (Pajarico)*
**1999** *Goya en Burdeos*
**2001** *Buñuel y la mesa del rey Salomón*
**2002** *Salomé*
**2004** *Le Septième Jour (El séptimo día)*
**2005** *Iberia*
**2006** *Io, Don Giovanni*

## Claude **Sautet**

MONTROUGE 1924 - PARIS 2000

**Un cinéaste de l'humanisme.** Après ses études à l'IDHEC, Claude Sautet réalise un premier court métrage en 1951 puis son premier long métrage en 1956. Mais ce sont *les Choses de la vie*, en 1969, qui imposent le style et la sensibilité du cinéaste. Sautet s'y pose en peseur d'âme, en analyste des sentiments et du cœur humain. À partir d'un accident de la route subi par le personnage qu'interprète Michel Piccoli, il hausse le fait-divers à la dimension de drame. Le départ du film, en retour en arrière des séquences de l'événement, fixe aussitôt le discours et dépasse la matérialité des faits pour en explorer la profondeur humaine. Le montage inventif des séquences de l'accident renforce cette dimension, le cinéaste s'adressant directement à nous, nous atteignant à tel point que, comme l'écrit François Nourissier au sortir du film : « Les spectateurs conduiront le pied sur le frein (...) Mais ils sauront que toutes précautions sont inutiles : notre avenir est peuplé de carrefours tranquilles et d'oublis, où nous guettent les grands mensonges noirs de la mort. » (*l'Express*, 09/03/1970).

La technique filmique, ses ralentis, ses retours en arrière, ses plans silencieux, se substituent à la réflexion. Les silences, les expressions, les gestes, qu'encadre le texte sobre de Jean-Loup Dabadie et que traduit la musique de Philippe Sarde, nous entraînent vers cette lente marche dans l'agonie du personnage central, dont le générique a fixé la fatalité. Sautet fait de ces choses de la vie, les choses de notre vie et l'objectif de sa caméra est le témoin troublant de notre quotidien.

« Je voulais montrer des personnages qui soient tous, ou presque, en danger de désespoir. » (*Écran 74* n°30, 11/1974). Chez Sautet, les protagonistes sont souvent identifiés par leur seul prénom : ils nous en deviennent plus familiers, plus proches. Les Max, César et Rosalie, Vincent, François, Paul, Mado ou Nelly sont des intimes dont les angoisses répondent à nos propres interrogations.

Dans *Max et les ferrailleurs*, Sautet pose avant l'heure un regard sur la banlieue et sa délinquance, qu'il prolonge d'une construction dramatique semblable à la technique des *Choses de la vie*. Il y cerne le caractère torturé du personnage central que le manque de discernement entraîne vers l'autodestruction. Cette complexité des consciences déchirées par les événements dont elles deviennent les jouets, se retrouve dans *César et Rosalie*, avec les acteurs fétiches Romy Schneider et Yves Montand. Les personnages sont à leur tour entraînés dans la spirale de la remise en question et de l'incompréhension. Quoi de plus difficile et d'imprévisible que les rapports humains ? se demande le cinéaste, scannant ses personnages au moindre mouvement, au moindre regard ou au moindre silence, tirant en pleine lumière les sentiments les plus enfouis, les plus refoulés. Rien n'échappe au clinicien Sautet.

Dans *Vincent, François, Paul et les autres*, le cinéaste finit de démontrer que les situations les plus conventionnelles peuvent être lourdes de signification et fixe le portrait d'une génération et d'une époque. *Mado*, puis *Une histoire simple* étendent cette vision à l'environnement social. Sautet explore à travers ces êtres son temps et ses conflits, les caractères rendus vulnérables. Ses personnages s'enfoncent dans leur gravité, ils dépassent ce « danger de désespoir » : l'accident cardiaque devient tentative de suicide et la vie quotidienne prend l'allure d'un combat pour la survie.

Dans les films suivants, Sautet parachève un cinéma de la sensibilité et de l'intelligence. Au sortir de *Un mauvais fils*, Claude Beylie écrit : « Sautet réussit la gageure de nous parler de ces choses, les choses de la vie et de la mort, sans subterfuge, sans faux fuyant. Il débride la plaie à vif ». Dans *Un cœur en hiver*, il y ajoute l'amour de la musique. Les regards, les silences trouvent leur écho dans Ravel. Le dernier film, *Nelly et Monsieur Arnaud* (1995), tient une place à part. Sans histoire véritable, avec un scénario linéaire fait de petites séquences suggestives, il est le plus achevé, le plus intimiste de Claude Sautet (Michel Serrault y est un double du cinéaste qui pressent qu'il s'agit de son dernier film), sinon le plus émouvant. Avec ce réalisme poétique simplement humain, Sautet s'inscrit dans la lignée de cinéastes tels que Grémillon, Becker ou Carné. – S. C.

**FILMOGRAPHIE**

**1956** *Bonjour, sourire*
**1960** *Classe tous risques*
**1965** *L'Arme à gauche*
**1970** *Les Choses de la vie*
**1971** *Max et les ferrailleurs*
**1972** *César et Rosalie*
**1974** *Vincent François Paul et les autres*
**1976** *Mado*
**1978** *Une histoire simple*
**1980** *Un mauvais fils*
**1983** *Garçon !*
**1988** *Quelques jours avec moi*
**1992** *Un cœur en hiver*
**1995** *Nelly et Monsieur Arnaud*

## Volker **Schloendorff**

WIESBADEN 1939

**Passeur entre les cultures**, Schloendorff a été un des rénovateurs du cinéma allemand, participant à tous les combats du cinéma d'auteur - jusque sur le terrain politique, prenant avec Kluge l'initiative de films collectifs témoignant de l'état du pays, *l'Allemagne en automne* (à l'époque du terrorisme), *le Candidat*, *Guerre et paix*.

La mise à jour des contradictions des individus et des groupes humains, de la société tout entière, est au centre de son œuvre. *Les Désarrois de l'élève Toerless* (1966), un film d'une grande maturité tourné alors qu'il n'avait que vingt-six ans, traite des troubles de l'adolescence dans un contexte pré-fasciste, avec une rigueur narrative et une profondeur psychologique caractéristiques du cinéaste, dépassant la simple attitude humaniste dans son interrogation sur la passivité devant la violence. Il a exploré d'autres milieux : paysans en révolte au XIX$^{e}$ siècle dans *la Soudaine Richesse des pauvres gens de Kombach*, couple et revendications féminines dans *Feu de paille*, presse manipulatrice dans *l'Honneur perdu de Katharina Blum* (avec une tonalité de thriller politique), anciens terroristes cachés en RDA dans *les Trois Vies de Rita Vogt*.

Dans *le Faussaire*, film très représentatif de son approche, il décrit les difficultés des intellectuels de gauche devant une situation (le Liban de la guerre civile) qui échappe à leurs catégories d'analyse, dans *le Coup de grâce*, il jumelle la complexité psychologique et la situation particulière des pays baltes au lendemain de 1918. Son film le plus célèbre est *le Tambour* (1979), superbe adaptation du roman touffu de Günter Grass, où il traite du sort d'individus ballottés par les tempêtes de l'Histoire dans la tradition du *grotesk* (carnavalesque). Il sera moins heureux dans *le Roi des aulnes*, autre tentative de fresque baroque évoquant l'ère nazie, tournée à son retour en Allemagne après plusieurs films réalisés aux États-Unis, où il confirmait son goût pour un cinéma humaniste. Passeur entre les cultures, entre les périodes historiques et les genres, Schloendorff est un cinéaste classique – à condition d'associer à cet épithète des objectifs de clarté et de fermeté narrative, le devoir de lucidité et de rigueur formelle en même temps que la sensibilité à l'humain. — D.S.

**FILMOGRAPHIE**

**1966** *Les Désarrois de l'élève Toerless (Der Junge Törless)*
**1967** *Vivre à tout prix (Mord und Totschlag)*
**1969** *Michael Kohlhaas, le rebelle (Michael Kohlhaas - Der Rebell)*
**1969** *Baal*
**1970** *La Soudaine Richesse des pauvres gens de Kombach (Der plötzliche Reichtum der armen Leute von Kombach)*
**1972** *Die Moral der Ruth Halbfass*
**1972** *Feu de paille (Strohfeuer)* co. Margarethe von Trotta
**1975** *L'Honneur perdu de Katharina Blum (Die verlorene Ehre der Katharina Blum)* co. Margarethe von Trotta
**1976** *Le Coup de grâce (Der Fangschuss)*
**1978** *L'Allemagne en automne (Deutschland im Herbst)*, collectif
**1979** *Le Tambour (Die Blechtrommel)*
**1980** *Le Candidat (Der Kandidat)* co. A. Kluge, S. Aust, A. von Eschwege
**1981** *Le Faussaire (Die Fälschung)*
**1982** *Krieg und Frieden*, co. A. Kluge
**1984** *Un amour de Swann*
**1985** *Mort d'un commis voyageur (Death of a Salesman)*
**1987** *Colère en Louisiane (A Gathering of Old Men)*
**1990** *La Servante écarlate (The Handmaid's Tale)*
**1991** *The Voyager*
**1996** *Le Roi des aulnes (Der Unhold)*
**1998** *Palmetto*
**2000** *Les Trois Vies de Rita Vogt (Die Stille nach dem Schuß)*
**2004** *Der neunte Tag*
**2006** *Streik - Die Heldin von Danzig*

# Ettore **Scola**

TREVICO 1931

**La comédie nostalgique de l'histoire.** Après des études de droit, Ettore Scola se consacre d'abord au journalisme humoristique et à la radio, avant de devenir gagman pour des films de Totò. En 1952, il commence à participer à des scénarios et devient rapidement, associé à Ruggero Maccari, un des scénaristes les plus réputés en matière de comédies. Pendant plus de dix ans, il écrit une cinquantaine de films et collabore notamment avec Dino Risi (*l'Homme aux cent visages*, 1960 ; *la Marche sur Rome*, 1962 ; *le Fanfaron*, id. ; *les Monstres*, 1963 ; *Il gaucho*, 1964 ; *Moi la femme*, 1971) et Antonio Pietrangeli (*Adua et ses compagnes*, 1960 ; *les Joyeux Fantômes*, 1961 ; *La parmigiana*, 1963 ; *Annonces matrimoniales*, 1964 ; *le Cocu magnifique*, id. ; *L'amour tel qu'il est*, 1965). En 1964, grâce à Vittorio Gassman, il réalise son premier film, *Parlons femmes*. Le cinéaste commence par mettre en scène des comédies, des films dans lesquels se sent toutefois le désir d'aller au delà du spectacle humoristique et de poser un regard critique sur la société italienne (*Cent millions ont disparu*, 1965 ; le sketch *Il vittimista* dans *Thrilling*, id. ; *Belfagor le Magnifique*, 1966 ; *Nos héros réussiront-ils à retrouver leur ami mystérieusement disparu en Afrique ?*, 1968). En 1969, *le Fouineur*, malgré un certain schématisme dans la démarche, indique plus nettement l'intention de porter le bistouri dans les plaies de la société. Tout en conservant un sens très sûr du divertissement, Scola confirme cette tendance avec *Drame de la jalousie* (1970), une comédie qui pose clairement la question des rapports entre les sentiments et l'idéologie (Prix d'interprétation à Cannes pour Marcello Mastroianni), *Permette ? Rocco Papaleo* (1971), *la Plus Belle Soirée de ma vie* (1972). Après l'expérience ascétique de *Trevico-Torino* (1973) sur le drame de l'émigration intérieure entre le Sud et le Nord de l'Italie, Scola réalise *Nous nous sommes tant aimés* (1974), l'œuvre qu l'impose définitivement parmi les meilleurs cinéastes de sa génération. Chronique amère de l'histoire de l'Italie de l'immédiat après-guerre à l'époque actuelle, le film

Ettore Scola sur le tournage de *Quelle heure est-il* (1989).

examine sans complaisance le devenir d'une société. Scola travaille désormais dans la perspective constante d'un va-et-vient entre le passé et le présent, alternant des œuvres inscrites dans la contemporanéité (*Affreux, sales et méchants*, 1976 ; *les Nouveaux Monstres*, 1978 ; *la Terrasse*, 1979 ; *Macaroni*, 1985) et d'autres dans un passé envisagé comme moyen d'interprétation du présent (*Une journée particulière*, 1977 ; *Passion d'amour*, 1981 ; *la Nuit de Varennes*, 1982 ; *le Bal*, 1983). Gagné par une certaine nostalgie inhérente sans doute au passage du temps, Scola se penche sur le problème des relations générationnelles : omniprésent dans *la Famille* (1987) qui traite de quatre-vingts ans de la vie d'une famille bourgeoise italienne, ce thème est également à la base de *Splendor* (1989) – évocation attendrie d'une salle de cinéma en voie de disparition – et de *Quelle heure est-il*, sorte de *Journée particulière* au cours de laquelle un père et son fils tentent désespérément de communiquer. Fermement ancré à gauche (il fut ministre de la Culture dans le gouvernement fantôme constitué par le Parti communiste italien), Scola est avant tout un cinéaste soucieux de communiquer avec le public. Il réussit à concilier un discours critique sur la société transalpine avec les nécessités du divertissement, toutes qualités que l'on retrouve dans ses œuvres plus récentes, *le Voyage du capitaine Fracasse* (1990), d'après Théophile Gautier, *le Roman d'un jeune homme pauvre* (1995), un drame de la pauvreté où Alberto Sordi campe un vieux beau d'anthologie, *le Dîner* (1998), fresque sociologique pleine d'humour et de sarcasme pour décrire une soirée dans un restaurant romain, *Concurrence déloyale* (2001), une comédie corrosive sur les lois antijuives votées en Italie en 1938, *Gente di Roma* (2003), documentaire romancé sur les diverses facettes sociales et culturelles de la capitale italienne aujourd'hui. – J. A. G.

**FILMOGRAPHIE**

**1964** *Parlons femmes (Se permettete parliamo di donne)*
**1965** *Cent millions ont disparu (La congiuntura)*
**1966** *Belfagor le Magnifique (L'arcidiavolo)*
**1968** *Nos héros réussiront-ils à retrouver leur ami mystérieusement disparu en Afrique ? (Riusciranno i nostri eroi a ritrovare l'amico misteriosamente scomparso in Africa ?)*
**1969** *Le Fouineur (Il commissario Pepe)*
**1970** *Drame de la jalousie (Dramma della gelosia, tutti i particolari in cronaca)*
**1971** *Permette ? Rocco Papaleo*
**1972** *La Plus Belle Soirée de ma vie (La più bella serata della mia vita)*
**1973** *Trevico-Torino, viaggio nel Fiat-Nam*
**1974** *Nous nous sommes tant aimés (C'eravamo tanto amati)*
**1976** *Affreux, sales et méchants (Brutti, sporchi e cattivi)*
*Mesdames et messieurs, bonsoir (Signore e signori buonanotte)* co. L. Comencini, N. Loy, L. Magni, M. Monicelli

**1977** *Une journée particulière (Una giornata particolare)*
*Les Nouveaux Monstres (I nuovi mostri)* co. M. Monicelli, D. Risi
*La Terrasse (La terrazza)*
**1981** *Passion d'amour (Passione d'amore)*
**1982** *La Nuit de Varennes (Il mondo nuovo)*
**1983** *Le Bal (Ballando Ballando)*
**1985** *Macaroni (Maccheroni)*
**1987** *La Famille (La Famiglia)*
**1989** *Splendor*
*Quelle heure est-il (Che ora é)*
**1990** *Le Voyage du capitaine Fracasse (Il viaggio di Capitan Fracassa)*
**1992** *Mario, Maria e Mario*
**1995** *Le Roman d'un jeune homme pauvre (Romanzo di un giovane povero)*
**1998** *Le Dîner (La cena)*
**2001** *Concurrence déloyale (Concorrenza sleale)*
*Un altro mondo è possibile,* collectif
**2002** *Lettere dalla Palestina,* collectif
**2003** *Gente di Roma*

# Martin **Scorsese**

FLUSHING 1942

**Un cinéaste de la Renaissance.** L'un des plus célèbres cinéastes de sa génération, Martin Scorsese est également l'un des plus controversés. Son style excessif, ses préoccupations marquées par son éducation religieuse, ne peuvent laisser indifférent. Cinéaste moderne, Scorsese, par ses racines italiennes, est cependant lié à la tradition picturale et statuaire de la Renaissance, vouée comme lui à célébrer l'humain dans sa noblesse et son obscurité.

Fils d'émigrés italiens, tiraillé entre la délinquance et la vocation religieuse, Martin Scorsese cinéaste ne cessera de puiser dans son enfance. Étudiant, puis enseignant à Columbia University à New York, il attire l'attention par ses courts métrages et ses documentaires autobiographiques. Grâce à Roger Corman, il réalise son premier film de fiction, *Bertha Boxcar*, où son talent expressif s'impose (la crucifixion du personnage principal). Mais *Mean Streets* (1973) production indépendante avec Robert De Niro et Harvey Keitel qui deviendront ses comédiens fétiches, le révèle au monde entier. Cette chronique violente de deux petits malfrats sans envergure est portée par un mélange unique de violence et de lyrisme. Il est engagé par Hollywood pour *Alice n'est plus ici* qui conduit son interprète, Ellen Burstyn, à l'Oscar. La consécration mondiale arrive dès le film suivant, *Taxi Driver*, qui obtient la Palme d'or à Cannes en 1976.

Cinéphile passionné consommant régulièrement plusieurs films par jour, même en période de tournage, Martin Scorsese est aussi un grand producteur d'images. L'impact de ses films, c'est souvent celui d'une image : l'avant d'un taxi qui émerge de la vapeur (*Taxi Driver*), un néon gigantesque qui pointe vers la silhouette minuscule d'un musicien (*New York, New York*), un boxeur qui s'exerce au ralenti (*Raging Bull*), un corps propulsé dans les airs par l'explosion d'une voiture (*Casino*). Tout cela forge une mythologie urbaine, violente, sanglante, à base de corps tordus et meurtris, de tôle froissée, de couleurs saturées. Au cœur de ce chaos, un être fruste qui progresse vers la lumière (*New York, New York, Raging Bull, les Affranchis, À tombeau ouvert*) ou s'enfonce à jamais dans les ténèbres (*Taxi Driver, Casino, Aviator*). Le monde criminel, la mafia, la ville même représentent l'enfer dans la vision de Scorsese, qu'il faut bien qualifier de mystique.

Au cœur de ce déferlement brutal, les rituels sociétaux raffinés du *Temps de l'innocence* représentent un enfer plus dangereux encore car trompeur. Ce sont peut-être les images quasi épiques de *Kundun* qui ont donné lieu à une possible intuition de l'apaisement.

Robert De Niro a su prêter son corps malléable à l'invention de Scorsese. Comme un sculpteur, le cinéaste met en scène le corps aminci et musclé puis bouffi et vieilli (*Raging Bull*), renversé à la manière de Caravage pour signifier la possession diabolique (*les Nerfs à vif*), portant les stigmates christiques (*À tombeau ouvert*) ou amaigri, criblé de plaies, comme consumé (*Aviator*). Quand il filme son idée du Christ (*la Dernière Tentation du Christ*), c'est encore une fois les corps des uns et des autres qui portent les traces du déchirement des âmes. Dotée d'une imagerie obsédante, affrontant les excès au corps à corps, l'œuvre de Scorsese est celle d'un visionnaire : il ne s'est pas contenté de saisir l'homme de son temps, il l'a inscrit dans une perspective culturelle et historique qui lui donne un sens universel. Par des moyens très physiques, Scorsese est un cinéaste qui invite à la réflexion. – C.V.

**FILMOGRAPHIE**

**1972** *Bertha Boxcar (Boxcar Bertha)*
**1973** *Mean Streets*
**1974** *Alice n'est plus ici (Alice Doesn't Live Here Anymore)*
**1976** *Taxi Driver*
**1977** *New York, New York*
**1978** *American Boy*
**1980** *Raging Bull*
**1983** *La Valse des pantins (The King of Comedy)*
**1985** *After Hours*
**1986** *La Couleur de l'argent (The Color of Money)*
**1988** *La Dernière Tentation du Christ*

Martin Scorsese dirige Leonardo Di Caprio sur le tournage d'*Aviator* (2004).

*(The Last Temptation of Christ)*
**1989** *New York Stories* ép. *« Life Lessons »*
**1990** *Les Affranchis (Goodfellas)*
**1991** *Les Nerfs à vif (Cape Fear)*
**1993** *Le Temps de l'innocence (The Age of Innocence)*
**1996** *Casino*
**1998** *Kundun*
**1999** *À tombeau ouvert (Bringing Out the Dead)*
**2002** *Gangs of New York*
**2004** *Aviator (The Aviator)*

## Ousmane **Sembene**

ZIGUENCHOR 1923

**Les plaies de l'Afrique.** Premier représentant, à l'échelle internationale, du cinéma africain issu de la décolonisation, l'œuvre d'Ousmane Sembene constitue une vaste entreprise de dénonciation de tous les tabous et dysfonctionnements de la société africaine.

Il est venu tard au cinéma, après avoir étudié à l'école de cinéma du VGIK à Moscou à partir de 1961. Il rentre alors au Sénégal, réalise deux courts métrages, et se fait connaître par *la Noire de...* (1966). Alors que la décolonisation a eu lieu, il montre, à travers la vie d'une jeune femme africaine domestique chez une famille française de la Côte d'Azur, que la mentalité coloniale perdure. Avant d'arriver au cinéma, Sembene a été ouvrier mécanicien au Sénégal, avant d'être enrôlé dans les Forces françaises, en 1942. Il consacrera à ce sujet et au mauvais traitement des tirailleurs sénégalais de retour au pays, un film réquisitoire, *le Camp de Thiaroye* (1987), jamais distribué en France. Après la guerre, il travaille pendant dix ans comme ouvrier docker à Marseille, tout en étant très actif syndicalement. Il publiera en 1956 son premier roman sur son expérience, *le Docker noir*, et poursuivra son travail d'écrivain en parallèle avec ses activités cinématographiques.

Prompt à dénoncer l'exploitation des noirs après l'indépendance, Sembene l'est tout autant à critiquer dans *le Mandat* (1968) l'installation au pouvoir d'une nouvelle bureaucratie africaine, qui prend la place laissée vide par l'occupant. En prenant position contre le cinéma ethnographique de Jean Rouch (« *Tu nous filmes comme des insectes !* »), il s'impose comme la première conscience du cinéma africain. Son cinéma, au réalisme sec, est conçu comme un dossier ou un procès à instruire, soucieux d'informer et de convaincre. Il s'oppose à la tradition quand il la juge néfaste (l'excision dans *Moolaadé*, 2004) ou la défend dans *Ceddo* (1979) quand il s'attaque à la religion islamiste, implantée de force contre les religions animistes, autre phénomène de colonisation, mais de nature religieuse. Cinéaste qui dérange, son ambitieux projet sur Samory Touré, le premier à combattre les troupes françaises au début de la colonisation, est toujours dans les tiroirs. – C. T.

**FILMOGRAPHIE**

**1966** *La Noire de...*
**1968** *Le Mandat (Mandabi)*
**1970** *Taw*
**1971** *Emitaï*
**1975** *Xala*
**1977** *Ceddo*
**1987** *Le Camp de Thiaroye* co. Thierno Faty Sow
**1992** *Guelwaar*
**2000** *Faat Kiné*
**2004** *Moolaadé*

# Robert **Siodmak**

DRESDE 1900 - LOCARNO 1973

**Un des inventeurs du film noir.** Ses parents établis à Leipzig, c'est en Allemagne que Robert Siodmak fait ses études. Il devient acteur et metteur en scène dans une petite troupe théâtrale. Il est également journaliste puis il fait son entrée dans les studios berlinois où il apprend le métier de monteur. En 1929, il tourne un premier film, *les Hommes le dimanche*, qu'il coréalise avec Edgar G. Ulmer; sur un scénario écrit par deux débutants Fred Zinnemann et Billy Wilder. Au début des années 1930, Siodmak se fixe à Paris. Il offre là au cinéma français quelques classiques, parfois méconnus, comme *Mollenard*, oppressant drame à la Simenon, ou *Pièges*, ancêtre du film noir.

Le cinéaste a affiché dès ses premiers films allemands une personnalité et une manière de filmer différente. Il joue de la lumière et des contrastes, valorisant l'ambiance et l'atmosphère. Il atteint dans *Mollenard* une profondeur humaine et donne à Harry Baur l'un de ses grands rôles. Il y affirme enfin un souci du rendu sonore et de la qualité musicale confiant la partition du film à l'un des plus avant-gardistes compositeurs du Groupe des Six, Darius Milhaud.

Fort de cette vision esthétique nouvelle, Siodmak trouve à Hollywood, qu'il gagne en 1940, la concrétisation de son style. Collaborant d'abord à des films de série B, avec *les Mains qui tuent*, adaptation virtuose de William Irish, il contribue de manière décisive au genre naissant du film noir, auquel il offrira plusieurs chefs-d'œuvre. Sur une base très empreinte d'expressionnisme, il impose, par le rythme musical, associé à des plans très composés et à un éclairage particulier, un ton nouveau jouant de suspenses et de tensions.

*Deux mains, la nuit*, essai de mise en scène pure sur un canevas criminel, lui fait gagner l'estime des professionnels. Mais c'est *les Tueurs* (1946), tourné dans la foulée, qui s'impose comme son chef-d'œuvre et un de ceux du film noir américain. Adaptation saisissante d'une nouvelle d'Hemingway, la mise en scène permet de créer des stéréotypes inoubliables: le héros suicidaire, Burt Lancaster, la femme fatale, Ava Gardner. La scène de l'exécution du contrat est digne d'une anthologie du film américain. On reste frappé par la vitalité des images, la nervosité des séquences, l'intensité des éclairages. Les larges mouvements de caméra, les longs plans fixes, l'expression des regards, se retrouvent dans *Pour toi, j'ai tué* et dans *la Femme à l'écharpe pailletée* (Barbara Stanwyck y est une tueuse inoubliable), autres chefs-d'œuvres du noir. *La Proie* propose une variation presque néoréaliste des mêmes thèmes, avec la même réussite (la masseuse tueuse). Mais le déclin du genre freine sa carrière. Siodmak ne trouve plus vraiment de sujets d'inspiration et tourne plus rarement. On retiendra cependant encore *Les Rats* et *les SS frappent la nuit* (remarquable histoire du tueur en série sur fond de nazisme), tournés en Allemagne, ou *Tunnel 28* avec pour toile de fond le Berlin de la guerre froide. – S. C.

**FILMOGRAPHIE**

**1929** *Les Hommes le dimanche (Menschen am Sonntag)*, co. E. G. Ulmer
**1930** *Adieux (Abschied)*
**1931** *L'homme qui cherche son assassin (Der Mann der seinen Mörder sucht)*
**1931** *Autour d'une enquête (Voruntersuchung)*
**1932** *Tumultes (Stürme der Leidenschaft)*
*Quick et VF homonyme*
**1933** *Brennende Geheimnis*
*Le Sexe faible*
**1934** *La crise est finie*
**1936** *La Vie parisienne*
*Mister Flow*
*Cargaison blanche*
**1937** *Mollenard*
**1939** *Pièges*
**1941** *West Point Widow*
**1942** *Fly by Night*
*The Night Before the Divorce*
*My Heart Belongs to Daddy*
**1943** *Someone to Remember*
*Le Fils de Dracula (Son of Dracula)*
**1944** *Les Mains qui tuent (Phantom Lady)*
*Le Signe du cobra (Cobra Woman)*
*Vacances de Noël (Christmas Holiday)*
**1945** *Le Suspect (The Suspect)*
*The Strange Affair of Uncle Harry*
*Deux Mains la nuit (The Spiral Staircase)*
**1946** *Les Tueurs (The Killers)*
*La Double Énigme (The Dark Mirror)*
**1947** *Désirs de bonheur (Time Out of Mind)*
**1948** *La Proie (Cry of the City)*
**1949** *Pour toi j'ai tué (Criss Cross)*
*Passion fatale (The Great Sinner)*

**1950** *La Femme à l'écharpe pailletée (Thelma Jordan)*
*Deported*
**1951** *The Whistle at Eaton Falls*
**1952** *Le Corsaire rouge (The Crimson Pirate)*
**1954** *Le Grand Jeu*
**1955** *Les Rats (Die Ratten)*
**1956** *Mein Vater der Schauspieler*
**1957** *Les SS frappent la nuit (Nachts, wenn der Teufel kam)*
**1958** *Dorothea Angermann*
**1959** *The Rough and the Smooth*
**1960** *Katia*
*Mein Schulfreund*
**1962** *L'Affaire Nina B*
*Tunnel 28*
**1964** *Der Schut*
**1965** *Le Trésor des Aztèques (Der Schatz der Azteken)*
*La Pyramide du dieu Soleil (Die Pyramide des Sonnengottes)*
**1967** *Custer, l'homme de l'Ouest (Custer of the West)*
**1968** *Kampf um Rom*

## Douglas **Sirk**

HAMBOURG 1897 - RIUVIGALIA 1987

**Le prince du mélodrame.** C'est l'une des références les plus sollicitées par le cinéma contemporain, de Rainer Werner Fassbinder à François Ozon, en passant par Pedro Almodóvar. Impossible maintenant de mettre une scène une situation tant soit peu mélodramatique sans que le nom de Douglas Sirk ne soit cité comme inspirateur. Il n'y a là aucun abus, mais la constatation d'un état de fait.

Fin lettré, passionné de droit, de philosophie, d'histoire de l'art et de théâtre, Hans Detlev Sierck met en scène Shakespeare, Shaw, Ibsen puis Brecht à Brême et à Leipzig. Il a la réputation d'un homme d'avant-garde quand on lui demande de réaliser des films. Il va se passionner pour les formes du cinéma populaire, qu'il va traiter avec la distance critique que la fréquentation de Panofsky et de Brecht lui a apprise, tout en sachant maintenir une palpitation émotionnelle sincère. C'est vers le mélodrame qu'il est attiré : *la Chanson du souvenir* (1936), *Paramatta, bagne de femme* (1937) ou *La Habanera* (1937). Avec ces deux derniers films, il fait de Zarah Leander la star que le régime nazi voulait se donner. D'une grande beauté plastique, originaux dans leur dramaturgie, *Paramatta* et *La Habanera* sont l'œuvre d'un cinéaste prometteur. Mais Sierck, marié à l'actrice juive Hilde Jary, est l'objet de pressions très dures. Le couple finit par s'expatrier et part pour les États-Unis, après une étape en Suisse puis en France. Sierck a tant de mal à trouver du travail à Hollywood, que le couple se reconvertit dans l'aviculture. C'est à ce moment-là qu'une offre arrive. Devenu Douglas Sirk, il réalise un film anti-nazi, *Hitler's Madman* (1948), qui donne naissance à une nouvelle carrière.

La première partie de l'œuvre américaine de Sirk est constellée de petits films, dans un noir et blanc raffiné, qui frappent par leur ironie et l'élégance littéraire de leur dialogue : *L'Aveu* est adapté de Tchekhov, *Scandale à Paris* est une fantaisie d'inspiration expressionniste sur le personnage de Vidocq, *Des filles disparaissent* est le remake de *Pièges* de Robert Siodmak.

Sous contrat à l'Universal, Sirk est d'abord confiné à des comédies charmantes, mais qui ne sont pas vraiment dans son tempérament. Peu à peu, des mélodrames comme *Tempête sur la colline* ou *All I Desire* révèlent l'étendue de son talent. Le triomphe arrive en 1954 avec *le Secret magnifique*, remake d'un succès des années 1930, sujet particulièrement improbable (une aveugle dont la vue est restituée par l'homme même qui la lui a fait perdre) que Sirk traite avec tact, dont il gomme les invraisemblances pour les transformer en logique poétique, et qu'il investit d'une splendeur visuelle incomparable (coloris saturés, violents clairs-obscurs). Il va s'ensuivre une série de mélodrames qui, de *Écrit sur du vent* (1957) à *Mirage de la vie* (1959), en passant par *Demain est un autre jour* et *Tout ce que le ciel permet*, un ensemble finalement limité, constitue un des plus beaux épisodes de l'histoire de ce genre au cinéma. Tantôt serein (*Tout ce que le ciel permet*, qui chante la philosophie panthéiste de Thoreau et d'Emerson), tantôt frénétique (*Écrit sur du vent*, saga texane et méditation sur la vanité des biens terrestres), tantôt élégiaque (*Demain est un autre jour*, long chant d'adieu), enfin ironique (*Mirage de la vie*, où la destinée tragique d'un couple mère-fille noir répond à celle, plus vaine, de son homologue blanc), Douglas Sirk a bâti une œuvre admirable, sans kitsch ni facilité.

*La Ronde de l'aube* (1958) est un projet très personnel, une adaptation de *Pylône* de William Faulkner (l'écrivain estimait que c'était le meilleur film tiré d'une de ses œuvres) où, dans un magnifique noir et blanc, Sirk semble convoquer ses angoisses : le point culminant en est un saisissant Mardi-Gras qui vire au rituel funèbre. C'est un artiste à la fois sûr de ses moyens et inquiet qui s'y affirme. L'œuvre de Sirk, loin d'être lénifiante, fait apparaître la tragédie derrière le mélodrame. C'est sans doute pour cela qu'elle paraît maintenant hors modes. – C.V.

**FILMOGRAPHIE**

**1935** *April April*
**1936** *La Chanson du souvenir (Das Hofkonzert)*
*Schluss-akkord*

**1937** *Paramatta, bagne de femmes (Zu neuen Ufern)*
*La Habanera*
*Die Heimat ruft*
**1938** *Wilton's Zoo*
**1939** *Boeffe*
**1943** *Hitler's Madman*
**1944** *L'Aveu (Summer Storm)*
**1946** *A Scandal in Paris*
**1947** *Des filles disparaissent (Lured)*
**1948** *L'Homme aux lunettes d'écaille (Sleep My Love)*
**1949** *Slightly French*
*Jenny, femme marquée (Shockproof)*
**1950** *Le Sous-Marin mystérieux (Mystery Submarine)*
**1951** *Tempête sur la colline (Thunder on the Hill)*
*The Lady Pays Off*
*Week-End With Father*
*La Première Légion (The First Legion)*
**1952** *Qui donc a vu ma belle ? (Has Anybody Seen My Gal ?)*
*No Room for the Groom*
**1953** *Meet Me at the Fair*
*Take Me to Town*
*All I Desire*
**1954** *Taza, fils de Cochise (Taza Son of Cochise)*
*Le Signe du païen (Sign of the Pagan)*
*Le Secret magnifique (Magnificent Obsession)*
**1955** *Capitaine Mystère (Captain Lightfoot)*
**1956** *There's Always Tomorrow*
**1956** *Tout ce que le ciel permet (All That Heaven Allows)*
**1957** *Les Amants de Salzbourg (Interlude)*
*Les Ailes de l'espérance (Battle Hymn)*
*Écrit sur du vent (Written on the Wind)*
**1958** *La Ronde de l'aube (The Tarnished Angels)*
*Le Temps d'aimer et le Temps de mourir (A Time to Love and a Time to Die)*
**1959** *Mirage de la vie (Imitation of Life)*

# Victor **Sjöström**

SILBODAL 1879 - STOCKHOLM 1960

**Du réalisme au surnaturel.** Sjöström, un des pionniers du cinéma scandinave au temps du muet, était un novateur dont l'œuvre est passée du romanesque pur – mais jamais abordé d'un point de vue simplificateur – à de véritables fresques où l'individu affronte des éléments naturels et la société constituée en tant que forces hostiles. Son œuvre, progressivement orientée vers le surnaturel, a évolué vers le symbolisme et le panthéisme. Comme d'autres cinéastes suédois des années 1920 et 1930, Sjöström a été influencé en cela par les livres de Selma Lagerlöf, dont il a adapté des romans pour quelques-uns de ses plus grands films : *la Fille de la tourbière*, *la Voix des ancêtres*, *la Montre brisée*, et, le plus célèbre, *la Charrette fantôme*. Même à Hollywood, il reviendra à cet auteur en tournant *la Tour des mensonges*. Il partage avec cette conteuse ingénieuse le goût pour une alliance de la quotidienneté et du merveilleux (voire du fantastique), ainsi que de la psychologie des profondeurs.

D'abord acteur – chez Mauritz Stiller, mais aussi dans quelques-uns des plus importants de ses propres films – il manifeste dès ses premières mises en scène un soin extrême pour la photographie, transposant avec finesse au profit de l'image en mouvement les règles les plus savantes de la composition photographique. Abordant nécessairement à ses débuts des sujets conventionnels, il s'efforce d'en pondérer les effets. Ainsi, mettant en scène un récit tragique comme *Ingeborg Holm*, il contourne les règles du mélodrame et rejette tout sensationnalisme, alors que le sujet (une veuve ruinée à qui on a retiré ses enfants bascule vers la folie) se prêtait à tous les excès formels. Toujours novateur, il introduit des prises de vues réelles dans *la Grève*, un film à contenu social comme l'indique son titre.

À partir de *Terje Vigen* (1916), un des plus gros budgets de production de l'époque, il se livre à une série de paris qui sont à la mesure de la hardiesse de ses héros, comme Terje Vigen, le pêcheur violant le blocus maritime à l'époque napoléonienne pour nourrir sa famille, source du drame d'Ibsen adapté par Sjöström. Le cinéaste associe l'hostilité de la mer et les conflits des hommes, il amplifie un style fait de lyrisme, de liberté dans l'invention dramatique, et il utilise avec science les décors naturels – toutes caractéristiques que l'on retrouve dans *la Fille de la tourbière*, où il expérimente le flashback et la surimpression, créant des images subjectives sur un terrain solidement réaliste. Un souffle épique s'empare de la mise en scène, atteignant les sommets dans *les Proscrits* (1917), un film tourné dans les espaces désolés de l'Islande, dont le héros, un révolté mis au ban de la société (et interprété par le réalisateur lui-même, comme *Terje Vigen*) défie la Nature après avoir défié les hommes.

Sjöström, sans doute influencé par ses origines luthériennes, aborde les thèmes de la faute et de l'expiation dans tous ses grands films, il en fait d'ailleurs le thème central du *Monastère de Sandomir* et de *Maître Samuel*. Il n'hésite plus à mettre en scène le surnaturel, vers lequel l'incline son tempérament poétique. Dans *la Voix des ancêtres*, c'est par l'esthétique qu'il rend plausible la dimension merveilleuse du récit (un homme utilise une échelle géante pour demander l'avis des aïeux sur ses propres problèmes). Point d'aboutissement de sa carrière européenne, *la Charrette fantôme* (1920) opère comme un concentré de toutes ces qualités : montage complexe et construction en flashbacks, insertion de séquences vigoureusement réalistes, symbolisme et création d'images fantastiques dépassant l'onirisme, dissertation poétique sur la séparation du corps et de l'âme.

Engagé à Hollywood, il réalise un film personnel dès sa deuxième expérience américaine, *Larmes de clown* (1924), travaillant le mélodrame en forçant sur la composition visuelle, et sur une habile utilisation des éclairages de studio. Apparemment bien adapté aux règles de la MGM, Victor Seastrom (tel est son nom dans l'industrie américaine) répond au désir de la star de Lilian Gish et la dirige dans une adaptation de *la Lettre écarlate*, le célèbre roman à la fois puritain et révolté de Nathaniel Hawthorne portant sur le conflit entre l'amour, la liberté et la mortification. Ayant ainsi renoué avec le réalisme lyrique qui le caractérise, il tourne *le Vent* (1928), nouvelle variation sur la lutte de l'individu contre la société dans un environnement physique hostile – ses thèmes de prédilection, donc. Ne parvenant pas à s'adapter au cinéma parlant, Sjöström revient dans son pays, à qui il offrira encore quelques magnifiques prestations d'acteur, en particulier dans *Ordet* (1943) de Gustav Molander et *les Fraises sauvages* de Bergman (1957). – D. S.

**FILMOGRAPHIE**

**1912** *Le Jardinier (Trädgårdsmästaren)*
*Un mariage secret (Ett hemligt giftermål)*
*Sourires et larmes (Löjen och tårar)*
*Le Bureau des mariages (Aekenskapsbyrån)*
*Le Flirt d'été de Lady Marion (Lady Marions sommarflirt)*
*Un conte d'été (En Sommarsaga)*
*C'était pendant le mois de mai (Det var i maj))*
**1913** *La Voix du sang (Blodets röst)*
*Les Conflits de la vie (Livets konflikter)*
*Ingeborg Holm*
*Le Miracle (Miraklet)*
*L'Amour plus fort que la haine (Kärlek starkare än hat)*
*Demi-sang (Halvblod)*
*Le Pasteur (Prästen)*
*La Grève (Strejken)*
**1914** *La Fille de la haute montagne (Högfjällets dotter)*
*Ne jugez pas (Dömen icke)*
*Une brave fille doit savoir se débrouiller toute seule (Bra flicka reder sig själv)*
*L'Enfant de la rue (Gatans barn)*
*Les cœurs se rencontrèrent (Hjärtan som motas)*
*Un parmi d'autres (En av de mannga)*
*Rachat d'une faute (Sonad skuld)*
**1915** *La Fille du gouverneur (Landshövdingens döttrar)*
*À chacun son métier (Skomakare bliv vid din läst)*
*Le Salaire de Judas (Judaspengar)*
*À l'heure des épreuves (I prövningens stund)*
*Les bateaux se rencontrèrent (Shepp som mötas)*
*Les Vautours de la mer (Havsgamar)*
*Elle triomphait (Hon segrade)*
**1916** *Thérèse*
*L'Étrange Aventure de l'ingénieur Lebel (Dödskyssen)*
*Terje Vigen*
**1917** *La Fille de la tourbière (Tösen från stormyrtorpet)*
*Les Proscrits (Berg-Ejvind och hans hustru)*
**1918** *La Voix des ancêtres (Ingmarssönerna I et II)*
**1919** *Le Testament de Sa Grâce (Hans Naads testamente)*
*Le Monastère de Sandomir (Klostret i Sendomir)*
*La Montre brisée (Karin Ingmarsdotter)*
**1920** *Maître Samuel (Mästerman)*
*La Charrette fantôme (Körkarlen)*
**1921** *L'Épreuve du feu (Vem dömer ?)*
**1922** *La Maison cernée (Det omringade huset)*
*Le Vaisseau tragique (Eld ombord)*
**1923** *Le Glaive de la loi (Name the Man)*
**1924** *Larmes de clown/Celui qui reçoit des gifles (He Who Gets Slapped)*
*Les Confessions d'une reine (Confessions of a Queen)*
**1925** *La Tour des mensonges (The Tower of Lies)*
**1926** *La Lettre écarlate/la Lettre rouge (The Scarlet Letter)*
**1928** *Le Vent (The Wind)*
*La Femme divine (The Divine Woman)*
**1928** *Les Masques du diable (The Masks of the Devil)*
**1929** *A Lady to Love*
**1930** *La Famille Markurell de Wadköping (Markurells i Wadköping)*
**1936** *Sous la robe rouge (Under the Red Robe)*

# Steven **Soderbergh**

ATLANTA 1963

**Le refus des étiquettes.** Steven Soderbergh représente bien la nouvelle génération des cinéastes américains. Il passe avec une élégance désinvolture du film de genre au film personnel, en passant par le film expérimental, abolissant dans le mouvement tous les clivages. Palme d'or à Cannes en 1989 pour *Sexe, mensonges et vidéo*, portrait psychologique dont les demi-teintes évoquaient Éric Rohmer, Steven Soderbergh s'est plu, depuis, à brouiller toutes les pistes et à infirmer les jugements, qui, dans son cas, paraissent tous hâtifs. Il passe d'une exhumation de l'expressionnisme (*Kafka*) à un portrait classique de l'Amérique profonde (*King of the Hill*). Le canevas criminel peut lui inspirer un film noir somptueusement esthétisant (*À fleur de peau*), une insolente comédie (*Hors d'atteinte*) ou une étude proustienne sur le phénomène mémoriel (*l'Anglais*).

Il produit de nombreux films, souvent originaux et courageux (*Syriana*), avec comme partenaire l'acteur George Clooney. Il réalise des films de télévision et des films expérimentaux (*Grey's Anatomy*, un long monologue, *Schizopolis*, *Full Frontal*). *Bubble*, interprété par des non-professionnels, est distribué par Internet et par DVD avant même une sortie en salle. Mais par ailleurs, il fignole avec savoir-faire d'allègres comédies policières (*Ocean's Eleven*, *Ocean's Twelve*) ou d'efficaces pamphlets (*Erin Brokovich* qui dénonce les méfaits de la pollution en adoptant volontairement les codes simplifiés du téléfilm), bourrés de stars et qui triomphent au box-office. *Traffic*, adaptation d'une série télévisée, étend cette diversité au film entier : composé de plusieurs histoires parallèles et groupant un grand nombre de personnages, Soderbergh passe de l'un à l'autre en changeant ostensiblement de technique (caméra portée, caméra stable) et de style (quasi-monochrome, faux documentaire ou coloris saturés). Le cinéaste, qui est également son chef-opérateur, souvent son scénariste, toujours son producteur, y affirme son talent avec éclat. Afin de bien rendre compte de cette personnalité à facettes, il faut mentionner *Solaris*, film de science-fiction presque austère, remake du film de Tarkovski, qu'il transforme en une douloureuse histoire d'amour. — C.V.

**FILMOGRAPHIE**

**1989** *Sexe, mensonge et vidéos (Sex, Lies and Videotapes)*
**1991** *Kafka*
**1993** *King of the Hill*
**1995** *À fleur de peau (Underneath)*
**1996** *Schizopolis*
*Grey's Anatomy*
**1998** *Hors d'atteinte (Out of Sight)*
**1999** *L'Anglais (The Limey)*
**2000** *Traffic*
*Erin Brockovich seule contre tous (Erin Brockovich)*
**2001** *Ocean's Eleven*
**2002** *Solaris*
*Full Frontal*
**2003** *Eros*, ép. *« Équilibre »*
**2004** *Ocean's Twelve*
**2005** *Bubble*

# Alexander **Sokourov**

PODORVIKHA 1951

**La perfection de la forme.** Comme Tarkovski, qu'il considère comme son inspirateur, et qui l'a soutenu à ses débuts, Sokourov a tracé dans le cinéma soviétique un chemin original, loin de toute étiquette et à l'écart des règles narratives en usage. Il s'empare tout d'abord d'ouvrages littéraires, dont les échos disloqués alternent dans ses premiers films avec des plans anachroniques, notamment de vieilles actualités cinématographiques (*la Voix solitaire de l'homme*). Accusé de formalisme, il ne verra ces films diffusés en URSS qu'à la faveur de la Perestroïka, l'année 1987 lui ouvrant la possibilité d'innover dans le documentaire et d'approfondir sa méthode dans la fiction : images non-réalistes, onirisme, montage subjectif, approche poétique et musicale du cinéma. Ainsi *le Jour de l'éclipse*, faux film de science-fiction dont l'insolite repose sur des couleurs sépia, des images de désert et de villes abandonnées, d'êtres humains marginalisés, ou *le Deuxième cercle*, hanté par la mort du père.

Souvent tournés en coproduction avec d'autres pays après la chute du régime soviétique (*Pages cachées*, *Mère et fils*), ses films traitent avant tout de la solitude de l'homme, et affrontent la mort dans une vaste réflexion sur l'essence de l'humanité – souvent confrontée avec l'horreur – même lorsque la guerre et la violence sont suggérées plutôt que montrées, comme dans sa trilogie sur les tyrans : *Moloch* (Hitler), *Taurus* (Lénine), *le Soleil* (Hiro-Hito).

Les récits de Sokourov ne sont pas sans rapport avec une tradition littéraire russe, mais ils sont elliptiques, évasifs même. Sa rhétorique prend le plus souvent une forme élégiaque (*Mère et fils*, *Père et fils*) – le terme même d'élégie, ou chant de deuil, signe le titre de huit documentaires tournés entre 1985 et 2001, dont certains sont davantage des poèmes méditatifs que des documentaires véritables. Le goût de la performance (*l'Arche russe*, soit quatre-vingt-dix minutes sur le musée de l'Ermitage, a été tourné en une seule prise), des images souvent étirées, parfois brumeuses ou monochromes, des lumières pâles et un traitement non-réaliste de la couleur, des dialogues décalés et l'absence de repères physiques bien identifiés à l'écran – aux frontières du cinéma expérimental – créent un univers poétique et métaphysique unique dans le monde du cinéma. — D. S.

**FILMOGRAPHIE**

**1978** *La Voix solitaire d'un homme (Odinokiy golos cheloveka)*
**1983** *Indifférence affligeante (Skorbnoye beschuvstviye)*
**1988** *Les Jours de l'éclipse (Dni zatmeniya)*
**1989** *Sauve et protège (Spasi i sokoshoi)*

Steven Spielberg sur le tournage de *A.I., Intelligence artificielle* (2001).

**1990** *Le Deuxième Cercle (Krug vtoroy)*
**1992** *La Pierre (Kamen)*
**1993** *Pages cachées (Tikhiye stranitsy)*
**1997** *Mère et fils (Mat i syn)*
**1999** *Moloch (Molokh)*
**2001** *Taurus*
**2002** *L'Arche Russe (Russian Ark)*
**2003** *Père et fils (Otets i syn)*
**2005** *Le Soleil (Solntse)*

## Steven **Spielberg**

CINCINNATI 1946

**Un cinéaste légendaire.** Spielberg est peut-être le seul cinéaste de sa génération dont le nom soit familier même aux non-initiés et soit, à lui seul, garant de l'intérêt du grand public.

Bricoleur, cinéaste amateur, Spielberg débute incroyablement jeune. *Duel*, réalisé pour la télévision en 1973, impressionne tant qu'il est distribué en salles. Son premier film de cinéma est *Sugarland Express*, présenté au Festival de Cannes. Dès le succès incroyable de son film suivant, *les Dents de la mer*, la légende prend forme. D'autant que Spielberg aligne les triomphes, créateurs de mythologies contemporaines : *les Aventuriers de l'arche perdue, E.T., Rencontres du troisième type*. Son seul échec, *1941*, lui est vite pardonné (c'est une comédie aux nuances caricaturales et sombres, révélatrice des aspects tourmentés de sa personnalité). Cette réussite exceptionnelle, dont Spielberg fait profiter toute une génération de jeunes cinéastes dont il produit les films, lui vaut également certains préjugés critiques. On se gausse de sa fascination pour l'univers enfantin ; on lui reproche un optimisme forcené et son goût des bons sentiments. On le réduit par là à une technique éblouissante, mais creuse, à une esthétique sans aspérités et sans histoire. Sa volonté d'alterner les sujets graves (*la Liste de Schindler, Amistad, Il faut sauver le soldat Ryan*) et les projets plus ludiques (*Indiana Jones, Jurassic Park, le Monde perdu*) poussent certains à ne pas le prendre au sérieux.

Son indiscutable génie de « showman » n'est pourtant pas incompatible avec une vision personnelle. Spielberg est bien un auteur, tant par sa présence à tous les stades de l'élaboration de ses films, qui sont tous des projets qui partent de lui, mais également par son regard sur le monde, qui apparaît aussi bien dans *la Liste de Schindler* que dans *le Monde perdu*. La maturité perceptible dans ses derniers films (*A.I., Minority Report, la Guerre des mondes, Munich*) invite à reconsidérer son œuvre comme un ensemble. Il y a en lui un pessimisme réel ; les différents épisodes des aventures d'Indiana Jones ou les deux volets de *Jurassic Park* présentent, sur le mode léger ou cauchemardesque, les angoisses dont la source est l'éclatement sociétal, sujet des œuvres « sérieuses ».

*Arrête-moi si tu peux*, élégante comédie poursuite, est un film-clé, l'un des plus proches de l'aveu : Leonardo Di Caprio, escroc protéiforme tiraillé entre un père séduisant et irresponsable et un poursuivant paternel, explique bien des choses sur les films de Spielberg et leur discontinuité apparente. *Munich*, qui ose un sujet polémique et le traite avec une louable objectivité, va dans le même sens : c'est une version noire du même thème.

Spielberg est bien un grand cinéaste. Il faut se souvenir également que, fort modeste, il n'a jamais revendiqué cette étiquette, se contentant de donner le change comme roi du box-office, et se réservant de mener à bien des projets divers qui sont autant de facettes d'un personnalité bien plus complexe qu'il n'y paraît. – C.V.

**FILMOGRAPHIE**

**1973** *Duel*
**1974** *Sugarland Express*
*(The Sugarland Express)*
**1975** *Les Dents de la mer (Jaws)*
**1977** *Rencontres du troisième type*
*(Close Encounters of the Third Kind)*
**1979** *1941*
**1981** *Les Aventuriers de l'Arche perdue*
*(Raiders of the Lost Ark)*
**1982** *E. T., l'extra-terrestre (E. T.)*
**1984** *Indiana Jones et le temple maudit*
*(Indiana Jones and the Temple of Doom)*
**1985** *La Couleur pourpre*
*(The Color Purple)*
**1987** *L'Empire du soleil*
*(The Empire of the Sun)*
**1989** *Indiana Jones et la dernière croisade*
*(Indiana Jones and the Last Crusade)*
*Always*
**1991** *Hook*
**1993** *Jurassic Park*
*La Liste de Schindler*
*(Schindler's List)*
**1996** *Le Monde Perdu - Jurassic Park 2*
*(The Lost World),*
**1997** *Amistad*
**1998** *Il faut sauver le soldat Ryan*
*(Saving Private Ryan)*
**2001** *A.I., Intelligence artificielle*
*(A.I., Artificial Intelligence)*
**2002** *Arrête-moi si tu peux*
*(Catch Me If You Can)*
*Minority Report*
**2004** *Le Terminal*
*(The Terminal)*
**2005** *La Guerre des mondes*
*(War of the Worlds)*
*Munich*

# Josef von **Sternberg**

VIENNE 1894 - LOS ANGELES 1969

**L'inventeur de Marlene Dietrich.** Josef von Sternberg est surtout associé à Marlene Dietrich. Il ne la découvrit pas, selon la légende mise au point par les deux complices, mais la façonna en l'un des plus grands mythes cinématographiques. Sternberg fut plus qu'un Pygmalion de génie : il est l'un des grands formalistes et baroques du cinéma.

Né à Vienne d'une famille qui fera plus d'une fois le voyage entre Vienne et New York, presque dans la misère, le jeune Jonas Sternberg découvre les équipes de tournage du New Jersey et entre peu à peu dans la profession, acceptant les emplois les plus humbles. Après un nouveau périple européen dans le monde du cinéma, à la fin de la Première Guerre mondiale, il gagne la Californie, devenu Josef et anoblissant son nom d'un « von ». Il tourne avec un budget minime *les Chasseurs de salut* dont la beauté plastique bouleverse tout Hollywood. Chaplin produit *la Mouette*, mais refusera de le distribuer. Ce n'est qu'au bout de trois ans de menus travaux sur les films des autres que Sternberg créé la forme moderne du film de gangsters avec *les Nuits de Chicago*. Avec son film suivant, *les Damnés de l'océan*, le cinéma muet culmine. Il mène également Emil Jannings au premier Oscar d'interprétation de l'histoire du cinéma (*Crépuscule de gloire*). C'est donc un cinéaste en vogue qui arrive à Berlin pour tourner *l'Ange bleu*.

Pour donner la réplique à Jannings, il choisit une starlette docile et intelligente : il réalise son rêve, la façonnant selon son désir. Dès la sortie du film en 1930, Marlene Dietrich éclipse Jannings. Elle est déjà en route pour Hollywood avec Sternberg qui a convaincu la Paramount de la prendre sous contrat. Sternberg et Marlene tourneront sept films ensemble, sept phases pour extirper définitivement de la gangue l'astre cinématographique. Au fil des films, la femme fatale potelée vulgaire (*l'Ange bleu*) devient l'objet érotique émacié et suprême (*la Femme et le pantin*, 1935). Entre temps, elle aura arboré le travesti masculin (*Cœurs brûlés*, 1930), aura endossé les oripeaux fantasmatiques de la belle espionne (*X 27*, 1931), de l'aventurière au grand cœur (*Shanghai Express*, 1932), de la mère sublime (*Blonde Venus*, 1932) et de la souveraine (*L'Impératrice rouge*, 1934). Peu à peu la silhouette s'affine, les joues se creusent, le dessin des sourcils s'envole, la voix descend d'un ton. Le subtil jeu de déguisement qui fait l'érotisme cinématographique aura rarement atteint une telle fièvre. Car Sternberg prête à ce processus savant ses dons d'enlumineur inspiré. L'image étincelle ou se nuance jusqu'à posséder une texture impalpable (Sternberg enseignera l'art de la lumière vers la fin de sa vie). On a dit

Josef von Sternberg prenant la pose pour la postérité, 1933.

que Sternberg se serait perdu en Marlene. En fait, il s'est trouvé en poussant aussi loin qu'il était possible l'acte créatif.

Cette association le porte à un tel niveau que le divorce artistique d'avec Marlene paraît le vider. Encore affaibli par l'interruption d'un film qui s'annonçait comme remarquable (*I, Claudius*), Sternberg tourne des films de série (opérette viennoise ou film policier) qui ne l'exaltent guère. Mais l'exotisme factice de *Shanghai Gesture* (1941) lui redonne vie. Ce mélodrame poussiéreux devient, par sa grâce (un casino-bordel orné d'ors et construit comme les neuf cercles de l'enfer) un nouveau voyage au pays du mental : sous l'œil corrompu d'un faux médecin lascif, deux versions de Marlene (une jeune, Gene Tierney, une mûre, Ona Munson) se détruisent mutuellement dans un ultime brasier baroque.

Sternberg collaborera encore à d'autres films et en réalisera de mineurs. C'est curieusement au Japon, où il reconstitue en studio une île tropicale où une communauté masculine et une seule femme sont réunies, qu'il retrouve, pour une dernière salve, son panache : *Fièvre sur Anatahan* (1953) rejoint complètement le Maroc (*Cœurs brûlés*) ou la Russie (*l'Impératrice rouge*) hollywoodiens dans lesquels Sternberg avait su trouver sa vérité. – C.V.

**FILMOGRAPHIE**

**1925** *Les Chasseurs de salut (The Salvation Hunters)*
**1927** *Les Nuits de Chicago (Underworld)*
**1928** *Crépuscule de gloire (The Last Command)*
*La Rafle (The Dragnet)*
*Les Damnés de l'océan (The Docks of New York)*
**1929** *Le Calvaire de Léna Smith (The Case of Lena Smith)*
*L'Assommeur (Thunderbolt)*
**1930** *L'Ange bleu (Der Blaue Engel)*
*Cœurs brûlés (Morocco)*
**1931** *X 27 (Dishonored)*
*Une tragédie américaine (An American Tragedy)*
**1932** *Shanghai-Express*
*Blonde Vénus (The Blonde Venus)*
**1934** *L'Impératrice rouge (The Scarlet Empress)*
**1935** *La Femme et le Pantin (The Devil Is a Woman)*
*Remords (Crime and Punishment)*
**1936** *Sa Majesté est de sortie (The King Steps Out)*
**1937** *I, Claudius*, inachevé
**1939** *Au service de la loi (Sergeant Madden)*

1941 *Shanghai (The Shanghai Gesture)*
1950 *Les espions s'amusent (Jet Pilot)*
1952 *Le Paradis des mauvais garçons (Macao)*
1953 *Fièvre sur Anatahan (Saga of Anatahan)*

# Mauritz **Stiller**

HELSINKI 1883 - STOCKHOLM 1928

**Le Pygmalion de Greta Garbo.** Le nom de Stiller est associé aux grands débuts du cinéma suédois, pour lequel il a réalisé d'abord une série de comédies se déroulant dans les milieux de la bonne société, relativement libérées des contraintes techniques de la production du temps. *Amour et journalisme* et *les Ailes* (1916) démontrent sa capacité à dessiner ses personnages avec précision et habileté, à suggérer les sentiments plutôt qu'à les mettre en spectacle. Les historiens du cinéma, plus que ses contemporains sans doute, soulignent l'ironie de l'auteur et la présence d'éléments allusifs dans sa mise en scène, comme quelques discrètes références homosexuelles dans le drame *les Ailes* ou les implications sensuelles de la comédie *Erotikon*. Son tempérament novateur l'a poussé à faire par deux fois, dès 1917, une satire des milieux du cinéma, et à introduire le film dans le film (*le Meilleur Film de Thomas Graal*). Les comédies de Stiller qui n'ont pas été détruites accidentellement montrent qu'il savait donner du rythme à l'intrigue, pondérer l'expression cinématographique, jouer des relations de couple et créer de véritables personnalités sur l'écran.

Il a abandonné la comédie et les tournages en studio pour mettre en scène en décors naturels une adaptation d'un roman de Johannes Linnankoski devenu un véritable hymne national en Finlande (et qui sera adapté encore au moins quatre fois pour le grand écran). Connu en France sous les titres *le Chant de la fleur écarlate* et *Dans les remous* (1918), il se déroule dans le milieu des flotteurs de bois, associant puissamment naturalisme et romantisme. Stiller lui donnera un prolongement avec *À travers les rapides*, d'après le roman *Juha* de Juhani Aho qui, lui aussi, connaîtra d'autres adaptations cinématographiques en Finlande. Comme Sjöström, Stiller fait preuve d'un grand sens de la Nature et de la composition des images, qui feront la renommée du *Trésor d'Arne* (1919), film historique sur la violence et l'amour tragique tiré d'un livre de Selma Lagerlöf. Un chef-d'œuvre dont la plastique influencera d'autres cinéastes, dont Eisenstein.

Dans cette veine historique, Stiller réalise un film sur l'intolérance religieuse, *la Vengeance de Jakob Vindas*, qui n'est pas sans évoquer *les Proscrits* de Sjöström, et deux autres adaptations de romans de Selma Lagerlöf : *le Vieux Manoir*, une grande œuvre semi-fantastique tournée en partie en Laponie, puis la célèbre *Légende de Gösta Berling* (1924), l'histoire d'un ancien pasteur qui attire toutes les femmes. C'est le film où apparaît pour la première fois à l'écran la jeune Greta Garbo. Dans ce mélange complexe de mélodrame, d'aventure et de grand spectacle, Stiller magnifie les tendances personnelles de sa jeune interprète, construisant une personnalité destinée à devenir un des grands mythes de l'écran. C'est Stiller qui, embauché par la MGM, entraîne Garbo à Hollywood, mais leurs carrières vont se séparer presque immédiatement, Stiller ne travaillant que dix jours sur *la Tentatrice*, qui sera terminé par Fred Niblo. L'expérience américaine de Stiller ne sera que frustration, il n'achève que deux films (destinés à mettre en valeur l'actrice Pola Negri), il est remplacé sur un troisième, quant à *la Rue du péché*, qu'il n'a pas signé, trois autres cinéastes y auraient contribué. Définitivement déçu, il meurt peu après son retour en Europe. — D. S.

**FILMOGRAPHIE**

1912 *Mère et fille (Mor och dotter)*
*Les Masques noirs (De svarta maskerna)*
*Lorsque retentit le tocsin (När larmklockan Ljuder)*
*Lorsque la belle-mère gouverne (När svärmor regerar)*
*Lorsque l'amour tue (När Kärleken dödar)*
*Le Fiancé tyrannique (Den tyranniske fästmannen)*
*La Vampire ou l'Esclave d'une femme (Vampyren eller En kvinnas slav)*
*L'Enfant (Barnet)*
1913 *Les Conflits de la vie (Livets konflikter)*
*Les Modernes Suffragettes (Den Moderna suffragetten)*
*Les Frères (Bröderna)*
*Une querelle de frontières/les Frontaliers (Gränsfolken)*
*À cause de son amour (För sin kärleks skull)*
*Sur les chemins du destin (Pä livets ödevägar)*
*Le Mannequin (Mannekängen)*
*Le Grand Camérier (Kammarjunkaren)*
*L'Inconnue (Den ökanda)*
1914 *Quand les artistes sont amoureux (Nar konstnärer älska)*
*Amis d'enfance (Lekkamraterna)*
*L'Épine rouge (Det röda tornet)*
*L'Abri (Skottet)*
*L'Oiseau de la tempête/le Tourmentin (Stormfågeln)*
*Le Poignard (Dolken)*
1915 *L'As des voleurs (Mästertjuven)*
*Le Mouilleur de mines (Minlotsen)*
*Le Passé de son épouse*

*(Hans hustrus förflutna)*
*Madame de Thèbes*
*Les Ports (Hämnaren)*
*Sa nuit de noces (Hans bröllopsnatt)*
*La Broche du bonheur (Lyckonnålen)*
**1916** *La Lutte pour son amour (Kampen om hans hjärta)*
*Les Ailes (Vingarna)*
*Amour et Journalisme (Kärlek och journalistik)*
*L'Étoile du ballet/Wolo (Balettprimadonnan)*
**1917** *Alexandre le Grand (Alexander den store)*
*Le Meilleur Film de Thomas Graal (Thomas Graals bästa film)*
**1918** *Leur Premier-né (Thomas Graals bästa barn)*
*Le Chant de la fleur écarlate / Dans les remous (Sången om den eldröda blomman)*
**1919** *Le Trésor d'Arne (Herr Arnes pengar)*
*La Vengeance de Jakob Vindas (Fiskebyn)*
**1920** *Vers le bonheur (Erotikon)*
**1921** *À travers les rapides (Johan)*
*Les Émigrés (De landsflyktiga)*
**1923** *Le Vieux Manoir (Gunnar Hedes saga)*
**1924** *La Légende de Gösta Berling (Gösta Berlings saga)*
**1926** *La Tentatrice (The Temptress)* terminé et signé par F. Niblo
**1927** *Hôtel Impérial*
*Confession (The Woman on Trial)*

## Erich von **Stroheim**

VIENNE 1885 - MAUREPAS FRANCE, 1957

**L'homme que vous aimeriez haïr.** Ce slogan racoleur lança Erich von Stroheim acteur hollywoodien, spécialisé dans les rôles de Prussiens sadiques, au lendemain de la Première Guerre mondiale. Cette réputation, plus celle qu'il se forgea comme cinéaste, le figèrent comme une caricature incertaine entre le génie maudit et le génie germanique cruel. Mais au-delà des étiquettes, c'est un immense cinéaste que l'on trouve.

Fils de commerçants juifs, Erich Oswald Stroheim s'inventa une mère dame d'honneur à la cour des Habsbourg et prétendit avoir été officier dans l'armée impériale (qu'il avait, semble-t-il, désertée). Pour que la mystification soit parfaite, il s'anoblit d'un «von» et parsemait ses discours d'allusions que l'on pouvait interpréter comme antisémites. On ne sait pas pourquoi il quitta Vienne, mais on le retrouve aux États-Unis dès 1908, puis à Hollywood en 1914, cascadeur, homme à tout faire et assistant notamment de Griffith. Pendant la guerre, sa rigidité naturelle, sa nuque rasée et sa fascination pour le rituel militaire le prédisposent à jouer l'ennemi, ce qu'il fait avec une conviction telle qu'il acquiert une réelle célébrité. Mais il veut créer : écrire des romans, des pièces, des scénarios, les mettre en scène et les jouer. C'est ainsi qu'il se fait engager pour *la Loi des montagnes*, proposant de ne percevoir que son salaire d'acteur, réalisant dans la foulée son propre scénario. C'est un succès qui est encore avivé par l'incroyable battage médiatique autour de *Folies de femmes* (1922), qu'il écrit, réalise et interprète. Il crée sa propre légende par ses demandes mirobolantes (reconstitution minutieuse de toute la place du casino de Monte Carlo, sous-vêtements de soie pour certains personnages) : le service publicitaire du studio alimente la légende en enflant hors de proportion les chiffres du coût du film. Dernier élément de la légende : un jeune producteur, Irving Thalberg, fera remplacer Stroheim sur sa prochaine réalisation (*Chevaux de bois*) et réduira à 2h 30 le montage initial de plus de 9h des *Rapaces* (1925).

On ne peut que supposer ce qui se cachait derrière cette image. Mais si Stroheim s'est complu à prendre la pose de l'artiste maudit pour la postérité, vouant Thalberg aux gémonies, force est de constater que le génie du cinéaste a résisté à tous ces assauts et que malgré les coupes qui leur ont été infligés *les Rapaces*, *la Symphonie nuptiale* ou *Queen Kelly* sont de véritables chefs-d'œuvre.

Mis à part *les Rapaces*, qui adapte un roman américain classique de Frank Norris, Stroheim a toujours été l'inventeur de ses propres scénarios. Les personnages et les situations évoquées (royaumes d'opérette, perversions innommables opposées à l'amour qui ignore les barrières) sont dignes d'un roman de gare (ce que sont presque les romans de Stroheim). Or les films sont de l'or pur, ce qui prouve bien, à qui en douterait encore, que les critères en littérature et en cinéma ne sont pas les mêmes.

On a qualifié les films de Stroheim de réalistes ; naturalistes serait plus exact, tant le réalisme porte sur le détail infinitésimal. Mais le paradoxe est que ce naturalisme s'exerce sur des sujets qui sont tout le contraire, se nourrissant de tout un folklore viennois fait d'amours morganatiques et d'aveux sous les pommiers en fleurs. C'est justement le contraste saisissant entre le détail sordide (la domestique bossue de *Folies de femmes*, la princesse boiteuse de *la Symphonie nuptiale*, le vieux baron qui se tortille sur ses béquilles dans *la Veuve joyeuse*, Gloria Swanson perdant sa culotte devant le prince dans *Queen Kelly*) et le romanesque débridé de l'ensemble qui fait que Stroheim n'a jamais pu être imité. L'incroyable cruauté de certaines scènes (la reine nue sous sa fourrure poursuivant la jeune orpheline à coup de cravache dans l'immensité du palais désert dans *Queen Kelly* ; le baron foudroyé par une crise cardiaque pendant sa nuit de noces, sa main se crispant comme un mollusque sur le satin noir de la jeune veuve, dans *la Veuve joyeuse*) se prolonge miraculeusement dans la douceur ouatée de ce qui suit (la tentative de suicide de Kelly). Jamais sans doute ce contraste fut-il plus bouleversant que dans *la Symphonie nuptiale* et son déchirant mariage princier sous la pluie, qui réunit dans le désespoir la fille du peuple en larmes, le prince qui se sacrifie à la raison d'État, et la princesse boiteuse qui avance comme elle peut.

À ce sens quasi-architectural du film conçu comme un ensemble, Stroheim joint une richesse visuelle confondante. C'est cet intérieur paysan zébré d'ombre où le séducteur découvre sa proie féminine (*Folies de femmes*), c'est la beauté quasi-diaphane des gros plans de Gloria Swanson éclairée aux bougies (*Queen Kelly*) ou la déclaration d'amour sous la pluie de fleurs de pommiers (*la Symphonie nuptiale*).

Seule œuvre «américaine» de cet austro-hongrois de cœur, *les Rapaces* est un film sans romantisme, mais dont la noirceur possède une dimension mythologique qui la transcende : Trina qui semble faire l'amour avec ses pièces d'or, dans les draps lourds de son lit, ou l'inoubliable (et tant de fois copié) affrontement final sous le soleil de plomb de la vallée de la Mort.

Mystificateur, mégalomane, certes, mais doué d'un sens torrentiel du cinéma, Erich von Stroheim était bien un génie. – C. V.

**FILMOGRAPHIE**

**1919** *Maris aveugles/la Loi des montagnes (Blind Husbands)*
**1920** *Le Passe-partout du diable (The Devil's Passkey)*
**1922** *Folies de femmes (Foolish Wives)*
**1923** *Chevaux de bois (Merry-Go-Round)* terminé par Rupert Julian
**1925** *Les Rapaces (Greed)*
**1925** *La Veuve joyeuse (The Merry Widow)*
**1928** *La Symphonie nuptiale (The Wedding March)* *Mariage de prince (The Honeymoon)*
**1928** *Queen Kelly*
**1933** *Hello Sister*

Erich von Stroheim sur le tournage des *Rapaces*, en 1925.

# Alain **Tanner**

GENÈVE 1929

**La modernité du cinéma suisse francophone.** Alain Tanner doit sa notoriété à deux films dont les héros symbolisent, selon des voies différentes, le refus d'une société aliénante : *Charles mort ou vif* (un industriel que la rupture avec les conventions sociales mène à l'enfermement psychiatrique) et *la Salamandre* (la révolte instinctive et ingénue d'une jeune asociale). Soutenus par une interprétation d'un grande spontanéité, ces films reflètent, comme le fera aussi *Jonas*, les aspirations de l'époque. Tanner y décrit la normalisation à l'œuvre, dans un style légèrement distant, souvent ironique, et les tentatives pour en sortir. De même *le Milieu du monde*, avec son politicien centriste tenté par les chemins de traverse de l'amour, et *Retour d'Afrique*, avec son jeune couple velléitaire tenté par le départ, montrent comment les utopies se brisent contre les murs de la réalité, comment la société emprisonne le désir...

Critique explicite des tabous de la société suisse, l'analyse de Tanner, fine et amère, saisit les insatisfactions de ses contemporains, faisant l'apologie de l'individu sans le moindre optimisme – bien que *Jonas*, film-fétiche des cinéphiles contemporains au même titre que *la Salamandre* constitue l'aimable catalogue des aspirations libertaires. *Les Années Lumière* (sur le rêve d'Icare), *Dans la ville blanche* (l'errance mentale d'un marin à Lisbonne), et l'omniprésence du thème de la frontière (par exemple *Messidor* et *No man's land*), se rapportent aux angoisses des révoltes et des capitulations. Après une parenthèse dominée par une approche plus poétique et subjective (dont *le Journal de Lady M.*), période où il s'est trouvé relégué aux marges du système, Alain Tanner affronte de nouveau l'hostilité de la société, revenant à ses premières préoccupations : *Fourbi*, *Paul s'en va*, et la suite de *Jonas* entreprise vingt-cinq ans après, comme par une promesse : *Jonas et Lila : à demain*, où deux jeunes cherchent leur voie au milieu des désillusions. Désillusions qui sont sans aucun doute au cœur de l'itinéraire de l'auteur lui-même. – D. S.

**FILMOGRAPHIE**

**1969** *Charles mort ou vif*
**1971** *La Salamandre*
**1973** *Le Retour d'Afrique*
**1974** *Le Milieu du monde*
**1976** *Jonas qui aura 25 ans en l'an 2000*
**1978** *Messidor*
**1981** *Les Années Lumière*
**1983** *Dans la ville blanche*
**1985** *No Man's Land*
**1987** *Une flamme dans mon cœur*
*La Vallée fantôme*
**1989** *La Femme de Rose Hill*
**1991** *L'Homme qui a perdu son ombre*
**1993** *Le Journal de Lady M*
**1996** *Fourbi*
**1998** *Requiem*
**1999** *Jonas et Lila : à demain*
**2002** *Fleurs de sang*, co. Myriam Mézières
**2003** *Paul s'en va*

# Quentin **Tarantino**

KNOXVILLE 1963

**Cinéaste de la fulgurance.** D'apparence juvénile, flamboyant, boulimique, enthousiaste, Quentin Tarantino a offert une image que les médias ont saisi au vol pour en faire leurs délices. Mais il est aussi un cinéaste fervent, qui sait organiser sa gourmandise cinéphilique en un ensemble original, mais cohérent.

Quentin Tarantino est un pur produit de la cinéphilie. *Reservoir Dogs* (1992) est un exercice de style, pétri de Kubrick, Scorsese ou Joseph H. Lewis, qui a engendré spontanément le culte du cinéaste. Prêtant sa caution à quelques productions et à quelques scénarios, Tarantino reparaît avec *Pulp Fiction* qui, par sa Palme d'or cannoise en 1994, paraît décupler l'hystérie provoquée par l'œuvre précédente. Film noir qui jongle avec la chronologie, l'espace et les références, où les prestigieuses vedettes invitées se bousculent, c'est aussi une parodie ravageuse de tout ce qu'il cite.

Le plus classique *Jackie Brown* a désarçonné par son tempo moins frénétique, son récit traditionnel et son couple de héros mûrissants. C'était une fois de plus une variation sur le canevas du film noir. Tarantino s'y révélait un cinéaste réfléchi et précis, au-delà de la flamboyance de l'image qu'il projette.

Cette expérience du classicisme a certainement servi à la réussite de *Kill Bill*, ambitieux projet en deux volumes (deux films), qui fusionne les styles visuels disparates (western italien, arts martiaux, dessin animé) en un ensemble insolite et qui dépasse la stylisation de la bande dessinée pour atteindre parfois à l'intensité tragique (le mariage dans le second volume, puis l'ultime confrontation entre Uma Thurman et l'insaisissable Bill). Tarantino a prouvé ainsi qu'il avait suffisamment de talent pour survivre au délirant déferlement médiatique qu'il a suscité. – C. V.

**FILMOGRAPHIE**

**1992** *Reservoir Dogs*
**1994** *Pulp Fiction*
**1997** *Jackie Brown*
**2003** *Kill Bill : Vol. 1*
**2004** *Kill Bill : Vol. 2*

## Andrei **Tarkovski**

ZAVRAJIÉ 1932 - PARIS 1986

**Les armes de la poésie.** Andrei a trois ans quand son père, le poète Arséni Tarkovski, se sépare de sa mère. Ce traumatisme, redoublé bientôt par la guerre, marquera toute l'œuvre. En même temps que le lycée, Tarkovski fréquente une école de musique et étudie la peinture. Inscrit au VGIK, l'école de cinéma de Moscou, il se forme sous la direction de Mikhaïl Romm. Tarkovski confirme dès ses débuts ses hautes exigences tant esthétiques que morales, il se réclame de l'enracinement charnel et du lyrisme de Dovjenko. Il se veut l'héritier de la vieille culture russe, celle d'avant la révolution, spiritualiste et prophétique, obsédée par la terre maternelle. Sa démarche poétique, volontiers irrationnelle, poursuit une communication émotionnelle qui procède par « illuminations ». Il se réfère aux poètes zen et à la plénitude obscure du haïku. Il pense qu'il n'est de création véritable qu'individuelle. Il construit ses films par grands pans autonomes, associés comme les chapitres d'un roman, les chants d'une épopée, refusant l'unité dramatique traditionnellement bouclée autour d'un nœud central. Cela contribue à rendre sa position difficile et paradoxale au sein de la cinématographie soviétique. Ses œuvres, toujours très controversées, réputées élitistes, sophistiquées, mystiques, y disposent néanmoins de gros budgets. Mais, en vingt ans, il n'a pu en tourner que huit, y compris son film de fin d'études, *le Rouleau compresseur et le Violon* (1961). Avec *l'Enfance d'Ivan* (1962), Tarkovski s'insère dans le cinéma « du dégel » où l'accent est mis sur les destins individuels, où la guerre, les « erreurs » politiques sont dénoncées essentiellement comme destructrices de vies, d'amours, de promesses d'avenir. Les motivations idéologiques et patriotiques s'estompent ; s'impose la dimension humaniste. « Déshistoricisée », la guerre n'est plus qu'une condition monstrueuse. Elle développe chez Ivan, partisan âgé de douze ans dont la mère a été tuée sous ses yeux, un esprit de vengeance, une ténacité héroïque qui ne sont rien d'autre que folie froide. L'impossibilité à vivre l'horreur a fait de l'enfant un « mutant ». *Andréi Roublev* (1966) porte à son sommet la méditation poético-plastique du cinéaste. Dans une reconstitution suffocante de réalisme de la Russie du XVe siècle et de la passion de Roublev, peintre d'icônes inspiré, où passe l'immensité de la terre et du peuple russes, Tarkovski tente d'assumer la prophétie dostoïevskienne selon laquelle « la beauté sauvera le monde ». À cette réflexion sur la vocation au bien de l'art, sur la liberté de l'artiste face aux pouvoirs, *Solaris* (1972) – la réponse soviétique à *2001 Odyssée de l'espace* de Kubrick – sous couleur de science-fiction, s'en ajoute une autre sur le divorce science et conscience, sur l'expansionnisme cosmique militaro-politique, sur la condamnation par la raison scientifique de tout inconnaissable, de toute réalité « différente ». Le film est une parabole morale, d'une étrange beauté surréaliste, bien plus qu'une aventure de fantastique sidéral, le premier film aussi de l'auteur qui n'ait pas rencontré de difficultés. Tel ne fut pas le cas du suivant, *le Miroir* (1974), somptueuse et flamboyante auto-analyse à laquelle le cinéaste a conféré la forme de rêveries, de souvenirs, de monologues intérieurs. Pour *Stalker* (1979), il retourne à la science-fiction comme alibi. Derrière ce paravent, il affronte le tragique d'un monde (le soviétique comme l'autre) qui n'a plus ni foi, ni espérance. En 1983, en semi-exil, il tourne en Italie *Nostalghia*, un mot qui évoque à la fois le sentiment affectueux pour sa terre natale et la mélancolie pour cette terre lointaine. Après cette œuvre, à laquelle a collaboré le poète Tonino Guerra, Tarkovski décide, en 1984, de ne plus retourner en URSS. C'est en Suède qu'il tourne *le Sacrifice* (primé à Cannes en 1986). Le film apparaît comme le testament d'un cinéaste qui va disparaître à la fin de l'année, au moment où la perestroïka commence à bouleverser le paysage politique de l'URSS. Cette parabole poétique restitue l'angoisse d'un homme qui, confronté à la menace d'un cataclysme nucléaire, tente de retrouver les valeurs spirituelles profondes que l'époque contemporaine a rejetées ou oubliées. – J. A. G.

**FILMOGRAPHIE**

**1962** *L'Enfance d'Ivan (Ivanovo dietsvo)*
**1966** *Andréi Roublev (Andréj Rublëv)*
**1972** *Solaris*
**1974** *Le Miroir (Zerkalo)*
**1979** *Stalker*
**1983** *Nostalghia (Nostal'gija)*
**1986** *Le Sacrifice (Sacrificatio)*

## Jacques **Tati**

LE PECQ 1907 - PARIS 1982

**Monsieur Hulot parmi nous.** Les ascendances de Tati sont plurielles : russe, hollandaise, italienne, française. Il prépare l'école des Arts et Métiers, puis devient encadreur d'art comme son père. Le sport – rugby, tennis, boxe, équitation – devient son occupation essentielle. En amateur d'abord (1931), en professionnel ensuite (1933), il interprète des numéros comiques de mime. La caserne et le stade lui ont inspiré « quelque chose qui participe de la danse, du sport, de la satire et du tableau vivant » (Colette). Dès 1932, il tente de porter ses numéros au cinéma. Il n'achève pas *Oscar, champion de tennis*, son premier essai. Pour ses courts métrages suivants, il s'en tient aux

Jacques Tati sur le tournage de *Mon oncle* (1958).

fonctions de scénariste et de comédien. La guerre passée, Tati retourne au music-hall. Au cinéma, il décroche quelques petits rôles (*Sylvie et le fantôme*, Autant-Lara, 1946 ; *le Diable au corps*, id., 1947). La même année, il remplace René Clément, malade, et dirige *l'École des facteurs*. Ce dernier court métrage constitue le brouillon de *Jour de fête* (1949). Avec ce film, Tati triomphe, comme cinéaste et comme acteur, auprès du public comme de la critique. *Jour de fête* a été tourné à la fois en noir et blanc et en couleurs, au moyen d'un procédé qui s'est révélé impropre à un tirage de copies d'exploitation. Ce matériel, devenu disponible en 1987 grâce aux progrès de la technique, permet la distribution en 1995 d'un *Jour de fête* en couleurs. Contre le désir des producteurs, Tati rejette le projet de donner une suite à son film. Il choisit d'être rigoureux : auteur et artisan. Il transporte alors le réalisme comique de sa chronique villageoise dans une station balnéaire. Il tourne, dans les conditions précaires qui sont le lot des indépendants, *les Vacances de Monsieur Hulot*. C'est un nouveau triomphe. Sa carrière désormais semble assurée. Hollywood même lui fait des offres. Dès *Mon oncle* (1958), pourtant récompensé par un Oscar, le malentendu s'installe. Il va s'aggraver à mesure que Tati raffinera l'originalité de son art (parallèlement, plus ses films coûteront cher, moins ils auront de succès). Par quoi se définit cette originalité si périlleuse ? Par une écriture et par une conception très hardies du gag où le plan d'ensemble est dominant (il unit plusieurs gags simultanés et les relie à l'environnement). Le plan-séquence exalte, dans les gestes, les objets, les instants, le poids de leur durée vivante ; la bande-son retire à la parole sa dimension signifiante, édifie en langage les sons et les bruits, désobéissant le plus souvent aux impératifs du volume et de la distance. Son comique est neuf, ses gags conservent les mécanismes du burlesque, mais ils en rejettent le contenu irrationnel. Ils sont non seulement réalistes, mais concrètement vérifiables : « Je veux que le gag ait le plus possible de vérité. » C'est le monde, la vie, la société qui les proposent à qui sait voir. Chacun peut faire rire à un moment ou à un autre ; c'est affaire de conjonction entre le désordre (ou l'ordre) et l'ordre (ou le désordre) du monde. De là le statut d'antihéros burlesque fait à Hulot et le rôle de moins en moins protagoniste que lui réserve son créateur. Les héros burlesques font des excentricités, des prouesses, obligent le milieu soit à les servir soit à les libérer. Hulot laisse le milieu faire les siennes, attend qu'il se dénonce en quelque sorte. Il se borne à l'y aider, au prix s'il le faut d'une petite excentricité personnelle ou d'un classique moment de distraction. Mais le distrait oublie le monde. Hulot ne l'oublie pas, il le prend au mot, le force à se livrer. Il y a ainsi chez Tati (dans *Playtime* notamment, un pur chef-d'œuvre d'observation critique) des gags qu'on ne remarque pas, qu'on « perd » tant ils sont discrets (un chien regarde essuyer une voiture. C'est tout, mais c'est que le chiffon ressemble à une peau de chien). Comique qu'on n'épuise pas à le dire d'observation puisque ses pièges – comme en laboratoire – sont prémédités. Le cinéma de Hulot n'est sûrement pas le comique nostalgique, réactionnaire, que d'aucuns ont dit. Tati prend le parti de rire et de faire rire du monde tel qu'il est. Mais ce qui, de *Jour de fête* et des *Vacances de Monsieur Hulot* à *Trafic* et *Parade*, s'est perdu, c'est incontestablement la poésie, un bonheur de vivre qui faisait confiance au désir. — J. A. G.

**FILMOGRAPHIE**

**1947** *Jour de fête*
**1953** *Les Vacances de Monsieur Hulot*
**1958** *Mon oncle*
**1964** *Playtime*
**1971** *Trafic*
**1974** *Parade*

# Bertrand **Tavernier**

LYON 1941

**Chroniqueur de son temps.** Après avoir abandonné des études de droit pour se consacrer à la critique de cinéma, Tavernier devient chargé de presse de Georges de Beauregard. Il se voit offrir par celui-ci la possibilité de collaborer à deux films à sketches, *les Baisers* (1963) et *la Chance et l'Amour* (1964), où il essaie de retrouver le ton et la facture du cinéma américain. Attaché de presse indépendant jusqu'en 1972, il accomplit un grand travail pour faire mieux connaître de nombreux réalisateurs et rédige avec Jean-Pierre Coursodon le fameux *Trente ans de cinéma américain* (devenu *Cinquante ans de cinéma américain*). Son premier long métrage, adapté de Simenon, *l'Horloger de Saint-Paul* (1974), témoigne d'une attention très sûre aux lieux où il situe son action (Lyon et sa banlieue) et d'une grande finesse dans la peinture des rapports entre les personnages. *Que la fête commence* (1975) est une œuvre foisonnante et ambitieuse, une des plus passionnantes réflexions sur l'histoire et les forces qui la parcourent. *Le Juge et l'Assassin* (1976) s'appuie sur un cas clinique de folie criminelle au XIXᵉ siècle pour explorer la fascination réciproque de personnages que tout oppose et l'irréductibilité des barrières sociales. *Des enfants gâtés* (1977), situé dans la France contemporaine, tente de renouveler cette thématique en réconciliant structures commerciales et cinéma d'intervention sociale. Après *la Mort en direct* (1980), passionnante réflexion sur le cinéma et le voyeurisme qui utilise remarquablement le décor naturel de Glasgow, il revient à Lyon pour *Une semaine de vacances*, avant de partir pour l'Afrique avec Isabelle Huppert et Philippe Noiret pour *Coup de torchon* (1981), où il se réfère avec affection au cinéma français des années 1930. Dans *Un dimanche à la campagne* (1984), le climat psychologique et la force des regards jouent le rôle essentiel. S'inspirant des vies de Bud Powell et de Lester Young, il réalise en 1986 *Autour de minuit*, film crépusculaire sur l'amitié d'un vieux jazzman fatigué et d'un jeune Français. *La Passion Béatrice* (1987), à travers les réactions violentes d'une famille déchirée par les drames, décrit les décadences d'une époque, celle d'un Moyen Âge de moins en moins chevaleresque. Mais le film est incompris et s'avère un échec. Tavernier retrouve son inspiration – et son public – en signant *la Vie et rien d'autre* (1989), brûlot contre l'absurdité de la guerre. Après un documentaire sur sa ville natale (*Lyon, le regard intérieur*, 1990), il réunit Dirk Bogarde et Jane Birkin dans un film tendre (*Daddy nostalgie*), évoquant les relations intimes d'une famille qui tente d'exorciser le fantôme de la mort prochaine du père. Éclectique, mais toujours lucide et passionné, Tavernier revient au documentaire en 1992 avec *la Guerre sans nom* (sur la guerre d'Algérie) ; il poursuit dans cette voie avec *De l'autre côté du périph* (coréal. Nils Tavernier, 1997), documentaire sur la vie d'un grand ensemble de banlieue, et *Histoires de vies brisées* (2001) qui affronte le problème des doubles peines. Dans le domaine de la fiction, il analyse la vie quotidienne d'un inspecteur de police confronté aux problèmes de la délinquance et de la toxicomanie dans *L 627* ; il donne ensuite dans la fresque romanesque (*la Fille de d'Artagnan*, 1994), avant d'enchaîner films au passé, *Capitaine Conan* (1996) sur un épisode de la Première Guerre mondiale, *Laissez-passer* (2002) sur la période de l'Occupation, et films contemporains tels *l'Appât* (1995), une intrigue criminelle empruntée à un authentique fait divers, *Ça commence aujourd'hui* (1999) sur la misère sociale des classes défavorisées dans le Nord de la France, *Holy Lola* (2004) sur le thème de l'adoption. — J. A. G.

**FILMOGRAPHIE**

**1974** *L'Horloger de Saint-Paul*
**1975** *Que la fête commence*
**1976** *Le Juge et l'assassin*
**1977** *Des enfants gâtés*

1980 *La Mort en direct (Deathwatch)*
1980 *Une semaine de vacances*
1981 *Coup de torchon*
1983 *Pays d'octobre, (Mississipi Blues)*, doc.
1984 *Un dimanche à la campagne*
1986 *Autour de minuit / Round Midnight*
1987 *La Passion Béatrice*
1989 *La Vie et rien d'autre*
1990 *Daddy Nostalgie*
1992 *La Guerre sans nom*
co. Patrick Rotman
*L.627*
1994 *La Fille de d'Artagnan*
1995 *L'Appât*
1996 *Capitaine Conan*
1999 *Ça commence aujourd'hui*
2002 *Laissez-passer*
2004 *Holy Lola*

## Paolo et Vittorio **Taviani**

SAN MINIATO 1931 ET 1929

**L'utopie à l'épreuve de la réalité.** Liés à Valentino Orsini, futur réalisateur des *Damnés de la terre* (1970), les frères Taviani se livrent avec lui à des mises en scène de théâtre expérimental. Ils fondent le ciné-club de Pise (1950), puis se rendent à Rome où ils acquièrent une formation de documentaristes. Leur premier essai, en collaboration avec Cesare Zavattini, est une enquête sur un massacre perpétré par les Allemands (*San Miniato, luglio 44*) qu'ils tournent en 1954 mais dont l'exploitation ne sera jamais autorisée. Ils réalisent entre cette date et 1959 plusieurs courts métrages et ils écrivent avec Orsini le scénario du documentaire de Joris Ivens *L'Italie n'est pas un pays pauvre* (1960), une commande de la RAI. Après avoir signé à trois *Un homme à brûler* – leur premier long métrage,1962 – ainsi qu'*I fuorilegge del matrimonio* (1963), ils se séparent. Dès lors, les Taviani entreprennent une œuvre commune, osmose parfaite et jusqu'alors sans exemple au cinéma de deux réflexions et de deux sensibilités. Ils ne connaissent que le « nous », de la conception à la dernière touche parachevant chacun de leurs films. Ils apportent à l'analyse des sujets une semblable exigence, mais surtout la même souplesse, toujours empreinte de rigueur, dans le traitement et la direction d'acteurs. Les thèmes socio-historiques ont leur prédilection, de la fable abstraite (*Sous le signe du Scorpion*) à la restitution du vécu (*Padre padrone*, Palme d'or à Cannes en 1977). Leur recours à l'histoire, ou à l'anecdote exemplaire, témoigne d'une intention constante : élucider les rapports de l'utopie à l'échec, de la révolution à la tradition. La ligne logique de leur œuvre se situe entre la fin d'un temps (l'anarchisme du XIXe siècle, la mort de Togliatti) et un avenir incertain. Il convient cependant de lever l'équivoque que le suicide de Giulio Brogi dans *Saint Michel avait un coq*, celui de Marcello Mastroianni dans *Allonsanfan*, ou le poids du passé dans *Kaos*, peuvent faire surgir. Conscients de la mutation des valeurs, ils ne rejettent pas l'utopie. Ils considèrent que celle-ci peut être un ferment de progrès (c'est la leçon de *Sous le signe du Scorpion*), et que sa nature a changé dès avant la fin du siècle dernier. Ainsi reconnaissent-ils, à propos de *Saint Michel avait un coq*, inspiré d'assez loin par la nouvelle de Tolstoï *le Divin et l'Humain*, que cela est devenu, pour eux, « le politique et l'humain ». La « réflexion sur l'utopie » creuse la faille entre les intentions des révolutionnaires et leur action. Au lendemain de la mort du maître à penser de la gauche italienne, Togliatti, la « religiosité » du politique ne fait pas de miracle : les Taviani sont, à leur manière curieusement analytique et allégorique, d'autres témoins d'un désarroi mis en scène par Marco Bellocchio (*La Chine est proche*) ou Bernardo Bertolucci (*Prima della rivoluzione*), l'année même des *Subversifs* (1967). Ils passent de l'histoire vue comme un opéra (*Allonsanfan*) à la biographie d'un autodidacte, le romancier Gavino Ledda de *Padre padrone*, et de ce monde sarde à la Sicile retrouvée vingt ans après *Un homme à brûler*: mais dans *Kaos* c'est une Sicile antérieure qu'ils font renaître, intemporelle, à partir des *Nouvelles pour une année* de Pirandello. *La Nuit de San Lorenzo* (1981) avait montré le visage cruel d'une guerre fratricide vue par les yeux innocents d'un enfant. *Good Morning, Babylone* est une réflexion sur la création artistique à travers le destin de deux jeunes Toscans, fils d'un restaurateur de cathédrales, qui partent faire fortune en Amérique, travaillent comme décorateurs chez Griffith (qui prépare le tournage d'*Intolérance*), et sont rejoints dans leurs rêves par le conflit de 1914. Délibérément plus romanesque, *le Soleil même la nuit* (1990), adaptation très libre du livre de Tolstoï, *le Père Serge*, pose toujours la question de l'individu confronté à l'histoire. Leurs œuvres récentes (*Résurrection, Luisa San Felice*) développent pour la télévision des interrogations demeurées en suspens. Dans un élan lyrique, les Taviani savent traduire la dure splendeur des travaux et des jours, le primitivisme, la solitude, les résurgences de la mémoire. – J. A. G.

**FILMOGRAPHIE**

1962 *Un homme à brûler*
*(Un uomo da bruciare)*, co. V. Orsini
1963 *Les Hors-la-loi du mariage*
*(I fuorilegge del matrimonio)*,
co. V. Orsini
1967 *Les Subversifs (I sovversivi)*
1969 *Sous le signe du Scorpion*
*(Sotto il segno dello scorpione)*
1971 *Saint Michel avait un coq*
*(San Michele aveva un gallo)*

1974 *Allonsanfan*
1977 *Padre padrone*
1979 *Le Pré (Il prato)*
1982 *La Nuit de San Lorenzo (La notte di San Lorenzo)*
1984 *Chaos (Kaos)*
1987 *Good Morning, Babylon (Good Morning, Babylonia)*
1990 *Le Soleil même la nuit, (Il sole anche di notte)*
1993 *Fiorile*
1996 *Les Affinités électives, (Le affinità elettive)*
1998 *Kaos II (Tu ridi)*
2001 *Un altro mondo è possibile*, collectif

## André **Téchiné**

VALENCE D'AGEN 1943

**Chroniques de l'instabilité.** Marqué par le romanesque sensible du cinéma de François Truffaut, Téchiné en accentue le lyrisme dans ses chroniques sentimentales, partagées entre la province et Paris, entre destin individuel et poids de la famille.

Issu de la région du Sud-Ouest de la France, André Téchiné restera fidèle à ses origines provinciales, décor de nombreuses histoires. Il monte à Paris, suit les cours de l'IDHEC et débute comme critique aux *Cahiers du cinéma* au milieu des années 1960. C'est avec *Souvenirs d'en France* (1975), chronique de la vie d'une petite entreprise familiale, du Front populaire à Mai 68, qu'il montre son amour des grandes comédiennes du cinéma français (Jeanne Moreau), et surtout Catherine Deneuve, sa tendre complice, qui lui sera toujours fidèle, de *Hôtel des Amériques* (1981), aux *Temps qui changent* (2004) avec Gérard Depardieu. Téchiné aime du cinéma de François Truffaut le versant des amours sombres et angoissées, celui de *la Peau douce* et de *la Femme d'à côté* dont *les Temps qui changent*, histoire d'un homme qui retrouve une femme autrefois aimée, constitue le remake. Son meilleur film, *Hôtel des Amériques*, appartient à cette veine de la maladie d'aimer, confrontée à un passé secret, lourd à résorber. Le secret de famille est au centre de ses films inspirés par la tradition romanesque de François Mauriac (*les Innocents*, 1987, *Ma saison préférée*, 1993, *Alice et Martin*, 1998). À l'aise dans un cinéma personnel et grand public, il se montre tout aussi à l'aise dans des productions légères pour la télévision, comme *la Matiouette* (1983) inspiré par l'histoire de son ami et comédien Jacques Nolot, ou *les Roseaux sauvages* (1994), chronique d'une adolescence bouleversée par la guerre d'Algérie, traumatisme récurrent dans ses films. Profondément attaché à la France, le cinéma de Téchiné sait admirablement voyager. Pour preuve, *Loin* (2001), portrait d'itinéraires croisés à Tanger, entre ceux qui veulent partir au loin et ceux qui échouent à, pour fuir leur passé. Cette tentation du nomadisme (quitter la province, y rester) est obsessionnelle dans l'œuvre, au lyrisme fragile, de ce sédentaire inquiet. – C. T.

**FILMOGRAPHIE**

1969 *Paulina s'en va*
1975 *Souvenirs d'en France*
1976 *Barocco*
1979 *Les Sœurs Brontë*
1981 *Hôtel des Amériques*
1985 *Rendez-vous*
1986 *Le Lieu du crime*
1987 *Les Innocents*
1991 *J'embrasse pas*
1993 *Ma saison préférée*
1994 *Les Roseaux sauvages*
1996 *L'Enfant de la nuit*
*Les Voleurs*
1998 *Alice et Martin*
2001 *Loin*
2003 *Les Égarés*
2004 *Les temps qui changent*
2006 *Les Témoins*

## Jacques **Tourneur**

PARIS 1904 - BERGERAC 1977

**Une élégance « française ».** Dans le film de genre à petit budget, le Français Jacques Tourneur a su donner la quintessence de l'art hollywoodien. Un récit clair, des personnages sensibles, une esthétique élégante lui ont permis d'aller au-delà de la simple efficacité. Fils du cinéaste Maurice Tourneur, qui lui-même eut une grande carrière hollywoodienne, Jacques Tourneur ne réalisa que quelques films en France avant de partir pour Hollywood vers le milieu des années 1930. Il réalise avec Val Lewton les spectaculaires séquences de la Révolution française dans *le Marquis de Saint-Evremond* de Jack Conway. Cela lui vaut un contrat à la MGM, où il travaille dans l'anonymat des petits budgets. Mais Lewton, devenu producteur à la RKO, lui confie une série B aux réelles possibilités : *la Féline* (1942) est un chef-d'œuvre du fantastique de suggestion, grâce à un travail sur les ombres et sur le son, qui se refuse à montrer une image horrifique ou surréelle. Tourneur complètera ce coup de maître par deux autres productions pour Lewton, selon le même principe : *l'Homme léopard* et *Vaudou* (intelligent transfert de *Rebecca* dans le décor de Haïti).

Modeste, mais soucieux de perfection esthétique, Jacques Tourneur se contentera toujours de petits budgets et va se fondre dans le cinéma hollywoodien de genre, qu'il portera plus d'une fois à un haut niveau de qualité. Par exemple *la Griffe du passé* est l'un des plus beaux films noirs, avec un personnage féminin envoûtant (Jane Greer) ; le moins connu *Nightfall* est une magnifique adaptation de David Goodis qui culmine dans une inoubliable poursuite dans la neige.

En Angleterre, Tourneur signera un autre classique de l'horreur suggérée, *Rendez-vous avec la peur*. Mais c'est vers le western qu'il reviendra le plus souvent, émaillant l'ampleur spectaculaire (*le Passage du canyon*) et un classicisme rigoureux (*Un jeu risqué*) par un certain maniérisme de la couleur (*l'Or et l'amour*). Le film d'aventure lui réussira également avec le bondissant *la Flèche et le flambeau*, le lyrique *Gaucho* et surtout *la Flibustière des Antilles*, autre grande réussite de coloriste. L'histoire d'amour y prenait le pas sur l'action à travers un magnifique personnage de femme pirate, audacieuse et blessée à la fois, se perdant dans un douloureux apprentissage de la féminité. Le cinéaste a si bien su se fondre dans sa terre d'adoption qu'il n'a aucun mal à illustrer une douce chronique de l'Amérique rurale (*Stars in My Crown*).

Jacques Tourneur n'est pas seulement un rare cas de cinéaste français se fondant harmonieusement dans le système hollywoodien : il représente aussi l'aristocratie du cinéma de genre. – C.V.

**FILMOGRAPHIE**

**1931** *Tout ça ne vaut pas l'amour*
**1933** *Toto*
*Pour être aimée*
**1934** *Les Filles de la concierge*
**1939** *Nick Carter Master Detective*
*They All Come Out*
**1940** *Phantom Raiders*
**1941** *Doctors Don't Tell*
**1942** *La Féline (Cat People)*
**1943** *Vaudou (I Walked With a Zombie)*
*L'Homme-léopard (The Leopard Man)*
**1944** *Days of Glory*
*Angoisse (Experiment Perilous)*
**1946** *Le Passage du canyon (Canyon Passage)*
**1947** *La Griffe du passé/Pendez-moi haut et court (Out of the Past)*
**1948** *Berlin Express*
**1949** *Easy Living*
**1950** *Stars in my Crown*
*La Flèche et le flambeau (The Flame and the Arrow)*
**1951** *L'enquête est close (Circle of Danger)*
*La Flibustière des Antilles (Anne of the Indies)*
**1952** *Le Gaucho (Way of a Gaucho)*
**1953** *Les Révoltés de la « Claire-Louise » (Appointment in Honduras)*
**1955** *Stranger on Horseback*
*Un jeu risqué (Wichita)*
**1956** *L'Or et l'Amour (Great Day in the Morning)*
**1957** *Rendez-vous avec la peur (Night of the Demon/Curse of the Demon)*
*Nightfall*
**1958** *The Fearmakers*
**1959** *Timbuktu*
*La Bataille de Marathon (La battaglia di Maratona )*
**1963** *The Comedy of Terrors*
**1965** *War Gods of the Deep/City Under the Sea*

## Lars von **Trier**

COPENHAGUE 1956

**Le défi permanent.** Trier ne cesse de bousculer un cinéma qu'il juge en perpétuel danger d'assoupissement. En témoigne la grande diversité formelle de ses films, dont on doute parfois qu'ils soient l'œuvre d'un même auteur. C'est que chacun est un défi nouveau, technique, esthétique, et même narratif. Lars von Trier va toujours au bout du parti adopté, que ce soit dans la fascination hypnotique (*Europa*), dans le dénuement technique assumé (*les Idiots*), dans la subversion des genres (sa fameuse série télévisée *Riget*, en France : *l'Hopital et ses fantômes*) – jusque dans un vigoureux contre-pied à la comédie musicale (son mélodrame musical *Dancer in the Dark*) – ou dans la théâtralisation anti-naturaliste (sa trilogie *USA*, commencée en 2003). Cet extrémiste peut jouer sur l'humour et le second degré en décrivant une décomposition à la fois physique et morale (*The Element of Crime*), ou mimer une enquêtes sur l'hypnose (*Epidemic*). De même *Breaking the Waves*, film caractérisé d'abord par son lyrisme absolu, illustre cette esthétique de l'expérience-limite, avec son héroïne qui se donne aux hommes pour contenter un mari devenu impotent.

*Befrielsesbilleder*, un film de jeunesse ambigu sur les règlements de compte au Danemark à la fin de la guerre a donné *Europa*, film qui dépasse toutefois largement la provocation : thriller et mélodrame s'appliquent aux incertitudes de l'Allemagne d'après-guerre, l'esthétique s'inspire d'un travail constant sur l'image et le son qui ne dédaigne pas les vieux trucs cinématographiques. Dans sa volonté d'expérimentation, von Trier a donné naissance à l'école dite *Dogma*, pour laquelle la spontanéité et l'inventivité naissent de limitations techniques et de productions volontairement pauvres (*les Idiots*), et il a organisé les cinq paris impossibles du film fait avec le documentariste Jørgen Leth, *Five Obstructions*. *Dogville* et *Manderlay* sont des contes cruels et déconcertants, explicitement brechtiens par une originale schématisation de l'espace et du décor – et des protagonistes. Aboutissement peut-être provisoire d'une recherche permanente vite taxée d'anti-humaniste, le refus de l'illusion du réel établit un rapport entièrement nouveau entre le spectateur et l'écran. – D.S.

**FILMOGRAPHIE**

**1984** *Element of crime (Forbrydelsens element)*
**1987** *Epidemic*
**1991** *Europa*
**1996** *Breaking the Waves*
**1998** *Les Idiots (Idioterne)*
**2000** *Dancer in the Dark*
**2003** *Dogville*
**2005** *Manderlay*

# François **Truffaut**

PARIS 1932 - NEUILLY-SUR-SEINE 1984

**L'amour des livres et du cinéma.** Cinéaste littéraire et cinéphile à la fois, François Truffaut est devenu l'un des emblèmes d'une génération. Son œuvre exigeante est aussi une recherche du public et du consensus le plus vaste, qu'il arrive à atteindre dans ses films sur le spectacle (*la Nuit américaine*, *le Dernier Métro*), véritables célébrations de la passion à laquelle le cinéaste a voué sa vie.

Le cinéma ayant été le compagnon véritable d'une enfance solitaire, François Truffaut, guidé par André Bazin, est devenu, d'abord aux *Cahiers du cinéma*, puis à *Arts*, un des critiques les plus tonifiants des années 1950. Après un moyen métrage, *Les Mistons* (1958), *Les Quatre Cents Coups*, son premier long métrage, fait en 1959 l'effet d'une bombe. Après avoir conspué le cinéma en place, voici que le jeune homme a l'audace de briguer les lauriers cannois. Mais le cinéaste recherche une forme traditionnelle. Truffaut-critique défendait le cinéma classique de Renoir, de Guitry, de Hitchcock ou de Hawks. *Les Quatre Cents Coups* était proche à la fois du néoréalisme et d'un certain cinéma français, gourmand de silhouettes pittoresques, de dialogues colorés et de digressions dramaturgiques. En contrepartie, *Tirez sur le pianiste* était peu conforme à un modèle. Un extrême auquel le prudent Truffaut n'aura plus recours. Désormais, il optera (à l'exception de *l'Enfant sauvage*) pour des situations, une écriture et des acteurs auxquels le public est habitué. Dans ce cadre préexistant, il recherchera un subtil, mais radical décalage. Il peut ainsi porter son attention aux acteurs et à leurs personnages, ce qui, pour lui est essentiel.

François Truffaut sur le tournage de *la Femme d'à côté* (1981).

*La Peau douce*, peu après les audaces de *Jules et Jim*, se retrouve la victime de cette nouvelle voie. Ce film secret et d'une réelle sensibilité sous ses dehors de drame bourgeois, possède un ton confidentiel que l'on retrouvera dans la saga d'Antoine Doinel – Jean-Pierre Léaud –, fausse autobiographie, fausse chronique réaliste, mais, dans ses meilleurs moments, vrai portrait d'un certain malaise (*Baisers volés*; quelques instants de *Domicile conjugal*)

Tenté par un cynisme à la Guitry (*l'Homme qui aimait les femmes*) ou un fantastique obsessionnel à la Hitchcock (*la Femme d'à côté, Vivement dimanche !*), Truffaut est aussi un dur : *Jules et Jim* peut se lire comme la froide analyse d'un amour et d'une amitié. *Les Deux Anglaises et le Continent* et *l'Histoire d'Adèle H.* parlent de passion. Mais Truffaut adopte une distance qui désarçonne souvent le spectateur : *les Deux Anglaises* sont un film effectivement froid, et *Adèle H.*, presque exsangue. À côté, Truffaut a réussi admirablement *l'Enfant sauvage*, grâce à la finesse d'une photographie superbe, et *la Chambre verte* qui parle, en termes troublants, d'un véritable processus de vampirisation, où les livres ont un rôle pétrifiant, à l'opposé de ce qu'entendait *Farenheit 451*.

*Tirez sur le pianiste* révélait des tendances bouffonnes que Truffaut allait retrouver chez Doinel, puis dans *la Nuit américaine* (Oscar du meilleur film étranger) et *le Dernier Métro* (César du meilleur film), œuvres fragiles, mais magiquement harmonieuses. *Tirez sur le pianiste* montre aussi l'intérêt de Truffaut pour les trames policières, véhicule tout trouvé à l'entêtement obsessionnel de ses personnages. *La mariée était en noir* (1968) utilise une intrigue d'Irish pour mieux apprivoiser une poésie à la Cocteau.

L'œuvre de Truffaut (familier du cinéma hollywoodien – son dialogue avec Hitchcock reste un livre de base) a séduit la critique américaine, peut-être grâce à cette « French Touch » douce-amère, qui a marqué la Nouvelle Vague et ses épigones (Doillon, Téchiné) et à une psychologie sentimentale, aussi, qui doivent paraître assez exotiques outre-Atlantique pour correspondre à l'idée qu'on s'y fait de la France. — C.V.

**FILMOGRAPHIE**

**1958** *Les Mistons*, m.m.
**1959** *Les Quatre Cents Coups*
**1960** *Tirez sur le pianiste*
**1962** *Jules et Jim*
*L'Amour à 20 ans*, ép. *« Antoine et Colette »*
**1964** *La Peau douce*
**1966** *Farenheit 451*
**1968** *La mariée était en noir*
*Baisers volés*
**1969** *La Sirène du Mississippi*
**1970** *L'Enfant sauvage*
*Domicile conjugal*
**1971** *Les Deux Anglaises et le Continent*
**1972** *Une belle fille comme moi*
**1973** *La Nuit américaine*
**1975** *L'Histoire d'Adèle H.*
**1976** *L'Argent de poche*
**1977** *L'Homme qui aimait les femmes*
**1978** *La Chambre verte*
**1979** *L'Amour en fuite*
**1980** *Le Dernier Métro*
**1981** *La Femme d'à côté*
**1983** *Vivement dimanche !*

## Tsai Ming-liang

KUCHING 1957

**Dans Taipei désert.** Grande figure du cinéma taïwanais apparue après la génération de la Nouvelle Vague du début des années 1980, Tsai Ming-liang a développé à travers ses films un univers de sombre solitude (mutisme des personnages, lenteur léthargique), aux caractéristiques formelles solidement affirmées.

Né en Malaisie, il a grandi à Taipei où il suit des cours de théâtre et de cinéma à la Chinese Cultural University. Après un passage à la télévision, il signe son premier et superbe long métrage de fiction en 1992, *les Rebelles du Dieu néon*. Couronné dès le film suivant, *Vive l'amour* (1994), d'un Lion d'or à Venise, il devient le troisième grand du cinéma taïwanais, avec Hou Hsiao-hsien et Edward Yang. Dans un pays riche en talents mais sinistré économiquement (les films taïwanais totalisent moins de 2% des entrées), Tsai Ming-liang travaillera grâce à l'apport de financements étrangers, français le plus souvent. Son film *Et là-bas, quelle heure est-il ?* (2001), conçu en hommage aux *Quatre Cents Coups* de Truffaut, avec l'apparition fantomatique de Jean-Pierre Léaud, joue sur les effets d'écho entre Paris et Taipei. Tous les films de fiction de Tsai Ming-liang ont pour protagoniste l'acteur Lee Kang-sheng, emblème de ce corps timide et réservé, en quête de sa propre sexualité, soit en la vivant par procuration en dehors de sa famille (*les Rebelles du Dieu néon, Vive l'amour*) ou en son sein (*la Rivière*, 1997). Chaque personnage conçu par Tsai Ming-liang est un atome de solitude et de souffrance intérieure, en raison d'une sexualité névrotique, rarement épanouie. Dans *la Rivière*, le mystérieux torticolis de l'adolescent devient le symptôme d'un blocage qui culmine dans la scène du sauna, où le fils est brutalement confronté à la sexualité de son père. Tsai, en cela influencé par l'urbanisme dépeuplé des films d'Antonioni, aime filmer, en de longs plans fixes, Taipei vidée de ses habitants, conférant à ses films une ambiance futuriste, post-apocalyptique. La pluie, les fuites d'eau qui n'en finissent jamais (*The Hole*, 1998), accentuent ce sentiment d'abandon généralisé, où les corps, à l'image du monde, vont à leur perte. Le désertique, en soi et autour de soi, est l'horizon de ses films. — C.T.

**FILMOGRAPHIE**

1992 *Les Rebelles du dieu Néon (Chin shaonien na cha)*
1994 *Vive l'amour (Aiqing wansui)*
1997 *The River (He liu)*
1998 *The Hole (Dong)*
2001 *Et là-bas, quelle heure est-il ? (Ni neibian jidian)*
*Fish, Underground*
2002 *Le Pont n'est plus là (Tianqiao bu jingle)*
2003 *Good Bye, Dragon Inn (Bu san)*
2004 *Bem-Vindo a São Paulo*
2005 *La Saveur de la pastèque (Tian bian yi duo yun)*

# Tsui Hark

VIÊT-NAM 1950

**Les arts martiaux du futur.** Soucieux de maintenir vivante la tradition chinoise du cinéma d'arts martiaux, Tsui Hark, l'homme-orchestre du nouveau cinéma de Hong Kong, a modernisé le genre tout en le poussant dans ses derniers retranchements formels.

Il a passé son enfance à Hong Kong avant d'étudier le cinéma aux États-Unis puis de commencer à la télévision de Hong Kong. En 1979, *The Butterfly Murders* relance le film de sabre (*wu xia*) en pleine vogue de la comédie kung-fu avec Jackie Chan. Ce souci de rénover un genre en déclin depuis le succès de Bruce Lee et du Shaolin kung-fu dans les années 1970 se confirme avec *Zu, le guerrier de la montagne magique* (1983). En puisant aux sources du genre, né à Shanghai dans les années 1920 (légendes, récits merveilleux avec guerriers volants, etc), Tsui Hark se démarque du film de sabre inspiré des ballets de l'opéra de Pékin, pour moderniser ses racines fantastiques avec les effets spéciaux. Ce qu'il poursuivra, en tant que producteur, avec la série des *Histoires de fantômes chinois*. Fondateur de la société Film Workshop en 1984, qui lancera notamment John Woo, Tsui Hark est un peu le Spielberg de Hong Kong, soucieux de transmettre aux jeunes générations le goût du cinéma chinois de genre, et non sa version américanisée. Raison pour laquelle sa greffe à Hollywood, de courte durée, n'a pas pris. La grande entreprise de Tsui Hark comme producteur et cinéaste est la série de six films, *Il était une fois en Chine* (1991-1997), où Jet Li interprète le héros de kung-fu Wong Fei-hung, grande figure du nationalisme chinois, et déjà objet de la plus grande saga du cinéma cantonais, avec plus de soixante-dix films de 1950 à 1970. Le meilleur de Tsui Hark se trouve dans *The Blade* (1995), hommage à la série du sabreur manchot réalisée par Chang Cheh pour les studios Shaw. Le combat final, tourbillonnant, au montage ultra-rapide, résume son cinéma où la forme devient en soi le vecteur de la sensation, au détriment du corps en action, jusqu'ici le maître (voir Bruce Lee, Jackie Chan, les films de Liu Chia-liang). Telle est la révolution discrète de ce cinéaste incontrôlable, pour les autres et pour lui-même. Ce qui en fait sa qualité, parfois sa limite. — C. T.

**FILMOGRAPHIE**

avec les titres d'exploitation en anglais

1979 *Butterfly Murders*
1980 *Histoires de cannibales (We're Going to Eat You)*
*L'Enfer des armes (Dangerous Encounters First Kind / Don't Play With Fire)*
1981 *All the Wrong Clues for the Right Solution*
1983 *Zu, les guerriers de la montagne magique (Zu, Warriors From the Magic Mountain)*
1984 *Mad Mission 3 (Aces Go Places III)*
*Shanghai Blues*
1985 *Working Class*
1986 *Peking Opera Blues*
1989 *Le Syndicat du crime 3 (A Better Tomorrow 3, Love and Death in Saïgon)*
1991 *Il était une fois en Chine (Once Upon a Time in China)*
*The Banquet*, co. Clifton Ko Cheung Tung-jo, Alfred Cheung
1992 *La Secte du Lotus blanc (One Upon a Time In China 2)*
*Double Dragon*, co. Ringo Lam
*The Master (tourné en 1989)*
1993 *Le Tournoi du Lion (Once Upon a Time in China 3)*
1994 *Dr Wong et les pirates (Once Upon a Time in China 5)*
1995 *The Lovers*
*Le Festin chinois (The Chinese Feast)*
*Dans la nuit des temps (Love in the Time of Twilight)*
1995 *The Blade*
1996 *Tristar*
1997 *Double Team*
1995 *Piège à Hong Kong (Knock Off)*
*The Blade*
2000 *Time & Tide*
2001 *The Legend of Zu*
*Black Mask 2*
2005 *Seven Swords*

## Edgar G. **Ulmer**

ULMITZ 1900 - LOS ANGELES 1972

**L'esthète de la série B.** Initié au cinéma par Murnau, cet homme de théâtre, décorateur de formation, a trouvé dans la série B la possibilité de déployer son style, fondé sur les plans longs, ainsi que sa vision du monde.

Il a grandi à Vienne où sa passion du théâtre l'incite à s'inscrire à l'Académie des Arts. Il part à Berlin en 1919, devient membre de la troupe de théâtre de Max Reinhardt, comme décorateur, et rencontre Murnau, son maître en cinéma, avec lequel il collabore comme assistant. En voyage aux États-Unis avec sa troupe, il s'y installe, poursuit sa collaboration avec Murnau (*l'Aurore*, 1927) et travaille avec Lubitsch. Le seul et unique succès d'Ulmer, produit par un studio et avec des vedettes, est *Black Cat* (1934), d'après Edgar Poe, qu'il tourne pour la Universal, avec Boris Karloff et Bela Lugosi. Décorateur de formation, il compose un film d'horreur en vase clos, sur un mode théâtral (le *Kammerspiel* ou « théâtre de chambre » du cinéma allemand), en jouant sur les effets d'ombre. Dans la carrière aux multiples visages d'Ulmer, ouverte à tous les genres, on peut dégager deux lignes. Celle formée par ses films ethniques, les plus fameux étant ses films yiddish, comme *Green Fields* (1937) et *The Singing Blacksmith* (1938). Celle du maître du cinéma B pour le compte du studio PRC où il travaille de 1942 à 1946, et réalise *Bluebeard* (1944), film d'horreur avec John Carradine, réflexion sur l'art et le crime, et *Detour* (1946), film noir tourné en moins d'une semaine, sur la poisse d'un auto-stoppeur qui traverse les États-Unis pour rejoindre sa fiancée, auquel François Truffaut rendra hommage dans *Tirez sur le pianiste* (1960). Dans son chef-d'œuvre, *le Bandit* (*The Naked Dawn*, 1955), l'auteur d'un casse (Arthur Kennedy) se réfugie chez une jeune couple de paysans mexicains, attisant l'appétit de l'homme par son butin et le rêve de fuite de la femme. La vie sur Terre, chez Ulmer, est une prison ou un enfer dont chaque sujet rêve de s'évader, en vain. Cette vision claustrophobe de l'existence (son dernier film, en 1965, s'appelle *la Caverne*), aimant les espaces réduits, a permis à Ulmer, dans le monde limité du cinéma B, de s'épanouir en véritable artiste. — C. T.

**FILMOGRAPHIE**

**1929** *Les Hommes le dimanche*
*(Menschen am Sonntag)*, co. R. Siodmak
**1933** *Damaged Lives*
*Mr. Broadway*
**1934** *Le Chat noir (The Black Cat)*
*Thunder Over Texas*
sous le pseudonyme de John Warner
**1935** *From Nine to Nine*
sous le pseudonyme de John Warner
**1937** *Natalka Poltavka*
*Green Fields / Greene Felde*
co. Jacob Ben-Ami
**1938** *Singing Blacksmith / Yankel dem Schmidt*
**1939** *Cossacks in Exile / Zaprosh za Dunayem*
*The Light Ahead / Die Klatsche*
*Fishke the Lame One / Fishke der Drume*
*Moon Over Harlem*
**1940** *American Matchmaker /*
*Americaner Schadchen*
**1942** *Tomorrow We Live*
**1943** *My Son the Hero*
*Girls in Chains*
*L'Île des péchés oubliés*
*(Isle of Forgotten Sins)*
*Jive Junction*
**1944** *Barbe-Bleue*
*(Bluebeard)*
**1945** *Strange Illusion / Out of the Night*
*Club Havana*
**1946** *Detour*
*La Femme de Monte-Cristo*
*(The Wife of Monte Cristo)*
*Her Sister's Secret*
*Le Démon de la chair*
*(The Strange Woman)*
**1947** *Carnegie Hall*
**1948** *L'Impitoyable (Ruthless)*
**1949** *les Pirates de Capri*
*(I pirati di Capri / The Pirates of Capri)*
**1951** *St. Benny the Dip*
*The Man from Planet X*
**1952** *Les Mille et Une Filles de Bagdad*
*(Babes in Bagdad)*
**1955** *Murder Is My Beat*
*Le Bandit (The Naked Dawn)*
**1957** *The Daughter of Dr. Jekyll*
**1960** *Hannibal (Annibale)*
*The Amazing Transparent Man*
*Beyond the Time Barrier*
**1961** *L'Atlantide / Antinea l'amante della città sepolta*, co. Giuseppe Masini
**1965** *Sept contre la mort*
*(Sette contro la morte / The Cavern)*

## Gus **Van Sant**

LOUISVILLE 1952

**Entre l' « underground » et Hollywood.** Gus Van Sant est représentatif de l'intérêt de l'Hollywood contemporain pour les personnalités insolites venues du cinéma indépendant ou « underground ». Ayant débuté dans le film homosexuel militant (*Mala Noche*, 1985), Gus Van Sant a su dépasser la provocation facile et le brio visuel dans *Drugstore Cowboy* (1989) et *My Own Private Idaho* (1991), œuvres insolites sur la marginalité, ouvertes à des envolées poétiques séduisantes.

Depuis, un peu à la manière d'un Steven Soderbergh, Van Sant s'essaye à des formes très diverses. Il peut feindre d'adopter le cadre d'une «success story» classique pour la dynamiter par une satire rageuse des médias (*Prête à tout*, où brille Nicole Kidman), mais il peut aussi traiter la même forme sans paraître montrer de distance critique par rapport à son sujet (*Will Hunting* et *À la recherche de Forrester*, tous deux dûment oscarisés). Il reste cependant ouvert aux formes expérimentales comme *Gerry* et surtout *Elephant* (2003) sobre et élégante reconstitution d'un fait-divers atroce (des adolescents tirent sur leurs camarades et leurs professeurs dans une école américaine), qui réussit à garder l'objectivité du constat et reçoit la Palme d'or du festival de Cannes. Dans *Last Days*, Van Sant applique ce même regard qui se voudrait neutre sur les derniers jours d'un chanteur de rock calqué sur la personnalité mythique de Kurt Cobain.

Mais son film le plus étrange est peut-être *Psycho* (1998), qui procède aussi peut-être d'une démarche expérimentale, remake presque plan par plan, mais en couleurs, du chef- d'œuvre d'Alfred Hitchcock, objet cinéphilique ultime, parfait d'une certaine manière, mais dont la finalité n'est pas évidente. – C.V.

**FILMOGRAPHIE**

**1985** *Mala Noche*
**1989** *Drugstore Cowboy*
**1991** *My Own Private Idaho*
**1993** *Même les cowgirls ont du vague à l'âme (Even Cowgirls Get the Blues)*
**1995** *Prête à tout (To Die For)*
**1997** *Will Hunting (Good Will Hunting)*
**1998** *Psycho*
**2000** *À la recherche de Forrester (Finding Forrester)*
**2002** *Gerry*
**2003** *Elephant*
**2005** *Last Days*
**2006** *Paris je t'aime*, ép. *«Le Marais»*

## Agnès **Varda**

BRUXELLES 1928

**La subjectivité assumée.** Agnès Varda est un des esprits agiles qui ont anticipé sur la Nouvelle Vague. Son premier film, *la Pointe courte* (1955), qu'elle réalise à Sète à l'âge de vingt-six ans, annonce en effet la modernité cinématographique des années 1960 par le style, la manière d'aborder les problèmes de couple et par les conditions de production. Modernité à laquelle elle contribuera encore avec *Cléo de 5 à 7* (1962).

Elle doit sans doute à son expérience de photographe son instinct de l'image, de la composition, et aussi la conscience de la relativité du regard, qu'elle applique à nombre de documentaires, y compris, à ses débuts, à des commandes de court métrage dont elle tend à détruire le réalisme, par la satire, par l'ironie du commentaire. Son premier grand film *Cléo de 5 à 7* est un récit vagabond construit dans les règles de l'unité de temps. C'est la déambulation d'une jeune femme

Tournage de *Cléo de 5 à 7* par Agnès Varda (1962).

qui est dans l'attente angoissante d'un résultat d'examen médical, une promenade dans Paris, un regard sur la ville et les gens, quelques rencontres, et une évocation discrète de la mort qui tolère quelques échappées dans l'humour.

Elle affirme son statut de femme-cinéaste dès *Opéra-Mouffe*, vision du quartier parisien de la rue Mouffetard par les yeux d'une narratrice enceinte. Par la suite, ses films, documentaires ou fictions, s'inscriront souvent dans une perspective féministe, comme *les Créatures* et plus encore *l'Une chante, l'autre pas*, portrait dynamique de deux amies au destin différencié, et très bon exemple de sa liberté d'inspiration en même temps que de sa totale autonomie idéologique. La recherche du bonheur et ses difficultés sont au cœur de ses films, ce dont témoigne avec gravité *Sans toit ni loi* (1985) œuvre dépouillée décrivant l'errance d'une jeune marginale sans illusions.

Auteur de brillants commentaires pour ses essais cinématographiques documentaires, elle fait des films qui souvent échappent aux classifications, faux documentaires (*Lions Love*), montages à la Chris Marker (*Salut les Cubains*, composé de vues fixes), biographie reconstituée (*Jacquot de Nantes*, sur la vie de son époux Jacques Demy), ou tout simplement témoignage sur ceux qui tentent de survivre grâce aux restes de la société d'abondance (*les Glaneurs et la glaneuse*). — D.S.

**FILMOGRAPHIE**

**1955** *La Pointe courte*
**1962** *Cléo de 5 à 7*
**1965** *Le Bonheur*
*Les Créatures*
**1967** *Loin du Viêt-nam*, collectif
**1970** *Lions Love*
**1975** *Daguerréotypes*, doc.
**1977** *L'une chante, l'autre pas*
**1980** *Mur murs*, doc.
**1982** *Documenteur*
**1985** *Sans toit ni loi*
**1987** *Jane B. par Agnès V.*
*Kung-Fu Master*
**1991** *Jacquot de Nantes*
**1993** *Les demoiselles ont eu 25 ans*, doc.
*L'Univers de Jacques Demy*, doc.
**1995** *Les Cent et Une Nuits de Simon Cinéma*
**2000** *Les Glaneurs et la glaneuse*
**2002** *Deux ans après*

## Dziga **Vertov**

BYALISTOK 1895 - MOSCOU 1954

**L'homme à la caméra.** Issu de l'avant-garde artistique, rallié à la Révolution bolchevique, Vertov fait irruption dans un cinéma en pleine radicalisation. Il avait auparavant écrit des poèmes et des essais sous l'influence du futurisme, et mené des recherches sur les techniques du son (il sera en 1930 un des pionniers du cinéma sonore en URSS). C'est un expérimentateur et un adepte des théories du collage et du montage caractéristiques de l'effervescence artistique des premières années de l'URSS, et il influencera, du moins temporairement, des débutants nommés Eisenstein ou Poudovkine. Ces derniers s'appliqueront à révolutionner le cinéma de fiction, tandis que Vertov rejette le tournage de scénarios en studio avec des acteurs, proclamant avec emphase « Le drame cinématographique est l'opium du peuple. À bas les fables bourgeoises et vive la vie telle qu'elle est ! », car là est l'enjeu à ses yeux : la nouvelle société et son cinéma doivent se doter des moyens de refléter, non le réel, mais la dynamique du réel – ce qui suppose évidemment une prise de parti.

Il filme, écrit et monte des journaux filmés, publiant vingt-neuf numéros de *Kino-delija* (Ciné-semaine) pour la seule année 1918 et développe sa théorie du ciné-œil, qui s'appuie sur les concepts du documentaire en brisant leurs règles : il ne s'agit pas d'enregistrer la réalité brute, mais de construire grâce au montage des images (et plus tard des sons) une vérité que l'œil humain ne peut appréhender seul. Le ciné-œil est supérieur à l'œil humain, le montage a la primauté sur le tournage. La méthode Vertov est une pédagogie destinée à stimuler l'analyse par le spectateur lui-même. L'enthousiasme révolutionnaire a des visées propagandistes. D'où l'importance, dans une carrière parfois contrariée, des actualités cinématographiques (*Kino-delija* en 1918-19, *Kino-Pravda*, en 1922 *Kino-Glaz* en 1924 – et, beaucoup plus tard, *Nouvelles du jour*, 1944-54) et de grands films de montage : *l'Anniversaire de la Révolution*, d'une durée de deux heures trente (1919), *Histoire de la guerre civile*, *la Onzième année* (ou *Dix ans après Octobre*).

Cinéaste engagé, Vertov fait donc œuvre politique malgré la méfiance que ses méthodes inspirent au pouvoir, en particulier lorsque s'imposera le dogme du réalisme socialiste. Il avait innové dans plusieurs directions, participant à l'aventure des *ciné-trains* en 1920-21, concevant les premiers films d'animation réalisés en URSS (1922). Il doit sa place dans l'histoire du cinéma à quelques films de type documentaire, plus particulièrement *l'Homme à la caméra*, qu'il a pu présenter lui-même à l'étranger dès 1931. Film original, inclassable, et qui déborde du cadre documentaire classique, cette œuvre hétérodoxe influencé les approches théoriques du Septième Art, et plusieurs directions prises par la création cinématographique. Tourné à Odessa dépourvu d'intertitres, c'est le récit éclaté d'une journée de la grande ville. Une grande liberté de ton domine, une certaine ironie se perçoit dans ce puzzle d'impressions visuelles sur la vie moderne hérité du futurisme, dans cette dynamique de montage et de contrepoint, de ralentis et d'accélérés, de surimpressions et d'images multiples.

Trop souvent référé au genre documentaire, *l'Homme à la caméra* révèle au spectateur le travail du film, montrant l'opérateur (Mikhail Kaufman, le frère de l'auteur) se déplaçant à la recherche des lieux où poser la caméra – ce qui pourrait signifier que Vertov met en garde le spectateur contre les illusions de l'écran. Il a multiplié les recherches formelles et les expériences, et tenté chaque fois que possible d'orchestrer toutes les ressources techniques du cinéma, images, son, musique et chant. Symptômes de cette volonté : les sous-titres de ses films (*Symphonie du travail créateur, Symphonie du Donbass*), les appellations qu'il leur donne (*Ciné-poème lyrique*, par exemple). Si le discours de Vertov est politique, son éloquence se nourrit d'une aspiration à l'art total et aussi d'un grand jeu avec les outils audio-visuels qui annoncent bien des libertés futures. – D. S.

**FILMOGRAPHIE SÉLECTIVE**

**1919** *L'Anniversaire de la révolution (Godovscina revoljucij)*
**1922** *Histoire de la guerre civile (Istorija grazdanskoj vojny)*
**1923** *Cinq années de lutte et de victoires*
**1926** *Soviet en avant !/ Symphonie du travail créateur (Sagaj Sovet! / Mossoviet)*
*La Sixième Partie du monde (Sestaja cast mira)*
**1928** *La Onzième Année (Odinnadcatyj)*
**1929** *L'Homme à la caméra (Celovek kinoapparatom)*
**1930** *Enthousiasme / la Symphonie du Donbass (Entuziazm / Simfonia Donbassa)*
**1934** *Trois Chants sur Lénine (Tri pesni o Lenin)*
**1937** *Berceuse (Kolybel'naja)*
**1938** *Trois Héroïnes (Tri geroini)*
**1943** *Toi au front / Sur le front du Kazakhstan (Tebe front / Kazahstan frontu)*

# King **Vidor**

GALVESTON 1894 - PASO ROBLES 1982

**Un pionnier.** King Vidor, un des plus grands cinéastes américains est aujourd'hui méconnu. C'est auprès des Griffith, Ford ou Capra qu'il a sa place. Pas plus qu'eux, il ne réconcilia l'art et le commerce : il se contenta d'exprimer comme il le ressentait. Plus qu'un cinéaste hollywoodien il a été, comme les précédents, un cinéaste américain avant tout.

Comme tout bon Américain, il vient d'une famille d'émigrés (hongrois du côté de son père), propriétaires terriens au Texas, pays de marais et de forêts qui réapparaîtront dans ses films. Par sa mère, il est initié à la Christian Science, à laquelle il sera fidèle jusqu'à sa mort. De cette configuration exemplaire naît un cinéaste qui porte en lui les caractéristiques géographiques, culturelles et philosophiques propres à sa nationalité. D'abord cinéaste amateur, ce qu'il redeviendra à la fin de sa vie, King Vidor s'établit à Hollywood en 1916, avec sa femme comédienne. Il gravit les échelons alors faciles de la hiérarchie pour bientôt se retrouver réalisateur et scénariste en 1919. Contrairement aux autres cinéastes de sa génération, il va tourner relativement peu, la plupart du temps des projets personnels, ne faisant des concessions au système qu'en de très rares occasions.

C'est au temps du muet que King Vidor est le plus productif : environ vingt-cinq films en l'espace de dix ans. Certains auront pour interprète sa première femme, Florence Vidor, d'autres la deuxième, Eleanor Boardman. Pour des films où s'expriment à la fois son souffle ample et sa philosophie (*The Jack-Knife Man, la Sagesse de trois vieux fous, Capriciosa*), d'autres s'adaptent aux contours d'une vedette consacrée comme John Gilbert (*Son heure, Bardelys le Magnifique*).

C'est John Gilbert cependant qu'il va plier en douceur à son projet le plus ambitieux. *La Grande Parade* est un superbe hymne pacifiste, où le réalisme sans héroïsme des scènes de tranchées s'oppose au lyrisme de l'intrigue sentimentale. Deux crescendos émotionnels inoubliables illuminent l'œuvre : le départ des soldats, la jeune Mélisande essayant en vain de stopper leur flot, puis s'accrochant désespérée au camion qui emporte son bien-aimé ; les retrouvailles de John Gilbert et de Renée Adorée au final, dans un paysage apaisé aux lignes pures. Vidor était alors un cinéaste si inspiré qu'il s'appropriait le moindre des projets qu'on lui confiait : ainsi *la Bohème*, bouleversante adaptation de Murger où il reprend sans l'épuiser l'idée de la femme traînée par un véhicule ; mais, dans un registre différent, *Mirages*, formidable comédie sur Hollywood qui traite d'une question chère à Vidor, la dichotomie anonymat / célébrité. Son œuvre muette trouve un couronnement avec *la Foule* (1928), tour de force réaliste (il utilisa des extérieurs urbains réels) qui faisait fi de stars consacrées pour chanter la tragédie au quotidien.

Vidor fit suivre cette œuvre expérimentale par *Hallelujah*, tourné dans les bayous du Sud et qui prouva à jamais que le son ne paralysait pas l'image, mais que l'on devait traiter, esthétiquement et techniquement, les deux séparément avant d'en réaliser la synthèse. Cette œuvre forte qui, autre innovation, était située dans la communauté noire, se terminait par une catharsis dans les marais, figure de style à laquelle Vidor reviendra par ailleurs (*la Furie du désir*).

D'une œuvre parlante qui a compté de nombreux succès ainsi que des œuvres insolites, on retiendra *Notre pain quotidien*, magnifique poème collectiviste qui chante les éléments les plus simples (l'arrivée de l'eau, au final, reprend la technique du montage en crescendo). Ce film fut réalisé quasiment de manière indépendante, le contraire de *Stella Dallas*, grand mélodrame maternel avec Barbara Stanwyck qui est l'un des sommets du genre, tout en ne trahissant jamais les idées de Vidor (la petite ville industrieuse, le clivage social). Malheureusement *le Grand Passage* et *Romance américaine*, deux des projets auxquels Vidor tenait le plus, ne furent pas conformes à leur conception : *le Grand Passage* ne représente qu'un tiers de ce que Vidor souhaitait.

On retrouve le cinéaste dans des bribes de *Duel au soleil* (le final dans les rochers rouges), un chef-d'œuvre auquel nombreux furent ceux qui collaborèrent. Mais Vidor est bien mieux présent dans la trilogie constituée par *le Rebelle*, *la Garce* et *la Furie du désir*, trois œuvres rageuses contre une certaine étroitesse d'esprit : le premier film est un de ses chefs-d'œuvre, un portrait contrasté et critique d'un esprit créatif intransigeant. Après un beau western classique, *l'Homme qui n'a pas d'étoile*, Vidor a réalisé une très belle adaptation de *Guerre et paix* qui est sans doute son testament cinématographique. Audrey Hepburn y retrouvait la grâce des Lillian Gish ou Renée Adorée du muet et les scènes de la campagne de Russie évoquaient des scènes analogues de *la Grande Parade*. – C. V.

**FILMOGRAPHIE**

**1919** *Le Tournant (The Turn in the Road)*
*Better Times*
*The Other Half*
*Poor Relations*
**1920** *The Jack-Knife Man*
*The Family Honor*
**1921** *The Sky Pilot*
*Love Never Dies*
**1922** *The Real Adventure*
*Dusk to Dawn*
*Conquering the Woman*
*Peg o' My Heart*
**1923** *La Sagesse de trois vieux fous (Three Wise Fools)*
*The Woman of Bronze*
**1924** *Capriciosa (Wild Oranges)*
*Happiness*
*Wine of Youth*
*Wife of the Centaur*
*Son heure (His Hour)*
**1925** *La Grande Parade (The Big Parade)*
*Fraternité (Proud Flesh)*
**1926** *Bardelys le Magnifique (Bardelys the Magnificent)*
*La Bohème*
**1928** *La Foule (The Crowd)*
*Une gamine charmante (The Patsy)*
*Mirages (Show People)*
**1929** *Hallelujah*
**1930** *Billy le Kid (Billy the Kid)*
*Not So Dumb*
**1931** *Street Scene*
*Le Champion (The Champ)*
**1932** *L'Oiseau de paradis (Bird of Paradise)*
*Cynara*
**1933** *The Stranger's Return*
**1934** *Notre pain quotidien (Our Daily Bread)*
**1935** *Nuit de noces (The Wedding Night)*
*So Red the Rose*
**1936** *La Légion des damnés (The Texas Rangers)*
**1937** *Stella Dallas*
**1938** *La Citadelle (The Citadel)*
**1940** *Le Grand Passage (North-West Passage)*
*Comrade X.*
**1941** *H. M. Pulham Esq.*
**1944** *Romance américaine (An American Romance)*
**1947** *Duel au soleil (Duel in the Sun)*
**1948** *On Our Merry Way / A Miracle Can Happen*, co. Leslie Fenton
**1949** *Le Rebelle (The Fountainhead)*
*La Garce (Beyond the Forest)*
**1951** *Lightning Strikes Twice*
**1952** *Japanese War Bride*
*La Furie du désir (Ruby Gentry)*
**1955** *l'Homme qui n'a pas d'étoile (Man Without a Star)*
**1956** *Guerre et Paix (War and Peace)*
**1959** *Salomon et la reine de Saba (Solomon and Sheba)*

# Jean **Vigo**

PARIS 1905 - id. 1934

**Un point de vue documenté.** Les racines de Vigo sont catalanes : son grand-père paternel avait été viguier de la principauté d'Andorre. Son père, Eugène Bonaventure de Vigo (1883-1917), fervent militant anarchiste, puis socialiste (sous le nom d'Almereyda), connaît la prison dès l'âge de dix-sept ans. Accusé d'espionnage dans l'affaire du *Bonnet rouge* (journal qu'il avait fondé en 1913), il est retrouvé étranglé dans sa cellule en 1917. La justice conclut au suicide. Pour Jean Vigo, confié à un parent de la branche paternelle, commencent alors huit années de pensions, collèges et internats – à Nîmes, à Millau, à Chartres. Au début, le « fils du traître » porte un nom d'emprunt. Son œuvre se nourrira de cette expérience capitale. À l'automne de 1925, Vigo s'inscrit à la Sorbonne pour une licence de philosophie. Il a renoué avec sa mère et retrouvé les compagnons de combat d'Almereyda, dont il brûle de réhabiliter la mémoire. Il se destine au cinéma. Ses débuts sont d'autant plus difficiles que la tuberculose commence déjà à le tourmenter. Assisté de l'opérateur Boris Kaufman (frère de Dziga Vertov), il entreprend, sans argent et sans moyens, *À propos de Nice*. Le film s'inscrit dans la mouvance de la deuxième avant-garde et attire l'attention sur son auteur. Vigo participe au IIe Congrès international du cinéma indépendant de Bruxelles (1930). Il s'y fait de nouveaux amis (Germaine Dulac, Henri Storck). Il obtient un contrat pour la réalisation d'un court métrage documentaire, *La Natation par Jean Taris* (1931), mais refuse diverses autres propositions. Grâce à l'amitié de l'acteur René Lefèvre, Vigo trouve un producteur compréhensif, Jacques-Louis Nounez. Il peut ainsi réaliser, avec des budgets limités, *Zéro de conduite* (1933), très mal reçu et aussitôt interdit par la censure, puis *L'Atalante* (1934), tout aussi mal accueilli par la profession. Vigo agonise pendant que les distributeurs remanient son film, rebaptisé *Le Chaland qui passe*. Quatre films – dont un seul long métrage ! – auront suffi à Jean Vigo pour affirmer une vision du monde d'une originalité sans précédent et bâtir une œuvre riche et lestée du poids d'une vie qui se défait. Avec Vigo, le cinéma s'élève à la nécessité des autres arts. « C'était un cinéaste né » selon Elie Faure, un créateur qui ne dominait sa vie, qui ne pouvait trouver sa place exacte dans le monde, que par le moyen du cinéma. — J. A. G.

**FILMOGRAPHIE**

**1930** *À propos de Nice*, c.m.
**1931** *La Natation par Jean Taris*, c.m.
**1933** *Zéro de conduite*, m.m.
**1934** *L'Atalante*

# Luchino **Visconti**

MILAN 1906 - ROME 1976

**De la révolution à la décadence.** De son père, Giuseppe Visconti, duc de Modrone, Visconti hérite un titre nobiliaire et l'amour du théâtre. Si, dans sa jeunesse, il se passionne pour les courses de chevaux et les voyages, c'est dans le cinéma que le jeune aristocrate, aux idées par ailleurs progressistes et malvenues dans l'Italie fasciste, décide de faire carrière. Il travaille en France avec Jean Renoir, dont il est l'assistant pour *Une partie de campagne* (1936). La guerre interrompt cette collaboration qui devait se poursuivre en Italie avec *Tosca* (1940) que signe Carl Koch, premier maillon d'une chaîne d'inspiration qui court, de la scène à l'écran, comme un lien somptueux, tout au long de la vie d'un homme épris à la fois de Verdi et d'art lyrique, de Shakespeare et de mélodrame, d'épisodes quotidiens et de récits raffinés. Théâtre ou, mieux, opéra de la réalité, l'œuvre cinématographique de Luchino Visconti s'inspire souvent d'éléments situés dans un temps historique compris entre 1850 et 1950. Opéra, parce que son intuition, son sens de « la réalité lyrique » et son sens de l'histoire ont su fonder très tôt un art dont l'ampleur et la perfection plastique atteignent souvent une magnifique plénitude. Son projet d'adaptation d'un roman de Verga, *L'amante di Gramigna*, ayant été refusé par la censure, Visconti transpose alors *Le facteur sonne toujours deux fois* de James Cain : *Ossessione* donne le coup d'envoi de ce qui va être le néoréalisme. L'expression, qui va faire « école », est du monteur Mario Serandrei qui visionnait les rushes du film. Mais, si Visconti a travaillé avec Zavattini, à qui il doit le scénario de *Bellissima*, si *Ossessione* est pour le moins aussi sombre, négatif et pessimiste que le seront plusieurs œuvres de De Sica, c'est sans théorisation aucune de la part d'un cinéaste dont la conception du film noir ou la méditation sur l'histoire se refuseront toujours au didactisme et à tout sentimentalisme démagogique. Au lendemain de la guerre, *La Terre tremble* exaspère un régime repris en main par l'Eglise et les milieux d'affaires. Cet *épisode de la mer* gardera le titre général, inapproprié et célèbre, d'une trilogie dont il demeure l'unique volet, les deux autres ne parvenant pas à être financés. En fait, une trilogie imprévue rassemble après coup *Ossessione*, *La Terre tremble* et *Rocco et ses frères* – trois films qui sont, au bord du constat, le portrait sociologique de l'Italie des pauvres, de ses violences ambiguës, de ses migrations vers l'illusion. D'un fait divers, Visconti sait retenir ce qui est significatif et l'intégrer à la trame filmique, épurée de toute complaisance ; seul lui importe ce qui est représentatif, ce qui, grâce aux pouvoirs fantastiques et immédiats de l'image, suggère ou dénonce. La fable merveilleusement mélodramatique de *Bellissima* (1951), où se démène Anna Magnani, ironise sur l'envers de l'illusion sacro-sainte, sur le temple du rêve – Cinecittà –, mais sans s'attendrir pour autant sur la crédulité populaire. Placé sous l'égide du réalisme poétique français, le réalisme de Visconti s'appuie sur des constats et des données autrement âpres. La reconstitution d'un milieu n'est pas seulement un problème de décors. Car, si les intérieurs de *Rocco et ses frères*, les somptueuses « natures mortes » de *Senso* ou du *Guépard*, dénotent une scrupuleuse attention (historique et sociale, mais aussi psychologique) aux objets, aux toilettes, aux gestes, qu'il s'agisse des pêcheurs siciliens d'Aci Trezza parlant leur dialecte ou de la cour de Bavière, Visconti sait que le vrai ne se charge de sens qu'en fonction des pouvoirs de l'écriture, de l'unité interne de l'œuvre. Dans *Note sur un fait divers*, il ne reconstitue pas l'assassinat d'une enfant : il suffit qu'il nous montre l'Italie misérable dans laquelle elle vivait. La recréation d'un milieu social ou d'un moment de l'histoire favorise un exceptionnel génie plastique, évoluant des gris d'*Ossessione*, des noirs et blancs de *La Terre tremble* à l'impressionnisme raffiné de *Mort à Venise*, ou au romantisme pictural de *Ludwig*. Mais la vérité de ces recréations

Alain Delon et Claudia Cardinale dirigés par Luchino Visconti en 1963 pour *le Guépard*.

fait la vérité de l'œuvre : le regard posé par Visconti sur la civilisation et sur les hommes est essentiellement un regard poétique au sens fort et créateur du terme. Or, une poésie créatrice est aussi une poésie critique – d'où l'ambiguïté de la beauté, et cette amertume que le concept de nostalgie ne recouvre pas complètement lorsqu'on analyse *le Guépard, Sandra, Mort à Venise*, ou les deux fresques du *Crépuscule des dieux* et de *Ludwig*. Le passage, l'évolution de l'œuvre de la stylisation de la réalité, dont *Ossessione* porte la marque, à la mise en opéra de l'Histoire s'accompagne d'un retour au portrait psychologique, portrait qui, sous les traits de Burt Lancaster (*le Guépard*), peut révéler, avec une lucidité imparable, que la fréquentation de l'Histoire n'incline pas à l'optimisme, pas plus que celle des hommes ne justifie d'être dupe, sauf à naître et rester aveugle. Il y a, chez Visconti, un moralisme stendhalien, un goût identique pour les passions sans retenue (*Senso*), une passion aussi forte de la musique et de la beauté. La conjonction de ces intérêts ne va pas toujours dans le sens de l'unité du film, qui peut se dissocier entre les portraits de protagonistes névropathes, la parodie et la reconstitution (*les Damnés*). Le réalisme lyrique n'est pas sans impliquer une esthétique de la vérité.On comprend que les sympathies affichées du duc de Modrone pour la gauche italienne, et le PCI en particulier, ne l'aient pas gardé de critiques acerbes, que la nature de plus en plus « passéiste », d'annunzienne, des dernières œuvres n'a pu qu'exacerber (*Violence et passion, L'Innocent*). S'infléchissant vers une contemplation amère et pessimiste de l'art, de l'histoire, et ne sublimant l'amour (interdit, impossible, inavouable) que par défaut, l'ombre de l'échec et celle de la mort s'étendent peu à peu sur la vie. Visconti a pourtant mis l'homme en face de lui-même pour que l'œuvre livre son ultime et long combat contre le temps. – C. R./J. A. G.

**FILMOGRAPHIE**

**1943** *Les Amants diaboliques (Ossessione)*
**1945** *Jours de gloire (Giorni di gloria)*, collectif
**1948** *La Terre tremble (La terra trema)*
**1951** *Bellissima*
**1953** *Nous les femmes (Siamo donne)* ép. *« Anna Magnani »*
**1954** *Senso*
**1957** *Les Nuits blanches (Le notti bianche)*
**1960** *Rocco et ses frères (Rocco e i suoi fratelli)*
**1962** *Boccace 70 (Boccaccio 70)* ép. *« le Travail » (« Il lavoro »)*
**1963** *Le Guépard (Il gattopardo)*
**1965** *Sandra (Vaghe stelle dell' Orsa)*
**1967** *Les Sorcières (Le streghe)* ép. *« la Sorcière brûlée vive », (« La strega bruciata viva »)*
*L'Étranger (Lo straniero)*

**1969** *Les Damnés / le Crépuscule des dieux (La caduta degli dei / The Damned / Götterdämmerung)*
**1971** *Mort à Venise (Morte a Venezia / Death in Venice)*
**1983** *Ludwig / le Crépuscule des dieux*
**1974** *Violence et Passion (Gruppo di famiglia in un interno / Conversation Piece)*
**1976** *L'Innocent (L'innocente)*

# Andrzej **Wajda**

SUWWALKI 1926

**L'obsession de l'Histoire.** Wajda est le chef de file de l'école polonaise de cinéma qui s'affirme à partir de 1956 à la faveur d'un renouveau artistique et d'une relative libéralisation politique. Sa filmographie reflète directement et indirectement les vicissitudes de l'évolution du pays, beaucoup de titres, tels *Cendres et diamant* (1958), *l'Homme de marbre* (1977), *l'Homme de fer* (1981), *Korczak* (1990) étant en prise directe avec des événements historiques décisifs. Cinéaste méticuleux dans l'expression d'un romantisme souvent contenu mais parvenant parfois à des formes baroques, il interroge constamment l'histoire singulière de son pays même lorsqu'il réalise avec raffinement ses films les plus romanesques. Le thème national, toujours abordé de manière sensible et critique, domine en effet l'œuvre tout entière.

À ses débuts, c'est sur un mode néoréaliste plutôt que dans le style classique et héroïque en usage à l'époque du réalisme socialiste qu'il traite dans *Génération* (1955) un thème conforme au climat de l'époque (l'engagement de jeunes gens contre l'occupant allemand). Et c'est sans souci de glorification qu'il rapporte dans *Kanal* des actes de résistance ignorés ou déformés par les discours officiels, rompant le tabou de l'inaction de l'Armée rouge aux portes de Varsovie : l'étape suivante est le chef-d'œuvre *Cendres et diamant*, aux images baroques dépourvues de tout manichéisme. Situé en 1945, le film met aux prises des opposants issus de la Résistance intérieure qui organisent l'assassinat d'un vétéran communiste incarnant le nouveau régime. Portrait complexe des contradictions de l'époque et des individus, cette analyse poignante et novatrice bénéficie d'une interprétation sans failles. Grâce à ce film l'acteur Zbigniew Cybulski devient une icône pour la jeunesse – sa mort précoce sera à l'origine d'un film que Wajda lui dédie, *Tout est à vendre*, histoire d'un tournage et approche de la création artistique (un thème qui sera approfondi dans *le Chef d'orchestre*).

Dans le double inconfort de la surveillance exercée sur les scénarios et de sa volonté de scruter d'un œil neuf l'histoire de son pays, Wajda décrit les anachronismes glorieux de la Pologne d'avant-guerre dans *Lotna*, avec sa célèbre charge de cavalerie contre les divisions blindées allemandes qui lui attire bien des critiques ; celles-ci deviennent plus vigoureuses avec *Samson*, récit de la vie d'un jeune juif en butte à l'antisémitisme des années trente et qui, traqué pendant la guerre, se pose la question de l'engagement dans la Résistance. Il bénéficie de gros moyens pour remonter dans le temps et tourner *Cendres*, une grande fresque sur le pays au lendemain de l'épisode napoléonien, puis il aborde le temps des croisades avec *La Croisade maudite*. Plus personnel, plus dramatique, *Paysage après la bataille*, d'après un grand livre de Tadeusz Borowski, évoque le destin des rescapés polonais des camps nazis. *Les Noces*, qui montre ses concitoyens tournés vers le passé, gère avec onirisme le passé polonais et ses héros.

Au cours de sa longue carrière, il lui est arrivé d'aborder la science-fiction, avec l'étrange *Méli-mélo*, et la comédie grinçante, avec *la Chasse aux mouches*. Et il s'est inscrit volontiers dans une tendance littéraire et romanesque – sans toutefois abandonner la référence à l'Histoire : *le Bois de bouleaux*, *les Demoiselles de Wilko* (un film d'ambiance tchékhovienne), voire *Chronique des événements amoureux*, où il reconstitue, d'après l'écrivain polonais Konwicki, le cosmopolitisme de la ville lituanienne de Vilnius. Avec *la Terre de la grande promesse*, il concilie fougue fictionnelle et analyse historique. Décrivant dans un style à la fois naturaliste et baroque les débuts de l'industrialisation à Lódz (alors en Russie), il met en scène le destin de trois jeunes entrepreneurs – polonais, allemand, juif – non sans implicitement critiquer le libéralisme de l'époque, ce qui a été pris par certains pour de l'antisémitisme.

L'évolution politique de son pays l'a mené vers un engagement plus direct, au prix d'une lutte incessante pour la réalisation de ses projets. C'est le grand moment de *l'Homme de marbre*, un retour sur l'époque de l'édification du socialisme à marche forcée, un film habilement construit comme une enquête qui remonte le cours du temps. Autour d'un héros du travail genre stakhanoviste dont la statue est retrouvée par hasard, Wajda restitue le climat de propagande et l'obsession du sabotage des années staliniennes. Les événements se précipitant en Pologne avec les grèves de Gdansk et l'émergence du syndicat indépendant Solidarnosc, il réalisera une suite dans l'urgence, *l'Homme de fer*, où il met en scène le fils de l'Homme de marbre, mais aussi un journaliste mouchard. Le prestige international conquis par Wajda lui a permis de tourner à l'étranger : *la Ligne d'ombre*, d'après un roman de Joseph Conrad, *Un amour en Allemagne*, d'après Rolf Hochhuth (récit d'une passion, mais surtout procès implacable de l'Allemand moyen pendant la guerre), puis, en France, un *Danton* quelque peu théâtral où il s'implique dans des considérations sur le Pouvoir et la Révolution.

Après *Korczak*, histoire authentique d'un médecin juif polonais qui a tenté de protéger les enfants du ghetto, Wajda revient à une période mythique de l'histoire de la Pologne : c'est *Pan Tadeusz – quand Napoléon traversait le Niemen*, une grande fresque adaptée d'un livre célèbre d'Adam Mickiewicz, et dont le romantisme est quelque peu déclamatoire. Avec des films comme *la Semaine sainte* ou *Miss Nobody*, il réfléchit aux changements dans la Pologne post-communiste, et bien que moins sollicité, il maintient ses exigences critiques et morales dans un pays où le cinéma ne représente plus les mêmes enjeux. — D. S.

**FILMOGRAPHIE**

**1955** *Génération / Une fille a parlé (Pokolenie)*
**1957** *Kanal / Ils aimaient la vie (Kanal)*
**1958** *Cendres et diamant (Popiól i diament)*
**1959** *La Dernière Charge (Lotna)*
**1960** *Les Innocents charmeurs (Niewinni czarodzieje)*
**1961** *Samson*
*Lady Macbeth sibérienne (Sibirska Ledi Magbet)*
**1962** *L'Amour à vingt ans*, ép. «*Varsovie*»
**1965** *Cendres (Popioly)*
**1968** *La Croisade maudite (Gates to Paradise)*
**1969** *La Chasse aux mouches (Polowanie na muchy)*
*Tout est à vendre (Wszystko na sprzedaz)*
**1970** *Le Bois de bouleaux (Brzezina)*
*Paysage après la bataille (Krajobraz po bitwie)*
**1973** *Les Noces (Wesele)*
**1975** *La Terre de la grande promesse (Ziemia obiecana)*
**1976** *Smuga cienia*
**1977** *L'Homme de marbre (Czlowiek z marmuru)*
*Sans anesthésie (Bez znieczulenia)*
**1978** *Les Demoiselles de Wilko, (Panny z Wilka)*
*Pogoda domu niechaj bedzie z Toba...*
**1980** *Le Chef d'orchestre (Dyrygent)*
**1981** *L'Homme de fer (Czlowiek z zelaza)*
**1983** *Danton*
**1983** *Un amour en Allemagne (Eine, Liebe in Deutschland)*
**1986** *Kronika wypadków milosnych*
**1988** *Les Possédés*
**1990** *Korczak*
**1992** *L'Anneau de crin (Pierscionek z orlem w koronie)*
**1995** *La Semaine sainte (Wielki tydzien)*
**1996** *Miss Nobody (Panna Nikt)*
**1999** *Quand Napoléon traversait le Niemen (Pan Tadeusz)*
**2000** *La Condamnation de Franciszek Kllos (Wyrok na Franciszka Klosa)*

# Raoul **Walsh**

NEW YORK 1887 - SIMI VALLEY 1980

**Un cinéaste aventurier.** La légende d'Albert Edward, dit Raoul Walsh mêle l'aventurier et le cinéaste. Souvent le dernier se mit au service du premier. La flibuste, le Far West, les Mille et une nuits, l'ont inspiré. Films noirs, westerns, comédies ou mélodrames ont bénéficié d'une narration claire, d'un humour tonitruant, mais aussi de sa sensibilité et de son sens du tragique

Assistant et acteur pour D. W. Griffith (l'assassin de Lincoln dans *Naissance d'une nation*), Raoul Walsh marie sa profession et son goût de l'aventure en allant filmer Pancho Villa au Mexique. De retour, il fera de l'aventure le filigrane de toute son œuvre. Au cours des années vingt, Raoul Walsh dirige de grandes stars : Douglas Fairbanks (*le Voleur de Bagdad*), Gloria Swanson (*Sadie Thompson*, vigoureuse adaptation de Somerset Maugham) ou Dolores Del Rio (*Carmen, Au service de la gloire*). Ce dernier film, qui conte les frasques de deux soldats américains pendant la Première Guerre mondiale, est typique du tempérament de Walsh, de son humour volontiers paillard et de sa vitalité. Au cours d'un tournage mouvementé, il perd un œil.

Les années 1930 sont la période la moins intéressante de sa carrière (avec quelques perles, comme le délicieux *Me and My Gal*). Mais, à la Warner Bros., il tournera avec des acteurs dont la nature est proche de la sienne (Errol Flynn, James Cagney). L'enthousiasme du cinéaste ne faiblira plus jusqu'à son dernier film, *la Charge de la huitième brigade*.

Walsh va suivre l'évolution de Cagney dans ses phases les plus significatives. *Les Fantastiques Années vingt* porte à l'apogée le mythe du bon mauvais garçon, jusqu'à une agonie sur les marches d'une église. *Strawberry Blonde* est une comédie nostalgique qui fixe Cagney en stéréotype d'Américain moyen. *L'Enfer est à lui* revisite le mythe du gangster à la lumière de l'explication psychanalytique : c'est un sommet du genre. Enfin *A Lion Is in the Streets* est un pamphlet politique.

Walsh ne saisira Flynn que dans la phase la plus glorieuse de son mythe. *La Charge fantastique* le statufie en général Custer : historiquement tout est douteux, mais le panache de la mise en scène est irrésistible. Walsh fit également de Flynn un héros de la guerre : le meilleur est certainement *Aventures en Birmanie*, dont le traitement sec fait un classique. Leur dernière collaboration sera *la Rivière d'argent*, où Flynn porte toute l'ambiguïté de son personnage, héroïque et escroc à la fois.

C'est à Walsh qu'Humphrey Bogart dut son premier rôle en vedette, *la Grande Évasion*, où le gangster malchanceux qu'il incarnait mourait tragiquement dans la sierra. Walsh en fit un magnifique remake sous forme de western, *la Fille du désert*, plus tragique encore que l'original (le couple qui mourait ensemble). *La Femme à abattre*, beau policier réaliste ou Bogart est particulièrement sobre, illustre bien la souplesse du style de Walsh, à l'intérieur d'un même genre.

Le western inspira beaucoup le cinéaste. Une de ses œuvres les plus obsédantes est *la Vallée de la peur*, pratiquement une transposition des *Hauts de Hurlevent* dans une clé psychanalytique. Il reprit également le sujet d'*Aventures en Birmanie* dans *les Aventures du capitaine Wyatt*, western avec Gary Cooper. Les années 1950 offrent aussi deux grands films de guerre, très différents et pourtant complémentaires. *Le Cri de la victoire* est dans un style traditionnel et utilise avec finesse les intermèdes féminins. *Les Nus et les Morts*, adaptation de Norman Mailer, ne masque pas les aspects les plus brutaux et les plus sexuels du thème. Mais l'œuvre maîtresse de Walsh dans cette phase ultime est sans doute *l'Esclave libre*, dense saga sudiste où, à travers un Clark Gable dandy, buveur et ancien aventurier, Walsh semble se dresser un autoportrait idéalisé. Son œuvre considérable se prête bien à la découverte : petits films et chefs-d'œuvre sont unis par la même énergie, le même romantisme qui, plus d'une fois, s'assombrit dans un sentiment tragique. — C.V.

**FILMOGRAPHIE**

**1914** *The Life of General Villa*, co. C. Cabanne
*The Double Knot*
*The Mystery of the Hindu Image*
*The Gunman*
*The Final Verdict*
**1915** *The Death Dice*
*His Return*
*The Greaser*
*The Fencing Master*
*A Man for All That*
*Eleven-Thirty P. M.*
*The Buried Hand*
*The Celestial Code*
*A Bad Man and Others*
*The Regeneration*
*Carmen*
**1916** *Pillars of Society*
*The Serpent*
*Blue Blood and Red*
**1917** *The Honor System*
*The Conqueror*
*Betrayed*
*This Is the Life*
*The Pride of New York*
*The Silent Lie*
*The Innocent Sinner*
**1918** *Woman and the Law*
*The Prussian Cur*
*On the Jump*
*Every Mother's Son*
*I'll Say So*
**1919** *Evangeline*
*The Strongest*
*Should a Husband Forgive ?*
**1920** *The Deep Purple*
*From Now on*
**1921** *Serenade*
*The Oath*
**1922** *Kindred of the Dust*
**1923** *Un drame en Polynésie*
*(Lost and Found on a South Sea Island)*
**1924** *Le Voleur de Bagdad (The Thief of Bagdad)*
**1925** *À l'est de Suez (East of Suez)*
*The Spaniard*
*Le Fils prodigue (The Wanderer)*
*The Lucky Lady*
*The Lady of the Harem*
**1926** *Au service de la gloire*
*(What Price Glory)*
**1927** *The Money Talks*
*The Loves of Carmen*
**1928** *Faiblesse humaine (Sadie Thompson)*
*La Danse rouge (The Red Dance)*
*Me, Gangster*
**1929** *In Old Arizona*, co. I. Cummings)
*Têtes brûlées (The Cock-Eyed World)*
*Hot for Paris*
**1930** *La Piste des géants (The Big Trail)*
**1931** *Hors du gouffre*
*(The Man Who Came Back)*
*Women of All Nations*
*Le Passeport jaune (The Yellow Ticket)*
**1932** *Wild Girl*
*Me and My Gal*
**1933** *Amour de marin (Sailor's Luck)*
*À l'ombre de Brooklyn / les Faubourgs de New York (The Bowery)*
*Au pays du rêve (Going Hollywood)*
**1935** *Rivaux Under Pressure*
*Baby Face Harrington*
*Nuit après nuit (Every Night at Eight)*
**1936** *Annie du Klondike (Klondike Annie)*
*Empreintes digitales (Big Brown Eyes)*
*Spendthrift*
**1937** *O.H.M.S. / You're in the Army Now*
*Les Deux Aventuriers (Jump for Glory / When a Thief Meets a Thief)*
*Artistes et Modèles*
*(Artists and Models)*
*Hitting a New High*
**1938** *College Swing*
**1939** *St. Louis Blues*
*Les Fantastiques Années 20*
*(The Roaring Twenties)*
**1940** *L'Escadron noir (Dark Command)*
*Une femme dangereuse*
*(They Drive by Night)*
**1941** *La Grande Évasion (High Sierra)*
*The Strawberry Blonde*
*L'Entraîneuse fatale (Manpower)*
*La Charge fantastique*
*(They Died With Their Boots on)*
**1942** *Sabotage à Berlin (Desperate Journey)*

Gentleman Jim
1943 *Intrigues en Orient (Background to Danger)*
*Du sang sur la neige (Northern Pursuit)*
1944 *Saboteur sans gloire (Uncertain Glory)*
1945 *Aventures en Birmanie / le Commando de l'enfer (Objective Burma !)*
*Sa dernière course (Salty O' Rourke)*
*The Horn Blows at Midnight*
1947 *The Man I Love*
*La Vallée de la peur (Pursued)*
*Cheyenne*
1948 *La Rivière d'argent (Silver River)*
*Les Géants du ciel (Fighter Squadron)*
*One Sunday Afternoon*
1949 *La Fille du désert (Colorado Territory)*
*L'enfer est à lui (White Heat)*
1951 *Le Désert de la peur / Une corde pour te pendre (Along the Great Divide)*
*Capitaine sans peur (Captain Horatio Hornblower)*
*Les Aventures du capitaine Wyatt (Distant Drums)*
1952 *La Ruelle du péché (Glory Alley)*
*Le monde lui appartient (The World in His Arms)*
*Barbe-Noire le Pirate (Blackbeard the Pirate)*
1953 *Victime du destin (The Lawless Breed)*
*La Belle Espionne (Sea Devils)*
*Un homme à abattre (A Lion Is in the Streets)*
*Bataille sans merci (Gun Fury)*
1954 *La Brigade héroïque (Saskatchewan)*
1955 *Le Cri de la victoire (Battle Cry)*
*Les Implacables (The Tall Men)*
1956 *Bungalow pour femmes (The Revolt of Mamie Stover)*
*Le Roi et quatre reines (The King and Four Queens)*
1957 *L'Esclave libre (Band of Angels)*
1958 *Les Nus et les Morts (The Naked and the Dead)*
1959 *La Blonde et le Shérif (The Sheriff of Fractured Jaw)*
*Les Déchaînés (A Private's Affair)*
1960 *Esther et le roi (Esther and the King)*
1961 *Marines, Let's Go*
1964 *La Charge de la huitième brigade (A Distant Trumpet)*

## Orson **Welles**

KENOSHA 1915 - LOS ANGELES 1985

**L'exilé.** Incroyablement précoce, Orson Welles a Hollywood à ses pieds, pour son premier film, à l'âge de vingt-cinq ans. Mais Hollywood va le rejeter aussi facilement qu'il l'a accueilli. Condamné à errer, il va aller de rôle en rôle, dans les films des autres, obtenant ainsi de maigres ressources pour financer ses propres réalisations dont il peaufine le montage au fil de ses pérégrinations.

Orson Welles, réalisateur et acteur dans *Citizen Kane* (1941).

Orphelin de père et de mère à l'âge de treize ans, Orson Welles parcourt l'Europe et les États-Unis avec son tuteur, forgeant son immense culture sur le tas. En trichant sur son âge, il se fait engager au théâtre à l'âge de seize ans. À dix-neuf ans, il fonde et dirige la troupe du Mercury Theatre qui compte de nombreux acteurs plus âgés que lui. Ses mises en scène de Shakespeare (un *Macbeth* « vaudou » et un *Jules César* en « chemises noires » fascistes) font de lui une personnalité en vue. Il transpose ses acteurs et ses projets à la radio, notamment avec sa célèbre adaptation de *la Guerre des mondes* de H. G. Wells (1938).

La RKO lui laisse totale carte blanche pour réaliser et interpréter un film à Hollywood. Il tourne *Citizen Kane* (1941) avec des moyens qu'il n'aura plus jamais. Ce scénario original d'Herman Mankiewicz présente une structure en flash backs non chronologiques tout à fait exceptionnelle pour l'époque. Mais le bruit court qu'il s'agit d'un portrait à clés du magnat de la presse William Randolph Hearst. Malgré les menaces de boycott, le film voit le jour et crée l'événement. S'il ne fut pas un immense succès, il ne fut pas non plus un échec, comme on l'a dit ; à preuve, la RKO garda son soutien à Welles qui menait trois projets ambitieux de front. C'est cet éparpillement qui peut-être le desservira le plus. Il est dessaisi du montage de *la Splendeur des Amberson* et deux autres de ses projets sont abandonnés.

Accepté comme acteur, Orson Welles veut être accepté comme cinéaste. Il aura beau prouver avec *le Criminel* qu'il peut tourner un thriller classique dans un budget et un temps donnés, avec *la Dame de Shanghai* qu'il peut tourner avec une star comme Rita Hayworth (dont il vient de divorcer). Rien n'y fait. On retient plus facilement l'échec de son filmage de *Macbeth*. Dès lors, Orson Welles va se mettre en quête de fonds pour mener à bien ses projets. Il va aller d'Amérique en Europe, au gré de ses engagements d'acteur, traînant avec lui sa légendaire table de montage, pour lui permettre de travailler sur ses propres films, qu'il tourne entre deux performances d'acteur.

Chacun de ses films est un coup de maître : *Othello*, *Dossier secret* ou *Falstaff*. Mais nombreux aussi sont les films qu'il tourne sur plusieurs mois, voire plusieurs années, sans jamais y mettre un point final. Son retour à Hollywood, le temps d'un thriller magistral, *la Soif du mal* (1958) restera sans lendemain. C'est grâce à la télévision française qu'il tournera son ultime chef-d'œuvre, *Une histoire immortelle*, où il aborde pour la première fois la couleur.

Son intelligence et sa personnalité lui permettent d'entraîner dans son sillage des collaborateurs fascinés qui acceptent de travailler à un bas salaire (voire pas de salaire du tout) : Jeanne Moreau, Marlene Dietrich, Lilli Palmer, John Gielgud, et bien d'autres ne résisteront pas à son appel. Expérimentateur forcené, celui qui avait étonné Hollywood par les plans-séquences démesurés de *Citizen Kane* et de *la Splendeur des Amberson*, s'essaie aussi au montage morcelé, notamment dans *Othello*, l'un de ses chefs-d'œuvre, qui pourrait servir à une démonstration pédagogique. Mais il ne s'interdit pas de se surpasser dans les plans longs, comme il le fera dans l'ouverture vertigineuse de *la Soif du mal* (un acrobatique plan-séquence qui passe de la frontière américaine à la frontière mexicaine et qui se termine par l'explosion d'une bombe).

Les innovations techniques de Welles sont parfois des redécouvertes (ainsi pour la profondeur de champ), parfois de véritables inventions (le domaine du son n'est pas encore étudié comme il le mériterait). Mais modestement, à la fin de sa vie, Welles justifiait tout cela par amour pour les comédiens auxquels il fait, à commencer par lui-même, de somptueux cadeaux.

Œuvre chatoyante qui fait la part belle autant à l'image (la fusillade dans la galerie des glaces dans *la Dame de Shanghai*) qu'à la parole (la confession du policier pourri dans *la Soif du mal*) et au son, les films de Welles affirment la souveraineté et la plénitude d'un auteur, et ceci depuis l'affirmation des génériques de *Citizen Kane* et de *la Splendeur des Amberson*. Ce joyeux mystificateur, qui a élevé le mensonge au stade de principe, a basé plus d'un film sur la recherche de l'identité ou sur la machination. Selon le modèle du puzzle éclaté de *Citizen Kane*, *Dossier secret* ou *Le Procès* reprendront cette quête identitaire. Par ailleurs, si le mensonge favorise les plus monstrueuses des machinations (*la Dame de Shanghai, Macbeth, la Soif du mal*), il peut également créer la tragédie (*Othello*) ou même l'histoire d'amour (*Une histoire immortelle*). Il peut être aussi le simple instrument de la pudeur (*Falstaff*, et son personnage si touchant derrière son apparence de fêtard : un autoportrait, peut-être). — C.V.

**FILMOGRAPHIE**

**1941** *Citizen Kane*
**1942** *La Splendeur des Amberson (The Magnificent Ambersons)*
*It's All True*
**1946** *Le Criminel (The Stranger)*
**1948** *La Dame de Shanghai (The Lady from Shanghai)*
*Macbeth*
**1952** *Othello*
**1955** *Monsieur Arkadin/Dossier secret (Confidential Report)*
**1958** *La Soif du mal (Touch of Evil)*
**1962** *Le Procès (The Trial)*
**1966** *Falstaff (Chimes at Midnight)*
**1975** *Vérités et Mensonges (F for Fake/Nothing But the Truth)*
**1978** *Filming Othello*

# William **Wellman**

BROOKLINE 1896 - LOS ANGELES 1975

**Classique et provocant.** Quand on énumère les grands cinéastes classiques américains, William Wellman est souvent oublié. Peut-être parce que lui-même a toujours essayé d'élargir cette notion de classicisme, tant dans les formes que dans les thèmes, et qu'il s'est plu à imposer son image de rebelle.

Militaire (à la Légion étrangère, puis dans la fameuse escadrille Lafayette), William Wellman a toujours été fasciné par les grands espaces, et plus spécialement par l'espace infini du ciel. Le cinéma lui a donné le pouvoir le donner une existence poétique à cette fascination. Comédien et homme à tout faire, il débute dans la réalisation au milieu des années 1920 et se voit consacré par le succès tant critique que populaire des *Ailes*, magnifique épopée de l'aviation au cœur de la Première Guerre Mondiale. Dès lors, Wellman, célèbre pour son caractère bouillant (on le surnomme « Wild Bill »), mènera une carrière prolifique, sans souci d'arrivisme, acceptant des besognes alimentaires en échange de la promesse d'un projet personnel, attirant périodiquement l'attention par un film à succès ou original, puis replongeant dans l'anonymat des travaux d'artisan. Il faut préciser qu'aucune de ses besognes alimentaires n'est déshonorante ou bâclée, Wellman se faisant une haute idée de sa profession.

Peu de temps après *les Ailes*, *les Mendiants de la vie* est une prophétie de ce que l'Amérique va vivre quelques mois plus tard avec la crise de 1929 : attachant portrait des oubliés qui vagabondent le long des voies ferrées et voyagent en wagon de marchandise ; déguisée en garçon, Louise Brooks y est inoubliable. Wellman sympathisera plus d'une fois avec les marginaux, dans des œuvres où vibre un bel élan humaniste : *Wild Boys of the Road* (sans vedettes, et d'une rigueur presque néoréaliste) et *Héros à vendre*. C'est un discours semblable qui le pousse à traiter de la perversion du système, le gangstérisme, avec *Ennemi public*, un des très grands films du genre : loin de la sécheresse du *Scarface* de Hawks, l'ampleur historique et le lyrisme annoncent plutôt *le Parrain* de Coppola ou *Gangs of New York* de Scorsese. Wellman, loin de se limiter à des films de genre, traite plutôt des thèmes. Ainsi sa version d'*Une étoile est née* diffère de celle du Cukor par l'ironie critique introduite dès le début (le film comme un scénario en train de s'écrire). *L'Étrange Incident* n'est pas, comme on l'a dit, un faux classique, mais un film réellement courageux qui dénonce le racisme et le lynchage dans le cadre westernien. *Bastogne* est un film de guerre sobre, sans héroïsme, dont l'austérité garantit la sincérité.

Wellman a plus d'une fois travaillé dans les cadres préétablis, privilégiant le film de guerre, le western, la comédie (*la Joyeuse Suicidée* et *Roxy Hart* sont des classiques) et le mélodrame. Il est d'ailleurs capable de donner à un genre une forme canonique : *Beau Geste* est bien le modèle du film sur la Légion étrangère, réalisé avec un sens hugolien de l'ampleur. Mais Wellman fait aussi évoluer les genres en travaillant la forme. Sa relation au western est particulièrement significative. Outre *l'Étrange Incident*, il faut mentionner *la Ville abandonnée*, épure réduite à quelques personnages qui annonce Anthony Mann, *Au-delà du Missouri*, chronique dédramatisée et fluide, aux images grandioses, *Convoi de femmes*, point de vue « féministe » sur la conquête de l'Ouest, ou *Track of the Cat*, confiné dans la neige et limitant la palette aux noirs et aux blancs, avec juste quelques taches de rouge. Son dernier film est *Lafayette Escadrille*, émouvant mélodrame de guerre en forme d'hommage, qui le ramène à sa jeunesse : la beauté des scènes d'amour y est proche de l'esthétique de Frank Borzage. – C. V.

**FILMOGRAPHIE**

**1923** *The Man Who Won*
*Second Hand Love*
*Big Dan*
*Cupid's Fireman*
**1924** *The Vagabond Trail*
*Not a Drum Was Heard*
*The Circus Cowboy*
**1925** *When Husbands Flirt*
**1926** *The Boob*
*The Cat's Pajamas*
*Masques d'artistes*
*(You Never Know Women)*
**1927** *Les Ailes (Wings)*
**1928** *Les Pilotes de la mort*
*(The Legion of the Condemned)*
*Ladies of the Mob*
*Les Mendiants de la vie (Beggars of Life)*
**1929** *Chinatown Nights*
*The Man I Love*
*Woman Trap*
**1930** *Dangerous Paradise*
*Young Eagles*
*Maybe It's Love*
**1931** *Other Men's Women / The Steel Highway*
*L'Ennemi public (The Public Enemy)*
*L'Ange blanc (Night Nurse)*
*The Star Witness*
*Safe in Hell*
**1932** *The Hatchet Man*
*Mon grand (So Big)*
*Love Is a Racket*
*The Purchase Price*
*Les Conquérants (The Conquerors)*
**1933** *Jenny Frisco (Frisco Jenny)*
*Central Airport*
*Lilly Turner*
*Rose de minuit (Midnight Mary)*
*Héros à vendre (Heroes for Sale)*

*Wild Boys of the Road*
*College Coach*
**1934** *Looking for Trouble*
*Le Président fantôme*
*(The President Vanishes)*
*Stingaree*
**1935** *L'Appel de la forêt (Call of the Wild)*
**1936** *Robin des Bois d'Eldorado*
*(Robin Hood of El Dorado)*
*La Petite Provinciale (Small Town Girl)*
**1937** *Une étoile est née (A Star Is Born)*
*La Joyeuse Suicidée (Nothing Sacred)*
**1938** *Les Hommes volants (Men With Wings)*
**1939** *Beau Geste*
*La Lumière qui s'éteint*
*(The Light That Failed)*
**1941** *Reaching for the Sun*
**1942** *Roxie Hart*
*L'Inspiratrice (The Great Man's Lady)*
*Thunder Birds*
**1943** *L'Étrange Incident (The Ox-Bow Incident)*
*L'Étrangleur (Lady of Burlesque)*
**1944** *Buffalo Bill*
**1945** *This Man's Navy*
*Les Forçats de la gloire (The Story of GI Joe)*
**1946** *Gallant Journey*
**1947** *Magic Town*
**1948** *Le Rideau de fer (The Iron Curtain)*
*La Ville abandonnée/Nevada (Yellow Sky)*
**1949** *Bastogne (Battleground)*
**1950** *The Happy Years*
*La Voix que vous allez entendre*
*(The Next Voice You Hear)*
**1951** *Au-delà du Missouri*
*(Across the Wide Missouri)*
**1952** *It's a Big Country*, collectif
*My Man and I*
*Convoi de femmes (Westward the Women)*
**1953** *Aventure dans le Grand Nord*
*(Island in the Sky)*
**1954** *Écrit dans le ciel (The High and the Mighty)*
*Track of the Cat*
**1955** *L'Allée sanglante (Blood Alley)*
**1956** *Goodbye My Lady*
**1958** *Les commandos passent à l'attaque*
*(Darby's Rangers)*
**1958** *Lafayette Escadrille*

## Wim **Wenders**

DÜSSELDORF 1945

**Figure de proue de la Nouvelle Vague allemande** des années 1970, Wenders est devenu en quelques années un cinéaste international par son audience, par la géographie de ses tournages, et par un style maîtrisé où les références personnelles s'articulent sur des références universelles issues notamment du cinéma américain – bien que les films qui l'ont révélé soient profondément ancrés dans la culture allemande, en particulier le célèbre triptyque composé d'*Alice dans les villes*, *Faux mouvement*, *Au fil du temps*. Un regard à la fois captivé et critique sur la vie moderne retrouve la tradition littéraire du *Bildungsroman* (roman de formation), et crée une forme moderne de voyage initiatique. Ce qui explique que la comparaison avec le road-movie américain ait été faite si souvent, mais chez Wenders il s'agit moins d'une errance que d'un itinéraire d'humanisation, quasi-métaphysique, très allemand, comme le symbolise fort bien *Faux mouvement*, inspiré du *Wilhelm Meister* de Goethe. Dans les années 1970, les influences littéraires étaient sensibles chez Wenders, notamment celle de son ami Peter Handke auteur du roman qui est à l'origine de son premier film, *l'Angoisse du gardien de but*; l'écrivain lui a aussi apporté le scénario de *Faux mouvement*, et contribuera plus tard aux *Ailes du désir*.

Wenders s'est forgé un univers où s'inscrivent de nombreuses références au cinéma et à la culture (musicale notamment) des États-Unis, ainsi qu'une obsession des machines qui enregistrent et diffusent les images et le son, obsession permanente depuis son film de fin d'études *Summer in the City* jusqu'aux plus récents *The End of Violence* (avec ses caméras de surveillance) et *Million Dollar Hotel*. Loin d'être des clins d'œil ou des gadgets, il s'agit de signes, à l'égal des citations puisées dans son répertoire cinématographique personnel. Un ensemble sur lequel il porte sa réflexion selon des critères qui ont évolué au fil du temps, de moins en moins allemands, de plus en plus internationaux. Il aime parsemer ses films d'échos de ses films précédents (dans *l'État des choses*, dans *The End of Violence*), se retourne volontiers sur son œuvre antérieure (la structure-voyage et l'approche de la ville dans *Lisbon Story* doivent être confrontées à son triptyque allemand), revient à l'occasion sur un sujet traité antérieurement : *Si loin si proche* a été tourné six ans après *les Ailes du désir* car il désirait tenir compte des changements survenus à Berlin après la chute du Mur. Sans oublier l'importance prise dans sa filmographie par les documentaires sur des thèmes appartenant à l'univers culturel qu'il s'est construit : le Japon (*Tokyo Ga*, 1983), la musique nord américaine (*The Soul of a Man*, 2003) les amis cinéastes ou musiciens (*Buena Vista Social Club*, 1999). Des documentaires qu'on ne peut dissocier de son film émouvant sur les derniers instants de Nicholas Ray (*Nick's Movie*), où le rêve ressurgit dans un réel pessimiste.

On lui reproche parfois des ambitions excessives : pour sa fresque sur Berlin réunifié de *Si loin si proche*, sa fable futuriste *Jusqu'au bout du monde*, sa dénonciation du libéralisme qui spécule sur la peur du terrorisme dans *Land of Plenty*. C'est que pour lui, les images et les films constituent une

Wim Wenders sur le tournage de *Don't Come Knocking* avec Sam Shepard et Jessica Lange en 2003.

sorte d'*empire des signes* régnant sur les reflets de la ville et des marges urbaines et sur une généralisation des icônes. Les imageries du cinéma, omniprésentes comme dans la vie elle-même, symbolisent le contrôle social, voire la violence elle-même (*l'Ami américain, l'État des choses, The End of Violence*). C'est une réflexion douloureuse pour lui, déjà dans *Si loin si proche* et de nouveau dans *The End of Violence*, que de constater que le cinéma vend la violence, et la renforce.

Son amour du cinéma s'exprime dans chaque film, jusqu'au choix de la structure du récit. Ainsi *Paris Texas*, Palme d'or du Festival de Cannes en 1984, nous montre, comme dans un western, un homme allant du désert à la ville, vers un retour à une certaine normalité. *Don't Come Knocking*, où il retrouve le même scénariste (Sam Shepard), repose sur un schéma semblable, plus explicite encore comme reflet du western. Le recours aux clichés constitue ici un hommage, ou plutôt un adieu, à un cinéma qui n'existe plus. Wenders avait évoqué la mort du cinéma dans *Au fil du temps*. Son détour américain l'a fait revenir sur le cinéma de la mort. – D. S.

**FILMOGRAPHIE**

**1970** *Un été dans la ville (Summer in the City)*
**1972** *L'Angoisse du gardien de but au moment du penalty (Die Angst des Tormanns beim Elfmeter)*
**1973** *La Lettre écarlate (Der Scharlachrote Buchstabe)*
**1974** *Alice dans les villes (Alice in den Städten)*
**1975** *Faux mouvement (Falsche Bewegung)*
**1976** *Au fil du temps (Im Lauf der Zeit)*
**1977** *L'Ami américain (Der amerikanische Freund)*
**1980** *Nick's Movie (Lightning Over Water)*
**1982** *Hammett*
*L'État des choses (Der Stand der Dinge)*
**1984** *Paris, Texas*
**1985** *Tokyo-Ga*
**1987** *Les Ailes du désir (Der Himmel über Berlin)*
**1991** *Jusqu'au bout du monde (Bis ans Ende der Welt)*
**1993** *Si loin, si proche (In weiter Ferne, so nah!)*
**1994** *Lisbon Story*
**1995** *Les lumières de Berlin (Die Brüder Skadanowsky)*
*Par delà les nuages (Al di là delle nuvole)* co. M. Antonioni
**1997** *The End of Violence*
**1999** *Buena Vista Social Club*, doc.
**2000** *The Million Dollar Hotel*
**2002** *Ten minutes Older – The trumpet* collectif, ép. « *12 Miles from Truma* »
**2003** *The Soul of a Man*, doc.
**2004** *Land of Plenty*
**2005** *Don't Come Knocking*

# Billy **Wilder**

SUCHA 1906 - LOS ANGELES 2002

**Au service du sujet.** Humoriste féroce, Samuel (dit Billie, puis Billy) Wilder appartient, avec Otto Preminger et Joseph L. Mankiewicz, à cette brillante école de cinéastes qui a grandi dans le giron d'Ernst Lubitsch. Spécialisé vers la fin de sa carrière dans la comédie, Wilder est cependant un cinéaste divers, un des créateurs du film noir (*Assurance sur la mort*) et auteur d'une des plus profondes mises en abyme sur Hollywood (*Sunset Boulevard*). Étudiant en droit, danseur mondain, puis journaliste, Billy Wilder travaille enfin à la UFA où il récrit des scénarios. Il collabore comme scénariste pour *les Hommes le dimanche* de Robert Siodmak et Edgar Ulmer. Ce succès lui vaut d'écrire de nombreux films à succès. Mais il va bientôt suivre l'itinéraire de plusieurs émigrés allemands. Il va quitter Berlin pour Paris, où, inexpérimenté, il réalise son premier film, *Mauvaise Graine* (1934), puis gagne la Californie.

Il apprend l'anglais et le maîtrise à une incroyable vitesse (mais il gardera toujours un savoureux accent) et se retrouve à travailler pour des amis émigrés comme Joe May ou William Dieterle. Il collabore avec Charles Brackett à ses scénarios les plus célèbres, deux pour Lubitsch (*la Huitième Femme de Barbe-Bleue, Ninotchka*), un pour Hawks (*Boule de feu*), trois pour Mitchell Leisen (*la Baronne de Minuit, Par la porte d'or, Arise My Love*). Sur la foi de ces succès, Billy Wilder va convaincre la Paramount de le laisser passer à la réalisation. Entre *Uniformes et jupons courts* et *Sunset Boulevard*, il réalisera six films qu'il écrira avec Charles Brackett.

Dans cette première partie de son œuvre, la spécialisation dans la comédie ne s'affirme pas immédiatement. En fait, si l'on excepte le succès de leur premier film, il n'y aura que deux comédies. *La Valse de l'empereur* est très traditionnel et Billy Wilder ne l'aime guère. *La Scandaleuse de Berlin* est éblouissant, mais ne fut guère apprécié en son temps : réalisé trois ans après la libération de Berlin, cette comédie grinçante qui met en scène la maîtresse d'un ancien nazi, le trafic de marché noir avec l'armée américaine, dans le décor d'un Berlin encore éventré, avait de quoi prendre à rebrousse-poil. Il s'agit cependant d'une œuvre essentielle, qui fonde la base du comique de Wilder : rire d'un sujet grave en se demandant jusqu'au bout à quel point il est possible d'aller trop loin.

Wilder signera d'autres œuvres fortes, mais dans des registres différents. On retiendra *Assurance sur la mort* (sans Brackett), film noir archétypique, qui crée une mémorable tueuse blonde (Barbara Stanwyck) et qui témoigne d'une technique brillante (flashbacks, plans-séquences complexes). Si *le Poison*, sur la question de l'alcoolisme, possède un côté moralisateur qui a vieilli, *Sunset Boulevard*, dernière collaboration de Wilder et Brackett, est un grand chef-d'œuvre. Wilder y met en scène des mythes cinématographiques (Gloria Swanson, Erich von Stroheim, Buster Keaton, Cecil B. De Mille) et obtient ainsi un saisissant effet de trompe-l'œil : cette fiction sur le rôle mortifère du cinéma offre un vertigineux jeu de miroirs (le dernier plan, Swanson folle s'avançant vers l'objectif).

Travaillant avec d'autres scénaristes, Wilder traverse alors une dizaine d'années de transition. Son inspiration reste sombre, tant dans la comédie (*Stalag 17*, qui traite de la débrouillardise au cœur d'un stalag) que dans le drame (*le Gouffre aux chimères*, charge acerbe contre le journalisme à sensation). Mais il y dévoile aussi la part romantique de lui-même avec deux ravissantes comédies avec Audrey Hepburn : *Sabrina* et *Ariane*. Wilder joue également un rôle dans l'élaboration du mythe de Marilyn Monroe avec *Sept ans de réflexion* et signe la meilleure adaptation d'Agatha Christie à l'écran (*Témoin à charge*).

En réalisant un autre film décisif avec Marilyn Monroe, *Certains l'aiment chaud*, Billy Wilder crée une des plus grandes comédies de l'histoire du cinéma et se trouve un interprète d'élection, Jack Lemmon, et un nouvel alter ego scénaristique en la personne d'I. A. L. Diamond. Leur collaboration, presque uniquement centrée sur la comédie (à l'exception de *Fédora* qui revient au thème de *Sunset Boulevard*) part comme un feu d'artifices. Le rythme des films s'accélère. Les tabous tombent et les réussites artistiques s'accumulent. *La Garçonnière* se maintient au même niveau de qualité que *Certains l'aiment chaud* et réalise pleinement ce mélange de noirceur et de romantisme qui caractérise Wilder dans cette dernière phase de son œuvre. *Un deux trois* répond à la *Scandaleuse de Berlin* : une comédie autour de l'érection du mur de Berlin. *Embrasse-moi, idiot* bouscule les mœurs conjugales américaines et provoque un scandale.

*Avanti !* et *la Vie privée de Sherlock Holmes* constituent de nouveaux sommets, des œuvres pleines de sens, drôles et mélancoliques à la fois. Le second, bien qu'amputé, est un des chefs-d'œuvre de Wilder : moins iconoclaste qu'on aurait pu le penser, il reste fidèle à l'esprit d'Arthur Conan Doyle. Le dernier plan du film, mélancolique, est une manière d'aveu : une ombrelle qui s'ouvre et se ferme, épelant en morse un message d'amour. L'œuvre de Wilder, le faux cynique, est ainsi codée. Une fois entamée la carapace du sarcasme, c'est une sensibilité à fleur de peau qui apparaît. – C.V.

**FILMOGRAPHIE**

**1934** *Mauvaise Graine*, co. A. Esway
**1942** *Uniformes et jupons courts (The Major and the Minor)*
**1943** *Les Cinq Secrets du désert (Five Graves to Cairo)*

**1944** *Assurance sur la mort (Double Indemnity)*
**1945** *Le Poison (The Lost Week-End)*
**1948** *La Valse de l'empereur (The Emperor Waltz)*
*La Scandaleuse de Berlin (A Foreign Affair)*
**1950** *Boulevard du Crépuscule (Sunset Boulevard)*
**1951** *Le Gouffre aux chimères (Ace in the Hole/The Big Carnival)*
**1953** *Stalag 17*
**1954** *Sabrina*
**1955** *Sept Ans de réflexion (The Seven Year Itch)*
**1957** *L'Odyssée de Charles Lindbergh (The Spirit of St. Louis)*
*Ariane (Love in the Afternoon)*
**1958** *Témoin à charge (Witness for the Prosecution)*
**1959** *Certains l'aiment chaud (Some Like It Hot)*
**1960** *La Garçonnière (The Apartment)*
**1961** *Un deux trois (One Two Three)*
**1963** *Irma la Douce*
**1964** *Embrasse-moi, idiot (Kiss Me Stupid)*
**1966** *La Grande Combine (The Fortune Cookie)*
**1970** *La Vie privée de Sherlock Holmes (The Private Life of Sherlock Holmes)*
**1972** *Avanti !*
**1974** *Spéciale Première (The Front Page)*
**1978** *Fedora*
**1981** *Buddy Buddy*

## Wong Kar-wai

SHANGHAI 1958

**Amour et nostalgie.** Révélé internationalement avec *In the Mood for Love* (2000), Wong Kar-wai est devenu la figure emblématique du cinéma asiatique, l'inventeur d'un style maniéré où le goût fétichiste pour l'apparat et les parures se mêle à la confusion des sentiments.

Il est né à Shanghai et s'est installé avec sa famille à Hong Kong en 1963, à l'âge de cinq ans. Après une formation en arts graphiques et une pratique de la photographie, il débute comme assistant-réalisateur à la télévision de Hong Kong avant de réaliser son premier film en 1988,

Jack Lemmon, Marilyn Monroe et Billy Wilder sur le tournage de *Certains l'aiment chaud* (1959).

*As Tears Go by.* Le déclin du cinéma d'arts martiaux, accéléré par la fuite des talents en raison de la rétrocession de la colonie à la Chine en 1997, lui a permis d'asseoir une œuvre originale, qui brille par sa virtuosité formelle. C'est à partir de *Nos années sauvages* (1989) que Wong Kar-wai travaille avec le chef-opérateur Christopher Doyle, responsable avec William Chang, directeur artistique et monteur, de l'universel visuel singulier de ses films. Plus que ses polars urbains (*Chunking express*, 1994), stylisés à l'excès, quelque peu vides et désincarnés, on peut préférer ses romances sentimentales (*Nos Années sauvages*, 1989), plus habitées, en raison de personnages hantés par la fuite du temps et le souvenir d'amours perdues, tant le fait d'aimer, chez Wong Kar-wai, se confond avec son souvenir. Cette façon d'associer le clip sentimental (la rengaine d'une chanson pour peupler la scène du souvenir) et le roman-photo, tant l'apparence vestimentaire est la condition de la séduction et l'expression de la beauté, culmine dans *In the Mood for Love* (2000), avec Maggie Cheung et Tony Leung, hommage à la florissante tradition du mélodrame cantonais des années 1960. Réputé pour des tournages-fleuves, sans scénario préalable, qui génèrent d'énormes chutes qui font le bonheur de ses admirateurs dans les éditions DVD, Wong Kar-wai offre avec *2046*, où il retrouve Tony Leung, aux côtés de Zhang Ziyi et de Gong Li, la quintessence de son art, véritable polyphonie amoureuse sur l'éclatement du temps à partir des souvenirs d'un séducteur qui recherche la femme dans toutes les femmes. Le temps déployé offre à la beauté féminine son plus sûr écrin. – C.T.

**FILMOGRAPHIE**

**1988** *As Tears Go by (Wangjiao Kamen)*
**1990** *Nos années sauvages (A Fei Zhengzhuan)*
**1994** *Les Cendres du temps (Dongaie Xidu)*
*Chungking express (Chongqing Senlin)*
**1995** *Les Anges déchus (Duoluo Tianshi)*
**1997** *Happy Together (Chunguang Zhaeie)*
**2000** *In the Mood for Love (Huayang Nianshua)*
**2004** *2046*
**2006** *The Lady from Shanghai*

# William **Wyler**

MULHOUSE 1902 - LOS ANGELES 1981

**Méticuleux,** attentif, William Wyler est un pur metteur en scène, capable d'appliquer une technique impeccable à des sujets très divers. Son oncle, Carl Laemmle, directeur de l'Universal, lui propose de travailler pour le cinéma. Après avoir longtemps réalisé des films de série, William Wyler se fait remarquer au début des années 1930 par des œuvres de plus en plus ambitieuses. Sa réputation culminera à l'époque de sa collaboration avec Samuel Goldwyn (huit films, de 1936 à 1946).

C'est dans le western que, au début du parlant, il s'essaye à réussir mieux qu'un film de série. Placés entre la routine et l'ambition, *la Tourmente* et *Hell's Heroes* (1930) révèlent de solides atouts. Quand Wyler revient au genre, c'est toujours pour le porter jusqu'à ses limites. *Le Cavalier du désert* représente sans doute les bornes extrêmes du « surwestern », au-delà desquelles on sombre soit dans le schématisme, soit dans l'abstraction austère ; le film, remarquable, est resté dans ces limites. Il reviendra à ce concept de « surwestern » avec *les Grands Espaces* où les ingrédients traditionnels étaient à la fois étirés dans la durée et monumentalisé dans l'espace : il s'ensuit un hiératisme théâtral fascinant.

Bien qu'il ait su mettre son savoir-faire au service de la superproduction (*Ben Hur*), Wyler s'est justement fait une réputation de psychologue, spécialiste des adaptations de prestige, surtout théâtrales. Il s'est souvent confiné dans le huis-clos (*le Grand Avocat, l'Obsédé*). Parfois encore, son intelligence des personnages féminins lui permet de « décoller » heureusement d'un certain académisme : Margaret Sullavan donne grâce et bonheur à *la Bonne Fée*, comme Bette Davis lui inspire trois films remarquables (*l'Insoumise, la Lettre, la Vipère*), ou comme Olivia De Havilland rend possible cette subtile peinture de la frustration qu'est *l'Héritière* (une des plus justes recréations de l'esprit d'Henry James à l'écran). En revanche, quelques clichés de *Madame Miniver* font apparaître que Wyler n'échappe pas toujours aux codes du star system. Ainsi certains de ses meilleurs films sont-ils *Dodsworth*, où brille Walter Huston, *Funny Girl*, où s'ébroue Barbra Streisand, en passant par l'admirable *Un amour désespéré*, si bien servi par Laurence Olivier et Jennifer Jones.

Wyler est fortement tributaire des acteurs, du scénario et de la photo. Nombre de ses films de la période 1936-1946 seraient inexistants sans la participation de Gregg Toland. C'est avec la complicité de ce dernier qu'il contribue, en même temps que Orson Welles, à une véritable redécouverte du potentiel de la profondeur de champ. *La Vipère* est, de ce point de vue, magistral. Mais le chef-d'œuvre de Wyler reste sans doute *les Plus Belles Années de notre vie* (1946), parfaitement représentatif de son style et de son talent, mais aussi le seul de ses films où souffle fort l'air du temps. – C.V.

**FILMOGRAPHIE**

**1925** *Crook Buster*
**1926** *Lazy Lightning*
*Stolen Ranch*
**1927** *Blazing Days*
*Hard Fists*

*Straight Shooting / Shooting Straight*
*The Border Cavalier*
*Desert Dust*
**1928** *Thunder Riders*
*Anybody Here Seen Kelly?*
**1929** *The Shakedown*
*The Love Trap*
**1930** *Hell's Heroes*
*La Tourmente (The Storm)*
**1932** *A House Divided*
*Tom Brown of Culver*
**1933** *Her First Mate*
*Le Grand Avocat (Counsellor at Law)*
**1934** *Glamour*
**1935** *La Bonne Fée (The Good Fairy)*
*The Gay Deception*
**1936** *Ils étaient trois (These Three)*
*Dodsworth*
*Le Vandale (Come and Get It)*
co. H. Hawks
**1937** *Rue sans issue (Dead End)*
**1938** *L'Insoumise (Jezebel)*
**1939** *Les Hauts de Hurlevent*
*(Wuthering Heights)*
**1940** *Le Cavalier du désert (The Westerner)*
*La Lettre (The Letter)*
**1941** *La Vipère (The Little Foxes)*
**1942** *Madame Miniver (Mrs. Miniver)*
**1946** *Les Plus Belles Années de notre vie*
*(The Best Years of Our Lives)*
**1949** *L'Héritière (The Heiress)*
**1951** *Histoire de détective (Detective Story)*
**1952** *Un amour désespéré (Carrie)*
**1953** *Vacances romaines (Roman Holiday)*
**1955** *La Maison des otages*
*(The Desperate Hours)*
**1956** *La Loi du Seigneur (Friendly Persuasion)*
**1958** *Les Grands Espaces (The Big Country)*
**1959** *Ben Hur*
**1962** *La Rumeur (The Children's Hour)*
**1965** *L'Obsédé (The Collector)*
**1966** *Comment voler un million de dollars*
*(How to Steal a Million)*
**1968** *Funny Girl*
**1970** *On n'achète pas le silence*
*(The Liberation of L. B. Jones)*

# Zhang Yimou

XIAN 1950

**Femmes chinoises.** Figure de proue avec Chen Kaige de la Cinquième Génération, il a attiré l'attention, accompagnant la Chine dans son lent retour à la démocratie, en découvrant Gong Li et en réalisant ses meilleurs films avec elle, avant de retrouver un second souffle dans le film de sabre.

Frappé en pleine jeunesse par la Révolution culturelle (trois ans à la campagne, sept ans en usine), il s'inscrit à l'École nationale de cinéma de Pékin (Beijing Film Academy) qui rouvre ses portes en 1978, et sera la pourvoyeuse de tous les grands talents du cinéma chinois, Jia Zhangke compris. Formé à la section prise de vues, il se lie avec Chen Kaige, de la même promotion, et signe la photo de ses deux premiers films, *Terre jaune* (1983) et *la Grande Parade* (1985). Grâce au cinéaste Wu Tianming, responsable des studios de Xian, il passe à la réalisation avec *le Sorgho rouge* (1987), couronné d'un Ours d'or à Berlin en 1988, qui révèle l'actrice Gong Li, sa découverte. Vedette de tous ses films jusqu'à *Shanghai Triad* (1995), film de gangsters dans le Shanghai des années 1930, c'est dans un rôle de paysanne entêtée (*Qiu Ju, une femme chinoise*, 1992, Lion d'or à Venise) qui demande réparation à l'administration pour un préjudice subi par son mari, qu'elle se montre convaincante, même si elle illumine de sa présence, outre *Vivre* (1994), l'élégant et fort soigné *Épouses et Concubines* (1991), Lion d'argent à Venise. Sans Gong Li, l'œuvre de Zhang Yimou connaît un passage à vide, même s'il lance la jeune Zhang Ziyi dans *My Father and Mother* (1999), découverte ensuite dans *Tigre et Dragon* (2000) de Ang Lee. Profitant du succès international de ce film, il réalise *Hero* (2002) avec Maggie Cheung et Jet Li. Son goût pour l'opéra (scénographie, beauté des costumes et des décors), l'incite à mettre en scène *Turandot* en 1998 dans le décor de la Cité interdite. Ajouté à l'utilisation des effets spéciaux numériques cette tendance trouve à s'épanouir, non sans grandiloquence. Impression confirmée par *la Légende des poignards volants* (2004) où il retrouve Zhang Ziyi. Sur un fond d'histoire où tout le monde trahit tout le monde, le film comporte de beaux morceaux de bravoure, notamment la scène dans une forêt de bambous, en souvenir de King Hu. – C.T.

**FILMOGRAPHIE**

**1987** *Le Sorgho rouge (Hong gaoliang)*
**1989** *Opération Cougar*
*(Daihao meizhoubao)*
**1990** *Ju Dou*
**1991** *Épouses et Concubines*
*(Da hongdenglong gaògao guo)*
**1992** *Qiu Ju, une femme chinoise*
*(Qiu Ju da guan si)*
**1994** *Vivre (Huozhe)*
**1995** *Shanghai Triad*
*(Yao a yao yao dao waipo qiao)*
**1997** *Reste cool (You hua hao hao shuo)*
**1999** *Pas un de moins*
*(Yi ge dou bu neng shao)*
*Ma mère et mon père*
*(Wo de fu qin mu qin)*
**2001** *Happy Times (Xingfu shiguang)*
**2002** *Hero (Ying xiong)*
**2004** *Le Secret des poignards volants*
*(Shi mian mai fu)*

# Bibliographie

**R. Aldrich** : René Micha, *Robert Aldrich*, Club du Livre de Cinéma, 1957.

**W. Allen** : Jean-Michel Frodon, *Conversations avec Woody Allen*, Plon, 2000 – John Baxter, *Woody Allen*, Flammarion, 2000 – Stig Björkman, *Woody Allen, portrait de l'artiste au travail*, Paris, Cahiers du cinéma, 2002 – Jean-Max Méjean, *Woody Allen*, Gremese, 2004.

**P. Almodóvar** : Frédéric Strauss, *Conversations avec Pedro Almodóvar*, Cahiers du cinéma, 2000 – Paul Obadia, *Pedro Almodóvar, l'iconoclaste*, Éditions du Cerf, 2002 – Jean-Max Méjean, *Pedro Almodóvar*, Gremese, 2004.

**R. Altman** : Michel Estève (dir.), *Robert Altman*, Études cinématographiques /Lettres modernes, 1999.

**T. Angelopoulos** : Michel Ciment, Hélène Tierchant, *Theo Angelopoulos*, Édilig, 1989 – Michel Estève (dir.), *Theo Angelopoulos*, Études cinématographiques / Lettres modernes, 1995.

**M. Antonioni** : Pierre Leprohon, *Michelangelo Antonioni*, Seghers, 1961 – Roger Tailleur & Paul Louis Thirard, *Antonioni*, Éditions universitaires, 1963 – René Prédal, *Michelangelo Antonioni*, Le Cerf, 1991 – Aldo Tassone, *Antonioni*, Flammarion, 1995 – José Moure, *Michelangelo Antonioni, cinéaste de l'évidement*, L'Harmattan, 2000 – Sandro Bernardi, *Michelangelo Antonioni*, Presses universitaires de Vincennes, 2006.

**O. Assayas** : Olivier Assayas, *Made in Hong Kong* (avec Charles Tesson), *Cahiers du cinéma*, 1984 – Olivier Assayas, *Conversations avec Ingmar Bergman* (avec Stig Björkman), Cahiers du cinéma, 1990 – Olivier Assayas, *Kenneth Anger*, Cahiers du cinéma, « Auteurs », 1999 – Olivier Assayas, *Une adolescence dans l'après-Mai, Lettre à Alice Debord*, Cahiers du cinéma, 2005.

**J. Becker** : René Gilson, *Jacques Becker*, Anthologie du cinéma, L'Avant-scène Cinéma – Jean Quéval, *Jacques Becker*, Seghers, 1962 – Valérie Vignaux, *Jacques Becker ou l'exercice de la liberté*, Cefal, 2001 – Claude Naumann, *Jacques Becker, entre classicisme et modernité*, Durante/BiFi, 2001.

**M. Bellocchio** : Adriana Apra, Sara Leggi, *Bellocchiana*, Centro Sperimentale di Cinema / Pesaro Film Festival, 2005.

**I. Bergman** : Denis Marion, *Ingmar Bergman*, Idées / Gallimard, 1979 – Ingmar Bergman, *Laterna magica*, Gallimard, 1987 – N.T. Binh, *Ingmar Bergman, le magicien du Nord*, Gallimard (Collection « Découvertes »), 1993 – Michel Estève (dir.), *Ingmar Bergman*, Études / cinématographiques, Lettres modernes, 1999 – Jacques Aumont, *Ingmar Bergman, «Mes films sont l'explication de mes images»*, Cahiers du cinéma, 2003.

**B. Bertolucci** : Michel Estève (dir.), *Bernardo Bertolucci*, Études cinématographiques / Lettres Modernes, 1979 – Pierre Pitiot, Jean-Claude Mirabella, *Sur Bertolucci*, Castelnau-le-Lez, Climats, 1991.

**J. Boorman** : Michel Ciment, *Entretiens avec John Boorman*, Calmann-Lévy, 1985 – John Boorman, *Rêves prometteurs, coups durs*, Institut Lumière / Actes Sud, 1993.

**F. Borzage** : Hervé Dumont, *Frank Borzage, Zarastro à Hollywood*, Cinémathèque française / Mazzota, 1993.

**R. Bresson** : Philippe Arnaud, *Robert Bresson*, Paris, Cahiers du cinéma, 1986, rééd. 2003 (Coll. Auteurs) – Jean-Louis Provoyeur, *Le Cinéma de Robert Bresson, de l'effet de réel à l'effet de sublime*, L'Harmattan, 2003.

**R. Brooks** : Patrick Brion, *Richard Brooks*, Éditions du Chêne, 1994.

**L. Buñuel** : Ado Kyrou, *Luis Buñuel*, Seghers, 1962 – Freddy Buache, *Luis Buñuel*, L'Âge d'homme, Lausanne, 1975 – Marcel Oms, *Don Luis Buñuel*, Cerf, 1975 – Charles Tesson, *Luis Buñuel*, Cahiers du cinéma, 1995 – Manuel Rodriguez Blanco, *Luis Buñuel*, Durante / BiFi, 2000 – Bill Krohn, *Luis Buñuel*, Taschen, 2005.

**T. Burton** : Antoine De Baecque, *Tim Burton*, Cahiers du cinéma, 2005.

**F. Capra** : Michel Cieutat, *Frank Capra*, Rivages, 1988 – Christian Viviani, *Frank Capra*, Les Quatre Vents, 1988.

**M. Carné** : Jacques Meillant, *Marcel Carné*, Club du Livre de Cinéma, 1957 – Bernard-G. Landry, *Marcel Carné*, Jacques Vautrain, 1952 – Edward Baron Turk, *Marcel Carné et l'âge d'or du cinéma français, 1929-1945*, L'Harmattan, 2002.

**J. Cassavetes** : Laurence Gavron, Denis Lenoir, *John Cassavetes*, Rivages, 1986 – John Cassavetes, Ray Carney, Serge Grunberg, Sam Shaw, Larry Shaw, André S. Labarthe, *Autoportraits*, Cahiers du cinéma, 1995 – Doug Headline, Dominique Cazenave, *John Cassavetes : portraits de famille*, Ramsay-Poche, 1997 – Collectif, *Regards sur Cassavetes*, Supplément d'âme, 2000 – Jean-Baptiste Thoret, *John Cassavetes*, Cinéastes de notre temps / MK2, 2005 – Thierry Jousse, *John Cassavetes*, Cahiers du Cinéma, 2006.

**C. Chabrol** : Joël Magny, *Claude Chabrol*, Paris, Cahiers du cinéma, 1987 – Christian Blanchet, *Claude Chabrol*, Paris, Rivages, 1989 – Claude Chabrol & François Guérif, *Un jardin bien à moi, conversations avec Claude Chabrol*, Denoël, 1999 – Wilfrid Alexandre, *Claude Chabrol, la traversée des apparences*, Le Félin/Kiron, 2003.

**Y. Chahine** : Christian Bosseno, *Youssef Chahine, l'Alexandrin*, CinémAction n° 35, Cerf, 1985 – « Spécial Youssef Chahine », *Cahiers du cinéma*, supplément au n° 506, octobre 1996

**C. Chaplin** : Jean Mitry, *Tout Chaplin*, Seghers, 1972 – Francis Bordat, *Chaplin cinéaste*, Paris, Éditions du Cerf, 1998 – André Bazin, *Chaplin*, Cahiers du cinéma, 2000 – David Robinson, *Chaplin*, Ramsay-Cinéma, Ramsay, 2002 – Jeffrey Vance, *Chaplin, une vie en images*, La Martinière, 2004 – Patrice Blouin & Christian Delage, *Chaplin et les images*, NBC, 2005.

**R. Clair** : Olivier Barrot, *René Clair ou le temps mesuré*, Hatier, 1985 – Pierre Billard, *Le Mystère René Clair*, Plon, 1998 – Noël Herpe et Emmanuelle Toulet (dir.), *René Clair, ou le cinéma à la lettre*, Association française pour la recherche en histoire du cinéma (AFRHC), 2000 – Noël Herpe, *Le Film dans le texte : l'œuvre écrite de René Clair*, Jean-Michel Place, 2001.

**J. Cocteau** : Claude Beylie, *Jean Cocteau*, Anthologie du cinéma, L'Avant-scène Cinéma – Francis Ramirez, Christian Rolot, *Jean Cocteau, l'œil de l'architecte*, ARC, 2000 – Jean Cocteau, *Entretiens sur le cinématographe*, éditions du Rocher, 2003 – Philippe Azoury & Jean-Marc Lalanne, *Cocteau et le cinéma, désordres*, Cahiers du cinéma, 2003.

**J. et E. Coen** : Ethan Coen, *J'ai tué Phil Shapiro* (nouvelles), Cahiers du cinéma / Éditions de l'Olivier, 1998 – Frédéric Astruc, *Le Cinéma des frères Coen*, Cerf, 2001.

**L. Comencini** : Jean A. Gili, *Luigi Comencini*, Édilig, 1981 – Luigi Comencini, *Enfance, vocation, expériences d'un cinéaste*, Jacqueline Chambon, 2000 – Jean A. Gili, *Luigi Comencini*, Rome, Gremese, 2003.

**F. F. Coppola** : Jean-Paul Chaillet et Christian Viviani, *Coppola*, Rivages, 1987 – Iannis Katsahnias, *Francis Ford Coppola*, Cahiers du cinéma, 1998.

**D. Cronenberg** : Serge Grünberg, *Entretiens avec David Cronenberg*, Cahiers du cinéma, 2000 – Serge Grünberg, *David Cronenberg*, Cahiers du cinéma, nouvelle édition mise à jour, 2002 – Piers Handling, Pierre Veronneau, *L'Horreur intérieure*, Cerf, 1997 – Géraldine Pompon & Pierre Véronneau, *David Cronenberg, la beauté du chaos*, Cerf/Corlet, 2003.

**G. Cukor** : Jean Domarchi, *George Cukor*, Seghers, 1965.

**M. Curtiz** : René Noizet, *Tous les chemins mènent à Hollywood : Michael Curtiz*, L'Harmattan, 1997.

**A. Delvaux** : Frederic Sojcher, *André Delvaux, le cinéma ou l'art des rencontres*, Seuil, 2005 – Alexandre Nysenholc, *André Delvaux*, Corlet / Cerf, 2006.

**B. De Palma** : Samuel Blumenfeld et Laurent Vachaud, *Entretiens avec Brian De Palma*, Calmann-Lévy, 2001 – Leonardo Gandini, *Brian De Palma*, Gremese, 2002 – Luc Lagier, *Les Mille Yeux de Brian De Palma*, Dark Star, 2003.

**V. De Sica** : Henri Agel, *Vittorio De Sica*, Éditions universitaires, 1955 – Pierre Leprohon, *Vittorio De Sica*, Seghers, 1966 – Aldo Bernardini, Jean A. Gili (dir.), *Cesare Zavattini*, Éditions du Centre Georges Pompidou, 1990.

**J. Demy** : Jean-Pierre Berthomé, *Jacques Demy et les racines du rêve*, Nantes, L'Atalante, 1982 – Camille Taboulay, *Le Cinéma enchanté de Jacques Demy*, Cahiers du cinéma, 1996.

**R. Depardon** : Raymond Depardon, *Détours*, Maison européenne de la photographie, 2000 – Raymond Depardon, *Correspondance new-yorkaise* / Alain Bergala, *Les Absences du photographe*, Cahiers du cinéma, 2006.

**J. Doillon** : Alain Philippon, *Jacques Doillon*, Bruxelles, Yellow now, 1991 – René Prédal, *Jacques Doillon, trafic et topologie des sentiments*, Cerf/Corlet, 2003.

**A. Dovjenko** : Marcel Oms, *Dovjenko*, *Premier Plan* n° 49, Serdoc, 1968 – Luda & Jean Schnitzer, *Dovjenko*, Éditions universitaires, 1966 – Barthélemy Amengual, *Dovjenko*, Sehers, 1970.

**C. T. Dreyer** : Maurice Drouzy, *Carl Th. Dreyer, né Nilsson*, Cerf, 1982 – Philippe Parrain, *Dreyer, cadres et mouvements*, *Études cinématographiques*, n° 53-56, Les Lettres modernes, 1967 – Carl Theodore Dreyer, *Réflexions sur mon métier*, Cahiers du cinéma, 1993 – Jean Sémolué, *Carl Th. Dreyer, le mystère du vrai*, Cahiers du cinéma, 2005.

**M. Duras** : Nicole Lise Bernheim, *Marguerite Duras tourne un film*, Albatros, 1975 – *Les Lieux*, Entretiens avec Michelle Porte, Minuit, 1977 – Marguerite Duras par Jacques Lacan, Maurice Blanchot, etc, Albatros, 1979 - Marguerite Duras, *Les Yeux verts*, Cahiers du cinéma, n° 312-1313, juin 1980, nouvelle édition, 1987 – Marguerite Duras, *La couleur des mots, Autour de huit films*, Entretiens avec Dominique Noguez, Benoît Jacob, Paris, 2001.

**G. Dutt** : Henri Micciollo, *Guru Dutt*, Anthologie du cinéma, t. IX, L'Avant-Scène, 1976 – Nasreen Muni Kabir, *Guru Dutt, A Life in Cinema*, Oxford University Press, 1996 – *Screen*, n° spécial Guru Dutt, octobre 1989 – Firoze Rangoowalla, *Guru Dutt, 1925-1964*, Poona, National Film Archives of Poona, 1973.

**J. Duvivier** : Raymond Chirat, *Julien Duvivier*, *Premier Plan* n° 50, Serdoc, 1968 – Yves Desrichards, *Julien Duvivier*, Durante / BiFi, 2001 – Éric Bonnefille, *Julien Duvivier, le mal aimant du cinéma français*, 2 vol., L'Harmattan, 2002.

**C. Eastwood** : François Guérif, *Clint Eastwood*, Veyrier, 1980 – Noël Simsolo, *Clint Eastwood, un passeur à Hollywood*, Cahiers du cinéma, 1990 – Philippe Ortoli, *Clint Eastwood, la figure du guerrier*, L'Harmattan, 1994 – Bob McCabe, *Clint Eastwood*, Gremese, 1999 – Patrick Brion, *Clint Eastwood*, La Martinière, 2003.

**S. M. Eisenstein** : Jean Mitry, *Eisenstein*, Éditions universitaires, 1955 – Léon Moussinac, *Eisenstein*, Seghers, 1964 – S.M. Eisenstein, *Tous ses films*, Chêne, 1972 – Dominique Fernandez, *Eisenstein*, Grasset, 2004 (rééd.)

**J. Eustache** : Jean Eustache, *La Maman et la Putain* (scénario), Cahiers du cinéma, 1986 – Evane Hanska, *Mes années Eustache*, Flammarion, 2001 – Alain Philippon, *Jean Eustache*, L'Étoile / Cahiers Du Cinéma, 2005.

**R. W. Fassbinder** : Daniel Serceau & Vivien Villani (dir.), *R.W. Fassbinder*, Contre-bande n° 8, Université de Paris I Panthéon Sorbonne, 2003 – Thomas Elsaesser, *R.W. Fassbinder, cinéaste d'Allemagne*, Centre Pompidou, 2005 – Denitza Bantcheva (dir.), *Fassbinder explosif*, *CinémAction* n° 117, Corlet / Arte, 2005.

**F. Fellini** : Gilbert Salachas, *Federico Fellini*, Seghers, 1963 – Giovanni Grazzini, *Fellini par Fellini*, Flammarion, 1987 – Jean Collet, *La Création selon Fellini*, José Corti, 1990 – Bertrand Levergeois, *Fellini*, L'Arsenal, 1994 – Federico Fellini, *Faire un film*, Le Seuil, 1996 – Jean-Max Méjean, *Fellini, un rêve, une vie*, Le Cerf, 1997 – Fabrizio Borin, *Fellini*, Gremese, 2000 – Chris Wiegand, *Federico Fellini, le faiseur de rêves*, Taschen, 2003.

**M. Ferreri** : Michel Mahéo, *Marco Ferreri*, Édilig, 1986.

**L. Feuillade** : Jacques Champreux & Alain Carou, *Louis Feuillade*, *1895* n° hors série, Association française pour la recherche en histoire du cinéma (AFRHC), 1999 – Francis Lacassin, *Louis Feuillade, maître des lions et des vampires*, Pierre Bordas et Fils, 1995 – Patrice Gauthier, Francis Lacassin, *Louis Feuillade, maître du cinéma populaire*, Gallimard (Collection Découvertes), 2006.

**R. Flaherty** : Henri Agel, *Robert Flaherty*, Seghers, 1965 – Marcel Martin, *Robert Flaherty*, Anthologie du cinéma, L'Avant-Scène Cinéma, 1965.

**J. Ford** : Jean Mitry, *Ford*, Éditions universitaires, 1964 – Jean Roy, *Pour John Ford*, Cerf, 1976 – Eric Leguèbe, *John Ford*, Durante / BiFi, 2000 – Patrick Brion, *John Ford*, La Martinière, 2002 – Jean Collet, *John Ford, la violence et la loi*, Michalon, 2004.

**G. Franju** : Collectif, *Georges Franju cinéaste*, Paris, Maison de la Villette, 1992.

**S. Frears** : Eithne O'Neill, Eithne, *Stephen Frears*, Rivages, 1994.

**S. Fuller** : Noël Simsolo, Samuel Fuller, Jean Narboni, *Il était une fois... Samuel Fuller, Histoires d'Amérique*, Ramsay, 1990.

**A. Gance** : René Jeanne, Charles Ford, *Abel Gance*, Seghers, 1963 – Roger Icart, *Abel Gance ou le Prométhée foudroyé*, Lausanne, L'Âge d'Homme, 1983 – Laurent Véray (dir.), *Abel Gance. Nouveaux regards*, 1895 n° 31, AFRHC, 2000.

**P. Garrel** : Philippe Garrel, Thomas Lescure, *Une caméra à la place du cœur*, Admiranda et Institut des images, Aix-en-Provence, 1996.

**J.-L. Godard** : *Jean-Luc Godard par Jean-Luc Godard*, t. 1, 1950-1984, t. 2, 1984-1998, Cahiers du cinéma, 1998 – Jean-Luc Godard, *Histoire(s) du cinéma*, Gallimard, 1998, 2006 – Jean-Luc Godard, Anne-Marie Miéville, *2 x 50 ans de cinéma français*, P.O.L., 1998 – Jean Collet, Jean-Paul Fargier, *Jean-Luc Godard*, Seghers, 1974 – Alain Bergala, *Nul mieux que Godard*, Cahiers du cinéma, 1999 – Jacques Aumont, *Amnésie. Fictions du cinéma d'après Jean-Luc Godard*, P.O.L., 1999 – *Jean-Luc Godard : Documents*, sous la dir. de Nicole Brenez, Michale Witt et David Faroult Centre Georges Pompidou, 2006.

**J. Grémillon** : Henri Agel, *Jean Grémillon*, Seghers, 1969 – Pierre Billard, *Jean Grémillon*, Anthologie du cinéma L'Avant-scène Cinéma – Geneviève Sellier, *Jean Grémillon, le cinéma est à vous*, Méridiens Klincksieck, 1989 – Geneviève Sellier (dir.), *Jean Grémillon, 1895* n° hors série, Association française pour la recherche en histoire du cinéma (AFRHC), 1997.

**D. W. Griffith** : Patrick Brion (dir.), *D. W. Griffith*, Le Cinéma, Centre Georges Pompidou, 1982.

**S. Guitry** : Sacha Guitry, *Le cinéma et moi*, Ramsay, 1984 – Jacques Lorcey, *Sacha Guitry par les témoins de sa vie*, France-Empire, 1976 – Arnaud Sacha (dir.), *Guitry cinéaste*, Yellow now, Festival de Locarno, 1993 – Noël Simsolo, *Sacha Guitry*, Cahiers du cinéma, 1988.

**H. Hawks** : Jean-Claude Missiaen, *Hawks*, Éditions universitaires, 1964 – Jean A Gili, *Hawks*, Seghers, 1971 – Todd McCarthy, Howard Hawks, Institut Lumière / Actes Sud, 1999.

**A. Hitchcock** : Noël Simsolo, *Alfred Hitchcock*, Seghers, 1969 – François Truffaut, *Hitchcock*, Ramsay, 1983 – Bill Krohn, *Hitchcock au travail*, Cahiers du cinéma, 1999 – Patrick Brion, *Hitchcock*, La Martinière, 2000 – Dominique Païni, Guy Cogeval, *Hitchcock et l'art : coïncidences fatales*, Centre Pompidou / Mazzotta, 2001 – Paul Duncan, *Alfred Hitchcock, architecte de l'angoisse*, Taschen, 2003.

**Hou Hsiao-hsien** : Jean-Michel Frodon (dir.), *Hou Hsiao-hsien, Chinois et moderne*, Cahiers du cinéma, 2005.

**J. Huston** : Robert Benayoun, *John Huston*, Seghers, 1966 – Patrick Brion, *John Huston*, La Martinière, 2003.

**S. Imamura** : Hubert Niogret, *Shohei Imamura, Entretiens et témoignages*, Dreamland, 2002.

**O. Iosseliani** : *Otar Iosseliani*, Catalogue de la rétrospective du musée du Jeu de Paume, 1998 – Antony Fiant, *(Et) le cinéma d'Otar Iosseliani (fut)*, Lausanne, L'Âge d'Homme, 2002.

**J. Jarmusch** : « Jim Jarmusch », *Éclipses* n° 38, 2006.

**A. Kaurismäki** : Collectif, *Aki Kaurismäki, Contre-Bande* n° spécial, Université de Paris I Panthéon Sorbonne, 1999 – Bertrand Loutte, *Aki Kaurismäki*, Cinéastes de notre temps / MK2, 2005 – Peter Von Bagh, *Aki Kaurismäki*, Cahiers du cinéma / Festival de Locarno, 2006.

**E. Kazan** : Michel Ciment, *Kazan par Kazan*, Stock, 1973 – Roger Tailleur, *Elia Kazan*, Seghers, 1966 – Florence Colombani, *Elia Kazan, une Amérique du chaos*, Philippe Rey, 2004.

**B. Keaton** : Jean-Patrick Lebel, *Keaton*, Éditions universitaires, 1964 – Buster Keaton, *Slapstick*, Nantes, L'Atalante, 1984.

**A. Kiarostami** : Laurent Roth (dir.), *Abbas Kiarostami*, Cahiers du cinéma, 1997 – Youssef Ishaghpour, *Le Réel, face et pile*, Tours, Ferrago, 2000 – Jean-Luc Nancy, *L'Évidence du film*, Bruxelles, Yves Gevaert, 2001 – Alain Bergala, *Abbas Kiarostami*, Cahiers du cinéma, 2004.

**K. Kieslowski** : Vincent Amiel, *Krzysztof Kieslowski*, Jean-Michel Place, 1997 – Annette Insdorf, *Krzysztof Kieslowski, doubles vies, secondes chances*, Cahiers du cinéma, 2002 – Krzysztof Kieslowski & Daniusa Stok, *Le Cinéma et moi*, éditions Noir sur Blanc, 2006.

**T. Kitano** : Takeshi Kitano, *Rencontres du 7e Art*, présentation de Michel Boujut, Arléa, 2000 – Takeshi Kitano, *Asakusa Kid*, Le Serpent à plumes, 2001.

**S. Kubrick** : Norman Kagan, *Le Cinéma de Stanley Kubrick*, L'Âge d'Homme, 1979 – Marcello Walter Bruno, *Kubrick*, Gremese, 2001 – Christiane Kubrick, *Une vie en instantanés*, Cahiers du cinéma, 2002 – Paul Duncan, *Stanley Kubrick, un poète visuel*, Taschen, 2003 – Michel Ciment, *Stanley Kubrick*, Paris, Stock, 1999, rééd. Calmann-Lévy, 2004 – Michel Chion, *Stanley Kubrick, l'humain, ni plus ni moins*, Cahiers du cinéma, 2005.

**A. Kurosawa** : Sacha Ezratty, *Kurosawa*, Éditions universitaires, 1964 – Akira Kurosawa, *Comme une autobiographie*, Cahiers du cinéma, 1985, 1997 – Hubert Niogret, *Akira Kurosawa*, Rivages/Cinéma, 1995 – Michel Estève (dir.), *Akira Kurosawa*, Études cinématographiques / Lettres Modernes, 1999.

**E. Kusturica** : Matthieu Dhennin, *Le Lexique subjectif d'Emir Kusturica*, L'Âge d'homme, 2006.

**F. Lang** : Luc Moullet, *Fritz Lang*, Seghers, 1963 – Lotte Eisner avec la collaboration de Bernard Eisenschitz, *Fritz Lang*, Paris, Cinémathèque

Française et Cahiers du cinéma, 1984 – Noël Simsolo, *Fritz Lang*, Édilig, 1982 – Michel Ciment, *Fritz Lang, le meurtre et la loi*, Gallimard, (Découvertes), 2003 – Lotte Eisner, *Fritz Lang*, Cahiers du cinéma, 2005 (rééd.)

**D. Lean** : Kevin Brownlow, *David Lean, biographie*, Éditions du Cerf, 2005.

**M. Leigh** : Gilles Laprévotte, *Mike Leigh*, Amiens, Édition Trois Cailloux, 1993.

**S. Leone** : Gilles Cèbe, *Sergio Leone*, Veyrier, 1984 – Noël Simsolo, *Conversations avec Sergio Leone*, Paris, Stock, 1987 – Philippe Ortoli, *Sergio Leone : une Amérique de légendes*, L'Harmattan, 1994 – Christopher Frayling, *Il était une fois en Italie : les westerns de Sergio Leone*, La Martinière, 2005.

**J. Lewis** : Jean-Louis Leutrat & Paul Simonci, *Jerry Lewis, Premier Plan* n° 36, Serdoc, 1965 – Noël Simsolo, *Le Monde de Jerry Lewis*, Éditions du Cerf, 1969 – Robert Benayoun, *Bonjour Monsieur Lewis*, Eric Losfeld, 1972 – Jerry Lewis & James Kaplan, *Dean et moi, une histoire d'amour*, Flammarion, 2006.

**K. Loach** : Francis Rousselet, *Ken Loach, un rebelle*, Cerf, 2002 – Perika Thomas, *L'Univers de Ken Loach*, L'Harmattan, 2004.

**J. Losey** : Christian Ledieu, *Joseph Losey*, Seghers, 1963 – Pierre Rissient, *Losey*, Éditions universitaires, 1966 – Michel Ciment, *Le Livre de Losey*, Stock, 1979 – Denitza Bantcheva (dir.), *L'Univers de Losey*, CinémAction n° 99, Corlet, 2000.

**E. Lubitsch** : Bernard Eisenschitz, *Lubitsch*, Anthologie du cinéma, L'Avant-scène Cinéma, 1967 – Eithne et Jean-Loup Bourget, *Lubitsch ou la satire romanesque*, Stock, 1987 – Jacqueline Nacache, *Lubitsch*, Édilig, 1987 – N. T. Binh et Christian Viviani, *Ernst Lubitsch*, Rivages, 1992 – Natacha Thiéry, *Lubitsch, les voix du désir*, Cefal, 2000 – Collectif, *Ernst Lubitsch*, Cahiers du cinéma, 2006.

**G. Lucas** : Rafik Djoumi, *George Lucas, le côté obscur du mythe*, Absolum, 2005 – Marcus Hearn, *Le Cinéma de George Lucas*, La Martinière, 2005.

**D. Lynch** : Chris Rodley, *Entretiens avec David Lynch*, Cahiers du cinéma, 1998 – Michel Chion, *David Lynch*, Cahiers du cinéma, 2001 – Roland Kermarek, *Lynchland # 1*, Objectif cinéma, 2004.

**L. Malle** : Henry Chapier, *Louis Malle*, Seghers, 1964 – Louis Malle, *Louis Malle par Louis Malle*, éditions de L'Athanor, 1979 – Pierre Billard, *Louis Malle, le rebelle solitaire*, Plon, 2003

**R. Mamoulian** : Pierre Berthomieu, *Mamoulian*, Liège (Belgique), Céfal, 1995.

**J. L. Mankiewicz** : N. T Binh, *Mankiewicz*, Paris, Rivages – Patrick Brion, *Joseph L. Mankiewicz*, La Martinière, 2005.

**A. Mann** : Jean-Claude Missiaen, *Anthony Mann*, Éditions universitaires, 1964 – Jean Wagner, *Anthony Mann*, Anthologie du cinéma, L'Avant-scène Cinéma, 1968.

**C. Marker** : Chris Marker, *Commentaires 1 & 2*, Seuil, 1967 – Bernard Eisenschitz, *Chris Marker*, Pesaro Film Festival, 1996 – Guy Gauthier, *Chris Marker, écrivain multimédia*, L'Harmattan, 2001 – Philippe Dubois (dir.), *Recherches sur Chris Marker*, *Théorème* n° 6, Presses de la Sorbonne nouvelle, 2002 – Bamchade Pourvali, *Chris Marker*, Cahiers du cinéma, 2003.

**L. McCarey** : Dominique Païni (dir.), *Leo McCarey, le burlesque des sentiments*, Cinémathèque française / Mazzotta. Festival du Film d'Amiens, 1998.

**G. Méliès** : Jacques Malthête-Méliès & Laurent Mannoni, *Méliès, magie et cinéma*, Paris-Musées/Électricité de France, 2002 – Madeleine Malthête-Méliès, *Méliès l'enchanteur*, Ramsay, 2003.

**J.-P. Melville** : Jean Wagner, *Jean-Pierre Melville*, Seghers, 1964 – Gabriel Vialle, *Melville*, Anthologie du cinéma, L'Avant-scène Cinéma, 1974 – François Barat, *L'Entretien avec Jean-Pierre Melville*, Séguier, 1999.

**V. Minnelli** : Catherine de la Roche, *Vincente Minnelli, Premier Plan* n° 40, Serdoc, 1966 – Patrick Brion, Thierry De Navacelle et Dominique Rabourdin, *Vincente Minnelli, de Broadway à Hollywood*, Hatier, 1985 – Vincente Minnelli, *Tous en scène*, Ramsay-Poche, 1985 – Jean-Pierre Deloux, *Vincente Minnelli, sous le signe du Lion*, Durante / BiFi, 2000.

**K. Mizoguchi** : Yoshikata Yoda, *Souvenirs de Mizoguchi*, Cahiers du cinéma, 1997 – Daniel Serceau, *Mizoguchi : de la révolte aux songes*, Cerf, 1983 – Jean-Pierre Jackson, *Les Contes de la lune vague après la pluie*, Nathan, « Synopsis », 1998.

**J. Monteiro** : Fabrice Revault d'Allonnes (dir.), *Pour João César Monteiro*, Crisnée, Yellow Now, 2004.

**N. Moretti** : Jean A. Gili, *Nanni Moretti*, Rome, Gremese, 2001.

**F. W. Murnau** : Lotte H. Eisner, *Murnau*, Le Terrain vague, 1964 – Charles Jameux, *Murnau*, Éditions universitaires, 1965.

**M. Naruse** : Audie Bock, *Mikio Naruse*, Festival de Locarno, 1983 – Jean Narboni, *Mikio Naruse, les temps incertains*, Cahiers du cinéma, 2006.

**M. de Oliveira** : Yann Lardeau, Jacques Parsi, Philippe Tencelin, *Manoel de Oliveira*, Dis Voir, 1988 – Antoine de Baecque, Jacques Parsi, *Conversations avec Manoel de Oliveira*, Cahiers du cinéma, 1996 – René Prédal, *Manoel de Oliveira, le texte et l'image*, L'Avant-scène Cinéma n° 478/479, 1999 – Michel Estève, Jean A. Gili (dir.), *Manoel de Oliveira*, Paris, *Études cinématographiques*, Minard, 2006.

**E. Olmi** : Michel Estève (dir.), *Ermanno Olmi*, Paris, Études cinématographiques / Minard, 1992.

**M. Ophuls** : Claude Beylie, *Ophuls*, Anthologie du cinéma, L'Avant-scène Cinéma, 1965 – Noël Herpe (dir.), *Max Ophuls, 1895* n° 34/35, AFRHC / FCAFF, 2001 – Max Ophuls, *Souvenirs*, Cahiers du cinéma, 2002.

**N. Oshima** : Louis Danvers, Charles Tatum Jr., *Nagisa Oshima*, Cahiers du cinéma, 1986.

**Y. Ozu** : Donald Richie, *Ozu*, Lettre du blanc, Genève, 1980 – Shiguehiko Hasumi, *Ozu*, Cahiers du cinéma, 1998 – Youssef Ishaghpour, *Formes de l'impermanence, Le style de Yasujiro Ozu*, Yellow now, 1994 et Léo Scheer, 2002 – Kiju Yoshida, *Ozu ou l'anti-cinéma*, éd. Institut Lumière/Actes Sud/Arte, 2004.

**G. W. Pabst** : Barthélemy Amengua , *Georg Wilhelm Pabst*, Seghers, 1966 – Freddy Buache, *G.W. Pabst, Premier Plan* n° 39, 1965.

**M. Pagnol** : Claude Beylie, *Marcel Pagnol*, Seghers, 1974 – Raymond Castans, André Bernard, *Les Films de Marcel Pagnol*, Julliard, 1982 – Raymond Castans, *Marcel Pagnol*, Lattès, 1987 – Claude Beylie, *Marcel Pagnol ou le cinéma en liberté*, de Fallois, 1995 – Jacqueline Pagnol & Alain Ferrari, *La Gloire de Pagnol*, Institut Lumière / Actes Sud, 2000 – Jean-Jacques Jelot-Blanc, *Pagnol inconnu*, Michel Lafon, 2000.

**S. Paradjanov** : Patrick Cazals, *Serguei Paradjanov*, Cahiers du cinéma, 1993.

**P. P. Pasolini** : Jean Duflot, *Entretiens avec Pier Paolo Pasolini*, Belfond, 1970 – Marc Gervais, *Pier Paolo Pasolini*, Seghers, 1973 – Enzo Siciliano, *Pasolini. Une vie*, La Différence, 1984 – Hervé Joubert-Laurencin, *Pasolini, portrait du poète en cinéaste*, Cahiers du cinéma, 1995 – Bertrand Levergeois, *Pasolini, l'alphabet du refus*, Le Félin, 2005.

**S. Peckinpah** : Gérard Camy, *Sam Peckinpah*, Paris, L'Harmattan, 1997.

**A. Penn** : Robin Wood, *Arthur Penn*, Seghers, 1973 – Gaston haustrate, *Arthur Penn*, Edilig, 1986 – Leonardo Gandini (dir.), *Arthur Penn*, Pesaro Film Festival, 1999.

**E. Petri** : Jean A. Gili (dir.), *Elio Petri*, Université de Nice, 1974 – Jean A. Gili, *Elio Petri et le cinéma italien*, Annecy, Festival du cinéma italien, 1996.

**M. Pialat** : Pascal Mérigeau, *Pialat*, Grasset, 2003 – Rémi Fontanel, *Formes de l'insaisissable, le cinéma de Maurice Pialat*, Aléas, 2004.

**R. Polanski** : Pascal Kané, *Roman Polanski*, Cerf, 1970 – Jacques Belmans, *Roman Polanski*, Seghers, 1971 – Roman Polanski, *Roman par Polanski*, Laffont, 1984 – Roman Polanski, Pierre-André Boutang, *Polanski par Polanski*, Chêne, 1986 – Dominique Avron, *Roman Polanski*, Rivages, 1987 – Alexandre Tylski, *Roman Polanski. Ses premiers films polonais*, Aléas, 2004 – Alexandre Tylski, *Roman Polanski, L'art de l'adaptation*, L'Harmattan, 2006.

**S. Pollack** : Jean A. Gili, *Sydney Pollack*, UER Lettres et Sciences humaines, 1971 – Michelle Léon, *Sydney Pollack*, Pygmalion /Gérard Watrelet, 1991.

**M. Powell** : Michael Powell, *Une vie dans le cinéma*, 2 vol. Institut Lumière / Actes Sud, 1997 & 2000.

**O. Preminger** : Jacques Lourcelles, *Otto Preminger*, Seghers, 1965 – Otto Preminger, *Autobiographie*, Jean-Claude Lattès, 1983 – Gérard Legrand, Jacques Lourcelles, Michel Mardore, *Otto Preminger*, Cinémathèque française / Yellow now, 1993 – Patrick Saffar, *Otto Preminger*, Gremese, 2006.

**N. Ray** : François Truchaud, *Nicholas Ray*, Éditions universitaires, 1965 – Bernard Eisenchitz, *Roman americain, les vies de Nicholas Ray*, Christian Bourgois, 1990.

**S. Ray** : Satyajit Ray, *Écrits sur le cinéma*, Jean-Claude Lattès, 1982, Ramsay Poche Cinéma, 1985 – Henri Micciollo, *Satyajit Ray*, Genève, L'Âge d'homme, 1981 – Charles Tesson, *Satyajit Ray*, Cahiers du cinéma, 1992 – Youssef Ishaghpour, *Satyajit Ray : l'Orient et l'Occident*, La Différence, 2002.

**J. Renoir** : André Bazin, *Jean Renoir*, Champ libre, 1971 – Célia Bertin, *Jean Renoir cinéaste*, Gallimard, 1994, rééd. 2005 (Découvertes) – Daniel Serceau, *Jean Renoir, la sagesse du plaisir*, Cerf, 1985 – Claude Gauteur, *D'un Renoir l'autre*, Le Temps des cerises, 2005 – Claude-Jean Philippe, *Jean Renoir, une vie en œuvre*, Grasset, 2005 – Jean Renoir, *Ma vie et mes films*, (éd. corrigée), Champs, Flammarion, 2005.

**A. Resnais** : Jean-Daniel Roob, *Alain Resnais, qui êtes-vous ?*, La Manufacture, 1986 – François Thomas, *L'Atelier d'Alain Resnais*, Flammarion, 1989 – Robert Benayoun, *Alain Resnais, arpenteur de l'imaginaire*, Stock, 2003 – Collectif, *Alain Resnais par Positif*, Gallimard-Folio, 2002 – Suzanne Liandrat-Guigues & Jean-Louis Leutrat, *Alain Resnais, liaisons secrètes, accords profonds*, Cahiers du cinéma, 2006.

**D. Risi** : Valerio Caprara, *Dino Risi*, Rome, Gremese, 1993.

**J. Rivette** : Michel Estève, *Jacques Rivette critique et cinéaste*, Paris, *Études cinématographiques*, Minard/Lettres modernes, 1998 – Hélène Frappat, *Jacques Rivette, secret compris*, Cahiers du cinéma, 2001.

**G. Rocha** : Michel Estève (dir.), *Le cinéma novo brésilien : Glauber Rocha*, *Études cinématographiques*, Paris, Minard/Lettres modernes, 1973 – René Gardies, *Glauber Rocha*, Seghers, 1974 – Sylvie Pierre, *Glauber Rocha*, Cahiers du cinéma, 1987 – Dominique Bax (dir.), *Glauber Rocha, le siècle du cinéma*, Théâtres au cinéma, Magic-Cinéma Bobigny, 2005.

**É. Rohmer** : Éric Rohmer, Claude Chabrol, *Alfred Hitchcock*, Éditions Universitaires, 1957, Ramsay Poche Cinéma, 1986. Éric Rohmer, *Le Goût de la beauté* (textes critiques ), Cahiers du cinéma, 1984 – Éric Rohmer, *L'Organisation de l'espace dans le « Faust » de Murnau*, UGE, « 10/18 », 1977 – Joël Magny, *Éric Rohmer*, Rivages/Cinéma, 1986 - Pascal Bonitzer, *Éric Rohmer*, Cahiers du cinéma, 1999.

**F. Rosi** : Michel Ciment, *Le Dossier Rosi. Cinéma et politique*, Stock, 1976 – Jean A. Gili, *Francesco Rosi. Cinéma et pouvoir*, Cerf, 1977 – Jean A. Gili (dir.), *Francesco Rosi*, Paris, Études cinématographiques / Minard, 2001.

**R. Rossellini** : Mario Verdone, *Roberto Rossellini*, Seghers, 1963 – Michel Serceau, *Roberto Rossellini*, Cerf, 1986 – Alain Bergala, Jean Narboni (dir.), *Roberto Rossellini*, Cinémathèque française, 1989 – Enrique Seknadje-Askénazi, *Roberto Rossellini et la Seconde Guerre mondiale*, L'Harmattan, 2000 – Tag Gallagher, *Les Aventures de Roberto Rossellini*, Léo Scheer, 2006.

**J. Rouch** : Jean Sauvy, *Jean Rouch*, L'Harmattan, 2006.

**R. Ruiz** : Christine Buci-Glucksman, Fabrice Revault d'Allonnes, *Raoul Ruiz*, Dis Voir, 1987 – Raul Ruiz, *Entretiens*, Hoëbeke, 1999 – Dominique Bax (dir.), *Raul Ruiz*, Théâtres au cinéma, Magic-Cinéma Bobigny, 2003.

**C. Saura** : Marcel Oms, *Carlos Saura*, Édilig, 1981 – Coll., *Le Cinéma de Carlos Saura*, Presses universitaires de Bordeaux, 1983.

**C. Sautet** : Michel Boujut, *Conversations avec Claude Sautet*, Institut Lumière / Actes Sud – Gérard Langlois, *Claude Sautet, les choses de la vie*, NM7, 2002 – Sandra Marti, *Claude Sautet*, Gremese, 2004 – N. T.Binh et Dominique Rabourdin, *Sautet par Sautet*, La Martinière, 2005.

**E. Scola** : Pier Marco De Santi, Rossana Vittori, *Ettore Scola*, Gremese, 1987 – « Spécial Ettore Scola », *Jeune Cinéma* n° 278, octobre 2002.

**M. Scorsese** : Michael Henry Wilson, *Entretiens avec Martin Scorsese*, Cahiers du cinéma, 2005 – Michel Cieutat, *Martin Scorsese*, Rivages, 1986 – Michel Estève (dir.), *Martin Scorsese*, *Études cinématographiques* n° 68, Lettres modernes, 2003 – Patrick Brion, *Martin Scorsese*, La Martinière, 2004 – Nicolas Schaller & Alexis Trosset, *Martin Scorsese*, Dark Star, 2004.

**O. Sembene** : Paulin Soumarou Vieyra, *Sembene Ousmane cinéaste*, Présence africaine, 1972 – Daniel Serceau (dir.), *Sembene Ousmane*, *CinémAction* n° 34, 1985.

**R. Siodmak** : Hervé Dumont, *Robert Siodmak, un maître du film noir*, Lausanne, L'Âge d'Homme, 1990.

**D. Sirk** : Jon Halliday, *Conversations avec Douglas Sirk*, Cahiers du Cinéma, 1997 – Jean-Loup Bourget, *Douglas Sirk*, Édilig, 1984.

**V. Sjöström** : René Jeanne & Charles Ford, *Victor Sjöström*, Éditions universitaires, 1963 – Bengt Idelstam-Alquist, *Sjöström*, Anthologie du cinéma, L'Avant-scène Cinéma, 1965.

**A. Sokourov** : Diane Arnaud, *Alexandre Sokourov*, L'Harmattan, 2006.

**S. Spielberg** : Julien Dupuy, Laure Gontier, Wilfried Benon, *Steven Spielberg*, Dark Star, 2001 – Valerio Caprara, *Steven Spielberg*, Gremese, 2003 – Jean-Pierre Godard, *Steven Spielberg, mythe et chaos*, Horizon illimité, 2003 – John Baxter, *Citizen Spielberg*, Nouveau Monde, 2004.

**J. von Sternberg** : Marcel Oms, *Josef von Sternberg*, Anthologie du cinéma, L'Avant-scène Cinéma, 1965 – Josef von Sternberg, *De Vienne à Shanghai, les tribulations d'un cinéaste*, Cahiers du cinéma, 2001.

**M. Stiller** : Bengt Idelstam-Alquist, *Stiller*, Anthologie du cinéma, L'Avant-scène Cinéma, 1967 – Jacques Garreau, *Mauritz Stiller, ou l'insolent génie*, P.U. du Septentrion, 1997.

**E. von Stroheim** : Giulio Cesare Castello, *Erich von Stroheim*, *Premier Plan* n° 23, 1963 – Freddy Buache, *Erich von Stroheim*, Seghers, 1972 – Fanny Lignon, *Erich von Stroheim, du ghetto au Gotha*, L'Harmattan, 1998.

**A. Tanner** : Bruno Chibane, Michel Cieutat, Nicolas Geiger, *Un esprit libre... Alain Tanner*, Strasbourg, Ciné-fils Limelight, 1993.

**Q. Tarantino** : Alberto Morsiani, *Quentin Tarantino*, Gremese, 2006.

**A. Tarkovski** : Michel Estève (dir.), *Andrei Tarkovski*, *Études cinématographiques*, Minard/Lettres modernes, 1986 – Guy Gauthier, *Andrei Tarkovski*, Paris, Édilig, 1988 – Gilles Ciment (dir.), *Andrei Tarkovski*, Paris, Rivages, 1988 – Andrei Tarkovski, *Le Temps scellé*, Cahiers du cinéma, 1989 – Antoine de Baecque, *Andrei Tarkovski*, Cahiers du cinéma, 1989 – Andrei Tarkovski, *Journal*, Cahiers du cinéma, 1993.

**J. Tati** : Armand-Jean Cauliez, *Jacques Tati*, Seghers, 1962 – Michel Chion, *Jacques Tati*, Cahiers du cinéma, 1987 – Marc Dondey, *Jacques Tati*, Ramsay-Cinéma, 2002 – Stéphane Goudet, *Jacques Tati*, Cahiers du cinéma, 2002.

**B. Tavernier** : Danièle Bion, *Bertrand Tavernier, cinéaste de l'émotion*, Hatier, 1984 – Jean-Luc Douin, *Bertrand Tavernier*, Édilig, 1988 – Jean-Claude Raspiengeas, *Bertrand Tavernier*, Plon, 2001.

**P. et V. Taviani** : Gérard Legrand, *Paolo et Vittorio Taviani*, Cahiers du cinéma, 1990 – Jean A. Gili, *Paolo et Vittorio Taviani. Entretien au pluriel*, Lyon/Arles, Institut Lumière/Actes Sud, 1993 – Lorenzo Cucu (dir.), *L'œuvre cinématographique des frères Taviani*, Gremese, 2003 – Patrizia Turini & Franco Ferrucci, *Paolo et Vittorio Taviani, la poésie du paysage*, Gremese, 2003.

**A. Téchiné** : Alain Philippon, *André Téchiné*, Cahiers du cinéma, 1988.

**J. Tourneur** : Jacques Tourneur, *Écrits de Jacques Tourneur*, Rouge profond, 2003 – Michael Henry Wilson, *Jacques Tourneur ou la Magie de la suggestion*, Centre Pompidou, 2003 – *Jacques Tourneur*, *CinémAction* n° 120, Corlet, 2006

**L. von Trier** : Stig Björkman, *Conversations avec Lars von Trier*, Cahiers du cinéma, 2000 – Roberto Lasagna, *Lars von Trier*, Gremese, 2003 – Jean-Claude Lamy, *Lars von Trier, le provocateur*, Grasset, 2005.

**F. Truffaut** : Elisabeth Bonnefons, *François Truffaut*, L'Âge d'Homme, 1985 – François Truffaut, *Correspondance*, Hatier, 1988 – Antoine De Baecque et Serge Toubiana, *Truffaut*, Gallimard, 1996 – Arnaud Guigue, *François Truffaut, la culture et la vie*, L'Harmattan, 2002 – Jean Collet, *Truffaut*, Lherminier, 1995, rééd. Gremese, 2004 - Antoine De Baecque, *Le Dictionnaire Truffaut*, La Martinière, 2004.

**Tsai Ming-liang** : Olivier Joyard, Jean-Pierre Rehm, Danielle Rivière, *Tsai Ming-liang*, Dis Voir, 1999.

**Tsui Hark** : « Tsui Hark », *HK*, *Orient extrême cinéma*, n° 2, avril 1997.

**E. G. Ulmer** : Luc Moullet, Bertrand Tavernier, « Entretien avec Edgar G. Ulmer », *Cahiers du cinéma*, n° 122, août1961 – Charles Tatum Jr. (dir.), *Edgar Ulmer, le bandit démasqué*, Festival du Film d'Amiens / Yellow Now, 2002.

**G. Van Sant** : Gus Van Sant, *Pink* (roman), Hachette Littératures, 2001

**A. Varda** : Bernard Bastide, *Les Cent et Une Nuits d'Agnès Varda*, Pierre Bordas et Fils, 1995 – Agnès Varda, *Varda par Agnès*, Cahiers du cinéma, 2005.

**D. Vertov** : N.P. Abramov, *Dziga Vertov*, *Premier Plan* n° 35, Serdoc, 1965 – Luda & Jean Schnitzer, *Vertov*, Anthologie du cinéma, L'Avant-scène Cinéma, 1968 – Georges Sadoul, *Dziga Vertov*, Champ libre, 1971 – Jean-Pierre Esquenazi (dir.), *Vertov, l'invention du réel*, L'Harmattan, 1998.

**J. Vigo** : Paulo Emilio Salès Gomes, *Jean Vigo*, Le Seuil, 1957 – Pierre Lherminier, *Jean Vigo*, Seghers, 1967 – Jean Vigo, *Œuvres de cinéma*, Lherminier, 1985 – Luce Vigo, *Jean Vigo, une vie engagée dans le cinéma*, Cahiers du cinéma, 2002.

**L. Visconti** : Giuseppe Ferrara, *Luchino Visconti*, Seghers, 1964 – Monica Sterling, *Visconti*, Paris, Pygmalion, 1982 – Youssef Ishaghpour, *Luchino Visconti. Le Sens et l'Image*, La Différence, 1984 – Alain Sanzio, Paul Louis Thirard, *Luchino Visconti cinéaste*, Persona,

1984 – Bruno Villien, *Visconti*, Calmann-Lévy, 1986 – Laurence Schiffano, *Visconti. Les Feux de la passion*, Perrin, 1987 – Michèle Lagny, *Luchino Visconti*, BiFi/Durante, 2002.

**A. Wajda** : Michel Estève (dir.), *Andrzej Wajda, Études Cinématographiques*, Lettres modernes/Minard, 1968 – Klaus Eder, *Andrzej Wajda*, L'Atalante, 1982.

**R. Walsh** : Raoul Walsh, *Un demi-siècle à Hollywood*, Calmann-Lévy, 1976 – Michael Henry Wilson, *Raoul Walsh*, Cinémathèque française, 2001 – Michel Marmin, *Raoul Walsh ou l'Amérique perdue*, Dualpha, 2004.

**O. Welles** : Maurice Bessy, *Orson Welles*, Seghers, 1963 – Youssef Ishaghpour, *Orson Welles, une caméra visible*, 3 volumes, La Différence, 1998 – André Bazin, *Orson Welles*, Cahiers du cinéma, 1998 – Jean-Claude Allais-Viart, *Orson Welles, itinéraire d'un poète maudit*, Aléas, 2006 – Jean-Pierre Berthomé et François Thomas, *Orson Welles au travail*, Paris, Cahiers du cinéma, 2006.

**W. Wellman** : Gérard Langlois, *William Wellman*, L'Anthologie du cinéma, L'Avant-Scène Cinéma.

**W. Wenders** : Collectif, *Rétrospective Wim Wenders*, La Lanterne / Les Gémeaux /Le Studio, 1984 – Wim Wenders, Sam Shepard, *Paris, Texas*, Road Movies / Greno, 1984.

**B. Wilder** : Glenn Hopp, *Billy Wilder, le cinéma de l'esprit*, Taschen, 2003 – Cameron Crowe, *Conversations avec Billy Wilder*, Lyon, Institut Lumière/Actes Sud, 2004 – Jérôme Jacobs, *Billy Wilder*, Paris, Rivages, 1988.

**Wong Kar-wai** : Thierry Jousse, *Wong Kar-wai*, Cahiers du cinéma, 2006 – Jean-Marc Lalanne, David Martinez, Jimmy Ngai, *Wong Kar-wai*, Dis voir, 1997.

## Crédits Photographiques

Couv haut : Ph. © TCD-ProdDB. couv milieu : Ph. ©Rue des Archives. couv bas gauche : Louis Goldman/Rapho. couv bas droite : Ph. Coll. Archives Larbor • p. 6 Ph. Coll. BIFI-DR • p. 8 Ph. Coll. Christophe L.-DR • p. 11 Ph. Coll. Archives Larbor • p. 14 Ph. © John Springer Collection/Corbis • p. 18 Ph. Coll. Archives Larbor • p. 23 Ph. Coll. Archives Larbor • p. 27 Ph. © Paris Film/Five film/Album/AKG • p. 29 Ph. © ProdDB-DR • p. 32 Ph. © Morton Beebe/Corbis • p. 34 Ph. © J. Prayer/BIFI-Cinémathèque française • p. 37 Ph. © Archives Larousse • p. 40 Ph. Prod DB © Les Editions cinégraphiques/DR • p. 43 Ph. © Zoetrope/UA/The Kobal Collection • p. 47 Ph. © Prod DB/DR • p. 51 Ph. © BIFI/Cinémathèque française. 55 Ph. Coll. Archives Larbor - DR • p. 58 Ph. Coll. Archives Larbor • p. 61 Ph. Coll. Archives Larbor. 63 Ph. Jean Mascolo © BIFI/Cinémathèque française. 65 Ph. © Prod DB/Malpaso-Warner Bros/DR • p. 69 Ph. © Prod DB/DR • p. 70 Ph. © Rue des Archives • p. 73 Ph. © Coll Pele-Stills/Gamma • p. • p. 77 Ph. © Prod DB/MGM-DR • p. 81 Ph. © Prod DB/Lorimar-DR • p. 85 Ph. © F. Cevallos/Corbis-Sygma • p. 87 Ph. © Bettmann/Corbis • p. 89 Ph. © Bettmann/Corbis • p. 91 Ph. Roger Corbeau - Archives Larbor/DR • p. 95 Ph. © Prod DB/Herzog Film Production/DR • p. 97 Ph. © Prod DB-DR • p. 100 Ph. © Prod DB/DR. 103 Ph. © Prod DB/Hayashiburu Group/DR • p. 105 Ph. © Prod DB/Miramax/Pandora/DR • p. 107 Ph. © Warner Bros Pictures/BIFI-Cinémathèque française. 111 Ph. © Prod DB/Office Kitano/DR • p. 113 Ph. © Sipa • p. 116 Ph. © Prod DB/Ciby 2000-Komuna Film-Pandora-DR • p. 117 Ph. © Prod DB/UFA/DR. 119 Ph. © Prod DB/DR. 122 Ph. Coll. Christophe L.-DR. 126 Ph. © Prod DB/DR • p. 129 Ph. © Prod DB © Touchstone-Films Alain Sarde/DR. 133 Ph. Vincent Roussel / Coll. Archives Larbor - DR • p. 136 Ph. © Prod DB/TCD-DR • p. 141 Ph. © Prod DB/MGM-DR • p. 144 Ph. © Daiei/The Kobal Collection • p. 148 Ph. Coll. Archives Larbor- DR • p. 152 Ph. © Nicolas Guerin/Azimuts/Corbis • p. 155 Ph. Prod DB © C.C.F.C/DR • p. 159 Ph. © Prod DB/DR • p. 160 Ph. © Condé Nast Archive/Corbis • p. 164 Ph. © MP/Leemage • p. 169 Ph. © D. Kirkland/Corbis • p. 172 Ph. Prod DB © Carlyle Productions-DR • p. 174 Ph. Prod DB © Warner Bros-DR • p. 178 Ph. © BIFI • p. 183 Ph. © Jamet-Moune/Sygma/BIFI • p. 187 Ph. © Studio Patellani/Corbis • p. 193 Ph. © BIFI • p. 195 Ph. Prod DB © Warner Bros/DR • p. 201 Ph. Prod DB © Amblin-Warner-DR • p. 204 Ph. © The Kobal Collection • p. 206 Ph. Prod DB © MGM/DR • p. 209 Ph. Prod DB © Films de Mon Oncle-DR • p. 214 Ph. Prod DB © Les Films du Carrosse-DR • p. 218 Ph. © BIFI • p. 223 Ph. © Farabola/Leemage • p. 227 Ph. Coll. Archives Larbor • p. 231 Ph. Prod DB © Reverse Angle-Emotion/DR. 233 Ph. Prod DB © 20th Century Fox/DR.

Imprimé en France par I.M.E. - 25110 Baume-les-Dames
N° éditeur : 11001165 - Dépôt légal : octobre 2006